LENGUAJE DE PROGRAMACIÓN RUST

2.ª edición

Steve Klabnik y Carol Nichols,
con la contribución de la Comunidad Rust

LENGUAJE DE PROGRAMACIÓN RUST

2.ª edición

Steve Klabnik y Carol Nichols,
con la contribución de la Comunidad Rust

Segunda edición original publicada en inglés por No Starch Press Inc. con el título *The Rust Programming Language*, ISBN 9781718503106 © Steve Klabnik y Carol Nichols, 2023.

Título de la edición en español:
Lenguaje de programación Rust

Segunda edición en español, 2024

© 2024 MARCOMBO, S.L.
www.marcombo.com

Ilustración de portada: Karen Rustad Tölva

Diseño del interior: Octopod Studios

Revisor técnico: JT

Traducción: Francisco Martínez Carreño

Corrección: Anna Alberola Banasco

Directora de producción: M.ª Rosa Castillo

ISBN: 978-84-267-3751-9

D.L.: B 5859-2024

Impreso en Arteos

Printed in Spain

Libro ecológico

Impreso con papel procedente de bosques gestionados de manera eficiente, libre de cloro

Sobre el autor

Steve Klabnik dirigió el equipo de documentación de Rust y fue uno de los principales desarrolladores de Rust. Conferenciante habitual y prolífico colaborador de código abierto, anteriormente trabajó en proyectos como Ruby y Ruby on Rails.

Carol Nichols es miembro del equipo de Rust Crates.io y exmiembro del equipo central de Rust. Es cofundadora de Integer 32, LLC, la primera consultoría de software del mundo centrada en Rust. Nichols también ha organizado la Rust Belt Rust Conference.

Sobre el revisor técnico

JT es miembro del equipo principal de Rust y cocreador del formato de mensajes de error de Rust, Rust Language Server (RLS) y Nushell. Empezó a usar Rust en 2011 y en 2016 se unió a Mozilla para trabajar en Rust a tiempo completo, ayudando a dar forma a su realización para su uso generalizado. En la actualidad, es formador autónomo de Rust y defensor de la programación segura de sistemas.

CONTENIDO RESUMIDO

CONTENIDO DETALLADO

19. CARACTERÍSTICAS AVANZADAS 447

20. PROYECTO FINAL: CREACIÓN DE UN SERVIDOR WEB MULTIHILO 491

A. PALABRAS CLAVE   529

B. OPERADORES Y SÍMBOLOS   533

C. TRAITS DERIVABLES   541

D. HERRAMIENTAS ÚTILES DE DESARROLLO   547

E. EDICIONES   551

PRÓLOGO

No siempre estuvo tan claro, pero el lenguaje de programación Rust trata fundamentalmente de la *capacitación*: no importa qué tipo de código escriba ahora, Rust le capacita para llegar más lejos, para programar con confianza en una mayor variedad de dominios de lo que lo hacía antes.

Tomemos, por ejemplo, el trabajo «a nivel de sistemas», que se ocupa de detalles de bajo nivel de gestión de memoria, representación de datos y concurrencia. Tradicionalmente, esta área de la programación se considera como algo arcano, accesible solo a unos pocos elegidos que han dedicado los años necesarios a aprenderla para evitar sus tristemente célebres obstáculos. E incluso quienes lo practican lo hacen con precaución, para evitar que su código esté expuesto a vulnerabilidades, bloqueos o corrupción.

Rust rompe estas barreras eliminando las viejas trampas y proporcionando un conjunto amigable y perfeccionado de herramientas para ayudarle a lo largo del camino. Los programadores que necesiten «sumergirse» en el control de bajo nivel pueden hacerlo con Rust, sin asumir el riesgo habitual de fallos o agujeros de seguridad y sin tener que aprender las sutilezas de una cadena de herramientas voluble. Mejor aún, el lenguaje está diseñado para guiarle de forma natural hacia un código fiable y eficiente en términos de velocidad y uso de memoria.

Los programadores que ya trabajan con código de bajo nivel pueden utilizar Rust para aumentar sus aspiraciones. Por ejemplo, la introducción del paralelismo en Rust es una operación de riesgo relativamente bajo: el compilador detectará los errores clásicos por usted. Y puede abordar optimizaciones más agresivas en su código con la confianza de que no introducirá accidentalmente bloqueos o vulnerabilidades.

Pero Rust no se limita a la programación de sistemas de bajo nivel. Es lo suficientemente expresivo y ergonómico como para hacer que las aplicaciones CLI, servidores web y muchos otros tipos de código sean bastante agradables de escribir (encontrará ejemplos sencillos más adelante en el libro). Trabajar con Rust le permite desarrollar habilidades que se transfieren de un dominio a otro; puede aprender Rust escribiendo una aplicación web, y luego aplicar esas mismas habilidades a su Raspberry Pi.

Este libro adopta plenamente el potencial de Rust para capacitar a sus usuarios. Es un texto amigable y accesible destinado a ayudarle a mejorar no solo sus conocimientos de Rust, sino también su alcance y confianza como programador en general. Así que sumérjase, prepárese para aprender y ¡bienvenido a la comunidad Rust!

Nicholas Matsakis y Aaron Turon

PREFACIO

Esta versión del texto asume que está usando Rust 1.62.0 (publicado el 30 de junio de 2022) o posterior con `edition="2021"` en el archivo *Cargo. toml* de todos los proyectos para configurarlos con la idea de usar los modismos de la edición Rust 2021. Consulte «Instalación», en la página 1, para obtener instrucciones sobre cómo instalar o actualizar Rust, y consulte el Apéndice E para obtener información sobre las ediciones.

La edición 2021 del lenguaje Rust incluye una serie de mejoras que hacen a Rust más ergonómico y que corrigen algunas inconsistencias. Además de una actualización general para reflejar estas mejoras, esta versión del libro tiene una serie de mejoras para responder a comentarios específicos:

- El capítulo 7 contiene una nueva sección de referencia rápida sobre la organización del código en varios archivos con módulos.
- El capítulo 13 contiene ejemplos de closures nuevos y mejorados que ilustran más claramente las capturas, la palabra clave move y los traits Fn.
- Hemos corregido una serie de pequeños errores e imprecisiones en el libro. ¡Gracias a los lectores que nos los han comunicado!

Hay que tener en cuenta que cualquier código de versiones anteriores de este libro que compile continuará compilando con la edición correspondiente en el archivo *Cargo.toml* del proyecto, incluso si actualiza la versión del compilador de Rust que está utilizando. ¡Así funcionan las garantías de retrocompatibilidad de Rust!

AGRADECIMIENTOS

Queremos dar las gracias a todos los que han trabajado en el lenguaje Rust, por crear un lenguaje increíble sobre el que merece la pena escribir un libro. Damos las gracias a todos los miembros de la comunidad Rust por ser acogedores y crear un entorno en el que merece la pena recibir a más gente.

Estamos especialmente agradecidos a todos los que leyeron las primeras versiones de este libro en línea y aportaron comentarios, informes de errores y solicitudes de extracción. Un agradecimiento especial a Eduard-Mihai Burtescu, Alex Crichton y JT por la revisión técnica, y a Karen Rustad Tölva por lo artístico de la portada. Gracias a nuestro equipo de No Starch, incluidos Bill Pollock, Liz Chadwick y Janelle Ludowise, por mejorar este libro y llevarlo a la imprenta.

Carol agradece la oportunidad de haber trabajado en este libro. Agradece a su familia su constante amor y apoyo, especialmente a su marido Jake Goulding y a su hija Vivian.

INTRODUCCIÓN

Bienvenido al libro de introducción a Rust *Lenguaje de programación Rust*. El lenguaje de programación Rust le ayudará a escribir software de forma más rápida y confiable. La ergonomía de alto nivel y el control de bajo nivel suelen estar en conflicto en el diseño de lenguajes de programación; Rust desafía ese conflicto. A través del equilibrio entre una potente capacidad técnica y la gran experiencia de los desarrolladores, Rust le proporciona la opción de controlar detalles de bajo nivel (como la utilización de la memoria) sin todos los inconvenientes tradicionalmente asociados a dicho control.

A quién le interesa Rust

Rust es ideal para muchas personas por varias razones. Veamos algunos de los grupos más importantes a quienes les puede interesar.

Equipos de desarrolladores

Rust está demostrando ser una herramienta productiva para la colaboración entre equipos formados por un gran número de desarrolladores con diferentes niveles de conocimiento en programación de sistemas. El código de bajo nivel es propenso a diversos errores sutiles que, en la mayoría de lenguajes, solo pueden detectarse a través de pruebas exhaustivas y revisiones de código cuidadosas por parte de desarrolladores experimentados. En Rust, el compilador cumple el papel de guardián al negarse a compilar código con estos errores difíciles de encontrar, incluyendo los errores de concurrencia. Al trabajar junto al compilador, el equipo puede dedicar su tiempo a enfocarse en la lógica del programa en lugar de perseguir errores.

Rust también incorpora las últimas herramientas de desarrollo del mundo de la programación de sistemas.

- Cargo, el gestor de dependencias y la herramienta de construcción (compilación más otras actividades) incluida, facilita la adición, compilación y gestión de dependencias de forma sencilla y consistente en todo el ecosistema de Rust.
- La herramienta de formateo rustfmt garantiza un estilo de codificación consistente entre los desarrolladores.
- El Rust Language Server proporciona la integración del entorno de desarrollo integrado (IDE) para la finalización de código (o autocompletar) y para mostrar mensajes de error en línea.

Con la utilización de estas y otras herramientas en el ecosistema de Rust, los desarrolladores pueden ser más productivos al escribir código a nivel de sistema.

Estudiantes

Rust está destinado a estudiantes y a aquellos interesados en aprender sobre conceptos de sistemas. Al utilizar Rust, muchas personas han aprendido sobre temas como el desarrollo de sistemas operativos. La comunidad es muy acogedora y está dispuesta a responder las preguntas que formulan los estudiantes. A través de esfuerzos como es el caso de este libro, los equipos de Rust desean que los conceptos de sistemas sean más accesibles para un mayor número de personas, especialmente aquellos que son nuevos en programación.

Empresas

Cientos de empresas, grandes y pequeñas, utilizan Rust en producción para realizar una gran variedad de tareas, como son las herramientas de línea de comandos, servicios web, herramientas de DevOps, dispositivos integrados, análisis y transcodificación de audio y vídeo, criptomonedas, bioinformática, motores de búsqueda, aplicaciones de Internet de las cosas, aprendizaje automático e incluso partes importantes del navegador web Firefox.

Desarrolladores de código abierto

Rust es para personas que quieren construir el lenguaje de programación Rust, la comunidad, las herramientas para desarrolladores y las bibliotecas. Nos encantaría que usted contribuyera al lenguaje Rust.

Personas que valoran la rapidez y la estabilidad

Rust es para la gente que anhela velocidad y estabilidad en un lenguaje. Por velocidad nos referimos tanto a la rapidez con la que puede ejecutarse el código Rust como a la velocidad a la que Rust le permite escribir programas. Las comprobaciones del compilador de Rust garantizan la estabilidad mediante la adición de características y la refactorización. Esto contrasta con el frágil código heredado de los lenguajes sin estas comprobaciones, que los desarrolladores a menudo temen modificar. Al esforzarse por conseguir abstracciones de coste cero (características de alto nivel que se compilan en código de bajo nivel tan rápido como el código escrito manualmente), Rust se esfuerza por hacer que el código seguro sea también un código rápido.

El lenguaje Rust espera apoyar también a muchos otros usuarios; los mencionados aquí son solo algunos de los principales interesados. En general, la mayor ambición de Rust es eliminar las contrapartidas que los programadores han aceptado durante décadas, proporcionando seguridad y productividad, velocidad y ergonomía. Dele una oportunidad a Rust y compruebe si las opciones que ofrece funcionan para usted.

A quién va dirigido el libro

En el libro se presupone que usted ha escrito código en otro lenguaje de programación, aunque no se hace ninguna suposición sobre cuál. Hemos intentado que el material sea ampliamente accesible para personas con una amplia variedad de conocimientos de programación. No dedicamos mucho tiempo a explicar qué es la programación o cómo pensar en ella. Si es nuevo en programación, le vendrá mejor leer un libro que proporcione específicamente una introducción a la programación.

Cómo utilizar el libro

En general, se da por supuesto que el libro se lee de principio a fin. Los capítulos posteriores se basan en conceptos tratados anteriormente, y puede que los primeros no profundicen en un tema concreto pero lo retomen en un capítulo posterior.

Encontrará dos tipos de capítulo en este libro: capítulos de concepto y capítulos de proyecto. En los capítulos de concepto, aprenderá sobre un aspecto de Rust. En los capítulos de proyectos, crearemos pequeños programas juntos, aplicando lo que haya aprendido hasta ese momento. Los Capítulos 2, 12 y 20 son capítulos de proyectos; el resto son capítulos de conceptos.

El **Capítulo 1** explica cómo instalar Rust, cómo escribir el programa "Hello, world!" y cómo utilizar Cargo, el gestor de paquetes y la herramienta de construcción de Rust. El **Capítulo 2** es una introducción práctica a la escritura de un programa en Rust, en la que se crea un juego de adivinanza de números. Aquí, tratamos conceptos a alto nivel, y los capítulos posteriores proporcionarán detalles adicionales. Si quiere ensuciarse las manos de inmediato, el Capítulo 2 es el lugar adecuado. El **Capítulo 3** trata las características de Rust que son similares a las de otros lenguajes de programación, y en el **Capítulo 4** aprenderá sobre el sistema de propiedad de Rust. Si es un aprendiz particularmente meticuloso que prefiere aprender cada detalle antes de pasar al siguiente, puede que quiera saltarse el Capítulo 2 e ir directamente al Capítulo 3, y volver al Capítulo 2 cuando quiera trabajar en un proyecto aplicando los detalles que ha aprendido.

En el **Capítulo 5** se discuten las structs y los métodos, y en el **Capítulo 6** se tratan las enums, las expresiones match, y la construcción de control de flujo if let. Usará structs y enums para hacer tipos personalizados en Rust.

En el **Capítulo 7**, aprenderá sobre el sistema de módulos de Rust y sobre las reglas de privacidad para organizar el código y la interfaz pública de programación de aplicaciones (API). En el **Capítulo 8** se discuten algunas estructuras de datos de colección habituales que la biblioteca estándar proporciona, tales como vectores, cadenas y mapas hash. El **Capítulo 9** explora la filosofía y las técnicas de gestión de errores de Rust.

El **Capítulo 10** profundiza en los genéricos, los traits (rasgos) y los lifetimes (tiempos de vida), que le dan el poder de definir código que se aplica a varios tipos. En el **Capítulo 11** se tratan las pruebas, que incluso con las garantías de seguridad de Rust son necesarias para asegurar que la lógica del programa es correcta. En el **Capítulo 12**, construiremos nuestra propia implementación de un subconjunto de funcionalidades de la herramienta de línea de comandos grep que busca texto dentro de archivos. Para esto, usaremos muchos de los conceptos que discutimos en los capítulos anteriores.

El **Capítulo 13** explora los closures (cierres) e iteradores: características de Rust que provienen de los lenguajes de programación funcionales. En el **Capítulo 14**, examinaremos Cargo más a fondo y hablaremos de las mejores prácticas para compartir sus bibliotecas con otros usuarios. En el **Capítulo 15** se analizan los punteros inteligentes que proporciona la biblioteca estándar y los traits que permiten su funcionalidad.

En el **Capítulo 16**, recorreremos diferentes modelos de programación concurrente y hablaremos de cómo Rust le ayuda a programar en múltiples hilos sin preocupación. En el **Capítulo 17** se examina cómo los modismos de Rust se comparan con los principios de programación orientada a objetos con los que podría estar familiarizado.

El **Capítulo 18** es una referencia sobre patrones y concordancia de patrones, que son poderosas formas de expresar ideas a través de los programas de Rust. El **Capítulo 19** contiene una mezcla de temas avanzados de interés, incluyendo Rust no seguro, macros, y otros sobre lifetimes, traits, tipos, funciones y closures.

En el **Capítulo 20**, completaremos un proyecto en el que implementaremos un servidor web multihilo de bajo nivel.

Por último, algunos apéndices contienen información útil sobre el lenguaje en un formato más parecido a una referencia. En el **Apéndice A** se tratan las palabras clave de Rust, el **Apédice B** se ocupa de los operadores y símbolos de Rust, en el **Apéndice C** se tratan los traits derivables proporcionados por la biblioteca estándar, el **Apéndice D** se encarga de presentar algunas herramientas de desarrollo que son de utilidad, y en el **Apéndice E** se explican las ediciones de Rust.

No hay una forma incorrecta de leer este libro: si quiere saltarse algo, ¡hágalo! Es posible que tenga que volver a capítulos anteriores si experimenta alguna confusión. Pero haga lo que más le convenga.

Una parte importante del proceso de aprendizaje de Rust es aprender a leer los mensajes de error que muestra el compilador: estos le guiarán hacia un código funcional. Por lo tanto, proporcionaremos muchos ejemplos que no compilan junto con el mensaje de error que el compilador le mostrará en cada situación. Sepa que si introduce y ejecuta un ejemplo al azar, ¡puede que no compile! Asegúrese de leer el texto anexo para ver si el ejemplo que está intentando ejecutar está destinado a dar error. En la mayoría de las situaciones, le guiaremos a la versión correcta de cualquier código que no compile.

Recursos y cómo contribuir al libro

Este libro es de código abierto. Si encuentra algún error, no dude en enviar una incidencia o una pull request (solicitud de extracción) a GitHub en *https://github.com/rust-lang/book*. Para más información, consulte *CONTRIBUTING.md* en *https://github.com/rust-lang/book/blob/main/CONTRIBUTING.md*.

El código fuente de los ejemplos de este libro, las erratas y otra información están disponibles en *https://nostarch.com/rust-programming-language-2nd-edition*.

1

EMPEZAMOS

¡Comencemos su viaje a través de Rust! Hay mucho que aprender, pero todo recorrido debe comenzar en algún punto. En este capítulo, trataremos:

- Cómo instalar Rust en Linux, macOS, y Windows.
- Cómo escribir un programa que imprima `Hello, world!`
- Cómo usar `cargo`, y el sistema de construcción y administración de paquetes de Rust.

Instalación

El primer paso es la instalación de Rust. Descargaremos Rust utilizando rustup, una herramienta de línea de comandos para gestionar versiones de Rust y herramientas asociadas. Necesitará una conexión a Internet para la descarga.

NOTA *Si decide no utilizar* rustup *por alguna razón, por favor visite la página* Other Rust Installation Methods *en* https://forge.rust-lang.org/infra/other-installation-methods.html, *donde podrá disponer de otras opciones.*

Mediante los siguientes pasos se instala la última versión estable del compilador de Rust. Las garantías de estabilidad de Rust aseguran que todos los ejemplos del libro que compilen continuarán compilando con versiones más recientes de Rust. El resultado puede diferir ligeramente entre las distintas versiones porque Rust mejora frecuentemente los mensajes de error y las advertencias. En otras palabras, cualquier versión más reciente y estable de Rust que instale siguiendo estos pasos debería funcionar como se espera con el contenido del libro.

NOTACIÓN DE LINEA DE COMANDOS

En este capítulo, y a lo largo del libro, mostraremos algunos comandos que se usan utilizando el terminal. Las líneas que debe teclear en el terminal comienzan todas con $. No es necesario que escriba el carácter $; es el símbolo del sistema que se muestra para indicar el inicio de cada comando. Las líneas que no comienzan con $ generalmente muestran el resultado del comando anterior. Por otra parte, en los ejemplos específicos de PowerShell se utilizará > en lugar de $.

Instalación de rustup en Linux o macOS

Si utiliza Linux o macOS, abra el terminal y teclee el siguiente comando:

```
$ curl --proto '=https' --tlsv1.3 https://sh.rustup.rs -sSf | sh
```

El comando descarga un script y comienza la instalación de la herramienta rustup, que instala la última versión estable de Rust. Es posible que se le solicite una contraseña. Si la instalación tiene éxito, aparecerá la siguiente línea:

```
Rust is installed now. Great!
```

También necesitará un enlazador (*linker*), que es un programa que Rust utiliza para unir los resultados compilados en un archivo.

Es probable que ya tenga uno. Si aparecen errores con el enlazador, deberá instalar un compilador de C, que normalmente incluirá un enlazador. El compilador de C también es útil porque algunos de los paquetes de uso más frecuente de Rust dependen del código C y requerirán un compilador de C

En macOS, puede obtener el compilador de C ejecutando lo siguiente:

```
$ xcode-select --install
```

Los usuarios de Linux generalmente deberán instalar GCC o Clang, dependiendo de la documentación de cada distribución. Por ejemplo, si usa Ubuntu, puede instalar el paquete build-essential.

Instalación de rustup en Windows

Para Windows, vaya a *https://www.rust-lang.org/tools/install* y siga las instrucciones para instalar Rust. En algún momento de la instalación, recibirá un mensaje explicando que también necesitará las herramientas de construcción MSVC para Visual Studio 2013 o posterior.

Para obtener las herramientas de construcción, deberá instalar Visual Studio 2022 desde *https://visualstudio.microsoft.com/downloads.* Cuando se le pregunte qué cargas de trabajo instalar, incluya:

- Desktop Development con C++"
- Windows 10 u 11 SDK
- El componente del paquete de idioma inglés, junto con cualquier otro paquete de idioma que elija.

En el resto del libro se utilizan comandos que funcionan tanto en *cmd.exe* como en PowerShell. En el caso de que existan diferencias específicas, explicaremos cuál de ellos usar.

Solución de problemas

Para verificar que Rush se ha instalado correctamente, abra el terminal y teclee la siguiente línea:

```
$ rustc --version
```

Debería ver el número de versión, el hash del commit (hash de confirmación de cambios) y la fecha del commit de la última versión estable que se ha lanzado, en el siguiente formato:

```
rustc x.y.z (abcabcabc yyyy-mm-dd)
```

Si ve esta información, ¡ha instalado Rust correctamente! Si no la ve, verifique que Rust esté en su variable de sistema %PATH% tal como explicamos a continuación.

En Windows CMD, use:

```
> echo %PATH%
```

En PowerShell, use:

```
> echo $env:Path
```

En Linux y macOS, use:

```
$ echo $PATH
```

Si todo está correcto y Rust aún no funciona, hay varios recursos con los que puede obtener ayuda. Descubra cómo ponerse en contacto con otros programadores de Rust (o rustaceans, un apodo divertido que nos ponemos a nosotros mismos) en la página de la comunidad: *https://www.rust-lang.org/community.*

Actualización y desinstalación

Una vez que Rust esté instalado mediante rustup, actualizarlo a una versión recién lanzada es fácil. Desde el terminal, ejecute el siguiente script de actualización:

```
$ rustup update
```

Para desinstalar Rust y rustup, ejecute el siguiente script de desinstalación desde su terminal:

```
$ rustup self uninstall
```

Documentación local

La instalación de Rust también incluye una copia local de la documentación para que pueda leerla sin conexión. Ejecute rustup doc para abrir la documentación local en su navegador.

Cada vez que se proporcione un tipo o una función por parte de la biblioteca estándar y no esté seguro de lo que hace o de cómo usarlo, consulte la documentación de la interfaz de programación de aplicaciones (API) para averiguarlo.

Hello, World!

Ahora que ha instalado Rust, es hora de escribir su primer programa en Rust. Es tradición, al aprender un nuevo lenguaje, escribir un pequeño programa que imprima el texto Hello, world! en la pantalla, así que ¡haremos lo mismo aquí!

En el libro, se supone que el lector está familiarizado de alguna manera con la línea de comandos. Rust no impone normas específicas sobre su entorno de edición o herramientas, o sobre dónde debe residir su código, por lo que si prefiere usar un entorno de desarrollo integrado (IDE) en lugar de la línea de comandos, puede utilizar su IDE favorito. Muchos IDE ahora tienen, en alguna medida, un soporte para Rust; consulte la documentación del IDE para obtener más detalles. El equipo de Rust se ha enfocado en habilitar un excelente soporte de IDE mediante rust-analyzer. *Vea el Apéndice D para ampliar detalles.*

Creación de un directorio de proyectos

Comenzaremos creando un directorio para almacenar el código de Rust. Para Rust es indiferente dónde se encuentre ubicado el código, pero para los ejercicios y proyectos del libro sugerimos crear un directorio llamado *projects* en su directorio principal y almacenar allí todos sus proyectos.

Abra el terminal y teclee los comandos que veremos a continuación para crear el directorio *projects* y un directorio para el proyecto «Hello, world!» dentro del directorio *projects*.

Para Linux, macOS y PowerShell en Windows, introduzca lo siguiente:

```
$ mkdir ~/projects
$ cd ~/projects
$ mkdir hello_world
$ cd hello_world
```

Para Windows CMD, introduzca lo siguiente:

```
> mkdir "%USERPROFILE%\projects"
> cd /d "%USERPROFILE%\projects"
> mkdir hello_world
> cd hello_world
```

Escritura y ejecución de un programa en Rust

A continuación, cree un nuevo archivo fuente y llámelo *main.rs*. Los archivos de Rust siempre terminan con la extensión *.rs*. Si utiliza más de una palabra en el nombre del archivo, la convención es usar un guion bajo para separarlas. Por ejemplo, utilice *hello_world.rs* en lugar de *helloworld.rs*.

Ahora, abra el archivo *main.rs* que acaba de crear e introduzca el código del Listado 1-1.

main.rs
```
fn main() {
    println!("Hello, world!");
}
```

Listado 1-1: Programa que presenta en pantalla Hello, world!

Guarde el archivo y vuelva a la ventana del terminal en el directorio *~/projects/hello_world*. En Linux o macOS, introduzca los siguientes comandos para compilar y ejecutar el archivo:

```
$ rustc main.rs
$ ./main
Hello, world!
```

En Windows, introduzca el comando .\main.exe en lugar de ./main:

```
> rustc main.rs
> .\main.exe
Hello, world!
```

Independientemente de su sistema operativo, la cadena Hello, world! debería aparecer en el terminal. Si no aparece esta salida, consulte la sección «Solución de problemas» para obtener ayuda.

Si ha aparecido Hello, world!, ¡felicidades! Ha escrito oficialmente un programa en Rust. ¡Eso le convierte en programador de Rust! ¡Bienvenido!

Anatomía de un programa en Rust

Repasemos en detalle el programa «Hello, world!». Aquí está la primera pieza del rompecabezas:

```
fn main() {

}
```

Estas líneas definen una función llamada main. La función main es especial: siempre es el primer código que se ejecuta en cada programa ejecutable de Rust. Aquí, la primera línea declara una función llamada main que no tiene parámetros y no devuelve nada. Si hubiera parámetros, se colocarían dentro del paréntesis ().

El cuerpo de la función está encerrado entre llaves {}. Rust requiere que todos los cuerpos de las funciones se encierren entre llaves. Es una buena práctica colocar la llave de apertura en la misma línea que la declaración de la función, añadiendo un espacio entre ellas.

NOTA *Si desea mantener un estilo estándar en sus proyectos de Rust, puede utilizar una herramienta de formateo automático llamada rustfmt para formatear su código en un estilo particular (en el Apéndice D se amplía la información sobre rustfmt). El equipo de Rust ha incluido esta herramienta en la distribución estándar de Rust, al igual que rustc, por lo que debería estar instalada en su ordenador.*

El cuerpo de la función main contiene el siguiente código:

```
println!("Hello, world!");
```

Esta línea hace todo el trabajo en este pequeño programa; presenta el texto en la pantalla. Aquí hay cuatro detalles importantes que hay que tener en cuenta.

Primero, el estilo de Rust es hacer el sangrado con cuatro espacios, no con una tabulación.

Segundo, `println!` llama a una macro en Rust. Si se tratara de una función, se escribiría como `println` (sin el signo !). Discutiremos las macros en Rust con más detalle en el Capítulo 19. Por ahora, solo necesita saber que el uso de ! significa que está llamando a una macro en lugar de tratarse de una función normal y que las macros no siempre siguen las mismas reglas que las funciones.

Tercero, puede ver la cadena "Hello, world!". Pasamos esta cadena como argumento a `println!`, y la cadena se presenta en pantalla.

Cuarto, terminamos la línea con un punto y coma (;), lo cual indica que esta expresión ha terminado y que la siguiente está lista para comenzar. La mayoría de las líneas de código en Rust terminan con un punto y coma.

Compilación y ejecución son pasos separados

Acaba de ejecutar el programa recién creado, así que examinemos cada paso del proceso.

Antes de ejecutar un programa en Rust, debe compilarlo utilizando el compilador de Rust, introduciendo el comando `rustc` y pasando el nombre de su archivo fuente, de la siguiente manera:

```
$ rustc main.rs
```

Si tiene experiencia en C o C++, notará que lo anterior es similar a `gcc` o `clang`. Después de realizar con éxito la compilación, Rust genera un ejecutable binario.

En Linux, macOS y PowerShell en Windows, puede ver el ejecutable tecleando el comando `ls` en su shell:

```
$ ls
main  main.rs
```

En Linux y macOS, verá dos archivos. Con PowerShell en Windows, verá los mismos tres archivos que vería utilizando CMD. Con CMD en Windows, teclearía lo siguiente:

```
> dir /B %= the /B option says to only show the file names =%
main.exe
main.pdb
main.rs
```

Lo anterior muestra el archivo del código fuente con la extensión *.rs*, el archivo ejecutable (*main.exe* en Windows, pero *main* en todas las demás plataformas) y, al usar Windows, el archivo que contiene información de depuración con la extension *.pdb*. A partir de aquí, se ejecuta el archivo *main* o *main.exe* de la siguiente manera:

```
$ ./main # or .\main.exe on Windows
```

Si su *main.rs* es el programa "Hello, world!", esta línea presenta `Hello, world!` en su terminal.

Si está más familiarizado con un lenguaje de programación dinámico como Ruby, Python o JavaScript, es posible que no esté acostumbrado a compilar y ejecutar un programa en pasos separados.

Rust es un lenguaje compilado de antemano, lo que significa que usted puede compilar un programa y proporcionarle el ejecutable a otros, y ellos podrán ejecutarlo incluso sin tener Rust instalado. En cambio, si le da a alguien un archivo *.rb*, *.py*, o *.js*, esa persona necesitará tener instalada una implementación de Ruby, Python o JavaScript (respectivamente). Pero en esos lenguajes, solo se necesita un comando para compilar y ejecutar el programa. Todo es una cuestion de compromiso con el diseño de lenguajes.

Compilar usando solamente `rustc` es suficiente para programas sencillos, pero a medida que su proyecto crezca, querrá gestionar todas las opciones y facilitar la compartición de su código. A continuación, presentaremos la herramienta Cargo, que le ayudará a escribir programas en Rust para el mundo real.

¡Hola, Cargo!

Cargo es el sistema de construcción y el gestor de paquetes de Rust. La mayoría de los programadores de Rust utilizan esta herramienta para administrar sus proyectos de Rust, porque Cargo puede hacer muchas tareas por usted, como compilar el código, descargar las bibliotecas de las que el código depende y compilar esas bibliotecas. Llamamos *dependencias* a las bibliotecas que su código necesita.

Los programas más sencillos en Rust, como el que hemos escrito hasta ahora, no tienen dependencias. Si hubiéramos compilado el proyecto «Hello, world!» con Cargo, solo se utilizaría la parte de Cargo que maneja la compilación del código. A medida que escriba programas en Rust más complejos, añadirá dependencias, y si comienza un proyecto utilizando Cargo, será mucho más fácil añadir dependencias.

Debido a que la gran mayoría de los proyectos en Rust utilizan Cargo, en el resto del libro se supone que usted también lo utilizará. Cargo viene instalado con Rust si ha utilizado los instaladores oficiales mencionados en «Instalación». Si ha instalado Rust de alguna otra manera, verifique si Cargo está instalado tecleando lo siguiente en el terminal:

```
$ cargo --version
```

Si ve un número de versión, ¡lo tiene! Si ve un error, como `command not found`, consulte la documentación de su método de instalación para determinar cómo instalar Cargo por separado.

Creación de un proyecto con Cargo

Vamos a crear un nuevo proyecto utilizando Cargo y vamos a ver cómo difiere de nuestro proyecto original «Hello, world!». Navegue de vuelta a su directorio *projects* (o donde haya decidido almacenar su código). Luego, en cualquier sistema operativo, ejecute lo siguiente:

```
$ cargo new hello_cargo
$ cd hello_cargo
```

El primer comando crea un nuevo directorio y proyecto llamado *hello_cargo*. Hemos nombrado nuestro proyecto como *hello_cargo*, y Cargo crea sus archivos en un directorio con el mismo nombre.

Entre en el directorio *hello_cargo* y liste los archivos. Verá que Cargo ha generado dos archivos y un directorio (en lugar de tener que hacerlo nosotros): un archivo *Cargo.toml* y un directorio *src* que contiene el archivo *main.rs*.

También ha inicializado un nuevo repositorio Git junto con un archivo *.gitignore*. Los archivos de Git no se generarán si ejecuta cargo new dentro de un repositorio Git existente; puede anular este comportamiento utilizando cargo new --vcs=git.

NOTA *Git es un sistema muy utilizado de control de versiones. Puede cambiar* cargo new *para utilizar un sistema de control de versiones diferente o ningún sistema de control de versiones utilizando la bandera* --vcs. *Ejecute* cargo new --help *para ver las opciones disponibles.*

Abra *Cargo.toml* en el editor de texto que haya elegido. Debería ser similar al código del Listado 1-2.

Cargo.toml
```
[package]
name = "hello_cargo"
version = "0.1.0"
edition = "2021"

# See more keys and their definitions at https://doc.rust-lang.org/cargo
/reference/manifest.html

[dependencies]
```

Listado 1-2: Contenido de Cargo.toml generado por cargo new.

Este archivo está en formato *TOML* (*Tom's Obvious, Minimal Language*), que es el formato de configuración de Cargo.

La primera línea, [package], es un encabezado de sección que indica que las declaraciones siguientes configuran un paquete. A medida que añadamos más información a este archivo, añadiremos otras secciones.

En las tres líneas siguientes se determina la información de configuración que Cargo necesita para compilar el programa: el nombre, la versión y la edición de Rust a utilizar. Hablaremos sobre la clave edition en el Apéndice E.

La última línea, [dependencies], es el inicio de una sección donde se pueden listar las dependencias del proyecto. En Rust, los paquetes de código se conocen como *crates*. No necesitaremos otros crates para este proyecto, pero los utilizaremos en el primer proyecto del Capítulo 2, por lo que utilizaremos esta sección de dependencias en ese momento.

Ahora abra *src/main.rs* y eche un vistazo:

src/main.rs
```
fn main() {
    println!("Hello, world!");
}
```

Cargo ha generado un programa «Hello, World!» por usted, ¡exactamente como el que escribimos en el Listado 1-1! Hasta ahora, las diferencias entre nuestro proyecto y el proyecto generado por Cargo son que Cargo ha colocado el código en el directorio *src* y tenemos un archivo de configuración *Cargo.toml* en el directorio principal.

Cargo espera que los archivos fuente de su proyecto se encuentren dentro del directorio *src*. El directorio del proyecto de nivel superior es solo para archivos README, información de licencia, archivos de configuración y cualquier otra cosa que no esté relacionada con el código de su proyecto. El uso de Cargo le ayuda a organizar sus proyectos. Hay un lugar para todo, y todo está en su lugar.

Si ha iniciado un proyecto que no utiliza Cargo, como hicimos con el proyecto «Hello, World!», puede convertirlo en un proyecto que sí use Cargo. Mueva el código del proyecto al directorio *src* y cree el archivo *Cargo.toml* adecuado.

Construcción y ejecución de un proyecto con Cargo

Ahora ¡veamos qué cambia cuando construimos y ejecutamos el programa «Hello, world!» con Cargo! Desde su directorio *hello_cargo*, construya su proyecto tecleando el siguiente comando:

```
$ cargo build
   Compiling hello_cargo v0.1.0 (file:///projects/hello_cargo)
    Finished dev [unoptimized + debuginfo] target(s) in 2.85 secs
```

Este comando crea un archivo ejecutable en *target/debug/hello_cargo* (o *target\debug\hello_cargo.exe* en Windows), en lugar de hacerlo en su directorio actual. Debido a que la construcción predeterminada es una construcción de depuración, Cargo coloca el binario en un directorio llamado *debug*. Puede ejecutar el archivo ejecutable con el siguiente comando:

```
$ ./target/debug/hello_cargo # or .\target\debug\hello_cargo.exe on Windows
Hello, world!
```

Si todo va bien, Hello, world! debería aparecer en el terminal. Ejecutar cargo build por primera vez también hace que Cargo cree un nuevo archivo en el nivel superior: *Cargo.lock*. Este archivo realiza un seguimiento de las versiones exactas de las dependencias del proyecto.

Como este proyecto no tiene dependencias, el archivo está casi vacío. Nunca necesitará cambiar este archivo manualmente; Cargo gestiona su contenido por usted.

Acabamos de construir un proyecto con cargo build y lo ejecutamos con ./target/debug/hello_cargo, pero también podemos utilizar cargo run para compilar el código y luego ejecutar el ejecutable resultante, todo en un solo comando:

```
$ cargo run
    Finished dev [unoptimized + debuginfo] target(s) in 0.0 secs
     Running `target/debug/hello_cargo`
Hello, world!
```

Utilizar cargo run es más conveniente que tener que acordarse de ejecutar cargo build y luego usar la ruta completa hacia el binario, por lo que la mayoría de los desarrolladores utilizan cargo run.

Observe que esta vez no vimos una salida que indicara que Cargo estaba compilando hello_cargo. Cargo ha determinado que los archivos no han cambiado, por lo que no ha vuelto a construir el proyecto antes de ejecutar el binario. Si hubiera modificado su código fuente, Cargo habría vuelto a compilar el proyecto antes de ejecutarlo, y habría visto esta salida:

```
$ cargo run
   Compiling hello_cargo v0.1.0 (file:///projects/hello_cargo)
    Finished dev [unoptimized + debuginfo] target(s) in 0.33 secs
     Running `target/debug/hello_cargo`
Hello, world!
```

Cargo también proporciona el comando llamado cargo check. Este comando verifica rápidamente el código para asegurarse de que compila correctamente, pero no produce un ejecutable:

```
$ cargo check
   Checking hello_cargo v0.1.0 (file:///projects/hello_cargo)
    Finished dev [unoptimized + debuginfo] target(s) in 0.32 secs
```

¿Por qué no desearía usted un ejecutable? A menudo, cargo check es mucho más rápido que cargo build porque omite el paso de producir un ejecutable. Si verifica continuamente su trabajo mientras escribe el código, ¡utilizar cargo check acelerará el proceso de informarle si su proyecto sigue compilando! Por eso, muchos desarrolladores de Rust ejecutan cargo check periódicamente mientras escriben su programa para asegurarse de que compila.

Recapitulemos lo que hemos aprendido hasta ahora sobre Cargo:

* Podemos crear un proyecto usando cargo new.
* Podemos construir un proyecto usando cargo build.
* Podemos construir y ejecutar un proyecto en un solo paso usando cargo run.

- Podemos construir un proyecto sin generar un binario para verificar errores usando `cargo check`.

- En lugar de guardar el resultado de la construcción en el mismo directorio que nuestro código, Cargo lo almacena en el directorio *target/debug*.

Una ventaja adicional de utilizar Cargo es que los comandos son los mismos sin importar el sistema operativo con el que se esté trabajando. Por lo tanto, a partir de este punto, ya no proporcionaremos instrucciones específicas para Linux y macOS frente a Windows.

Construcción para la versión de lanzamiento (Release)

Cuando su proyecto esté listo para el lanzamiento, puede utilizar `cargo build --release` para compilarlo con optimizaciones. Este comando creará un ejecutable en la carpeta *target/release* en lugar de *target/debug*. Las optimizaciones hacen que el código de Rust se ejecute más rápido, pero activarlas prolonga el tiempo que se tarda en compilar el programa. Por esta razón, existen dos perfiles diferentes: uno para el desarrollo, cuando se desea volver a construir rápidamente y con frecuencia, y otro para compilar el programa final que entregará a un usuario y que no volverá a compilar repetidamente y se ejecutará lo más rápidamente posible. Si evalúa el tiempo de ejecución de su código, asegúrese de ejecutar `cargo build --release` y de realizar las pruebas de rendimiento (benchmarking) con el ejecutable en *target/release*.

Cargo como convención

Con proyectos sencillos, Cargo no aporta mucho valor con respecto al uso de `rustc`, pero demostrará su valía a medida que sus programas se vuelvan más complejos. Una vez que los programas crecen y tienen varios archivos o necesitan dependencias, es mucho más fácil dejar que Cargo coordine la construcción.

Aunque el proyecto `hello_cargo` es sencillo, se utilizan ahora en él gran parte de las herramientas reales que empleará usted en el resto de su carrera en Rust. De hecho, para trabajar en cualquier proyecto existente, puede utilizar los siguientes comandos para revisar el código utilizando Git, cambiar al directorio del proyecto y construirlo:

```
$ git clone example.org/someproject
$ cd someproject
$ cargo build
```

Para obtener más información sobre Cargo, consulte la documentación en *https://doc.rust-lang.org/cargo*.

Resumen

¡Ya ha comenzado su viaje a través de Rust! En este capítulo, ha aprendido cómo:

- Instalar la última versión estable de Rust utilizando rustup.
- Actualizar a una versión más reciente de Rust.
- Abrir la documentación instalada localmente.
- Escribir y ejecutar el programa «Hello, World!» utilizando rustc directamente.
- Crear y ejecutar un nuevo proyecto utilizando las convenciones de Cargo.

Este es un buen momento para construir un programa más sustancial y familiarizarse con la lectura y la escritura de código Rust. En el Capítulo 2, contruiremos un programa de juego de adivinanzas. Si prefiere comenzar aprendiendo cómo funcionan los conceptos de programación más comunes en Rust, consulte el Capítulo 3 y luego regrese al Capítulo 2.

2

PROGRAMACIÓN DE UN JUEGO DE ADIVINANZAS

¡Vamos a sumergirnos en Rust trabajando juntos en un proyecto práctico! Este capítulo introduce algunos conceptos comunes de Rust, y le muestra cómo usarlos en un programa real. Aprenderá sobre `let`, `match`, métodos, funciones asociadas y crates externos, ¡entre otras cosas! En los siguientes capítulos, exploraremos estas ideas con más detalle. En este capítulo, simplemente practicará los fundamentos.

Implementaremos un problema clásico de programación para principiantes: un juego de adivinanzas. Así es como funciona: el programa generará un número entero aleatorio entre 1 y 100. A continuación, le pedirá al jugador que proponga un valor. Después de introducirlo, el programa indicará si el valor es demasiado bajo o demasiado alto. Si el valor es correcto, el juego imprimirá un mensaje de felicitación y saldrá.

Configuración de un nuevo proyecto

Para configurar un nuevo proyecto, vaya al directorio *projects* que creó en el Capítulo 1 y cree un nuevo proyecto utilizando Cargo, de la siguiente manera:

```
$ cargo new guessing_game
$ cd guessing_game
```

El primer comando, cargo new, toma el nombre del proyecto (guessing_game) como primer argumento. El segundo comando cambia al directorio del nuevo proyecto.

Observe el archivo *Cargo.toml* generado:

Cargo.toml
```
[package]
name = "guessing_game"
version = "0.1.0"
edition = "2021"

# See more keys and their definitions at https://doc.rust-lang.org/cargo
/reference/manifest.html

[dependencies]
```

Como vio en el Capítulo 1, cargo new genera el programa «Hello, world!» por usted. Eche un vistazo al archivo *src/main.rs*:

src/main.rs
```
fn main() {
    println!("Hello, world!");
}
```

Ahora vamos a compilar el programa «Hello, world!» y lo vamos a ejecutar en un solo paso utilizando el comando cargo run:

```
$ cargo run
   Compiling guessing_game v0.1.0 (file:///projects/guessing_game)
    Finished dev [unoptimized + debuginfo] target(s) in 1.50s
     Running `target/debug/guessing_game`
Hello, world!
```

El comando run resulta útil cuando se necesita hacer iteraciones rápidas en un proyecto, como haremos en este juego, probando rápidamente cada iteración antes de pasar a la siguiente.

Abra nuevamente el archivo *src/main.rs*. Usted va a escribir todo el código en este archivo.

Procesamiento de una propuesta

La primera parte del programa del juego de adivinanzas solicitará la entrada por parte del usuario, procesará esa entrada y verificará que la

entrada tenga la forma esperada. Para empezar, permitiremos al jugador teclear una propuesta. Introduzca ahora el código de la Lista 2-1 en
src/main.rs.

src/main.rs

```rust
use std::io;

fn main() {
    println!("Guess the number!");

    println!("Please input your guess.");

    let mut guess = String::new();

    io::stdin()
        .read_line(&mut guess)
        .expect("Failed to read line");

    println!("You guessed: {guess}");
}
```

Listado 2-1: Código que admite una propuesta del usuario y la imprime.

Este código contiene mucha información, así que vamos a repa-
sarlo línea por línea. Para obtener la entrada del usuario y luego
imprimir el resultado como salida, necesitamos importar la biblioteca
de entrada/salida io al ámbito de nuestro programa. La biblioteca io
proviene de la biblioteca estándar, conocida como std:

```rust
use std::io;
```

Por defecto, Rust tiene un conjunto de elementos definidos en la
biblioteca estándar que importa automáticamente al ámbito de cada
programa. Este conjunto se llama *prelude*, y usted puede ver todos sus
elementos en *https://doc.rust-lang.org/std/prelude/index.html*.

Si un tipo que se desea utilizar no está en prelude, se debe importar
ese tipo explícitamente al ámbito del programa con una sentencia use. Al
utilizar la biblioteca std::io se obtienen una serie de características útiles,
incluida la capacidad de aceptar la entrada del usuario.

Como vimos en el Capítulo 1, la función main es el punto de entrada
al programa:

```rust
fn main() {
```

La sintaxis fn declara una nueva función; los paréntesis, (),
indican que no hay parámetros; y la llave, {, inicia el cuerpo de la
función.

Como también aprendió en el Capítulo 1, println! es una macro
que imprime una cadena en pantalla:

```rust
println!("Guess the number!");

println!("Please input your guess.");
```

Este código imprime un mensaje que indica de qué trata el juego y solicita la entrada al usuario.

Almacenamiento de valores con variables

A continuación, creamos una *variable* para almacenar la entrada del usuario, de la siguiente manera:

```
let mut guess = String::new();
```

¡Ahora el programa se está poniendo interesante! Es mucho lo que sucede en esta corta línea. Usamos la sentencia let para crear la variable. Aquí tiene otro ejemplo:

```
let apples = 5;
```

Esta línea crea una nueva variable llamada apples y la vincula al valor 5. En Rust, las variables son inmutables por defecto, lo que significa que una vez que le damos a la variable un valor, este no cambiará. Discutiremos este concepto en detalle en la sección «Variables y mutabilidad». Para hacer una variable mutable, añadimos mut antes del nombre de la variable:

```
let apples = 5; // immutable
let mut bananas = 5; // mutable
```

NOTA *La sintaxis // inicia un comentario que continúa hasta el final de la línea. Rust ignora todo lo que se encuentra en los comentarios. Discutiremos los comentarios con más detalle en el Capítulo 3.*

Volviendo al programa del juego de adivinanzas, usted ahora sabe que let mut guess introducirá una variable mutable llamada guess. El signo igual (=) le indica ahora a Rust que queremos asignar algo a la variable. A la derecha del signo igual se encuentra el valor al que guess está asignado, que es el resultado de llamar a String::new, una función que devuelve una nueva instancia de String. String es un tipo de cadena proporcionado por la biblioteca estándar codificada en UTF-8 y que puede crecer.

La sintaxis :: en la línea ::new indica que new es una función asociada del tipo String. Una función asociada es una función implementada en un tipo, en este caso String. Esta función new crea una nueva cadena vacía. Encontrará una función new en muchos tipos porque es un nombre común para una función que crea un nuevo valor de algún tipo.

En su totalidad, la línea let mut guess = String::new(); ha creado una variable mutable que actualmete está asignada a una nueva instancia vacía de String.

Recepción de datos introducidos por el usuario

Recuerde que incluimos la funcionalidad de entrada/salida de la biblioteca estándar con use `std::io;` en la primera línea del programa. Ahora llamaremos a la función `stdin` del módulo `io`, que nos permitirá manejar la entrada del usuario:

```
io::stdin()
    .read_line(&mut guess)
```

Si no hubiéramos importado la biblioteca `io` con use `std::io;` al principio del programa, aún podríamos usar la función escribiendo esta llamada a función como `std::io::stdin`. La función `stdin` devuelve una instancia de `std::io::Stdin`, que es un tipo que representa al handle (manejador, referenciador) de la entrada estándar para el terminal.

A continuación, la línea `.read_line(&mut guess)` llama al método `read_line` en el handle de la entrada estándar para obtener la entrada del usuario. También pasamos `&mut guess` como argumento a `read_line` para indicar en qué cadena almacenar la entrada del usuario. La tarea completa de `read_line` es tomar lo que el usuario escribe en la entrada estándar y añadirlo a una cadena (sin sobrescribir su contenido); por lo tanto, pasamos esa cadena como argumento. El argumento de la cadena necesita ser mutable para que el método pueda cambiar el contenido de la misma.

El símbolo `&` indica que este argumento es una *referencia*, lo cual permite que varias partes del código accedan a un mismo dato sin necesidad de copiar ese dato en memoria varias veces. Las referencias son una característica compleja, y una de sus principales ventajas es que son seguras y fáciles de usar. No necesita conocer muchos de esos detalles para terminar este programa. Por ahora, lo único que necesita saber es que, al igual que las variables, las referencias son inmutables por defecto. Por lo tanto, para hacerla mutable debe escribir `&mut guess` en lugar de `&guess`. (En el Capítulo 4 se explicarán las referencias más detalladamente).

Gestión de posibles fallos con Result

Seguimos trabajando en esta línea de código. Ahora discutimos una tercera línea de texto, pero tenga en cuenta que aún forma parte de una única línea lógica de código. La siguiente parte es este método:

```
.expect("Failed to read line");
```

Podríamos haber escrito este código de la siguiente manera:

```
io::stdin().read_line(&mut guess).expect("Failed to read line");
```

Sin embargo, una línea larga es difícil de leer, por lo que es mejor dividirla. A menudo es recomendable introducir newline (nueva línea) y demás espacios en blanco para ayudar a separar líneas largas cuando se llama a un método con la sintaxis `.method_name()`. Ahora vamos a explicar qué hace esta línea.

Como se mencionó anteriormente, read_line coloca lo que el usuario teclea en la cadena que le pasamos, pero también devuelve un valor Result. Result es una *enumeración*, a menudo llamada *enum*, que es un tipo que puede estar en uno de varios estados posibles. A cada estado posible lo llamamos *variante*.

En el Capítulo 6 se tratarán las enums con más detalle. El propósito de estos tipos Result es codificar información sobre la gestión de errores.

Las variantes Result son Ok y Err. La variante Ok indica que la operación se ha realizado correctamente, y dentro de Ok se encuentra el valor generado con éxito. La variante Err significa que la operación ha fallado, y Err contiene información sobre cómo o por qué ha fallado la operación.

Los valores del tipo Result, al igual que los valores de cualquier tipo, tienen métodos definidos en ellos. Una instancia de Result tiene un método llamado expect al que se puede llamar. Si esta instancia de Result es un valor Err, expect hará que el programa se bloquee y muestre el mensaje que usted le pasó como argumento a expect. Si el método read_line devuelve Err, probablemente sea el resultado de un error proveniente del sistema operativo subyacente. Si esta instancia de Result es un valor Ok, expect tomará el valor de retorno que Ok tiene almacenado y se lo devolverá a usted para que pueda usarlo. En este caso, ese valor es el número de bytes de la entrada del usuario.

Si no se llama a expect, el programa compilará, pero presentará una advertencia:

```
$ cargo build
   Compiling guessing_game v0.1.0 (file:///projects/guessing_game)
warning: unused `Result` that must be used
  --> src/main.rs:10:5
   |
10 |     io::stdin().read_line(&mut guess);
   |     ^^^^^^^^^^^^^^^^^^^^^^^^^^^^^^^^^^
   |
   = note: `#[warn(unused_must_use)]` on by default
   = note: this `Result` may be an `Err` variant, which should be handled

warning: `guessing_game` (bin "guessing_game") generated 1 warning
    Finished dev [unoptimized + debuginfo] target(s) in 0.59s
```

Rust advierte de que no se ha utilizado el valor Result devuelto por read_line, lo que indica que el programa no ha gestionado un posible error.

La forma correcta de suprimir la advertencia es escribir código de gestión de errores, pero en nuestro caso solo queremos que el programa se bloquee cuando ocurra un problema, por lo que podemos usar expect. Aprenderá sobre la recuperación de errores en el Capítulo 9.

Impresión de valores con println! Marcadores

Aparte de la llave de cierre, solo queda una línea más que discutir en el código que hemos visto hasta ahora:

```
println!("You guessed: {guess}");
```

Esta línea imprime la cadena que ya contiene la entrada del usuario. El conjunto de llaves {} es un marcador: piense en {} como pequeñas pinzas de cangrejo que contienen un valor. Cuando se imprime el valor de una variable, el nombre de la variable puede ir dentro de las llaves. Cuando se imprime el resultado de evaluar una expresión, coloque llaves vacías en la cadena de formato, y luego prosiga la cadena de formato con una lista separada por comas de expresiones a imprimir en cada marcador de llaves vacías en el mismo orden. Imprimir una variable y el resultado de una expresión en una sola llamada a println! se vería así:

```
let x = 5;
let y = 10;

println!("x = {x} and y + 2 = {}", y + 2);
```

Este código imprimiría x = 5 e y = 12.

Prueba de la primera parte

Probemos la primera parte del juego de adivinanzas. Se ejecuta usando cargo run:

```
$ cargo run
   Compiling guessing_game v0.1.0 (file:///projects/guessing_game)
    Finished dev [unoptimized + debuginfo] target(s) in 6.44s
     Running `target/debug/guessing_game`
Guess the number!
Please input your guess.
6
You guessed: 6
```

En este punto, la primera parte del juego está terminada: obtenemos la entrada del teclado y, a continuación, la imprimimos.

Generación de un número secreto

A continuación, necesitamos generar un número secreto que el usuario intentará adivinar. El número secreto debe ser diferente cada vez para que el juego sea divertido al jugarlo más de una vez. Utilizaremos un número aleatorio entre 1 y 100 para que el juego no sea demasiado difícil. Rust aún no incluye la funcionalidad de números aleatorios en su biblioteca estándar. Sin embargo, el equipo de Rust proporciona el crate (cajón, paquete, biblioteca) rand en *https://crates.io/crates/rand* con dicha funcionalidad.

Uso de un crate para conseguir mayor funcionalidad

Recuerde que el crate es una colección de archivos de código fuente de Rust. El proyecto que hemos estado elaborando es un *crate binario*, que es un ejecutable. El crate rand es un *crate de biblioteca*, que contiene código destinado a que lo utilicen otros programas y no puede ejecutarse por sí mismo.

En la coordinación de los crates externos por parte de Cargo es donde Cargo realmente brilla. Antes de poder escribir código que use rand, necesitamos modificar el archivo *Cargo.toml* para incluir el crate rand como una dependencia. Abra ese archivo ahora y añada la siguiente línea al final, debajo del encabezado [dependencies] que Cargo creó por usted. Asegúrese de especificar rand exactamente como lo hemos hecho aquí, con este número de versión, o es posible que los ejemplos de código de este tutorial no funcionen:

Cargo.toml
```
[dependencies]
rand = "0.8.5"
```

En el archivo *Cargo.toml*, todo lo que sigue a un encabezado forma parte de esa sección que continúa hasta que comienza otra sección. En [dependencies], se le indica a Cargo de qué crates externos depende el proyecto y qué versiones de esos crates requiere. En este caso, especificamos el crate rand con el especificador de versionado semántico 0.8.5. Cargo entiende el Versionado Semántico (a veces llamado *SemVer*), que es un estándar para escribir números de versión. El especificador 0.8.5 en realidad es una forma abreviada de ^0.8.5, lo que significa cualquier versión que sea al menos 0.8.5 pero inferior a 0.9.0.

Cargo considera que estas versiones tienen API públicas compatibles con la versión 0.8.5, y esta especificación garantiza que se obtendrá la última versión del parche que aún siga compilando con el código de este capítulo. Cualquier versión 0.9.0 o superior no garantiza tener la misma API que la que utilizan los siguientes ejemplos.

Ahora, sin cambiar ningún código, vamos a construir el proyecto, como se muestra en el Listado 2-2.

```
$ cargo build
    Updating crates.io index
  Downloaded rand v0.8.5
  Downloaded libc v0.2.127
  Downloaded getrandom v0.2.7
  Downloaded cfg-if v1.0.0
  Downloaded ppv-lite86 v0.2.16
  Downloaded rand_chacha v0.3.1
  Downloaded rand_core v0.6.3
   Compiling rand_core v0.6.3
   Compiling libc v0.2.127
   Compiling getrandom v0.2.7
   Compiling cfg-if v1.0.0
   Compiling ppv-lite86 v0.2.16
   Compiling rand_chacha v0.3.1
```

```
Compiling rand v0.8.5
Compiling guessing_game v0.1.0 (file:///projects/guessing_game)
 Finished dev [unoptimized + debuginfo] target(s) in 2.53s
```

Listado 2-2: Salida al ejecutar cargo build después de añadir el crate rand como dependencia.

Es posible que vea números de versión diferentes (pero todos serán compatibles con el código, ¡gracias a SemVer!) y líneas diferentes (dependiendo del sistema operativo), y es posible que las líneas estén en un orden diferente.

Cuando incluimos una dependencia externa, Cargo obtiene las últimas versiones de todo lo que esa dependencia necesita del *registro (registry)*, que es una copia de los datos de Crates.io en *https://crates.io*. Crates.io es donde los programadores del ecosistema de Rust publican sus proyectos de Rust de código abierto para que otros los utilicen.

Después de actualizar el registro, Cargo verifica la sección [dependencies] y descarga los crates que se enumeran y que aún no se han descargado. En este caso, aunque solo listamos rand como una dependencia, Cargo también obtiene otros crates de los que rand depende para funcionar. Después de descargar los crates, Rust los compila y, luego, compila el proyecto con las dependencias disponibles.

Si ejecuta, a continuación, cargo build de nuevo sin realizar ningún cambio, no obtendrá ninguna salida aparte de la línea Finished. Cargo sabe que ya ha descargado y compilado las dependencias, y usted no ha cambiado nada acerca de ellas en su archivo *Cargo.toml*. Cargo también sabe que usted no ha cambiado nada en el código, por lo que no lo vuelve a compilar. Al no tener nada que hacer, simplemente se cierra.

Si abre el archivo *src/main.rs*, hace un cambio trivial, lo guarda y vuelve a construir (build), solo verá dos líneas de salida:

```
$ cargo build
 Compiling guessing_game v0.1.0 (file:///projects/guessing_game)
 Finished dev [unoptimized + debuginfo] target(s) in 2.53 secs
```

Estas líneas muestran que Cargo solo actualiza la construcción con el pequeño cambio que ha introducido en el archivo *src/main.rs*. Sus dependencias no han cambiado, por lo que Cargo sabe que puede reutilizar lo que ya ha descargado y compilado para ellas.

Garantía de construcciones reproducibles con el archivo Cargo.lock

Cargo tiene un mecanismo que garantiza que se pueda volver a construir el mismo artefacto cada vez que usted o cualquier otra persona en su lugar construya su código. Cargo utilizará solo las versiones de las dependencias que usted haya especificado hasta que indique lo contrario. Por ejemplo, supongamos que la próxima semana se lanza la versión 0.8.6 del crate rand, y esa versión contiene una corrección importante de errores, pero también tiene una regresión que romperá el código. Para gestionar lo anterior, Rust crea el archivo *Cargo.lock* la primera vez que se ejecuta cargo build, por lo que ahora lo tenemos en el directorio *guessing_game*.

Cuando se costruye un proyecto por primera vez, Cargo determina todas las versiones de las dependencias que cumplen los criterios y las guarda en el archivo *Cargo.lock*. Cuando usted construya el proyecto en el futuro, Cargo verá que el archivo *Cargo.lock* existe y utilizará las versiones especificadas allí en lugar de realizar nuevamente todo el proceso de determinar las versiones. Esto nos permite tener una construcción reproducible automáticamente. En otras palabras, el proyecto se mantendrá en la versión 0.8.5 hasta que lo actualicemos explícitamente, gracias al archivo *Cargo.lock*. Debido a que el archivo *Cargo.lock* es importante para las construcciones reproducibles, a menudo se incluye en el control de versiones junto con el resto del código del proyecto.

Actualización de un crate para obtener una nueva versión

Cuando deseamos actualizar un crate, Cargo proporciona el comando update, que ignorará el archivo *Cargo.lock* y determinará todas las últimas versiones que cumplen con nuestras especificaciones en *Cargo.toml*. Cargo, luego, escribirá esas versiones en el archivo *Cargo.lock*. De lo contrario, de forma predeterminada, Cargo solo buscará versiones mayores a 0.8.5 y menores a 0.9.0. Si el crate rand ha lanzado las dos nuevas versiones 0.8.6 y 0.9.0, veremos lo siguiente si ejecutaramos cargo update:

```
$ cargo update
    Updating crates.io index
    Updating rand v0.8.5 -> v0.8.6
```

Cargo ignora la versión 0.9.0. En este punto, también notaremos un cambio en el archivo *Cargo.lock* que indica que la versión del crate rand que estamos utilizando ahora es la 0.8.6. Para usar la versión 0.9.0 de rand o cualquier versión en la serie 0.9.*x*, en su lugar tendríamos que actualizar el archivo *Cargo.toml* para que tuviera este aspecto:

```
[dependencies]
rand = "0.9.0"
```

La siguiente vez que ejecutemos cargo build, Cargo actualizará el registro de crates disponibles y reevaluará nuestros requisitos de rand según la nueva versión que hayamos especificado.

Hay mucho más que decir sobre Cargo y su ecosistema, lo cual discutiremos en el Capítulo 14, pero, por ahora, esto es todo lo que necesita saber. Cargo facilita la reutilización de bibliotecas, por lo que los programadores de Rust pueden escribir proyectos más pequeños que se componen de varios paquetes.

Generación de un número aleatorio

Comencemos a utilizar rand para generar el número que hay que tratar de adivinar. El siguiente paso es actualizar *src/main.rs*, como se muestra en el Listado 2-3.

```
src/main.rs    use std::io;
               use rand::Rng;   ❶

               fn main() {
                   println!("Guess the number!");

                ❷ let secret_number = rand::thread_rng().gen_range(1..=100);

                ❸ println!("The secret number is: {secret_number}");

                   println!("Please input your guess.");

                   let mut guess = String::new();

                   io::stdin()
                       .read_line(&mut guess)
                       .expect("Failed to read line");

                   println!("You guessed: {guess}");
               }
```

Listado 2-3: Adición del código para generar un número aleatorio.

Primero, añadimos la línea use rand::Rng; ❶. El trait (rasgo) Rng define los métodos que implementan los generadores de números aleatorios, y este trait debe estar en el ámbito para que podamos utilizar esos métodos. En el Capítulo 10 se tratarán los traits en detalle.

A continuación, añadimos dos líneas en medio. En la primera línea ❷, llamamos a la función rand::thread_rng, que nos proporciona el generador de números aleatorios que vamos a utilizar: uno que es local para el hilo (al hilo también se le llama *subproceso*) de ejecución en curso y está inicializado por el sistema operativo. Luego, llamamos al método gen_range en el generador de números aleatorios. Este método está definido por el trait Rng que hemos incluido en el ámbito con la sentencia use rand::Rng;. El método gen_range toma una expresión de rango como argumento y genera un número aleatorio dentro del rango especificado. El tipo de expresión de rango que estamos utilizando aquí tiene la forma start..=end y es inclusivo en los límites inferior y superior, por lo que debemos especificar 1..=100 para solicitar un número entre 1 y 100.

NOTA *No siempre sabremos qué traits utilizar, o a qué métodos y funciones llamar desde un crate, por lo que cada crate cuenta con documentación que proporciona instrucciones para su uso. Otra característica interesante de Cargo es que al ejecutar el comando cargo doc --open se generará la documentación de todas las dependencias de forma local y se abrirá en el navegador. Si está interesado en otra funcionalidad del crate rand, por ejemplo, ejecute cargo doc --open y haga clic en rand en la barra lateral izquierda.*

La segunda nueva línea ❸ imprime el número secreto. Esto es útil mientras estamos desarrollando el programa para poder probarlo, pero lo eliminaremos de la versión final. ¡No es un juego interesante si el programa imprime la respuesta tan pronto como comienza!

Intente ejecutar el programa varias veces:

```
$ cargo run
   Compiling guessing_game v0.1.0 (file:///projects/guessing_game)
    Finished dev [unoptimized + debuginfo] target(s) in 2.53s
     Running `target/debug/guessing_game`
Guess the number!
The secret number is: 7
Please input your guess.
4
You guessed: 4

$ cargo run
    Finished dev [unoptimized + debuginfo] target(s) in 0.02s
     Running `target/debug/guessing_game`
Guess the number!
The secret number is: 83
Please input your guess.
5
You guessed: 5
```

Deberíamos obtener diferentes números aleatorios, y todos deberían estar entre 1 y 100. ¡Buen trabajo!

Comparación del número propuesto con el número secreto

Ahora que tenemos la entrada del usuario y un número aleatorio, podemos compararlos. Ese paso se muestra en el Listado 2-4. Tenga en cuenta que este código aún no compilará, como explicaremos.

src/main.rs
```
use rand::Rng;
use std::cmp::Ordering;  ❶
use std::io;

fn main() {
    --snip--

    println!("You guessed: {guess}");

  ❷ match guess.❸cmp(&secret_number) {
        Ordering::Less => println!("Too small!"),
        Ordering::Greater => println!("Too big!"),
        Ordering::Equal => println!("You win!"),
    }
}
```

Listado 2-4: Gestión de los posibles valores de retorno al comparar dos números.

Primero, añadimos otra sentencia use ❶, incorporando un tipo llamado std::cmp::Ordering al ámbito del programa desde la biblioteca estándar. El tipo Ordering es otra enum y tiene las variantes Less, Greater y Equal. Estos son los tres posibles resultados que se pueden obtener al comparar dos valores.

Luego, añadimos cinco nuevas líneas en la parte inferior, que utilizan el tipo `Ordering`. El método ❸ `cmp` compara dos valores y lo puede invocar cualquier cosa que se pueda comparar con otra. Toma una referencia de lo que queremos comparar: en este caso, estamos comparando guess con `secret_number`. Luego, devuelve una variante de la enum `Ordering` que hemos incluido en el ámbito del programa con la sentencia use. Utilizamos una expresión ❷ match para decidir qué hacer a continuación en función de la variante de `Ordering` que se devolvió en la llamada a cmp con los valores guess y `secret_number`.

La expresión match está compuesta por *ramas* (arms). Una rama consta de un *patrón* con el que coincidir y el código que se debe ejecutar si el valor dado a match coincide con el patrón de la rama. Rust toma el valor dado a match y busca en cada patrón de la rama de forma consecutiva. Los patrones y la construcción match son potentes características de Rust: nos permiten expresar una variedad de situaciones con las que se puede encontrar el código y se aseguran de que las gestionemos todas. Estas características se tratarán en detalle en el Capítulo 6 y en el Capítulo 18, respectivamente.

Vamos a seguir un ejemplo con la expresión match que usamos aquí. Supongamos que el usuario ha propuesto el número 50 y el número secreto generado al azar esta vez es 38.

Cuando el código compara 50 con 38, el método cmp devuelve `Ordering::Greater` porque 50 es mayor que 38. La expresión match recibe el valor `Ordering::Greater` y comienza a verificar cada patrón de la rama. Observa el patrón de la primera rama, `Ordering::Less`, y ve que el valor `Ordering::Greater` no coincide con `Ordering::Less`, por lo que ignora el código en esa rama y pasa a la siguiente rama. El patrón de la siguiente rama es `Ordering::Greater`, ¡que coincide con `Ordering::Greater`! El código asociado en esa rama se ejecutará y presentará Too big! en la pantalla. La expresión match finaliza después de la primera coincidencia que tenga éxito, por lo que no examinará la última rama en este escenario.

Sin embargo, el código en el Listado 2-4 aún no compilará. Vamos a intentarlo:

```
$ cargo build
   Compiling guessing_game v0.1.0 (file:///projects/guessing_game)
error[E0308]: mismatched types
  --> src/main.rs:22:21
   |
22 |       match guess.cmp(&secret_number) {
   |                       ^^^^^^^^^^^^^^ expected struct `String`, found integer
   |
   = note: expected reference `&String`
              found reference `&{integer}`
```

La parte fundamental del error indica que hay *tipos incompatibles*. Rust tiene un potente sistema de tipado estático. Sin embargo, también tiene inferencia de tipos. Cuando escribimos `let mut guess = String::new()`, Rust ha inferido que guess debería ser un `String` y no nos ha obligado a escribir el tipo. Por otro lado, `secret_number` es de tipo numérico. Algunos de los tipos numéricos en Rust pueden tener un valor entre 1 y 100: i32, un número de 32 bits; u32, un número entero sin signo de 32 bits; i64, un número de 64 bits, entre otros. A menos que se especifique lo contrario, Rust utiliza por defecto i32, que es el tipo de secret_number salvo que se añada información de tipo en otro lugar que haga que Rust infiera un tipo numérico diferente. La razón del error es que Rust no puede comparar una cadena de texto con un tipo numérico.

En última instancia, queremos convertir String, que el programa lee como entrada, en un tipo de número real para poder compararlo numéricamente con el número secreto. Lo hacemos añadiendo esta línea al cuerpo de la función main:

src/main.rs

```rust
--snip--

let mut guess = String::new();

io::stdin()
    .read_line(&mut guess)
    .expect("Failed to read line");

let guess: u32 = guess
    .trim()
    .parse()
    .expect("Please type a number!");

println!("You guessed: {guess}");

match guess.cmp(&secret_number) {
    Ordering::Less => println!("Too small!"),
    Ordering::Greater => println!("Too big!"),
    Ordering::Equal => println!("You win!"),
}
```

Creamos una variable llamada guess. Pero, espere, ¿no tiene el programa ya una variable llamada guess? Sí, pero afortunadamente Rust nos permite enmascarar el valor anterior de guess con uno nuevo. *Shadowing (enmascarado)* nos permite reutilizar el nombre de la variable guess en lugar de obligarnos a crear dos variables únicas, como guess_str y guess, por ejemplo. Trataremos esto con más detalle en el Capítulo 3, pero, por ahora, debe saber que esta característica se utiliza a menudo cuando se quiere convertir un valor de un tipo a otro.

Vinculamos esta nueva variable a la expresión guess.trim().parse(). La variable guess en la expresión se refiere a la variable original guess que contenía la entrada como una cadena de texto. El método trim en una instancia de String eliminará cualquier espacio en blanco al principio y al final, lo cual debemos hacer para poder comparar la cadena de texto con u32, que solo puede contener datos numéricos. El usuario debe presionar ENTER para responder a la función read_line e introducir su propuesta, lo cual añade un carácter de nueva línea a la cadena de texto. Por ejemplo, si el usuario escribe 5 y presiona ENTER, la variable guess se verá así: 5\n. \n significa «nueva línea». (En Windows, al presionar ENTER se obtiene un retorno de carro y una nueva línea, \r\n). El método trim elimina \n o \r\n, dejando solo el 5.

El método parse aplicado a cadenas convierte una cadena a otro tipo. Aquí lo usamos para la conversión de una cadena a un número. Necesitamos indicarle a Rust el tipo exacto de número que queremos usando let guess: u32. Los dos puntos (:) después de guess le dicen a Rust que vamos a anotar el tipo de variable. Rust tiene algunos tipos de número integrados; el tipo u32 que se muestra aquí es un entero sin signo de 32 bits. Es una buena elección por defecto para el caso de un número pequeño y positivo. Aprenderá sobre otros tipos de número en el Capítulo 3.

Además, la anotación u32 en este programa de ejemplo y la comparación con secret_number significa que Rust inferirá que secret_number también debe ser u32. Entonces, ¡ahora la comparación se hará entre dos valores del mismo tipo!

El método parse solo funcionará en caracteres que lógicamente se puedan convertir en números y, por lo tanto, puede causar fácilmente errores. Si, por ejemplo, la cadena contuviera A👍%, no habría forma de convertir eso en un número. Debido a que podría fallar, el método parse devuelve el tipo Result, al igual que el método read_line (discutido anteriormente en «Gestión de posibles fallos con Result»). Trataremos este Result de la misma manera usando nuevamente el método expect. Si parse devuelve la variante Err de Result porque no ha podido crear un número a partir de la cadena, la llamada a expect bloqueará el juego y presentará el mensaje que le proporcionemos. Si parse puede convertir con éxito la cadena en un número, devolverá la variante Ok de Result, y expect devolverá el número que queremos del valor Ok.

Vamos ahora a ejecutar el programa:

```
$ cargo run
   Compiling guessing_game v0.1.0 (file:///projects/guessing_game)
    Finished dev [unoptimized + debuginfo] target(s) in 0.43s
     Running `target/debug/guessing_game`
Guess the number!
The secret number is: 58
Please input your guess.
  76
You guessed: 76
Too big!
```

¡Genial! Aunque se han añadido espacios antes de la propuesta, el programa aún ha podido determinar que el usuario ha adivinado 76. Ejecute el programa varias veces para verificar el diferente comportamiento con diferentes entradas: proponga el número dentro de los márgenes, proponga un número alto y proponga un número bajo.

Ahora tenemos la mayor parte del juego en funcionamiento, pero el usuario solo puede hacer una propuesta. ¡Vamos a cambiar eso añadiendo un bucle!

Admisión de varias propuestas utilizando un bucle

La palabra clave `loop` crea un bucle infinito. Añadiremos un bucle para proporcionar a los usuarios más oportunidades de adivinar el número.

src/main.rs

```
--snip--

println!("The secret number is: {secret_number}");

loop {
    println!("Please input your guess.");

    --snip--

    match guess.cmp(&secret_number) {
        Ordering::Less => println!("Too small!"),
        Ordering::Greater => println!("Too big!"),
        Ordering::Equal => println!("You win!"),
    }
}
```

Como puede ver, lo hemos incluido todo, desde la solicitud de entrada de la propuesta en adelante, dentro de un bucle. Asegúrese de sangrar las líneas dentro del bucle con otros cuatro espacios cada una y vuelva a ejecutar el programa. Ahora el programa seguirá pidiendo otra propuesta indefinidamente, lo cual en realidad introduce un nuevo problema. ¡No parece que el usuario pueda salir del programa!

El usuario siempre puede interrumpir el programa utilizando el atajo de teclado CTRL-C. Pero hay otra forma de escapar de este insaciable monstruo, como se menciona en la discusión sobre el método `parse` en «Comparación del número propuesto con el número secreto»: si el usuario introduce una respuesta que no es un número, el programa se bloqueará. Podemos aprovechar eso para permitir al usuario salir, como se muestra a continuación:

```
$ cargo run
   Compiling guessing_game v0.1.0 (file:///projects/guessing_game)
    Finished dev [unoptimized + debuginfo] target(s) in 1.50s
     Running `target/debug/guessing_game`
Guess the number!
The secret number is: 59
Please input your guess.
45
You guessed: 45
Too small!
Please input your guess.
60
You guessed: 60
Too big!
Please input your guess.
59
You guessed: 59
You win!
Please input your guess.
```

```
quit
thread 'main' panicked at 'Please type a number!: ParseIntError
{ kind: InvalidDigit }', src/main.rs:28:47
note: run with `RUST_BACKTRACE=1` environment variable to display a backtrace
```

Teclear quit hará que termine el juego, pero, como podrá observar, ocurrirá lo mismo con cualquier otra entrada que no sea un número. Esto, cuando menos, no es óptimo; queremos que el juego también se detenga cuando se adivine el número correcto.

Detención del programa después de hacer una propuesta acertada

Vamos a programar el juego para que se detenga cuando el usuario gane, añadiendo la sentencia break:

src/main.rs

```
--snip--

match guess.cmp(&secret_number) {
    Ordering::Less => println!("Too small!"),
    Ordering::Greater => println!("Too big!"),
    Ordering::Equal => {
        println!("You win!");
        break;
    }
}
```

Añadir la línea break después de You win! hace que el programa salga del bucle cuando el usuario adivina el número secreto. Salir del bucle también significa salir del programa, porque el bucle es la última parte de main.

Gestión de entradas no válidas

Para mejorar aún más el comportamiento del juego, en lugar de hacer que el programa se bloquee cuando el usuario introduzca un valor que no sea un número, hagamos que el juego ignore dicho valor para que el usuario pueda continuar adivinando. Podemos lograrlo modificando la línea donde guess se convierte de una cadena (String) a un número (u32), como se muestra en el Listado 2-5.

src/main.rs

```
--snip--

io::stdin()
    .read_line(&mut guess)
    .expect("Failed to read line");

let guess: u32 = match guess.trim().parse() {
    Ok(num) => num,
    Err(_) => continue,
};

println!("You guessed: {guess}");

--snip--
```

Listado 2-5: Se ignora una propuesta que no es un número y se solicita otra propuesta en lugar de hacer que el programa se bloquee.

Cambiamos de una llamada a expect a una expresión match para pasar de bloquear el programa en caso de error a gestionar el error. Recuerde que parse devuelve un tipo Result y Result es una enum que tiene las variantes Ok y Err. Aquí estamos usando la expresión match, al igual que lo hicimos con el resultado Ordering del método cmp.

Si parse logra convertir con éxito la cadena en un número, devolverá un valor Ok que contiene el número resultante. Ese valor Ok coincidirá con el patrón de la primera rama y la expresión match simplemente devolverá el valor num que parse ha producido y que se encuentra dentro del valor Ok. Ese número terminará justo donde queremos, en la nueva variable guess que creamos.

Si parse *no* puede convertir la cadena en un número, devolverá un valor Err que contiene más información sobre el error. El valor Err no coincide con el patrón Ok(num) en la primera rama de match, pero sí coincide con el patrón Err(_) en la segunda rama. El guión bajo _ es un valor comodín (catch-all); en este ejemplo, estamos diciendo que queremos que coincida con todos los valores Err, sin importar qué información tengan dentro. Por lo tanto, el programa ejecutará el código de la segunda rama, continue, que le indica al programa que vaya a la siguiente iteración del bucle y pida otra propuesta. Por lo tanto, efectivamente, ¡el programa ignora todos los errores que parse pueda encontrar!

Ahora todo en el programa debería funcionar como se espera. Vamos a intentarlo:

```
$ cargo run
   Compiling guessing_game v0.1.0 (file:///projects/guessing_game)
   Finished dev [unoptimized + debuginfo] target(s) in 4.45s
    Running `target/debug/guessing_game`
Guess the number!
The secret number is: 61
Please input your guess.
10
You guessed: 10
Too small!
Please input your guess.
99
You guessed: 99
Too big!
Please input your guess.
foo
Please input your guess.
61
You guessed: 61
You win!
```

¡Increíble! Con un pequeño ajuste final, terminaremos el juego de adivinanzas. Recuerde que el programa todavía imprime el número secreto. Eso funcionó bien para las pruebas, pero arruina el juego. Eliminemos la línea println! que muestra el número secreto. El Listado 2-6 muestra el código final.

```
src/main.rs   use rand::Rng;
              use std::cmp::Ordering;
              use std::io;

              fn main() {
                  println!("Guess the number!");

                  let secret_number = rand::thread_rng().gen_range(1..=100);

                  loop {
                      println!("Please input your guess.");

                      let mut guess = String::new();

                      io::stdin()
                          .read_line(&mut guess)
                          .expect("Failed to read line");

                      let guess: u32 = match guess.trim().parse() {
                          Ok(num) => num,
                          Err(_) => continue,
                      };

                      println!("You guessed: {guess}");

                      match guess.cmp(&secret_number) {
                          Ordering::Less => println!("Too small!"),
                          Ordering::Greater => println!("Too big!"),
                          Ordering::Equal => {
                              println!("You win!");
                              break;
                          }
                      }
                  }
              }
```

Listado 2-6: Código completo del juego de adivinanzas.

En este punto, ha elaborado con éxito el juego de adivinanzas.
¡Felicidades!

Resumen

Este proyecto ha sido una forma práctica de presentarle muchos conceptos nuevos de Rust: let, match, funciones, el uso de crates externos, etc. En los próximos capítulos, aprenderá sobre estos conceptos con más detalle. En el Capítulo 3 se tratan conceptos que la mayoría de los lenguajes de programación tienen, como variables, tipos de datos y funciones, y se explica cómo usarlos en Rust. En el Capítulo 4 se explora la propiedad (ownership), una característica que hace que Rust sea diferente de otros lenguajes. En el Capítulo 5 se discuten las structs (estructuras) y la sintaxis de los métodos, y en el Capítulo 6 se explica cómo funcionan las enums (enumeraciones).

3

CONCEPTOS DE PROGRAMACIÓN HABITUALES

En este capítulo se tratan conceptos que aparecen en casi todos los lenguajes de programación y se explica cómo funcionan en Rust. La mayoría de los lenguajes de programación tienen mucho en común en lo esencial. Ninguno de los conceptos presentados en este capítulo es exclusivo de Rust, pero los discutiremos en el contexto de Rust y explicaremos las convenciones en torno a su uso.

Concretamente, aprenderá sobre variables, tipos básicos, funciones, comentarios y control de flujo. Estos fundamentos estarán presentes en cada programa de Rust, y aprenderlos desde el principio le proporcionará una base sólida para comenzar.

Variables y mutabilidad

Las variables, como se mencionó en «Almacenamiento de valores con variables», de forma predeterminada, son inmutables en Rust. Esta es una de las muchas indicaciones que Rust nos proporciona para escribir el código de manera que aprovechemos la seguridad y la sencilla concurrencia que Rust ofrece. Sin embargo, aún tenemos la opción de hacer que las variables sean mutables. Exploraremos cómo y por qué Rust nos anima a favorecer la inmutabilidad y por qué a veces podemos optar por no hacerlo.

Cuando una variable es inmutable, una vez que se asigna un valor a un nombre, no podemos cambiar ese valor. Para ilustrar esto, generamos un nuevo proyecto llamado *variables* en su directorio *projects* usando el comando `cargo new variables`.

Luego, en su nuevo directorio *variables*, abra el archivo *src/main.rs* y reemplace el código con el siguiente código, que aún no compilará:

src/main.rs

```
fn main() {
    let x = 5;
    println!("The value of x is: {x}");
    x = 6;
    println!("The value of x is: {x}");
}
```

Guarde y ejecute el programa usando `cargo run`. Debería recibir un mensaje de error relacionado con un error de inmutabilidad, como se muestra en esta salida:

```
$ cargo run
   Compiling variables v0.1.0 (file:///projects/variables)
error[E0384]: cannot assign twice to immutable variable `x`
 --> src/main.rs:4:5
  |
2 |     let x = 5;
  |         -
  |         |
```

```
    |        first assignment to `x`
    |        help: consider making this binding mutable: `mut x`
 3  |    println!("The value of x is: {x}");
 4  |    x = 6;
    |    ^^^^^ cannot assign twice to immutable variable
```

Este ejemplo muestra cómo el compilador nos ayuda a encontrar errores en los programas. Los errores del compilador pueden ser frustrantes, pero en realidad solo significan que el programa aún no está haciendo lo que se desea de manera segura; ¡no significa que no sea un buen programador! Incluso los desarrolladores experimentados de Rust siguen recibiendo errores del compilador.

Si recibimos el mensaje de error cannot assign twice to immutable variable `x` es porque hemos intentado asignar un segundo valor a la variable inmutable x.

Es importante que encontremos errores en tiempo de compilación cuando intentamos cambiar un valor que está designado como inmutable, porque esta situación puede llevar a errores. Si una parte del código opera bajo la suposición de que un valor nunca cambiará y otra parte del código cambia ese valor, es posible que la primera parte del código no haga aquello para lo que fue diseñada. La causa de este tipo de error puede ser difícil de rastrear después del hecho, especialmente cuando la segunda parte del código cambia el valor solo en ocasiones. El compilador de Rust garantiza que cuando afirmamos que un valor no cambiará, realmente no cambiará, por lo que no tenemos que realizar un seguimiento por nuestra parte. El código es más fácil de razonar.

Pero la mutabilidad puede ser muy útil y puede hacer que el código resulte más conveniente de escribir. Aunque las variables son inmutables por defecto, podemos hacerlas mutables añadiendo mut delante del nombre de la variable, como hicimos en el Capítulo 2. Añadir mut también transmite la intención a los futuros lectores del código, al indicar que otras partes del código cambiarán el valor de esta variable.

Por ejemplo, vamos a cambiar *src/main.rs* por el siguiente código:

src/main.rs
```
fn main() {
    let mut x = 5;
    println!("The value of x is: {x}");
    x = 6;
    println!("The value of x is: {x}");
}
```

Cuando ejecutamos el programa, ahora obtenemos lo siguiente:

```
$ cargo run
   Compiling variables v0.1.0 (file:///projects/variables)
    Finished dev [unoptimized + debuginfo] target(s) in 0.30s
     Running `target/debug/variables`
The value of x is: 5
The value of x is: 6
```

Se nos permite cambiar el valor asignado a x de 5 a 6 cuando se usa mut. En última instancia, decidir si utilizar la mutabilidad o no depende de usted y de lo que considere más claro en la situación en particular.

Constantes

Al igual que las variables inmutables, las *constantes* son valores que se asignan a un nombre y no se les permite cambiar, pero hay algunas diferencias entre las constantes y las variables.

Primero, no se permite usar mut con constantes. Las constantes siempre son inmutables. Declaramos las constantes utilizando la palabra clave const en lugar de la palabra clave let, y se debe anotar el tipo del valor. Abordaremos los tipos y las anotaciones de tipos en «Tipos de datos», así que no se preocupe por los detalles en este momento. Solo debe saber que siempre debe anotar el tipo.

Las constantes se pueden declarar en cualquier ámbito, incluido el ámbito global, lo que las hace útiles para valores que muchas partes del código necesitan conocer.

La última diferencia es que las constantes solo pueden ser asignadas a una expresión constante, no al resultado de un valor que solo se podría calcular en tiempo de ejecución.

Aquí hay un ejemplo de declaración de una constante:

```
const THREE_HOURS_IN_SECONDS: u32 = 60 * 60 * 3;
```

El nombre de la constante es THREE_HOURS_IN_SECONDS y su valor se establece como resultado de multiplicar 60 (el número de segundos en un minuto) por 60 (el número de minutos en una hora) por 3 (el número de horas que queremos contar en este programa). La convención de nombres de Rust para las constantes es utilizar mayúsculas con guiones bajos entre palabras. El compilador es capaz de evaluar un conjunto limitado de operaciones en tiempo de compilación, lo que nos permite escribir este valor de una manera más fácil de entender y verificar, en lugar de establecer esta constante en el valor 10,800. Consulte la sección de evaluación de constantes en la Referencia de Rust en *https://doc.rust-lang.org/reference/const_eval.html* para obtener más información sobre qué operaciones se pueden utilizar al declarar constantes.

Las constantes son válidas durante todo el tiempo de ejecución del programa, dentro del ámbito en el que se declararon. Esta propiedad hace que las constantes sean útiles para valores en el dominio de nuestra aplicación que varias partes del programa puedan necesitar conocer, como el número máximo de puntos que cualquier jugador de un juego puede ganar, o la velocidad de la luz.

Nombrar como constantes los valores codificados que se utilizan en todo el programa es útil para transmitir el significado de ese valor a los futuros responsables de mantenimiento del código. También ayuda a tener solo un lugar en el código que se necesitaría cambiar si el valor codificado necesitara actualizarse en el futuro.

Enmascaramiento

Como se vio en el tutorial del juego de adivinanzas del Capítulo 2, se puede declarar una nueva variable con el mismo nombre que una variable anterior. Los programadores de Rust dicen que la primera variable es *shadowed* (enmascarada) por la segunda, lo que significa que la segunda variable es la que el compilador verá cuando usemos el nombre de la variable. En efecto, la segunda variable eclipsa a la primera, y tomará para ella cualquier uso del nombre de la variable hasta que ella misma sea enmascarada o finalice su ámbito. Podemos enmascarar una variable utilizando el mismo nombre de la variable y repitiendo el uso de la palabra clave let de la siguiente manera:

src/main.rs
```
fn main() {
    let x = 5;

    let x = x + 1;

    {
        let x = x * 2;
        println!("The value of x in the inner scope is: {x}");
    }

    println!("The value of x is: {x}");
}
```

Este programa primero asigna a x un valor de 5. Luego crea una nueva variable x repitiendo let x =, tomando el valor original y sumándole 1, por lo que el valor x es entonces 6. Luego, dentro del ámbito interno creado con las llaves {}, la tercera sentencia let también enmascara a x y crea una nueva variable, multiplicando el valor anterior por 2 para darle a x un valor de 12. Cuando ese ámbito termina, el enmascaramiento interno termina y x vuelve a ser 6. Cuando ejecutemos este programa, mostrará lo siguiente:

```
$ cargo run
   Compiling variables v0.1.0 (file:///projects/variables)
    Finished dev [unoptimized + debuginfo] target(s) in 0.31s
     Running `target/debug/variables`
The value of x in the inner scope is: 12
The value of x is: 6
```

El enmascaramiento es diferente de la acción de marcar una variable como mut porque obtendremos un error durante la compilación si accidentalmente intentamos hacer una reasignación de esta variable sin usar la palabra clave let. Al usar let, podemos realizar algunas transformaciones sobre un valor pero hace que la variable sea inmutable después de que se hayan completado esas transformaciones.

La otra diferencia entre mut y el enmascaramiento es que, debido a que estamos creando una nueva variable cuando usamos la palabra clave let nuevamente, podemos cambiar el tipo de valor pero reutilizar el mismo nombre. Por ejemplo, supongamos que nuestro programa le pide al usuario que indique cuántos espacios desea que haya entre un cierto texto insertando caracteres de espacio y, luego, queremos almacenar esa entrada como un número:

```
let spaces = "    ";
let spaces = spaces.len();
```

La primera variable spaces es del tipo cadena y la segunda variable spaces es de tipo número. El enmascaramiento evita tener que inventar nombres diferentes, como spaces_str y spaces_num; en cambio, podemos reutilizar el nombre más simple spaces. Sin embargo, si intentamos usar mut para esto, como se muestra aquí, obtendremos un error en tiempo de compilación:

```
let mut spaces = "    ";
spaces = spaces.len();
```

El error indica que no se nos permite mutar el tipo de una variable:

```
$ cargo run
   Compiling variables v0.1.0 (file:///projects/variables)
error[E0308]: mismatched types
 --> src/main.rs:3:14
  |
2 |     let mut spaces = "    ";
  |                      ----- expected due to this value
3 |     spaces = spaces.len();
  |              ^^^^^^^^^^^^ expected `&str`, found `usize`
```

Ahora que hemos explorado cómo funcionan las variables, veamos más tipos de datos que pueden tener.

Tipos de datos

Cada valor en Rust pertenece a un cierto tipo de dato, lo cual le indica a Rust qué tipos de datos se especifican para que sepa cómo trabajar con esos datos. Vamos a examinar dos subconjuntos de tipos de datos: escalares y compuestos.

Hay que tener en en cuenta que Rust es un lenguaje de *tipado estático*, lo que significa que debe conocer los tipos de todas las variables en tiempo de compilación. El compilador generalmente puede inferir qué tipo queremos usar en función del valor y cómo lo utilizamos. En casos en los que sea posible que existan muchos tipos, como cuando convertimos String a un tipo numérico usando parse en «Comparación del número propuesto con el número secreto», debemos añadir una anotación de tipo, como en el siguiente ejemplo:

```
let guess: u32 = "42".parse().expect("Not a number!");
```

Si no añadimos la anotación de tipo : u32 mostrada en el código anterior, Rust mostrará el siguiente error, lo que significa que el compilador necesita más información por nuestra parte para saber qué tipo queremos usar:

```
$ cargo build
   Compiling no_type_annotations v0.1.0 (file:///projects/no_type_annotations)
error[E0282]: type annotations needed
 --> src/main.rs:2:9
  |
2 |     let guess = "42".parse().expect("Not a number!");
  |         ^^^^^ consider giving `guess` a type
```

Verá diferentes anotaciones de tipo para otros tipos de datos.

Tipos de escalares

El tipo *escalar* representa un solo valor. Rust tiene cuatro tipos principales de escalares: enteros, números de coma flotante, booleanos y caracteres. Es posible que reconozca estos tipos por otros lenguajes de programación. Vamos a profundizar en cómo funcionan en Rust.

Tipos de enteros

Un *entero* es un número sin componente fraccionaria. Utilizamos un tipo entero en el Capítulo 2, el tipo u32. Esta declaración de tipo indica que el valor al que está asociado debe ser un entero sin signo (los tipos de enteros con signo comienzan con i en lugar de u) que ocupa 32 bits de espacio. La Tabla 3-1 muestra los tipos de enteros incorporados a Rust. Podemos utilizar cualquiera de estas variantes para declarar el tipo de un valor entero.

Tabla 3-1: Tipos de enteros en Rust.

Longitud	Con signo	Sin signo
8-bit	i8	u8
16-bit	i16	u16
32-bit	i32	u32
64-bit	i64	u64
128-bit	i128	u128
arch	isize	usize

Cada variante puede ser con signo o sin signo y tiene un tamaño explícito. *Con signo* y *sin signo* se refiere a que es posible que el número sea negativo y entonces necesite tener un signo (con signo), o que siempre sea positivo y, por lo tanto, pueda representarse sin un signo (sin signo). Es como escribir números en un papel: cuando el signo importa, se muestra un número con un signo más o un signo menos; sin embargo, cuando se puede asumir que el número es positivo, se muestra sin signo. Los números con signo se almacenan utilizando la representación de complemento a dos.

Cada variante con signo puede almacenar números desde $-(2^{n-1})$ hasta $2^{n-1} - 1$ inclusive, donde n es el número de bits que utiliza la variante. Entonces, i8 puede almacenar números desde $-(2^7)$ hasta $2^7 - 1$, lo que equivale a -128 hasta 127. Las variantes sin signo pueden almacenar números desde 0 hasta $2^n - 1$, por lo que u8 puede almacenar números desde 0 hasta $2^8 - 1$, lo que equivale a desde 0 hasta 255.

Además, los tipos isize y usize dependen de la arquitectura del ordenador en el que se ejecuta el programa, lo cual se denota en la tabla como arch: 64 bits si tiene una arquitectura de 64-bits y 32 bits si tiene una arquitectura de 32-bits.

Podemos escribir literales enteros en cualquiera de las formas mostradas en la Tabla 3-2. Hay que tener en cuenta que los literales de números que pueden ser de múltiples tipos numéricos permiten un sufijo de tipo, como 57u8, para designar el tipo. Los literales de números también pueden usar _ como separador visual para facilitar la lectura del número, como por ejemplo 1_000, que tendrá el mismo valor que si se hubiera especificado 1 000.

Tabla 3-2: Literales enteros en Rust.

Literales numéricos	Ejemplo
Decimal	98_222
Hexadecimal	0xff
Octal	0o77
Binario	0b1111_0000
Byte (solo u8)	b'A'

Entonces, ¿cómo sabemos qué tipo de entero utilizar? Si no estamos seguros, los valores predeterminados de Rust suelen ser buenos puntos de partida: los tipos enteros tienen como valor predeterminado i32. La situación principal en la que usaríamos isize o usize es al indexar algún tipo de colección.

DESBORDAMIENTO DE ENTEROS

Digamos que tenemos una variable de tipo u8 que puede contener valores entre 0 y 255. Si intentamos cambiar el valor de la variable a un valor fuera de ese rango, como 256, se producirá un *desbordamiento de enteros*, lo que puede dar lugar a dos comportamientos. Cuando compilamos en modo de depuración, Rust incluye verificaciones de desbordamiento de enteros que hacen que el programa se detenga *(panic)* en tiempo de ejecución si se produce este comportamiento.

Rust utiliza el término *panicking* (pánico) cuando un programa finaliza con un error; discutiremos los panicking con más detalle en «Errores irreparables con panic!».

Cuando compilamos en modo release (lanzamiento) con la bandera --release, Rust no incluye verificaciones de desbordamiento de enteros que causen entrada en pánico. En lugar de esto, si ocurre un desbordamiento,

Rust realiza una operación de wrapping (dar la vuelta) en complemento a dos. En resumen, los valores mayores que el valor máximo que el tipo puede contener wrap around (dan la vuelta) al mínimo de los valores que el tipo puede contener. En el caso de u8, el valor 256 se convierte en 0, el valor 257 se convierte en 1, y así sucesivamente. El programa no entrará en pánico, pero la variable tendrá un valor que probablemente no sea el que esperábamos. Confiar en el comportamiento de wrapping en el desbordamiento de enteros se considera un error.

Para gestionar la posibilidad de desbordamiento, podemos utilizar las siguientes familias de métodos proporcionados por la biblioteca estándar para tipos numéricos primitivos:

- Wrap en todos los modos con los métodos wrapping_*, como wrapping_add.

- Devolver el valor None si hay desbordamiento con los métodos checked_*.

- Devolver el valor y un booleano que indica si hubo desbordamiento con los métodos overflowing_*.

- Saturar en los valores mínimo o máximo del valor con los métodos saturating_*.

Tipos de coma flotante

Rust también tiene dos tipos primitivos para *números de coma flotante*, que son números con coma decimal. Los tipos de coma flotante en Rust son f32 y f64, que tienen un tamaño de 32 bits y 64 bits, respectivamente. El tipo predeterminado es f64 porque en las CPU modernas tiene aproximadamente la misma velocidad que f32 pero es capaz de una mayor precisión. Todos los tipos de coma flotante son con signo.

A continuación, vemos un ejemplo que muestra los números de coma flotante en acción:

src/main.rs
```
fn main() {
    let x = 2.0; // f64

    let y: f32 = 3.0; // f32
}
```

Los números de coma flotante se representan según el estándar IEEE-754. El tipo f32 es un flotante de precisión simple (32 bits), mientras que f64 tiene precisión doble (64 bits).

Operaciones numéricas

Rust admite las operaciones matemáticas básicas que esperaríamos para todos los tipos numéricos: suma, resta, multiplicación, división, y resto. La división de enteros trunca a cero al número entero más cercano. El siguiente código muestra cómo utilizar cada operación numérica en una sentencia let:

src/main.rs

```
fn main() {
    // addition
    let sum = 5 + 10;

    // subtraction
    let difference = 95.5 - 4.3;

    // multiplication
    let product = 4 * 30;

    // division
    let quotient = 56.7 / 32.2;
    let truncated = -5 / 3; // Results in -1

    // remainder
    let remainder = 43 % 5;
}
```

Cada expresión en estas sentencias utiliza un operador matemático y se evalúa a un único valor, que luego se asigna a una variable. El Apéndice B contiene una lista de todos los operadores que proporciona Rust.

Tipo booleano

Como en la mayoría de lenguajes de programación, en Rust, el tipo de dato booleano tiene dos posibles valores: true (verdadero) y false (falso). Los booleanos tienen el tamaño de un byte. El tipo booleano en Rust se especifica utilizando bool. Por ejemplo:

src/main.rs

```
fn main() {
    let t = true;

    let f: bool = false; // with explicit type annotation
}
```

La principal forma de usar valores booleanos es a través de condicionales, como una expresión if. Explicaremos cómo funcionan las expresiones if en Rust en «Control de flujo».

Tipo carácter

El tipo char en Rust es el tipo alfabético más primitivo del lenguaje. Aquí tiene algunos ejemplos de declaraciones de valores char:

src/main.rs

```
fn main() {
    let c = 'z';
    let z: char = 'Z'; // with explicit type annotation
    let heart_eyed_cat = '😻';
}
```

Hay que tener en cuenta que especificamos literales de tipo char con comillas simples, a diferencia de los literales de tipo cadena, que utilizan comillas dobles. El tipo char en Rust tiene el tamaño de cuatro bytes y representa un valor escalar Unicode, lo que significa que puede representar mucho más que solo ASCII. Las letras acentuadas, los caracteres chinos, japoneses y coreanos, los emoji y los espacios de anchura cero son todos valores válidos de tipo char en Rust. Los valores escalares Unicode van desde U+0000 hasta U+D7FF y desde U+E000 hasta U+10FFFF inclusive. Sin embargo, un «carácter» no es realmente un concepto en Unicode, por lo que la intuición de lo que es un carácter puede no coincidir con lo que es un char en Rust. Discutiremos este tema en detalle en «Almacenamiento de texto codificado en UTF-8 con cadenas».

Tipos compuestos

Los *tipos compuestos* pueden agrupar múltiples valores en un solo tipo. Rust tiene dos tipos compuestos primitivos: las tuplas y los arrays.

Tipo tupla

Una *tupla* es una forma general de agrupar varios valores con diferentes tipos en un solo tipo compuesto. Las tuplas tienen una longitud fija: una vez declaradas, no pueden aumentar ni reducir su tamaño.

Creamos una tupla escribiendo una lista, separada por comas, de valores dentro de paréntesis. Cada posición en la tupla tiene un tipo, y los tipos de los diferentes valores en la tupla no tienen que ser iguales. Hemos añadido anotaciones de tipo opcionales en este ejemplo:

src/main.rs
```
fn main() {
    let tup: (i32, f64, u8) = (500, 6.4, 1);
}
```

La variable tup se vincula a la tupla completa porque una tupla se considera un solo elemento compuesto. Para obtener los valores individuales de una tupla, podemos utilizar la coincidencia de patrones para desestructurar un valor de tupla de esta manera:

src/main.rs
```
fn main() {
    let tup = (500, 6.4, 1);

    let (x, y, z) = tup;

    println!("The value of y is: {y}");
}
```

Este programa primero crea una tupla y la vincula a la variable tup. Luego, utiliza un patrón con let para tomar tup y convertirla en tres variables separadas: x, y y z. Esto se conoce como *desestructuración* porque divide la tupla, que es única, en tres partes. Finalmente, el programa imprime el valor de y, que es 6.4.

También podemos acceder directamente a un elemento de la tupla utilizando el punto (.) seguido del índice del valor al que queremos acceder. Por ejemplo:

src/main.rs
```
fn main() {
    let x: (i32, f64, u8) = (500, 6.4, 1);
```

```
        let five_hundred = x.0;

        let six_point_four = x.1;

        let one = x.2;
}
```

Este programa crea la tupla x y, luego, accede a cada elemento de la tupla utilizando sus respectivos índices. Como ocurre con la mayoría de los lenguajes de programación, el primer índice en una tupla es 0.

La tupla sin ningún valor tiene un nombre especial, *unit*. Este valor y su tipo correspondiente se escriben ambos () y representan un valor vacío o un tipo de retorno vacío. Las expresiones devuelven implícitamente el valor unit si no devuelven ningún otro valor.

Tipo array

Otra forma de tener una colección de múltiples valores es con un *array*. A diferencia de una tupla, cada elemento del array debe tener el mismo tipo. A diferencia de los arrays en algunos otros lenguajes, los arrays en Rust tienen una longitud fija.

Escribimos los valores en el array como una lista separada por comas dentro de corchetes cuadrados:

src/main.rs
```
fn main() {
    let a = [1, 2, 3, 4, 5];
}
```

Los arrays son útiles cuando queremos que los datos se asignen en una pila en lugar de hacerlo en heap (montón) (discutiremos la pila y el heap con más detalle en el Capítulo 4) o cuando queremos asegurarnos de tener siempre un número fijo de elementos. Sin embargo, el array no es tan flexible como el tipo vector. Un *vector* es un tipo de colección similar proporcionado por la biblioteca estándar que puede aumentar o reducir su tamaño. Si no está seguro de usar un array o un vector, lo más probable es que deba usar un vector. El Capítulo 8 aborda los vectores con más detalle.

Sin embargo, los arrays son más útiles cuando sabemos que el número de elementos no necesitará cambiar. Por ejemplo, si usáramos los nombres de los meses en un programa, probablemente utilizaríamos un array en lugar de un vector porque sabemos que siempre contendrá 12 elementos:

```
let months = ["January", "February", "March", "April", "May", "June", "July",
              "August", "September", "October", "November", "December"];
```

Escribimos el tipo de array usando corchetes cuadrados con el tipo de cada elemento, un punto y coma y, luego, el número de elementos en el array, de la siguiente manera:

```
let a: [i32; 5] = [1, 2, 3, 4, 5];
```

Aquí, i32 es el tipo de cada elemento. Después del punto y coma, el número 5 indica que el array contiene cinco elementos.

También podemos inicializar el array para que contenga el mismo valor en cada elemento especificando el valor inicial, seguido de un punto y coma y, luego, la longitud del array entre corchetes cuadrados, como se muestra aquí:

```
let a = [3; 5];
```

El array llamado a contendrá 5 elementos, todos ellos inicialmente establecidos en el valor 3. Esto es equivalente a escribir let a = [3, 3, 3, 3, 3]; pero de una manera más concisa.

Acceso a los elementos del array

El array es un solo bloque de memoria de un tamaño conocido y fijo que se puede asignar a la pila. Podemos acceder a los elementos del array utilizando índices, de la siguiente manera:

src/main.rs
```
fn main() {
    let a = [1, 2, 3, 4, 5];

    let first = a[0];
    let second = a[1];
}
```

En este ejemplo, la variable llamada first obtendrá el valor 1 porque ese es el valor en el índice [0] del array. La variable llamada second obtendrá el valor 2 del índice [1] en el array.

Acceso no válido a un elemento del array

Veamos qué sucede si intentamos acceder a un elemento del array que está más allá del final del mismo. Supongamos que ejecutamos este código, similar al juego de adivinanzas del Capítulo 2, para obtener un índice del array del usuario:

src/main.rs
```
use std::io;

fn main() {
    let a = [1, 2, 3, 4, 5];

    println!("Please enter an array index.");

    let mut index = String::new();

    io::stdin()
        .read_line(&mut index)
        .expect("Failed to read line");

    let index: usize = index
        .trim()
        .parse()
        .expect("Index entered was not a number");
```

```
    let element = a[index];

    println!(
        "The value of the element at index {index} is: {element}"
    );
}
```

Este código compila correctamente. Si ejecutamos el código usando cargo run e introducimos 0, 1, 2, 3, o 4, el programa imprimirá el valor correspondiente a ese índice del array. Sin embargo, si introducimos un número más allá del final del array, como 10, veremos una salida como esta:

```
thread 'main' panicked at 'index out of bounds: the len is 5 but the
index is 10', src/main.rs:19:19
note: run with `RUST_BACKTRACE=1` environment variable to display a backtrace
```

El programa ha generado un error en *runtime* (tiempo de ejecución) al intentar utilizar un valor no válido en la operación de indexación. El programa ha finalizado con un mensaje de error y no ha ejecutado la sentencia println! final. Cuando intentemos acceder a un elemento utilizando la indexación, Rust verificará que el índice especificado sea menor que la longitud del array. Si el índice es mayor o igual a la longitud, Rust entrará en pánico. Esta verificación debe realizarse en tiempo de ejecución, especialmente en este caso, porque el compilador no puede saber qué valor introducirá el usuario cuando ejecute el código más adelante.

Este es un ejemplo de los principios de seguridad de memoria de Rust en acción. En muchos lenguajes de bajo nivel, este tipo de verificación no se realiza, y cuando se proporciona un índice incorrecto, se puede acceder a memoria no válida. Rust nos protege contra este tipo de error al realizar una salida inmediata en lugar de permitir el acceso a la memoria y continuar la ejecución. En el Capítulo 9 se aborda con más detalle la gestión de errores en Rust y cómo podemos escribir un código legible y seguro que no genere errores (panics) ni permita el acceso a memoria no válida.

Funciones

Las funciones son frecuentes en el código de Rust. Ya hemos visto una de las funciones más importantes del lenguaje: la función main, que es el punto de entrada de muchos programas. También hemos visto la palabra clave fn, que nos permite declarar nuevas funciones.

El código en Rust utiliza *snake case* como estilo convencional para los nombres de funciones y variables, en el cual todas las letras están en minúscula y los guiones bajos separan las palabras. Aquí tiene un programa que contiene un ejemplo de definición de función:

src/main.rs

```
fn main() {
    println!("Hello, world!");
```

```
    another_function();
}

fn another_function() {
    println!("Another function.");
}
```

Definimos una función en Rust escribiendo fn seguido del nombre de la función y un conjunto de paréntesis. Las llaves indican al compilador dónde comienza y dónde termina el cuerpo de la función.

Podemos llamar a cualquier función que hayamos definido escribiendo su nombre seguido de un conjunto de paréntesis. Debido a que another_function está definida en el programa, se la puede llamar desde la función main. Hay que tener en cuenta que definimos another_function después de la función main en el código fuente; también podríamos haberla definido antes. A Rust no le importa dónde se definen las funciones; solo le importa que estén definidas en algún lugar dentro de un ámbito que pueda ser visto por quien hace la llamada.

Vamos a comenzar un nuevo proyecto binario llamado *functions* para explorar las funciones con mayor detalle. Colocamos el ejemplo de another_function en *src/main.rs* y lo ejecutamos. Se debería ver la siguiente salida:

```
$ cargo run
   Compiling functions v0.1.0 (file:///projects/functions)
    Finished dev [unoptimized + debuginfo] target(s) in 0.28s
     Running `target/debug/functions`
Hello, world!
Another function.
```

Las líneas se ejecutan en el orden en que aparecen en la función main. Primero se imprime el mensaje «Hello, world!», y luego se llama a another_function y se imprime su mensaje.

Parámetros

Podemos definir funciones con *parámetros*, que son variables especiales que forman parte de la firma de la función. Cuando la función tiene parámetros, podemos proporcionarle valores concretos para esos parámetros. Técnicamente, los valores concretos se llaman *argumentos*, pero, en conversaciones informales, las personas tienden a usar las palabras *parámetro* y *argumento* indistintamente, tanto para las variables en la definición de una función como para los valores concretos pasados al llamar a una función.

En esta versión de another_function añadimos un parámetro:

src/main.rs
```
fn main() {
    another_function(5);
}

fn another_function(x: i32) {
    println!("The value of x is: {x}");
}
```

Intente ejecutar este programa; debería obtener la siguiente salida:

```
$ cargo run
   Compiling functions v0.1.0 (file:///projects/functions)
    Finished dev [unoptimized + debuginfo] target(s) in 1.21s
     Running `target/debug/functions`
The value of x is: 5
```

La declaración de another_function tiene un parámetro llamado x. El tipo de x está especificado como i32. Cuando pasamos 5 a another_function, la macro println! coloca el valor 5 donde estaban las llaves que contenían a x en la cadena de formato.

En las firmas de las funciones, debemos declarar el tipo de cada parámetro. Esta es una decisión deliberada en el diseño de Rust: requerir anotaciones de tipo en las definiciones de funciones significa que el compilador casi nunca necesita que las usemos en otro lugar del código para determinar a qué tipo nos referimos. El compilador también puede proporcionar mensajes de error más útiles si sabe qué tipos espera la función.

Cuando se definen varios parámetros, se separan las declaraciones de los parámetros con comas, así:

src/main.rs
```
fn main() {
    print_labeled_measurement(5, 'h');
}

fn print_labeled_measurement(value: i32, unit_label: char) {
    println!("The measurement is: {value}{unit_label}");
}
```

Este ejemplo crea una función llamada print_labeled_measurement con dos parámetros. El primer parámetro se llama value y es de tipo i32. El segundo se llama unit_label y es de tipo char. Luego, la función imprime un texto que contiene tanto value como unit_label.

Intentemos ejecutar este código. Reemplazamos el programa actualmente en el archivo *src/main.rs* de nuestro proyecto *functions* con el ejemplo anterior y lo ejecutamos usando cargo run:

```
$ cargo run
   Compiling functions v0.1.0 (file:///projects/functions)
    Finished dev [unoptimized + debuginfo] target(s) in 0.31s
     Running `target/debug/functions`
The measurement is: 5h
```

Debido a que llamamos a la función con 5 como valor para value y 'h' value y 'h' como valor para unit_label, la salida del programa contiene esos valores.

Sentencias y expresiones

Los cuerpos de las funciones están compuestos por una serie de sentencias que opcionalmente terminan en una expresión. Hasta ahora, las funciones que hemos tratado no han incluido una expresión final, pero hemos visto una expresión como parte de una sentencia. Debido a que Rust es un lenguaje basado en expresiones, esta es una distinción importante de entender. Otros lenguajes no tienen las mismas distinciones, así que veamos qué son las sentencias y las expresiones y cómo sus diferencias afectan a los cuerpos de las funciones.

- Las sentencias son instrucciones que realizan alguna acción y no devuelven un valor.
- Las expresiones se evalúan y producen un valor como resultado.

Veamos algunos ejemplos.

De hecho, ya hemos utilizado sentencias y expresiones. Crear una variable y asignarle un valor con la palabra clave let es una sentencia. En el Listado 3-1, let y = 6; es una sentencia.

src/main.rs
```
fn main() {
    let y = 6;
}
```

Listado 3-1: Declaración de una función main que contiene una sentencia.

Las definiciones de funciones también son sentencias; todo el ejemplo anterior es en sí una sentencia.

Las sentencias no devuelven valores. Por lo tanto, no podemos asignar una sentencia let a otra variable, como intenta hacer el siguiente código; obtendremos un error:

src/main.rs
```
fn main() {
    let x = (let y = 6);
}
```

Cuando ejecutemos este programa, el error que obtendremos se verá así:

```
$ cargo run
   Compiling functions v0.1.0 (file:///projects/functions)
error: expected expression, found statement (`let`)
 --> src/main.rs:2:14
  |
2 |     let x = (let y = 6);
  |              ^^^^^^^^^
  |
  = note: variable declaration using `let` is a statement

error[E0658]: `let` expressions in this position are unstable
 --> src/main.rs:2:14
  |
2 |     let x = (let y = 6);
  |              ^^^^^^^^^
  |
  = note: see issue #53667 <https://github.com/rust-lang/rust/issues/53667> for
more information
```

La sentencia let `y` = 6 no devuelve un valor, por lo que no hay nada a lo que x pueda vincularse. Esto es diferente a lo que ocurre en otros lenguajes, como C y Ruby, donde la asignación devuelve el valor de la asignación. En esos lenguajes, se puede escribir x = y = 6 y tanto x como y tendrán el valor 6; pero este no es el caso en Rust.

Las expresiones se evalúan a un valor y constituyen la mayor parte del resto del código que escribiremos en Rust. Consideremos una operación matemática, como 5 + 6, que es una expresión que se evalúa al valor 11. Las expresiones pueden formar parte de las sentencias: en el Listado 3-1, el 6 en la sentencia y = 6; es una expresión que se evalúa al valor 6. Llamar a una función es una expresión. Llamar a una macro es una expresión. Un nuevo bloque de ámbito creado con llaves es una expresión, por ejemplo:

src/main.rs

```
fn main() {
  ❶ let y = { ❷
        let x = 3;
      ❸ x + 1
    };

    println!("The value of y is: {y}");
}
```

La expresión ❷ es un bloque que, en este caso, evalúa a 4 . Este valor se asigna a y como parte de la sentencia let ❶. Observe la línea sin punto y coma al final ❸, la cual es diferente a la mayoría de las líneas que hemos visto hasta ahora. Las expresiones no incluyen punto y coma al final. Si añadimos un punto y coma al final de una expresión, la convertimos en una sentencia y no devolverá un valor. Tenga esto en cuenta mientras explora los valores de retorno de las funciones y las expresiones a continuación.

Funciones con valores de retorno

Las funciones pueden devolver valores al código que las llama. No nombramos los valores de retorno, pero debemos declarar su tipo después de una flecha (->). En Rust, el valor de retorno de la función es sinónimo del valor de la expresión final en el bloque del cuerpo de la función. Podemos salir prematuramente de una función utilizando la palabra clave return y especificando un valor, pero la mayoría de las funciones devuelven implícitamente la expresión que aparece al final del cuerpo de la función. Aquí tiene un ejemplo de una función que devuelve un valor:

src/main.rs

```
fn five() -> i32 {
    5
}

fn main() {
    let x = five();

    println!("The value of x is: {x}");
}
```

No hay llamadas a funciones, macros ni sentencias let en la función five, solo el número 5 por sí solo. Esa es una función perfectamente válida en Rust. Observe que también se especifica el tipo de retorno de la función como -> i32. Intente ejecutar este código; la salida debería verse así:

```
$ cargo run
   Compiling functions v0.1.0 (file:///projects/functions)
    Finished dev [unoptimized + debuginfo] target(s) in 0.30s
     Running `target/debug/functions`
The value of x is: 5
```

El 5 en five es el valor de retorno de la función, por eso el tipo de retorno es i32. Veámoslo más detalladamente. Hay dos partes importantes: en primer lugar, la línea let x = five(); muestra que estamos utilizando el valor de retorno de una función para inicializar una variable. Dado que la función five devuelve un 5, esa línea es equivalente a la siguiente:

```
let x = 5;
```

En segundo lugar, la función five no tiene parámetros y define el tipo del valor de retorno, pero el cuerpo de la función es simplemente un 5 sin punto y coma porque es una expresión cuyo valor queremos devolver.

Veamos otro ejemplo:

src/main.rs
```
fn main() {
    let x = plus_one(5);

    println!("The value of x is: {x}");
}

fn plus_one(x: i32) -> i32 {
    x + 1
}
```

Al ejecutar este código se imprimirá The value of x is: 6. Pero si colocamos un punto y coma al final de la línea que contiene x + 1, convirtiéndola en una sentencia en lugar de una expresión, obtendremos un error:

src/main.rs
```
fn main() {
    let x = plus_one(5);

    println!("The value of x is: {x}");
}

fn plus_one(x: i32) -> i32 {
    x + 1;
}
```

Al compilar este código se produce un error, de la siguiente manera:

```
$ cargo run
   Compiling functions v0.1.0 (file:///projects/functions)
error[E0308]: mismatched types
 --> src/main.rs:7:24
```

```
  |
7 | fn plus_one(x: i32) -> i32 {
  | --------                    ^^^ expected `i32`, found `()`
  |
  | |
  | implicitly returns `()` as its body has no tail or `return` expression
8 |     x + 1;
  |          - help: remove this semicolon
```

El mensaje de error principal, mismatched types (tipos incompatibles), revela el problema principal con este código. La definición de la función plus_one indica que devolverá un i32, pero las instrucciones no evalúan ningún valor, lo cual se expresa con (), el tipo unit. Por lo tanto, no se devuelve nada, lo cual contradice la definición de la función y resulta en un error. En esta salida, Rust proporciona un mensaje que posiblemente ayude a solucionar este problema: sugiere eliminar el punto y coma, lo cual corregiría el error.

Comentarios

Todos los programadores se esfuerzan por hacer que su código sea fácil de entender, pero a veces se justifica una explicación adicional. En estos casos, los programadores dejan comentarios en su código fuente que el compilador ignorará pero que las personas que leen el código fuente pueden encontrar útiles.

Lo siguiente es un comentario sencillo:

```
// hello, world
```

En Rust, el estilo de comentario idiomático comienza con dos barras diagonales y el comentario continúa hasta el final de la línea. Para comentarios que se extienden más allá de una sola línea, deberemos incluir // en cada línea, de la siguiente manera:

```
// So we're doing something complicated here, long enough that we need
// multiple lines of comments to do it! Whew! Hopefully, this comment will
// explain what's going on.
```

Los comentarios también se pueden colocar al final de las líneas que contienen código, de la siguiente manera:

src/main.rs
```
fn main() {
    let lucky_number = 7; // I'm feeling lucky today
}
```

Pero es más común ver su utilización en el siguiente formato, con el comentario en una línea separada por encima del código que se está anotando:

src/main.rs
```
fn main() {
    // I'm feeling lucky today
    let lucky_number = 7;
}
```

Rust también tiene otro tipo de comentarios, los comentarios de documentación, los cuales discutiremos en «Publicación de un crate en Crates.io».

Control de flujo

La capacidad de ejecutar código dependiendo de si una condición es true y de ejecutar código repetidamente mientras una condición es true son bloques de construcción básicos en la mayoría de los lenguajes de programación. Las construcciones más comunes que permiten controlar el flujo de ejecución del código de Rust son las expresiones if y los bucles.

Expresiones if

Una expresión if permite ramificar el código dependiendo de ciertas condiciones. Proporcionamos una condición y luego indicamos: «Si se cumple esta condición, ejecuta este bloque de código. Si no se cumple la condición, no ejecutes este bloque de código».

Cree un nuevo proyecto llamado *branches* en su directorio de proyectos para explorar la expresión if. En el archivo *src/main.rs*, introduzca lo siguiente:

src/main.rs
```rust
fn main() {
    let number = 3;

    if number < 5 {
        println!("condition was true");
    } else {
        println!("condition was false");
    }
}
```

Todas la expresiones if comienzan con la palabra clave if, seguida de una condición. En este caso, la condición verifica si la variable number tiene un valor menor que 5. Colocamos el bloque de código que se ejecutará, si la condición es true, inmediatamente después de la condición dentro de llaves. Los bloques de código asociados a las condiciones en las expresiones if a veces se llaman *arms* (ramas).

Opcionalmente, también podemos incluir una expresión else, que decidimos incluir aquí, para proporcionar al programa un bloque de código alternativo que se ejecutará en caso de que la condición se evalúe como false. Si no se proporciona una expresión else y la condición es false, el programa simplemente omitirá el bloque if y pasará al siguiente fragmento de código.

Intente ejecutar el código; debería ver la siguiente salida:

```console
$ cargo run
   Compiling branches v0.1.0 (file:///projects/branches)
    Finished dev [unoptimized + debuginfo] target(s) in 0.31s
     Running `target/debug/branches`
condition was true
```

Intentemos cambiar el valor de number a un valor que haga que la condición sea false para ver qué sucede:

```
let number = 7;
```

Ejecute el programa nuevamente y observe la salida:

```
$ cargo run
   Compiling branches v0.1.0 (file:///projects/branches)
    Finished dev [unoptimized + debuginfo] target(s) in 0.31s
     Running `target/debug/branches`
condition was false
```

También vale la pena mencionar que la condición en este código debe ser de tipo bool. Si la condición no es de tipo bool, obtendremos un error. Por ejemplo, intente ejecutar el siguiente código:

src/main.rs
```
fn main() {
    let number = 3;

    if number {
        println!("number was three");
    }
}
```

Esta vez la condición if se evalúa a un valor de 3, y Rust arroja un error:

```
$ cargo run
   Compiling branches v0.1.0 (file:///projects/branches)
error[E0308]: mismatched types
 --> src/main.rs:4:8
  |
4 |     if number {
  |        ^^^^^^ expected `bool`, found integer
```

El error indica que Rust esperaba un bool pero ha obtenido un entero. A diferencia de lenguajes como Ruby y JavaScript, Rust no intentará convertir automáticamente tipos que no son booleanos a booleanos. Debemos ser explícitos y siempre proporcionar a if un booleano como condición. Si queremos que el bloque de código if se ejecute solo cuando el número no sea igual a 0, por ejemplo, podemos cambiar la expresión if de la siguiente manera:

src/main.rs
```
fn main() {
    let number = 3;

    if number != 0 {
        println!("number was something other than zero");
    }
}
```

Ejecutar este código imprimirá number was something other than zero (el número es algo distinto de cero).

Gestión de varias condiciones con else if

Podemos usar varias condiciones combinando if y else en una expresión else if. Por ejemplo:

src/main.rs

```
fn main() {
    let number = 6;

    if number % 4 == 0 {
        println!("number is divisible by 4");
    } else if number % 3 == 0 {
        println!("number is divisible by 3");
    } else if number % 2 == 0 {
        println!("number is divisible by 2");
    } else {
        println!("number is not divisible by 4, 3, or 2");
    }
}
```

Este programa puede tomar cuatro posibles caminos. Después de ejecutarlo, deberíamos ver la siguiente salida:

```
$ cargo run
   Compiling branches v0.1.0 (file:///projects/branches)
    Finished dev [unoptimized + debuginfo] target(s) in 0.31s
     Running `target/debug/branches`
number is divisible by 3
```

Cuando se ejecuta el programa, verifica cada expresión if sucesivamente y ejecuta el primer bloque cuya condición se evalúa como true. Hay que tener en cuenta que aunque 6 es divisible por 2, no vemos la salida number is divisible by 2 ("el número es divisible por 2"), ni tampoco vemos el texto number is not divisible by 4, 3, or 2 ("el número no es divisible por 4, 3 óo 2") del bloque else. Esto se debe a que Rust solo ejecuta el bloque para la primera condición verdadera y, una vez que la encuentra, ni siquiera verifica el resto.

Usar demasiadas expresiones else if puede desordenar el código, por lo que si tenemos más de una, es posible que deseemos refactorizar el código. Para estos casos, el Capítulo 6 describe una potente estructura de ramificación en Rust llamada match.

Uso de if en una sentencia let

Como if es una expresión, podemos usarla en el lado derecho de una sentencia let para asignar el resultado a una variable, como en el Listado 3-2.

src/main.rs

```
fn main() {
    let condition = true;
    let number = if condition { 5 } else { 6 };

    println!("The value of number is: {number}");
}
```

Listado 3-2: Asignación del resultado de una expresión if a una variable.

La variable number estará vinculada a un valor basado en el resultado de la expresión if. Ejecutemos este código para ver qué sucede:

```
$ cargo run
   Compiling branches v0.1.0 (file:///projects/branches)
    Finished dev [unoptimized + debuginfo] target(s) in 0.30s
     Running `target/debug/branches`
The value of number is: 5
```

Recuerde que los bloques de código se evalúan de acuerdo con la expresión que aparece al final, y los números por sí solos también son expresiones. En este caso, el valor de toda la expresión if depende de qué bloque de código se ejecute. Esto significa que los valores que tienen la posibilidad de ser resultados de cada rama de if deben ser del mismo tipo; en el Listado 3-2, los resultados tanto de la rama if como de la rama else eran enteros i32. Si los tipos no coinciden, como en el siguiente ejemplo, obtendremos un error:

src/main.rs
```
fn main() {
    let condition = true;

    let number = if condition { 5 } else { "six" };

    println!("The value of number is: {number}");
}
```

Cuando intentemos compilar este código, obtendremos un error. Las ramas if y else tienen tipos de valor incompatibles, y Rust indicará exactamente dónde se encuentra el problema en el programa:

```
$ cargo run
   Compiling branches v0.1.0 (file:///projects/branches)
error[E0308]: `if` and `else` have incompatible types
 --> src/main.rs:4:44
  |
4 |     let number = if condition { 5 } else { "six" };
  |                                   -          ^^^^^ expected integer, found `&str`
  |                                   |
  |                                   expected because of this
```

La expresión en el bloque if se evalúa como un entero, y la expresión en el bloque else se evalúa como una cadena. Esto no funcionará porque las variables deben tener un único tipo, y Rust necesita saber en tiempo de compilación qué tipo es definitivamente la variable number. Saber el tipo de number permite que el compilador verifique que el tipo sea válido en todas las partes donde se utiliza number. Rust no podría hacer eso si el tipo de number se determinara solo en tiempo de ejecución; el compilador sería más complejo y ofrecería menos garantías sobre el código si tuviera que realizar un seguimiento de varios tipos hipotéticos para cualquier variable.

Repetición mediante bucles

A menudo es útil ejecutar un bloque de código más de una vez. Para esta tarea, Rust proporciona varios *bucles*, que ejecutarán el código en el cuerpo del bucle hasta el final y, a continuación, comenzarán de inmediato desde el principio. Para experimentar con bucles, vamos a crear un nuevo proyecto llamado *loops*.

Rust tiene tres tipos de bucles: loop, while, y for. Probemos cada uno de ellos.

Repetición del código mediante loop

La palabra clave loop le indica a Rust que ejecute un bloque de código una y otra vez, siempre o hasta que le indiquemos explícitamente que se detenga.

Como ejemplo, modificamos el archivo *src/main.rs* en el directorio *loops* para que se vea así:

src/main.rs
```
fn main() {
    loop {
        println!("again!");
    }
}
```

Cuando ejecutemos este programa, veremos again! impreso una y otra vez de manera continua hasta que detengamos el programa manualmente. La mayoría de los terminales admiten el atajo de teclado CTRL-C para interrumpir un programa que está atrapado en un bucle continuo. Pruébelo:

```
$ cargo run
   Compiling loops v0.1.0 (file:///projects/loops)
    Finished dev [unoptimized + debuginfo] target(s) in 0.29s
     Running `target/debug/loops`
again!
again!
again!
again!
^Cagain!
```

El símbolo ^C representa el punto en el que presionamos CTRL-C. Puede que vea o no la palabra again! impresa después de ^C, dependiendo del punto en el que se estaba ejecutando el código del bucle cuando este recibió la señal de interrupción.

Afortunadamente, Rust también proporciona una forma de salir del bucle mediante código. Podemos colocar la palabra clave break dentro del bucle para indicarle al programa cuándo detener la ejecución del bucle. Recordemos que hicimos esto en el juego de adivinanzas en «Detención del programa después de hacer una propuesta acertada», para salir del programa cuando el usuario ganaba el juego adivinando el número correcto.

También utilizamos continue en el juego de adivinanzas, que en un bucle le indica al programa que omita cualquier código por completar en esta iteración del bucle y que pase a la siguiente iteración.

Devolución de valores desde bucles

Una de las utilidades de loop es volver a intentar una operación que sabemos que puede fallar, como verificar si un hilo ha completado su trabajo. Es posible que también necesitemos pasar el resultado de esa operación fuera del bucle al resto del código. Para hacer esto, podemos añadir el valor que deseamos devolver después de la expresión break que utilizamos para detener el bucle; ese valor se devolverá fuera del bucle para que podamos utilizarlo, como se muestra a continuación:

```
fn main() {
    let mut counter = 0;

    let result = loop {
        counter += 1;

        if counter == 10 {
            break counter * 2;
        }
    };

    println!("The result is {result}");
}
```

Antes del bucle, declaramos una variable llamada counter e inicializamos su valor a 0. Luego, declaramos una variable llamada result para almacenar el valor devuelto desde el bucle. En cada iteración del bucle, sumamos 1 a la variable counter y, luego, verificamos si counter es igual a 10. Cuando lo es, utilizamos la palabra clave break con el valor counter * 2. Después del bucle, usamos un punto y coma para finalizar la sentencia que asigna el valor a result. Finalmente, imprimimos el valor en result, que en este caso es 20.

Etiquetas de bucle para desambiguar entre varios bucles

Si tenemos bucles dentro de bucles, break y continue se aplicarán al bucle más interno en ese momento. Opcionalmente, podemos especificar una *etiqueta de bucle* en el bucle, que luego se puede usar con break o continue para indicar que esas palabras clave se apliquen al bucle etiquetado en lugar de al bucle más interno. Las etiquetas de bucle deben comenzar con una comilla simple. Aquí tiene un ejemplo con dos bucles anidados:

```
fn main() {
    let mut count = 0;
    'counting_up: loop {
        println!("count = {count}");
        let mut remaining = 10;
```

```
        loop {
            println!("remaining = {remaining}");
            if remaining == 9 {
                break;
            }
            if count == 2 {
                break 'counting_up;
            }
            remaining -= 1;
        }

        count += 1;
    }
    println!("End count = {count}");
}
```

El bucle externo tiene la etiqueta 'counting_up y cuenta desde 0 hasta 2. El bucle interno sin etiqueta cuenta hacia atrás desde 10 hasta 9. El primer break que no especifica una etiqueta finalizará solo el bucle interno. La sentencia break 'counting_up; finalizará el bucle externo. Este código imprime lo siguiente:

```
    Compiling loops v0.1.0 (file:///projects/loops)
     Finished dev [unoptimized + debuginfo] target(s) in 0.58s
      Running `target/debug/loops`
count = 0
remaining = 10
remaining = 9
count = 1
remaining = 10
remaining = 9
count = 2
remaining = 10
End count = 2
```

Bucles condicionales mediante while

Un programa a menudo necesita evaluar una condición dentro de un bucle. Mientras la condición sea true, el bucle se ejecutará. Cuando la condición deja de ser true, el programa utilizará break para detener el bucle. Es posible implementar este comportamiento utilizando una combinación de loop, if, else, y break; si lo desea, podemos intentarlo ahora en un programa. Sin embargo, este patrón es tan común que Rust tiene una construcción de lenguaje incorporada para ello, llamada bucle while. En el Listado 3-3, utilizamos while para ejecutar el programa tres veces, haciendo una cuenta regresiva en cada iteración y, luego, después del bucle, imprimimos un mensaje y salimos del programa.

src/main.rs
```
fn main() {
    let mut number = 3;

    while number != 0 {
        println!("{number}!");
```

```
        number -= 1;
    }

    println!("LIFTOFF!!!");
}
```

Listado 3-3: Utilización del bucle while para ejecutar código mientras una condición se evalúa como true.

Esta construcción elimina mucha anidación que sería necesaria si se usara loop, if, else, y break, y es más clara. Mientras una condición se evalúa como true, el código se ejecuta; de lo contrario, sale del bucle.

Realización de un bucle a través de una colección con for

Podemos optar por utilizar la estructura while para iterar sobre los elementos de una colección, como puede ser un array. Por ejemplo, el bucle en el Listado 3-4 imprime cada elemento del array a.

src/main.rs
```
fn main() {
    let a = [10, 20, 30, 40, 50];
    let mut index = 0;

    while index < 5 {
        println!("the value is: {}", a[index]);

        index += 1;
    }
}
```

Listado 3-4: Recorrido de cada elemento de una colección mediante el bucle while.

Aquí, el código cuenta ascendiendo a través de los elementos del array. Comienza en el índice 0 y luego se repite hasta que alcance el índice final en el array (es decir, cuando index < 5 ya no sea true). Al ejecutar este código, se imprimirá cada elemento del array:

```
$ cargo run
   Compiling loops v0.1.0 (file:///projects/loops)
    Finished dev [unoptimized + debuginfo] target(s) in 0.32s
     Running `target/debug/loops`
the value is: 10
the value is: 20
the value is: 30
the value is: 40
the value is: 50
```

Los cinco valores del array aparecen en el terminal, como se esperaba. Aunque en algún momento el índice alcanzará el valor de 5, el bucle se detiene antes de intentar obtener un sexto valor del array.

Sin embargo, este enfoque es propenso a errores; podríamos hacer que el programa entrara en pánico si el valor del índice o la condición de prueba fuera incorrecta. Por ejemplo, si cambiamos la definición del array a para que tenga cuatro elementos pero olvidamos actualizar la condición a while index < 4, el código entrará en pánico. Además, este enfoque es lento, ya que el compilador añade código en tiempo de ejecución para realizar la verificación condicional de si el índice se encuentra dentro de los límites del array en cada iteración del bucle.

Como alternativa más concisa, podemos utilizar el bucle for para ejecutar el código para cada elemento de una colección. Un bucle for se ve como el código del Listado 3-5.

src/main.rs
```
fn main() {
    let a = [10, 20, 30, 40, 50];

    for element in a {
        println!("the value is: {element}");
    }
}
```

Listado 3-5: Recorrido de cada elemento de una colección utilizando el bucle for.

Cuando ejecutamos este código, vemos la misma salida que la del Listado 3-4. Lo más importante es que hemos aumentado la seguridad del código y eliminado la posibilidad de errores que podrían resultar de ir más allá del final del array o no llegar lo suficientemente lejos y perder algunos elementos.

Utilizando el bucle for, si cambiamos el número de valores en el array, no necesitaremos recordar cambiar ningún otro código, como tendríamos que hacer con el método utilizado en el Listado 3-4.

La seguridad y la concisión de los bucles for los convierten en la construcción de bucle más utilizada en Rust. Incluso en situaciones en las que deseamos ejecutar el código un número determinado de veces, como en el ejemplo de cuenta regresiva en el que se utilizó un bucle while en el Listado 3-3, la mayoría de los programadores de Rust utilizarían un bucle for. La forma de hacerlo sería utilizando Range, proporcionado por la biblioteca estándar, que genera todos los números en secuencia comenzando desde un número y terminando antes de otro número.

Así es cómo se vería la cuenta regresiva utilizando el bucle for y otro método del que aún no hemos hablado, rev, para revertir el rango:

src/main.rs
```
fn main() {
    for number in (1..4).rev() {
        println!("{number}!");
    }
    println!("LIFTOFF!!!");
}
```

Este código es un poco más bonito, ¿no?

Resumen

¡Lo ha logrado! Este ha sido un capítulo importante: ha aprendido sobre variables, tipos de datos escalares y compuestos, funciones, comentarios, expresiones if y bucles. Para practicar con los conceptos discutidos en este capítulo, intente elaborar programas que hagan lo siguiente:

- Convertir temperaturas entre Fahrenheit y Celsius.

- Generar el *enésimo* número de Fibonacci.

- Imprimir la letra del villancico «The Twelve Days of Christmas» («Los doce días de Navidad»), aprovechando la repetición en la canción.

Cuando esté preparado para avanzar, hablaremos sobre un concepto en Rust que no suele existir normalmente en otros lenguajes de programación: la propiedad (ownership).

4

COMPRENSIÓN DE LA PROPIEDAD

 La propiedad (ownership) es la característica más exclusiva de Rust y tiene profundas implicaciones para el resto del lenguaje. Permite que Rust proporcione garantías de seguridad de memoria sin necesidad de emplear recolectores de basura, por lo que es importante entender cómo funciona. En este capítulo, hablaremos sobre la propiedad, así como de varias características relacionadas: el préstamo (borrowing), las slices (rebanadas) y cómo Rust organiza los datos en la memoria.

¿Qué es la propiedad?

La propiedad es un conjunto de reglas que gobiernan la forma en la que un programa en Rust gestiona la memoria. Todos los programas deben gestionar la forma en que utilizan la memoria del ordenador durante su ejecución. Algunos lenguajes tienen recolección de basura, que busca periódicamente la memoria que ya no se utiliza a medida que el programa se ejecuta; en otros lenguajes, el programador debe asignar y liberar explícitamente la memoria. Rust utiliza un tercer enfoque: la memoria se gestiona a través de un sistema de propiedad con un conjunto de reglas que el compilador verifica. Si alguna de las reglas se viola, el programa no compilará. Ninguna de las características de la propiedad ralentizará el programa mientras se está ejecutando.

Debido a que la propiedad es un concepto nuevo para muchos programadores, lleva tiempo acostumbrarse a ella. La buena noticia es que cuanta más experiencia se adquiere con Rust y las reglas del sistema de propiedad, más fácil resulta desarrollar código seguro y eficiente de forma natural. ¡Siga adelante!

Cuando comprenda la propiedad, tendrá una base sólida para entender las características que hacen que Rust sea único. En este capítulo, aprenderá sobre la propiedad trabajando en algunos ejemplos que se centran en una estructura de datos muy corriente: las cadenas (strings).

STACK Y HEAP

Muchos lenguajes de programación no requieren que pensemos frecuentemente sobre stack (pila) y heap (montón). Sin embargo, en un lenguaje de programación de sistemas como Rust, que un valor esté en stack o en heap afectará a cómo se comporta el lenguaje y a las decisiones que usted deberá tomar. Más adelante, en este capítulo, se describirán algunas partes de la propiedad en relación con stack y heap, por lo que aquí tiene una breve explicación como preparación.

Tanto stack como heap son partes de la memoria disponibles para que el código las use en tiempo de ejecución, pero están estructuradas de diferente manera. Stack almacena valores en el orden en que los recibe y los elimina en el orden opuesto. Esto se conoce como *último en entrar, primero en salir* (LIFO, por sus siglas en inglés). Pensemos en una pila de platos: cuando añadimos más platos, los colocamos encima de la pila, y cuando necesitamos un plato, tomamos uno de la parte superior. ¡Añadir o quitar platos del centro o de la parte inferior no funcionaría tan bien! Añadir datos se denomina *pushing onto the stack* (introducirlos en la pila), y quitar datos se denomina *popping off the stack* (extraerlos de la pila). Todos los datos almacenados en stack deben tener un tamaño conocido y fijo. Los datos con un tamaño desconocido en tiempo de compilación o en un tamaño que puede cambiar deben almacenarse en heap en lugar de hacerlo en stack.

Heap está menos organizado: cuando colocamos datos en heap, solicitamos una cierta cantidad de espacio. El asignador de memoria encuentra un lugar vacío en heap lo suficientemente grande, lo marca como en uso y devuelve un *puntero*, que es la dirección de esa ubicación. A este proceso se le llama *asignación en heap* y a veces se abrevia solo como *asignación* (colocar valores en stack no se considera asignación). Debido a que el puntero a heap tiene un tamaño conocido y fijo, podemos almacenar el puntero en stack, pero cuando deseamos los datos reales, debemos seguir al puntero. Supongamos que vamos a comer a un restaurante. Cuando entramos, decimos el número de personas del grupo, y el anfitrión encuentra una mesa vacía que se ajusta al número de comensales y nos lleva hasta allí. Si alguien del grupo llega tarde, puede preguntar dónde nos han ubicado para encontrarnos.

La operación de añadir a stack es más rápida que asignar en heap porque el asignador nunca tiene que buscar un lugar para almacenar nuevos datos; esa ubicación siempre está en la parte superior de stack. En comparación, asignar espacio en heap requiere más trabajo porque el asignador debe encontrar primero un espacio lo suficientemente grande para contener los datos y luego realizar tareas de contabilidad con el objeto de prepararse para la próxima asignación.

Acceder a datos en heap es más lento que hacerlo en stack porque tenemos que seguir un puntero para llegar hasta allí. Los procesadores actuales son más rápidos si realizan menos saltos entre posiciones de memoria. Continuando con la analogía, consideremos a un camarero en un restaurante tomando pedidos de muchas mesas. Es más eficiente tomar todos los pedidos de una mesa antes de pasar a la siguiente mesa. Tomar un pedido de la mesa A, luego un pedido de la mesa B, luego de nuevo uno de A y luego de nuevo uno de B sería un proceso mucho más lento. Del mismo modo, un procesador puede realizar mejor su trabajo si lo hace con datos que están cerca de otros datos (como ocurre en stack) en lugar de estar más alejados unos de otros (como puede ocurrir en heap).

Cuando el código llama a una función, los valores pasados a la función (incluyendo, potencialmente, punteros a datos en heap) y las variables locales de la función se colocan en stack. Cuando la función termina, esos valores se eliminan de stack.

Hacer un seguimiento de qué partes del código están utilizando qué datos en heap, minimizar la cantidad de datos duplicados en heap y limpiar los datos no utilizados en heap para evitar que se quede sin espacio son problemas que aborda la propiedad. Una vez que comprendamos la propiedad, no necesitaremos pensar en stack ni en heap muy a menudo, pero saber que el propósito principal de la propiedad es administrar los datos de heap puede ayudar a explicar por qué funciona de la manera en que lo hace.

Reglas de la propiedad

Primero, echemos un vistazo a las reglas de propiedad (ownership). Mantenga estas reglas en mente mientras trabajamos con los ejemplos que las ilustran:

- Cada valor en Rust tiene un *propietario*.
- Solo puede haber un propietario a la vez.
- Cuando el propietario salga del ámbito, el valor se eliminará.

Ámbito de las variables

Ahora que hemos superado la sintaxis básica de Rust, no incluiremos todo el código fn main() { en los ejemplos, así que, si está siguiendo los ejemplos, asegúrese de colocarlos a mano dentro de una función main. Como resultado, los ejemplos serán un poco más concisos, lo que nos permitirá centrarnos en los detalles reales en lugar de en el código repetitivo.

Como primer ejemplo de propiedad (ownership), vamos a examinar el ámbito de algunas variables. Un *ámbito* es el rango dentro de un programa en el cual un elemento es válido. Tomemos la siguiente variable:

```
let s = "hello";
```

La variable s se refiere a una cadena literal, donde el valor de la cadena está codificado en hardcode (codificación de forma rígida) en el texto de nuestro programa. La variable es válida desde el punto en el que esta se declara hasta el final del ámbito vigente. El Listado 4-1 muestra un programa con comentarios que indican dónde sería válida la variable s.

```
{                          // s is not valid here, since it's not yet declared
    let s = "hello";  // s is valid from this point forward

    // do stuff with s
}                          // this scope is now over, and s is no longer valid
```

Listado 4-1: Una variable y el ámbito en el que es válida.

En otras palabras, aquí hay dos puntos importantes en el tiempo:

- Cuando s *entra* en el ámbito de aplicación es válida.
- Sigue siendo válida hasta que *sale* del ámbito de aplicación.

En este punto, la relación entre los ámbitos y cuándo las variables son válidas es similar a la de otros lenguajes de programación. Ahora vamos a ampliar nuestra comprensión introduciendo el tipo String.

El tipo String

Para ilustrar las reglas de propiedad, necesitamos un tipo de dato más complejo. Los tipos tratados anteriormente tienen un tamaño conocido, pueden almacenarse en stack y eliminarse de stack cuando el ámbito termina, y se pueden copiar de forma rápida y sencilla para crear una nueva instancia independiente si otra parte del código necesita usar el mismo valor en un ámbito diferente. Pero queremos examinar datos que se almacenen en heap y explorar cómo Rust sabe cuándo limpiar esos datos, y el tipo String es un excelente ejemplo.

Nos concentraremos en las partes de String que se relacionan con la propiedad. Estos aspectos también se aplican a otros tipos de datos complejos, ya sean proporcionados por la biblioteca estándar o creados por usted. Discutiremos String con más detalle en el Capítulo 8.

Ya hemos visto literales de cadena, donde los valores de la cadena están codificados en hardcode en nuestro programa. Los literales de cadena son convenientes, pero no son adecuados para todas las situaciones en las que queremos usar texto. Una razón es que son inmutables. Otra razón es que no todos los valores de la cadena pueden conocerse cuando escribimos el código. Por ejemplo, ¿qué pasa si queremos tomar la entrada del usuario y almacenarla? Para estas situaciones, Rust tiene un segundo tipo de cadena, String.

Este tipo gestiona los datos asignados en heap y, como tal, puede almacenar una cantidad de texto que desconocemos en tiempo de compilación. Podemos crear `String` a partir de un literal de cadena usando la función `from`, de la siguiente manera:

```
let s = String::from("hello");
```

El operador de dos puntos dobles `::` nos permite asignar un espacio de nombres a esta función `from` específica bajo el tipo `String` en lugar de usar algún tipo de nombre como `string_from`. Discutiremos esta sintaxis con más detalle en «Sintaxis de métodos» y cuando hablemos sobre el espacio de nombres con módulos en «Rutas para hacer referencia a un elemento en el árbol de módulos».

Este tipo de cadena se puede modificar:

```
let mut s = String::from("hello");

s.push_str(", world!"); // push_str() appends a literal to a String

println!("{s}"); // this will print `hello, world!`
```

Entonces, ¿cuál es la diferencia en este caso? ¿Por qué se puede modificar `String` pero no los literales? La diferencia radica en cómo estos dos tipos manejan la memoria.

Memoria y asignación

En el caso de un literal de cadena, conocemos el contenido en tiempo de compilación, por lo que el texto se codifica directamente en el ejecutable final. Es por eso que los literales de cadena son rápidos y eficientes. Sin embargo, estas propiedades solo se derivan de la inmutabilidad del literal de cadena. Desafortunadamente, no podemos incluir un blob de memoria en el binario para cada fragmento de texto cuyo tamaño es desconocido en tiempo de compilación y dicho tamaño podría cambiar mientras se ejecuta el programa.

Con el tipo `String`, para admitir un fragmento de texto mutable y escalable, debemos asignar una cantidad de memoria en heap, desconocida en tiempo de compilación, para almacenar los contenidos. Esto significa que:

- La memoria debe solicitarse al asignador de memoria en tiempo de ejecución.
- Necesitamos una forma de devolver esta memoria al asignador cuando hayamos terminado con `String`.

La primera parte la realizamos nosotros: cuando llamamos a `String::from`, su implementación solicita la memoria que necesita. Esto es bastante común en los lenguajes de programación.

Sin embargo, la segunda parte es diferente. En lenguajes con un *recolector de basura* (GC, por sus siglas en inglés, Garbage Collector), GC realiza el seguimiento y limpia la memoria que ya no se está utilizando, y no necesitamos preocuparnos por ello. En la mayoría de los lenguajes sin GC, es nuestra responsabilidad identificar cuándo la memoria ya no se está utilizando y llamar al código para liberarla explícitamente, tal como lo hicimos al solicitarla. Hacer esto correctamente ha sido históricamente un difícil problema de programación. Si lo olvidamos, desperdiciaremos memoria. Si lo hacemos demasiado pronto, tendremos una variable no válida. Si lo hacemos dos veces, también será un error. Necesitamos emparejar exactamente una asignación con una liberación.

Rust elige un camino diferente: la memoria se devuelve automáticamente una vez que la variable que la posee sale de ámbito. Aquí hay una versión de nuestro ejemplo de ámbito del Listado 4-1 utilizando String en lugar de un literal de cadena:

```
{
    let s = String::from("hello"); // s is valid from this point forward

    // do stuff with s
}                                   // this scope is now over, and s is no
                                    // longer valid
```

Hay un punto natural en el que podemos devolver al asignador la memoria que String necesita: cuando s sale de ámbito. Cuando una variable sale de ámbito, Rust llama automáticamente a una función especial en lugar de tener que hacerlo nosotros. Esta función se llama drop, y es donde el autor de String puede poner el código para devolver la memoria. Rust llama automáticamente a drop al llegar a la llave de cierre.

NOTA *En C++, este patrón de liberar recursos al final del lifetime (tiempo de vida, vida útil) de un elemento se conoce a veces como «Resource Acquisition Is Initialization (RAII)». La función drop en Rust le resultará familiar si ha utilizado patrones RAII.*

Este patrón tiene un gran impacto en la forma en que se escribe el código en Rust. Puede parecer simple en este momento, pero el comportamiento del código puede ser inesperado en situaciones más complicadas cuando queremos que varias variables usen los datos que hemos asignado en heap. Exploremos ahora algunas de esas situaciones.

Variables y datos que interactúan con move

En Rust, varias variables pueden interactuar con los mismos datos de diferentes maneras. Veamos un ejemplo utilizando un entero en el Listado 4-2.

```
let x = 5;
let y = x;
```

Listado 4-2: Asignación del valor entero de la variable x a y.

Probablemente podamos adivinar qué hace lo anterior: «asigna el valor 5 a x; luego hace una copia del valor en x y lo asigna a y». Ahora tenemos dos variables, x e y, y ambas son iguales a 5. Esto es precisamente lo que está sucediendo, porque los enteros son valores simples con un tamaño conocido y fijo, y estos dos valores 5 se colocan en stack.

Ahora veamos la versión con String:

```
let s1 = String::from("hello");
let s2 = s1;
```

Esto parece muy similar, por lo que podríamos suponer que funciona de la misma manera, es decir, la segunda línea haría una copia del valor en s1 y lo asignaría a s2. Pero esto no es exactamente lo que ocurre.

Eche un vistazo a la Figura 4-1 para ver qué está sucediendo internamente con String. String está compuesto por tres partes, que se muestran a la izquierda: un puntero que apunta a la memoria que contiene el contenido de la cadena, una longitud y una capacidad. Este grupo de datos se almacena en stack. A la derecha se encuentra la memoria en heap que tiene el contenido.

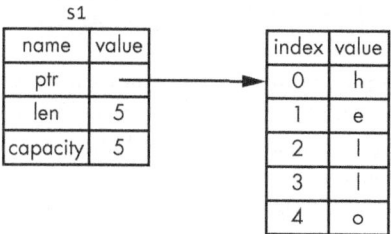

Figure 4-1: Representación en memoria de String que contiene el valor "hello" vinculado a s1.

La longitud es la cantidad de memoria, en bytes, que el contenido de String utiliza en este momento. La capacidad es la cantidad total de memoria, en bytes, que String ha recibido del asignador de memoria. La diferencia entre la longitud y la capacidad es importante, pero no en este contexto, así que por ahora se puede ignorar la capacidad.

Cuando asignamos s1 a s2, los datos de String se copian, lo que significa que copiamos el puntero, la longitud y la capacidad que se encuentran en stack. No copiamos los datos que hay en heap a los que el puntero se refiere.

En otras palabras, la representación de los datos en memoria se ve como en la Figura 4-2.

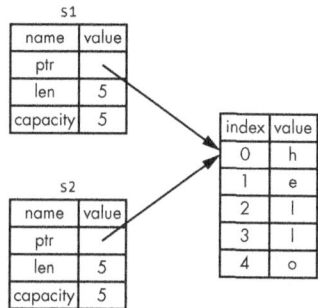

Figura 4-2: Representación en memoria de la variable s2, que tiene una copia del puntero, longitud y capacidad de s1.

La representación no se parece a la Figura 4-3, que es cómo se vería la memoria si Rust, en cambio, copiara los datos de heap también. Si Rust hiciera esto, la operación s2 = s1 podría ser muy costosa en términos de rendimiento en tiempo de ejecución si la cantidad de datos en heap fuera grande.

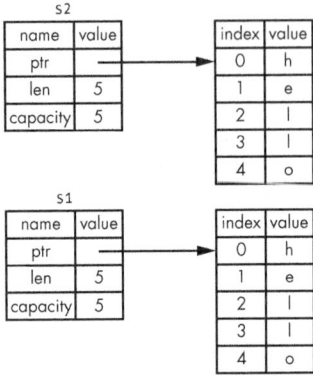

Figura 4-3: Otra posibilidad de lo que s2 = s1 podría hacer si Rust también copiara los datos de heap.

Anteriormente, dijimos que cuando una variable queda fuera de su ámbito, Rust llama automáticamente a la función drop y libera la memoria de heap para esa variable. Pero la Figura 4-2 muestra que ambos punteros de datos apuntan al mismo lugar. Esto es un problema: cuando s2 y s1 quedan fuera de su ámbito, ambas intentarán liberar la misma memoria. Esto se conoce como *error de doble liberación* y es uno de los errores de seguridad de memoria que mencionamos anteriormente. Liberar la memoria dos veces puede provocar corrupción de memoria, lo que potencialmente puede llevar a vulnerabilidades de seguridad.

Para garantizar la seguridad de la memoria, después de la línea let s2 = s1;, Rust considera que s1 ya no es válido. Por lo tanto, Rust no necesita liberar nada cuando s1 queda fuera de ámbito. Observe qué sucede cuando intentamos usar s1 después de crear s2; no funcionará:

```
let s1 = String::from("hello");
let s2 = s1;

println!("{s1}, world!");
```

Obtendremos un error como el siguiente porque Rust nos impide usar la referencia invalidada:

```
error[E0382]: borrow of moved value: `s1`
  --> src/main.rs:5:28
   |
2  |     let s1 = String::from("hello");
   |         -- move occurs because `s1` has type `String`, which
does not implement the `Copy` trait
3  |     let s2 = s1;
   |              -- value moved here
4  |
5  |     println!("{s1}, world!");
   |                ^^ value borrowed here after move
```

Si ha oido hablar de los términos *copia superficial* (shallow copy) y *copia profunda* (deep copy) mientras trabaja con otros lenguajes, el concepto de copiar el puntero, la longitud y la capacidad sin copiar los datos probablemente suene a algo como una copia superficial. Pero debido a que Rust también invalida la primera variable, en lugar de llamarse copia superficial se conoce como *move* (mover). En este ejemplo, diríamos que s1 se ha *movido* a s2. Entonces, lo que realmente sucede se muestra en la Figura 4-4.

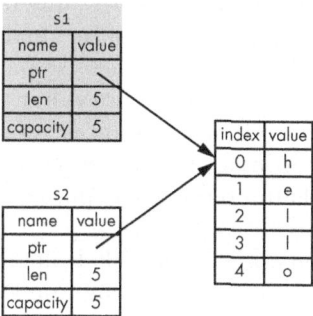

Figura 4-4: Representación en memoria después de que s1 se haya invalidado.

¡Eso resuelve nuestro problema! Con solo s2 válido, cuando queda fuera de ámbito, se liberará la memoria y habremos terminado.

Además, esto implica una elección de diseño: Rust nunca creará automáticamente copias profundas de nuestros datos. Por lo tanto, se puede suponer que cualquier copia automática será económica en cuanto al rendimiento en tiempo de ejecución.

Variables y datos que interactúan con clone

Si queremos hacer una copia profunda en heap de los datos de String, no solo los datos de stack, podemos utilizar un método habitual llamado clone. Discutiremos la sintaxis de métodos en el Capítulo 5 pero, debido a que los métodos son una característica común en muchos lenguajes de programación, probablemente ya los haya visto antes.

Aquí tiene un ejemplo del método clone en acción:

```
let s1 = String::from("hello");
let s2 = s1.clone();

println!("s1 = {s1}, s2 = {s2}");
```

Esto funciona perfectamente y produce explícitamente el comportamiento mostrado en la Figura 4-3, en la que se copian los datos de heap.

Cuando vemos una llamada a clone, sabemos que se está ejecutando algún código arbitrario y ese código puede ser costoso. Es un indicador visual de que algo diferente está sucediendo.

Datos exclusivos de stack: Copy

Hay otro detalle que aún no hemos mencionado. El siguiente código que utiliza enteros, parte del cual se mostró en el Listado 4-2, funciona y es válido:

```
let x = 5;
let y = x;

println!("x = {x}, y = {y}");
```

Pero este código parece contradecir lo que acabamos de aprender: no tenemos una llamada a clone, pero x todavía es válido y no se ha movido a y.

La razón es que los tipos como los enteros, que tienen un tamaño conocido en tiempo de compilación, se almacenan todos en stack, por lo que las copias de los valores reales se pueden hacer rápidamente. Eso significa que no hay razón para evitar que x sea válido después de crear la variable y. En otras palabras, en este caso no hay diferencia entre la copia profunda y la copia superficial, por lo que llamar a clone no haría nada diferente a la copia superficial habitual, y podemos omitirlo.

Rust tiene una anotación especial llamada trait Copy que podemos aplicar a tipos que se almacenan en stack, como son los enteros (hablaremos más sobre traits en el Capítulo 10). Si un tipo implementa el trait Copy, las variables que lo utilizan no se mueven, sino que trivialmente se copian, lo que las mantiene válidas después de asignarlas a otra variable.

Rust no permite anotar un tipo con Copy si el tipo, o cualquiera de sus partes, ha implementado el trait Drop. Si el tipo necesita que ocurra algo especial cuando el valor queda fuera de ámbito y añadimos la anotación Copy a ese tipo, obtendremos un error en tiempo de compilación. Para aprender cómo añadir la anotación Copy a nuestro tipo para implementar el trait, consulte el Apéndice C.

Entonces, ¿qué tipos implementan el trait Copy? Puede consultar la documentación del tipo específico para estar seguro, pero, como regla general, cualquier grupo de valores escalares simples puede implementar Copy, y nada que requiera asignación de memoria o sea algún tipo de recurso puede implementar Copy. Aquí hay algunos tipos que implementan Copy:

- Todos los tipos de enteros, como u32.

- El tipo booleano, bool, con valores true y false.

- Todos los tipos de coma flotante, como f64.

- El tipo carácter, char.

- Las tuplas, si solo contienen tipos que también implementan Copy. Por ejemplo, (i32, i32) implementa Copy, pero (i32, String) no.

Propiedad y funciones

Los mecanismos para pasar un valor a una función son similares a los de asignar un valor a una variable. Pasar una variable a una función moverá (move) o copiará (copy), al igual que en una asignación. El Listado 4-3 contiene un ejemplo con algunas anotaciones que muestran dónde las variables entran y salen de su ámbito.

```
src/main.rs    fn main() {
                   let s = String::from("hello"); // s comes into scope

                   takes_ownership(s);            // s's value moves into the function...
                                                  // ... and so is no longer valid here

                   let x = 5;                     // x comes into scope

                   makes_copy(x);                 // x would move into the function,
                                                  // but i32 is Copy, so it's okay to still
                                                  // use x afterward

               } // Here, x goes out of scope, then s. However, because s's value was
                 // moved, nothing special happens.

               fn takes_ownership(some_string: String) { // some_string comes into scope
                   println!("{some_string}");
               } // Here, some_string goes out of scope and `drop` is called. The backing
                 // memory is freed.

               fn makes_copy(some_integer: i32) { // some_integer comes into scope
                   println!("{some_integer}");
               } // Here, some_integer goes out of scope. Nothing special happens.
```

Listado 4-3: Funciones anotadas con propiedad y ámbito.

Si intentáramos usar s después de la llamada a takes_ownership, Rust arrojaría un error en tiempo de compilación. Estas verificaciones estáticas nos protegen de cometer errores. Intentemos añadir código a main que utilice s y x para ver dónde podemos usarlas y dónde las reglas de propiedad nos impiden hacerlo.

Valores de retorno y ámbito

Devolver valores también puede transferir la propiedad. El Listado 4-4 muestra el ejemplo de una función que devuelve un valor, con anotaciones similares a las del Listado 4-3.

```
src/main.rs    fn main() {
                   let s1 = gives_ownership();         // gives_ownership moves its return
                                                       // value into s1

                   let s2 = String::from("hello");     // s2 comes into scope

                   let s3 = takes_and_gives_back(s2);  // s2 is moved into
                                                       // takes_and_gives_back, which also
                                                       // moves its return value into s3
               } // Here, s3 goes out of scope and is dropped. s2 was moved, so nothing
                 // happens. s1 goes out of scope and is dropped.

               fn gives_ownership() -> String {        // gives_ownership will move its
                                                       // return value into the function
                                                       // that calls it
```

```
    let some_string = String::from("yours"); // some_string comes into scope

    some_string                              // some_string is returned and
                                             // moves out to the calling
                                             // function
}

// This function takes a String and returns a String.
fn takes_and_gives_back(a_string: String) -> String { // a_string comes
                                                       // into scope

    a_string  // a_string is returned and moves out to the calling function
}
```

Listado 4-4: Transferencia de propiedad de los valores de retorno.

La propiedad de una variable sigue el mismo patrón en todo momento: asignar un valor a otra variable, la mueve. Cuando una variable que incluye datos en heap sale de ámbito, el valor se limpiará mediante drop, a menos que la propiedad de los datos se haya movido a otra variable.

Si bien esto funciona, tomar la propiedad y luego devolverla con cada función puede ser un poco tedioso. ¿Qué pasa si queremos permitir que una función use un valor pero sin tomar la propiedad? Es bastante molesto que todo lo que pasemos también se deba devolver si queremos usarlo nuevamente, además de cualquier dato resultante del cuerpo de la función que también deseemos devolver.

Rust permite devolver varios valores utilizando una tupla, como se muestra en el Listado 4-5.

src/main.rs
```
fn main() {
    let s1 = String::from("hello");

    let (s2, len) = calculate_length(s1);

    println!("The length of '{s2}' is {len}.");
}

fn calculate_length(s: String) -> (String, usize) {
    let length = s.len(); // len() returns the length of a String

    (s, length)
}
```

Listado 4-5: Devolución de la propiedad de los parámetros.

Pero esto requiere demasiada ceremonia y mucho trabajo para un concepto que debería ser común. Afortunadamente para nosotros, Rust tiene una característica para utilizar un valor sin transferir la propiedad, llamada *references (referencias)*.

Referencias y préstamos

El problema con el código de la tupla en el Listado 4-5 es que tenemos que devolver String a la función que realiza la llamada para poder seguir usando la cadena después de la llamada a calculate_length, ya que String se ha movido a calculate_length. En su lugar, podemos proporcionar una referencia al valor de String. La *reference (referencia)* es como un puntero, en el sentido de que es una dirección a la que podemos seguir para acceder a los datos almacenados en esa dirección; esos datos son propiedad de alguna otra variable. A diferencia de un puntero, una referencia garantiza que apunta a un valor válido de un tipo en particular durante toda la vida útil de esa referencia.

A continuación, se muestra cómo definir y usar la función calculate_length, que tiene como parámetro una referencia a un objeto, en lugar de tomar la propiedad del valor:

src/main.rs
```
fn main() {
    let s1 = String::from("hello");

    let len = calculate_length(&s1);

    println!("The length of '{s1}' is {len}.");
}

fn calculate_length(s: &String) -> usize {
    s.len()
}
```

En primer lugar, observe que ha desaparecido todo el código de la tupla en la declaración de la variable y el valor de retorno de la función. En segundo lugar, pasamos &s1 a calculate_length y, en su definición, tomamos &String en lugar de String. Estos signos de ampersand representan *references* y nos permiten referirnos a un valor sin tomar su propiedad. La Figura 4-5 representa este concepto.

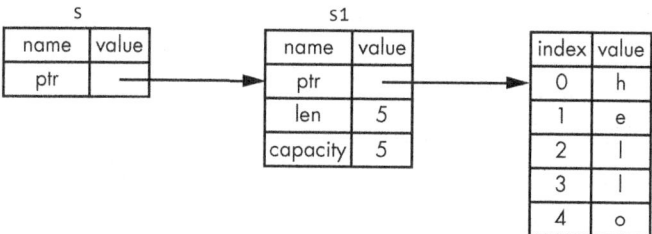

Figura 4-5: Diagrama de &String s apuntando a String s1.

NOTA *Lo opuesto a referenciar usando & es desreferenciar, lo cual se logra con el operador de desreferencia: *. Veremos algunos ejemplos del operador de desreferencia en el Capítulo 8 y discutiremos los detalles de la desreferenciación en el Capítulo 15.*

Veamos más de cerca la llamada a la función en lo siguiente:

```
let s1 = String::from("hello");

let len = calculate_length(&s1);
```

La sintaxis &s1 permite crear una referencia que se refiere al valor de s1 pero no lo posee. Debido a que no lo posee, el valor al que apunta no será eliminado cuando la referencia deje de utilizarse.

De manera similar, la firma de la función utiliza & para indicar que el tipo del parámetro s es una referencia. Vamos a añadir algunas anotaciones explicativas:

```
fn calculate_length(s: &String) -> usize { // s is a reference to a String
    s.len()
} // Here, s goes out of scope. But because it does not have ownership of what
  // it refers to, the String is not dropped.
```

El ámbito en el que la variable s es válida es el mismo que el ámbito de cualquier parámetro de función, pero el valor al que apunta la referencia no se elimina cuando s se deja de utilizar, porque s no tiene la propiedad. Cuando las funciones tienen referencias como parámetros en lugar de los valores reales, no necesitamos devolver los valores para ceder la propiedad, porque nunca hemos tenido la propiedad.

Llamamos al acto de crear una referencia *prestar (borrowing)*. Al igual que en la vida real, si una persona es dueña de algo, usted puede pedir que se lo preste. Cuando haya terminado, debe devolverlo. No es su dueño.

Entonces, ¿qué sucede si intentamos modificar algo que hemos pedido prestado? Pruebe el código del Listado 4-6. Advertencia de spoiler: ¡no funcionará!

src/main.rs
```
fn main() {
    let s = String::from("hello");

    change(&s);
}

fn change(some_string: &String) {
    some_string.push_str(", world");
}
```

Listado 4-6: *Intento de modificación de un valor que hemos pedido prestado.*

A continuación, vemos el error:

```
error[E0596]: cannot borrow `*some_string` as mutable, as it is behind a `&` reference
 --> src/main.rs:8:5
  |
7 | fn change(some_string: &String) {
  |                        ------- help: consider changing this to be a mutable
reference: `&mut String`
8 |     some_string.push_str(", world");
  |     ^^^^^^^^^^^^^^^^^^^^^^^^^^^^^^^^ `some_string` is a `&` reference, so
the data it refers to cannot be borrowed as mutable
```

Al igual que las variables son inmutables por defecto, también lo son las referencias. No se nos permite modificar algo que tenemos referenciado.

Referencias mutables

Podemos corregir el código del Listado 4-6 para permitirnos modificar un valor prestado con solo unos pequeños ajustes que utilizan, en cambio, una *referencia mutable*:

src/main.rs

```
fn main() {
    let mut s = String::from("hello");

    change(&mut s);
}

fn change(some_string: &mut String) {
    some_string.push_str(", world");
}
```

Primero, cambiamos s a mut. Luego, creamos una referencia mutable con &mut s donde llamamos a la función change, y actualizamos la firma de la función para aceptar una referencia mutable con some_string: &mut String. Esto deja claro que la función change modificará el valor que presta.

Las referencias mutables tienen una gran restricción: si tenemos una referencia mutable a un valor, no podemos tener ninguna otra referencia a ese valor. Este código que intenta crear dos referencias mutables a s fallará:

src/main.rs

```
let mut s = String::from("hello");

let r1 = &mut s;
let r2 = &mut s;

println!("{r1}, {r2}");
```

A continuación, vemos el error:

```
error[E0499]: cannot borrow `s` as mutable more than once at a time
 --> src/main.rs:5:14
  |
4 |     let r1 = &mut s;
  |              ------ first mutable borrow occurs here
5 |     let r2 = &mut s;
  |              ^^^^^^ second mutable borrow occurs here
6 |
7 |     println!("{r1}, {r2}");
  |                -- first borrow later used here
```

Este error indica que el código es inválido porque no podemos tomar prestado s como mutable más de una vez al mismo tiempo. El primer préstamo mutable está en r1 y debe durar hasta que se utilice en println!, pero entre la creación de esa referencia mutable y su uso, intentamos crear otra referencia mutable en r2 que toma prestados los mismos datos que r1. La restricción que impide tener múltiples referencias mutables al mismo dato al mismo tiempo permite la mutación, pero de una manera muy controlada. Es algo con lo que los nuevos programadores de Rust luchan porque la mayoría de los lenguajes permiten mutar cuando lo deseemos. El beneficio de tener esta restricción es que Rust puede prevenir las carreras de datos en tiempo de compilación. Una *carrera de datos* es similar a una condición de carrera y ocurre cuando se producen estos tres comportamientos:

- Dos o más punteros acceden a los mismos datos al mismo tiempo.
- Al menos uno de los punteros se utiliza para escribir en los datos.
- No se utiliza ningún mecanismo para sincronizar el acceso a los datos.

Las carreras de datos causan un comportamiento indefinido y pueden ser difíciles de diagnosticar y solucionar cuando intentamos rastrearlas en tiempo de ejecución; ¡Rust evita este problema al negarse a compilar código con carreras de datos!

Como siempre, podemos usar llaves {} para crear un nuevo ámbito, lo que permite tener múltiples referencias mutables; simplemente, no *simultáneamente*:

```
let mut s = String::from("hello");

{
    let r1 = &mut s;
} // r1 goes out of scope here, so we can make a new reference with no problems

let r2 = &mut s;
```

Rust impone una regla similar para combinar referencias mutables e inmutables. Este código produce un error:

```
let mut s = String::from("hello");

let r1 = &s; // no problem
let r2 = &s; // no problem
let r3 = &mut s; // BIG PROBLEM

println!("{r1}, {r2}, and {r3}");
```

A continuación, vemos el error:

```
error[E0502]: cannot borrow `s` as mutable because it is also borrowed as immutable
 --> src/main.rs:6:14
  |
4 |     let r1 = &s; // no problem
  |              -- immutable borrow occurs here
5 |     let r2 = &s; // no problem
6 |     let r3 = &mut s; // BIG PROBLEM
  |              ^^^^^^ mutable borrow occurs here
7 |
8 |     println!("{r1}, {r2}, and {r3}");
  |               -- immutable borrow later used here
```

¡Uf! Tampoco podemos tener una referencia mutable mientras tenemos una referencia inmutable al mismo valor.

¡Los usuarios de una referencia inmutable no esperan que el valor cambie repentinamente! Sin embargo, se permiten múltiples referencias inmutables porque aquellos que solo leen los datos no tienen la capacidad de afectar la lectura de los datos de los demás.

Hay que tener en cuenta que el ámbito de una referencia comienza desde donde se introduce y continúa hasta la última vez que se utiliza esa referencia. Por ejemplo, este código compilará porque el último uso de las referencias inmutables, println!, ocurre antes de que se introduzca la referencia mutable:

```rust
let mut s = String::from("hello");

let r1 = &s; // no problem
let r2 = &s; // no problem
println!("{r1} and {r2}");
// Variables r1 and r2 will not be used after this point.

let r3 = &mut s; // no problem
println!("{r3}");
```

Los ámbitos de las referencias inmutables r1 y r2 terminan después de println!, donde se utilizan por última vez, antes de que se cree la referencia mutable r3. Estos ámbitos no se superponen, por lo que se permite este código: el compilador puede determinar que la referencia ya no se está utilizando en un punto antes del final del ámbito.

Aunque los errores de préstamo pueden resultar frustrantes en ocasiones, recordemos que es el compilador de Rust señalando un posible error anticipadamente (en tiempo de compilación en lugar de en tiempo de ejecución), que nos muestra exactamente dónde está el problema. Así no tenemos que rastrear por qué los datos no son lo que pensábamos que eran.

Referencias colgantes

En lenguajes con punteros es fácil crear erróneamente un *puntero colgante* (un puntero que hace referencia a una ubicación de memoria que puede haber sido entregada a alguien más), al liberar cierta memoria pero preservando un puntero a esa memoria. En Rust, en cambio, el compilador garantiza que las referencias nunca serán referencias colgantes: si tenemos una referencia a ciertos datos, el compilador se asegurará de que los datos no queden fuera de ámbito antes de que la referencia a los datos lo haga.

Intentemos crear una referencia colgante para ver cómo Rust las previene con un error en tiempo de compilación:

src/main.rs
```rust
fn main() {
    let reference_to_nothing = dangle();
}

fn dangle() -> &String {
    let s = String::from("hello");

    &s
}
```

A continuación, vemos el error:

```
error[E0106]: missing lifetime specifier
 --> src/main.rs:5:16
  |
5 | fn dangle() -> &String {
  |                ^ expected named lifetime parameter
  |
  = help: this function's return type contains a borrowed value,
but there is no value for it to be borrowed from
help: consider using the `'static` lifetime
  |
5 | fn dangle() -> &'static String {
  |                 ~~~~~~~~
```

Este mensaje de error se refiere a una característica que aún no hemos tratado: *lifetime* (vida útil). Discutiremos los lifetimes en detalle en el Capítulo 10. Sin embargo, si obviamos las partes sobre los lifetimes, el mensaje sí contiene la clave de por qué este código es un problema:

```
this function's return type contains a borrowed value, but there
is no value for it to be borrowed from
```

Echemos un vistazo más de cerca a lo que sucede en cada etapa de nuestro código dangle (con referencia colgante):

```
// src/main.rs
fn dangle() -> &String { // dangle returns a reference to a String

    let s = String::from("hello"); // s is a new String

    &s // we return a reference to the String, s
} // Here, s goes out of scope and is dropped, so its memory goes away.
  // Danger!
```

Debido a que s se crea dentro de dangle, cuando el código de dangle finaliza, s será desasignado. Pero intentamos devolver una referencia a s. Eso significa que esta referencia apuntaría a una String inválida. ¡Eso no es bueno! Rust no nos permitirá hacer esto.

La solución aquí es devolver directamente String:

```
fn no_dangle() -> String {
    let s = String::from("hello");
    s
}
```

Esto funciona sin problemas. La propiedad se transfiere y no se realiza ninguna desasignación.

Reglas de referencias

Recapitulemos acerca de lo que hemos discutido sobre las referencias:

- En cualquier momento dado, podemos tener una referencia mutable o cualquier cantidad de referencias inmutables.

- Las referencias deben ser válidas siempre.

A continuación, veremos un tipo diferente de referencia: las slices (rebanadas).

El tipo rebanada (slice)

Las *slices* nos permiten hacer referencia a una secuencia contigua de elementos en una colección en lugar de hacerlo a toda la colección. Una slice es un tipo de referencia, por lo que no tiene propiedad.

Aquí tenemos un pequeño problema de programación: vamos a escribir una función que tome una cadena de palabras separadas por espacios y devuelva la primera palabra que encuentre en esa cadena. Si la función no encuentra un espacio en la cadena, significa que toda la cadena es una sola palabra, por lo que se debe devolver la cadena completa.

Trabajemos primero en cómo escribir la firma de esta función sin usar slices, para entender el problema que estas resolverán:

```
fn first_word(s: &String) -> ?
```

La función `first_word` tiene un parámetro de tipo &String. No queremos la propiedad, así que esto está bien. Pero, ¿qué deberíamos devolver? Realmente no tenemos una forma de hablar sobre una parte de una cadena. Sin embargo, podríamos devolver el índice del final de la palabra, indicado por un espacio. Intentemos eso, como se muestra en el Listado 4-7.

src/main.rs
```
fn first_word(s: &String) -> usize {
❶ let bytes = s.as_bytes();

    for (❷i, &item) in ❸ bytes.iter().enumerate() {
    ❹ if item == b' ' {
            return i;
        }
    }

  ❺ s.len()
}
```

Listado 4-7: La función `first_word` devuelve un valor de índice de byte dentro del parámetro String.

Dado que necesitamos recorrer String elemento por elemento y verificar si un valor es un espacio, convertiremos nuestro String en una matriz de bytes utilizando el método as_bytes ❶.

A continuación, crearemos un iterador sobre la matriz de bytes utilizando el método iter ❸. Discutiremos los iteradores con más detalle en el Capítulo 13. Por ahora, debe saber que iter es un método que devuelve cada elemento de una colección y que enumerate envuelve el resultado de iter y devuelve cada elemento como parte de una tupla. El primer elemento de la tupla devuelto por enumerate es el índice y el segundo elemento es una referencia al elemento. Esto es algo más conveniente que calcular el índice nosotros mismos.

Debido a que el método enumerate devuelve una tupla, podemos utilizar patrones para desestructurar esa tupla. Discutiremos los patrones con más detalle en el Capítulo 6. En el bucle for, especificamos un patrón que tiene i para el índice en la tupla y &item para el byte único en la tupla ❷. Debido a que obtenemos una referencia al elemento desde .iter().enumerate(), usamos & en el patrón.

Dentro del bucle for, buscamos el byte que representa el espacio utilizando la sintaxis del literal de byte ❹. Si encontramos un espacio, devolvemos la posición. De lo contrario, devolvemos la longitud de la cadena utilizando s.len() ❺.

Ahora tenemos una forma de averiguar el índice del final de la primera palabra en la cadena, pero hay un problema. Devolvemos un usize por sí solo, pero solo tiene un significado en el contexto de &String. En otras palabras, como es un valor separado de String, no hay garantía de que siga siendo válido en el futuro. Consideremos el programa en el Listado 4-8 que utiliza la función first_word del Listado 4-7.

```
// src/main.rs
fn main() {
    let mut s = String::from("hello world");

    let word = first_word(&s); // word will get the value 5

    s.clear(); // this empties the String, making it equal to ""

    // word still has the value 5 here, but there's no more string that
    // we could meaningfully use the value 5 with. word is now totally invalid!
}
```

Listado 4-8: Almacenamiento del resultado de llamar a la función first_word y luego cambio del contenido de String.

Este programa compila sin errores y también lo haría si usáramos word después de llamar a s.clear(). Debido a que word no está conectado al estado de s en absoluto, word contiene todavía el valor 5.

Podríamos usar ese valor 5 junto con la variable s para tratar de extraer la primera palabra, pero esto sería un error porque el contenido de s ha cambiado desde que guardamos 5 en word.

Tener que preocuparse de que el índice en word se desincronice con los datos en s es tedioso y propenso a errores. La gestión de estos índices es aún más frágil si escribimos una función second_word. Su firma tendría que parecerse a esto:

```
fn second_word(s: &String) -> (usize, usize) {
```

Ahora estamos rastreando un índice de inicio y un índice de finalización, y tenemos aún más valores que se han calculado a partir de datos en un estado particular pero no están vinculados a ese estado en absoluto. Tenemos tres variables no relacionadas flotando que deben mantenerse sincronizadas.

Afortunadamente, Rust tiene una solución para este problema: las string slices (rebanadas de cadena).

String slices (rebanadas de cadena)

Una *string slice (rebanada de cadena)* es una referencia a una parte de una String, y se ve así:

```
let s = String::from("hello world");

let hello = &s[0..5];
let world = &s[6..11];
```

En lugar de una referencia a la totalidad de String, hello es una referencia a una parte de la cadena, especificada en la parte adicional [0..5]. Creamos rebanadas usando un rango dentro de corchetes, especificando [$starting\_index..ending\_index$], donde $starting\_index$ es la primera posición en la rebanada y $ending\_index$ es una posición más allá de la última posición de la rebanada. Internamente, la estructura de datos de la rebanada almacena la posición de inicio y la longitud de la rebanada, que corresponde a $ending\_index$ menos $starting\_index$. Por lo tanto, en el caso de let world = &s[6..11];, world sería una rebanada que contiene un puntero al byte en el índice 6 de s con un valor de longitud 5.

La Figura 4-6 muestra lo anterior en un diagrama.

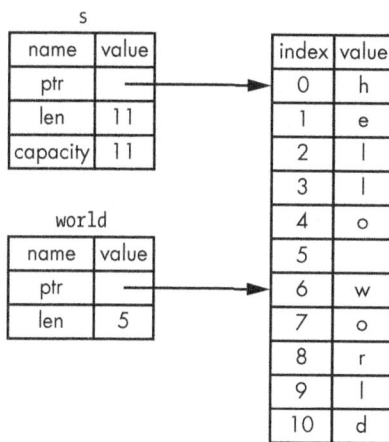

Figura 4-6: String slice que se refiere a una parte de String.

Con la sintaxis de rango .. de Rust, si deseamos comenzar en el índice 0, podemos omitir el valor antes de los dos puntos. En otras palabras, estas son equivalentes:

```
let s = String::from("hello");

let slice = &s[0..2];
let slice = &s[..2];
```

Del mismo modo, si nuestra slice incluye el último byte de String, podemos omitir el número final. Esto significa que las siguientes expresiones son equivalentes:

```
let s = String::from("hello");

let len = s.len();

let slice = &s[3..len];
let slice = &s[3..];
```

También se pueden omitir ambos valores para tomar un trozo de toda la cadena. Entonces son equivalentes:

```
let s = String::from("hello");

let len = s.len();

let slice = &s[0..len];
let slice = &s[..];
```

NOTA *Los índices de rango de las rebanadas de cadena deben ocurrir en límites váli-dos de caracteres UTF-8. Si intentamos crear una string slice en medio de un carácter multibyte, el programa mostrará un error y finalizará. Para los propó-sitos de introducir las string slices, suponemos únicamente ASCII. Para una discusión más detallada sobre la gestión de UTF-8, puede consultar la sección «Almacenamiento de texto codificado en UTF-8 con cadenas».*

Con toda esta información en mente, vamos a reescribir first_word para que devuelva una string slice. El tipo que representa una string slice se escribe como &str:

src/main.rs
```
fn first_word(s: &String) -> &str {
    let bytes = s.as_bytes();

    for (i, &item) in bytes.iter().enumerate() {
        if item == b' ' {
            return &s[0..i];
        }
    }

    &s[..]
}
```

Obtenemos el índice para el final de la palabra, de la misma manera que lo hicimos en el Listado 4-7, buscando la primera apa-rición de un espacio. Cuando encontramos un espacio, devolvemos una string slice utilizando el inicio de la cadena y el índice del espacio como índices inicial y final.

Ahora, cuando llamamos a first_word, obtenemos un único valor que está vinculado a los datos subyacentes. El valor está compuesto por una referencia al punto de inicio de la rebanada y el número de ele-mentos en la rebanada.

Devolver una rebanada también funcionaría para una función second_word:

```rust
fn second_word(s: &String) -> &str {
```

Ahora tenemos una API sencilla que es mucho más difícil de estropear porque el compilador se asegurará de que las referencias a String permanezcan válidas. ¿Recuerda el error en el programa del Listado 4-8, cuando obtuvimos el índice al final de la primera palabra pero luego borramos la cadena, por lo que nuestro índice no era válido? Ese código era lógicamente incorrecto pero no mostraba errores inmediatos. Los problemas se manifestarían más adelante si siguiéramos intentando usar el índice de la primera palabra con una cadena vacía. Las rebanadas hacen que este error sea imposible y nos indican mucho antes que tenemos un problema en el código. Usar la versión con rebanada de la función first_word generará un error en tiempo de compilación:

src/main.rs
```rust
fn main() {
    let mut s = String::from("hello world");

    let word = first_word(&s);

    s.clear(); // error!

    println!("the first word is: {word}");
}
```

Aquí está el error del compilador:

```
error[E0502]: cannot borrow `s` as mutable because it is also borrowed as immutable
  --> src/main.rs:18:5
   |
16 |     let word = first_word(&s);
   |                           -- immutable borrow occurs here
17 |
18 |     s.clear(); // error!
   |     ^^^^^^^^^ mutable borrow occurs here
19 |
20 |     println!("the first word is: {word}");
   |                                   ---- immutable borrow later used here
```

Recordemos las reglas de préstamo, que establecen que si tenemos una referencia inmutable a algo, no podemos tomar una referencia mutable. Como clear necesita truncar String, necesita obtener una referencia mutable. La macro println! después de la llamada a clear usa la referencia en word, por lo que la referencia inmutable debe seguir activa en ese punto. Rust no permite que existan la referencia mutable en clear y la referencia inmutable en word al mismo tiempo, y la compilación falla. ¡No solo Rust ha hecho que nuestra API sea más fácil de usar, sino que también ha eliminado toda una clase de errores en tiempo de compilación!

Literales de cadena como slices

Recordemos que hemos hablado sobre cómo los literales de cadena se almacenan en el binario. Ahora que conocemos las rebanadas, podemos comprender adecuadamente los literales de cadena.

```
let s = "Hello, world!";
```

El tipo de s en este caso es &str:; es una rebanada que apunta a ese punto específico del binario. Esto también explica por qué los literales de cadena son inmutables; &str es una referencia inmutable.

Rebanadas de cadena como parámetros

Sabiendo que podemos tomar rebanadas de literales y valores de tipo String, nos lleva a una mejora más en la firma de la función first_word:

```
fn first_word(s: &String) -> &str {
```

Un programador de Rust más experimentado escribiría la firma que se muestra en el Listado 4-9 en su lugar, ya que nos permite utilizar la misma función tanto en valores &String como en valores &str.

```
fn first_word(s: &str) -> &str {
```

Listado 4-9: Para mejorar la función first_word, podemos utilizar una string slice (&str) como tipo para el parámetro s.

Si tenemos una string slice, podemos pasarla directamente. Si tenemos una String, podemos pasar una rebanada de String o una referencia a String. Esta flexibilidad aprovecha las *deref coercions (coerciones de desreferencia)*, una característica que trataremos en «Coerciones deref implícitas con funciones y métodos».

Definir una función que tome una string slice en lugar de una referencia a String hace que nuestra API sea más general y útil sin perder ninguna funcionalidad.

src/main.rs
```
fn main() {
    let my_string = String::from("hello world");

    // `first_word` works on slices of `String`s, whether partial
    // or whole.
    let word = first_word(&my_string[0..6]);
    let word = first_word(&my_string[..]);
    // `first_word` also works on references to `String`s, which
    // are equivalent to whole slices of `String`s.
    let word = first_word(&my_string);

    let my_string_literal = "hello world";

    // `first_word` works on slices of string literals,
    // whether partial or whole.
    let word = first_word(&my_string_literal[0..6]);
    let word = first_word(&my_string_literal[..]);
```

```
    // Because string literals *are* string slices already,
    // this works too, without the slice syntax!
    let word = first_word(my_string_literal);
}
```

Otras rebanadas

Las string slices, como puede imaginar, son específicas de las cadenas. Pero también hay un tipo de rebanada más general. Consideremos este array:

```
let a = [1, 2, 3, 4, 5];
```

Del mismo modo que es posible que queramos referirnos a una parte de una cadena, también puede que deseemos referirnos a una parte de un array. Podemos hacerlo de la siguiente manera:

```
let a = [1, 2, 3, 4, 5];

let slice = &a[1..3];

assert_eq!(slice, &[2, 3]);
```

Esta rebanada tiene el tipo &[i32]. Funciona de la misma manera que las string slices, almacenando una referencia al primer elemento y su longitud. Utilizará este tipo de rebanada para todo tipo de colecciones. Discutiremos estas colecciones en detalle cuando hablemos sobre los vectores en el Capítulo 8.

Resumen

El lenguaje Rust nos brinda el control sobre el uso de la memoria de la misma manera que otros lenguajes de programación de sistemas, pero tener al propietario de los datos limpiando automáticamente esos datos cuando el propietario se queda fuera de ámbito significa que no tenemos que escribir ni depurar código adicional para obtener este control.

La propiedad afecta a la forma en que funcionan muchas otras partes de Rust, por lo que hablaremos más sobre estos conceptos a lo largo del resto del libro. Pasemos al Capítulo 5 y veamos cómo agrupar piezas de datos juntas en una struct (estructura).

5

USO DE STRUCTS PARA ESTRUCTURAR DATOS RELACIONADOS

Una *struct*, o *estructura*, es un tipo de dato personalizado que nos permite agrupar y nombrar múltiples valores relacionados que conforman un grupo significativo. Si está familiarizado con el lenguaje orientado a objetos, una struct es similar a los atributos de datos de un objeto. En este capítulo, compararemos y contrastaremos las tuplas con las structs para aprovechar lo que ya sabe y mostrar cuándo las structs son una mejor manera de agrupar datos.

Mostraremos cómo definir e instanciar structs. Explicaremos cómo definir funciones asociadas, especialmente el tipo de funciones asociadas llamadas *methods* (métodos), para especificar el comportamiento asociado con un tipo de struct. Las structs y las enums (que se tratan en el Capítulo 6) son los bloques de construcción con los que crear nuevos tipos en el dominio de nuestro su programa y aprovechar al máximo la verificación de tipos en tiempo de compilación de Rust.

Definición e instanciación de structs

Las struct son similares a las tuplas, discutidas en «Tipo tupla», en el sentido de que ambas contienen múltiples valores relacionados. Al igual que las tuplas, las partes de una struct pueden ser de diferentes tipos. A diferencia de las tuplas, en una struct nombraremos cada parte de los datos para que quede claro qué significan los valores. La adición de estos nombres significa que las structs son más flexibles que las tuplas: no tenemos que depender del orden de los datos para especificar o acceder a los valores de una instancia.

Para definir una struct, introducimos la palabra clave struct y le damos un nombre a la struct completa. El nombre de una struct debe describir la importancia de las unidades de datos que se agrupan juntas. A continuación, dentro de llaves, definimos los nombres y tipos de las unidades de datos, a las que llamamos *fields* (campos). Por ejemplo, el Listado 5-1 muestra una struct que almacena información sobre una cuenta de usuario.

src/main.rs

```
struct User {
    active: bool,
    username: String,
    email: String,
    sign_in_count: u64,
}
```

Listado 5-1: Definición de la struct User.

Para hacer uso de una struct después de haberla definido, creamos una *instance* (instancia) de esa struct especificando valores concretos para cada uno de los campos. Creamos una instancia indicando el nombre de la struct y, luego, añadimos llaves que contengan pares *key: value* (clave: valor), donde las claves son los nombres de los campos y los valores son los datos que queremos almacenar en esos campos. No tenemos que especificar los campos en el mismo orden en el que los declaramos en struct. En otras palabras, la definición de struct es como una plantilla general para los tipos, y las instancias completan esa plantilla con datos particulares para crear los valores de los tipos. Por ejemplo, podemos declarar un usuario en particular como se muestra en el Listado 5-2.

src/main.rs

```
fn main() {
    let user1 = User {
        active: true,
        username: String::from("someusername123"),
        email: String::from("someone@example.com"),
        sign_in_count: 1,
    };
}
```

Listado 5-2: Creación de una instancia de la struct User.

Para obtener un valor específico de una struct, utilizamos la notación de punto. Por ejemplo, para acceder a la dirección de correo electrónico de este usuario, usamos user1.email.

Si la instancia es mutable, podemos cambiar un valor utilizando la notación de punto y asignamos el valor al campo específico. El Listado 5-3 muestra cómo cambiar el valor en el campo email de una instancia mutable de User.

src/main.rs

```
fn main() {
    let mut user1 = User {
        active: true,
        username: String::from("someusername123"),
        email: String::from("someone@example.com"),
        sign_in_count: 1,
    };

    user1.email = String::from("anotheremail@example.com");
}
```

Listado 5-3: Cambio del valor en el campo email de una instacia de User.

Es importante tener en cuenta que toda la instancia debe ser mutable; Rust no permite marcar solo ciertos campos como mutables. Al igual que con cualquier expresión, podemos construir una nueva instancia de struct a partir de la expresión que aparece al final del cuerpo de la función, que devuelve implícitamente esa nueva instancia.

El Listado 5-4 muestra la función build_user, que devuelve una instancia de User con el correo electrónico y el nombre de usuario que se han proporcionado. El campo active recibe el valor de true y el campo sign_in_count recibe el valor de 1.

```
fn build_user(email: String, username: String) -> User {
    User {
        active: true,
        username: username,
        email: email,
        sign_in_count: 1,
    }
}
```

Listado 5-4: Función build_user que toma un correo electrónico y un nombre de usuario y devuelve una instancia de User.

Tiene sentido nombrar los parámetros de la función con el mismo nombre que los campos de struct, pero tener que repetir los nombres de los campos y las variables de email y username puede resultar un poco tedioso. Si struct tuviera más campos, repetir cada nombre sería aún más molesto. Afortunadamente, ¡hay una forma abreviada que nos conviene utilizar!

Uso de la forma abreviada de inicialización de campos

Debido a que los nombres de los parámetros y los nombres de los campos de struct son exactamente los mismos en el Listado 5-4, podemos usar la sintaxis *field init shorthand* (forma abreviada de inicialización de campos) para reescribir `build_user` de manera que funcione exactamente de la misma manera, pero sin tener que repetir username y email, como se muestra en el Listado 5-5.

```
fn build_user(email: String, username: String) -> User {
    User {
        active: true,
        username,
        email,
        sign_in_count: 1,
    }
}
```

Listado 5-5: Esta función `build_user` utiliza la forma abreviada de inicialización de campos porque los parámetros username y email tienen el mismo nombre que los campos de struct.

Aquí, creamos una nueva instancia de la struct User, que tiene un campo llamado email. Queremos establecer el valor del campo email con el valor del parámetro email de la función build_user. Debido a que el campo email y el parámetro email tienen el mismo nombre, solo necesitamos escribir email en lugar de email: email.

Creación de instancias a partir de otras instancias con la sintaxis de actualización de structs

A menudo es útil crear una nueva instancia de una struct que incluya la mayoría de los valores de otra instancia, pero en la que cambien algunos de ellos. Podemos hacerlo utilizando *struct update syntax* (sintaxis de actualización de structs).

En primer lugar, en el Listado 5-6 mostramos cómo crear una nueva instancia User en user2 como se hace habitualmente, sin utilizar la sintaxis de actualización. Establecemos un nuevo valor para email, pero por lo demás utilizamos los mismos valores de user1 que creamos en el Listado 5-2.

src/main.rs
```
fn main() {
    --snip--

    let user2 = User {
        active: user1.active,
        username: user1.username,
        email: String::from("another@example.com"),
        sign_in_count: user1.sign_in_count,
    };
}
```

Listado 5-6: Creación de una nueva instancia User usando uno de los valores de user1.

Utilizando la sintaxis de actualización de structs, podemos lograr el mismo efecto con menos código, como se muestra en el Listado 5-7. La sintaxis .. especifica que los campos restantes no establecidos explícitamente deben tener el mismo valor que los campos de la instancia dada.

```
fn main() {
    --snip--

    let user2 = User {
        email: String::from("another@example.com"),
        ..user1
    };
}
```

Listado 5-7: Uso de la sintaxis de actualización de structs para establecer un nuevo valor de `email` para una instancia de `User`, pero utilizando el resto de los valores de `user1`.

El código del Listado 5-7 también crea una instancia en user2 que tiene un valor diferente para email, pero tiene los mismos valores para los campos de username, active, y sign_in_count de user1. La sintaxis ..user1 debe colocarse al final para especificar que cualquier campo restante debe obtener sus valores de los campos correspondientes a user1, pero podemos elegir especificar valores para tantos campos como queramos en cualquier orden, sin importar el orden de los campos en la definición de la struct.

Es importante tener en cuenta que la sintaxis de actualización de structs utiliza el signo = en el sentido de asignación; esto se debe a que mueve los datos, tal como vimos en «Variables y datos que interactúan con move». En este ejemplo, ya no podemos usar user1 después de crear user2 porque la String en el campo de username de user1 se ha movido a user2. Si hubiéramos dado nuevos valores de String tanto para email como para username en user2, y solo hubiéramos utilizado los valores de active y sign_in_count de user1, entonces user1 seguiría siendo válido después de crear user2. Tanto active como sign_in_count son tipos que implementan el trait Copy, por lo que se aplicaría el comportamiento que discutimos en «Datos exclusivos de stack: Copy».

Uso de structs de tupla que no tienen nombres asociados a sus campos para crear diferentes tipos

Rust también admite structs que se parecen a las tuplas, llamadas *tuple structs* (structs de tupla). Las tuple structs tienen el significado adicional que proporciona el nombre de la struct, pero no tienen nombres asociados con sus campos; en cambio, solo tienen los tipos de los campos. Las tuple structs son útiles cuando deseamos darle un nombre a toda la tupla y hacer que la tupla sea un tipo diferente de otras tuplas, y también en el caso de que nombrar cada campo como en una struct normal fuera extenso o redundante.

Para definir una tuple struct, comenzamos con la palabra clave struct y el nombre de la struct seguido de los tipos en la tupla. Por ejemplo, aquí definimos y usamos dos tuple structs llamadas Color y Point:

```
struct Color(i32, i32, i32);
struct Point(i32, i32, i32);
```

```
fn main() {
    let black = Color(0, 0, 0);
    let origin = Point(0, 0, 0);
}
```

Hay que tener en cuenta que los valores black y origin son tipos diferentes porque son instancias de diferentes tuple structs. Cada struct que definimos tiene su propio tipo, aunque los campos dentro de las structs puedan tener los mismos tipos. Por ejemplo, una función que recibe un parámetro de tipo Color no puede recibir un Point como argumento, aunque ambos tipos estén compuestos por tres valores i32. Por lo demás, las instancias de las tuple structs son similares a las tuplas en el sentido de que podemos desestructurarlas en sus componentes individuales, y podemos usar un . seguido del índice para acceder a un valor individual.

Structs unitarias sin campos

¡También podemos definir structs que no tienen campos! Estas se llaman *unit-like structs* (estructuras de tipo unit) porque se comportan de manera similar a (), el tipo unit que mencionamos en «Tipo tupla». Las estructuras de tipo unit pueden ser útiles cuando necesitamos implementar un trait en algún tipo pero no tenemos datos que deseemos almacenar en el propio tipo. Discutiremos los traits en el Capítulo 10.

Aquí tiene un ejemplo de declaración e instanciación de una estructura de tipo unit (unitario) llamada AlwaysEqual:

src/main.rs

```
struct AlwaysEqual;

fn main() {
    let subject = AlwaysEqual;
}
```

Para definir AlwaysEqual, usamos la palabra clave struct, seguida del nombre que deseamos y, luego, un punto y coma. ¡No es necesario utilizar llaves o paréntesis! Luego, podemos obtener una instancia de AlwaysEqual en la variable subject de manera similar: utilizando el nombre que definimos, sin llaves ni paréntesis. Imaginemos que más adelante implementáramos un comportamiento para este tipo, de manera que cada instancia de AlwaysEqual siempre fuera igual a cualquier instancia de cualquier otro tipo, tal vez para tener un resultado conocido con fines de prueba. ¡No necesitaríamos ningún dato para implementar ese comportamiento! Veremos en el Capítulo 10 cómo definir traits e implementarlos en cualquier tipo, incluyendo estructuras de tipo unit.

PROPIEDAD DE DATOS DE STRUCTS

En la definición de struct User en el Listado 5-1, utilizamos el tipo String en lugar del tipo de referencia de cadena &str. Esta es una elección deliberada porque queremos que cada instancia de esta struct posea todos sus datos y que esos datos sean válidos mientras toda la struct sea válida.

También es posible que las structs almacenen referencias a datos que sean propiedad de otra cosa, pero para hacerlo se requiere el uso de *lifetimes*, una característica de Rust que discutiremos en el Capítulo 10. Los lifetimes aseguran que los datos referenciados por una struct sean válidos mientras la struct lo sea. Supongamos que intentamos almacenar una referencia en una struct sin especificar lifetimes, como se muestra a continuación, en *src/main.rs*; esto no funcionará:

```
struct User {
    active: bool,
    username: &str,
    email: &str,
    sign_in_count: u64,
}

fn main() {
    let user1 = User {
        active: true,
        username: "someusername123",
        email: "someone@example.com",
        sign_in_count: 1,
    };
}
```

El compilador se quejará de que necesita especificadores de lifetimes:

```
$ cargo run
   Compiling structs v0.1.0 (file:///projects/structs)
error[E0106]: missing lifetime specifier
 --> src/main.rs:3:15
  |
3 |     username: &str,
  |               ^ expected named lifetime parameter
  |
help: consider introducing a named lifetime parameter
  |
1 ~ struct User<'a> {
2 |     active: bool,
3 ~     username: &'a str,
  |

error[E0106]: missing lifetime specifier
 --> src/main.rs:4:12
  |
4 |     email: &str,
  |            ^ expected named lifetime parameter
  |
help: consider introducing a named lifetime parameter
  |
1 ~ struct User<'a> {
2 |     active: bool,
3 |     username: &str,
4 ~     email: &'a str,
  |
```

En el Capítulo 10, discutiremos cómo solucionar estos errores para poder almacenar referencias en structs, pero, por ahora, solucionaremos errores como estos utilizando tipos propios como String en lugar de referencias como &str.

Programa de ejemplo que utiliza structs

Para comprender cuándo podríamos querer usar structs, escribiremos un programa que calcule el área de un rectángulo. Comenzaremos utilizando variables individuales y, luego, rcfactorizaremos el programa hasta que utilicemos structs en su lugar.

Vamos a crear un nuevo proyecto binario con Cargo llamado *rectangles*, que tomará las dimensiones de anchura y altura de un rectángulo especificadas en píxeles y calculará el área del rectángulo. El Listado 5-8 muestra un corto programa en el archivo *src/main.rs* de nuestro proyecto que hace exactamente esto.

src/main.rs
```
fn main() {
    let width1 = 30;
    let height1 = 50;

    println!(
        "The area of the rectangle is {} square pixels.",
        area(width1, height1)
    );
}

fn area(width: u32, height: u32) -> u32 {
    width * height
}
```

Listado 5-8: Cálculo del área de un rectángulo especificada por variables separadas de altura y anchura.

Ahora, ejecutamos este programa utilizando cargo run:

```
The area of the rectangle is 1500 square pixels.
```

Con este código se logra determinar el área del rectángulo llamando a la función area con cada dimensión, pero podemos introducir mejoras para que este código sea claro y legible.

El problema con este código es evidente en la firma de la función area:

```
fn area(width: u32, height: u32) -> u32 {
```

La función area se supone que debe calcular el área de un rectángulo, pero la función que hemos escrito tiene dos parámetros y no queda claro en ningún lugar de nuestro programa que los parámetros estén relacionados. Sería más legible y más manejable agrupar la anchura y la altura juntas. Ya hemos discutido una forma de hacerlo en «Tipo de tupla»: utilizando tuplas.

Refactorización con tuplas

El Listado 5-9 muestra otra versión del programa que utiliza tuplas.

src/main.rs

```
fn main() {
    let rect1 = (30, 50);

    println!(
        "The area of the rectangle is {} square pixels.",
      ❶ area(rect1)
    );
}

fn area(dimensions: (u32, u32)) -> u32 {
  ❷ dimensions.0 * dimensions.1
}
```

Listiado 5-9: Especificación de la anchura y la altura de un rectángulo con una tupla.

En cierta manera, este programa es mejor. Las tuplas nos permiten añadir algo de estructura y ahora pasamos solo un argumento ❶. Sin embargo, por el contrario, esta versión es menos clara: las tuplas no nombran sus elementos, por lo que tenemos que acceder a los elementos de la tupla ❷, mediante índices, lo que hace que nuestro cálculo sea menos evidente.

Mezclar la anchura y la altura no importaría para el cálculo del área, pero si quisieramos dibujar el rectángulo en la pantalla, ¡sí que importaría! Tendríamos que tener en cuenta que la anchura es el índice 0 de la tupla y la altura es el índice 1 de la tupla. Esto haría aún más difícil que otra persona lo comprendiera y lo recordara si tuviera que usar nuestro código. Debido a que no hemos transmitido el significado de los datos al código, ahora es más fácil introducir errores.

Refactorización con structs: aclaración del significado

Utilizamos structs para aclarar el significado mediante el etiquetado de los datos. Podemos transformar la tupla que estamos utilizando en una struct con un nombre para el conjunto completo, así como con nombres para las partes, como se muestra en el Listado 5-10.

src/main.rs

```
struct Rectangle { ❶
  ❷ width: u32,
    height: u32,
}

fn main() {
  ❸ let rect1 = Rectangle {
        width: 30,
        height: 50,
    };

    println!(
        "The area of the rectangle is {} square pixels.",
        area(&rect1)
```

```
        );
    }
❹ fn area(rectangle: &Rectangle) -> u32 {
    ❺ rectangle.width * rectangle.height
    }
```

Listado 5-10: Definición de la struct `Rectangle`.

Aquí, hemos definido una struct y la hemos llamado Rectangle ❶.
Dentro de las llaves, hemos definido los campos como width y height,
ambos con tipo u32 ❷. Luego, en main, creamos una instancia particular de Rectangle que tiene una anchura de 30 y una altura de 50 ❸.

Nuestra función area ahora está definida con un parámetro, al
que hemos llamado rectangle, cuyo tipo es un préstamo inmutable
de una instancia ❹ de la estructura Rectangle. Como se menciona en
el Capítulo 4, queremos tomar prestada la struct en lugar de tomar
posesión de ella. De esta manera, main mantiene la propiedad y puede
seguir utilizando rect1, que es la razón por la que usamos el signo & en
la firma de la función y en la llamada a la función.

La función area accede a los campos width y height de la instancia ❺ Rectangle (hay que tener en cuenta que acceder a los campos
de una instancia prestada de una struct no mueve los valores de los
campos, por eso a menudo se utilizan préstamos de structs). La firma
de nuestra función para area ahora dice exactamente lo que queremos decir: calcular el área de Rectangle, utilizando sus campos width
y height. Esta nueva descripción transmite que la anchura y la altura
están relacionadas entre sí, y proporciona nombres descriptivos a los
valores en lugar de utilizar los valores de índice de la tupla 0 y 1. Esto
es una ventaja desde el punto de vista de la claridad.

Mejora de la funcionalidad con traits derivados

Sería útil poder imprimir una instancia de Rectangle mientras depuramos el programa y ver los valores de todos sus campos. En el
Listado 5-11 se intenta utilizar la macro println! como hemos hecho
en capítulos anteriores. Sin embargo, esto no funcionará.

src/main.rs
```
struct Rectangle {
    width: u32,
    height: u32,
}

fn main() {
    let rect1 = Rectangle {
        width: 30,
        height: 50,
    };

    println!("rect1 is {}", rect1);
}
```

Listado 5-11: Intento de imprimir una instancia `Rectangle`.

Cuando compilamos este código, obtenemos un error con la siguiente información como parte principal del mensaje:

```
error[E0277]: `Rectangle` doesn't implement `std::fmt::Display`
```

La macro `println!` puede llevar a cabo varios tipos de formato y, por defecto, las llaves le indican a `println!` que utilice el formato conocido como `Display`: una salida destinada al uso directo por parte del usuario final. Los tipos primitivos que hemos visto hasta ahora implementan `Display` por defecto, porque solo hay una forma en la que desearíamos mostrar un 1 o cualquier otro tipo primitivo al usuario. Sin embargo, con las structs, la forma en que `println!` debe formatear la salida es menos clara porque hay más posibilidades de visualización: ¿Queremos comas o no? ¿Queremos imprimir las llaves? ¿Se deben mostrar todos los campos? Debido a esta ambigüedad, Rust no intenta adivinar lo que queremos y a las structs no se les proporciona una implementación de `Display` para usar con `println!` y el marcador {}.

Si continuamos leyendo los errores, encontraremos esta interesante nota:

```
= help: the trait `std::fmt::Display` is not implemented for `Rectangle`
= note: in format strings you may be able to use `{:?}` (or {:#?} for pretty-print) instead
```

¡Vamos a intentarlo! La llamada a la macro `println!` ahora se verá como `println!("rect1 is {:?}", rect1);`. Al colocar el especificador `:?` dentro de las llaves, le indicamos a `println!` que queremos utilizar un formato de salida llamado `Debug`. El trait `Debug` nos permite imprimir la struct de manera útil para los desarrolladores, de modo que podamos ver su valor mientras depuramos el código.

Compilamos el código con este cambio. ¡Vaya! Aún obtenemos un error:

```
error[E0277]: `Rectangle` doesn't implement `Debug`
```

Pero, una vez más, el compilador nos proporciona una nota útil:

```
= help: the trait `Debug` is not implemented for `Rectangle`
= note: add `#[derive(Debug)]` or manually implement `Debug`
```

Rust incluye la funcionalidad para imprimir información de depuración, pero debemos optar explícitamente por ella para hacer que esa funcionalidad esté disponible para nuestra struct. Para hacerlo, añadimos el atributo externo `#[derive(Debug)]` justo antes de la definición de la struct, como se muestra en el Listado 5-12.

src/main.rs

```
#[derive(Debug)]
struct Rectangle {
    width: u32,
    height: u32,
}

fn main() {
```

```
let rect1 = Rectangle {
    width: 30,
    height: 50,
};

println!("rect1 is {:?}", rect1);
}
```

Listado 5-12: Adición del atributo para derivar (al compilador) el trait Debug e imprimir la instancia Rectangle utilizando el formato de depuración.

Ahora, cuando ejecutemos el programa, no obtendremos errores y veremos la siguiente salida:

```
rect1 is Rectangle { width: 30, height: 50 }
```

¡Genial! No es la salida más bonita, pero muestra los valores de todos los campos para esta instancia, lo cual, definitivamente, sería útil durante la depuración. Cuando tenemos structs más grandes, es útil tener una salida que sea un poco más fácil de leer. En esos casos, podemos usar {:#?} en lugar de {:?} en la cadena de println!. En este ejemplo, usando el estilo {:#?}, la salida sería la siguiente:

```
rect1 is Rectangle {
    width: 30,
    height: 50,
}
```

Otra forma de imprimir un valor utilizando el formato Debug es mediante la macro dbg!, que toma la propiedad de una expresión (a diferencia de println!, que toma una referencia), imprime el archivo y el número de línea donde se encuentra la llamada a la macro dbg! en el código, junto con el valor resultante de esa expresión, y luego devuelve la propiedad del valor.

NOTA *Al llamar a la macro dbg! se imprime en el flujo de la salida de error estándar de la consola (stderr), a diferencia de println!, que imprime en el flujo de la salida estándar de la consola (stdout). Hablaremos más sobre stderr y stdout en «Escritura de mensajes en la salida de error estándar en lugar de hacerlo en la salida estándar».*

Aquí tiene un ejemplo en el que nos interesa el valor que se asigna al campo width, así como el valor de toda la struct en rect1:

src/main.rs
```
#[derive(Debug)]
struct Rectangle {
    width: u32,
    height: u32,
}

fn main() {
    let scale = 2;
    let rect1 = Rectangle {
      ❶ width: dbg!(30 * scale),
```

```
        height: 50,
    };

  ❷ dbg!(&rect1);
}
```

Podemos colocar dbg! conteniendo a la expresión 30 * scale ❶ y, debido a que dbg! devuelve la propiedad del valor de la expresión, el campo width tendrá el mismo valor que si no tuviéramos ahí la llamada a dbg!. No queremos que dbg! tome la propiedad de rect1, por lo que usamos una referencia a rect1 en la siguiente llamada ❷. Aquí se presenta cómo se ve la salida de este ejemplo:

```
[src/main.rs:10] 30 * scale = 60
[src/main.rs:14] &rect1 = Rectangle {
    width: 60,
    height: 50,
}
```

Podemos ver que la primera parte de la salida proviene de ❶, donde estamos depurando la expresión 30 * scale, y su valor resultante es 60 (el formato de Debug implementado para enteros imprime solo su valor). La llamada a dbg! en ❷ muestra el valor de &rect1, que es la struct Rectangle. Esta salida utiliza el formato Debug más legible del tipo Rectangle. ¡La macro dbg! puede ser realmente útil cuando se está tratando de entender qué hace el código!

Además del trait Debug, Rust proporciona una serie de traits para que los usemos con el atributo derive, los cuales pueden añadir un comportamiento útil a nuestros tipos personalizados. Estos traits y sus comportamientos se enumeran en el Apéndice C. En el Capítulo 10 trataremos de ver cómo implementar estos traits con un comportamiento personalizado y también cómo crear nuestros propios traits. Además, también hay muchos atributos de derive; para obtener más información, consulte la sección «Atributos de la Referencia de Rust» en *https://doc.rust-lang.org/reference/attributes.html*.

La función area es muy específica: solo calcula el área de rectángulos. Sería útil vincular este comportamiento de manera más estrecha a la struct Rectangle, ya que no funcionará con ningún otro tipo. Veamos cómo podemos seguir refactorizando este código para convertir la función area en el método area definido en nuestro tipo Rectangle.

Sintaxis de métodos

Los *métodos* son similares a las funciones: los declaramos con la palabra clave fn seguida de un nombre, pueden tener parámetros y un valor de retorno, y contienen el código que se ejecuta cuando se llama al método desde algún otro sitio. A diferencia de las funciones, los métodos se definen dentro del contexto de una struct (o una enum o un objeto de tipo trait, que se tratan en los Capítulos 6 y 17, respectivamente), y su primer parámetro siempre es self, que representa la instancia de la struct sobre la cual se llama al método.

Definiciones de métodos

Vamos a cambiar la función area que tiene una instancia de Rectangle como parámetro y, en su lugar, vamos a crear el método area definido en la struct Rectangle, como se muestra en el Listado 5-13.

src/main.rs

```
#[derive(Debug)]
struct Rectangle {
    width: u32,
    height: u32,
}

❶ impl Rectangle {
  ❷ fn area(&self) -> u32 {
        self.width * self.height
    }
}

fn main() {
    let rect1 = Rectangle {
        width: 30,
        height: 50,
    };

    println!(
        "The area of the rectangle is {} square pixels.",
      ❸ rect1.area()
    );
}
```

Listado 5-13: Definición del método area en la struct Rectangle.

Para definir la función en el contexto de Rectangle, comenzamos un bloque impl (implementación) para Rectangle ❶. Todo lo que se encuentre dentro de este bloque impl estará asociado con el tipo Rectangle. Luego, movemos la función area dentro de las llaves del bloque impl ❷ y cambiamos el primer parámetro (y, en este caso, único) para que sea self en la firma y en el cuerpo de la función. En main, donde llamamos a la función area y pasamos rect1 como argumento, podemos, en su lugar, utilizar la *sintaxis de método* para llamar al método area sobre la instancia ❸ de Rectangle. La sintaxis de método se coloca después de la instancia: añadimos un punto seguido del nombre del método, paréntesis y cualquier argumento.

En la firma de area, usamos &self en lugar de rectangle: &Rectangle. &self es en realidad una abreviatura de self: &Self. Dentro del bloque impl, el tipo Self es un alias del de tipo para el cual se creó el bloque impl. Los métodos deben tener un parámetro llamado self de tipo Self como su primer parámetro, por lo que Rust permite abreviar esto usando solo el nombre self en el parámetro que ocupa la primera posición. Hay que tener en cuenta que todavía necesitamos usar & delante de la abreviatura de self para indicar que este método toma prestada la instancia de Self, tal como lo hicimos en rectangle: &Rectangle. Los métodos pueden tomar posesión de self, tomar prestado self de forma inmutable, como hemos hecho aquí, o tomar prestado self de forma mutable, al igual que pueden hacerlo con cualquier otro parámetro.

Elegimos &self en este caso por la misma razón por la que usamos &Rectangle en la versión de la función: no queremos tomar posesión de la instancia y solo queremos leer los datos de la struct, no escribir en ellos. Si quisiéramos cambiar la instancia sobre la cual se llama al método como parte de lo que hace el método, usaríamos &mut self como primer parámetro. Tener un método que toma posesión de la instancia utilizando solo self como primer parámetro es raro; esta técnica se usa generalmente cuando el método transforma self en algo más y deseamos evitar que el llamador use la instancia original después de la transformación de self.

La razón principal para utilizar métodos en lugar de funciones, además de proporcionar una sintaxis de método y evitar repetir el tipo de self en la firma de cada método, es por la organización. Hemos colocado todas las cosas que podemos hacer con una instancia de un tipo en un bloque impl en lugar de hacer que los futuros usuarios de nuestro código busquen las capacidades de Rectangle en diferentes sitios de la biblioteca que proporcionamos.

Hay que tener en cuenta que podemos elegir darle a un método el mismo nombre que el que tenga uno de los campos de la struct. Por ejemplo, podemos definir un método en Rectangle que también se llame width:

src/main.rs

```rust
impl Rectangle {
    fn width(&self) -> bool {
        self.width > 0
    }
}

fn main() {
    let rect1 = Rectangle {
        width: 30,
        height: 50,
    };

    if rect1.width() {
        println!(
            "The rectangle has a nonzero width; it is {}",
            rect1.width
        );
    }
}
```

Aquí, decidimos hacer que el método width devuelva true si el valor en el campo width de la instancia es mayor que 0 y false si el valor es 0: podemos utilizar un campo con el mismo nombre que el del método para cualquier propósito. En main, cuando ponemos rect1.width entre paréntesis, Rust sabe que nos referimos al método width. Cuando no usamos paréntesis, Rust sabe que nos referimos al campo width.

A menudo, pero no siempre, cuando proporcionamos un método con el mismo nombre que un campo, queremos que solo devuelva el valor del campo y no haga nada más. A estos métodos se los llama *getters*, y Rust no los implementa automáticamente para los campos struct como lo hacen otros lenguajes. Los getters son útiles porque puedes hacer que el campo sea privado pero el método público, lo que permite un acceso de solo lectura a ese campo como parte de la API pública del tipo. En el Capítulo 7 discutiremos qué significa público y privado, y cómo designar un campo o método como público o privado.

¿DÓNDE ESTÁ EL OPERADOR ->?

En C y C++, se utilizan dos operadores diferentes para llamar a métodos: se usa . si llamamos al método directamente sobre el objeto y -> si llamamos al método utilizando un puntero al objeto, para lo que necesitamos antes desreferenciar el puntero. En otras palabras, si object es un puntero, object->*something*() es similar a (*object).*something*().

Rust no tiene un equivalente al operador ->; en su lugar, cuenta con dos características, llamadas *referencia y desreferencia* automáticas. Las llamadas a métodos son de los pocos sitios en Rust donde se presenta este comportamiento.

Así es como funciona: cuando llamamos al método con object.*something*(), Rust automáticamente añade &, &mut, o * para que object coincida con la firma del método. En otras palabras, lo siguiente es equivalente:

```
p1.distance(&p2);
(&p1).distance(&p2);
```

La primera opción se ve mucho más limpia. Este comportamiento de referencia automática funciona porque los métodos tienen un receptor claro, que es el tipo self. Dado el receptor y el nombre del método, Rust puede determinar de manera definitiva si el método está leyendo (&self), mutando (&mut self), o consumiendo (self).

El hecho de que Rust haga que el préstamo sea implícito para los receptores de métodos hace que la propiedad sea ergonómica en la práctica.

Métodos con más parámetros

Vamos a practicar el uso de métodos implementando un segundo método en la estructura Rectangle. Esta vez queremos que una instancia de Rectangle tome otra instancia de Rectangle y devuelva true si el segundo Rectangle puede caber en self (el primer Rectangle); de lo contrario, debería devolver false. Es decir, una vez que hayamos definido el método can_hold, nos gustaría poder escribir el programa que se muestra en el Listado 5-14.

src/main.rs

```
fn main() {
    let rect1 = Rectangle {
        width: 30,
        height: 50,
    };
    let rect2 = Rectangle {
        width: 10,
        height: 40,
    };
```

```
    let rect3 = Rectangle {
        width: 60,
        height: 45,
    };

    println!("Can rect1 hold rect2? {}", rect1.can_hold(&rect2));
    println!("Can rect1 hold rect3? {}", rect1.can_hold(&rect3));
}
```

Listado 5-14: Uso del método can_hold que aún no se ha incluido en el programa.

Debido a que ambas dimensiones de rect2 son más pequeñas que las dimensiones de rect1, pero rect3 es más ancho que rect1, la salida esperada se vería de la siguiente manera:

```
Can rect1 hold rect2? true
Can rect1 hold rect3? false
```

Sabemos que queremos definir un método, por lo que este estará dentro del bloque impl Rectangle. El nombre del método será can_hold, y tomará como parámetro un préstamo inmutable de otro Rectangle. Podemos determinar el tipo de parámetro al observar el código que llama al método: rect1.can_hold(&rect2) pasa &rect2, que es un préstamo inmutable de rect2, una instancia de Rectangle. Tiene sentido porque solo necesitamos leer rect2 (en lugar de escribirlo, lo que significaría que necesitaríamos un préstamo mutable) y queremos que main retenga la propiedad de rect2 para poder usarlo nuevamente después de llamar al método can_hold. El valor de retorno de can_hold será un booleano y la implementación verificará si la anchura y la altura self son mayores que la anchura y la altura respectivamente del otro Rectangle. Añadimos el nuevo método can_hold al bloque impl del Listado 5-13, como se muestra en el Listado 5-15.

src/main.rs
```
impl Rectangle {
    fn area(&self) -> u32 {
        self.width * self.height
    }

    fn can_hold(&self, other: &Rectangle) -> bool {
        self.width > other.width && self.height > other.height
    }
}
```

Listado 5-15: Implementación de método can_hold en Rectangle que toma otra instancia de Rectangle como parámetro.

Cuando ejecutemos este código con la función main en el Listado 5-14, obtendremos la salida deseada. Los métodos pueden tomar múltiples parámetros, que añadimos a la firma después del parámetro self, y esos parámetros funcionan de la misma manera que los parámetros en las funciones.

Funciones asociadas

Las funciones definidas en un bloque impl se llaman *funciones asociadas* porque están asociadas al tipo que se nombra a continuación de impl. Podemos definir funciones asociadas que no tienen self como su primer parámetro (y, por lo tanto, no son métodos) porque no necesitan una instancia del tipo con el que trabajar. Ya hemos utilizado una función así: la función String::from que se define en el tipo String.

Las funciones asociadas que no son métodos se utilizan a menudo como constructores que devuelven una nueva instancia de struct. A menudo se los llama new, pero new no es un nombre especial y no está integrado en el lenguaje. Por ejemplo, podríamos decidir proporcionar una función asociada llamada square que tendría un parámetro de dimensión y lo usaría tanto como con la anchura como con la altura, facilitando así la creación del Rectangle cuadrado en lugar de tener que especificar el mismo valor dos veces:

src/main.rs

```
impl Rectangle {
    fn square(size: u32) -> ❶ Self {
      ❷ Self {
            width: size,
            height: size,
        }
    }
}
```

Las palabras clave Self en el tipo de retorno ❶ y en el cuerpo de la función ❷ son alias para el tipo que aparece después de la palabra clave impl, que en este caso es Rectangle.

Para llamar a esta función asociada, utilizamos la sintaxis :: con el nombre de la struct; por ejemplo, let sq = Rectangle::square(3);. Esta función está en un espacio de nombres (namespace) creado por la struct: la sintaxis :: se utiliza tanto para funciones asociadas como para espacios de nombres creados por módulos. Discutiremos los módulos en el Capítulo 7.

Varios bloques impl

Cada estructura puede tener múltiples bloques impl. Por ejemplo, el Listado 5-15 es equivalente al código mostrado en el Listado 5-16, que tiene cada método en su propio bloque impl.

```
impl Rectangle {
    fn area(&self) -> u32 {
        self.width * self.height
    }
}

impl Rectangle {
    fn can_hold(&self, other: &Rectangle) -> bool {
        self.width > other.width && self.height > other.height
    }
}
```

Listado 5-16: Reescritura del Listado 5-15 utilizando varios bloques impl.

En este caso no hay una razón para separar estos métodos en múltiples bloques `impl`, pero esta es una sintaxis válida. Veremos, en el Capítulo 10, un caso en el que varios bloques `impl` son de utilidad, donde discutimos tipos genéricos y traits.

Resumen

Las structs le permiten crear tipos personalizados que tienen significado en su dominio. Al utilizar structs, podemos mantener conectadas entre sí unidades de datos asociadas y nombrar cada una de ellas para que el código sea claro. En los bloques `impl`, podemos definir funciones asociadas a nuestro tipo, y los métodos son un tipo de función asociada que permite especificar el comportamiento que tienen las instancias de las structs.

Pero las structs no son la única forma en la que podemos crear tipos personalizados: pasemos a la función enum de Rust para añadir otra herramienta a nuestra caja de herramientas.

6

ENUMS Y COINCIDENCIA DE PATRONES

En este capítulo, veremos las *enumeraciones*, también conocidas como *enums*. Las enums permiten definir un tipo enumerando sus posibles *variantes*. En primer lugar, definiremos y utilizaremos la enum para mostrar cómo esta puede codificar el significado junto con los datos. Luego, exploraremos una enum particularmente útil, llamada Option, que expresa que un valor puede ser algo o nada. A continuación, veremos cómo la coincidencia de patrones en la expresión match facilita la ejecución de diferentes códigos para diferentes valores de una enum. Finalmente, explicaremos cómo la construcción if let es otro modismo conveniente y conciso a la hora de manejar las enums en el código.

Definición de enum

Mientras que las structs nos brindan una forma de agrupar campos y datos relacionados, como Rectangle con su width y height, las enums nos permiten decir que un valor es uno de un conjunto posible de valores.

Por ejemplo, es posible que queramos decir que Rectangle es uno de un conjunto de las posibles formas, donde también se incluyen Circle y Triangle. Para hacer esto, Rust nos permite codificar estas posibilidades como una enum.

Veamos una situación en la que podríamos querer expresar en código y entenderemos por qué las enums son útiles y más apropiadas que las structs en este caso. Digamos que necesitamos trabajar con direcciones IP. Actualmente, se utilizan dos estándares principales para las direcciones IP: la versión cuatro y la versión seis. Debido a que estas son las únicas posibilidades para una dirección IP con las que nuestro programa se encontrará, podemos *enumerar* todas las variantes posibles, de ahí el nombre «enumeración».

Cualquier dirección IP puede ser una dirección de versión cuatro o de versión seis, pero no ambas al mismo tiempo. Esta propiedad de las direcciones IP hace que la estructura de datos enum sea apropiada, ya que un valor enum solo puede ser una de sus variantes. Tanto las direcciones de versión cuatro como las de versión seis siguen siendo fundamentalmente direcciones IP, por lo que deben tratarse como el mismo tipo cuando el código gestione situaciones que se apliquen a cualquier tipo de dirección IP.

Podemos expresar este concepto en código definiendo una enumeración IpAddrKind y listando los posibles tipos que puede tener una dirección IP, V4 y V6. Estas son las variantes de la enum:

```
enum IpAddrKind {
    V4,
    V6,
}
```

IpAddrKind es ahora un tipo de dato personalizado que podemos utilizar en otras partes del código.

Valores enum

Podemos crear instancias de cada una de las dos variantes de IpAddrKind, de la siguiente manera:

```
let four = IpAddrKind::V4;
let six = IpAddrKind::V6;
```

Hay que tener en cuenta que las variantes de enum están dentro del espacio de nombres de su identificador, y usamos dos puntos dobles para separarlos. Esto es útil porque ahora ambos valores, IpAddrKind::V4 e IpAddrKind::V6, son del mismo tipo: IpAddrKind. Luego, por ejemplo, podemos definir una función que tome cualquier IpAddrKind:

```
fn route(ip_kind: IpAddrKind) {}
```

Y podemos llamar a esta función con cualquiera de las variantes:

```
route(IpAddrKind::V4);
route(IpAddrKind::V6);
```

El uso de enums tiene aún más ventajas. Pensando más detenidamente en nuestro tipo de dirección IP, en este momento no tenemos una forma de almacenar los datos reales de la dirección IP; solo sabemos de qué tipo es. Dado que acaba de aprender sobre structs en el Capítulo 5, es posible que se sienta tentado a abordar este problema con structs, como se muestra en el Listado 6-1.

```
❶ enum IpAddrKind {
      V4,
      V6,
  }

❷ struct IpAddr {
    ❸ kind: IpAddrKind,
    ❹ address: String,
  }

❺ let home = IpAddr {
      kind: IpAddrKind::V4,
      address: String::from("127.0.0.1"),
  };

❻ let loopback = IpAddr {
      kind: IpAddrKind::V6,
      address: String::from("::1"),
  };
```

Listado 6-1: Almacenamiento de los datos y la variante de `IpAddrKind` de una dirección IP utilizando `struct`.

Aquí hemos definido una struct IpAddr ❷, que tiene dos campos: un campo kind ❸ de tipo IpAddrKind (la enum que definimos anteriormente ❶) y un campo address ❹ de tipo String. Tenemos dos instancias de esta struct. La primera es home ❺ y tiene el valor IpAddrKind::V4 como su kind, con los datos de dirección asociados 127.0.0.1. La segunda instancia es loopback ❻; Tiene la otra variante de IpAddrKind, como su valor kind, V6, y tiene la dirección asociada ::1. Hemos utilizado una struct para agrupar los valores kind y address juntos, de modo que ahora la variante está asociada con el valor.

Sin embargo, representar el mismo concepto utilizando solo enum es más conciso: en lugar de tener enum dentro de una struct, podemos colocar los datos directamente en cada variante de enum. Esta nueva definición de enum IpAddr indica que tanto las variantes V4 como V6 tendrán valores String asociados:

```
enum IpAddr {
    V4(String),
    V6(String),
}

let home = IpAddr::V4(String::from("127.0.0.1"));

let loopback = IpAddr::V6(String::from("::1"));
```

Adjuntamos los datos a cada variante de enum directamente, por lo que no es necesario una struct adicional. Aquí también es más fácil ver otro detalle de cómo funcionan las enums: el nombre de cada variante de enum que definimos también se convierte en una función que construye una instancia de enum. Es decir, IpAddr::V4() es una llamada a una función que toma un argumento de tipo String y devuelve una instancia del tipo IpAddr. Obtenemos automáticamente esta función constructora definida como resultado de definir la enum.

Hay otra ventaja al usar enum en lugar de una struct: cada variante puede tener diferentes tipos y cantidades de datos asociados. Las direcciones IP de la versión cuatro siempre tendrán cuatro componentes numéricos con valores entre 0 y 255. Si quisiéramos almacenar direcciones V4 como cuatro valores u8 pero aún expresar direcciones V6 como un valor de tipo String, no podríamos hacerlo con struct. Las enums manejan este caso con facilidad:

```
enum IpAddr {
    V4(u8, u8, u8, u8),
    V6(String),
}

let home = IpAddr::V4(127, 0, 0, 1);

let loopback = IpAddr::V6(String::from("::1"));
```

Hemos mostrado varias formas diferentes de definir estructuras de datos para almacenar direcciones IP de versión cuatro y versión seis. Sin embargo, resulta que es tan común querer almacenar direcciones IP y codificar de qué tipo son que la biblioteca estándar tiene una definición que podemos utilizar. Veamos cómo la biblioteca estándar define IpAddr: tiene la misma enum y variantes que hemos definido y utilizado, pero incrusta los datos de dirección dentro de las variantes en forma de dos estructuras diferentes, que se definen de manera distinta para cada variante:

```
struct Ipv4Addr {
    --snip--
}

struct Ipv6Addr {
    --snip--
}

enum IpAddr {
    V4(Ipv4Addr),
    V6(Ipv6Addr),
}
```

Este código ilustra que podemos colocar cualquier tipo de dato dentro de una variante de una enumeración: cadenas, tipos numéricos o structs, por ejemplo. ¡Incluso podemos incluir otra enum! Además, los tipos de la biblioteca estándar a menudo no son mucho más complicados que los que podríamos idear nosotros mismos.

Hay que tener en cuenta que, aunque la biblioteca estándar contiene una definición para IpAddr, aún podemos crear y utilizar nuestra propia definición sin conflictos, porque no hemos traído la definición de la biblioteca estándar a nuestro ámbito. Hablaremos más sobre traer tipos al ámbito en el Capítulo 7.

Veamos otro ejemplo de una enum en el Listado 6-2: esta tiene una amplia variedad de tipos incrustados en sus variantes.

```
enum Message {
    Quit,
    Move { x: i32, y: i32 },
    Write(String),
    ChangeColor(i32, i32, i32),
}
```

Listado 6-2: Enum llamada Message cuyas variantes almacenan diferentes cantidades y tipos de valores.

Esta enum tiene cuatro variantes con diferentes tipos:

Quit   No tiene datos asociados.

Move   Tiene campos con nombres, como lo haría una struct.

Write   Incluye una única cadena (String).

ChangeColor   Incluye tres valores i32.

Definir una enum con variantes como las que se muestran en el Listado 6-2 es similar a definir diferentes tipos de structs, excepto que enum no utiliza la palabra clave struct y todas las variantes se agrupan juntas bajo el tipo Message. Las siguientes structs podrían contener los mismos datos que las variantes de la enum anterior:

```
struct QuitMessage; // unit struct
struct MoveMessage {
    x: i32,
    y: i32,
}
struct WriteMessage(String); // tuple struct
struct ChangeColorMessage(i32, i32, i32); // tuple struct
```

Sin embargo, si utilizamos estructuras diferentes, cada una de las cuales tiene su propio tipo, no podríamos definir tan fácilmente una función para tomar cualquiera de estos tipos de mensajes como podríamos hacerlo con la enum Message definida en el Listado 6-2, que es un único tipo.

Hay una similitud más entre las enums y las structs: igual que podemos definir métodos en las structs utilizando impl, también podemos definir métodos en las enums. Aquí hay un método llamado call, que podríamos definir en nuestra enum Message:

```
impl Message {
    fn call(&self) {
        ❶ // method body would be defined here
    }
```

```
    }
```

❷ ```
let m = Message::Write(String::from("hello"));
m.call();
```

El cuerpo del método utilizaría `self` para obtener el valor sobre el cual llamamos al método. En este ejemplo, hemos creado una variable m ❷ que tiene el valor `Message::Write(String::from("hello"))`, y eso es lo que será `self` en el cuerpo del método `call` ❶ cuando se ejecute `m.call()`.

Veamos otra enum en la biblioteca estándar que es muy común y útil: `Option`.

### Enum Option y sus ventajas sobre los valores nulos

Esta sección explora un estudio del caso `Option`, que es otra enum definida por la biblioteca estándar. El tipo `Option` codifica el escenario muy frecuente en el que un valor puede ser algo o puede no ser nada.

Por ejemplo, si solicitamos el primer elemento en una lista que contiene varios elementos, obtendremos un valor; pero, si solicitamos el primer elemento en una lista vacía, no obtendremos nada. Expresar este concepto en términos del sistema de tipos permite que el compilador verifique si hemos manejado todos los casos que deberíamos estar manejando; esta funcionalidad puede prevenir errores que son extremadamente comunes en otros lenguajes de programación.

El diseño de lenguajes de programación a menudo se considera en términos de qué características se incluyen, pero las características que se excluyen también son importantes. Rust no tiene la característica de nulo (null) que muchos otros lenguajes tienen. *Null* es un valor que significa que no hay ningún valor allí. En lenguajes con null, las variables siempre pueden estar en uno de dos estados: nulo o no nulo.

En su presentación de 2009 «Null References: The Billion Dollar Mistake», Tony Hoare, el inventor de null, dijo lo siguiente:

> Lo llamo mi error de mil millones de dólares. En ese momento, estaba diseñando el primer sistema de tipos integral para referencias en un lenguaje orientado a objetos. Mi objetivo era garantizar que todo uso de referencias fuera absolutamente seguro, con verificaciones realizadas automáticamente por el compilador. Pero no pude resistir la tentación de incluir una referencia nula, simplemente porque era muy fácil de implementar. Esto ha llevado a innumerables errores, vulnerabilidades y bloqueos del sistema, que probablemente han causado mil millones de dólares en daños y problemas en los últimos cuarenta años.

El problema con los valores nulos es que si intentamos usar un valor nulo como un valor no nulo, obtendremos algún tipo de error. Debido a que esta propiedad de nulo o no nulo está siempre presente, es extremadamente fácil cometer este tipo de error.

Sin embargo, el concepto que se intenta expresar con el nulo sigue siendo útil: un nulo es un valor que actualmente es inválido o está ausente por alguna razón.
```

El problema no está realmente en el concepto, sino en la implementación en particular. Por lo tanto, Rust no tiene nulos, pero tiene una enum que puede codificar el concepto de un valor presente o ausente. Esta enum se llama Option<T> y está definida en la biblioteca estándar de la siguiente manera:

```
enum Option<T> {
    None,
    Some(T),
}
```

La enum Option<T> es tan útil que incluso está incluida en prelude; no necesitamos importarla al ámbito explícitamente. Sus variantes también están incluidas en prelude: podemos usar Some y None directamente sin el prefijo Option::. La enum Option<T> sigue siendo simplemente una enum normal, y Some(T) y None siguen siendo variantes del tipo Option<T>.

La sintaxis <T> es una característica de Rust que aún no hemos mencionado. Es un parámetro de tipo genérico y trataremos los genéricos con más detalle en el Capítulo 10. Por ahora, lo que debe saber es que <T> significa que la variante Some de la enum Option puede contener una unidad de datos de cualquier tipo, y que cada tipo concreto que se utiliza en lugar de T hace que el tipo general Option<T> sea un tipo diferente. Aquí tiene algunos ejemplos de uso de valores de tipo Option para almacenar tipos numéricos y tipos de cadenas:

```
let some_number = Some(5);
let some_char = Some('e');

let absent_number: Option<i32> = None;
```

El tipo de some_number es Option<i32>. El tipo de some_char es Option<char>, que es un tipo diferente. Rust puede inferir estos tipos porque hemos especificado un valor dentro de la variante Some. Para absent_number, Rust requiere que anotemos el tipo Option en general: el compilador no puede inferir el tipo que tendrá la correspondiente variante Some solo mirando un valor None. Aquí, le decimos a Rust que pretendemos que absent_number sea del tipo Option<i32>.

Cuando tenemos un valor Some, sabemos que hay un valor presente y que ese valor se encuentra dentro de Some. Cuando tenemos un valor None, en cierto sentido significa lo mismo que null: no tenemos un valor válido. Entonces, ¿por qué tener Option<T> es mejor que tener null?

En resumen, debido a que Option<T> y T (donde T puede ser cualquier tipo) son tipos diferentes, el compilador no nos permitirá usar un valor Option<T> como si fuera definitivamente un valor válido. Por ejemplo, este código no compilará, porque está intentando sumar i8 a Option<i8>:

```
let x: i8 = 5;
let y: Option<i8> = Some(5);

let sum = x + y;
```

Si ejecutamos este código, obtendremos un mensaje de error como este:

```
error[E0277]: cannot add `Option<i8>` to `i8`
 --> src/main.rs:5:17
  |
5 |     let sum = x + y;
  |                 ^ no implementation for `i8 + Option<i8>`
  |
  = help: the trait `Add<Option<i8>>` is not implemented for `i8`
```

¡Muy interesante! En efecto, este mensaje de error significa que Rust no comprende cómo sumar i8 y Option<i8>, porque son tipos diferentes. Cuando tenemos un valor de un tipo como i8 en Rust, el compilador se asegurará de que siempre tengamos un valor válido. Podemos proceder con confianza sin tener que verificar nulos antes de usar ese valor. Solo cuando tenemos un Option<i8> (o cualquier otro tipo de valor con el que estemos trabajando) debemos preocuparnos por la posibilidad de no tener un valor, y el compilador se asegurará de que gestionemos ese caso antes de usar el valor.

En otras palabras, debemos convertir un Option<T> a un T antes de poder realizar operaciones de T con él. En general, esto ayuda a detectar uno de los problemas más comunes con null: asumir que algo no es nulo cuando en realidad lo es.

Eliminar el riesgo de asumir incorrectamente un valor no nulo nos ayuda a tener más confianza en el código. Para tener un valor que posiblemente pueda ser nulo, debemos optar explícitamente haciendo que el tipo de ese valor sea Option<T>. Luego, cuando usemos ese valor, se nos exigirá manejar explícitamente el caso en el que el valor sea nulo. Siempre que un valor tiene un tipo que no es Option<T>, podemos asumir de manera segura que el valor no es nulo. Esta fue una decisión de diseño deliberada en Rust para limitar la ubicuidad de null y aumentar la seguridad del código en Rust.

Entonces, ¿cómo obtenemos el valor T de una variante Some cuando tenemos un valor de tipo Option<T> para poder usar ese valor? La enum Option<T> tiene una gran cantidad de métodos que son útiles en diversas situaciones; puede consultarlos en la documentación correspondiente. Familiarizarse con los métodos en Option<T> será extremadamente útil en su trayecto con Rust.

En general, para utilizar un valor Option<T>, deseamos tener un código que maneje cada variante. Queremos que cierto código se ejecute solo cuando tengamos un valor Some(T), y este código puede utilizar el valor T interno. Queremos que otro código se ejecute solo si tenemos un valor None, y ese código no tiene disponible un valor T. La expresión match es una construcción de control de flujo que hace precisamente esto cuando se utiliza con enums: ejecutará un código diferente dependiendo de la variante del enum que tenga y ese código puede utilizar los datos dentro del valor coincidente.

Construcción match de control de flujo

Rust cuenta con una estructura de control de flujo extremadamente potente llamada match, que nos permite comparar un valor con una serie de patrones y luego ejecutar código en función del patrón que coincida. Los patrones pueden estar compuestos por valores literales, nombres de variables, comodines y muchas otras cosas; en el Capítulo 18 se tratan los diferentes tipos de patrones y lo que hacen. La capacidad de match radica en la expresividad de los patrones y en el hecho de que el compilador verifica que se gestionen todos los casos posibles.

Imagine una expresión match como una máquina clasificadora de monedas: las monedas se deslizan por una pista con agujeros de diferentes tamaños, y cada moneda cae por el agujero en el que primero encaja. De la misma manera, los valores pasan por cada patrón en un match, y en el primer patrón en el que el valor «encaja», el valor cae en el bloque de código asociado para ser utilizado durante la ejecución.

Hablando de monedas, ¡utilicémoslas como ejemplo con match! Podemos escribir una función que tome una moneda desconocida de EE. UU. y, de manera similar a la máquina de contar, determine qué moneda es y devuelva su valor en centavos, como se muestra en el Listado 6-3.

```
❶ enum Coin {
      Penny,
      Nickel,
      Dime,
      Quarter,
  }

  fn value_in_cents(coin: Coin) -> u8 {
    ❷ match coin {
        ❸ Coin::Penny => 1,
          Coin::Nickel => 5,
          Coin::Dime => 10,
          Coin::Quarter => 25,
      }
  }
```

Listado 6-3: Enum y expresión match que tiene las variantes de enum como sus patrones.

Desglosemos match en la función value_in_cents. Primero, escribimos la palabra clave match seguida de una expresión, que en este caso es el valor coin ❷. Esto parece muy similar a una expresión utilizada con if, pero hay una gran diferencia: con if, la expresión debe devolver un valor booleano, pero aquí puede devolver cualquier tipo. El tipo de coin en este ejemplo es la enum Coin que definimos en ❶.

A continuación, están las ramas de match. Las ramas tienen dos partes: un patrón y un código. La primera rama, en este caso, tiene un patrón que es el valor Coin::Penny y, luego, el operador => que separa el patrón y el código a ejecutar ❸. El código, en este caso, es simplemente el valor 1. Cada rama se separa de la siguiente con una coma.

Cuando se ejecuta la expresión match, compara el valor resultante con el patrón de cada rama, por orden. Si un patrón coincide con el valor, se ejecuta el código asociado a ese patrón. Si ese patrón no coincide con el valor, la ejecución continúa con la siguiente rama, de manera similar a una máquina clasificadora de monedas. Podemos tener tantas ramas como necesitemos: en el Listado 6-3, nuestro match tiene cuatro ramas.

El código asociado con cada rama es una expresión, y el valor resultante de la expresión en la rama coincidente es el valor que se devuelve para toda la expresión match.

Por lo general, no usamos llaves si el código de la rama de match es corto, como ocurre en el Listado 6-3, donde cada rama simplemente devuelve un valor. Si deseamos ejecutar varias líneas de código en una rama de match, debemos utilizar llaves, y la coma que sigue a la rama es entonces opcional. Por ejemplo, el siguiente código imprime «¡Lucky penny!» cada vez que se llama al método con una Coin::Penny, pero sigue devolviendo el último valor del bloque, 1:

```
fn value_in_cents(coin: Coin) -> u8 {
    match coin {
        Coin::Penny => {
            println!("Lucky penny!");
            1
        }
        Coin::Nickel => 5,
        Coin::Dime => 10,
        Coin::Quarter => 25,
    }
}
```

Patrones que vinculan valores

Otra característica útil de las ramas de match es que pueden vincular las partes de los valores que coinciden con el patrón. De esta manera, podemos extraer valores de las variantes de una enum.

Como ejemplo, vamos a modificar una de las variantes de nuestra enum para que contenga datos en su interior. Desde 1999 hasta 2008, Estados Unidos acuñó monedas de veinticinco centavos con diseños diferentes para cada uno de los 50 estados en uno de sus lados. Ninguna otra moneda tenía diseños estatales, por lo que solo las monedas de veinticinco centavos tienen este valor adicional. Podemos añadir esta información a nuestra enum cambiando la variante Quarter para incluir un valor UsState almacenado en su interior, como se muestra en el Listado 6-4.

```
#[derive(Debug)] // so we can inspect the state in a minute
enum UsState {
    Alabama,
    Alaska,
    --snip--
}
```

```
enum Coin {
    Penny,
    Nickel,
    Dime,
    Quarter(UsState),
}
```

Listado 6-4: Enum Coin *en la que la variante* Quarter *también contiene el valor* UsState.

Imaginemos que un amigo está tratando de coleccionar las 50 monedas estatales. Mientras ordenamos nuestras monedas sueltas por tipo, también mencionaremos el nombre del estado asociado a cada moneda estatal para que, si es uno que nuestro amigo no tiene, lo pueda añadir a su colección.

En la expresión match de este código, añadimos una variable llamada state al patrón que coincide con los valores de la variante Coin::Quarter. Cuando se cumple Coin::Quarter, la variable state se asignará al valor del estado correspondiente a esa moneda estatal. Luego podemos usar state en el código de esa rama, de la siguiente manera:

```
fn value_in_cents(coin: Coin) -> u8 {
    match coin {
        Coin::Penny => 1,
        Coin::Nickel => 5,
        Coin::Dime => 10,
        Coin::Quarter(state) => {
            println!("State quarter from {:?}!", state);
            25
        }
    }
}
```

Si llamáramos a value_in_cents(Coin::Quarter(UsState::Alaska)), coin sería Coin::Quarter(UsState::Alaska). Cuando comparamos ese valor con cada una de las ramas de match, ninguna de ellas coincide hasta que llegamos a Coin::Quarter(state). En ese punto, el valor vinculante para state será UsState::Alaska. Luego podemos usar esta vinculación en la expresión println!, obteniendo así el valor de estado interno de la variante de la enum Coin para Quarter.

Comparación con Option<T>

En la sección anterior, queríamos obtener el valor interno de tipo T del caso Some al usar Option<T>; también podemos gestionar Option<T> utilizando match, ¡como lo hicimos con la enum Coin! En lugar de comparar monedas, compararemos las variantes de Option<T>, pero la forma en que funciona la expresión match sigue siendo la misma.

Digamos que queremos escribir una función que tome Option<i32> y, si hay un valor dentro, le sume 1 a ese valor. Si no hay un valor dentro, la función debería devolver el valor None y no intentar realizar ninguna operación.

Esta función es muy fácil de escribir, gracias a match, y se verá como en el Listado 6-5.

```
fn plus_one(x: Option<i32>) -> Option<i32> {
    match x {
      ❶ None => None,
      ❷ Some(i) => Some(i + 1),
    }
}

let five = Some(5);
let six = plus_one(five); ❸
let none = plus_one(None); ❹
```

Listado 6-5: Función que utiliza una expresión match *en* Option<i32>.

Examinemos la primera ejecución de plus_one con más detalle. Cuando llamamos a plus_one(five) ❸, la variable x en el cuerpo de plus_one tendrá el valor Some(5). A continuación, lo comparamos con cada rama de match:

```
None => None,
```

El valor Some(5) no coincide con el patrón None ❶, por lo que continuamos con la siguiente rama:

```
Some(i) => Some(i + 1),
```

¿Coincide Some(5) con Some(i) ❷? ¡Sí, lo hace! Tenemos la misma variante. La variable i se enlaza al valor contenido en Some, por lo que i toma el valor 5. Luego, se ejecuta el código en la rama de match, por lo que sumamos 1 al valor de i y creamos un nuevo valor Some con el total de 6 en su interior.

Ahora consideremos la segunda llamada a plus_one en el Listado 6-5, donde x es None ❹. Entramos en match y lo comparamos con el primer brazo ❶.

¡Coincide! No hay ningún valor al que añadirlo, por lo que el programa se detiene y devuelve el valor None en el lado derecho de =>. Debido a que la primera rama ha coincidido, no se comparan otras ramas.

La combinación de match y enums es útil en muchas situaciones. Veremos este patrón con frecuencia en el código de Rust: match en una enum, vincular una variable a los datos internos y luego ejecutar código en función de ello. Al principio puede parecer un poco complicado, pero una vez que se acostumbre deseará tenerlo en todos los lenguajes. Es uno de los patrones favoritos de los usuarios.

Las matches son exhaustivas

Hay otro aspecto de match que debemos discutir: los patrones de las ramas deben tener en cuenta todas las posibilidades. Consideremos esta versión de nuestra función plus_one, que tiene un error y no compilará:

```
fn plus_one(x: Option<i32>) -> Option<i32> {
    match x {
```

```
        Some(i) => Some(i + 1),
    }
}
```

No gestionamos el caso de None, por lo que este código causará un error. Afortunadamente, es un error que Rust sabe cómo detectar. Si intentamos compilar este código, obtendremos este error:

```
error[E0004]: non-exhaustive patterns: `None` not covered
 --> src/main.rs:3:15
  |
3 |          match x {
  |                ^ pattern `None` not covered
  |
  note: `Option<i32>` defined here
       = note: the matched value is of type `Option<i32>`
help: ensure that all possible cases are being handled by adding
a match arm with a wildcard pattern or an explicit pattern as shown
  |
4 ~          Some(i) => Some(i + 1),
5 ~          None => todo!(),
  |
```

Rust sabe que hemos tenido en cuenta todos los casos posibles, ¡incluso sabe qué patrón olvidamos! Las matches en Rust son *exhaustive (exhaustivas)*: debemos tener en cuenta todas y cada una de las posibilidades para que el código sea válido. Especialmente en el caso de Option<T>, cuando Rust nos impide que olvidemos gestionar explícitamente el caso de None, nos protege de asumir que tenemos un valor cuando podríamos tener nulo, evitando así el error de mil millones de dólares discutido anteriormente.

Patrones Catch-All y _ Placeholder

Con la utilización de enums, también podemos llevar a cabo acciones especiales para algunos valores particulares pero llevar cabo una acción predeterminada para todos los demás valores. Imaginemos que estamos implementando un juego donde, si sacamos un 3 en un lanzamiento de dados, el jugador no se mueve, sino que obtiene un nuevo y elegante sombrero. Si sacamos un 7, el jugador pierde el sombrero elegante. Para todos los demás valores, el jugador se mueve la correspondiente cantidad de espacios en el tablero de juego. Aquí tenemos un match que implementa esa lógica, con el resultado del lanzamiento de dados codificado directamente en lugar de un valor aleatorio, y toda la lógica representada por funciones sin cuerpo porque implementarlas realmente está fuera del alcance de este ejemplo:

```
let dice_roll = 9;
match dice_roll {
    3 => add_fancy_hat(),
    7 => remove_fancy_hat(),
  ❶ other => move_player(other),
}
```

```
fn add_fancy_hat() {}
fn remove_fancy_hat() {}
fn move_player(num_spaces: u8) {}
```

Para las dos primeras ramas, los patrones son los valores literales 3 y 7. Para la última rama, tiene en cuenta cualquier otro valor posible; el patrón es la variable que hemos elegido llamar other ❶. El código que se ejecuta para esa rama other utiliza la variable pasándola a la función move_player.

Este código compila, aunque no hayamos enumerado todos los posibles valores que puede tener u8, porque el último patrón coincidirá con todos los valores que no se hayan especificado explícitamente. Este patrón catch-all (comodín) cumple con el requisito de que match debe ser exhaustivo. Hay que tener en cuenta que debemos colocar la rama catch-all al final porque los patrones se evalúan en orden. Si colocáramos la rama catch-arm antes, las otras ramas nunca se ejecutarían, por lo que Rust nos advertirá si añadimos ramas después de la rama catch-all.

Rust también tiene un patrón que podemos utilizar cuando queremos un catch-all pero no queremos utilizar el valor en el patrón de catch-all: _ es un patrón especial que coincide con cualquier valor y no se vincula con ese valor. Esto le indica a Rust que no vamos a utilizar el valor, por lo que Rust no nos advertirá sobre una variable no utilizada.

Cambiemos las reglas del juego: ahora, si sacamos cualquier número que no sea 3 o 7, debemos volver a tirar. Ya no necesitamos utilizar el valor catch-all, por lo que podemos cambiar nuestro código y utilizar _ en lugar de la variable llamada other.

```
let dice_roll = 9;
match dice_roll {
    3 => add_fancy_hat(),
    7 => remove_fancy_hat(),
    _ => reroll(),
}

fn add_fancy_hat() {}
fn remove_fancy_hat() {}
fn reroll() {}
```

Este ejemplo también cumple con el requisito de exhaustividad porque estamos ignorando explícitamente todos los demás valores en la última rama; no hemos olvidado nada.

Por último, cambiaremos las reglas del juego una vez más para que no suceda nada en nuestro turno si sacamos cualquier número que no sea 3 o 7. Podemos expresarlo utilizando el valor unit (el tipo tupla vacío que mencionamos en «Tipo tupla») como el código que acompaña a la rama _:

```
let dice_roll = 9;
match dice_roll {
    3 => add_fancy_hat(),
    7 => remove_fancy_hat(),
```

```
        _ => (),
}

fn add_fancy_hat() {}
fn remove_fancy_hat() {}
```

Aquí, le estamos diciendo explícitamente a Rust que no vamos a utilizar ningún otro valor que no coincida con un patrón en una rama anterior, y en este caso no queremos ejecutar ningún código.

Hay más que ver sobre patrones y coincidencias, y lo trataremos en el Capítulo 18. Por ahora, vamos a pasar a la sintaxis if let, que puede ser útil en situaciones donde la expresión match es un poco extensa.

Control de flujo conciso con if let

La sintaxis if let nos permite combinar if y let de una manera menos prolífica para manejar valores que coinciden con un patrón mientras se ignoran los demás. Consideremos el programa del Listado 6-6 que realiza una coincidencia en un valor Option<u8> en la variable config_max; solo deseamos ejecutar código si el valor es de la variante Some.

```
let config_max = Some(3u8);
match config_max {
    Some(max) => println!("The maximum is configured to be {max}"),
    _ => (),
}
```

Listado 6-6: Match solo se ocupa de ejecutar código cuando el valor es Some.

Si el valor es Some, imprimimos el valor en la variante Some, mediante la asignación del valor a la variable max en el patrón. No queremos hacer nada con el valor None. Para satisfacer la expresión match, tenemos que añadir _ => () después de procesar solo una variante, lo cual es un código redundante y añadirlo es molesto.

En cambio, podríamos escribir esto de una manera más corta utilizando if let. El siguiente código se comporta de la misma manera que match en el Listado 6-6:

```
let config_max = Some(3u8);
if let Some(max) = config_max {
    println!("The maximum is configured to be {max}");
}
```

La sintaxis if let toma un patrón y una expresión separados por un signo igual. Funciona de la misma manera que match, donde la expresión se proporciona a match, y el patrón es su primera rama. En este caso, el patrón es Some(max), y max se enlaza al valor dentro de Some. Luego podemos usar max en el cuerpo del bloque if let de la misma manera que usamos max en la rama correspondiente de match. El código dentro del bloque if let no se ejecuta si el valor no coincide con el patrón.

Usar if let significa menos escritura, menos sangría y menos código redundante. Sin embargo, perdemos la verificación exhaustiva que match impone. La elección entre match e if let depende de lo que estemos haciendo en nuestra situación particular y de si ganar concisión es un intercambio apropiado por perder la verificación exhaustiva.

En otras palabras, podemos pensar en if let como azúcar sintáctico para un match que ejecuta código cuando el valor coincide con un patrón y luego ignora todos los demás valores.

Podemos incluir else con if let. El bloque de código que va con else es el mismo bloque de código que iría con el caso _ en la expresión match que es equivalente a if let y else. Recordemos la definición de la enum Coin en el Listado 6-4, donde la variante Quarter también contenía un valor UsState. Si quisiéramos contar todas las monedas que no son quarter mientras también anunciamos el estado de los quarter, podríamos hacerlo con una expresión match, de la siguiente manera:

```
let mut count = 0;
match coin {
    Coin::Quarter(state) => println!("State quarter from {:?}!", state),
    _ => count += 1,
}
```

O podríamos usar una expresión if let y else, como en lo siguiente:

```
let mut count = 0;
if let Coin::Quarter(state) = coin {
    println!("State quarter from {:?}!", state);
} else {
    count += 1;
}
```

Si tenemos una situación en la que la lógica del programa es demasiado extensa para expresarla utilizando match, recordemos que if let también está disponible en la caja de herramientas de Rust.

Resumen

Hemos explicado cómo usar enums para crear tipos personalizados que pueden ser uno de un conjunto de valores enumerados. Hemos mostrado cómo el tipo Option<T> de la biblioteca estándar nos ayuda a utilizar el sistema de tipos para prevenir errores. Cuando los valores de una enum tienen datos dentro de ellos, puede usar match o if let para extraer y utilizar esos valores, dependiendo de cuántos casos necesite gestionar.

Ahora sus programas en Rust pueden expresar conceptos en su dominio utilizando structs y enums. Crear tipos personalizados para usar en su API garantiza la seguridad de los tipos: el compilador se asegurará de que sus funciones solo reciban valores del tipo que cada función espera.

Con el fin de proporcionar una API bien organizada a sus usuarios que sea fácil de usar y solo exponga exactamente lo que sus usuarios necesitarán, pasaremos a ver ahora los módulos en Rust.

7

GESTIÓN DE PROYECTOS EN EXPANSIÓN CON PAQUETES, CRATES Y MÓDULOS

A medida que escribimos programas grandes, organizar el código será cada vez más importante. Al agrupar funcionalidades relacionadas y separar el código con características distintas, aclararemos dónde encontrar el código que implementa una característica en particular y dónde acudir para cambiar el funcionamiento de una característica en concreto.

Los programas que hemos escrito hasta ahora se han localizado en un solo módulo y en un solo archivo. A medida que un proyecto crece, debemos organizar el código dividiéndolo en varios módulos y luego en varios archivos. Un paquete puede contener varios crates (cajones) binarios y opcionalmente un crate de biblioteca. A medida que un paquete crece, podemos extraer partes del mismo en crates separados que se convierten en dependencias externas. En este capítulo se explican todas estas técnicas. Para proyectos muy grandes que comprenden un conjunto de paquetes interrelacionados que evolucionan juntos, Cargo proporciona *espacios de trabajo*, que se tratarán en «Workspaces (espacios de trabajo) de Cargo».

También discutiremos la encapsulación de los detalles de implementación, lo cual nos permite reutilizar el código a un nivel superior: una vez que hemos implementado una operación, otro código puede llamar a nuestro código a través de su interfaz pública sin necesidad de conocer cómo funciona la implementación. La forma en la que escribimos el código define qué partes son públicas, para que otros códigos las utilicen, y qué partes son detalles de implementación privados que nos reservamos el derecho de cambiar. Esta es otra manera de limitar la cantidad de detalles que debemos tener en mente.

Un concepto relacionado es el ámbito (scope); el contexto anidado en el que se escribe el código tiene un conjunto de nombres que se definen como «dentro del ámbito» (in scope). Al leer, escribir y compilar código, los programadores y compiladores necesitan saber si un nombre en una posición determinada se refiere a una variable, función, struct, enum, módulo, constante u otro elemento, y qué significa ese elemento. Podemos crear ámbitos y cambiar los nombres que estén dentro o fuera de ese ámbito. No podemos tener dos elementos con el mismo nombre en el mismo ámbito; existen herramientas disponibles para resolver conflictos de nombres.

Rust tiene una serie de características que permiten administrar la organización del código, incluyendo los detalles que se exponen, qué detalles son privados y qué nombres están en cada ámbito en nuestros programas. Estas características, a veces referidas colectivamente como *sistema de módulos*, incluyen:

Paquetes: Característica de Cargo que nos permite construir, probar y compartir crates.

Crates: Árbol de módulos que produce una biblioteca o un ejecutable.

Modulos y uso: Nos permiten controlar la organización, el ámbito y la privacidad de las rutas (paths).

Paths: Una forma de nombrar un elemento, como puede ser una struct, una función o un módulo.

En este capítulo, trataremos todas estas características, discutiremos cómo interactúan entre sí y explicaremos cómo utilizarlas para administrar el ámbito. Al final, usted debería tener un profundo conocimiento del sistema de módulos y ser capaz de trabajar con ámbitos como un profesional.

Paquetes y crates

Las partes del sistema de módulos que trataremos en primer lugar son los packages (paquetes) y los crates (cajones).

Un *crate* es la cantidad mínima de código que el compilador de Rust considera como un todo. Incluso si ejecutamos `rustc` en lugar de `cargo` y pasamos un solo archivo de código fuente (como hicimos en «Escritura y ejecución de un programa en Rust»), el compilador considera ese archivo como un crate. Los crates pueden contener módulos, y los módulos pueden estar definidos en otros archivos que se compilan junto con el crate, como veremos en las próximas secciones.

Un crate puede adoptar una de las dos formas siguientes: binario (binary crate) o de biblioteca (library crate). Los *crates binarios* son programas que se pueden compilar en un ejecutable, como puede ser un programa de línea de comandos o un servidor. Cada uno de ellos debe tener una función llamada main que define lo que sucede cuando se ejecuta el programa. Todos los crates que hemos creado hasta ahora han sido crates binarios.

Los *crates de biblioteca* (library crates) no tienen una función main y no se compilan en un ejecutable. En cambio, definen funcionalidades destinadas a ser compartidas con múltiples proyectos. Por ejemplo, el crate rand que utilizamos en el Capítulo 2 proporciona funcionalidades para generar números aleatorios. La mayor parte del tiempo, cuando los programadores de Rust hablan de «crate» se refieren a un crate de biblioteca, y utilizan el término «crate» indistintamente de manera intercambiable con el concepto general de «biblioteca».

La *raíz del crate* es un archivo fuente desde el que comienza el compilador de Rust y constituye el módulo raíz de nuestro crate (explicaremos los módulos en detalle en «Definición de módulos para controlar el ámbito y la privacidad»).

El paquete es un grupo de uno o más crates que proporciona un conjunto de funcionalidades. El paquete contiene el archivo *Cargo.toml*, que describe cómo construir esos crates. Cargo es, en realidad, un paquete que contiene el crate binario para la herramienta de línea de comandos que hemos utilizado para construir el código. El paquete Cargo también contiene un crate de biblioteca del que depende el crate binario. Otros proyectos pueden depender del crate de biblioteca de Cargo para utilizar la misma lógica que utiliza la herramienta de línea de comandos de Cargo.

El crate puede tener una de las dos siguientes formas: binario o de biblioteca. Un paquete puede contener tantos crates binarios como deseemos, pero como máximo solo podrá tener un crate de biblioteca. Un paquete debe contener al menos un crate, ya sea un crate de biblioteca o un crate binario.

Veamos qué sucede cuando creamos un paquete. Primero, tecleamos el comando cargo new my-project:

```
$ cargo new my-project
    Created binary (application) `my-project` package
$ ls my-project
Cargo.toml
src
$ ls my-project/src
main.rs
```

Después de ejecutar cargo new my-project, usamos ls para ver lo que crea Cargo. En el directorio del proyecto, hay un archivo *Cargo.toml*, que nos proporciona el paquete. También hay un directorio *src* que contiene *main.rs*. Abrimos *Cargo.toml* en el editor de texto y observamos que no se menciona *src/main.rs*. Cargo sigue una convención en la que *src/main.rs.* es la raíz del crate de un binario con el mismo nombre que el del paquete. Del mismo modo, Cargo sabe que si el directorio del paquete contiene *src/lib.rs*, el paquete contiene un crate de biblioteca con el mismo nombre que el del paquete, y *src/lib.rs* es la raíz del crate. Cargo pasa los archivos raíz del crate a `rustc` para construir la biblioteca o el binario.

En este caso, tenemos un paquete que solo contiene *src/main.rs*, lo que significa que solo contiene un crate binario llamado `my-project`. Si un paquete contiene tanto *src/main.rs* como *src/lib.rs*, tiene dos crates: un crate binario y un crate de biblioteca, ambos con el mismo nombre que el paquete. Un paquete puede tener varios crates binarios al colocar archivos en el directorio *src/bin*: cada archivo será un crate binario independiente.

CHULETA DE MÓDULOS

Antes de entrar en los detalles de los módulos y las rutas, ofrecemos aquí una referencia rápida sobre cómo funcionan los módulos, las rutas, la palabra clave `use` y la palabra clave `pub` en el compilador, y cómo la mayoría de los desarrolladores organizan el código. Veremos ejemplos de cada una de estas reglas a lo largo de este capítulo, pero esta es una buena referencia a modo de recordatorio de cómo funcionan los módulos.

Inicio en el crate root (raíz del crate). Al compilar un crate, el compilador busca el código a compilar en primer lugar en el archivo raíz del crate (crate root), normalmente *rc/lib.rs* para un crate de biblioteca o *src/main.rs* para un crate binario.

Declaración de módulos. En el archivo crate root, podemos declarar nuevos módulos; por ejemplo, podemos declarar un módulo «garden» con `mod garden;`. El compilador buscará el código del módulo en los siguientes lugares:

- Inline (en línea), dentro de las llaves que reemplazan al punto y coma después de `mod garden`.
- En el archivo *src/garden.rs*
- En el archivo *src/garden/mod.rs*

Declaración de submódulos. Podemos declarar submódulos en cualquier archivo que no sea el crate root. Por ejemplo, podríamos declarar `mod vegetables;` en *src/garden.rs*. El compilador buscará el código del submódulo en el directorio con el nombre del módulo padre en estos sitios:

- Inline (en línea), justo después de `mod vegetables`, dentro de llaves en lugar del punto y coma.
- En el archivo *src/garden/vegetables.rs*
- En el archivo *src/garden/vegetables/mod.rs*

Rutas de los códigos de los módulos. Una vez que un módulo forma parte de nuestro crate, podemos hacer referencia al código en ese módulo

---

desde cualquier otra parte del mismo crate, siempre y cuando las reglas de privacidad lo permitan, utilizando la ruta del código. Por ejemplo, el tipo Asparagus en el módulo **vegetables** de **garden** se encontraría en crate::garden::vegetables::Asparagus.

Privado frente a público. Por defecto, el código de un módulo es privado para sus módulos padre. Para hacer que un módulo sea público, lo declaramos con pub mod en lugar de solo mod. Para hacer que los elementos dentro de un módulo público también sean públicos, utilizamos pub antes de sus declaraciones.

La palabra clave use. Dentro de un ámbito, la palabra clave use crea accesos directos a los elementos para reducir la repetición de rutas largas. En cualquier ámbito que pueda hacer referencia a crate::garden::vegetables::Asparagus, podemos crear un atajo con use crate::garden::vegetables::Asparagus; y a partir de ese momento solo necesitaríamos escribir Asparagus para utilizar ese tipo en ese ámbito.

A continuación, creamos un crate binario llamado backyard que ilustra estas reglas. El directorio del crate, también llamado backyard, contiene los siguientes archivos y directorios:

```
backyard
├── Cargo.lock
├── Cargo.toml
└── src
    ├── garden
    │   └── vegetables.rs
    ├── garden.rs
    └── main.rs
```

El archivo crate es, en este caso, *src/main.rs*, y contiene lo siguiente:

```
use crate::garden::vegetables::Asparagus;

pub mod garden;

fn main() {
    let plant = Asparagus {};
    println!("I'm growing {:?}!", plant);
}
```

La línea pub mod garden; le dice al compilador que incluya el código que encuentre en *src/garden.rs*, que es:

```
pub mod vegetables;
```

Aquí, pub mod vegetables; significa que el código en *src/garden/vegetables.rs* también está incluido. Ese código es:

```
#[derive(Debug)]
pub struct Asparagus {}
```

Ahora, vamos a profundizar en los detalles de estas reglas y vamos a mostrar cómo funcionan en la práctica.

Definición de módulos para controlar el ámbito y la privacidad

En esta sección, hablaremos sobre los módulos y otras partes del sistema de módulos, denominadas *paths (rutas)*, que nos permiten nombrar elementos; hablaremos de la palabra clave use, que introduce un path en el ámbito, y de la palabra clave pub, para hacer públicos los elementos. También discutiremos la palabra clave as, los paquetes externos y el operador glob.

Los *módulos* nos permiten organizar el código de un crate para que sea más legible y fácilmente reutilizable. Además, con los módulos podemos controlar la privacidad de los elementos, ya que el código de un módulo es privado por defecto. Los elementos privados son detalles de implementación internos que no están disponibles para su uso externo. Podemos hacer que los módulos y los elementos dentro de ellos sean públicos, lo cual los expone y permite que el código externo los use y dependa de ellos.

Como ejemplo, vamos a escribir un crate de biblioteca que proporciona la funcionalidad de un restaurante. Definiremos las firmas de las funciones pero dejaremos sus cuerpos vacíos para concentrarnos en la organización del código en lugar de hacerlo en la implementación de la funcionalidad del restaurante.

En la industria de la restauración, algunas partes del restaurante se conocen como *front of house* (área de atención al público) y otras como *back of house* (área de servicio). El front of house es donde se encuentran los clientes; esto incluye el lugar donde los anfitriones (hosts) acomodan a los clientes, los camareros (servers) toman pedidos y cobran las facturas, y los bartenders preparan bebidas. El back of house es donde los chefs y cocineros trabajan en la cocina, los lavaplatos (dishwashers) limpian y los gerentes realizan tareas administrativas.

Para estructurar nuestro crate de forma similar, podemos organizar sus funciones en módulos anidados. Creamos una nueva biblioteca llamada restaurant ejecutando cargo new restaurant --lib. Luego, introducimos el código del Listado 7-1 en *src/lib.rs* para definir algunos módulos y las firmas de las funciones; este código representa la sección front of house.

src/lib.rs

```
mod front_of_house {
    mod hosting {
        fn add_to_waitlist() {}

        fn seat_at_table() {}
    }

    mod serving {
        fn take_order() {}

        fn serve_order() {}

        fn take_payment() {}
    }
}
```

Listado 7-1: Módulo front_of_house que contiene otros módulos que contienen funciones.

Definimos un módulo con la palabra clave mod, seguida del nombre del módulo (en este caso, front_of_house). El cuerpo del módulo va entre llaves. Dentro de los módulos, podemos colocar otros módulos, como ocurre en este caso con los módulos hosting y serving. Los módulos también pueden contener definiciones de otros elementos, como structs, enums, constantes, traits y, como se muestra en el Listado 7-1, funciones.

Al utilizar módulos, podemos agrupar definiciones relacionadas y describir por qué están relacionadas. Los programadores que usen este código podrán navegar por el código en función de los grupos en lugar de tener que leer todas las definiciones, lo que facilita encontrar las definiciones relevantes para ellos. Los programadores que añadan nueva funcionalidad a este código sabrán dónde colocar el código para mantener el programa organizado.

Anteriormente, mencionamos que *src/main.rs* y *src/lib.rs* se llaman crate roots. La razón de su nombre es que el contenido de cualquiera de estos dos archivos forma un módulo llamado crate en la raíz de la estructura de módulos del crate, conocida como *module tree* (árbol de módulos).

El Listado 7-2 muestra el árbol de módulos para la estructura del Listado 7-1.

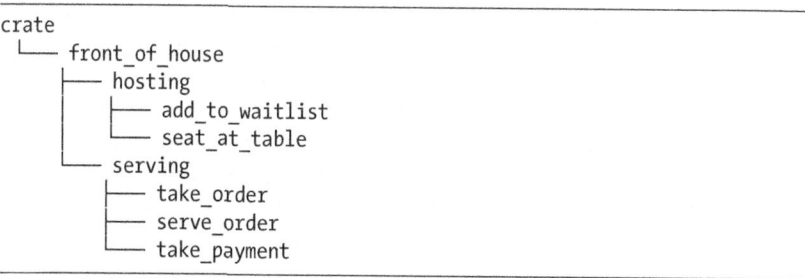

```
crate
 └── front_of_house
      ├── hosting
      │    ├── add_to_waitlist
      │    └── seat_at_table
      └── serving
           ├── take_order
           ├── serve_order
           └── take_payment
```

Listado 7-2: Árbol de módulos para el código del Listado 7-1.

Este árbol muestra cómo algunos módulos están anidados dentro de otros módulos; por ejemplo, hosting está anidado dentro de front_of_house. El árbol también muestra que algunos módulos son *siblings (hermanos)*, lo que significa que están definidos en el mismo módulo; hosting y serving son hermanos definidos dentro de front_of_house. Si el módulo A está contenido dentro del módulo B, decimos que el módulo A es el *child (hijo)* del módulo B y que el módulo B es el *parent (padre)* del módulo A. Observe que todo el árbol de módulos se origina en el módulo implícito llamado crate.

El árbol de módulos podría recordarnos al árbol de directorios del sistema de archivos en el ordenador; ¡esta es una comparación muy acertada! Al igual que los directorios en un sistema de archivos, utilizamos módulos para organizar nuestro código. Y al igual que los archivos en un directorio, necesitamos una forma de encontrar nuestros módulos.

Rutas para hacer referencia a un elemento en el árbol de módulos

Para indicar a Rust dónde encontrar un elemento en el árbol de módulos, utilizamos una ruta, de la misma manera en la que utilizamos una ruta para navegar en un sistema de archivos. Para llamar a una función, necesitamos conocer su ruta.

Una ruta puede adoptar dos formas:

- La *ruta absoluta* es la ruta completa que comienza en crate root. Para el código de un crate externo, la ruta absoluta comienza con el nombre del crate, y para el código del crate en uso, comienza con el literal crate.
- La *ruta relativa* comienza en el módulo en uso y utiliza self, super, o un identificador en el módulo en uso.

Tanto a las rutas absolutas como a las relativas le siguen uno o más identificadores separados por dos puntos dobles (::).

Volviendo al Listado 7-1, supongamos que queremos llamar a la función add_to_waitlist. Esto es lo mismo que preguntar: ¿cuál es la ruta de la función add_to_waitlist? El Listado 7-3 contiene el Listado 7-1 con algunos de los módulos y funciones eliminados.

Mostraremos dos formas de llamar a la función add_to_waitlist desde una nueva función llamada eat_at_restaurant, definida en crate root. Estas rutas son correctas, pero aún queda otro problema que impedirá que este ejemplo compile tal como está. Explicaremos por qué a continuación.

La función eat_at_restaurant es parte de la API pública de nuestro crate de biblioteca, por lo que la marcamos con la palabra clave pub. En «Exposición de rutas con la palabra clave pub» entraremos en más detalles sobre pub.

src/lib.rs

```
mod front_of_house {
    mod hosting {
        fn add_to_waitlist() {}
    }
}

pub fn eat_at_restaurant() {
    // Absolute path
    crate::front_of_house::hosting::add_to_waitlist();

    // Relative path
    front_of_house::hosting::add_to_waitlist();
}
```

Listado 7-3: Llamada a la función add_to_waitlist utilizando rutas absolutas y relativas.

La primera vez que llamamos a la función add_to_waitlist en eat_at_restaurant, utilizamos una ruta absoluta. La función add_to_waitlist está definida en el mismo crate que eat_at_restaurant, lo que significa que podemos usar la palabra clave crate para comenzar una ruta absoluta. Luego, incluimos cada uno de los módulos sucesivos hasta llegar a add_to_waitlist. Podemos imaginar un sistema de archivos con la misma estructura: especificaríamos la ruta /front_of_house/hosting/add_to_waitlist para ejecutar el programa add_to_waitlist; utilizar el nombre crate para comenzar desde crate root es como usar / para comenzar desde la raíz del sistema de archivos en su shell.

La segunda vez que llamamos a add_to_waitlist en eat_at_restaurant, utilizamos una ruta relativa. La ruta comienza con front_of_house, el nombre del módulo definido al mismo nivel del árbol de módulos que eat_at_restaurant. Aquí, el equivalente en un sistema de archivos sería utilizar la ruta front_of_house/hosting/add_to_waitlist. Comenzar con el nombre de un módulo significa que la ruta es relativa.

Elegir una ruta relativa o absoluta es una decisión que adoptaremos en función del proyecto, y depende de si es más probable que movamos el código de definición del elemento por separado o junto con el código que utiliza el elemento. Por ejemplo, si moviéramos el módulo front_of_house y la función eat_at_restaurant a un módulo llamado customer_experience, tendríamos que actualizar la ruta absoluta de add_to_waitlist, pero la ruta relativa seguiría siendo válida. Sin embargo, si moviéramos la función eat_at_restaurant por separado a un módulo llamado dining, la ruta absoluta de la llamada a add_to_waitlist se mantendría igual, pero la ruta relativa necesitaría actualizarse. Nuestra preferencia general es especificar rutas absolutas porque es más probable que deseemos mover definiciones de código y llamadas a elementos de forma independiente.

Intentemos compilar el Listado 7-3 y descubrir por qué aún no compila. Los errores que obtenemos se muestran en el Listado 7-4.

```
$ cargo build
   Compiling restaurant v0.1.0 (file:///projects/restaurant)
error[E0603]: module `hosting` is private
 --> src/lib.rs:9:28
  |
9 |     crate::front_of_house::hosting::add_to_waitlist();
  |                            ^^^^^^^ private module
  |
note: the module `hosting` is defined here
 --> src/lib.rs:2:5
  |
2 |     mod hosting {
  |     ^^^^^^^^^^^

error[E0603]: module `hosting` is private
  --> src/lib.rs:12:21
   |
12 |     front_of_house::hosting::add_to_waitlist();
   |                     ^^^^^^^ private module
   |
note: the module `hosting` is defined here
  --> src/lib.rs:2:5
   |
2  |     mod hosting {
   |     ^^^^^^^^^^^
```

Listado 7-4: Errores de compilación al compilar el código del Listado 7-3.

Los mensajes de error indican que el módulo hosting es privado. En otras palabras, tenemos las rutas correctas para el módulo hosting y la función add_to_waitlist, pero Rust no nos permite usarlas porque no tiene acceso a las secciones privadas. En Rust, todos los elementos (funciones, métodos, structs, enums, módulos y constantes) son privados por defecto para los módulos padre. Si deseamos hacer que un elemento —como una función o estructura— sea privado, debemos colocarlo dentro de un módulo.

Los elementos en un módulo padre no pueden utilizar los elementos privados de los módulos hijo, pero los elementos en los módulos hijo pueden utilizar los elementos de sus módulos ancestros. Esto se debe a que los módulos hijo cnvuelven y ocultan los detalles de su implementación, pero los módulos hijo pueden ver el contexto en el que están definidos. Siguiendo con nuestra metáfora, podemos pensar en las reglas de privacidad como el back office (área de servicio) de un restaurante: lo que ocurre allí es privado para los clientes del restaurante, pero los gerentes de la oficina pueden ver y hacer todo en el restaurante que gestionan.

En Rust se decidió que el sistema de módulos funcionara de esta manera para que la ocultación de los detalles de implementación internos sea la configuración por defecto. De esta manera, sabemos qué partes del código interno se pueden cambiar sin romper el código externo. Sin embargo, Rust permite la opción de exponer partes internas del código de los módulos hijo a los módulos ancestros externos mediante el uso de la palabra clave pub para hacer que un elemento sea público.

Exposición de rutas con la palabra clave pub

Volvamos al error en el Listado 7-4, que nos indicaba que el módulo hosting es privado. Queremos que la función eat_at_restaurant en el módulo padre tenga acceso a la función add_to_waitlist en el módulo hijo, por lo que marcamos el módulo hosting con la palabra clave pub, como se muestra en el Listado 7-5.

src/lib.rs
```
mod front_of_house {
    pub mod hosting {
        fn add_to_waitlist() {}
    }
}

--snip--
```

Listado 7-5: Declaración del módulo hosting como pub para poder utilizarlo desde eat_at_restaurant.

Desafortunadamente, el código en el Listado 7-5 todavía produce errores de compilación, como se muestra en el Listado 7-6.

```
$ cargo build
   Compiling restaurant v0.1.0 (file:///projects/restaurant)
error[E0603]: function `add_to_waitlist` is private
 --> src/lib.rs:9:37
  |
```

```
9 |         crate::front_of_house::hosting::add_to_waitlist();
  |                                          ^^^^^^^^^^^^^^^ private function
  |
note: the function `add_to_waitlist` is defined here
 --> src/lib.rs:3:9
  |
3 |             fn add_to_waitlist() {}
  |             ^^^^^^^^^^^^^^^^^^^^

error[E0603]: function `add_to_waitlist` is private
 --> src/lib.rs:12:30
  |
12 |         front_of_house::hosting::add_to_waitlist();
   |                                  ^^^^^^^^^^^^^^^ private function
   |
note: the function `add_to_waitlist` is defined here
 --> src/lib.rs:3:9
  |
3 |             fn add_to_waitlist() {}
  |             ^^^^^^^^^^^^^^^^^^^^
```

Listado 7-6: Errores de compilación al compilar el código del Listado 7-5.

¿Qué ha sucedido? Añadir la palabra clave pub delante de mod hosting hace que el módulo sea público. Con este cambio, si podemos acceder a front_of_house, podemos acceder a hosting. Sin embargo, el contenido de hosting sigue siendo privado; hacer que el módulo sea público no hace que su contenido sea público. La palabra clave pub en un módulo solo permite que el código en sus módulos ancestros se refiera a él, no que acceda a su código interno. Debido a que los módulos son contenedores, no podemos lograr mucho haciendo solo que el módulo sea público; debemos ir más allá y optar por hacer que uno o más elementos dentro del módulo también sean públicos.

Los errores en el Listado 7-6 nos dicen que la función add_to_waitlist es privada. Las reglas de privacidad también se aplican a las structs, enums, funciones y métodos, además de los módulos.

Vamos a hacer que la función add_to_waitlist sea pública añadiendo la palabra clave pub antes de su definición, como se muestra en el Listado 7-7.

src/lib.rs
```
mod front_of_house {
    pub mod hosting {
        pub fn add_to_waitlist() {}
    }
}

--snip--
```

Listado 7-7: Añadir la palabra clave pub a mod hosting y fn add_to_waitlist nos permite llamar a la función desde eat_at_restaurant.

¡Ahora el código compilará! Para ver por qué añadir la palabra clave pub nos permite usar estas rutas en add_to_waitlist con respecto a las reglas de privacidad, veamos las rutas absolutas y relativas.

En la ruta absoluta, comenzamos con crate, la raíz del árbol de módulos de nuestro crate. El módulo front_of_house está definido en crate root. Aunque front_of_house no es público, porque la función eat_at_restaurant está definida en el mismo módulo que front_of_house (es decir, eat_at_restaurant y front_of_house son hermanos), podemos hacer referencia a front_of_house desde eat_at_restaurant. A continuación, está el módulo hosting marcado con pub. Podemos acceder al módulo padre de hosting, por lo que podemos acceder a hosting. Finalmente, la función add_to_waitlist está marcada con pub y podemos acceder a su módulo padre, por lo que esta llamada a función ¡funciona!

En la ruta relativa, la lógica es la misma que en la ruta absoluta, excepto para el primer paso: en lugar de comenzar desde crate root, la ruta comienza desde front_of_house. El módulo front_of_house está definido dentro del mismo módulo que eat_at_restaurant, por lo que la ruta relativa que comienza desde el módulo en el que se define eat_at_restaurant funciona. Luego, debido a que hosting y add_to_waitlist están marcados con pub, el resto del camino funciona y esta llamada a función ¡es válida!

Si planea compartir su crate de biblioteca para que otros proyectos puedan usar su código, su API pública es su contrato con los usuarios de su crate que determina cómo pueden interactuar con su código. Hay muchas consideraciones sobre la gestión de cambios en su API pública para facilitar que las personas dependan de su crate. Estas consideraciones están fuera del alcance del libro; si está interesado en este tema, consulte Rust API Guidelines en *https://rust-lang.github.io/api-guidelines*.

MEJORES PRÁCTICAS PARA PAQUETES CON UN BINARIO Y UNA BIBLIOTECA

Mencionamos que un paquete puede contener tanto un crate root binario *src/main.rs* como un crate root biblioteca *src/lib.rs*, y ambos tendrán por defecto el nombre del paquete. Generalmente, los paquetes con esta estructura que contienen tanto un crate root biblioteca como un crate root binario tendrán solo el código necesario en el crate root binario para iniciar un ejecutable que llame al código del crate root biblioteca. Esto permite que otros proyectos se beneficien de la mayor funcionalidad que el paquete proporciona, ya que el código del crate biblioteca se puede compartir.

El árbol de módulos se debe definir en *src/lib.rs*. Luego, cualquier elemento público se puede utilizar en el crate binario al iniciar las rutas con el nombre del paquete. El crate binario se convierte en un usuario del crate de biblioteca, de la misma manera que un crate completamente externo usaría el crate biblioteca: solo puede usar la API pública. Esto le ayuda a diseñar una buena API; ¡no solamente es usted el autor, también es un cliente!

En el Capítulo 12, mostraremos esta práctica organizativa con un programa de línea de comandos, que contendrá tanto un crate binario como un crate de biblioteca.

Comienzo de rutas relativas con super

Podemos construir rutas relativas que comiencen en el módulo padre en lugar del módulo en curso o el crate root, utilizando super al inicio de la ruta. Lo anterior es similar a comenzar una ruta del sistema de archivos con la sintaxis ... El uso de super nos permite hacer referencia a un elemento que sabemos que está en el módulo padre, lo que facilita la reorganización del árbol de módulos cuando el módulo está estrechamente relacionado con el padre, pero el padre podría moverse en el futuro a otro lugar en el árbol de módulos.

Consideremos el código del Listado 7-8, que modela la situación en la cual el chef corrige un pedido incorrecto y personalmente lo lleva al cliente. La función fix_incorrect_order definida en el módulo back_of_house llama a la función deliver_order definida en el módulo padre especificando la ruta a deliver_order, comenzando por super.

src/lib.rs
```
fn deliver_order() {}

mod back_of_house {
    fn fix_incorrect_order() {
        cook_order();
        super::deliver_order();
    }

    fn cook_order() {}
}
```

Listado 7-8: Llamada a una función utilizando una ruta relativa que comienza por super.

La función fix_incorrect_order está en el módulo back_of_house, por lo que podemos usar super para ir al módulo padre de back_of_house que, en este caso, es crate, la raíz. Desde allí, buscamos deliver_order y lo encontramos. ¡Bravo! Creemos que el módulo back_of_house y la función deliver_order probablemente mantendrán la misma relación entre sí y se moverán juntos si decidimos reorganizar el árbol de módulos de crate. Por lo tanto, usamos super para tener menos sitios donde actualizar el código en el futuro si este código se mueve a un módulo diferente.

Cómo hacer públicas las structs y enums

También podemos usar pub para designar structs y enums como públicas, pero hay algunos detalles adicionales en el uso de pub con structs y enums. Si usamos pub antes de la definición de una struct, hacemos que la struct sea pública, pero los campos de la struct seguirán siendo privados. Podemos hacer que cada campo sea público o no de manera individual. En el Listado 7-9, hemos definido una struct pública back_of_house::Breakfast con un campo toast público pero un campo seasonal_fruit privado. Esta opción modela el caso de un restaurante donde el cliente puede elegir el tipo de pan que viene con la comida, pero el chef decide qué fruta acompaña a la comida en función de la que es de temporada o de la que hay en stock. La fruta disponible cambia rápidamente, por lo que los clientes no pueden elegir la fruta, ni siquiera pueden ver qué fruta recibirán.

```
src/lib.rs    mod back_of_house {
                  pub struct Breakfast {
                      pub toast: String,
                      seasonal_fruit: String,
                  }

                  impl Breakfast {
                      pub fn summer(toast: &str) -> Breakfast {
                          Breakfast {
                              toast: String::from(toast),
                              seasonal_fruit: String::from("peaches"),
                          }
                      }
                  }
              }

              pub fn eat_at_restaurant() {
                  // Order a breakfast in the summer with Rye toast.
                  let mut meal = back_of_house::Breakfast::summer("Rye");
                  // Change our mind about what bread we'd like.
                  meal.toast = String::from("Wheat");
                  println!("I'd like {} toast please", meal.toast);

                  // The next line won't compile if we uncomment it; we're not
                  // allowed to see or modify the seasonal fruit that comes
                  // with the meal.
                  // meal.seasonal_fruit = String::from("blueberries");
              }
```

Listado 7-9: Struct con algunos campos públicos y otros campos privados.

Debido a que el campo toast en la estructura back_of_house::Breakfast es público, en eat_at_restaurant podemos escribir y leer en el campo toast utilizando la notación de punto. Hay que tener en cuenta que no podemos usar el campo seasonal_fruit en eat_at_restaurant, ya que seasonal_fruit es privado. No hacemos comentarios sobre la línea que modifica el valor del campo seasonal_fruit para ver qué error obtiene.

Además, debemos tener en cuenta que, debido a que back_of_house::Breakfast tiene un campo privado, la estructura necesita proporcionar una función asociada pública que construya una instancia de Breakfast (aquí la hemos llamado summer). Si Breakfast no tuviera dicha función, no podríamos crear una instancia de Breakfast en eat_at_restaurant porque no podríamos establecer el valor del campo privado seasonal_fruit en eat_at_restaurant.

En contraste con lo anterior, si hacemos que una enum sea pública, todas sus variantes también serán públicas. Solo necesitamos pub antes de la palabra clave enum, como se muestra en el Listado 7-10.

```
src/lib.rs    mod back_of_house {
                  pub enum Appetizer {
                      Soup,
                      Salad,
                  }
              }
```

```
pub fn eat_at_restaurant() {
    let order1 = back_of_house::Appetizer::Soup;
    let order2 = back_of_house::Appetizer::Salad;
}
```

Listado 7-10: La designación de enum como pública hace que todas sus variantes sean públicas.

Debido a que hemos hecho pública la enum Appetizer, podemos usar las variantes Soup y Salad en eat_at_restaurant.

Las enums no son muy útiles, a menos que sus variantes sean públicas; sería molesto tener que anotar todas las variantes de enum con pub en cada caso, por lo que el valor por defecto para las variantes de enum es ser públicas. Las structs a menudo son útiles sin que sus campos sean públicos, por lo que los campos de struct siguen la regla general de que todo es privado por defecto a menos que se anote con pub.

Hay una situación más relacionada con pub que no hemos tratado, y es nuestra última característica del sistema de módulos: la palabra clave use. Primero veremos solo use y, luego, mostraremos cómo combinar pub y use.

Introducción de rutas en el ámbito con la palabra clave use

Tener que escribir las rutas completas para llamar a las funciones puede resultar incómodo y repetitivo. En el Listado 7-7, tanto si hemos elegido la ruta absoluta como la relativa para la función add_to_waitlist, cada vez que quisiéramos llamar a add_to_waitlist tendríamos que especificar también front_of_house y hosting. Afortunadamente, hay una forma de simplificar este proceso: podemos crear un atajo a una ruta con la palabra clave use una vez y, luego, usar el nombre abreviado en todas partes dentro del ámbito.

En el Listado 7-11, introducimos el módulo crate::front_of_house::hosting en el ámbito de la función eat_at_restaurant, de modo que solo tenemos que especificar hosting::add_to_waitlist para llamar a la función add_to_waitlist en eat_at_restaurant.

src/lib.rs
```
mod front_of_house {
    pub mod hosting {
        pub fn add_to_waitlist() {}
    }
}

use crate::front_of_house::hosting;

pub fn eat_at_restaurant() {
    hosting::add_to_waitlist();
}
```

Listado 7-11: Introducción de un módulo al ámbito con use.

Añadir use y una ruta al ámbito es similar a crear un enlace simbólico en el sistema de archivos. Al añadir use crate::front_of_house::hosting a crate root, hosting es ahora un nombre válido en ese ámbito, como si el módulo hosting se hubiera definido en crate root. Las rutas introducidas en el ámbito con use también comprueban la privacidad, al igual que cualquier otra ruta.

Hay que tener en cuenta que use solo crea el atajo para el ámbito específico en el que se produce use. En el Listado 7-12, se mueve la función eat_at_restaurant a un nuevo módulo secundario llamado customer, que es un ámbito diferente al de la sentencia use, por lo que el cuerpo de la función no compilará.

<code>src/lib.rs</code>

```
mod front_of_house {
    pub mod hosting {
        pub fn add_to_waitlist() {}
    }
}

use crate::front_of_house::hosting;

mod customer {
    pub fn eat_at_restaurant() {
        hosting::add_to_waitlist();
    }
}
```

Listado 7-12: La sentencia use solo se aplica en el ámbito en el que se encuentra.

El error del compilador muestra que el atajo ya no se aplica dentro del módulo customer:

```
error[E0433]: failed to resolve: use of undeclared crate or module
`hosting`
  --> src/lib.rs:11:9
   |
11 |         hosting::add_to_waitlist();
   |         ^^^^^^^ use of undeclared crate or module `hosting`

warning: unused import: `crate::front_of_house::hosting`
 --> src/lib.rs:7:5
  |
7 | use crate::front_of_house::hosting;
  |     ^^^^^^^^^^^^^^^^^^^^^^^^^^^^^^^
  |
  = note: `#[warn(unused_imports)]` on by default
```

Hay que tener en cuenta que también hay una advertencia de que use ya no se utiliza en su ámbito. Para solucionar este problema, mueva use al módulo customer también, o haga referencia al acceso directo en el módulo padre con super::hosting dentro del módulo customer hijo.

Creación de rutas de use idiomáticas

En el Listado 7-11, es posible que se haya preguntado por qué especificamos use crate::front_of_house::hosting y luego llamamos a hosting::add_to_waitlist en eat_at_restaurant, en lugar de especificar la ruta de use hasta la función add_to_waitlist para lograr el mismo resultado, como se muestra en el Listado 7-13.

```
mod front_of_house {
    pub mod hosting {
        pub fn add_to_waitlist() {}
    }
}

use crate::front_of_house::hosting::add_to_waitlist;

pub fn eat_at_restaurant() {
    add_to_waitlist();
}
```

Listado 7-13: Introducción de la función add_to_waitlist en el ámbito con use, que no es idiomático.

Aunque tanto el Listado 7-11 como el Listado 7-13 realizan la misma tarea, el Listado 7-11 es la forma idiomática de introducir una función en el ámbito con use. Al introducir el módulo padre de la función en el ámbito con use, debemos especificar el módulo padre al llamar a la función. Especificar el módulo padre al llamar a la función deja claro que la función no está definida localmente, al tiempo que se minimiza la repetición de la ruta completa. El código en el Listado 7-13 no deja claro dónde se define add_to_waitlist.

Por otro lado, al introducir structs, enums y otros elementos con use, es idiomático especificar la ruta completa. El Listado 7-14 muestra la forma idiomática de introducir la struct HashMap de la biblioteca estándar en el ámbito de un crate binario.

```
use std::collections::HashMap;

fn main() {
    let mut map = HashMap::new();
    map.insert(1, 2);
}
```

Listado 7-14: Introducción de HashMap en el ámbito de una forma idiomática.

No hay una razón sólida detrás de este modismo; simplemente es la convención que ha surgido, y la gente se ha acostumbrado a leer y escribir código Rust de esta manera.

La excepción a este modismo es cuando queremos introducir en el ámbito dos elementos con el mismo nombre mediante declaraciones use, ya que Rust no permite hacerlo. El Listado 7-15 muestra cómo introducir en el ámbito dos tipos Result que tienen el mismo nombre pero diferentes módulos padre, y cómo hacer referencia a ellos.

```
use std::fmt;
use std::io;

fn function1() -> fmt::Result {
    --snip--
}

fn function2() -> io::Result<()> {
```

```
    --snip--
}
```

Listado 7-15: La introducción de dos tipos con el mismo nombre en el mismo ámbito requiere la utiización de sus módulos padre.

Como podemos ver, el uso de los módulos padre distingue los dos tipos Result. Si en lugar de lo anterior especificáramos use std::fmt::Result y use std::io::Result, tendríamos dos tipos Result en el mismo ámbito, y Rust no sabría a cuál de ellos nos referimos cuando utilizamos Result.

Provisión de nuevos nombres con la palabra clave as

Hay otra solución al problema de introducir dos tipos con el mismo nombre en el mismo ámbito con use: después de la ruta, podemos especificar as seguido de un nuevo nombre local, o *alias*, para el tipo. El Listado 7-16 muestra otra forma de escribir el código del Listado 7-15 al renombrar uno de los dos tipos Result usando as.

src/lib.rs
```
use std::fmt::Result;
use std::io::Result as IoResult;

fn function1() -> Result {
    --snip--
}

fn function2() -> IoResult<()> {
    --snip--
}
```

Listado 7-16: Renombrado de un tipo cuanto se introduce en el ámbito con la palabra clave as.

En la segunda sentencia use, elegimos el nuevo nombre IoResult para el tipo std::io::Result, que no entrará en conflicto con Result de std::fmt, que también hemos introducido en el ámbito. Tanto el Listado 7-15 como el Listado 7-16 se consideran idiomáticos, así que la elección depende de usted.

Reexportación de nombres con pub use

Cuando introducimos un nombre en el ámbito con la palabra clave use, el nombre disponible en el nuevo ámbito es privado. Para permitir que el código que llama a nuestro código se refiera a ese nombre como si hubiera sido definido en el ámbito de ese código, podemos combinar pub y use. Esta técnica se llama *reexportación* porque estamos introduciendo un elemento en el ámbito, pero también estamos haciendo que ese elemento esté disponible para que otros lo introduzcan en su ámbito.

El Listado 7-17 muestra el código del Listado 7-11 con use en el módulo raíz cambiado a pub use.

src/lib.rs
```
mod front_of_house {
    pub mod hosting {
```

```
        pub fn add_to_waitlist() {}
    }
}

pub use crate::front_of_house::hosting;

pub fn eat_at_restaurant() {
    hosting::add_to_waitlist();
}
```

Listado 7-17: Cómo hacer que un nombre esté disponible para que cualquier código lo utilice desde un nuevo ámbito con pub use.

Antes de este cambio, el código externo tendría que llamar a la función add_to_waitlist utilizando la ruta restaurant::front_of_house::hosting::add_to_waitlist(). Ahora que este pub use ha reexportado el módulo hosting desde el módulo raíz, el código externo puede usar la ruta restaurant::hosting::add_to_waitlist() en su lugar.

La reexportación es útil cuando la estructura interna de nuestro código es diferente a como los programadores que llaman a nuestro código pensarían en relación con el dominio. Por ejemplo, en esta metáfora de un restaurante, las personas que dirigen el restaurante piensan en «front of house» y «back of house». Sin embargo, los clientes que visitan el restaurante probablemente no pensarán en las partes del restaurante en esos términos. Con pub use, podemos escribir nuestro código con una cierta estructura, pero exponer una estructura diferente. Al hacerlo, organizamos nuestra biblioteca de manera adecuada tanto para los programadores que trabajan en la biblioteca como para los programadores que la llaman. Veremos otro ejemplo de pub use y cómo afecta a la documentación de nuestro crate en «Exportación de una API pública adecuada con pub use».

Uso de paquetes externos

En el Capítulo 2, programamos un proyecto de juego de adivinanzas que utilizaba un paquete externo llamado rand para obtener números aleatorios. Para usar rand en nuestro proyecto, añadimos esta línea a *Cargo.toml*:

Cargo.toml
```
rand = "0.8.5"
```

Al añadir rand como una dependencia en *Cargo.toml*, le indicamos a Cargo que descargue el paquete rand y todas sus dependencias desde *https://crates.io*, y que haga que rand esté disponible para nuestro proyecto.

Luego, para introducir las definiciones de rand en el ámbito del paquete, añadimos una línea use comenzando con el nombre del crate, rand, y enumeramos los elementos que queríamos introducir en el ámbito. Recuerde que en «Generación de un número aleatorio» introdujimos el trait Rng en el ámbito y llamamos a la función rand::thread_rng:

```
use rand::Rng;

fn main() {
```

```
    let secret_number = rand::thread_rng().gen_range(1..=100);
}
```

Los miembros de la comunidad de Rust han puesto a disposición muchos paquetes en *https://crates.io*, y para incluir cualquiera de ellos en nuestro paquete se siguen estos mismos pasos: listarlos en el archivo *Cargo.toml* del paquete y utilizar use para introducir elementos de sus crates en el ámbito.

Hay que tener en cuenta que la biblioteca estándar std también es un crate externo al paquete. Debido a que la biblioteca estándar se expide con el lenguaje Rust, no necesitamos cambiar *Cargo.toml* para incluir std. Sin embargo, sí necesitamos hacer referencia a ella con use para inroducir elementos desde allí en el ámbito de nuestro paquete. Por ejemplo, con HashMap usaríamos la siguiente línea:

```
use std::collections::HashMap;
```

Esta es una ruta absoluta que comienza con std, el nombre del crate de la biblioteca estándar.

Uso de rutas anidadas para limpiar extensas listas de use

Si utilizamos varios elementos definidos en el mismo crate o el mismo módulo, enumerar cada elemento en la correspondiente línea puede ocupar mucho espacio vertical en nuestros archivos. Por ejemplo, estas dos declaraciones use que teníamos en el juego de adivinanzas en el Listado 2-4 introducen elementos std en el ámbito:

src/main.rs
```
--snip--
use std::cmp::Ordering;
use std::io;
--snip--
```

En su lugar, podemos utilizar rutas anidadas para introducir los mismos elementos en el ámbito en una sola línea. Esto lo logramos especificando la parte común de la ruta, seguida de dos puntos, y luego llaves que contengan la lista de las partes de las rutas que difieren, como se muestra en el Listado 7-18.

src/main.rs
```
--snip--
use std::{cmp::Ordering, io};
--snip--
```

Listado 7-18: Especificación de una ruta anidada para introducir en el ámbito varios elementos con el mismo prefijo.

En programas más grandes, introducir muchos elementos en el ámbito desde el mismo crate o módulo utilizando rutas anidadas puede reducir considerablemente la cantidad de las necesarias declaraciones use separadas.

Podemos usar una ruta anidada en cualquier nivel de la ruta, lo cual es útil al combinar dos declaraciones use que comparten una subruta. Por ejemplo, el Listado 7-19 muestra dos declaraciones use: una que introduce `std::io` en el ámbito y otra que introduce `std::io::Write` en el ámbito.

src/lib.rs

```
use std::io;
use std::io::Write;
```

Listado 7-19: Dos declaraciones use donde una es una subruta de la otra.

La parte común de estas dos rutas es `std::io`, y esa es la ruta completa inicial. Para fusionar estas dos rutas en una sola sentencia use, podemos usar `self` en la ruta anidada, como se muestra en el Listado 7-20.

src/lib.rs

```
use std::io::{self, Write};
```

Listado 7-20: Combinación de las rutas del Listado 7-19 en una sentencia use.

Esta línea introduce `std::io` y `std::io::Write` en el ámbito.

El operador glob

Si queremos introducir en el ámbito todos los elementos públicos definidos en una ruta, podemos especificar esa ruta seguida del operador glob *, como se muestra a continuación:

```
use std::collections::*;
```

Esta sentencia use introduce todos los elementos públicos definidos en `std::collections` en el ámbito en uso. ¡Hay que tener cuidado al usar el operador glob! El uso de glob puede dificultar la identificación de los nombres que están en el ámbito y dónde se definió un nombre utilizado en nuestro programa.

A menudo se utiliza el operador glob cuando se realizan pruebas para incluirlo todo en el módulo `tests`; hablaremos de eso en «Cómo escribir pruebas». El operador glob también se utiliza a veces como parte del patrón prelude: consulte la documentación de la biblioteca estándar para obtener más información sobre ese patrón.

Separación de módulos en diferentes archivos

Hasta ahora, todos los ejemplos en este capítulo han definido varios módulos en un solo archivo. Cuando los módulos se hacen grandes, es posible que deseemos mover sus definiciones a archivos separados para que se pueda navegar más fácilmente sobre el código.

Por ejemplo, vamos a partir del código del Listado 7-17 que tenía múltiples módulos del restaurante. Extraeremos los módulos a archivos en lugar de tener todos los módulos definidos en el archivo crate root. En este caso, crate root es *rc/lib.rs*, pero este procedimiento también funciona con crates binarios cuyo crate root es *src/main.rs*.

En primer lugar, extraeremos el módulo `front_of_house` a su archivo. Eliminamos el código dentro de las llaves del módulo front_of_house, dejando solo la declaración front_of_house;, de manera que *src/lib.rs* contenga el código mostrado en el Listado 7-21. Hay que tener en cuenta que esto no compilará hasta que creemos el archivo *src/front_of_house.rs* en el Listado 7-22.

src/lib.rs

```
mod front_of_house;

pub use crate::front_of_house::hosting;

pub fn eat_at_restaurant() {
    hosting::add_to_waitlist();
}
```

Listado 7-21: Declaración del módulo front_of_house, cuyo cuerpo estará en src/front_of_house.rs.

A continuación, colocamos el código que estaba dentro de las llaves en un nuevo archivo llamado *src/front_of_house.rs*, como se muestra en el Listado 7-22. El compilador sabe que debe buscar en este archivo porque ha encontrado la declaración del módulo en crate root con el nombre front_of_house.

src/front_of_house.rs

```
pub mod hosting {
    pub fn add_to_waitlist() {}
}
```

Listado 7-22: Definiciones dentro del módulo front_of_house en src/front_of_house.rs.

Hay que tener en cuenta que solo necesitamos cargar el archivo utilizando la declaración mod una vez en nuestro árbol de módulos. Una vez que el compilador sabe que el archivo forma parte del proyecto (y sabe dónde se encuentra el código en el árbol de módulos debido al lugar dónde hemos colocado la sentencia mod), otros archivos en nuestro proyecto deben hacer referencia al código del archivo cargado utilizando una ruta hacia donde se declaró, como se explica en «Rutas para hacer referencia a un elemento en el árbol de módulos». En otras palabras, mod no es una operación «include», que podríamos haber visto en otros lenguajes de programación.

A continuación, extraeremos el módulo hosting a su archivo. El proceso es un poco diferente porque hosting es un módulo hijo de front_of_house, no del módulo raíz. Colocaremos el archivo para hosting en un nuevo directorio que llevará el nombre de sus ancestros en el árbol de módulos, en este caso *src/front_of_house*.

Para comenzar a mover hosting, modificamos *src/front_of_house.rs* para que contenga solo la declaración del módulo hosting:

src/front_of_house.rs

```
pub mod hosting;
```

Luego, creamos el directorio *src/front_of_house* y el archivo *hosting.rs* para contener las definiciones hechas en el módulo hosting:

src/front_of_house/hosting.rs

```
pub fn add_to_waitlist() {}
```

Si, en cambio, colocamos *hosting.rs* en el directorio *src*, el compilador esperaría que el código de *hosting.rs* estuviera en un módulo de alojamiento declarado en crate root, y no declarado como hijo del módulo front_of_house. Las reglas del compilador para determinar qué archivos pertenecen a qué módulos se basan en la estructura de directorios y la organización de archivos, por lo que es importante alinearlos con el árbol de módulos correspondiente.

RUTAS DE ARCHIVOS ALTERNATIVAS

Hasta ahora hemos tratado las rutas de archivos más idiomáticas que utiliza el compilador de Rust, pero Rust también admite un estilo de ruta de archivos que es más antiguo. Para un módulo llamado front_of_house declarado en crate root, el compilador buscará el código del módulo en:

- *src/front_of_house.rs* (que hemos tratado)
- *src/front_of_house/mod.rs* (un estilo de ruta más antiguo, aún compatible)

Para un módulo llamado hosting, que es un submódulo de front_of_house, el compilador buscará el código del módulo en:

- *src/front_of_house/hosting.rs* (que hemos tratado)
- *src/front_of_house/hosting/mod.rs* (un estilo de ruta más antiguo, aún compatible)

Si utilizamos ambos estilos para el mismo módulo, obtendremos un error del compilador. Usar una combinación de ambos estilos para diferentes módulos en el mismo proyecto está permitido, pero puede resultar confuso para las personas que navegan por nuestro proyecto.

La principal desventaja del estilo que utiliza archivos llamados *mod.rs* es que nuestro proyecto puede terminar con muchos archivos llamados *mod.rs*, lo que puede resultar confuso cuando los tenemos abiertos en el editor al mismo tiempo.

Hemos movido el código de cada módulo a un archivo por separado y el árbol de módulos sigue siendo el mismo. Las llamadas a funciones en eat_at_restaurant funcionarán sin ninguna modificación, incluso aunque las definiciones se encuentren en diferentes archivos. Esta técnica nos permite mover módulos a nuevos archivos a medida que crecen en tamaño.

Hay que tener en cuenta que la sentencia pub use crate::front_of_house::hosting en *src/lib.rs* tampoco ha cambiado, ni tiene ningún impacto en qué archivos compilan como parte del crate. La palabra clave mod declara módulos, y Rust busca en un archivo, con el mismo nombre que el del módulo, el código que se incluye en ese módulo.

Resumen

Rust nos permite dividir un paquete en varios crates y un crate en módulos para que podamos referirnos a elementos definidos en un módulo desde otro módulo. Podemos hacerlo especificando rutas absolutas o relativas. Estas rutas se pueden introducir en el ámbito con una sentencia use, de forma que se pueda usar una ruta más corta para múltiples usos del elemento en ese ámbito. El código del módulo es privado por defecto, pero podemos hacer que las definiciones sean públicas añadiendo la palabra clave pub.

En el próximo capítulo, examinaremos algunas estructuras de colecciones de datos de la biblioteca estándar que podemos usar en nuestro código organizado de manera ordenada.

8

COLECCIONES TÍPICAS

La biblioteca estándar de Rust incluye una serie de estructuras de datos muy útiles llamadas *colecciones*. La mayoría de los otros tipos de datos representan un valor específico, pero las colecciones pueden contener múltiples valores. A diferencia de los tipos de datos incorporados como arrays y tuplas, los datos a los que apuntan estas colecciones se almacenan en heap, lo que significa que la cantidad de datos no necesita ser conocida en tiempo de compilación y puede expandirse o reducirse a medida que se ejecuta el programa. Cada tipo de colección tiene diferentes capacidades y costes, y elegir la adecuada para nuestra situación en curso es una habilidad que desarrollaremos con el tiempo. En este capítulo, discutiremos tres colecciones que se utilizan con frecuencia en programas de Rust:

- El *vector* nos permite almacenar un número variable de valores uno al lado del otro.

- La *cadena* es una colección de caracteres. Hemos mencionado el tipo String anteriormente, pero en este capítulo hablaremos de él en profundidad.

- El *mapa hash* nos permite asociar un valor con una clave específica. Es una implementación particular de la estructura de datos más general llamada *mapa*.

Para aprender sobre los otros tipos de colecciones proporcionados por la biblioteca estándar, consulte la documentación en *https://doc.rust-lang.org/std/collections/index.html*.

Explicaremos cómo crear y actualizar vectores, cadenas y mapas hash, así como lo que hace que cada uno sea especial.

Almacenamiento de listas de valores con vectores

El primer tipo de colección que vamos a ver es Vec<T>, también conocido como *vector*. Los vectores nos permiten almacenar más de un valor en una sola estructura de datos, que coloca todos los valores uno al lado del otro en la memoria. Los vectores solo pueden almacenar valores del mismo tipo. Son útiles cuando tenemos una lista de elementos, como son las líneas de texto de un archivo o los precios de los artículos de un carrito de compras.

Creación de un nuevo vector

Para crear un nuevo vector vacío, llamamos a la función Vec::new, como se muestra en el Listado 8-1.

```
let v: Vec<i32> = Vec::new();
```

Listado 8-1: Creación de un nuevo vector vacío para almacenar valores de tipo i32.

Hay que tener en cuenta que aquí hemos añadido una anotación de tipo. Debido a que no insertamos ningún valor en este vector, Rust no sabe qué tipo de elementos pretendemos almacenar. Este es un punto importante. Los vectores se implementan utilizando genéricos; explicaremos cómo usar genéricos con nuestros propios tipos en el Capítulo 10. Por ahora, debemos saber que el tipo Vec<T> proporcionado por la biblioteca estándar puede contener cualquier tipo. Cuando creamos un vector para contener un tipo específico, podemos especificar el tipo entre corchetes angulares. En el Listado 8-1, hemos indicado a Rust que Vec<T> en v contendrá elementos del tipo i32.

Con mayor frecuencia, crearemos un Vec<T> con valores iniciales y Rust inferirá el tipo de valor que deseamos almacenar, por lo que rara vez necesitaremos hacer esta anotación de tipo. Rust proporciona convenientemente la macro vec!, que creará un nuevo vector que contendrá los valores que le proporcionemos. El Listado 8-2 crea un nuevo Vec<i32>, que contiene los valores 1, 2, y 3. El tipo entero es i32 porque ese es el tipo entero predeterminado, como discutimos en «Tipos de datos».

```
let v = vec![1, 2, 3];
```

Listado 8-2: Creación de un nuevo vector que contiene valores.

Dado que hemos proporcionado valores iniciales de tipo i32, Rust puede inferir que el tipo de v es Vec<i32> y la anotación de tipo no es necesaria. A continuación, veremos cómo modificar un vector.

Actualización de vectores

Para crear un vector y luego añadirle elementos, podemos usar el método push, como se muestra en el Listado 8-3.

```
let mut v = Vec::new();

v.push(5);
v.push(6);
v.push(7);
v.push(8);
```

Listado 8-3: Uso del método push para añadir valores a un vector.

Como ocurre con cualquier variable, si queremos poder cambiar su valor, debemos hacerla mutable utilizando la palabra clave mut, como se discutió en el Capítulo 3. Los números que colocamos dentro son todos del tipo i32, y Rust infiere esto a partir de los datos, por lo que no necesitamos la anotación Vec<i32>.

Lectura de los elementos de un vector

Existen dos formas de hacer referencia a un valor almacenado en un vector: mediante indexación o utilizando el método get. Para una mayor claridad, en los siguientes ejemplos hemos anotado los tipos de los valores devueltos por estas funciones.

El Listado 8-4 muestra ambos métodos para acceder a un valor en un vector, con la sintaxis de indexación y el método get.

```
let v = vec![1, 2, 3, 4, 5];

❶ let third: &i32 = &v[2];
   println!("The third element is {third}");

❷ let third: Option<&i32> = v.get(2);
   match third  {
       Some(third) => println!("The third element is {third}"),
       None => println!("There is no third element."),
   }
```

Listado 8-4: Uso de la sintaxis de indexación y uso del método get para acceder a un elemento de un vector.

En este caso, hay que tener en cuenta algunos detalles. Utilizamos el valor de índice 2 para obtener el tercer elemento ❶, ya que los vectores se indexan por número, comenzando en cero. El uso de & y [ ] nos proporciona una referencia al elemento en el valor de índice. Cuando usamos el método get pasando el índice como argumento ❷, obtenemos Option<&T>, que podemos utilizar con match.

Rust proporciona estas dos formas de hacer referencia a un elemento para que podamos elegir cómo se comporta el programa cuando intentamos usar un valor de índice fuera del rango de los elementos existentes. Como ejemplo, veamos qué sucede cuando tenemos un vector de cinco elementos e intentamos acceder a un elemento en el índice 100 con cada técnica, como se muestra en el Listado 8-5.

```
let v = vec![1, 2, 3, 4, 5];

let does_not_exist = &v[100];
let does_not_exist = v.get(100);
```

Listado 8-5: Intento de acceso al elemento en el índice 100 en un vector que contiene cinco elementos.

Cuando ejecutamos este código, el primer método [ ] provocará que el programa genere un error (panic) porque hace referencia a un elemento inexistente. Es mejor utilizar este método cuando deseamos que nuestro programa se detenga si se intenta acceder a un elemento que está más allá del final del vector.

Cuando se pasa al método get un índice fuera del vector, este devuelve None sin generar un error. Utilizaremos este método cuando acceder a un elemento que está más allá del rango del vector sea algo que pueda ocurrir ocasionalmente en circunstancias normales. Luego, nuestro código tendrá entonces la lógica para manejar tanto Some(&element) como None, como se discutió en el Capítulo 6. Por ejemplo, el índice podría provenir de una persona que introduce un número. Si accidentalmente introduce un número demasiado grande y el programa obtiene el valor None, podríamos indicarle al usuario cuántos elementos hay en el vector actual y darle otra oportunidad de introducir un valor válido. Eso sería más amigable para el usuario que hacer que el programa se detenga debido a un error tipográfico.

Cuando el programa tiene una referencia válida, el comprobador de préstamos (borrow checker) aplica las reglas de propiedad y préstamo (tratadas en el Capítulo 4) para asegurarse de que esta referencia y cualquier otra referencia a los contenidos del vector sigan siendo válidas. Recordemos la regla que establece que no podemos tener referencias mutables e inmutables en el mismo ámbito. Esta regla se aplica en el Listado 8-6, donde tenemos una referencia inmutable al primer elemento de un vector e intentamos añadir un elemento al final. Este programa no funcionará si también intentamos referirnos a ese elemento más adelante en la función.

```
let mut v = vec![1, 2, 3, 4, 5];

let first = &v[0];

v.push(6);

println!("The first element is: {first}");
```

Listado 8-6: Intento de añadir un elemento a un vector mientras se mantiene una referencia a un elemento.

La compilación de este código dará como resultado el siguiente error:

```
error[E0502]: cannot borrow `v` as mutable because it is also borrowed as immutable
 --> src/main.rs:6:5
  |
4 |     let first = &v[0];
  |                  - immutable borrow occurs here
5 |
6 |     v.push(6);
  |     ^^^^^^^^^ mutable borrow occurs here
7 |
8 |     println!("The first element is: {first}");
  |                                      ----- immutable borrow later used here
  |
```

El código del Listado 8-6 podría parecer que debería funcionar: ¿por qué una referencia al primer elemento debería preocuparse por los cambios al final del vector? Este error se debe a la forma en que funcionan los vectores: debido a que los vectores colocan los valores uno al lado del otro en la memoria, si no hay suficiente espacio para colocar todos los elementos donde se encuentra almacenado actualmente el vector, añadir un nuevo elemento al final del vector podría requerir asignar nueva memoria y copiar los elementos antiguos al nuevo espacio. En ese caso, la referencia al primer elemento estaría apuntando a memoria desasignada. Las reglas de préstamo evitan que los programas terminen en esa situación.

NOTA *Para más información sobre la implementación del tipo* Vec<T>, *consulte «The Rustonomicon», en* https://doc.rust-lang.org/nomicon/vec/vec.html.

Iteración sobre los valores de un vector

Para acceder a cada elemento de un vector de forma sucesiva, iteraríamos a través de todos los elementos en lugar de utilizar índices para acceder de uno en uno. El Listado 8-7 muestra cómo utilizar el bucle for para obtener referencias inmutables a cada elemento de un vector e imprimirlos.

```
let v = vec![100, 32, 57];
for i in &v {
    println!("{i}");
}
```

Listado 8-7: Impresión de cada elemento de un vector iterando sobre los elementos mediante un bucle for.

También podemos iterar sobre referencias mutables a cada elemento de un vector mutable para realizar cambios en todos los elementos. El bucle for en el Listado 8-8 añadirá 50 a cada elemento.

```
let mut v = vec![100, 32, 57];
for i in &mut v {
    *i += 50;
}
```

Listado 8-8: Iteración sobre referencias mutables a los elementos de un vector.

Para cambiar el valor al que se refiere la referencia mutable, debemos utilizar el operador de desreferenciación * para acceder al valor de i antes de poder usar el operador +=. Hablaremos más sobre el operador de desreferenciación en «Seguimiento del puntero hasta el valor».

La iteración sobre un vector, ya sea de forma inmutable o mutable, es segura debido a las reglas del comprobador de préstamos (borrow checker). Si intentáramos insertar o eliminar elementos en los cuerpos de los bucles for en el Listado 8-7 y en el Listado 8-8, obtendríamos un error del compilador similar al que obtuvimos con el código del Listado 8-6. La referencia al vector que mantiene el bucle for evita la modificación simultánea de todo el vector.

Uso de enum para almacenar varios tipos

Los vectores solo pueden almacenar valores del mismo tipo. Esto puede resultar incómodo; definitivamente, hay casos de uso en los que necesitamos almacenar una lista de elementos de diferentes tipos. Afortunadamente, las variantes de una enum se definen bajo el mismo tipo de enum, por lo que cuando necesitamos un tipo para representar elementos de diferentes tipos, ¡podemos definir y usar una enum!

Por ejemplo, supongamos que queremos obtener valores de una fila en una hoja de cálculo en la que algunas columnas contienen enteros, algunos números de coma flotante y algunas cadenas de texto. Podemos definir una enum cuyas variantes contendrán los diferentes tipos de valores, y todas las variantes de la enum se considerarán del mismo tipo: el tipo de la enum. Luego, podemos crear un vector para contener esa enum y, por lo tanto, contener diferentes tipos (Listado 8-9).

```
enum SpreadsheetCell {
    Int(i32),
    Float(f64),
    Text(String),
}

let row = vec![
    SpreadsheetCell::Int(3),
    SpreadsheetCell::Text(String::from("blue")),
    SpreadsheetCell::Float(10.12),
];
```

Listado 8-9: Definición de una enum para almacenar valores de diferentes tipos en un vector.

Rust necesita conocer los tipos que estarán en el vector en tiempo de compilación para saber exactamente cuánta memoria se necesitará en heap para almacenar cada elemento. También debemos ser explícitos acerca de qué tipos se permiten en este vector. Si Rust permitiera que un vector contuviera cualquier tipo, existiría la posibilidad de que uno o más de los tipos causaran errores con las operaciones realizadas en los elementos del vector. El uso de una enum más una expresión match significa que Rust se asegurará en tiempo de compilación de que se gestione cada caso posible, como se discute en el Capítulo 6.

Si no conoce el conjunto exhaustivo de tipos que un programa recibirá en tiempo de ejecución para almacenar en un vector, la técnica de la enumeración no funcionará. En su lugar, puede usar un objeto de tipo trait, que se tratará en el Capítulo 17.

Ahora que hemos discutido algunas de las formas más comunes de usar vectores, asegúrese de revisar la documentación de la API para todos —que son muchos— los métodos útiles definidos en `Vec<T>` por la biblioteca estándar. Por ejemplo, además de `push`, el método `pop` elimina y devuelve el último elemento.

La eliminación de un vector elimina sus elementos

Al igual que cualquier otra `struct`, un vector se libera (se elimina de la memoria) cuando sale de su ámbito, como se indica en el Listado 8-10.

```
{
    let v = vec![1, 2, 3, 4];

    // do stuff with v
} // <- v goes out of scope and is freed here
```

Listado 8-10: Indicación de dónde se elimina el vector y sus elementos.

Cuando se elimina el vector, también se eliminan todos sus contenidos, lo que significa que los enteros que contiene se limpiarán. El comprobador de préstamos garantiza que cualquier referencia a los contenidos de un vector solo se utilice mientras el vector en sí mismo sea válido.

¡Avancemos al siguiente tipo de colección: `String`!

Almacenamiento de texto codificado en UTF-8 con strings

Hablamos sobre las strings (cadenas) de texto en el Capítulo 4, pero ahora las estudiaremos más a fondo. Los nuevos programadores de Rust a menudo se encuentran con dificultades al trabajar con cadenas de texto, debido a tres razones principales: la propensión de Rust a revelar posibles errores, el hecho de que las cadenas de texto sean estructuras de datos más complicadas de lo que muchos programadores creen, y UTF-8. Estos factores se combinan de manera que puede resultar difícil cuando los programadores provienen de otros lenguajes de programación.

Discutimos las cadenas de texto en el contexto de las colecciones porque las cadenas se implementan como una colección de bytes, además de algunos métodos que brindan funcionalidad útil cuando se interpretan esos bytes como texto. En esta sección, hablaremos sobre las operaciones con `String` que tienen todos los tipos de colecciones, como crear, actualizar y leer. También discutiremos las formas en las que `String` es diferente de las demás colecciones, especialmente cómo la indexación en `String` se complica debido a las diferencias entre cómo las personas y los ordenadores interpretan los datos de `String`.

¿Qué es String?

Primero, definiremos lo que entendemos por el término *string (cadena)*. Rust tiene solo un tipo de cadena en el núcleo de su lenguaje, que es string slice (rebanada de cadena), str, que generalmente se ve en su forma prestada &str. En el Capítulo 4, hablamos sobre las *string slices*, que son referencias a cadenas de datos codificados en UTF-8 que están almacenados en otro lugar. Por ejemplo, los literales de cadenas se almacenan en el binario del programa y, por lo tanto, son string slices.

El tipo String, que proporciona la biblioteca estándar de Rust en lugar de estar codificada en el núcleo del lenguaje, es un tipo de cadena mutable, de crecimiento dinámico, propiedad de quien la posee, y está codificada en UTF-8. Cuando los programadores de Rust se refieren a «cadenas» en Rust, podrían estar hablando de cualquiera de los dos tipos: String o string slice, &str, no solo de uno de esos tipos. Aunque esta sección trata principalmente de String, ambos tipos se utilizan ampliamente en la biblioteca estándar de Rust y tanto String como las string slices están codificadas en UTF-8.

Creación de una nueva String

Muchas de las operaciones disponibles con Vec<T> también están disponibles con String, porque String está implementada como un envoltorio alrededor de un vector de bytes con algunas garantías adicionales, restricciones y capacidades. Un ejemplo de una función que opera de la misma manera con Vec<T> y String es la función new para crear una instancia, que se muestra en el Listado 8-11.

```
let mut s = String::new();
```

Listado 8-11: Creación de una nueva String vacía.

Esta línea crea una nueva cadena de texto vacía llamada s, en la cual luego podemos cargar datos. A menudo, tendremos algún dato inicial con el que queremos comenzar la cadena de texto. Para eso, utilizamos el método to_string, que está disponible en cualquier tipo que implemente el trait Display, como hacen los literales de cadena de texto. El Listado 8-12 muestra dos ejemplos.

```
let data = "initial contents";

let s = data.to_string();

// The method also works on a literal directly:
let s = "initial contents".to_string();
```

Listado 8-12: Uso del método to_string para crear una String a partir de un literal de cadena.

Este código crea una cadena de texto que contiene initial contents.

También podemos usar la función String::from para crear String a partir de un literal de cadena. El código en el Listado 8-13 es equivalente al código en el Listado 8-12 que utiliza to_string.

```
let s = String::from("initial contents");
```

Listado 8-13: Uso de la función String::from para crear una String a partir de un literal de cadena.

Debido a que las cadenas de texto se utilizan para tantas cosas, podemos utilizar muchas API genéricas diferentes para las cadenas de texto, lo que nos brinda muchas opciones. Algunas de ellas pueden parecer redundantes, ¡pero todas tienen su lugar! En este caso, String::from y to_string hacen lo mismo, por lo que la elección entre ambas es una cuestión de estilo y legibilidad.

Recordemos que las cadenas de texto están codificadas en UTF-8, por lo que podemos incluir en ellas cualquier dato correctamente codificado, como se muestra en el Listado 8-14.

```
let hello = String::from("السلام عليكم");
let hello = String::from("Dobrý den");
let hello = String::from("Hello");
let hello = String::from("שלום");
let hello = String::from("नमस्ते");
let hello = String::from("こんにちは");
let hello = String::from("안녕하세요");
let hello = String::from("你好");
let hello = String::from("Olá");
let hello = String::from("Здравствуйте");
let hello = String::from("Hola");
```

Listado 8-14: Almacenamiento de saludos en diferentes idiomas en cadenas.

Todos estos son valores válidos de tipo String.

Actualización de Strings

Una String puede aumentar de tamaño y su contenido puede cambiar, al igual que el contenido de Vec<T>, si se añaden más datos en ella. Además, se puede usar convenientemente el operador + o la macro format! para concatenar valores de tipo String.

Adición a Strings con push_str and push

Podemos hacer crecer una cadena de texto utilizando el método push_str para añadir una string slice, como se muestra en el Listado 8-15.

```
let mut s = String::from("foo");
s.push_str("bar");
```

Listado 8-15: Adición de una string slice a una String usando el método push_str.

Después de estas dos líneas, s contendrá foobar. El método push_str toma una string slice porque no necesariamente queremos tomar posesión del parámetro. Por ejemplo, en el código del Listado 8-16, queremos poder usar s2 después de añadir su contenido a s1.

```
let mut s1 = String::from("foo");
```

```
let s2 = "bar";
s1.push_str(s2);
println!("s2 is {s2}");
```

Listado 8-16: Uso de una string slice después de añadir su contenido a una String.

Si el método push_str tomara posesión de s2, no podríamos imprimir su valor en la última línea. Sin embargo, este código funciona como esperábamos.

El método push toma un solo carácter como parámetro y lo añade a String. El Listado 8-17 añade la letra *l* a String utilizando el método push.

```
let mut s = String::from("lo");
s.push('l');
```

Listado 8-17: Adición de un carácter a un valor de tipo String usando el método push.

Como resultado, s contendrá lol.

Concatenación con el operador + o la macro format!

A menudo, desearemos combinar dos cadenas de texto existentes. Una forma de hacerlo es utilizando el operador +, como se muestra en el Listado 8-18.

```
let s1 = String::from("Hello, ");
let s2 = String::from("world!");
let s3 = s1 + &s2; // note s1 has been moved here and can no longer be
used
```

Listado 8-18: Uso del operador + para combinar dos valores String en un nuevo valor String.

La cadena de texto s3 contendrá Hello, world!. La razón por la cual s1 ya no es válida después de la adición, y la razón por la cual utilizamos una referencia a s2, tiene que ver con la firma del método al que se llama cuando usamos el operador +. El operador + utiliza el método add, cuya firma se ve parecida a lo siguiente:

```
fn add(self, s: &str) -> String {
```

En la biblioteca estándar, veremos que add está definido utilizando genéricos y tipos asociados. Aquí, hemos sustituido tipos concretos, que es lo que sucede cuando llamamos a este método con valores de tipo String. Discutiremos los genéricos en el Capítulo 10. Esta firma nos da las pistas que necesitamos para entender los aspectos complicados del operador +.

En primer lugar, s2 tiene &, lo que significa que estamos añadiendo una referencia de la segunda cadena de texto a la primera cadena de texto. Esto se debe al parámetro s en la función add: solo podemos añadir &str a String; no podemos sumar dos valores de tipo String juntos. Pero espere, el tipo de &s2 es &String, no &str, como se especifica en el segundo parámetro de add. Entonces, ¿por qué compila el Listado 8-18?

La razón por la que podemos usar &s2 en la llamada a add es que el compilador puede forzar la conversión del argumento &String a &str. Cuando llamamos al método add, Rust utiliza una *deref coercion* (coerción de desreferencia), que aquí convierte &s2 en &s2[..]. Discutiremos la coerción de desreferencia con más detalle en el Capítulo 15. Debido a que add no toma posesión del parámetro s, s2 seguirá siendo una String válida después de esta operación.

En segundo lugar, podemos ver en la firma que add toma posesión de self porque self no tiene &. Esto significa que s1 en el Listado 8-18 se moverá a la llamada de add y ya no será válida después de eso. Entonces, aunque let s3 = s1 + &s2; parece que copiará ambas cadenas y creará una nueva, esta sentencia en realidad toma posesión de s1, añade una copia del contenido de s2 y luego devuelve la posesión del resultado. En otras palabras, parece que está haciendo muchas copias, pero no es así; la implementación es más eficiente que la acción de copiar.

Si necesitamos concatenar múltiples cadenas de texto, el comportamiento del operador + se vuelve engorroso:

```
let s1 = String::from("tic");
let s2 = String::from("tac");
let s3 = String::from("toe");

let s = s1 + "-" + &s2 + "-" + &s3;
```

En este punto, s será tic-tac-toe. Con todos los caracteres + y ", es difícil ver qué está sucediendo. Para combinar cadenas de manera más complicada, podemos usar en su lugar la macro format!:

```
let s1 = String::from("tic");
let s2 = String::from("tac");
let s3 = String::from("toe");

let s = format!("{s1}-{s2}-{s3}");
```

Este código también hace que s sea tic-tac-toe. La macro format! funciona como println! pero, en lugar de imprimir la salida en la pantalla, devuelve una String con el contenido. La versión del código que utiliza format! es mucho más fácil de leer, y el código generado por la macro format! utiliza referencias para que esta llamada no tome posesión de ninguno de sus parámetros.

Indexación de Strings

En muchos otros lenguajes de programación, acceder a caracteres individuales en una cadena de caracteres mediante la referencia a su índice es una operación válida y frecuente. Sin embargo, si intentamos acceder a partes de String utilizando la sintaxis de indexación en Rust, obtendremos un error. Consideremos el código inválido en el Listado 8-19.

```
let s1 = String::from("hello");
let h = s1[0];
```

Listado 8-19: Intento de utilizar la sintaxis de indexación con String.

Este código dará lugar al siguiente error:

```
error[E0277]: the type `String` cannot be indexed by `{integer}`
 --> src/main.rs:3:13
  |
3 |     let h = s1[0];
  |             ^^^^^ `String` cannot be indexed by `{integer}`
  |
  = help: the trait `Index<{integer}>` is not implemented for
`String`
```

El error y la nota cuentan la historia: las cadenas de Rust no admiten la indexación. Pero, ¿por qué no? Para responder a esa pregunta, debemos analizar cómo almacena Rust las cadenas en memoria.

Representación interna

Una `String` es un envoltorio sobre un `Vec<u8>`. Veamos algunos ejemplos de cadenas correctamente codificadas en UTF-8 en el Listado 8-14. Primero, este ejemplo:

```
let hello = String::from("Hola");
```

En este caso, len será 4, lo que significa que el vector que almacena la cadena "Hola" tiene una longitud de 4 bytes. Cada una de estas letras ocupa un byte cuando se codifican en UTF-8. Sin embargo, la siguiente línea puede sorprender (hay que tener en cuenta que esta cadena comienza con la letra cirílica mayúscula *Ze*, no con el número árabe 3):

```
let hello = String::from("Здравствуйте");
```

Si le preguntaran cuál es la longitud de la cadena, podría decir 12. De hecho, la respuesta de Rust es 24: ese es el número de bytes que se necesitan para codificar Здравствуйте en UTF-8, ya que cada valor escalar Unicode en esa cadena ocupa 2 bytes de almacenamiento. Por lo tanto, un índice en los bytes de la cadena no siempre se corresponderá con un valor escalar Unicode válido. Para demostrarlo, consideremos este código no válido en Rust:

```
let hello = "Здравствуйте";
let answer = &hello[0];
```

Ya sabemos que answer no será 3, la primera letra. Cuando se codifica en UTF-8, el primer byte de 3 es 208 y el segundo es 151; por lo tanto, parecería que answer debería ser 208, pero 208 no es un carácter válido por sí solo. Devolver 208 probablemente no sea lo que un usuario desearía si solicitara la primera letra de esta cadena; sin embargo, esos son los únicos datos que Rust tiene en el índice de byte 0. Por lo general, los usuarios no desean que se devuelva el valor de byte, incluso si la cadena contiene solo letras latinas: si &"hello"[0] fuera un código válido que devolviera el valor del byte, devolvería 104, no h.

La respuesta, entonces, es que, para evitar devolver un valor inesperado y causar errores que podrían no descubrirse de inmediato, Rust directamente no compila este código y previene malentendidos al principio del proceso de desarrollo.

¡Bytes, valores escalares y grupos de grafemas! ¡Dios mío!

Otro punto sobre UTF-8 es que en realidad hay tres formas relevantes de ver las cadenas desde la perspectiva de Rust: como bytes, valores escalares y grupos de grafemas (lo más parecido a lo que llamaríamos *letras*).

Si observamos la palabra en hindi नमस्ते escrita en alfabeto Devanagari, se almacena como un vector de valores u8 que se ve así:

```
[224, 164, 168, 224, 164, 174, 224, 164, 184, 224, 165, 141, 224,
164, 164, 224, 165, 135]
```

Eso son 18 bytes y es así como los ordenadores almacenan esta información. Si los vemos como valores escalares Unicode, que es lo que representa el tipo char de Rust, esos bytes se ven así:

```
['न', 'म', 'स', 'ा', 'त', 'े']
```

Aquí hay seis valores char, pero el cuarto y el sexto no son letras: son diacríticos que no tienen sentido por sí solos. Finalmente, si los vemos como grupos de grafemas, obtendríamos lo que una persona consideraría las cuatro letras que componen la palabra hindi:

```
["न", "म", "स्", "ते"]
```

Rust proporciona diferentes formas de interpretar los datos de cadena sin procesar que almacenan los ordenadores, de modo que cada programa pueda elegir la interpretación que necesita, sin importar en qué idioma se encuentren los datos.

Una última razón por la que Rust no nos permite indexar en una String para obtener un carácter es que se espera que las operaciones de indexación siempre tengan un tiempo constante ($O(1)$). Pero no es posible garantizar ese rendimiento con una String, porque Rust tendría que recorrer el contenido desde el principio hasta el índice para determinar cuántos caracteres válidos hay.

Slicing strings (Rebanadas de cadenas)

Hacer indexación en una cadena a menudo es una mala idea porque no está claro cuál debería ser el tipo de retorno de la operación de indexación en la cadena: un valor de byte, un carácter, un grupo de grafemas o una string slice. Si realmente necesitamos usar índices para crear string slices, Rust nos pide que seamos más específicos.

En lugar de indexar utilizando [ ] con un único número, puede utilizar [ ] con un rango para crear una string slice que contenga bytes concretos:

```
let hello = "Здравствуйте";

let s = &hello[0..4];
```

Aquí, s será un &str que contiene los cuatro primeros bytes de la cadena. Anteriormente, mencionamos que cada uno de estos caracteres era de dos bytes, lo que significa que s será Зд.

Si intentáramos cortar solo parte de los bytes de un carácter con algo como &hello[0..1], Rust entraría en pánico en tiempo de ejecución, de la misma manera que si se accediera a un índice inválido en un vector:

```
thread 'main' panicked at 'byte index 1 is not a char boundary;
it is inside 'З' (bytes 0..2) of `Здравствуйте`', src/main.rs:4:14
```

Debe tener cuidado al crear string slices con rangos, porque al hacerlo puede bloquear el programa.

Métodos de iteración sobre cadenas

La mejor manera de operar con fragmentos de cadenas es ser explícito acerca de si queremos caracteres o bytes. Para valores escalares Unicode individuales, utilizamos el método chars. Llamar a chars en Зд separa y devuelve dos valores de tipo char, y podemos iterar sobre el resultado para acceder a cada elemento:

```
for c in "Зд".chars() {
    println!("{c}");
}
```

Este código imprimirá lo siguiente:

```
З
д
```

Opcionalmente, el método bytes devuelve cada byte sin procesar, lo cual puede ser apropiado para nuestro dominio:

```
for b in "Зд".bytes() {
    println!("{b}");
}
```

Este código imprimirá los cuatro bytes que componen esta cadena:

```
208
151
208
180
```

Pero recordemos que los valores escalares Unicode válidos pueden estar compuestos por más de un byte.

Obtener grupos de grafemas a partir de cadenas, como ocurre con el alfabeto Devanagari, es complejo, por lo que esta funcionalidad no está incluida en la biblioteca estándar. Sin embargo, hay crates disponibles en *https://crates.io* si necesitamos esta funcionalidad.

Las cadenas no son tan simples

Las cadenas son complicadas. Diferentes lenguajes de programación hacen diferentes elecciones sobre cómo presentar esta complejidad al programador. Rust ha optado por hacer de la gestión correcta de los datos `String` el comportamiento predeterminado para todos los programas de Rust, lo que significa que los programadores deben esforzarse más en pensar cómo gestionar los datos UTF-8 desde el principio. Este compromiso expone de forma más clara la complejidad de las cadenas de lo que es evidente en otros lenguajes de programación, pero evita que tengamos que gestionar errores relacionados con caracteres no ASCII más adelante en su ciclo de vida de desarrollo.

La buena noticia es que la biblioteca estándar ofrece muchas funcionalidades construidas sobre los tipos `String` y `&str` para ayudar a gestionar estas situaciones complejas de manera adecuada. Hay que asegurarse de consultar la documentación de métodos útiles, como `contains` (para buscar en una cadena) y `replace` (para sustituir partes de una cadena por otra cadena).

Pasemos a algo un poco menos complejo: los mapas hash (hash maps).

Almacenamiento de claves con valores asociados en mapas hash

La última de nuestras colecciones típicas es el *hash map* (mapa hash). El tipo `HashMap<K, V>` almacena una asociación de claves de tipo K a valores de tipo V utilizando una *hashing function* (función hash), que determina cómo se colocan estas claves y valores en la memoria. Muchos lenguajes de programación admiten este tipo de estructura de datos, pero a menudo utilizan nombres diferentes, como *hash*, *map*, *object*, *hash table*, *dictionary*, o *associative array* (hash, mapa, objeto, tabla hash, diccionario o array asociativo), solo por mencionar algunos.

Los mapas hash son útiles cuando deseamos buscar datos sin utilizar un índice, como lo haríamos con vectores, sino utilizando una clave que puede ser de cualquier tipo. Por ejemplo, en un juego, podríamos llevar un seguimiento de la puntuación de cada equipo en un mapa hash en el que cada clave fuera el nombre de un equipo y los valores fueran la puntuación de cada equipo. Dado un nombre de equipo, podemos obtener su puntuación.

En esta sección repasaremos la API básica de los mapas hash, pero hay muchas más bondades escondidas en las funciones definidas en `HashMap<K, V>` por la biblioteca estándar. Como siempre, recomendamos consultar la documentación de la biblioteca estándar para obtener más información.

Creación de un nuevo mapa hash

Una forma de crear un mapa hash vacío es utilizar `new` y añadir elementos con `insert`. En el Listado 8-20, llevamos un registro de las puntuaciones de dos equipos cuyos nombres son *Blue* y *Yellow*. El equipo Blue comienza con 10 puntos y el equipo Yellow comienza con 50.

```
use std::collections::HashMap;

let mut scores = HashMap::new();

scores.insert(String::from("Blue"), 10);
scores.insert(String::from("Yellow"), 50);
```

Listado 8-20: Creación de un nuevo mapa hash e inserción de algunas claves y valores.

Hay que tener en cuenta que primero necesitamos use de HashMap de las colecciones de la biblioteca estándar. De nuestras tres colecciones típicas, esta es la menos utilizada, por lo que no está incluida en las características que se introducen automáticamente en prelude. Los hash maps también tienen menos soporte de la biblioteca estándar; por ejemplo, no hay una macro incorporada para construirlos.

Al igual que los vectores, los hash maps almacenan sus datos en heap. HashMap tiene claves de tipo String y valores de tipo i32. Como en el caso de los vectores, los hash maps son homogéneos: todas las claves y todos los valores deben tener el mismo tipo.

Acceso a los valores de mapas hash

Podemos obtener un valor del mapa hash proporcionando su clave al método get, como se muestra en el Listado 8-21.

```
use std::collections::HashMap;

let mut scores = HashMap::new();

scores.insert(String::from("Blue"), 10);
scores.insert(String::from("Yellow"), 50);

let team_name = String::from("Blue");
let score = scores.get(&team_name).copied().unwrap_or(0);
```

Listado 8-21: Acceso a la puntuación del equipo Blue almacenada en el mapa hash.

Aquí, score tendrá el valor asociado con el equipo Blue, y el resultado será 10. El método get devuelve un Option<&V>; si no hay un valor para esa clave en el mapa hash, get devolverá None. Este programa gestiona Option llamando a copied para obtener un Option<i32> en lugar de un Option<&i32>, y luego unwrap_or para establecer el valor de score en cero si scores no tiene una entrada para la clave.

Podemos iterar sobre cada par clave-valor en un mapa hash de manera similar a como lo hacemos con los vectores, utilizando un bucle for:

```
use std::collections::HashMap;

let mut scores = HashMap::new();
```

```
scores.insert(String::from("Blue"), 10);
scores.insert(String::from("Yellow"), 50);

for (key, value) in &scores {
    println!("{key}: {value}");
}
```

Este código imprimirá cada par en un orden arbitrario:

```
Yellow: 50
Blue: 10
```

Mapas hash y propiedad

Para tipos que implementan el trait Copy, como i32, los valores se copian en el mapa hash. Para valores propietarios como String, los valores se moverán y el mapa hash será el propietario de esos valores, como se muestra en el Listado 8-22.

```
use std::collections::HashMap;

let field_name = String::from("Favorite color");
let field_value = String::from("Blue");

let mut map = HashMap::new();
map.insert(field_name, field_value);
// field_name and field_value are invalid at this point, try
// using them and see what compiler error you get!
```

Listado 8-22: Explicación de cómo las claves y los valores son propiedad del mapa hash una vez que se insertan.

No podemos usar las variables field_name y field_value después de que se hayan movido al mapa hash con la llamada a insert.

Si insertamos referencias a valores en el mapa hash, los valores no se moverán al mapa hash. Los valores a los que apuntan las referencias deben ser válidos al menos durante el tiempo en que el mapa hash sea válido. Hablaremos más sobre estos problemas en «Validación de referencias con los lifetimes».

Actualización de mapas hash

Aunque la cantidad de pares clave-valor es ampliable, cada clave única solo puede tener asociado un valor a la vez (pero no viceversa: por ejemplo, tanto el equipo Blue como el equipo Yellow podrían tener el valor 10 almacenado en el mapa hash scores).

Cuando deseamos cambiar los datos en un mapa hash, debemos decidir cómo gestionar el caso cuando una clave ya tiene un valor asignado. Podemos reemplazar el valor antiguo por el valor nuevo, ignorando por completo el valor antiguo. Podemos mantener el valor antiguo e ignorar el valor nuevo, añadiendo el valor nuevo solo si la clave aún no tiene un valor. O podemos combinar el valor antiguo y el valor nuevo. ¡Veamos cómo llevar a cabo cada una de estas opciones!

Sobreescritura de un valor

Si insertamos una clave y un valor en un mapa hash y luego insertamos esa misma clave con un valor diferente, el valor asociado a esa clave será reemplazado. Aunque el código en el Listado 8-23 llama a la función insert dos veces, el mapa hash solo contendrá un par clave-valor porque estamos insertando el valor para la clave del equipo Blue ambas veces.

```
use std::collections::HashMap;

let mut scores = HashMap::new();

scores.insert(String::from("Blue"), 10);
scores.insert(String::from("Blue"), 25);

println!("{:?}", scores);
```

Listado 8-23: Sustitución de un valor almacenado con una clave particular.

Este código imprimirá {"Blue": 25}. El valor original de 10 se ha sobrescrito.

Adición de una clave y un valor solo si la clave no está presente

Es habitual verificar si una clave particular ya existe en el mapa hash con un valor y, luego, realizar las siguientes acciones: si la clave ya existe en el mapa hash, el valor existente debe permanecer tal como está; si la clave no existe, se debe insertar la clave y un valor para la misma.

Los mapas hash tienen una API especial para esto llamada entry que toma la clave que deseamos verificar como parámetro. El valor de retorno del método entry es una enum llamada Entry, que representa un valor que podría existir o no. Digamos que queremos verificar si la clave para el equipo Yellow tiene un valor asociado. Si no lo tiene, queremos insertar el valor 50, y lo mismo para el equipo Blue. Utilizando la API entry, el código se ve como en el Listado 8-24.

```
use std::collections::HashMap;

let mut scores = HashMap::new();
scores.insert(String::from("Blue"), 10);

scores.entry(String::from("Yellow")).or_insert(50);
scores.entry(String::from("Blue")).or_insert(50);

println!("{:?}", scores);
```

Listado 8-24: Utilización del método entry para realizar una inserción solo si la clave aún no tiene un valor.

El método or_insert en Entry está definido para devolver una referencia mutable al valor correspondiente a la clave Entry si esa clave existe. Si no existe, inserta el parámetro como el nuevo valor para esta clave y devuelve una referencia mutable al nuevo valor. Esta técnica es mucho más limpia que escribir la lógica nosotros mismos y, además, funciona mejor con el comprobador de préstamos.

Al ejecutar el código del Listado 8-24, se imprimirá {"Yellow": 50, "Blue": 10}. La primera llamada a entry insertará la clave para el equipo Yellow con el valor 50 porque el equipo Yellow aún no tiene un valor. La segunda llamada a entry no cambiará el mapa hash porque el equipo Blue ya tiene el valor 10.

Acutalización de un valor basado en el valor antiguo

Otro caso de uso común para los mapas hash es buscar el valor de una clave y, luego, actualizarlo basándose en el valor antiguo. Por ejemplo, el Listado 8-25 muestra un código que cuenta cuántas veces aparece cada palabra en un texto. Utilizamos un mapa hash con las palabras como claves e incrementamos el valor para llevar un seguimiento de cuántas veces hemos visto esa palabra. Si es la primera vez que vemos una palabra, primero insertaremos el valor 0.

```
use std::collections::HashMap;

let text = "hello world wonderful world";

let mut map = HashMap::new();

for word in text.split_whitespace() {
    let count = map.entry(word).or_insert(0);
    *count += 1;
}

println!("{:?}", map);
```

Listado 8-25: Contabilidad de las apariciones de palabras usando un mapa hash que almacena las palabras y las cuenta:

Este código imprimirá {"world": 2, "hello": 1, "wonderful": 1}. Es posible que veamos los mismos pares clave-valor impresos en un orden diferente: recordemos que ya vimos, en «Acceso a los valores de mapas hash», que al iterar sobre un mapa hash, se realiza en un orden arbitrario.

El método split_whitespace devuelve un iterador sobre subslices, separadas por espacios en blanco, del valor en text. El método or_insert devuelve una referencia mutable (&mut V) al valor correspondiente a la clave especificada. Aquí, almacenamos esa referencia mutable en la variable count, por lo que, para asignar a ese valor, primero debemos desreferenciar count utilizando el asterisco (*). La referencia mutable sale del ámbito al final del bucle for, por lo que todos estos cambios son seguros y están permitidos por las reglas de préstamo (borrowing rules).

Funciones hashing

Por defecto, HashMap utiliza una función de hash llamada *SipHash*, que proporciona resistencia a ataques de denegación de servicio (DoS) que involucran tablas hash. Este no es el algoritmo de hash más rápido disponible, pero el compromiso de obtener una mejor seguridad a costa de una disminución en el rendimiento lo vale. Si perfilamos nuestro código y encontramos que la función de hash predeterminada es demasiado lenta para nuestros propósitos, podemos cambiar a otra función especificando un hasher diferente. Un *hasher* es un tipo que implementa el trait BuildHasher. Hablaremos sobre traits y sobre cómo implementarlos en el Capítulo 10. No necesariamente tenemos que implementar nuestro propio hasher desde cero; *https://crates.io* tiene bibliotecas compartidas por otros programadores de Rust que proporcionan hashers que implementan muchos algoritmos de hash comunes.

Resumen

Los vectores, las cadenas (strings) y los mapas hash proporcionarán muchas funcionalidades que son necesarias en los programas cuando necesitamos almacenar, acceder a ellos y modificarlos. A continuación, presentamos algunos ejercicios que ahora debería estar preparado/a para resolver:

1. Dada una lista de enteros, utilice un vector y devuelva la mediana (el valor en la posición central cuando se ordena) y la moda (el valor que ocurre con mayor frecuencia; aquí será útil un mapa hash) de la lista.

2. Convierta las cadenas de texto a pig latin (latín de los cerdos). La primera consonante de cada palabra se mueve al final de la palabra y se añade *ay*, por lo que *first* se convierte en *irst-fay*. Las palabras que comienzan con una vocal tienen *hay* agregado al final en su lugar (por ejemplo, *apple* se convierte en *apple-hay*). ¡Hay que tener en cuenta los detalles sobre la codificación UTF-8!

3. Utilizando un mapa hash y vectores, cree una interfaz de texto que permita al usuario añadir nombres de empleados a un departamento en una empresa; por ejemplo, «Añadir a Sally al departamento de Ingeniería» o «Añadir a Amir al departamento de Ventas». Luego, permita al usuario obtener una lista de todas las personas en un departamento o de todas las personas en la empresa por departamento, ordenadas alfabéticamente.

La documentación de la API de la biblioteca estándar describe los métodos que tienen los vectores, las cadenas de texto y los mapas hash que serán útiles para estos ejercicios.

Estamos adentrándonos en programas más complejos en los que las operaciones pueden fallar, por lo que es un momento perfecto para hablar sobre la gestión de errores. ¡Lo haremos a continuación!

9

GESTIÓN DE ERRORES

Los errores son una realidad en el software, y es por eso por lo que Rust tiene varias características para gestionar situaciones en las que algo sale mal. En muchos casos, Rust nos exige reconocer la posibilidad de un error y realizar alguna acción antes de que el código se pueda compilar. Este requisito hace que el programa sea más robusto, al garantizar que descubriremos errores y los gestionaremos adecuadamente antes de implementar el código en producción.

Rust clasifica los errores en dos categorías principales: *reparables e irreparables*. En el caso de un error reparable, como puede ser un error de archivo no encontrado, lo más probable es que solo queramos informar del problema al usuario y volver a intentar la operación. Los errores irreparables siempre son síntomas de errores de programación, como intentar acceder a una ubicación más allá del final de un array, por lo que querremos detener el programa de inmediato.

La mayoría de los lenguajes no distinguen entre estos dos tipos de errores y los gestionan de la misma manera, utilizando mecanismos como las excepciones. Rust no tiene excepciones. En cambio, tiene el tipo Result<T, E> para errores recuperables, y la macro panic! que detiene la ejecución cuando el programa encuentra un error irreparable. En este capítulo trataremos primero cómo llamar a panic!, y luego hablaremos sobre devolver valores Result<T, E>. Además, exploraremos las consideraciones para decidir si intentar recuperarse de un error o detener la ejecución.

Errores irreparables con panic!

A veces ocurren cosas malas en el código y no hay nada que podamos hacer al respecto. En estos casos, Rust tiene la macro panic!. Hay dos formas de provocar un panic en la práctica: llevar a cabo una acción que provoque que nuestro código se desestabilice (como acceder a un array más allá de su final) o llamar explícitamente a la macro panic!. En ambos casos, provocamos un panic en el programa. Por defecto, estos panics imprimirán un mensaje de error, desenrollarán y limpiarán la pila, y finalizarán el programa. A través de una variable de entorno, también podemos hacer que Rust muestre la pila de llamadas cuando se produce un panic para facilitar el seguimiento de la fuente de panic.

DESENROLLAR LA PILA O ABORTAR
EN RESPUESTA A UN PANIC

Por defecto, cuando se produce un panic, el programa comienza a desenrollar la pila, lo que significa que Rust retrocede por la pila y limpia los datos de cada función que encuentra. Sin embargo, desenrollar y limpiar requiere mucho trabajo. Por lo tanto, Rust permite elegir la alternativa de abortar inmediatamente, lo que finaliza el programa sin realizar la limpieza.

La memoria que el programa estaba utilizando la deberá limpiar el sistema operativo. Si en el proyecto necesitamos que el archivo binario resultante sea lo más pequeño posible, podemos cambiar de desenrollar a abortar en caso de un panic, añadiendo panic = 'abort' a las secciones [profile] apropiadas en el archivo *Cargo.toml*. Por ejemplo, si deseamos abortar en caso de un panic en modo de lanzamiento, añadimos lo siguiente:

```
[profile.release]
panic = 'abort'
```

Intentemos llamar a panic! en un programa sencillo:

src/main.rs
```
fn main() {
    panic!("crash and burn");
}
```

Cuando ejecutemos el programa, veremos algo como esto:

```
thread 'main' panicked at 'crash and burn', src/main.rs:2:5
note: run with `RUST_BACKTRACE=1` environment variable to display a backtrace
```

La llamada a panic! provoca el mensaje de error contenido en las últimas dos líneas. La primera línea muestra el mensaje de panic y el lugar en el código fuente donde ocurrió el panic: *src/main.rs:2:5* indica que es la segunda línea, quinto carácter de nuestro archivo *src/main.rs*.

En este caso, la línea indicada forma parte de nuestro código y, si vamos a esa línea, veremos la llamada a la macro panic!. En otros casos, la llamada a panic! podría estar en el código al que nuestro código llama, y el nombre de archivo y el número de línea informados por el mensaje de error serán los del código de otra persona donde se llama a la macro panic!, no de la línea de nuestro código, que finalmente provocó la llamada a panic!.

Podemos utilizar backtrace (rastreo de retroceso) de las funciones de las que proviene la llamada a panic! para determinar la parte de nuestro código que está causando el problema. Para entender cómo usar backtrace de panic!, estudiemos otro ejemplo y veamos qué ocurre cuando una llamada a panic! proviene de una biblioteca debido a un error en nuestro código en lugar de que nuestro código llame directamente a la macro. El Listado 9-1 tiene un código que intenta acceder a un índice en un vector más allá del rango de índices válidos.

src/main.rs
```
fn main() {
    let v = vec![1, 2, 3];

    v[99];
}
```

Listado 9-1: Intento de acceso a un elemento más allá del final de un vector, lo cual provocará una llamada a panic!.

Aquí intentamos acceder al elemento número 100 del vector (que se encuentra en el índice 99 porque los índices comienzan en cero), pero el vector solo tiene tres elementos. En esta situación, Rust generará un panic. Se supone que el uso de [ ] devuelve un elemento, pero si pasamos un índice inválido, no hay ningún elemento aquí que Rust pueda devolver que sea correcto.

En C, intentar leer más allá del final de una estructura de datos provoca un comportamiento indefinido. Es posible obtener lo que esté en la ubicación de memoria que correspondería a ese elemento en la estructura de datos, aunque la memoria no pertenezca a esa estructura. Esto se conoce como una *lectura fuera del límite del búfer* y puede dar lugar a vulnerabilidades de seguridad (si un atacante puede manipular el índice de tal manera que pueda leer datos a los que no se le permite acceder y que están almacenados después de la estructura de datos).

Para proteger el programa de este tipo de vulnerabilidad, si intentamos leer un elemento en un índice que no existe, Rust detendrá la ejecución y se negará a continuar. Intentémoslo y veamos qué ocurre:

```
thread 'main' panicked at 'index out of bounds: the len is 3 but the index is
99', src/main.rs:4:5
note: run with `RUST_BACKTRACE=1` environment variable to display a backtrace
```

Este error señala la línea 4 de nuestro archivo *main.rs*, donde intentamos acceder a index.

La línea note: nos indica que podemos establecer la variable de entorno RUST_BACKTRACE para obtener una backtrace de exactamente lo que sucedió para que saltara el error. Una *backtrace* es una lista de todas las funciones a las que se ha llamado para llegar a este punto. Las backtraces en Rust funcionan como en otros lenguajes: la clave para leer la backtrace es comenzar desde la parte superior y leer hasta que veamos archivos que hayamos escrito. Ese es el punto donde se originó el problema. Las líneas por encima de ese punto son código al que ha llamado nuestro código; las líneas por debajo son código que ha llamado a nuestro código. Estas líneas antes y después pueden incluir código principal de Rust, código de la biblioteca estándar o paquetes que estemos utilizando. Intentemos obtener una backtrace configurando la variable de entorno RUST_BACKTRACE con cualquier valor excepto 0. El Listado 9-2 muestra una salida similar a la que veremos.

```
$ RUST_BACKTRACE=1 cargo run
thread 'main' panicked at 'index out of bounds: the len is 3 but the index is
99', src/main.rs:4:5
stack backtrace:
   0: rust_begin_unwind
             at /rustc/e092d0b6b43f2de967af0887873151bb1c0b18d3/library/std
/src/panicking.rs:584:5
   1: core::panicking::panic_fmt
             at /rustc/e092d0b6b43f2de967af0887873151bb1c0b18d3/library/core
/src/panicking.rs:142:14
   2: core::panicking::panic_bounds_check
             at /rustc/e092d0b6b43f2de967af0887873151bb1c0b18d3/library/core
/src/panicking.rs:84:5
   3: <usize as core::slice::index::SliceIndex<[T]>>::index
             at /rustc/e092d0b6b43f2de967af0887873151bb1c0b18d3/library/core
/src/slice/index.rs:242:10
   4: core::slice::index::<impl core::ops::index::Index<I> for [T]>::index
             at /rustc/e092d0b6b43f2de967af0887873151bb1c0b18d3/library/core
/src/slice/index.rs:18:9
   5: <alloc::vec::Vec<T,A> as core::ops::index::Index<I>>::index
             at /rustc/e092d0b6b43f2de967af0887873151bb1c0b18d3/library/alloc
/src/vec/mod.rs:2591:9
   6: panic::main
             at ./src/main.rs:4:5
   7: core::ops::function::FnOnce::call_once
             at /rustc/e092d0b6b43f2de967af0887873151bb1c0b18d3/library/core
/src/ops/function.rs:248:5
note: Some details are omitted, run with `RUST_BACKTRACE=full` for a verbose backtrace.
```

Listado 9-2: La backtrace generada por una llamada a panic! se muestra cuando la variable de entorno RUST_BACKTRACE está configurada.

¡Eso es mucha salida! La salida exacta que vemos puede ser diferente según el sistema operativo y la versión de Rust. Para obtener backtraces con esta información, se deben habilitar los símbolos de depuración. Los símbolos de depuración están habilitados de forma predeterminada al usar `cargo build` o `cargo run` sin la bandera `--release`, como lo estamos haciendo aquí.

En la salida del Listado 9-2, la línea 6 de la backtrace señala la línea en nuestro proyecto que está causando el problema: la línea 4 de *src/main.rs*. Si no queremos que nuestro programa genere un panic, debemos iniciar nuestra investigación en la ubicación señalada por la primera línea que mencione un archivo que hemos escrito. En el Listado 9-1, donde hemos escrito intencionalmente código que provocaría un panic, la forma de solucionar el panic es evitar solicitar un elemento más allá del rango de los índices del vector. Cuando el código genere un panic en el futuro, deberá averiguar qué acción está tomando el código y con qué valores para provocar el panic y qué debería hacer el código en su lugar.

Volveremos a hablar sobre `panic!` y sobre cuándo debemos y no debemos usarlo para manejar condiciones de error en «¡Entrar en panic! o ¡no entrar en panic!». A continuación, veremos cómo recuperarnos de un error utilizando `Result`.

Errores reparables con Result

La mayoría de los errores no son lo suficientemente graves como para requerir que el programa se detenga por completo. A veces, cuando una función falla, es por una razón que podemos interpretar y a la que podemos responder fácilmente. Por ejemplo, si intentamos abrir un archivo y esa operación falla porque el archivo no existe, es posible que deseemos crear el archivo en lugar de terminar el proceso.

Recordemos que, en «Gestión de posibles fallos con Result», se define la enum `Result` con dos variantes, `Ok` y `Err`, de la siguiente manera:

```
enum Result<T, E> {
    Ok(T),
    Err(E),
}
```

Las letras `T` y `E` son parámetros de tipo genérico: discutiremos los genéricos con más detalle en el Capítulo 10. Lo que necesitamos saber ahora es que `T` representa el tipo del valor que se devolverá en un caso de éxito dentro de la variante `Ok`, y `E` representa el tipo del error que se devolverá en un caso de fallo dentro de la variante `Err`. Debido a que `Result` tiene estos parámetros de tipo genérico, podemos utilizar el tipo `Result` y las funciones definidas en él en muchas situaciones diferentes en las que el valor de éxito y el valor de error que queremos devolver pueden ser diferentes.

Llamemos a una función que devuelve un valor `Result` porque la función podría fallar. En el Listado 9-3 intentamos abrir un archivo.

src/main.rs

```rust
use std::fs::File;

fn main() {
    let greeting_file_result = File::open("hello.txt");
}
```

Listado 9-3: Apertura de un archivo.

El tipo de retorno de File::open es Result<T, E>. El parámetro genérico T se ha rellenado por la implementación de File::open con el tipo del valor de éxito, std::fs::File, que es un identificador de archivo. El tipo de E utilizado en el valor de error es std::io::Error. Este tipo de retorno significa que la llamada a File::open podría tener éxito y devolver el identificador de archivo del que podemos leer o en el cual podemos escribir. La llamada a la función también podría fallar: por ejemplo, el archivo podría no existir o es posible que no tengamos permiso para acceder al archivo. La función File::open necesita tener una forma de indicarnos si ha tenido éxito o si ha fallado, al mismo tiempo que nos brinda el identificador de archivo o la información de error. Esta información es exactamente lo que transmite la enum Result.

En el caso de que File::open tenga éxito, el valor en la variable greeting_file_result será una instancia de Ok que contiene el identificador de archivo. En el caso de que falle, el valor en greeting_file_result será una instancia de Err que contiene más información sobre el tipo de error que ocurrió.

Necesitamos añadir código al Listado 9-3 para realizar diferentes acciones dependiendo del valor que devuelve File::open. El Listado 9-4 muestra una forma de gestionar Result utilizando una herramienta básica, la expresión match que tratamos en el Capítulo 6.

src/main.rs

```rust
use std::fs::File;

fn main() {
    let greeting_file_result = File::open("hello.txt");

    let greeting_file = match greeting_file_result {
        Ok(file) => file,
        Err(error) => {
            panic!("Problem opening the file: {:?}", error);
        }
    };
}
```

Listado 9-4: Uso de la expresión match para gestionar las variantes que Result podría devolver.

Es importante tener en cuenta que, al igual que ocurre con la enum Option, la enum Result y sus variantes se importan automáticamente al ámbito al principio, por lo que no es necesario especificar Result:: antes de las variantes Ok y Err en las ramas de match.

Cuando el resultado es Ok, este código devolverá el valor file interno contenido en la variante Ok, y luego asignaremos ese valor del identificador de archivo a la variable greeting_file. Después de match, podemos utilizar el identificador de archivo para leer o escribir.

La otra rama de match gestiona el caso en el que obtenemos un valor Err de File::open. En este ejemplo, hemos elegido llamar a la macro panic!. Si no hay un archivo llamado *hello.txt* en nuestro directorio actual y ejecutamos este código, veremos la siguiente salida de la macro panic!:

```
thread 'main' panicked at 'Problem opening the file: Os { code:
 2, kind: NotFound, message: "No such file or directory" }',
src/main.rs:8:23
```

Como de costumbre, esta salida nos indica precisamente qué salió mal.

Coincidencia de diferentes errores

El código en el Listado 9-4 generará un panic! independientemente del motivo por el que File::open haya fallado. Sin embargo, queremos realizar acciones diferentes para diferentes motivos de fallo. Si File::open ha fallado porque el archivo no existe, querremos crear el archivo y devolver el identificador del nuevo archivo. Si File::open ha fallado por cualquier otra razón (por ejemplo, porque no teníamos permiso para abrir el archivo), aún así querremos que el código genere un panic! de la misma manera que en el Listado 9-4. Para esto, añadiremos una expresión match interna, como se muestra en el Listado 9-5.

src/main.rs
```
use std::fs::File;
use std::io::ErrorKind;

fn main() {
    let greeting_file_result = File::open("hello.txt");

    let greeting_file = match greeting_file_result {
        Ok(file) => file,
        Err(error) => match error.kind() {
            ErrorKind::NotFound => {
                match File::create("hello.txt") {
                    Ok(fc) => fc,
                    Err(e) => panic!(
                        "Problem creating the file: {:?}",
                        e
                    ),
                }
            }
            other_error => {
                panic!(
                    "Problem opening the file: {:?}",
                    other_error
                );
            }
        },
    };
}
```

Listado 9-5: Gestión de diferentes tipos de error en diferentes formas.

El tipo de valor que devuelve `File::open` dentro de la variante `Err` es `io::Error`, que es una struct proporcionada por la biblioteca estándar. Esta struct tiene el método `kind` al que podemos llamar para obtener un valor de tipo `io::ErrorKind`. La enum `io::ErrorKind` la proporciona la biblioteca estándar y tiene variantes que representan los diferentes tipos de errores que pueden resultar de una operación io (entrada/salida). La variante que queremos utilizar es `ErrorKind::NotFound`, que indica que el archivo que estamos intentando abrir todavía no existe. Por lo tanto, hacemos match en `greeting_file_result`, pero también tenemos un match interno en `error.kind()`.

La condición que queremos verificar en el match interno es si el valor devuelto por `error.kind()` es la variante `NotFound` de la enum `ErrorKind`. Si es así, intentamos crear el archivo con `File::create`. Sin embargo, debido a que `File::create` también puede fallar, necesitamos una segunda rama en la expresión `match` interna. Cuando no se puede crear el archivo, se imprime un mensaje de error diferente. La segunda rama del match externo sigue siendo la misma, por lo que el programa genera un panic ante cualquier error que no sea el error de archivo no encontrado.

Alternativas para utilizar match con Result<T, E>

¡Demasiados match! La expresión `match` es muy útil, pero también es bastante primitiva. En el Capítulo 13 aprenderá sobre closures (cierres), que se utilizan con muchos de los métodos definidos en `Result<T, E>`. Estos métodos pueden ser más concisos que el uso de `match` al gestionar valores `Result<T, E>` en nuestro código.

Por ejemplo, aquí hay otra forma de escribir la misma lógica que se muestra en el Listado 9-5, esta vez utilizando closures y el método `unwrap_or_else`:

src/main.rs

```
use std::fs::File;
use std::io::ErrorKind;

fn main() {
    let greeting_file = File::open("hello.txt").unwrap_or_else(|error| {
        if error.kind() == ErrorKind::NotFound {
            File::create("hello.txt").unwrap_or_else(|error| {
                panic!("Problem creating the file: {:?}", error);
            })
        } else {
            panic!("Problem opening the file: {:?}", error);
        }
    });
}
```

Aunque este código tiene el mismo comportamiento que el del Listado 9-5, no contiene ninguna expresión `match` y es más legible. Vuelva a este ejemplo después de leer el Capítulo 13 y busque el método `unwrap_or_else` en la documentación de la biblioteca estándar. Muchos más de estos métodos pueden simplificar enormemente las expresiones `match` anidadas cuando estemos trabajando con errores.

Atajos para panic en caso de error: unwrap y expect

Si bien el uso de match funciona bastante bien, puede ser un poco prolijo y no siempre comunica bien la intención. El tipo Result<T, E> tiene muchos métodos auxiliares definidos en él para realizar diversas tareas más específicas. El método unwrap es un método abreviado implementado de manera similar a la expresión match que escribimos en el Listado 9-4. Si el valor de Result es la variante Ok, unwrap devolverá el valor contenido en Ok. Si Result es la variante Err, unwrap llamará a la macro panic! en lugar de tener que hacerlo nosotros. Aquí tiene un ejemplo de cómo funciona unwrap:

src/main.rs

```
use std::fs::File;

fn main() {
    let greeting_file = File::open("hello.txt").unwrap();
}
```

Si ejecutamos este código sin un archivo *hello.txt*, veremos un mensaje de error generado por la llamada a panic! que realiza el método unwrap:

```
thread 'main' panicked at 'called `Result::unwrap()` on an `Err` value: Os {
code: 2, kind: NotFound, message: "No such file or directory" }',
src/main.rs:4:49
```

De manera similar, el método expect nos permite elegir el mensaje de error para panic!. Utilizar expect en lugar de unwrap y proporcionar mensajes de error claros puede transmitir nuestra intención y facilitar el seguimiento de la causa de un panic. La sintaxis de expect se muestra así:

src/main.rs

```
use std::fs::File;

fn main() {
    let greeting_file = File::open("hello.txt")
        .expect("hello.txt should be included in this project");
}
```

Utilizamos expect de la misma manera que unwrap: para devolver el identificador de archivo o llamar a la macro panic!. El mensaje de error que utiliza expect en su llamada a panic! será el parámetro que pasamos a expect, en lugar del mensaje predeterminado de panic! que utiliza unwrap. Así es cómo aparece:

```
thread 'main' panicked at 'hello.txt should be included in this project: Os {
code: 2, kind: NotFound, message: "No such file or directory" }',
src/main.rs:5:10
```

En un código de calidad en producción, la mayoría de los programadores de Rust eligen expect en lugar de unwrap y proporcionan más contexto sobre por qué se espera que la operación siempre tenga éxito. De esta manera, si alguna vez se demuestra que son incorrectas nuestras suposiciones, tendremos más información para utilizar en la depuración.

Propagación de errores

Cuando la implementación de una función llama a algo que puede fallar, en lugar de gestionar el error en la función misma, podemos devolver el error al código de llamada para que decida qué hacer. Esta acción se conoce como *propagarción* del error y le proporciona más control al código de llamada, donde podría haber más información o lógica que indique cómo se debe gestionar el error, en comparación con la que tenemos disponible en el contexto de nuestro código.

Por ejemplo, el Listado 9-6 muestra una función que lee un nombre de usuario de un archivo. Si el archivo no existe o no se puede leer, esta función devolverá esos errores al código al que llamó la función.

src/main.rs

```
use std::fs::File;
use std::io::{self, Read};

fn read_username_from_file() -> Result<String, io::Error> { ❶
  ❷ let username_file_result = File::open("hello.txt");

  ❸ let mut username_file = match username_file_result {
      ❹ Ok(file) => file,
      ❺ Err(e) => return Err(e),
    };

  ❻ let mut username = String::new();

  ❼ match username_file.read_to_string(&mut username) {
      ❽ Ok(_) => Ok(username),
      ❾ Err(e) => Err(e),
    }
}
```

Listado 9-6: Función que devuelve los errores al código de llamada utilizando match.

Esta función se puede escribir de una manera mucho más corta, pero vamos a empezar haciéndolo de manera manual para explorar la gestión de errores; al final, mostraremos la forma más corta. Primero, veamos el tipo de retorno de la función: Result<String, io::Error> ❶. Esto significa que la función devuelve un valor del tipo Result<T, E>, donde el parámetro genérico T se ha rellenado con el tipo concreto String y el tipo genérico E se ha rellenado con el tipo concreto io::Error.

Si esta función tiene éxito y no presenta ningún problema, el código al que llama esta función recibirá el valor Ok que contiene un String, que es el username que esta función leyó del archivo ❽. Si esta función encuentra algún problema, el código de llamada recibirá el valor Err que contiene una instancia de io::Error, que proporciona más información sobre cuáles fueron los problemas encontrados. Elegimos io::Error como tipo de retorno de esta función porque ese es el tipo de valor de error devuelto por ambas operaciones a las que llamamos en el cuerpo de esta función y que podrían fallar: la función File::open ❷ y el método read_to_string ❼.

El cuerpo de la función comienza llamando a la función
File::open ❷. Luego, gestionamos el valor Result con un match similar al match del Listado 9-4. Si File::open tiene éxito, el identificador de archivo en la variable de patrón file ❹ se convierte en el valor en la variable mutable username_file ❸ y la función continúa. En el caso de Err, en lugar de llamar a panic!, usamos la palabra clave return para terminar prematuramente la función y pasar el valor de error de File::open, ahora en la variable de patrón e, de vuelta al código de llamada como el valor de error de esta función ❺.

Entonces, si tenemos el identificador de archivo en username_file, la función crea a continuación una nueva String en la variable username ❻ y llama al método read_to_string sobre el identificador de archivo en username_file para leer el contenido del archivo en username ❼. El método read_to_string también devuelve Result porque podría fallar, incluso si File::open tuviera éxito. Así que necesitamos otro match para gestionar ese Result: si read_to_string tiene éxito, entonces nuestra función ha tenido éxito y devolvemos el nombre de usuario del archivo que ahora está en username envuelto en Ok. Si read_to_string falla, devolvemos el valor de error de la misma manera en que devolvimos el valor de error en el match que gestionó el valor de retorno de File::open. Sin embargo, no necesitamos utilizar explícitamente return, porque esta es la última expresión en el cuerpo de la función ❾.

El código que llame a este código se encargará luego de obtener el valor Ok que contiene el nombre de usuario o el valor Err que contiene el io::Error. Depende del código de llamada decidir qué hacer con esos valores. Si el código de llamada obtiene un valor Err, podría llamar a panic! y hacer que el programa se bloquee, utilizar un nombre de usuario predeterminado o buscar el nombre de usuario en algún otro lugar que no sea un archivo, por ejemplo. No tenemos suficiente información sobre lo que el código de llamada está tratando de hacer, así que propagamos toda la información de éxito o error hacia arriba para que la gestione adecuadamente.

Este patrón de propagar errores es tan frecuente en Rust que Rust proporciona el operador de interrogación ? para facilitar su utilización.

Un atajo para propagar errores: el operador ?

El Listado 9-7 muestra una implementación de read_username_from_file que tiene la misma funcionalidad que en el Listado 9-6, pero esta implementación utiliza el operador ?.

src/main.rs
```
use std::fs::File;
use std::io::{self, Read};

fn read_username_from_file() -> Result<String, io::Error> {
    let mut username_file = File::open("hello.txt")?;
    let mut username = String::new();
    username_file.read_to_string(&mut username)?;
    Ok(username)
}
```

Listado 9-7: Función que devuelve errores al código de llamada utilizando el operador ?.

El operador ? colocado después de un valor Result se define para funcionar de manera casi idéntica a las expresiones match que definimos para gestionar los valores Result en el Listado 9-6. Si el valor de Result es Ok, el valor que contiene Ok se devolverá desde esta expresión y el programa continuará. Si el valor es Err, Err finalizará la ejecución de la función como si hubiéramos utilizado la palabra clave return, de modo que el valor del error se propaga al código de llamada.

Hay una diferencia entre lo que hace la expresión match del Listado 9-6 y lo que hace el operador ?: los valores de error en los que se utiliza el operador ? pasan a través de la función from, definida en el trait From de la biblioteca estándar, que se utiliza para convertir valores de un tipo a otro. Cuando el operador ? llama a la función from, el tipo de error recibido se convierte en el tipo de error definido en el tipo de retorno de la función actual. Esto es útil cuando una función devuelve un tipo de error para representar todas las formas en que una función podría fallar (incluso si partes de la misma pueden fallar, por muchas razones diferentes).

Por ejemplo, podríamos cambiar la función read_username_from_file en el Listado 9-7 para que devuelva un tipo de error personalizado llamado OurError que hemos definido. Si también definimos impl From<io::Error> for OurError para construir una instancia de OurError a partir de io::Error, entonces las llamadas al operador ? en el cuerpo de read_username_from_file llamarán a from y convertirán los tipos de error sin necesidad de añadir más código a la función.

En el contexto del Listado 9-7, el operador ? al final de la llamada a File::open devolverá el valor que está dentro de Ok a la variable username_file. Si se produce un error, el operador ? finalizará prematuramente la función y devolverá cualquier valor Err al código de llamada. Lo mismo se aplica al operador ? al final de la llamada a read_to_string.

El operador ? elimina mucha redundancia y hace que la implementación de esta función sea más simple. Incluso podríamos acortar aún más este código encadenando llamadas de métodos inmediatamente después de ?, como se muestra en el Listado 9-8.

src/main.rs
```
use std::fs::File;
use std::io::{self, Read};

fn read_username_from_file() -> Result<String, io::Error> {
    let mut username = String::new();

    File::open("hello.txt")?.read_to_string(&mut username)?;

    Ok(username)
}
```

Listado 9-8: Encadenamiento de llamadas de métodos después del operador ?.

Hemos movido la creación de la nueva String en username al comienzo de la función; esa parte no ha cambiado. En lugar de crear una variable username_file, hemos encadenado la llamada a read_to_string directamente al resultado de File::open("hello.txt")?. Todavía tenemos un ? al final de la llamada a read_to_string, y todavía devolvemos un valor Ok que contiene username cuando tanto File::open como read_to_string tienen éxito en lugar de devolver errores. La funcionalidad es nuevamente la misma que en el Listado 9-6 y el Listado 9-7; esta es solo una forma diferente y más ergonómica de escribirlo.

El Listado 9-9 muestra una forma de hacer esto aún más corta, utilizando fs::read_to_string.

src/main.rs

```
use std::fs;
use std::io;

fn read_username_from_file() -> Result<String, io::Error> {
    fs::read_to_string("hello.txt")
}
```

Listado 9-9: Uso de fs::read_to_string en lugar de abrir el archivo y leerlo a continuación.

Leer un archivo en una cadena de texto es una operación bastante frecuente, por lo que la biblioteca estándar proporciona la conveniente función fs::read_to_string, que abre el archivo, crea una nueva String, lee el contenido del archivo, coloca el contenido en esa String y la devuelve. Por supuesto, usar fs::read_to_string no nos da la oportunidad de explicar toda la gestión de errores, por lo que primero lo hicimos del modo más largo.

Dónde se puede utilizar el operador ?

El operador ? solo puede utilizarse en funciones cuyo tipo de retorno sea compatible con el valor en el que se utiliza el operador ?. Esto se debe a que el operador ? está diseñado para realizar una finalización anticipada en el caso de un valor fuera de la función, de la misma manera que la expresión match que definimos en el Listado 9-6. En el Listado 9-6, match utilizaba un valor Result, y la rama de finalización anticipada devolvía un valor Err(e). El tipo de retorno de la función debe ser Result para que sea compatible con este return.

En el Listado 9-10, vamos a examinar el error que obtendremos si utilizamos el operador ? en una función main con un tipo de retorno que es incompatible con el tipo del valor sobre el que usamos ?.

src/main.rs

```
use std::fs::File;

fn main() {
    let greeting_file = File::open("hello.txt")?;
}
```

Listado 9-10: Intento de uso de ? en la función main que returns () no compilará.

Este código abre un archivo, que podría fallar. El operador ? sigue al valor Result devuelto por File::open, pero esta función main tiene un tipo de retorno de (), no Result. Cuando compilamos este código, obtenemos el siguiente mensaje de error:

```
error[E0277]: the `?` operator can only be used in a function that returns
`Result` or `Option` (or another type that implements `FromResidual`)
```

```
  --> src/main.rs:4:48
   |
3 |  / fn main() {
4 |  |      let greeting_file = File::open("hello.txt")?;
   |  |                                                 ^ cannot use the `?`
operator in a function that returns `()`
5 |  |  }
   |  |_- this function should return `Result` or `Option` to accept `?`
   |
   = help: the trait `FromResidual<Result<Infallible, std::io::Error>>` is not
implemented for `()`
```

Este error indica que solo se permite utilizar el operador ? en una función que devuelve Result, Option, u otro tipo que implemente FromResidual.

Para solucionar el error, tenemos dos opciones. Una opción es cambiar el tipo de retorno de nuestra función para que sea compatible con el valor en el que estamos utilizando el operador ?, siempre y cuando no haya restricciones que lo impidan. La otra opción es utilizar una expresión match o uno de los métodos de Result<T, E>, para gestionar Result<T, E> de la manera adecuada.

El mensaje de error también menciona que el operador ? se puede utilizar también con valores Option<T>. Al igual que al utilizar ? en Result, solo podemos utilizar ? en Option en una función que devuelva Option. El comportamiento del operador ? cuando se llama en Option<T> es similar a su comportamiento cuando se llama en Result<T, E>: si el valor es None, None se devolverá prematuramente desde la función en ese punto. Si el valor es Some, el valor dentro de Some es el valor resultante de la expresión y la función continúa. El Listado 9-11 muestra un ejemplo de una función que encuentra el último carácter de la primera línea en el texto dado.

```
fn last_char_of_first_line(text: &str) -> Option<char> {
    text.lines().next()?.chars().last()
}
```

Listado 9-11: Uso del operador ? sobre un valor de Option<T>.

Esta función devuelve Option<char> porque es posible que haya un carácter allí, pero también es posible que no lo haya. Este código toma el argumento del texto de string slice y llama al método lines sobre él, el cual devuelve un iterador sobre las líneas en la cadena. Como esta función quiere examinar la primera línea, llama a next en el iterador para obtener el primer valor del iterador. Si text es una cadena vacía, esta llamada a next devolverá None, en cuyo caso usamos ? para detenernos y devolver None desde last_char_of_first_line. Si text no es una cadena vacía, next devolverá un valor Some que contiene una string slice de texto de la primera línea en text.

El operador ? extrae la string slice, y podemos llamar a chars en esa string slice para obtener un iterador de sus caracteres. Estamos interesados en el último carácter de esta primera línea, así que llamamos a last para devolver el último elemento del iterador. Esto es Option porque es posible que la primera línea sea una cadena vacía; por ejemplo, si text comienza con una línea en blanco pero tiene caracteres en otras líneas, como en "\nhi". Sin embargo, si hay un último carácter en la primera línea, se devolverá en la variante Some. El operador ? en el medio nos da una forma concisa de expresar esta lógica, lo que nos permite implementar la función en una sola línea. Si no pudiéramos usar el operador ? sobre Option, tendríamos que implementar esta lógica utilizando más llamadas a métodos o una expresión match.

Hay que tener en cuenta que podemos usar el operador ? sobre Result en una función que devuelve Result, y podemos usar el operador ? sobre Option en una función que devuelve Option, pero no podemos mezclarlos. El operador ? no convertirá automáticamente Result en Option o viceversa; en esos casos, podemos utilizar métodos como el método Ok en Result o el método ok_or en Option para hacer la conversión explícitamente.

Hasta ahora, todas las funciones main que hemos utilizado devuelven (). La función main es especial porque es el punto de entrada y salida de un programa ejecutable, y hay restricciones sobre cuál puede ser su tipo de retorno para que el programa se comporte como se espera.

Afortunadamente, la función main también puede devolver un Result<(), E>. El Listado 9-12 tiene el código del Listado 9-10, pero hemos cambiado el tipo de retorno de main a Result<(), Box<dyn Error>> y hemos añadido un valor de retorno Ok(()) al final. Ahora este código compilará.

```
use std::error::Error;
use std::fs::File;

fn main() -> Result<(), Box<dyn Error>> {
    let greeting_file = File::open("hello.txt")?;

    Ok(())
}
```

Listado 9-12: El cambio de main para que devuelva Result<(), E> permite el uso del operador ? en los valores de Result.

El tipo Box<dyn Error> es un *objeto trait*, del cual hablaremos en «Uso de objetos trait que permiten valores de diferentes tipos». Por ahora, podemos interpretar Box<dyn Error> como «cualquier tipo de error». Usar el operador ? en un valor Result en una función main con el tipo de error Box<dyn Error> está permitido porque permite devolver cualquier valor Err prematuramente. Aunque el cuerpo de esta función main solo devuelva errores del tipo std::io::Error, al especificar Box<dyn Error> en la firma, esta seguirá siendo correcta incluso si se añade más código que devuelva otros errores en el cuerpo de main.

Cuando una función main devuelve Result<(), E>, el ejecutable saldrá con un valor de 0 si main devuelve Ok(()) y saldrá con un valor distinto de cero si main devuelve un valor Err. Los ejecutables escritos en C devuelven enteros al salir: los programas que salen exitosamente devuelven el entero 0, y los programas que tienen errores devuelven algún entero distinto de 0. Rust también devuelve enteros desde los ejecutables para ser compatibles con esta convención.

La función main puede devolver cualquier tipo que implemente el trait `std::process::Termination`, el cual contiene una función `report` que devuelve ExitCode. Para obtener más información sobre cómo implementar el trait Termination para sus propios tipos, consulte la documentación de la biblioteca estándar.

Ahora que hemos discutido los detalles de llamar a panic! o devolver Result, volvamos a cómo decidir cuál es apropiado usar en cada caso.

Entrar en panic! o no entrar en panic!

Entonces, ¿cómo decidimos cuándo debemos llamar a panic! y cuándo debemos devolver Result? Cuando el código entra en pánico, no hay forma de recuperarse. Podríamos llamar a panic! en cualquier situación de error, haya una forma posible de recuperarse o no, pero entonces estaríamos tomando la decisión de que una situación es irreparable del lado del código de llamada. Cuando elegimos devolver un valor Result, le estamos dando opciones al código de llamada. El código de llamada podría optar por intentar recuperarse de una manera apropiada para su situación, o podría decidir que un valor Err en este caso es irreparable, por lo que puede llamar a panic! y convertir nuestro error reparable en uno irreparable. Por lo tanto, devolver Result es una buena opción por defecto cuando estamos definiendo una función que podría fallar.

En situaciones como los ejemplos, el código de prototipos y las pruebas, es más apropiado escribir código que entre en pánico en lugar de devolver Result. Veamos por qué, y luego discutiremos situaciones en las que el compilador no puede determinar que es imposible que ocurra un error, pero nosotros, las personas, sí podemos. El capítulo concluirá con algunas pautas generales sobre cómo decidir si entrar en pánico en el código de una biblioteca.

Ejemplos, código de prototipos y pruebas

Cuando escribimos un ejemplo para ilustrar algún concepto, incluir también un código robusto de gestión de errores puede hacer que el ejemplo sea menos claro. En los ejemplos, se entiende que una llamada a un método como unwrap que podría entrar en pánico se utiliza como marcador para la forma en que deseamos que nuestra aplicación gestione los errores, lo cual puede variar según lo que el resto de nuestro código esté haciendo.

De manera similar, los métodos unwrap y expect son muy útiles durante el prototipado, antes de que estemos listos para decidir cómo gestionar los errores. Dejan marcadores claros en el código para cuando estemos listos para hacer que el programa sea más robusto.

Si una llamada a un método falla en una prueba, querríamos que toda la prueba fallara, incluso si ese método no es la funcionalidad que se está probando. Debido a que panic! es la forma en que se marca una prueba como fallida, llamar a unwrap o a expect es exactamente lo que debería suceder.

Casos en los que tenemos más información que el compilador

También sería apropiado llamar a `unwrap` o a `expect` cuando tenemos alguna otra lógica que garantiza que `Result` tendrá un valor `Ok`, pero la lógica no es algo que el compilador comprenda. Aún tendremos un valor `Result` que debemos gestionar: la operación que estamos llamando aún tiene la posibilidad de fallar en general, aunque sea lógicamente imposible en nuestra situación particular. Si podemos asegurarnos inspeccionando manualmente el código de que nunca tendremos una variante `Err`, es perfectamente aceptable llamar a `unwrap`, e incluso mejor documentar la razón por la cual cree que nunca tendrá una variante `Err` en el texto de `expect`. A continuación, se muestra un ejemplo:

```
use std::net::IpAddr;

let home: IpAddr = "127.0.0.1"
    .parse()
    .expect("Hardcoded IP address should be valid");
```

Creamos una instancia de `IpAddr` al analizar una cadena en hard-code. Podemos ver que `127.0.0.1` es una dirección IP válida, por lo que es aceptable usar `expect` aquí. Sin embargo, el hecho de tener una cadena en hardcode y válida no cambia el tipo de retorno del método `parse`: seguimos obteniendo un valor de tipo `Result`, y el compilador seguirá exigiendo que tratemos `Result` como si la variante `Err` fuera una posibilidad, porque el compilador no es lo suficientemente inteligente como para darse cuenta de que esta cadena siempre es una dirección IP válida. Si la cadena de la dirección IP proviniera de un usuario en lugar de estar en hardcode en el programa y, por lo tanto, *tuviera* la posibilidad de ser incorrecta, definitivamente deberíamos gestionar `Result` de una manera más sólida. Mencionar la suposición de que esta dirección IP está en hardcode nos hará cambiar `expect` por un código de gestión de errores más adecuado si, en el futuro, necesitamos obtener la dirección IP de otra fuente.

Directrices para la gestión de errores

Es recomendable que nuestro código entre en pánico cuando exista la posibilidad de que termine en un estado incorrecto. En este contexto, un *estado incorrecto* ocurre cuando alguna suposición, garantía, contrato o invariante se ha incumplido, como cuando se pasan a nuestro código valores inválidos, contradictorios o que se han perdido, además de uno o más de los siguientes:

- El estado incorrecto es algo inesperado, en contraposición a algo que probablemente ocurre ocasionalmente, como cuando un usuario introduce datos en un formato incorrecto.
- A partir de este punto, nuestro código debe confiar en no estar en este estado incorrecto, en lugar de verificar si hay algún problema en cada paso.

- No hay una forma adecuada de codificar esta información en los tipos que utilizamos. Trabajaremos a través de un ejemplo para ilustrar lo que queremos decir en «Codificación de estados y comportamiento como tipos».

Si alguien llama a nuestro código y pasa valores que no tienen sentido, lo mejor es devolver un error si es posible, para que el usuario de la biblioteca pueda decidir qué hacer en ese caso. Sin embargo, en casos donde continuar podría ser inseguro o perjudicial, la mejor opción podría ser llamar a panic! y alertar a la persona que utiliza nuestra biblioteca sobre el error en su código para que lo corrija durante el desarrollo. De manera similar, panic! suele ser apropiado si estamos llamando a un código externo que está fuera de nuestro control y este devuelve un estado no válido que no podemos corregir de ninguna manera.

Sin embargo, cuando se espera que ocurra un fallo, es más apropiado devolver Result en lugar de hacer una llamada a panic!. Ejemplos de lo anterior incluyen casos como cuando se le proporciona a un analizador datos malformados o cuando una solicitud HTTP devuelve un estado que indica que se ha alcanzado un límite de velocidad. En estos casos, devolver Result indica que el fallo es una posibilidad esperada y que el código de llamada debe decidir cómo gestionarlo.

Cuando nuestro código realiza una operación que podría poner en riesgo las operaciones de un usuario si se le llama con valores no válidos, nuestro código debe verificar primero si los valores son válidos y llamar a panic si no lo son. Esto se debe principalmente a razones de seguridad: intentar operar con datos no válidos puede exponer el código a vulnerabilidades. Esta es la razón principal por la cual la biblioteca estándar llama a panic! si intentamos acceder a una memoria fuera de límites: tratar de acceder a memoria que no pertenece a la estructura de datos en uso es un problema frecuente de seguridad. Las funciones a menudo tienen *contratos*: su comportamiento solo está garantizado si las entradas cumplen con requisitos específicos. Tiene sentido entrar en pánico cuando se viola el contrato porque una violación del contrato siempre indica un error en el lado del que llama, y no es un tipo de error que deseemos que el código de llamada tenga que gestionar explícitamente. De hecho, no hay una forma razonable para que el código de llamada se recupere; los *programadores* del código de llamada deben corregirlo. Los contratos para una función, especialmente cuando una violación causará un panic, deben explicarse en la documentación de la API de la función.

Sin embargo, tener muchas comprobaciones de errores en todas las funciones sería prolijo y molesto. Afortunadamente, puede utilizar el sistema de tipos de Rust (y, por lo tanto, la comprobación de tipos realizada por el compilador) para hacer muchas de las comprobaciones en lugar de tener que hacerlo usted. Si la función tiene un tipo específico como parámetro, puede continuar con la lógica del código sabiendo que el compilador ya ha asegurado que tiene un valor válido. Por ejemplo, si tiene un tipo en lugar de Option, el programa espera tener *algo* en lugar de *nada*. Entonces, el código no tiene que gestionar dos casos para las variantes Some y None: solo tendrá un caso para, definitivamente, tener un valor. El código que intente no pasar nada a la función ni siquiera compilará, por lo que la función no tiene que comprobar ese caso en tiempo de ejecución. Otro ejemplo es el uso de un tipo de entero sin signo, como u32, que asegura que el parámetro nunca sea negativo.

Creación de tipos personalizados para la validación

Llevemos un paso más allá la idea de utilizar el sistema de tipos de Rust para asegurarnos de tener un valor válido; veamos cómo crear un tipo personalizado para la validación. Recuerde el juego de adivinanzas del Capítulo 2, en el que nuestro código le pedía al usuario que adivinara un número entre 1 y 100. Nunca validamos que la suposición del usuario estuviera entre esos números antes de verificarla con nuestro número secreto; solo validamos que la suposición fuera positiva. En este caso, las consecuencias no fueron muy graves: nuestras salidas de «Demasiado alto» o «Demasiado bajo» seguirían siendo correctas. Pero sería una mejora útil orientar al usuario hacia suposiciones válidas y tener un comportamiento diferente cuando el usuario introduce un número que está fuera del rango, en comparación con cuando el usuario, en lugar de lo anterior, escribe, por ejemplo, letras.

Una forma de lograrlo sería analizar la suposición como i32 en lugar de solo u32 para permitir números potencialmente negativos y, luego, añadir una comprobación para asegurarse de que el número esté dentro del rango, de la siguiente manera:

src/main.rs
```
loop {
    --snip--

    let guess: i32 = match guess.trim().parse() {
        Ok(num) => num,
        Err(_) => continue,
    };

    if guess < 1 || guess > 100 {
        println!("The secret number will be between 1 and 100.");
        continue;
    }

    match guess.cmp(&secret_number) {
        --snip--
}
```

La expresión if verifica si nuestro valor está fuera del rango, informa al usuario sobre el problema y llama a continue para iniciar la siguiente iteración del bucle y pedir otro intento. Después de la expresión if, podemos proceder con las comparaciones entre guess y el número secreto, sabiendo que guess está entre 1 y 100.

Sin embargo, esta no es una solución ideal: si fuera absolutamente crucial que el programa solo operara con valores entre 1 y 100, y tuviera muchas funciones con este requisito, tener una verificación como esta en cada función sería tedioso (y podría afectar al rendimiento).

En su lugar, podemos crear un nuevo tipo y colocar las validaciones en una función para crear una instancia del tipo en lugar de repetir las validaciones en todas partes. De esta manera, las funciones utilizarán el nuevo tipo en sus firmas y utilizarán con confianza los valores que reciban. El Listado 9-13 muestra una forma de definir un tipo Guess que solo creará una instancia de Guess si la función new recibe un valor entre 1 y 100.

src/lib.rs

```
pub struct Guess { ❶
    value: i32,
}

impl Guess {
  ❷ pub fn new(value: i32) -> Guess {
      ❸ if value < 1 || value > 100 {
          ❹ panic!(
                "Guess value must be between 1 and 100, got {}.",
                value
            );
        }

      ❺ Guess { value }
    }

  ❻ pub fn value(&self) -> i32 {
        self.value
    }
}
```

Listado 9-13: Tipo Guess que solo continuará si los valores están entre 1 y 100.

Primero, definimos una estructura llamada Guess, que tiene un campo llamado value que almacena un i32 ❶. Aquí es donde se almacenará el número.

Luego, implementamos una función asociada llamada new en Guess, que crea instancias de valores Guess ❷. La función new se define con un parámetro llamado value de tipo i32 y devuelve Guess. El código en el cuerpo de la función new prueba value para asegurarse de que esté entre 1 y 100 ❸. Si el valor no pasa esta prueba, hacemos una llamada a panic! ❹, lo cual alertará al programador que está escribiendo el código de llamada de que tiene un error que debe corregir, porque crear Guess con un value fuera de este rango violaría el contrato en el que Guess::new se basa. Las condiciones en las que Guess::new podría generar pánico se deben explicar en la documentación de la API pública; trataremos las convenciones de la documentación que indican la posibilidad de un panic! en la documentación de la API que usted creará en el Capítulo 14. Si value pasa la prueba, creamos una nueva Guess con su campo value establecido al parámetro value y devolvemos Guess ❺.

A continuación, implementamos un método llamado value que toma prestado self, no tiene ningún otro parámetro y devuelve i32 ❻. Este tipo de método a veces se llama *getter* porque su propósito es obtener algún dato de sus campos y devolverlo. Este método público es necesario porque el campo value de la estructura Guess es privado. Es importante que el campo value sea privado para que el código que utiliza la estructura Guess no pueda establecer value directamente: el código fuera del módulo debe utilizar la función Guess::new para crear una instancia de Guess, asegurando así que no hay forma de que Guess tenga un value que no haya sido comprobado por las condiciones de la función Guess::new. Una función que tiene un parámetro o devuelve solo números entre 1 y 100 podría declarar en su firma que toma o devuelve Guess en lugar de i32 y no sería necesario hacer ninguna comprobación adicional en el cuerpo de la misma.

Resumen

Las funciones de gestión de errores de Rust están diseñadas para ayudarle a escribir un código más robusto. La macro panic! señala que el programa está en un estado que no puede manejar y le permite a usted decirle al proceso que se detenga en lugar de intentar continuar con valores no válidos o incorrectos. La enum Result utiliza el sistema de tipos de Rust para indicar que las operaciones pueden fallar, de forma que el código pueda recuperarse. Puede usar Result para decirle al código que llama a su código que también necesita gestionar un posible éxito o fracaso. El uso de panic! y Result en las situaciones apropiadas hará que su código sea más fiable frente a problemas inevitables.

Ahora que ha visto formas útiles en las que la biblioteca estándar utiliza los genéricos con las enums Option y Result, hablaremos de cómo funcionan los genéricos y de cómo puede utilizarlos en su código.

10

TIPOS GENÉRICOS, TRAITS Y LIFETIMES

Todo lenguaje de programación dispone de herramientas para gestionar eficazmente la duplicación de conceptos. En Rust, una de estas herramientas son los *genéricos*: sustitutivos abstractos de tipos concretos o de otras propiedades. Podemos expresar el comportamiento de los genéricos o cómo se relacionan con otros genéricos sin saber qué habrá en su lugar al compilar y ejecutar el código.

Las funciones pueden tomar parámetros de algún tipo genérico, en lugar de hacerlo de un tipo concreto como i32 o String, del mismo modo que toman parámetros con valores desconocidos para ejecutar el mismo código sobre múltiples valores concretos. De hecho, ya hemos usado genéricos en el Capítulo 6 con Option<T>, en el Capítulo 8 con Vec<T> y HashMap<K, V>, y en el Capítulo 9 con Result<T, E>. En este capítulo ¡explorará cómo definir sus propios tipos, funciones y métodos con genéricos!

Primero repasaremos cómo extraer código a una función para reducir la duplicación de código. A continuación, utilizaremos la misma técnica para crear una función genérica a partir de dos funciones que solo difieren en los tipos de sus parámetros. También explicaremos cómo usar tipos genéricos en las definiciones de structs y enums.

Después, aprenderá cómo usar *traits* para definir el comportamiento de una manera genérica. Puede combinar traits con tipos genéricos para limitar un tipo genérico, de manera que acepte solo aquellos tipos que tienen un comportamiento particular, en lugar de cualquier tipo.

Finalmente, discutiremos los *lifetimes (tiempos de vida o vidas útiles)*: una variedad de genéricos que le proporcionan información al compilador sobre cómo se relacionan las referencias entre sí. Los lifetimes nos permiten proporcionar al compilador suficiente información sobre los valores prestados para que este pueda asegurarse de que las referencias sean válidas en más situaciones de las que podría hacerlo sin nuestra ayuda.

Eliminación de la duplicación de código mediante su extracción a una función

Para eliminar la duplicación de código, los genéricos permiten reemplazar tipos específicos por un marcador que representa múltiples tipos. Antes de adentrarnos en la sintaxis de los genéricos, primero veamos cómo eliminar la duplicación de manera que no involucre tipos genéricos, extrayendo código a una función que reemplace valores específicos por un marcador que representa múltiples valores. ¡Luego aplicaremos la misma técnica para extraer código a una función genérica! Al observar cómo reconocer código duplicado que se puede extraer a una función, comenzará a reconocer código duplicado que puede usar genéricos.

Empezaremos con el breve programa del Listado 10-1, que encuentra el número más grande de una lista.

src/main.rs
```
fn main() {
  ❶ let number_list = vec![34, 50, 25, 100, 65];

  ❷ let mut largest = &number_list[0];

  ❸ for number in &number_list {
     ❹ if number > largest {
        ❺ largest = number;
        }
     }

  println!("The largest number is {largest}");
}
```

Listado 10-1: Cómo encontrar el número más grande de una lista de números.

Almacenamos una lista de números enteros en la variable number_list ❶ y colocamos una referencia en el primer número de la lista en una variable llamada largest ❷. Luego, iteramos a través de todos los números de la lista ❸ y, si el número que estamos analizando es mayor que el número almacenado en largest ❹, reemplazamos la referencia en esa variable ❺. Sin embargo, si ese número es menor o igual al número más grande visto hasta ese momento, la variable no cambia y el código pasa al siguiente número en la lista. Después de considerar todos los números de la lista, la variable largest debería hacer referencia al número más grande, que en este caso es 100.

Ahora se nos ha asignado la tarea de encontrar el número más grande en dos listas diferentes de números. Para hacerlo, podríamos optar por duplicar el código del Listado 10-1 y utilizar la misma lógica en dos posiciones diferentes del programa, como se muestra en el Listado 10-2.

src/main.rs
```
fn main() {
    let number_list = vec![34, 50, 25, 100, 65];

    let mut largest = &number_list[0];

    for number in &number_list {
        if number > largest {
            largest = number;
        }
    }

    println!("The largest number is {largest}");

    let number_list = vec![102, 34, 6000, 89, 54, 2, 43, 8];

    let mut largest = &number_list[0];

    for number in &number_list {
        if number > largest {
            largest = number;
        }
    }

    println!("The largest number is {largest}");
}
```

Listado 10-2: Código para encontrar el número más grande en cada una de las dos listas de números.

Aunque este código funciona, duplicar código es tedioso y propenso a errores. También tenemos que recordar que debemos actualizar el código en varios sitios cuando necesitemos cambiarlo.

Para eliminar esta duplicación, crearemos una abstracción definiendo una función que opere con cualquier lista de enteros que se pase como parámetro. Esta solución hace que el código sea más claro y nos permite expresar de forma abstracta el concepto de encontrar el número más grande de una lista.

En el Listado 10-3, extraemos a una función llamada largest el código que encuentra el número más grande. A continuación, llamamos a la función para encontrar el número más grande en las dos listas del Listado 10-2. También podríamos usar la función en cualquier otra lista de valores i32 que pudiéramos tener en el futuro.

```
fn largest(list: &[i32]) -> &i32 {
    let mut largest = &list[0];

    for item in list {
        if item > largest {
            largest = item;
        }
    }

    largest
}

fn main() {
    let number_list = vec![34, 50, 25, 100, 65];

    let result = largest(&number_list);
    println!("The largest number is {result}");

    let number_list = vec![102, 34, 6000, 89, 54, 2, 43, 8];

    let result = largest(&number_list);
    println!("The largest number is {result}");
}
```

Listado 10-3: Código abstracto para hallar el número más grande de dos listas.

La función largest tiene un parámetro llamado list, que representa cualquier rebanada concreta de valores i32 que podríamos pasar a la función. Como resultado, cuando llamamos a la función, el código se ejecuta sobre los valores específicos que le pasamos.

En resumen, estos son los pasos que hemos seguido para cambiar el código del Listado 10-2 al Listado 10-3:

1. Identificar el código duplicado.
2. Extraer el código duplicado al cuerpo de la función y especificar los valores de entrada y retorno de ese código en la firma de la función.
3. Actualizar las dos instancias de código duplicado para llamar, en cambio, a la función.

A continuación, utilizaremos los mismos pasos con genéricos para reducir la duplicación de código. De la misma manera que el cuerpo de la función puede funcionar con una list (lista) abstracta en lugar de valores específicos, los genéricos permiten que el código funcione con tipos abstractos.

Por ejemplo, supongamos que tenemos dos funciones: una que encuentra el elemento más grande en una rebanada de valores i32 y otra que encuentra el elemento más grande en una rebanada de valores char. ¿Cómo eliminaríamos esa duplicación? ¡Vamos a descubrirlo!

Tipos de datos genéricos

Utilizamos genéricos para crear definiciones de elementos como firmas de funciones o structs, que luego podemos usar con muchos tipos de datos concretos diferentes. Veamos primero cómo definir funciones, structs, enums y métodos usando genéricos. Luego, analizaremos cómo los genéricos afectan al rendimiento del código.

En las definiciones de funciones

Cuando definimos una función que utiliza genéricos, colocamos los genéricos en la firma de la función donde normalmente especificaríamos los tipos de datos de los parámetros y el valor de retorno. Al hacerlo, el código se vuelve más flexible y proporciona más funcionalidad a los llamadores de nuestra función, al tiempo que evita la duplicación de código.

Continuando con nuestra función largest, en el Listado 10-4 se muestran dos funciones que encuentran el valor más grande de una rebanada. Luego, combinaremos estas dos funciones en una sola que use genéricos.

src/main.rs

```rust
fn largest_i32(list: &[i32]) -> &i32 {
    let mut largest = &list[0];

    for item in list {
        if item > largest {
            largest = item;
        }
    }

    largest
}

fn largest_char(list: &[char]) -> &char {
    let mut largest = &list[0];

    for item in list {
        if item > largest {
            largest = item;
        }
    }

    largest
}

fn main() {
    let number_list = vec![34, 50, 25, 100, 65];

    let result = largest_i32(&number_list);
    println!("The largest number is {result}");

    let char_list = vec!['y', 'm', 'a', 'q'];

    let result = largest_char(&char_list);
    println!("The largest char is {result}");
}
```

Listado 10-4: Dos funciones que difieren solo en sus nombres y en los tipos en sus firmas.

La función `largest_i32` es aquella que extrajimos en el Listado 10-3 y encuentra el `i32` de mayor valor de una rebanada. La función `largest_char` encuentra el `char` de mayor valor en una rebanada. Los cuerpos de las funciones tienen el mismo código, así que vamos a eliminar la duplicación introduciendo un parámetro genérico en una única función.

Para parametrizar los tipos en una nueva y única función, necesitamos nombrar el parámetro de tipo, de la misma manera que lo hacemos para los parámetros de valor de una función. Se puede utilizar cualquier identificador como nombre de parámetro de tipo. Pero usaremos `T` porque, por convención, los nombres de parámetro de tipo en Rust son cortos, a menudo solo una letra, y la convención de nomenclatura de tipos en Rust es CamelCase. La abreviatura de *type*, `T` es la elección por defecto de la mayoría de los programadores de Rust.

Cuando utilizamos un parámetro en el cuerpo de la función, tenemos que declarar el nombre del parámetro en la firma para que el compilador sepa qué significa ese nombre. Del mismo modo, cuando utilizamos un nombre de parámetro de tipo en la firma de una función, tenemos que declararlo antes de utilizarlo. Para definir la función genérica `largest`, colocamos las declaraciones de nombre de tipo dentro de paréntesis angulares, `<>`, entre el nombre de la función y la lista de parámetros; así:

```
fn largest<T>(list: &[T]) -> &T {
```

Leemos esta definición como: la función `largest` es genérica sobre algún tipo `T`. Esta función tiene un parámetro llamado `list`, que es una slice (rebanada) de valores del tipo `T`. La función `largest` devolverá una referencia a un valor del mismo tipo `T`.

El Listado 10-5 muestra la definición de la función combinada `largest` usando el tipo de datos genérico en su firma. El Listado también muestra cómo podemos llamar a la función, bien con una rebanada de valores `i32` o bien con valores `char`. Observe que este código no podrá compilar todavía, pero lo arreglaremos más adelante en este capítulo.

src/main.rs
```
fn largest<T>(list: &[T]) -> &T {
    let mut largest = &list[0];

    for item in list {
        if item > largest {
            largest = item;
        }
    }

    largest
}

fn main() {
    let number_list = vec![34, 50, 25, 100, 65];

    let result = largest(&number_list);
    println!("The largest number is {result}");

    let char_list = vec!['y', 'm', 'a', 'q'];
```

```
    let result = largest(&char_list);
    println!("The largest char is {result}");
}
```

Listado 10-5: Función largest *que utiliza parámetros de tipo genérico; esto no pue-decompilar todavía.*

Si compilamos el código en este momento, obtendremos el siguiente error:

```
error[E0369]: binary operation `>` cannot be applied to type `&T`
 --> src/main.rs:5:17
  |
5 |         if item > largest {
  |            ---- ^ ------- &T
  |            |
  |            &T
  |
help: consider restricting type parameter `T`
  |
1 | fn largest<T: std::cmp::PartialOrd>(list: &[T]) -> &T {
  |           ++++++++++++++++++++++++
```

El texto de ayuda menciona std::cmp::PartialOrd, que es un *trait*; hablaremos de traits en la siguiente sección. Por ahora, sepa que este error indica que el cuerpo de largest no funcionará para todos los tipos posibles que T podría repesentar. Como queremos comparar valores del tipo T en el cuerpo de la función, solo podemos usar tipos cuyos valores puedan ordenarse. Para permitir comparaciones, la biblioteca estándar tiene el trait std::cmp::PartialOrd, que se puede implementar en tipos (vea el Apéndice C para más información sobre este trait). Siguiendo la sugerencia del texto de ayuda, restringimos los tipos válidos para T a solo aquellos que implementan PartialOrd y este ejemplo podrá compilar, porque la biblioteca están-dar implementa PartialOrd tanto en i32 como en char.

En las definiciones de structs

También podemos definir structs para usar un parámetro de tipo genérico en uno o más campos utilizando la sintaxis <>. El Listado 10-6 define la struct Point<T> para almacenar valores de coor-denadas x e y de cualquier tipo.

src/main.rs
```
struct Point<T> { ❶
    ❷ x: T,
    ❸ y: T,
}

fn main() {
    let integer = Point { x: 5, y: 10 };
    let float = Point { x: 1.0, y: 4.0 };
}
```

Listado 10-6: Struct Point<T> *que contiene valores x e y de tipo T.*

La sintaxis para usar genéricos en las definiciones de structs es similar a la utilizada en las definiciones de funciones. En primer lugar, declaramos el nombre del parámetro de tipo dentro de corchetes angulares justo después del nombre de la struct ❶. Luego, usamos el tipo genérico en la definición de struct donde normalmente especificaríamos tipos de datos concretos ❷❸.

Es importante destacar que, dado que hemos utilizado solo un tipo genérico para definir Point<T>, esta definición indica que la struct Point<T> es genérica para algún tipo T, y los campos x e y son ambos de ese mismo tipo, sea cual sea ese tipo. Si creamos una instancia de Point<T> que tenga valores de diferentes tipos, como se muestra en el Listado 10-7, el código no compilará.

src/main.rs
```
struct Point<T> {
    x: T,
    y: T,
}

fn main() {
    let wont_work = Point { x: 5, y: 4.0 };
}
```

Listado 10-7: Los campos x e y deben ser del mismo tipo porque ambos tienen el mismo tipo de datos genérico T.

En este ejemplo, cuando asignamos el valor entero 5 a x, le indicamos al compilador que el tipo genérico T será un entero para esta instancia de Point<T>. Entonces, cuando especificamos 4.0 para y, que hemos definido para tener el mismo tipo que x, obtendremos un error de desajuste de tipo como el siguiente:

```
error[E0308]: mismatched types
 --> src/main.rs:7:38
  |
7 |     let wont_work = Point { x: 5, y: 4.0 };
  |                                      ^^^ expected integer, found floating-point number
```

Para definir una struct Point donde x e y sean genéricos pero puedan tener diferentes tipos, podemos utilizar varios parámetros de tipo genérico. Por ejemplo, en el Listado 10-8, cambiamos la definición de Point para que sea genérica en los tipos T y U, donde x es de tipo T e y es de tipo U.

src/main.rs
```
struct Point<T, U> {
    x: T,
    y: U,
}

fn main() {
    let both_integer = Point { x: 5, y: 10 };
    let both_float = Point { x: 1.0, y: 4.0 };
    let integer_and_float = Point { x: 5, y: 4.0 };
}
```

Listado 10-8: Point<T, U> genérico sobre dos tipos, de modo que x e y pueden ser valores de diferentes tipos.

En las definiciones de enums

Como hicimos con las structs, también podemos definir enums para contener tipos de datos genéricos en sus variantes. Echemos otro vistazo a la enum Option<T> que proporciona la biblioteca estándar, que utilizamos en el Capítulo 6:

```
enum Option<T> {
    Some(T),
    None,
}
```

Esta definición debería ahora tener más sentido para usted. Como puede ver, la enum Option<T> es genérica sobre el tipo T y tiene dos variantes: Some, que contiene un valor de tipo T, y la variante None, que no contiene ningún valor. Al usar la enum Option<T>, podemos expresar el concepto abstracto de un valor opcional y, debido a que Option<T> es genérica, podemos utilizar esta abstracción sin importar cuál sea el tipo del valor opcional.

Las enums también pueden utilizar varios tipos genéricos. La definición de la enum Result que utilizamos en el Capítulo 9 es un ejemplo:

```
enum Result<T, E> {
    Ok(T),
    Err(E),
}
```

La enum Result es genérica sobre dos tipos, T y E, y tiene dos variantes: Ok, que contiene un valor de tipo T, y Err, que contiene un valor de tipo E. Esta definición facilita el uso de la enum Result en cualquier sitio donde tengamos una operación que pueda tener éxito (devolver un valor de algún tipo T) o fallar (devolver un error de algún tipo E). De hecho, esto es lo que usamos para abrir un archivo en el Listado 9-3, donde T se rellenó con el tipo std::fs::File cuando el archivo se abrió correctamente y E se rellenó con el tipo std::io::Error cuando hubo problemas para abrir el archivo.

Cuando reconozca situaciones en el código con múltiples definiciones de structs o enums que difieren solo en los tipos de los valores que contienen, puede evitar la duplicación utilizando tipos genéricos.

En las definiciones de métodos

Podemos implementar métodos en structs y enums (como lo hicimos en el Capítulo 5) y también utilizar tipos genéricos en sus definiciones. El Listado 10-9 muestra la struct Point<T> que definimos en el Listado 10-6 con un método llamado x implementado en la misma.

src/main.rs
```
struct Point<T> {
    x: T,
    y: T,
}
```

```
impl<T> Point<T> {
    fn x(&self) -> &T {
        &self.x
    }
}

fn main() {
    let p = Point { x: 5, y: 10 };

    println!("p.x = {}", p.x());
}
```

Listado 10-9: Implementación de un método llamado x en la struct Point<T>, que devolverá una referencia al campo x de tipo T.

Aquí hemos definido un método llamado x en Point<T> que devuelve una referencia a los datos del campo x.

Observe que debemos declarar T inmediatamente después de impl, con el propósito de poder usar T para especificar que estamos implementando métodos sobre el tipo Point<T>. Al declarar T como un tipo genérico después de impl, Rust puede identificar que el tipo entre corchetes angulares en Point es un tipo genérico en lugar de un tipo concreto. Podríamos haber elegido un nombre diferente para este parámetro genérico al del parámetro genérico declarado en la definición de la struct, pero usar el mismo nombre es algo convencional. Los métodos escritos dentro de impl que declara el tipo genérico se definirán en cualquier instancia del tipo, sin importar qué tipo concreto se sustituya por el tipo genérico.

También podemos especificar restricciones en los tipos genéricos al definir métodos en el tipo. Por ejemplo, podríamos implementar métodos solo en instancias de Point<f32> en lugar de hacerlo en instancias de Point<T> con cualquier tipo genérico. En el Listado 10-10, utilizamos el tipo concreto f32, lo que significa que no declaramos ningún tipo inmediatamente después de impl.

src/main.rs
```
impl Point<f32> {
    fn distance_from_origin(&self) -> f32 {
        (self.x.powi(2) + self.y.powi(2)).sqrt()
    }
}
```

Listado 10-10: Bloque impl que se aplica únicamente a una struct con un tipo concreto particular para el parámetro de tipo genérico T.

Este código significa que el tipo Point<f32> tendrá el método distance_from_origin; otras instancias de Point<T> donde T no sea de tipo f32 no tendrán este método definido. El método mide la distancia a la que se encuentra nuestro punto del punto situado en las coordenadas (0,0, 0,0) y utiliza operaciones matemáticas que solo están disponibles para tipos de coma flotante.

Los parámetros de tipo genérico en la definición de una struct no siempre son los mismos que los que se utilizan en las firmas de métodos de esa misma struct. El Listado 10-11 utiliza los tipos genéricos X1 e Y1 para la struct Point y X2 e Y2 para la firma del método mixup, para hacer el ejemplo más claro. El método crea una nueva instancia de Point con el valor x tomado del Point self (de tipo X1) y el valor y tomado del Point pasado como argumento (de tipo Y2).

src/main.rs

```rust
struct Point<X1, Y1> {
    x: X1,
    y: Y1,
}

❶ impl<X1, Y1> Point<X1, Y1> {
  ❷ fn mixup<X2, Y2>(
        self,
        other: Point<X2, Y2>,
    ) -> Point<X1, Y2> {
        Point {
            x: self.x,
            y: other.y,
        }
    }
}

fn main() {
  ❸ let p1 = Point { x: 5, y: 10.4 };
  ❹ let p2 = Point { x: "Hello", y: 'c' };

  ❺ let p3 = p1.mixup(p2);

  ❻ println!("p3.x = {}, p3.y = {}", p3.x, p3.y);
}
```

Listado 10-11: Método que utiliza tipos genéricos diferentes a los de la definición de su struct.

En main, hemos definido una Point que tiene i32 para x (con valor 5) y f64 para y (con valor 10.4 ❸). La variable p2 es una struct Point que tiene una string slice para x (con valor "Hello") y char para y (con valor c ❹). Llamar a mixup en p1 con el argumento p2 nos da p3 ❺, que tendrá i32 para x porque x proviene de p1. La variable p3 tendrá char para y porque y proviene de p2. La llamada a la macro println! ❻ imprimirá p3.x = 5, p3.y = c.

El propósito de este ejemplo es mostrar una situación en la que algunos parámetros genéricos se declaran con impl y otros se declaran con la definición del método. Aquí, los parámetros genéricos X1 e Y1 se declaran después de impl ❶ porque se relacionan con la definición de la struct. Los parámetros genéricos X2 e Y2 se declaran después de fn mixup ❷ porque solo son relevantes para el método.

Rendimiento del código cuando se utilizan genéricos

Es posible que se pregunte si hay un coste en tiempo de ejecución al utilizar parámetros de tipo genérico. La buena noticia es que utilizar tipos genéricos no hará que el programa se ejecute más lentamente que si se usaran tipos concretos.

Rust logra lo anterior mediante la realización de la monomorfización del código que utiliza genéricos en tiempo de compilación.

La *monomorfización* es el proceso de convertir el código genérico en código específico al rellenar los tipos concretos que se utilizan durante la compilación. En este proceso, el compilador realiza en sentido contrario los pasos que utilizamos para crear la función genérica en el Listado 10-5: el compilador examina todos los sitios donde se llama al código genérico y genera el código para los tipos concretos con los que se llama al código genérico.

Veamos cómo funciona lo anterior utilizando la enum genérica Option<T> de la biblioteca estándar:

```
let integer = Some(5);
let float = Some(5.0);
```

Cuando Rust compila este código, realiza la monomorfización. Durante ese proceso, el compilador lee los valores que se han utilizado en las instancias de Option<T> e identifica dos tipos de Option<T>: uno es i32 y el otro es f64. Como tal, expande la definición genérica de Option<T> en dos definiciones especializadas para i32 y f64, reemplazando así la definición genérica por las específicas.

La versión monomorfizada del código es similar a lo siguiente (el compilador utiliza nombres diferentes a los que estamos usando aquí con fines ilustrativos):

src/main.rs
```
enum Option_i32 {
    Some(i32),
    None,
}

enum Option_f64 {
    Some(f64),
    None,
}

fn main() {
    let integer = Option_i32::Some(5);
    let float = Option_f64::Some(5.0);
}
```

La opción genérica Option<T> se reemplaza con las definiciones específicas creadas por el compilador. Debido a que Rust compila el código genérico en código que especifica el tipo en cada instancia, no incurrimos en ningún coste en tiempo de ejecución por usar genéricos. Cuando se ejecuta el código, funciona exactamente como si hubiéramos duplicado cada definición manualmente. El proceso de monomorfización hace que los genéricos de Rust sean extremadamente eficientes en tiempo de ejecución.

Traits: definición de comportamiento compartido

El trait define la funcionalidad que tiene un tipo particular y que puede compartir con otros tipos. Podemos usar traits para definir un comportamiento compartido de manera abstracta. Podemos usar restricciones de trait (trait bounds) para especificar que un tipo genérico puede ser cualquier tipo que tenga cierto comportamiento.

NOTA *Los traits son similares a una característica comúnmente llamada interfaces en otros lenguajes, aunque con algunas diferencias.*

Definición de trait

El comportamiento de un tipo consta de los métodos que podemos llamar sobre ese tipo. Diferentes tipos comparten el mismo comportamiento si podemos llamar a los mismos métodos en todos esos tipos. Las definiciones de traits son una forma de agrupar las firmas de métodos para definir un conjunto de comportamientos necesarios con la finalidad de lograr algún propósito.

Por ejemplo, supongamos que tenemos varias structs que contienen diferentes tipos y cantidades de texto: una struct `NewsArticle` que contiene una noticia archivada en una ubicación concreta, y un `Tweet` que puede tener, como máximo, 280 caracteres junto con metadatos que indican si es un nuevo tweet, un retweet o una respuesta a otro tweet.

Queremos crear una biblioteca de agregador de medios llamada `aggregator` que pueda mostrar resúmenes de datos que podrían estar almacenados en una instancia de `NewsArticle` o de `Tweet`. Para lograrlo, necesitamos un resumen de cada tipo, y solicitaremos ese resumen llamando al método `summarize` en una instancia. El Listado 10-12 muestra la definición del trait público llamado `Summary` que expresa este comportamiento.

src/lib.rs
```
pub trait Summary {
    fn summarize(&self) -> String;
}
```

Listado 10-12: Trait `Summary` que consta del comportamiento proporcionado por el método `summarize`.

Aquí declaramos el trait utilizando la palabra clave `trait` seguida del nombre del trait, que en este caso es `Summary`. También declaramos el trait como `pub` para que los crates que dependan de este crate también puedan hacer uso de este trait, como veremos en algunos ejemplos. Dentro de las llaves, declaramos las firmas de los métodos que describen los comportamientos de los tipos que implementan este trait, que en este caso es `fn summarize(&self) -> String`.

Después de la firma del método, en lugar de proporcionar una implementación entre llaves, utilizamos, además, un punto y coma. Cada tipo que implementa el trait debe proporcionar su propio comportamiento personalizado al cuerpo del método. El compilador garantizará que cualquier tipo que tenga el trait `Summary` tendrá el método `summarize` definido exactamente con esa firma.

El cuerpo de un trait puede contener varios métodos: las firmas de los métodos se enumeran una por línea, y cada línea termina con un punto y coma.

Implementación de un trait en un tipo

Ahora que hemos definido las firmas requeridas de los métodos del trait Summary, podemos implementarlo en los tipos de nuestro agregador de medios. El Listado 10-13 muestra una implementación del trait Summary en la struct NewsArticle, que utiliza el titular, el autor y la ubicación para crear el valor de retorno de summarize. Para la struct Tweet, definimos summarize como el nombre del usuario seguido del texto completo del tweet, suponiendo que el contenido del tweet ya está limitado a 280 caracteres.

src/lib.rs
```rust
pub struct NewsArticle {
    pub headline: String,
    pub location: String,
    pub author: String,
    pub content: String,
}

impl Summary for NewsArticle {
    fn summarize(&self) -> String {
        format!(
            "{}, by {} ({})",
            self.headline,
            self.author,
            self.location
        )
    }
}

pub struct Tweet {
    pub username: String,
    pub content: String,
    pub reply: bool,
    pub retweet: bool,
}

impl Summary for Tweet {
    fn summarize(&self) -> String {
        format!("{}: {}", self.username, self.content)
    }
}
```

Listado 10-13: Implementación del trait Summary en los tipos NewsArticle y Tweet.

La implementación de un trait en un tipo es similar a la implementación de métodos normales. La diferencia es que, después de impl, colocamos el nombre del trait que queremos aplicar y, luego, usamos la palabra clave for y especificamos el nombre del tipo para el que queremos implementar el trait. Dentro del bloque impl colocamos las firmas de los métodos que la definición del trait ha establecido. En lugar de añadir un punto y coma después de cada firma, usamos llaves y rellenamos el cuerpo del método con el comportamiento específico que deseamos que los métodos del trait tengan para el tipo en particular.

Ahora que la biblioteca ha implementado el trait Summary en NewsArticle y Tweet, los usuarios del crate pueden llamar a los métodos del trait en instancias de NewsArticle y Tweet, de la misma manera en que llamamos a los métodos normales. La única diferencia es que el usuario debe importar el trait al ámbito, así como los tipos. A continuación, se presenta un ejemplo de cómo un crate binario podría usar nuestro crate de biblioteca aggregator:

```
use aggregator::{Summary, Tweet};

fn main() {
    let tweet = Tweet {
        username: String::from("horse_ebooks"),
        content: String::from(
            "of course, as you probably already know, people",
        ),
        reply: false,
        retweet: false,
    };

    println!("1 new tweet: {}", tweet.summarize());
}
```

Este código imprime 1 new tweet: horse_ebooks: of course, as you probably already know, people.

Otros crates que dependen del crate aggregator también pueden incorporar el trait Summary al ámbito para implementar Summary en sus propios tipos. Una restricción a tener en cuenta es que solo podemos implementar un trait en un tipo si el trait o el tipo —o ambos— son locales de nuestro crate. Por ejemplo, podemos implementar traits de la biblioteca estándar como Display en un tipo personalizado como Tweet como parte de la funcionalidad de nuestro crate aggregator porque el tipo Tweet es local a nuestro crate aggregator. También podemos implementar Summary en Vec<T> en nuestro crate aggregator porque el trait Summary es local a nuestro crate aggregator.

Pero no podemos implementar traits externos en tipos externos. Por ejemplo, no podemos implementar el trait Display en Vec<T> dentro de nuestro crate aggregator porque Display y Vec<T> están definidos en la biblioteca estándar y no son locales del crate aggregator. Esta restricción es parte de una propiedad llamada *coherencia* y, más específicamente, de la *regla del huérfano*, llamada así porque el tipo padre no está presente. Esta regla asegura que el código de otras personas no pueda romper su código y viceversa. Sin esta regla, dos crates podrían implementar el mismo trait para el mismo tipo, y Rust no sabría qué aplicación usar.

Implementaciones por defecto

A veces es útil tener un comportamiento por defecto para algunos o todos los métodos de un trait, en lugar de requerir implementaciones para todos los métodos en cada tipo. Luego, al implementar el trait en un tipo particular, podemos mantener o anular el comportamiento por defecto de cada método.

En el Listado 10-14, especificamos una cadena por defecto para el método summarize del trait Summary en lugar de solo definir la firma del método, como hicimos en el Listado 10-12.

src/lib.rs

```
pub trait Summary {
    fn summarize(&self) -> String {
        String::from("(Read more...)")
    }
}
```

Listado 10-14: Definición del trait Summary con una implementación por defecto del método summarize.

Para utilizar la implementación por defecto con el propósito de resumir instancias de NewsArticle, especificamos un bloque impl vacío con impl Summary for NewsArticle {}.

Aunque ya no definimos el método summarize directamente en NewsArticle, hemos proporcionado una implementación por defecto y especificado que NewsArticle implementa el trait Summary. Como resultado, aún podemos llamar al método summarize en una instancia de NewsArticle, de la siguiente manera:

```
let article = NewsArticle {
    headline: String::from(
        "Penguins win the Stanley Cup Championship!"
    ),
    location: String::from("Pittsburgh, PA, USA"),
    author: String::from("Iceburgh"),
    content: String::from(
        "The Pittsburgh Penguins once again are the best \
        hockey team in the NHL.",
    ),
};

println!("New article available! {}", article.summarize());
```

Este código imprime New article available! (Read more...).

Crear una implementación por defecto no requiere que cambiemos nada sobre la aplicación de Summary en Tweet en el Listado 10-13. La razón es que la sintaxis para anular una implementación por defecto es la misma que la sintaxis para aplicar un método de trait que no tiene una implementación por defecto.

Las implementaciones por defecto pueden llamar a otros métodos del mismo trait, incluso si esos otros métodos no tienen una implementación por defecto. De esta manera, un trait puede proporcionar mucha funcionalidad útil y solo requerir que los autores de las implementaciones especifiquen una pequeña parte de la misma. Por ejemplo, podríamos definir el trait Summary para tener un método summarize_author cuya implementación sea requerida y, luego, definir un método summarize que tenga una implementación por defecto que llame al método summarize_author:

```
pub trait Summary {
    fn summarize_author(&self) -> String;
```

```
    fn summarize(&self) -> String {
        format!(
            "(Read more from {}...)",
            self.summarize_author()
        )
    }
}
```

Para utilizar esta versión de Summary, solo necesitamos definir sum-marize_author cuando implementamos el trait en un tipo:

```
impl Summary for Tweet {
    fn summarize_author(&self) -> String {
        format!("@{}", self.username)
    }
}
```

Después de definir summarize_author, podemos llamar a summarize en instancias de la struct Tweet, y la aplicación por defecto de sum-marize llamará a la definición de summarize_author que hemos pro-porcionado. Debido a que hemos implementado summarize_author, el trait Summary nos ha dado el comportamiento del método summarize sin requerir que escribamos más código. Esto se vería del siguiente modo:

```
let tweet = Tweet {
    username: String::from("horse_ebooks"),
    content: String::from(
        "of course, as you probably already know, people",
    ),
    reply: false,
    retweet: false,
};

println!("1 new tweet: {}", tweet.summarize());
```

Este código imprime 1 new tweet: (Read more from @horse_ebooks...).

Hay que tener en cuenta que no es posible llamar a la implemen-tación por defecto desde una implementación de anulación de ese mismo método.

Traits como parámetros

Ahora que sabe cómo definir e implementar traits, podemos explorar cómo usar traits para definir funciones que aceptan muchos tipos diferentes. Utilizaremos el trait Summary que aplicamos en los tipos NewsArticle y Tweet en el Listado 10-13 para definir la función notify que llama al método summarize en su parámetro item, que es de algún tipo que implementa el trait Summary. Para hacer esto, usamos la sinta-xis impl Trait, así:

```
pub fn notify(item: &impl Summary) {
    println!("Breaking news! {}", item.summarize());
}
```

En lugar de un tipo concreto para el parámetro item, especificamos la palabra clave impl y el nombre del trait. Este parámetro acepta cualquier tipo que implemente el trait especificado. En el cuerpo de notify, podemos llamar a cualquier método en item que provenga del trait Summary, como summarize. Podemos llamar a notify y pasar cualquier instancia de NewsArticle o Tweet. El código que llame a la función con cualquier otro tipo, como String o i32, no compilará porque esos tipos no implementan Summary.

Sintaxis de las restricciones de traits

La sintaxis impl Trait funciona para casos sencillos, pero en realidad es azúcar sintáctico de una forma más larga conocida como *restricción del trait*. Se vería así:

```
pub fn notify<T: Summary>(item: &T) {
    println!("Breaking news! {}", item.summarize());
}
```

Esta forma más larga es equivalente al ejemplo de la sección anterior, pero es más detallada. Colocamos las restricciones de trait con la declaración del parámetro de tipo genérico después de dos puntos y dentro de corchetes angulares.

La sintaxis impl Trait es conveniente y permite un código más conciso en casos sencillos, mientras que la sintaxis completa de restricciones de trait puede expresar mayor complejidad en otros casos. Por ejemplo, podemos tener dos parámetros que implementen Summary. Hacerlo con la sintaxis impl Trait se vería así:

```
pub fn notify(item1: &impl Summary, item2: &impl Summary) {
```

Usar impl Trait es apropiado si queremos que esta función permita que item1 e item2 tengan tipos diferentes (siempre y cuando ambos tipos implementen Summary). Sin embargo, si queremos obligar a que ambos parámetros tengan el mismo tipo, debemos usar la restricción de trait (trait bound), de la siguiente manera:

```
pub fn notify<T: Summary>(item1: &T, item2: &T) {
```

El tipo genérico T especificado como el tipo de los parámetros item1 e item2 restringe la función de tal manera que el tipo concreto del valor pasado como argumento para item1 e item2 debe ser el mismo.

Especificación de varias restricciones de trait con + Syntax

También podemos especificar más de una restricción de trait. Digamos que queremos que notify utilice el formato de visualización (display) y también la función summarize en item. Podemos especificar en la definición de notify que item debe implementar tanto Display como Summary. Podemos hacerlo utilizando la sintaxis + de la siguiente manera:

```
pub fn notify(item: &(impl Summary + Display)) {
```

La sintaxis + también es válida con las restricciones de trait en tipos genéricos:

```
pub fn notify<T: Summary + Display>(item: &T) {
```

Con las dos restricciones de trait especificadas, el cuerpo de notify puede llamar a summarize y utilizar {} para formatear item.

Restricciones de trait más claras con cláusulas where

El uso de demasiadas restricciones de trait tiene sus desventajas. Cada genérico tiene sus propias restricciones de trait, por lo que las funciones con múltiples parámetros genéricos pueden contener mucha información de restricciones de trait entre el nombre de la función y su lista de parámetros, lo que dificulta la lectura de la firma de la función. Por esta razón, Rust tiene una sintaxis alternativa para especificar restricciones de trait dentro de una cláusula where después de la firma de la función. Entonces, en lugar de escribir esto:

```
fn some_function<T: Display + Clone, U: Clone + Debug>(t: &T, u: &U) -> i32 {
```

podemos utilizar una cláusula where, como esta:

```
fn some_function<T, U>(t: &T, u: &U) -> i32
where
    T: Display + Clone,
    U: Clone + Debug,
{
```

La firma de esta función es menos desordenada: el nombre de la función, la lista de parámetros y el tipo de retorno están juntos; es similar a una función sin muchas restricciones de trait.

Devolución de tipos que implementan traits

También podemos usar la sintaxis impl Trait en la posición de retorno para devolver el valor de algún tipo que implementa un trait, como se muestra a continuación:

```
fn returns_summarizable() -> impl Summary {
    Tweet {
        username: String::from("horse_ebooks"),
        content: String::from(
            "of course, as you probably already know, people",
        ),
        reply: false,
        retweet: false,
    }
}
```

Al usar impl Summary como tipo de retorno, especificamos que returns_summarizable devuelve algún tipo que implementa el trait Summary sin especificar el tipo concreto. En este caso, returns_summarizable devuelve un Tweet, pero el código que llama a esta función no necesita saberlo.

La capacidad de especificar un tipo de retorno solo por el trait que implementa es especialmente útil en el contexto de closures (cierres) e iteradores, que se tratan en el Capítulo 13. Los closures e iteradores crean tipos que solo el compilador conoce o tipos que son muy largos de especificar. La sintaxis impl Trait le permite especificar de manera concisa que una función devuelve algún tipo que aplica el trait Iterator, sin tener que escribir un tipo muy largo.

Sin embargo, solo puede usar impl Trait si devuelve un único tipo. Por ejemplo, este código que devuelve tanto NewsArticle como Tweet con el tipo de retorno especificado como impl Summary no funcionaría:

```
fn returns_summarizable(switch: bool) -> impl Summary {
    if switch {
        NewsArticle {
            headline: String::from(
                "Penguins win the Stanley Cup Championship!",
            ),
            location: String::from("Pittsburgh, PA, USA"),
            author: String::from("Iceburgh"),
            content: String::from(
                "The Pittsburgh Penguins once again are the best \
                 hockey team in the NHL.",
            ),
        }
    } else {
        Tweet {
            username: String::from("horse_ebooks"),
            content: String::from(
                "of course, as you probably already know, people",
            ),
            reply: false,
            retweet: false,
        }
    }
}
```

No se permite devolver, ya sea NewsArticle o Tweet, debido a las restricciones sobre cómo se implementa la sintaxis impl Trait en el compilador. Nos ocuparemos de cómo escribir una función con este comportamiento en «Uso de objetos trait que permiten valores de diferentes tipos».

Uso de las restricciones de trait para implementar métodos de forma condicional

Al usar la restricción de trait con el bloque impl, que utiliza parámetros de tipo genérico, podemos aplicar métodos de forma condicional para tipos que apliquen los traits especificados. Por ejemplo, el tipo Pair<T> en el Listado 10-15 siempre aplica la función new para devolver una nueva instancia de Pair<T> (recuerde, de «Definición de métodos», que Self es un alias de tipo para el tipo del bloque impl, que en este caso es Pair<T>). Pero en el siguiente bloque impl, Pair<T> solo aplica el método cmp_display si su tipo interno T aplica el trait PartialOrd, que permite la comparación, y el trait Display, que permite la impresión.

```rust
use std::fmt::Display;

struct Pair<T> {
    x: T,
    y: T,
}

impl<T> Pair<T> {
    fn new(x: T, y: T) -> Self {
        Self { x, y }
    }
}

impl<T: Display + PartialOrd> Pair<T> {
    fn cmp_display(&self) {
        if self.x >= self.y {
            println!("The largest member is x = {}", self.x);
        } else {
            println!("The largest member is y = {}", self.y);
        }
    }
}
```

Listado 10-15: Implementación de métodos de forma condicional en un tipo genérico según las restricciones de traits.

También podemos implementar condicionalmente un trait para cualquier tipo que aplique otro trait. Las implementaciones de un trait en cualquier tipo que cumpla con las restricciones del trait se llaman implementaciones genéricas y se utilizan ampliamente en la biblioteca estándar de Rust. Por ejemplo, la biblioteca estándar implementa el trait ToString en cualquier tipo que implemente el trait Display. El bloque impl en la biblioteca estándar se parece a este código:

```rust
impl<T: Display> ToString for T {
    --snip--
}
```

Debido a esta implementación genérica en la biblioteca estándar, podemos llamar al método to_string definido por el trait ToString en cualquier tipo que aplique el trait Display. Por ejemplo, podemos convertir enteros en sus valores correspondientes de cadena de texto de la siguiente manera, ya que los enteros aplican Display:

```rust
let s = 3.to_string();
```

Las implementaciones genéricas aparecen en la documentación del trait en la sección «Implementadores».

Los traits y las restricciones de trait permiten escribir código que utiliza parámetros de tipo genérico para reducir la duplicación, pero también especificar al compilador que queremos que el tipo genérico tenga un comportamiento particular. El compilador puede utilizar la información de las restricciones de trait para verificar que todos los tipos concretos utilizados con nuestro código proporcionen el comportamiento correcto. En lenguajes de tipado dinámico, obtendríamos un error en tiempo de ejecución si llamáramos a un método en un tipo que no define el método. Pero Rust traslada estos errores al tiempo de compilación, por lo que nos vemos obligados a solucionar los problemas antes de que nuestro código pueda ejecutarse. Además, no tenemos que escribir código que verifique el comportamiento en tiempo de ejecución porque ya lo hemos verificado en tiempo de compilación. Al hacerlo, se mejora el rendimiento sin tener que renunciar a la flexibilidad de los genéricos.

Validación de referencias con lifetimes

Los lifetimes (tiempos de vida) son otro tipo de genérico que ya hemos utilizado. En lugar de garantizar que un tipo tenga el comportamiento que deseamos, los lifetimes garantizan que las referencias sean válidas mientras las necesitemos.

Un detalle que no discutimos en «Referencias y préstamos» es que cada referencia en Rust tiene un *lifetime (tiempo de vida)*, que es el ámbito en el cual esa referencia es válida. La mayoría de las veces, los lifetimes son implícitos e inferidos, al igual que la mayoría de las veces los tipos son inferidos. Solo debemos anotar los tipos cuando hay múltiples tipos posibles. De manera similar, debemos anotar los lifetimes cuando los lifetimes de las referencias podrían estar relacionados de diferentes maneras. Rust nos exige anotar las relaciones utilizando parámetros genéricos de lifetime para asegurarnos de que las referencias reales utilizadas en tiempo de ejecución sean definitivamente válidas.

Anotar lifetimes ni siquiera es un concepto que tengan la mayoría de los otros lenguajes de programación, por lo que esto puede resultar desconocido. Aunque no trataremos los lifetimes en su totalidad en este capítulo, sino que discutiremos las formas comunes en las que podría encontrarse con la sintaxis de los lifetimes para que pueda familiarizarse con el concepto.

Cómo evitar referencias colgantes con lifetimes

El objetivo principal de los lifetimes es prevenir referencias colgantes (dangling references), que hacen que un programa haga referencia a datos distintos de los datos a los que se supone que debe hacer referencia. Considere el programa en el Listado 10-16, que tiene un ámbito externo y otro interno.

```
fn main() {
  ❶ let r;

    {
      ❷ let x = 5;
      ❸ r = &x;
  ❹ }

  ❺ println!("r: {r}");
}
```

Listado 10-16: Intento de usar una referencia cuyo valor ha quedado fuera de ámbito.

En los Listados 10-16, 10-17 y 10-23 se declaran variables sin darles un valor inicial, por lo que la variable existe en el ámbito externo. A primera vista, esto podría parecer entrar en conflicto con el hecho de que Rust no tiene valores nulos. Sin embargo, si usamos una variable antes de darle un valor, obtendremos un error en tiempo de compilación, lo cual demuestra que Rust no permite valores nulos.

El ámbito externo declara una variable llamada r sin valor inicial ❶, y el ámbito interno declara una variable llamada x con el valor inicial de 5 ❷. Dentro del ámbito interno, intentamos establecer el valor de r como una referencia a x ❸. Luego, el ámbito interno termina ❹, e intentamos imprimir el valor en r ❺. Este código no compilará porque el valor al que r se refiere ha quedado fuera del ámbito antes de que intentemos usarlo. Aquí está el mensaje de error:

```
error[E0597]: `x` does not live long enough
 --> src/main.rs:6:13
  |
6 |         r = &x;
  |             ^^ borrowed value does not live long enough
7 |     }
  |     - `x` dropped here while still borrowed
8 |
9 |     println!("r: {r}");
  |                  - borrow later used here
```

El mensaje de error dice que la variable x «no vive lo suficiente». La razón es que x quedará fuera de ámbito cuando el ámbito interno termine en la línea 7. Pero r sigue siendo válido para el ámbito externo; debido a que su ámbito es más amplio, decimos que «vive más tiempo». Si Rust permitiera que este código funcionara, r estaría haciendo referencia a la memoria que se desasignó cuando x quedó fuera de ámbito, y cualquier cosa que intentáramos hacer con r no funcionaría correctamente. Rust usa un verificador de préstamos (borrow checker) para validar el código.

Verificador de préstamos

El compilador de Rust tiene un *verificador de préstamos* que compara los ámbitos para determinar si todos los préstamos son válidos. El Listado 10-17 muestra el mismo código que el Listado 10-16, pero con anotaciones que muestran los lifetimes de las variables.

```
fn main() {
    let r;                // ---------+-- 'a
                          //          |
    {                     //          |
        let x = 5;        // -+-- 'b  |
        r = &x;           //  |       |
    }                     // -+       |
                          //          |
    println!("r: {r}");   //          |
}                         // ---------+
```

Listado 10-17: Anotaciones de los lifetimes de r y x, llamados 'a y 'b, respectivamente.

Aquí, hemos anotado el lifetime de r con 'a y el lifetime de x con 'b. Como puede ver, el bloque 'b interno es mucho más pequeño que el bloque de lifetime 'a externo. En tiempo de compilación, Rust compara el tamaño de los dos lifetimes y ve que r tiene un lifetime de 'a, pero que se refiere a una memoria con un lifetime de 'b. El programa se rechaza porque 'b es más corto que 'a: el sujeto de la referencia no vive tanto tiempo como la referencia.

El Listado 10-18 corrige el código para que no tenga una referencia colgante y compila sin errores.

```
fn main() {
    let x = 5;            // ----------+-- 'b
                          //           |
    let r = &x;           // --+-- 'a  |
                          //   |       |
    println!("r: {r}");   //   |       |
                          // --+       |
}                         // ----------+
```

Listado 10-18: Referencia válida porque los datos tienen un lifetime más largo que el de la referencia.

Aquí, x tiene el lifetime 'b que, en este caso, es más largo que 'a. Esto significa que r puede hacer referencia a x porque Rust sabe que la referencia en r siempre será válida mientras x sea válida.

Ahora que sabe dónde están los lifetimes de las referencias y cómo Rust analiza los tiempos de vida para garantizar que las referencias siempre sean válidas, exploremos los lifetimes genéricos de los parámetros y los valores de retorno en el contexto de las funciones.

Lifetimes genéricos en funciones

Escribiremos una función que devuelva la cadena más larga de dos string slices (fragmentos de cadena). Esta función tomará dos string slices y devolverá un solo string slice. Después de haber implementado la función longest, el código del Listado 10-19 debería imprimir The longest string is abcd.

src/main.rs

```
fn main() {
    let string1 = String::from("abcd");
    let string2 = "xyz";

    let result = longest(string1.as_str(), string2);
    println!("The longest string is {result}");
}
```

Listado 10-19: Función main que llama a la función longest para encontrar el string slice (fragmento de cadena) más largo de dos string slices.

Hay que tener en cuenta que queremos que la función tome string slices, que son referencias, en lugar de cadenas (strings), porque no queremos que la función longest tome posesión de sus parámetros. Consulte «Rebanadas de cadena como parámetros» para obtener más información sobre por qué los parámetros que utilizamos en el Listado 10-19 son los que queremos.

Si intentamos implementar la función longest como se muestra en el Listado 10-20, no compilará.

src/main.rs

```
fn longest(x: &str, y: &str) -> &str {
    if x.len() > y.len() {
        x
    } else {
        y
    }
}
```

Listado 10-20: Implementación de la función longest que devuelve el string slice más largo de dos string slices, pero que aún no compila.

En su lugar, obtenemos el siguiente error que hace referencia a los lifetimes:

```
error[E0106]: missing lifetime specifier
  --> src/main.rs:9:33
   |
9  | fn longest(x: &str, y: &str) -> &str {
   |               ----     ----     ^ expected named lifetime parameter
   |
   = help: this function's return type contains a borrowed value,
but the signature does not say whether it is borrowed from `x` or `y`
help: consider introducing a named lifetime parameter
   |
9  | fn longest<'a>(x: &'a str, y: &'a str) -> &'a str {
   |           ++++     ++          ++           ++
```

El texto de ayuda revela que el tipo de retorno necesita un parámetro genérico de lifetime porque Rust no puede determinar si la referencia que se devuelve se refiere a x o a y. En realidad, nosotros tampoco lo sabemos, ¡porque el bloque if en el cuerpo de esta función devuelve una referencia a x y el bloque else devuelve una referencia a y!

Cuando definimos esta función, no conocemos los valores concretos que se le pasarán, por lo que no sabemos si se ejecutará el caso if o el caso else. Tampoco conocemos los lifetimes concretos de las referencias que se pasarán, por lo que no podemos examinar los ámbitos como lo hicimos en los Listados 10-17 y 10-18 para determinar si la referencia que devolvemos siempre será válida. El verificador de préstamos tampoco puede determinarlo, porque no sabe cómo se relacionan los lifetimes de x e y con el lifetime del valor de retorno. Para solucionar este error, añadiremos parámetros genéricos de lifetime que definan la relación entre las referencias, de modo que el verificador de préstamos pueda realizar su análisis.

Sintaxis de las anotaciones de lifetimes

Las anotaciones de lifetime no alteran el lifetime de ninguna de las referencias. En cambio, describen las relaciones entre los lifetimes de múltiples referencias sin afectar a los lifetimes. Al igual que las funciones pueden aceptar cualquier tipo cuando la firma especifica un parámetro genérico de tipo, las funciones pueden aceptar referencias con cualquier lifetime al especificar un parámetro genérico de lifetime.

Las anotaciones de lifetime tienen una sintaxis ligeramente inusual: los nombres de los parámetros de lifetime deben comenzar con un apóstrofe (') y generalmente están escritos en minúsculas y son muy cortos, al igual que los tipos genéricos. La mayoría de las personas utilizan el nombre 'a para la primera anotación de lifetime. Colocamos las anotaciones de parámetros de lifetime después del & de una referencia, utilizando un espacio para separar la anotación del tipo de la referencia.

A continuación, se presentan algunos ejemplos: una referencia a i32 sin un parámetro de lifetime, una referencia a i32 que tiene un parámetro de lifetime llamado 'a, y una referencia mutable a i32 que también tiene el lifetime 'a.

```
&i32        // a reference
&'a i32     // a reference with an explicit lifetime
&'a mut i32 // a mutable reference with an explicit lifetime
```

Una única anotación de lifetime por sí sola no tiene mucho significado, porque las anotaciones están destinadas a decirle a Rust cómo se relacionan los parámetros genéricos de lifetime de múltiples referencias entre sí. Examinemos cómo se relacionan las anotaciones de lifetime entre sí en el contexto de la función longest.

Anotaciones de lifetimes en las firmas de las funciones

Para usar anotaciones de lifetime en las firmas de funciones, necesitamos declarar los parámetros genéricos de *lifetime* dentro de corchetes angulares entre el nombre de la función y la lista de parámetros, de la misma manera que lo hicimos con los parámetros genéricos de *type*.

Queremos que la firma exprese la siguiente restricción: la referencia devuelta será válida siempre y cuando ambos parámetros sean válidos. Esta es la relación entre los lifetimes de los parámetros y el valor devuelto. Nombraremos a lifetime como 'a y, luego, lo añadiremos a cada referencia, como se muestra en el Listado 10-21.

src/main.rs
```
fn longest<'a>(x: &'a str, y: &'a str) -> &'a str {
    if x.len() > y.len() {
        x
    } else {
        y
    }
}
```

Listado 10-21: La definición de la función longest especifica que todas las referencias en la firma deben tener el mismo lifetime 'a.

Este código debería compilar y producir el resultado deseado cuando lo usemos con la función main en el Listado 10-19.

La firma de la función ahora le indica a Rust que, para cierto lifetime 'a, la función toma dos parámetros, ambos son string slices que viven al menos tanto como el lifetime 'a. La firma de la función también le indica a Rust que el string slice devuelto por la función vivirá al menos tanto como el lifetime 'a. En la práctica, esto significa que el lifetime de la referencia devuelta por la función longest es el mismo que el más corto de los lifetimes de los valores a los que hacen referencia los argumentos de la función. Estas relaciones son las que queremos que Rust utilice al analizar este código.

Recuerde que, al especificar los parámetros de lifetime en esta firma de función, no estamos cambiando los lifetimes de los valores pasados o devueltos. En cambio, estamos especificando que el verificador de préstamos debería rechazar cualquier valor que no cumpla con estas restricciones. Hay que tener en cuenta que la función longest no necesita saber exactamente cuánto tiempo vivirán x e y, solo que se puede sustituir 'a por algún ámbito que satisfará esta firma.

Cuando se anotan lifetimes en funciones, las anotaciones se colocan en la firma de la función, no en el cuerpo de la función. Las anotaciones de lifetime se convierten en parte del contrato de la función, al igual que los tipos en la firma. Hacer que las firmas de las funciones contengan el contrato de lifetime significa que el análisis que realiza el compilador de Rust puede ser más sencillo. Si hay un problema con la forma en que se anota una función o en la forma en que se la llama, los errores del compilador pueden señalar la parte de nuestro código y las restricciones de manera más precisa. Si, en cambio, el compilador de Rust hiciera más inferencias sobre cuáles pretendiéramos que fueran las relaciones de los lifetimes, es posible que el compilador solo pudiera señalar en el uso de nuestro código muchas etapas después de la causa del problema.

Cuando pasamos referencias concretas a longest, el lifetime concreto que se sustituye por 'a es la parte del ámbito de x que se superpone con el ámbito de y. En otras palabras, el lifetime genérico 'a obtendrá el lifetime concreto que es igual al más corto de los lifetimes de x e y. Debido a que hemos anotado la referencia devuelta con el mismo parámetro de lifetime 'a, la referencia devuelta también será válida durante el lifetime más corto de x e y.

Veamos cómo las anotaciones de lifetime restringen la función longest al pasar referencias que tienen diferentes lifetimes concretos. El Listado 10-22 es un ejemplo directo.

src/main.rs

```
fn main() {
    let string1 = String::from("long string is long");

    {
        let string2 = String::from("xyz");
        let result = longest(string1.as_str(), string2.as_str());
        println!("The longest string is {result}");
    }
}
```

Listado 10-22: Uso de la función longest con referencia a valores de tipo String que tienen diferentes lifetimes concretos.

En este ejemplo, string1 es válido hasta el final del ámbito externo, string2 es válido hasta el final del ámbito interno, y result hace referencia a algo que es válido hasta el final del ámbito interno. Ejecute este código y verá que el verificador de préstamos lo aprueba; compilará e imprimirá The longest string is long string is long.

A continuación, intentemos un ejemplo que muestre que el lifetime de vida de la referencia en result debe ser el lifetime más corto de los dos argumentos. Vamos a mover la declaración de la variable result fuera del ámbito interno, pero dejaremos la asignación del valor a la variable result dentro del ámbito con string2. Luego, moveremos println!, que utiliza result fuera del ámbito interno, después de que el ámbito interno haya finalizado. El código en el Listado 10-23 no compilará.

src/main.rs

```
fn main() {
    let string1 = String::from("long string is long");
    let result;
    {
        let string2 = String::from("xyz");
        result = longest(string1.as_str(), string2.as_str());
    }
    println!("The longest string is {result}");
}
```

Listado 10-23: Intento de usar result después de que string2 haya salido del ámbito.

Cuando intentamos compilar este código, obtenemos el siguiente error:

```
error[E0597]: `string2` does not live long enough
  --> src/main.rs:6:44
   |
6  |         result = longest(string1.as_str(), string2.as_str());
   |                                            ^^^^^^^^^^^^^^^^^^ borrowed
value does not live long enough
7  |     }
   |     - `string2` dropped here while still borrowed
8  |     println!("The longest string is {result}");
   |                                      ------ borrow later used here
```

El error muestra que, para que result sea válido para la sentencia println!, string2 tendría que ser válido hasta el final del ámbito externo. Rust sabe esto porque hemos anotado los lifetimes de los parámetros de la función y los valores devueltos utilizando el mismo parámetro de lifetime 'a.

Nosotros podemos analizar este código y ver que string1 es más largo que string2 y, por lo tanto, result contendrá una referencia a string1. Debido a que string1 aún no ha salido del ámbito, una referencia a string1 seguirá siendo válida para la sentencia println!. Sin embargo, el compilador no puede ver que la referencia sea válida en este caso. Hemos indicado a Rust que el lifetime de la referencia devuelta por la función longest es el mismo que el lifetime más corto de las referencias pasadas a la función. Por lo tanto, el verificador de préstamos no permite el código del Listado 10-23, ya que podría tener una referencia no válida.

Intente diseñar más experimentos que varíen los valores y los lifetimes de las referencias pasadas a la función longest y cómo se utiliza la referencia devuelta. Formule hipótesis sobre si sus experimentos pasarán o no el verificador de préstamos antes de compilarlos; ¡luego verifique si tiene razón!

Pensar en términos de lifetimes

La forma en que debe especificar los parámetros de lifetime depende de lo que haga su función. Por ejemplo, si cambiamos la implementación de la función longest para que siempre devuelva el primer parámetro en lugar del string slice más largo, no necesitaremos especificar un lifetime en el parámetro y. El siguiente código compilará:

src/main.rs

```
fn longest<'a>(x: &'a str, y: &str) -> &'a str {
    x
}
```

Hemos especificado un parámetro de lifetime 'a para el parámetro x y el tipo de retorno, pero no para el parámetro y, porque el lifetime de y no tiene ninguna relación con el lifetime de x o el valor de retorno.

Cuando se devuelve una referencia desde una función, el parámetro de lifetime para el tipo de retorno debe coincidir con el parámetro de lifetime de uno de los parámetros. Si la referencia devuelta no se refiere a ninguno de los parámetros, debe referirse a un valor creado dentro de esta función. Sin embargo, esto sería una referencia colgante porque el valor quedará fuera de ámbito al final de la función. Considere el siguiente intento de implementación de la función longest, que no compilará:

src/main.rs

```
fn longest<'a>(x: &str, y: &str) -> &'a str {
    let result = String::from("really long string");
    result.as_str()
}
```

Aquí, aunque hemos especificado un parámetro de lifetime 'a para el tipo de retorno, esta implementación no compilará porque el lifetime del valor de retorno no está relacionado con el lifetime de los parámetros en absoluto. Aquí está el mensaje de error que obtenemos:

```
error[E0515]: cannot return reference to local variable `result`
  --> src/main.rs:11:5
   |
11 |     result.as_str()
   |     ^^^^^^^^^^^^^^^ returns a reference to data owned by the
current function
```

El problema es que result sale de ámbito y se limpia al final de la función longest. Y, al mismo tiempo, estamos intentando devolver una referencia a result desde la función. No hay forma de especificar los parámetros de lifetime que solucionen la referencia colgante, y Rust no permite crear una referencia colgante. En este caso, la mejor solución sería devolver un tipo de dato de propiedad (owned) en lugar de una referencia, de modo que la función que llama sea responsable de limpiar el valor.

En última instancia, con la sintaxis de los lifetimes se trata de conectar los lifetimes de varios parámetros y valores de retorno de las funciones. Rust tiene suficiente información para permitir operaciones seguras en la memoria y prohibir operaciones que podrían crear punteros colgantes o violar la seguridad de la memoria.

Anotaciones de lifetimes en las definiciones de structs

Hasta ahora, las structs que hemos definido contienen tipos de propiedad (owned types). Podemos definir structs que contengan referencias, pero en ese caso necesitaríamos añadir una anotación de lifetime en cada referencia en la definición de la struct. El Listado 10-24 muestra la struct llamada ImportantExcerpt, que contiene un string slice.

```
src/main.rs    struct ImportantExcerpt<'a> { ❶
                 ❷ part: &'a str,
               }

               fn main() {
                 ❸ let novel = String::from(
                       "Call me Ishmael. Some years ago..."
                   );
                 ❹ let first_sentence = novel
                       .split('.')
                       .next()
                       .expect("Could not find a '.'");
                 ❺ let i = ImportantExcerpt {
                       part: first_sentence,
                   };
               }
```

Listado 10-24: Struct que contiene una referencia, lo que requiere una anotación de lifetime.

Esta struct tiene un único campo, llamado part, que contiene un string slice, que es una referencia ❷. Al igual que con los tipos de datos genéricos, declaramos el nombre del parámetro genérico de lifetime dentro de corchetes angulares después del nombre de la struct para poder usar el parámetro de lifetime en el cuerpo de la definición de la struct ❶. Esta anotación significa que una instancia de ImportantExcerpt no puede sobrevivir a la referencia que contiene en su campo part.

La función main, en este caso, crea una instancia de la struct ImportantExcerpt ❺ que contiene una referencia a la primera oración de String ❹, propiedad de la variable novel ❸. Los datos en novel existen antes de que se cree la instancia de ImportantExcerpt. Además, novel no sale de ámbito hasta después de que ImportantExcerpt salga de ámbito, por lo que la referencia en la instancia de ImportantExcerpt es válida.

Elisión de lifetime

Usted ya ha aprendido que cada referencia tiene un lifetime y que necesita especificar parámetros de lifetime para funciones o structs que utilizan referencias. Sin embargo, teníamos una función en el Listado 4-9, que se muestra nuevamente en el Listado 10-25, que compiló sin anotaciones de lifetime.

```
src/lib.rs    fn first_word(s: &str) -> &str {
                  let bytes = s.as_bytes();

                  for (i, &item) in bytes.iter().enumerate() {
```

```
        if item == b' ' {
            return &s[0..i];
        }
    }

    &s[..]
}
```

Listado 10-25: La función que definimos en el Listado 4-9 compiló sin anotaciones de lifetime a pesar de que el parámetro y el tipo de retorno son referencias.

La razón por la que esta función compila sin anotaciones de lifetime es histórica: en versiones anteriores (antes de la 1.0) de Rust, este código no habría compilado porque cada referencia necesitaba un lifetime explícito. En aquel momento, la firma de la función se habría escrito de la siguiente manera:

```
fn first_word<'a>(s: &'a str) -> &'a str {
```

Después de escribir mucho código en Rust, el equipo de Rust descubrió que los programadores de Rust introducían las mismas anotaciones de lifetime una y otra vez en situaciones particulares. Estas situaciones eran predecibles y seguían algunos patrones deterministas. Los desarrolladores programaron estos patrones en el código del compilador para que el verificador de préstamos pudiera inferir los lifetimes en estas situaciones y no necesitara anotaciones explícitas.

Esta parte de la historia de Rust es relevante porque es posible que surjan más patrones deterministas y se añadan al compilador. En el futuro, podrían requerirse incluso menos anotaciones de lifetime.

Los patrones programados en el análisis de referencias de Rust se conocen como *reglas de elisión de lifetime.* Estas no son reglas que los programadores deban seguir; son un conjunto de casos particulares que el compilador considerará, y si su código cumple con estos casos, no necesita escribir los lifetimes de manera explícita.

Las reglas de elisión no proporcionan una inferencia completa. Si Rust aplica de manera determinista las reglas pero aún existe ambigüedad sobre los lifetimes de las referencias, el compilador no adivinará cuáles deberían ser los lifetimes de las referencias restantes. En lugar de adivinarlos, el compilador dará un error que puede resolver añadiendo las anotaciones de lifetime.

Los lifetimes en los parámetros de una función o método se llaman *lifetimes de entrada*, mientras que los lifetimes en los valores de retorno se llaman *lifetimes de salida.*

El compilador utiliza tres reglas para determinar los lifetimes de las referencias cuando no hay anotaciones explícitas. La primera regla se aplica a los lifetimes de entrada, y las segunda y la tercera regla se aplican a los lifetimes de salida. Si el compilador llega al final de las tres reglas y aún hay referencias para las que no puede determinar los lifetimes, el compilador se parará y mostrará un error. Estas reglas se aplican tanto a las definiciones de funciones fn como a los bloques impl.

La primera regla establece que el compilador asigna un parámetro de lifetime a cada parámetro que es una referencia. En otras palabras, una función con un parámetro recibe un parámetro de lifetime: `fn foo<'a>(x: &'a i32)`; una función con dos parámetros recibe dos parámetros de lifetime separados: `fn foo<'a, 'b>(x: &'a i32, y: &'b i32)`; y así sucesivamente.

La segunda regla establece que si hay exactamente un parámetro de lifetime de entrada, ese lifetime se asigna a todos los parámetros de lifetime de salida: `fn foo<'a>(x: &'a i32) -> &'a i32`.

La tercera regla establece que si hay múltiples lifetimes de entrada, pero uno de ellos es `&self` o `&mut self` porque se trata de un método, el lifetime de `self` se asigna a todos los parámetros de lifetime de salida. Esta tercera regla hace que los métodos sean mucho más legibles y fáciles de escribir, ya que se necesitan menos símbolos.

Supongamos que somos el compilador. Aplicaremos estas reglas para determinar los lifetimes de las referencias en la firma de la función `first_word` en el Listado 10-25. La firma comienza sin ningún lifetime asociado a las referencias:

```
fn first_word(s: &str) -> &str {
```

Luego, el compilador aplica la primera regla, que especifica que cada parámetro obtiene su propio lifetime. Como de costumbre, lo llamaremos `'a`, por lo que ahora la firma es la siguiente:

```
fn first_word<'a>(s: &'a str) -> &str {
```

La segunda regla se aplica porque hay exactamente un lifetime de entrada. La segunda regla establece que el lifetime del único parámetro de entrada se asigna al lifetime de salida, por lo que la firma es ahora la siguiente:

```
fn first_word<'a>(s: &'a str) -> &'a str {
```

Ahora todas las referencias en esta firma de función tienen lifetimes, y el compilador puede continuar su análisis sin necesidad de que el programador anote los lifetimes en esta firma de función.

Veamos otro ejemplo, esta vez utilizando la función `longest` que no tenía parámetros de lifetime cuando comenzamos a trabajar con ella en el Listado 10-20:

```
fn longest(x: &str, y: &str) -> &str {
```

Aplicaremos la primera regla: cada parámetro obtiene su propio lifetime. Esta vez tenemos dos parámetros en lugar de uno, por lo que tenemos dos lifetimes:

```
fn longest<'a, 'b>(x: &'a str, y: &'b str) -> &str {
```

Puede ver que la segunda regla no se aplica porque hay más de un lifetime de entrada. Tampoco se aplica la tercera regla, porque `longest` es una función en lugar de un método, por lo que ninguno de los pará-metros es self. Después de aplicar las tres reglas, aún no hemos deter-minado cuál es el lifetime del tipo de retorno. Por eso obtuvimos un error al intentar compilar el código en el Listado 10-20: el compilador aplicó las reglas de omisión de lifetime pero aún no pudo determinar todos los lifetimes de las referencias en la firma.

Debido a que la tercera regla realmente solo se aplica en las firmas de los métodos, a continuación veremos los lifetimes en ese contexto para comprender por qué la tercera regla significa que no tenemos que anotar los lifetimes en las firmas de los métodos con mucha frecuencia.

Anotaciones de lifetimes en las definiciones de métodos

Cuando implementamos métodos en una struct con lifetimes, utiliza-mos la misma sintaxis que la de los parámetros de tipo genérico, como se muestra en el Listado 10-11. Dónde declaramos y usamos los pará-metros de lifetime depende de si están relacionados con los campos de la struct o con los parámetros y valores de retorno del método.

Los nombres de lifetimes para los campos de la struct siempre deben declararse después de la palabra clave impl y luego usarse des-pués del nombre de la struct, ya que esos lifetimes son parte del tipo de la struct.

En las firmas de los métodos dentro del bloque impl, las referencias pueden estar relacionadas con los lifetimes de las referencias en los cam-pos de la struct, o pueden ser independientes. Además, las reglas de elisión de lifetime a menudo hacen que las anotaciones de lifetimes no sean nece-sarias en las firmas de los métodos. Veamos algunos ejemplos utilizando la struct llamada ImportantExcerpt, que definimos en el Listado 10-24.

Primero, usaremos un método llamado level, cuyo único paráme-tro es una referencia a self y cuyo valor de retorno es i32, que no es una referencia a nada:

```
impl<'a> ImportantExcerpt<'a> {
    fn level(&self) -> i32 {
        3
    }
}
```

La declaración del parámetro de lifetime después de impl y su uso después del nombre del tipo son requeridos, pero no estamos obli-gados a anotar el lifetime de la referencia a self debido a la primera regla de elisión.

Aquí tiene un ejemplo donde se aplica la tercera regla de elisión de lifetime:

```
impl<'a> ImportantExcerpt<'a> {
    fn announce_and_return_part(&self, announcement: &str) -> &str {
        println!("Attention please: {announcement}");
        self.part
    }
}
```

Hay dos lifetimes de entrada, por lo que Rust aplica la primera regla de elisión de lifetime y asigna lifetimes individuales tanto a &self como a announcement. Luego, debido a que uno de los parámetros es &self, el tipo de retorno obtiene el lifetime de &self, y todos los lifetimes han sido tenidos en cuenta.

Lifetime estático

Un lifetime especial que debemos discutir es 'static, que denota que la referencia afectada puede vivir durante toda la duración del programa. Todas las cadenas literales tienen el lifetime 'static, que podemos anotar de la siguiente manera:

```
let s: &'static str = "I have a static lifetime.";
```

El texto de esta cadena se almacena directamente en el binario del programa, que siempre está disponible. Por lo tanto, el lifetime de todas las cadenas literales es 'static.

Es posible que vea sugerencias sobre usar el lifetime 'static en mensajes de error. Pero antes de especificar 'static como el lifetime para una referencia, piense si la referencia en realidad vive durante toda la duración del programa o no, y si eso es lo que desea. La mayoría de las veces, se produce un mensaje de error que sugiere el lifetime 'static al intentar crear una referencia colgante o una discrepancia entre los lifetimes disponibles. En tales casos, la solución consiste en resolver esos problemas, no en especificar el lifetime 'static.

Parámetros de tipo genérico, restricciones de traits y lifetimes juntos

Echemos un breve vistazo a la sintaxis de especificar parámetros de tipo genérico, restricciones de traits y lifetimes en una misma función:

```
use std::fmt::Display;

fn longest_with_an_announcement<'a, T>(
    x: &'a str,
    y: &'a str,
    ann: T,
) -> &'a str
where
    T: Display,
{
    println!("Announcement! {ann}");
    if x.len() > y.len() {
        x
    } else {
        y
    }
}
```

Esta es la función `longest` del Listado 10-21, que devuelve la cadena más larga de dos string slices. Pero ahora tiene un parámetro adicional llamado `ann` del tipo genérico `T`, que se puede rellenar por cualquier tipo que implemente el trait `Display`, como se especifica en la cláusula `where`. Este parámetro adicional se imprimirá utilizando `{}`, por lo que es necesaria la restricción del trait `Display`. Debido a que los lifetimes son un tipo de genérico, las declaraciones del parámetro de lifetime `'a` y del parámetro de tipo genérico `T` se colocan en la misma lista dentro de los corchetes angulares después del nombre de la función.

Resumen

¡Hemos avanzado mucho en este capítulo! Ahora que conoce los parámetros de tipo genérico, los traits y sus restricciones, y los parámetros de lifetime genéricos, está preparado para escribir código sin repetición que funcione en muchas situaciones diferentes. Los parámetros de tipo genérico le permiten aplicar el código a diferentes tipos. Los traits y sus restricciones aseguran que, aunque los tipos sean genéricos, tendrán el comportamiento que el código necesita. Ha aprendido cómo usar las anotaciones de lifetime para garantizar que este código flexible no tenga referencias colgantes. ¡Y todo este análisis ocurre en tiempo de compilación, lo que no afecta al rendimiento en tiempo de ejecución!

Lo crea o no, ¡aún hay mucho más por aprender sobre los temas que discutimos en este capítulo! El Capítulo 17 trata sobre los objetos trait, que son otra forma de usar traits. También hay escenarios más complejos que involucran anotaciones de lifetime que solo necesitará en situaciones muy avanzadas; para esos casos, deberá consultar Rust Reference en *https://doc.rust-lang.org/reference/trait-bounds.html*. Pero, a continuación, aprenderá cómo escribir pruebas en Rust para asegurarse de que su código funcione de la manera en que debería.

11

ESCRITURA DE PRUEBAS AUTOMATIZADAS

En su ensayo de 1972 *The Humble Programmer*, Edsger W. Dijkstra escribió que «las pruebas de los programas pueden ser una forma muy efectiva de mostrar la presencia de errores, pero son completamente inadecuadas para mostrar su ausencia». ¡Eso no significa que no debamos intentar hacer pruebas tanto como sea posible!

Que los programas sean correctos o no se mide en función de si nuestro código hace lo que pretendemos que haga. El diseño de Rust pone mucho empeño en que los programas sean correctos, pero la corrección es compleja y no es fácil de probar. El sistema de tipos de Rust asume una gran parte de esta responsabilidad, pero no puede capturarlo todo. Por lo tanto, Rust incluye el soporte para escribir pruebas automatizadas de software.

Digamos que escribimos una función llamada add_two que suma 2 a cualquier número que se le pase. La firma de esta función acepta un entero como parámetro y devuelve un entero como resultado. Cuando implementamos y compilamos esa función, Rust realiza todas las verificaciones de tipos y préstamos que ha aprendido hasta ahora para asegurarse, por ejemplo, de que no estamos pasando un valor de tipo String o una referencia no válida a esa función. ¡Pero Rust no puede verificar que esta función haga precisamente lo que pretendemos, que es devolver el parámetro más 2 en lugar de, por ejemplo, el parámetro más 10 o el parámetro menos 50! Ahí es donde entran las pruebas.

Podemos escribir pruebas que afirmen, por ejemplo, que cuando pasemos el valor 3 a la función add_two, el valor devuelto sea 5. Podemos ejecutar estas pruebas cada vez que realicemos cambios en el código para asegurarnos de que cualquier comportamiento correcto actual no haya cambiado.

Las pruebas son una técnica compleja: aunque no podemos tratar en un solo capítulo todos los detalles sobre cómo escribir buenas pruebas, en este capítulo discutiremos la mecánica de los recursos para las pruebas de Rust. Hablaremos sobre las anotaciones y macros disponibles para que usted escriba las pruebas, también sobre el comportamiento por defecto y las opciones proporcionadas para ejecutar las pruebas, y de cómo organizar las pruebas en pruebas unitarias y pruebas de integración.

Cómo escribir pruebas

Las pruebas (tests) son funciones de Rust que verifican que el código que no es de prueba funciona de la manera esperada. Los cuerpos de las funciones de prueba realizan estas tres acciones:

- Configuran cualquier dato o estado necesarios.
- Ejecutan el código que se desea probar.
- Afirman que los resultados son los esperados.

Veamos las características que Rust proporciona específicamente para escribir pruebas que realicen estas acciones, las cuales incluyen el atributo test, algunas macros y el atributo should_panic.

Anatomía de las funciones de prueba

En su forma más sencilla, una prueba de Rust es una función que está anotada con el atributo test. Los atributos son metadatos correspondientes a fragmentos de código en Rust; un ejemplo es el atributo derive, que usamos con structs en el Capítulo 5. Para convertir una función en una función de prueba, se añade #[test] en la línea anterior a la línea que contiene fn. Cuando se ejecutan las pruebas con el comando cargo test, Rust compila el binario de ejecución de pruebas que ejecuta las funciones anotadas e informa sobre si la función de prueba pasa o falla.

Cada vez que creamos un nuevo proyecto de biblioteca con Cargo, se genera automáticamente un módulo de pruebas con una función de prueba. Este módulo le proporciona una plantilla para que usted escriba las pruebas, por lo que no tiene que buscar la estructura y la sintaxis exacta cada vez que comienza un nuevo proyecto. ¡Puede añadir tantas funciones de prueba adicionales y tantos módulos de prueba como desee!

Exploraremos algunos aspectos de cómo funcionan las pruebas al experimentar con la prueba de plantilla antes de probar realmente cualquier código. Luego, escribiremos algunas pruebas del mundo real que llamarán a cierto código que hemos escrito y afirmarán que su comportamiento es correcto.

Vamos a crear un nuevo proyecto de biblioteca llamado adder, que sumará dos números:

```
$ cargo new adder --lib
    Created library `adder` project
$ cd adder
```

El contenido del archivo *src/lib.rs* en su biblioteca adder se debería ver como en el Listado 11-1.

src/lib.rs
```
#[cfg(test)]
mod tests {
  ❶ #[test]
    fn it_works() {
        let result = 2 + 2;
      ❷ assert_eq!(result, 4);
    }
}
```

Listado 11-1: Cargo new genera automáticamente el módulo y la función de prueba.

Por ahora, vamos a ignorar las dos primeras líneas y nos centraremos en la función. Observe la anotación #[test] ❶: este atributo indica que es una función de prueba, por lo que el ejecutador de pruebas sabe que debe tratar esta función como una prueba. También podríamos tener funciones que no fueran de prueba en el módulo de pruebas para ayudar a configurar escenarios comunes o realizar operaciones comunes, por lo que siempre necesitamos indicar cuáles son las funciones de prueba.

El cuerpo de la función de ejemplo utiliza la macro assert_eq! ❷ para afirmar que result, que contiene el resultado de sumar 2 y 2, es igual a 4. Esta afirmación sirve como ejemplo del formato de una prueba típica. Ejecutemos la prueba para ver que esta pasa.

El comando cargo test ejecuta todas las pruebas de nuestro proyecto, como se muestra en el Listado 11-2.

```
$ cargo test
    Compiling adder v0.1.0 (file:///projects/adder)
    Finished test [unoptimized + debuginfo] target(s) in 0.57s
      Running unittests src/lib.rs (target/debug/deps/adder-
92948b65e88960b4)

❶ running 1 test
❷ test tests::it_works ... ok

❸ test result: ok. 1 passed; 0 failed; 0 ignored; 0 measured; 0
filtered out; finished in 0.00s

  ❹ Doc-tests adder
```

```
running 0 tests
```

```
test result: ok. 0 passed; 0 failed; 0 ignored; 0 measured; 0
filtered out; finished in 0.00s
```

Listado 11-2: Salida al ejecutar la prueba generada automáticamente.

Cargo ha compilado y ejecutado la prueba. Vemos la línea `running 1 test` ❶. La siguiente línea muestra el nombre de la función de prueba generada, llamada `it_works`, y que el resultado de la ejecución de esa prueba es `ok` ❷. El resultado general es `test result: ok` ❸. Significa que todas las pruebas han pasado, y la parte que dice `1 passed; 0 failed` indica el número de pruebas que han pasado o han fallado.

Es posible marcar una prueba como omitida para que no se ejecute en una instancia en particular; trataremos esto en «Omisión de algunas pruebas a menos que se soliciten expresamente». Debido a que no lo hemos hecho aquí, el resumen muestra `0 ignored`. También podemos pasar un argumento al comando `cargo test` para ejecutar solo las pruebas cuyo nombre coincida con una cadena; a esto se le llama *filtering* (filtrado) y lo veremos en «Ejecución de un subconjunto de pruebas por su nombre». Aquí no hemos filtrado las pruebas que se ejecutan, por lo que al final del resumen se muestra `0 filtered out`.

El estadístico `0 measured` es para pruebas de referencia que miden el rendimiento. En el momento de escribir estas líneas, las pruebas de referencia están disponibles solo en la versión nightly (nocturno) de Rust. Para ampliar la información, consulte la documentación sobre pruebas de referencia en *https://doc.rust-lang.org/unstable-book/library-features/test.html*.

La siguiente parte de la salida de la prueba, que comienza en `Doctests adder` ❹, es para los resultados de cualquier prueba de documentación. Aún no tenemos pruebas de documentación, pero Rust puede compilar cualquier ejemplo de código que aparezca en nuestra documentación de la API. ¡Esta característica ayuda a mantener sincronizados los documentos y el código! Discutiremos cómo escribir pruebas de documentación en «Comentarios de documentación que sirven como pruebas»8. Por ahora, ignoraremos la salida de `Doc-tests`.

Comencemos a personalizar la prueba según nuestras propias necesidades. Primero, cambiamos el nombre de la función `it_works` por otro nombre, como `exploration`, de la siguiente manera:

src/lib.rs
```
#[cfg(test)]
mod tests {
    #[test]
    fn exploration() {
        let result = 2 + 2;
        assert_eq!(result, 4);
    }
}
```

A continuación, ejecutamos nuevamente `cargo test`. La salida ahora muestra `exploration` en lugar de `it_works`:

```
running 1 test
test tests::exploration ... ok

test result: ok. 1 passed; 0 failed; 0 ignored; 0 measured; 0
filtered out; finished in 0.00s
```

Ahora vamos a añadir otra prueba, ¡pero esta vez haremos una prueba que falla! Las pruebas fallan cuando algo en la función de prueba entra en pánico. Cada prueba se ejecuta en un nuevo hilo y cuando el hilo principal detecta que un hilo de prueba ha muerto, la prueba se marca como fallida. En el Capítulo 9, hablamos sobre cómo la forma más simple de entrar en pánico es llamar a la macro panic!. Introduzca la nueva prueba como una función llamada another, para que su archivo *src/lib.rs* se vea como en el Listado 11-3.

src/lib.rs
```
#[cfg(test)]
mod tests {
    #[test]
    fn exploration() {
        assert_eq!(2 + 2, 4);
    }

    #[test]
    fn another() {
        panic!("Make this test fail");
    }
}
```

Listado 11-3: Adición de una segunda prueba que fallará porque llamamos a la macro panic!.

Ejecute las pruebas nuevamente usando cargo test. La salida se debería ver como en el Listado 11-4, que muestra que la prueba exploration ha pasado y another ha fallado.

```
running 2 tests
test tests::exploration ... ok
❶ test tests::another ... FAILED

❷ failures:

---- tests::another stdout ----
thread 'main' panicked at 'Make this test fail', src/lib.rs:10:9
note: run with `RUST_BACKTRACE=1` environment variable to display
a backtrace

❸ failures:
    tests::another

❹ test result: FAILED. 1 passed; 1 failed; 0 ignored; 0 measured; 0
filtered out; finished in 0.00s

error: test failed, to rerun pass '--lib'
```

Listado 11-4: Resultados de las pruebas cuando una prueba pasa y otra prueba falla.

En lugar de ok, la línea test tests::another muestra FAILED ❶.
Dos nuevas secciones aparecen entre los resultados individuales y el
resumen: la primera ❷ muestra el motivo detallado de cada fallo de la
prueba. En este caso, obtenemos los detalles de que another ha fallado
porque panicked at 'Make this test fail' (ha entrado en pánico con
'Haz que esta prueba falle') en la línea 10 del archivo *src/lib.rs*. La
siguiente sección ❸ lista solo los nombres de todas las pruebas que
han fallado, lo cual es útil cuando hay muchas pruebas y mucha información detallada de las pruebas que fallan. Podemos usar el nombre
de una prueba que ha fallado para ejecutar solo esa prueba y depu-
rarla más fácilmente; hablaremos más sobre cómo ejecutar pruebas de
diversas maneras en «Control de la ejecución de pruebas».

La línea de resumen se muestra al final ❹: en general, nuestro
resultado de prueba es FAILED. Hemos tenido una prueba que ha
pasado y una prueba que ha fallado.

Ahora que ha visto cómo se muestran los resultados de las pruebas
en diferentes escenarios, veamos algunas macros distintas a panic!
que son de utilidad en las pruebas.

Verificación de resultados con la macro assert!

La macro assert!, proporcionada por la biblioteca estándar, es útil
cuando desea asegurarse de que alguna condición en una prueba se
evalúe como true. Le damos a la macro assert! un argumento que
se evalúa como un booleano. Si el valor es true, no sucede nada y la
prueba pasa. Si el valor es false, la macro assert! llama a panic! para
que la prueba falle. El uso de la macro assert! nos ayuda a verificar
que nuestro código funcione de la manera que pretendemos.

En el Listado 5-15, utilizamos la estructura Rectangle y el método
can_hold, los cuales se repiten aquí en el Listado 11-5. Vamos a poner
este código en el archivo *src/lib.rs* y luego escribiremos algunas pruebas para él utilizando la macro assert!.

src/lib.rs
```
#[derive(Debug)]
struct Rectangle {
    width: u32,
    height: u32,
}

impl Rectangle {
    fn can_hold(&self, other: &Rectangle) -> bool {
        self.width > other.width && self.height > other.height
    }
}
```

Listado 11-5: Uso de la estructura Rectangle y su método can_hold del Capítulo 5.

El método can_hold devuelve un valor booleano, lo que significa que es un caso de uso perfecto para la macro assert!. En el
Listado 11-6, escribimos una prueba que utiliza el método can_hold al
crear una instancia de Rectangle con una anchura de 8 y una altura de

7, y luego afirmamos que puede contener otra instancia de Rectangle
con una anchura de 5 y una altura de 1.

src/lib.rs

```
#[cfg(test)]
mod tests {
  ❶ use super::*;

    #[test]
  ❷ fn larger_can_hold_smaller() {
      ❸ let larger = Rectangle {
            width: 8,
            height: 7,
        };
        let smaller = Rectangle {
            width: 5,
            height: 1,
        };

      ❹ assert!(larger.can_hold(&smaller));
    }
}
```

Listado 11-6: Prueba para can_hold que verifica si un rectángulo más grande puede
contener efectivamente a un rectángulo más pequeño.

Observe que hemos añadido una nueva línea dentro del módulo
tests: use super::*; ❶. El módulo tests es un módulo normal que sigue
las reglas habituales de visibilidad que hemos tratado en «Rutas para
hacer referencia a un elemento en el árbol de módulos». Debido a que el
módulo tests es un módulo interno, necesitamos incorporar el código
bajo prueba del módulo externo al ámbito del módulo interno. Usamos
glob aquí, por lo que todo lo que definimos en el módulo externo está
disponible para este módulo tests.

Hemos nombrado nuestra prueba larger_can_hold_smaller ❷, y
hemos creado las dos instancias de Rectangle que necesitamos ❸. Luego,
llamamos a la macro assert! y le pasamos el resultado de llamar a lar-
ger.can_hold(&smaller) ❹. Se supone que esta expresión debe devolver
true, por lo que nuestra prueba debería pasar. ¡Vamos a descubrirlo!

```
running 1 test
test tests::larger_can_hold_smaller ... ok

test result: ok. 1 passed; 0 failed; 0 ignored; 0 measured; 0
filtered out; finished in 0.00s
```

¡En efecto, pasa! Añadimos otra prueba, esta vez asegurándonos de
que un rectángulo más pequeño no puede contener a un rectángulo
más grande:

src/lib.rs

```
#[cfg(test)]
mod tests {
    use super::*;

    #[test]
```

```
    fn larger_can_hold_smaller() {
        --snip--
    }

    #[test]
    fn smaller_cannot_hold_larger() {
        let larger = Rectangle {
            width: 8,
            height: 7,
        };
        let smaller = Rectangle {
            width: 5,
            height: 1,
        };

        assert!(!smaller.can_hold(&larger));
    }
}
```

Debido a que el resultado correcto de la función can_hold en este caso es false, necesitamos negar ese resultado antes de pasarlo a la macro assert!. Como resultado, nuestra prueba pasará si can_hold devuelve false:

```
running 2 tests
test tests::larger_can_hold_smaller ... ok
test tests::smaller_cannot_hold_larger ... ok

test result: ok. 2 passed; 0 failed; 0 ignored; 0 measured; 0
filtered out; finished in 0.00s
```

¡Dos pruebas que pasan! Ahora veamos qué sucede con los resultados de nuestras pruebas cuando introducimos un error en el código. Cambiaremos la implementación del método can_hold reemplazando el signo mayor que (>)por un signo menor que (<) al comparar las anchuras:

```
--snip--

impl Rectangle {
    fn can_hold(&self, other: &Rectangle) -> bool {
        self.width < other.width && self.height > other.height
    }
}
```

Al ejecutar las pruebas, ahora se obtiene lo siguiente:

```
running 2 tests
test tests::smaller_cannot_hold_larger ... ok
test tests::larger_can_hold_smaller ... FAILED

failures:

---- tests::larger_can_hold_smaller stdout ----
thread 'main' panicked at 'assertion failed:
```

```
larger.can_hold(&smaller)', src/lib.rs:28:9
note: run with `RUST_BACKTRACE=1` environment variable to display
a backtrace


failures:
    tests::larger_can_hold_smaller

test result: FAILED. 1 passed; 1 failed; 0 ignored; 0 measured; 0
filtered out; finished in 0.00s
```

¡Las pruebas detectaron el error! Debido a que `larger.width` es 8 y `smaller.width` es 5, la comparación de las anchuras en `can_hold` ahora devuelve false: 8 no es menor que 5.

Prueba de igualdad con las macros assert_eq! y assert_ne!

Una forma habitual de verificar la funcionalidad es probar la igualdad entre el resultado del código bajo prueba y el valor que se espera que el código devuelva. Se podría hacer esto usando la macro `assert!` y pasarle una expresión que use el operador `==`. Sin embargo, esta es una prueba tan frecuente que la biblioteca estándar proporciona un par de macros, `assert_eq!` y `assert_ne!`, para realizar la prueba de manera más conveniente. Estas macros comparan dos argumentos para igualdad o desigualdad, respectivamente. También imprimirán los dos valores si la afirmación falla, lo que facilita ver por qué ha fallado la prueba. Por el contrario, la macro `assert!` solo indica que ha obtenido un valor false para la expresión `==`, sin imprimir los valores que han llevado a ese valor false.

En el Listado 11-7, escribimos una función llamada `add_two` que suma 2 a su parámetro, y luego probamos esta función utilizando la macro `assert_eq!`.

src/lib.rs
```
pub fn add_two(a: i32) -> i32 {
    a + 2
}

#[cfg(test)]
mod tests {
    use super::*;

    #[test]
    fn it_adds_two() {
        assert_eq!(4, add_two(2));
    }
}
```

Listado 11-7: Prueba de la función add_two usando la macro assert_eq!.

¡Vamos a verificar qué pasa!

```
running 1 test
test tests::it_adds_two ... ok

test result: ok. 1 passed; 0 failed; 0 ignored; 0 measured; 0
filtered out; finished in 0.00s
```

Pasamos 4 como argumento a assert_eq!, que es igual al resultado de llamar a add_two(2). La línea para esta prueba es test tests::it_adds_two ... ok, y el texto ok indica que la prueba ha pasado.

Vamos a introducir un error en el código para apreciar cómo se ve assert_eq! cuando falla. Vamos a cambiar la implementación de la función add_two para que en su lugar sume 3:

```rust
pub fn add_two(a: i32) -> i32 {
    a + 3
}
```

Ejecute las pruebas nuevamente:

```
running 1 test
test tests::it_adds_two ... FAILED

failures:

---- tests::it_adds_two stdout ----
❶ thread 'main' panicked at 'assertion failed: `(left == right)`
 ❷ left: `4`,
❸ right: `5`', src/lib.rs:11:9
note: run with `RUST_BACKTRACE=1` environment variable to display
a backtrace

failures:
    tests::it_adds_two

test result: FAILED. 0 passed; 1 failed; 0 ignored; 0 measured; 0
filtered out; finished in 0.00s
```

¡La prueba ha descubierto el error! La prueba it_adds_two ha fallado y el mensaje nos indica que la aserción que falló fue failed: `(left == right)` ❶ y nos muestra los valores de left ❷ y right ❸. Este mensaje nos ayuda a empezar a depurar: el argumento left era 4, pero el argumento right, donde teníamos add_two(2), era 5. Puede imaginar lo útil que es esto, especialmente cuando tenemos muchas pruebas en ejecución.

Hay que tener en cuenta que en algunos lenguajes y frameworks (marcos de trabajo) de prueba, los parámetros de las funciones de aserción de igualdad se llaman expected (esperado) y actual (real), y el orden en el que especificamos los argumentos es importante. Sin embargo, en Rust, se llaman left y right, y el orden en el que especificamos el valor que esperamos y el valor que produce el código no importa. Podríamos escribir la aserción en esta prueba como assert_eq!(add_two(2), 4), lo que daría como resultado el mismo mensaje de error que muestra assertion failed: `(left == right)`.

La macro assert_ne! pasará si los dos valores que le proporcionamos no son iguales y fallará si son iguales. Esta macro es muy útil en casos en los que no estamos seguros de cuál será el valor, pero sabemos que definitivamente no debería ser cierto valor. Por ejemplo, si estamos probando una función que garantiza cambiar su entrada de alguna manera, pero la forma en que cambia la entrada depende del día de la semana en que ejecutamos nuestras pruebas, lo mejor sería afirmar que la salida de la función no es igual a la entrada.

Internamente, las macros assert_eq! y assert_ne! utilizan los operadores == y !=, respectivamente. Cuando las aserciones fallan, estas macros imprimen sus argumentos utilizando el formato de depuración (debug formatting), lo que significa que los valores que se comparan deben implementar los traits PartialEq y Debug. Todos los tipos primitivos y la mayoría de los tipos de la biblioteca estándar implementan estos traits. Para structs y enums que defina usted mismo, deberá implementar PartialEq para afirmar la igualdad de esos tipos. También deberá implementar Debug para imprimir los valores cuando falle la aserción. Debido a que ambos traits son traits derivables, como se menciona en el Listado 5-12, generalmente es tan sencillo como añadir la anotación #[derive(PartialEq, Debug)] a la definición de su struct o enum. Para ampliar los detalles sobre estos y otros traits derivables, consulte el Apéndice C.

Adición de mensajes personalizados de error

También puede añadir un mensaje personalizado que se imprimirá junto con el mensaje de error como argumento opcional en las macros assert!, assert_eq!, y assert_ne!. Cualquier argumento especificado después de los argumentos requeridos se pasa a la macro format! (que se ha discutido en «Concatenación con el operador + o la macro format!»), lo que permite pasar una cadena de formato que contiene marcadores {} y los valores que irán en esos marcadores. Los mensajes personalizados son útiles para documentar lo que significa la aserción; cuando una prueba falla, tendremos una mejor idea del problema que presenta el código.

Por ejemplo, supongamos que tenemos una función que saluda a las personas por su nombre y queremos probar que el nombre que pasamos a la función aparece en la salida:

src/lib.rs

```rust
pub fn greeting(name: &str) -> String {
    format!("Hello {name}!")
}

#[cfg(test)]
mod tests {
    use super::*;

    #[test]
    fn greeting_contains_name() {
        let result = greeting("Carol");
        assert!(result.contains("Carol"));
    }
}
```

Los requisitos para este programa aún no se han acordado, y estamos bastante seguros de que el texto Hello al comienzo del saludo cambiará. Decidimos que no queremos tener que actualizar la prueba cuando cambien los requisitos, así que, en lugar de verificar la igualdad exacta con el valor devuelto por la función greeting, simplemente afirmaremos que la salida contiene el texto del parámetro de entrada.

Ahora introduzcamos un error en este código, cambiando greeting para que excluya name, y veamos cómo se ve el fallo de la prueba por defecto:

```rust
pub fn greeting(name: &str) -> String {
    String::from("Hello!")
}
```

Al ejecutar esta prueba, se produce lo siguiente:

```
running 1 test
test tests::greeting_contains_name ... FAILED

failures:

---- tests::greeting_contains_name stdout ----
thread 'main' panicked at 'assertion failed:
result.contains(\"Carol\")', src/lib.rs:12:9
note: run with `RUST_BACKTRACE=1` environment variable to display
a backtrace


failures:
    tests::greeting_contains_name
```

Este resultado simplemente indica que la afirmación ha fallado y en qué línea se encuentra la afirmación. Un mensaje de error más útil imprimiría el valor obtenido de la función greeting. Vamos a añadir un mensaje de error personalizado compuesto por una cadena de formato con un marcador que se ha rellenado con el valor real que obtuvimos de la función de saludo:

```rust
#[test]
fn greeting_contains_name() {
    let result = greeting("Carol");
    assert!(
        result.contains("Carol"),
        "Greeting did not contain name, value was `{result}`"
    );
}
```

Ahora, cuando ejecutemos la prueba, obtendremos un mensaje de error con más información:

```
---- tests::greeting_contains_name stdout ----
thread 'main' panicked at 'Greeting did not contain name, value
was `Hello!`', src/lib.rs:12:9
note: run with `RUST_BACKTRACE=1` environment variable to display
a backtrace
```

Podemos ver el valor que realmente obtuvimos en la salida de la prueba, lo que nos ayudará a depurar lo que sucedió en lugar de lo que esperábamos que sucediera.

Comprobación de panics con should_panic

Además de comprobar los valores de retorno, es importante verificar que el código maneja las condiciones de error como esperamos. Por ejemplo, considere el tipo Guess que creamos en el Listado 9-13. Otro código que utiliza Guess depende de la garantía de que las instancias de Guess contendrán solo valores entre 1 y 100. Podemos escribir una prueba que asegure que al intentar crear una instancia de Guess con un valor fuera de ese rango entre en pánico.

Hacemos esto añadiendo el atributo should_panic a nuestra función de prueba. La prueba pasa si el código dentro de la función entra en pánico; la prueba falla si el código no entra en pánico.

El Listado 11-8 muestra una prueba que verifica que las condiciones de error de Guess::new ocurran cuando lo esperamos.

src/lib.rs

```rust
pub struct Guess {
    value: i32,
}

impl Guess {
    pub fn new(value: i32) -> Guess {
        if value < 1 || value > 100 {
            panic!(
                "Guess value must be between 1 and 100, got {}.",
                value
            );
        }

        Guess { value }
    }
}

#[cfg(test)]
mod tests {
    use super::*;

    #[test]
    #[should_panic]
    fn greater_than_100() {
        Guess::new(200);
    }
}
```

Listado 11-8: Prueba de una condición que hará entrar en panic!.

Colocamos el atributo #[should_panic] después del atributo #[test] y antes de la función de prueba a la que se aplica. Veamos el resultado cuando esta prueba pasa:

```
running 1 test
test tests::greater_than_100 - should panic ... ok

test result: ok. 1 passed; 0 failed; 0 ignored; 0 measured; 0
filtered out; finished in 0.00s
```

¡Se ve bien! Ahora vamos a introducir un error en el código eliminando la condición que hacía que la función new entrara en pánico si el valor era mayor de 100:

src/lib.rs

```
--snip--

impl Guess {
    pub fn new(value: i32) -> Guess {
        if value < 1 {
            panic!(
                "Guess value must be between 1 and 100, got {}.",
                value
            );
        }

        Guess { value }
    }
}
```

Cuando ejecutemos la prueba del Listado 11-8, esta fallará:

```
running 1 test
test tests::greater_than_100 - should panic ... FAILED

failures:

---- tests::greater_than_100 stdout ----
note: test did not panic as expected

failures:
    tests::greater_than_100

test result: FAILED. 0 passed; 1 failed; 0 ignored; 0 measured; 0
filtered out; finished in 0.00s
```

No obtenemos un mensaje muy útil en este caso, pero cuando observamos la función de prueba, vemos que está anotada con #[should_panic]. El fallo que hemos obtenido significa que el código en la función de prueba no ha entrado en pánico.

Las pruebas que utilizan should_panic pueden ser imprecisas. Una prueba should_panic pasaría incluso si la prueba entra en pánico por una razón diferente a la que esperábamos. Para hacer las pruebas should_panic más precisas, podemos agregar un parámetro opcional llamado expected al atributo should_panic. El sistema de pruebas se asegurará de que el mensaje de error contenga el texto proporcionado. Por ejemplo, consideremos el código modificado para Guess en el Listado 11-9, donde la función new entra en pánico con mensajes diferentes dependiendo de si el valor es demasiado pequeño o demasiado grande.

src/lib.rs

```
--snip--

impl Guess {
    pub fn new(value: i32) -> Guess {
        if value < 1 {
            panic!(
                "Guess value must be greater than or equal to 1, got {}.",
```

```
                value
            );
        } else if value > 100 {
            panic!(
                "Guess value must be less than or equal to 100, got {}.",
                value
            );
        }

        Guess { value }
    }
}

#[cfg(test)]
mod tests {
    use super::*;

    #[test]
    #[should_panic(expected = "less than or equal to 100")]
    fn greater_than_100() {
        Guess::new(200);
    }
}
```

Listado 11-9: Prueba de panic! con un mensaje de pánico que contiene una subcadena especificada.

Esta prueba pasará porque el valor que colocamos en el parámetro expected del atributo should_panic es una subcadena del mensaje con el que la función Guess::new entra en pánico. También podríamos haber especificado el mensaje completo de pánico que esperamos, que en este caso sería Guess value must be less than or equal to 100, got 200. Lo que elija especificar depende de cuánto del mensaje de pánico sea único o dinámico y de cuánta precisión desee en su prueba. En este caso, una subcadena del mensaje de pánico es suficiente para asegurar que el código en la función de prueba ejecute el caso else if value > 100.

Para ver qué sucede cuando una prueba should_panic con un mensaje esperado falla, vamos a introducir nuevamente un error en nuestro código intercambiando los cuerpos de los bloques if value < 1 y else if value > 100:

src/lib.rs

```
--snip--
if value < 1 {
    panic!(
        "Guess value must be less than or equal to 100, got {}.",
        value
    );
} else if value > 100 {
    panic!(
        "Guess value must be greater than or equal to 1, got {}.",
        value
    );
}
--snip--
```

Esta vez, cuando ejecutemos la prueba should_panic, esta fallará:

```
running 1 test
test tests::greater_than_100 - should panic ... FAILED

failures:

---- tests::greater_than_100 stdout ----
thread 'main' panicked at 'Guess value must be greater than or equal to 1, got
200.', src/lib.rs:13:13
note: run with `RUST_BACKTRACE=1` environment variable to display a backtrace
note: panic did not contain expected string
      panic message: `"Guess value must be greater than or equal to 1, got
200."`,
 expected substring: `"less than or equal to 100"`

failures:
    tests::greater_than_100

test result: FAILED. 0 passed; 1 failed; 0 ignored; 0 measured; 0 filtered out;
finished in 0.00s
```

El mensaje de error indica que esta prueba realmente ha entrado en pánico como esperábamos, pero el mensaje de pánico no incluyó la cadena esperada 'Guess value must be less than or equal to 100'. El mensaje de pánico que obtuvimos en este caso fue Guess value must be greater than or equal to 1, got 200. ¡Ahora podemos comenzar a averiguar dónde está nuestro error!

Uso de Result<T, E> en las pruebas

Todas nuestras pruebas hasta ahora entran en pánico cuando fallan. ¡También podemos escribir pruebas que utilicen Result<T, E>! Aquí está la prueba del Listado 11-1, reescrita para usar Result<T, E> y que devuelva Err en lugar de entrar en pánico:

src/lib.rs
```
#[cfg(test)]
mod tests {
    #[test]
    fn it_works() -> Result<(), String> {
        if 2 + 2 == 4 {
            Ok(())
        } else {
            Err(String::from("two plus two does not equal four"))
        }
    }
}
```

La función it_works ahora tiene el tipo de retorno Result<(), String>. En el cuerpo de la función, en lugar de llamar a la macro assert_eq!, devolvemos Ok(()) cuando la prueba pasa y Err con una String dentro cuando la prueba falla.

Escribir pruebas de forma que retornen Result<T, E> permite utilizar el operador de signo de interrogación en el cuerpo de las pruebas, lo cual puede ser una forma conveniente de escribir pruebas que deberían fallar si alguna operación dentro de ellas devuelve la variante Err.

No se puede usar la anotación #[should_panic] en pruebas que utilicen Result<T, E>. Para afirmar que una operación devuelve la variante Err, no use el operador de signo de interrogación en el valor Result<T, E>. En su lugar, utilice assert!(value.is_err()).

Ahora que conoce varias formas de escribir pruebas, veamos qué sucede cuando ejecutamos nuestras pruebas y exploremos las diferentes opciones que podemos usar con cargo test.

Control de la ejecución de pruebas

Al igual que cargo run compila el código y luego ejecuta el binario resultante, cargo test compila el código en modo de prueba y luego ejecuta el binario de prueba resultante. El comportamiento por defecto del binario producido por cargo test es ejecutar todas las pruebas en paralelo y capturar la salida generada durante las ejecuciones de las pruebas, evitando que se muestre la salida directamente y facilitando la lectura de la salida relacionada con los resultados de las pruebas. Sin embargo, se pueden especificar opciones de línea de comandos para cambiar este comportamiento por defecto.

Algunas opciones de línea de comandos se aplican a cargo test, mientras que otras se aplican al binario de pruebas resultante. Para separar estos dos tipos de argumentos, debe listar los argumentos que van a cargo test, seguidos del separador -- y luego los que van al binario de pruebas. La ejecución de cargo test --help muestra las opciones que puede usar con cargo test, y la ejecución de test ---help muestra las opciones que puede usar después del separador.

Ejecución de pruebas en paralelo o de forma consecutiva

Cuando se ejecutan varias pruebas, por defecto se ejecutan en paralelo utilizando hilos, lo que significa que terminan más rápidamente, obteniendo una retroalimentación más rápida. Debido a que las pruebas se ejecutan al mismo tiempo, debe asegurarse de que no dependan entre sí ni de ningún estado compartido, incluido el entorno compartido, como el directorio de trabajo actual o las variables de entorno.

Por ejemplo, supongamos que cada una de sus pruebas ejecuta código que crea un archivo en el disco llamado *test-output.txt* y escribe datos en ese archivo. Luego, cada prueba lee los datos de ese archivo y asegura que el archivo contenga un valor específico, que es diferente en cada prueba. Debido a que las pruebas se ejecutan al mismo tiempo, una prueba podría sobrescribir el archivo en el intervalo de tiempo en que otra prueba escribe y lee el archivo. Entonces la segunda prueba fallará, no porque el código sea incorrecto, sino porque las pruebas han interferido entre sí al ejecutarse en paralelo. Una solución es asegurarse de que cada prueba escriba en un archivo diferente; otra solución es ejecutar las pruebas una a una.

Si no desea ejecutar las pruebas en paralelo o si desea tener un control más preciso sobre el número de hilos utilizados, puede enviar la bandera --test-threads y el número de hilos que desea utilizar para el binario de pruebas. Eche un vistazo al siguiente ejemplo:

```
$ cargo test -- --test-threads=1
```

Hemos establecido el número de hilos de prueba en 1, indicando al programa que no utilice ningún paralelismo. Ejecutar las pruebas utilizando un solo hilo tomará más tiempo que ejecutarlas en paralelo, pero las pruebas, si comparten estado, no interferirán entre sí.

Presentación de la salida de una función

Por defecto, si una prueba pasa, la biblioteca de pruebas de Rust captura cualquier cosa impresa en la salida estándar (standard output). Por ejemplo, si llamamos a println! en una prueba y la prueba pasa, no veremos la salida de println! en el terminal; solo veremos la línea que indica que la prueba ha pasado. Si una prueba falla, veremos lo que se imprimió en la salida estándar junto con el resto del mensaje de error.

A modo de ejemplo, el Listado 11-10 tiene una función tonta que imprime el valor de su parámetro y devuelve 10, además de una prueba que pasa y otra que falla.

src/lib.rs

```
fn prints_and_returns_10(a: i32) -> i32 {
    println!("I got the value {a}");
    10
}

#[cfg(test)]
mod tests {
    use super::*;

    #[test]
    fn this_test_will_pass() {
        let value = prints_and_returns_10(4);
        assert_eq!(10, value);
    }

    #[test]
    fn this_test_will_fail() {
        let value = prints_and_returns_10(8);
        assert_eq!(5, value);
    }
}
```

Listado 11-10: Pruebas para una función que llama a println!.

Cuando ejecutemos estas pruebas con cargo test, veremos la siguiente salida:

```
running 2 tests
test tests::this_test_will_pass ... ok
test tests::this_test_will_fail ... FAILED
```

```
failures:

---- tests::this_test_will_fail stdout ----
```
❶ `I got the value 8`
```
thread 'main' panicked at 'assertion failed: `(left == right)`
  left: `5`,
 right: `10`', src/lib.rs:19:9
note: run with `RUST_BACKTRACE=1` environment variable to display
a backtrace

failures:
    tests::this_test_will_fail

test result: FAILED. 1 passed; 1 failed; 0 ignored; 0 measured; 0
filtered out; finished in 0.00s
```

Hay que tener en cuenta que en ninguna parte de esta salida vemos `I got the value 4` (He obtenido el valor 4), que se imprime cuando se ejecuta la prueba que pasa. Esa salida ha sido capturada. La salida de la prueba que ha fallado, `I got the value 8` ❶, aparece en la sección de la salida del resumen de la prueba, que también muestra la causa del fallo de la prueba.

Si queremos ver los valores impresos de las pruebas que pasan, también podemos decirle a Rust que muestre la salida de las pruebas que pasan utilizando `--show-output`:

```
$ cargo test -- --show-output
```

Cuando volvamos a ejecutar las pruebas del Listado 11-10 con la bandera `--show-output`, veremos la siguiente salida:

```
running 2 tests
test tests::this_test_will_pass ... ok
test tests::this_test_will_fail ... FAILED

successes:

---- tests::this_test_will_pass stdout ----
I got the value 4


successes:
    tests::this_test_will_pass

failures:

---- tests::this_test_will_fail stdout ----
I got the value 8
thread 'main' panicked at 'assertion failed: `(left == right)`
  left: `5`,
 right: `10`', src/lib.rs:19:9
note: run with `RUST_BACKTRACE=1` environment variable to display
a backtrace
```

```
failures:
    tests::this_test_will_fail

test result: FAILED. 1 passed; 1 failed; 0 ignored; 0 measured; 0
filtered out; finished in 0.00s
```

Ejecución de un subconjunto de pruebas por su nombre

A veces, ejecutar el conjunto completo de pruebas puede llevar mucho tiempo. Si está trabajando en un área específica de código, es posible que desee ejecutar solo las pruebas relacionadas con ese código. Puede elegir qué pruebas ejecutar pasando a cargo test como argumento el nombre o nombres de la(s) prueba(s) que desea ejecutar.

Para mostrar cómo ejecutar un subconjunto de pruebas, primero crearemos tres pruebas para nuestra función add_two, como se muestra en el Listado 11-11, y luego elegiremos cuáles de ellas ejecutar.

src/lib.rs
```
pub fn add_two(a: i32) -> i32 {
    a + 2
}

#[cfg(test)]
mod tests {
    use super::*;

    #[test]
    fn add_two_and_two() {
        assert_eq!(4, add_two(2));
    }

    #[test]
    fn add_three_and_two() {
        assert_eq!(5, add_two(3));
    }

    #[test]
    fn one_hundred() {
        assert_eq!(102, add_two(100));
    }
}
```

Listado 11-11: Tres pruebas con tres nombres diferentes.

Si ejecutamos las pruebas sin pasar ningún argumento, como vimos anteriormente, todas las pruebas se ejecutarán en paralelo:

```
running 3 tests
test tests::add_three_and_two ... ok
test tests::add_two_and_two ... ok
test tests::one_hundred ... ok

test result: ok. 3 passed; 0 failed; 0 ignored; 0 measured; 0
filtered out; finished in 0.00s
```

Ejecución de pruebas únicas

Podemos pasar el nombre de cualquier función de prueba a cargo test para ejecutar solo esa prueba.

```
$ cargo test one_hundred
   Compiling adder v0.1.0 (file:///projects/adder)
    Finished test [unoptimized + debuginfo] target(s) in 0.69s
     Running unittests src/lib.rs (target/debug/deps/adder-
92948b65e88960b4)

running 1 test
test tests::one_hundred ... ok

test result: ok. 1 passed; 0 failed; 0 ignored; 0 measured; 2
filtered out; finished in 0.00s
```

Solo se ha ejecutado la prueba con el nombre one_hundred; las otras dos pruebas no coincidieron con ese nombre. La salida de las pruebas nos informa de que ha habido más pruebas que no se han ejecutado al mostrar 2 filtered out al final.

No podemos especificar los nombres de varias pruebas de esta manera; solo se utilizará el primer valor proporcionado a cargo test. Pero hay una forma de ejecutar varias pruebas.

Filtrado para ejecutar varias pruebas

Podemos especificar parte del nombre de una prueba y cualquier prueba cuyo nombre coincida con ese valor se ejecutará. Por ejemplo, dado que dos de nuestras pruebas tienen add en sus nombres, podemos ejecutar esas dos pruebas utilizando cargo test add:

```
$ cargo test add
   Compiling adder v0.1.0 (file:///projects/adder)
    Finished test [unoptimized + debuginfo] target(s) in 0.61s
     Running unittests src/lib.rs (target/debug/deps/adder-
92948b65e88960b4)

running 2 tests
test tests::add_three_and_two ... ok
test tests::add_two_and_two ... ok

test result: ok. 2 passed; 0 failed; 0 ignored; 0 measured; 1
filtered out; finished in 0.00s
```

El comando ha ejecutado todas las pruebas en las que figura add en el nombre y ha filtrado la prueba llamada one_hundred. Además, hay que tener en cuenta que el módulo en el que aparece una prueba se convierte en parte del nombre de la prueba, por lo que podemos ejecutar todas las pruebas en un módulo filtrando por el nombre del módulo.

Omisión de algunas pruebas a menos que se soliciten expresamente

A veces, algunas pruebas específicas pueden ser muy lentas de ejecutar, por lo que es posible que desee excluirlas en la mayoría de las ejecuciones de cargo test. En lugar de enumerar como argumentos todas las pruebas que desea ejecutar, puede anotar las pruebas que consumen mucho tiempo utilizando el atributo ignore para excluirlas:

```
src/lib.rs    #[test]
              fn it_works() {
                  let result = 2 + 2;
                  assert_eq!(result, 4);
              }

              #[test]
              #[ignore]
              fn expensive_test() {
                  // code that takes an hour to run
              }
```

Después de #[test], añadimos la línea #[ignore] a la prueba que queremos excluir. Ahora, cuando ejecutemos nuestras pruebas, it_works se ejecutará, pero expensive_test no lo hará:

```
$ cargo test
   Compiling adder v0.1.0 (file:///projects/adder)
    Finished test [unoptimized + debuginfo] target(s) in 0.60s
     Running unittests src/lib.rs (target/debug/deps/adder-92948b65e88960b4)

running 2 tests
test expensive_test ... ignored
test it_works ... ok

test result: ok. 1 passed; 0 failed; 1 ignored; 0 measured; 0
filtered out; finished in 0.00s
```

La función expensive_test aparece como ignored. Si queremos ejecutar solo las pruebas ignoradas, podemos usar cargo test -- --ignored:

```
$ cargo test -- --ignored
    Finished test [unoptimized + debuginfo] target(s) in 0.61s
     Running unittests src/lib.rs (target/debug/deps/adder-92948b65e88960b4)

running 1 test
test expensive_test ... ok

test result: ok. 1 passed; 0 failed; 0 ignored; 0 measured; 1
filtered out; finished in 0.00s
```

Al controlar qué pruebas se ejecutan, puede asegurarse de que los resultados de cargo test se devuelvan rápidamente. Cuando llegue a un punto en el que tenga sentido revisar los resultados de las pruebas ignored y tenga tiempo para esperar los resultados, en su lugar puede ejecutar cargo test -- --ignored. Si desea ejecutar todas las pruebas, ya sean ignoradas o no, puede usar cargo test -- --include-ignored.

Organización de las pruebas

Como se mencionó al comienzo del capítulo, las pruebas son una disciplina compleja y cada persona utiliza una terminología y una organización diferentes. La comunidad Rust piensa en las pruebas en términos de dos categorías principales: pruebas unitarias y pruebas de integración. Las *pruebas unitarias* son reducidas y más específicas. Prueban un módulo aislado cada vez y pueden probar interfaces privadas. Las *pruebas de integración* son totalmente externas a la biblioteca de su propiedad y hacen uso de su código de la misma manera que cualquier otro código externo, utilizando solo la interfaz pública y evaluando potencialmente varios módulos por prueba.

Escribir ambos tipos de prueba es importante para asegurarse de que las piezas de su biblioteca están haciendo lo que espera de ellas, tanto por separado como en conjunto.

Pruebas unitarias

El propósito de las pruebas unitarias es probar cada unidad de código de forma aislada del resto del código para localizar rápidamente dónde funciona o dónde no funciona como se espera. Deberá colocar las pruebas unitarias en el directorio *src*, en cada archivo junto con el código que deben probar. La convención es crear un módulo llamado tests en cada archivo para contener las funciones de prueba y anotar el módulo con cfg(test).

Módulo de pruebas y #[cfg(test)]

Sin embargo, dado que las pruebas unitarias se encuentran en los mismos archivos que el código, utilizaremos #[cfg(test)] para indicar que no deben incluirse en el resultado compilado.

La anotación #[cfg(test)] en el módulo de pruebas indica a Rust que compile y ejecute el código de pruebas solo cuando usted ejecute cargo test, y no cuando ejecute cargo build. Esto ahorrará tiempo de compilación cuando solo queramos construir la biblioteca y ahorrará espacio en el artefacto compilado resultante porque las pruebas no se incluyen.

Observará que, como las pruebas de integración se colocan en un directorio diferente, no necesitan la anotación #[cfg(test)]. Sin embargo, dado que las pruebas unitarias se encuentran en los mismos archivos que el código, utilizará #[cfg(test)] para especificar que no deben incluirse en el resultado compilado.

Recuerde que cuando generamos el nuevo proyecto adder en la primera sección de este capítulo, Cargo nos generó este código en lugar de tener que hacerlo nosotros:

src/lib.rs

```
#[cfg(test)]
mod tests {
    #[test]
    fn it_works() {
        let result = 2 + 2;
        assert_eq!(result, 4);
    }
}
```

Este código es el módulo de pruebas generado automáticamente. El atributo cfg significa *configuration (configuración)* y le indica a Rust que el siguiente elemento solo se debe incluir si se proporciona una cierta opción de configuración. En este caso, la opción de configuración es test, que Rust utiliza para compilar y ejecutar las pruebas. Al utilizar el atributo cfg, Cargo compila nuestro código de pruebas solo si ejecutamos activamente las pruebas con cargo test. Esto incluye cualquier función auxiliar que pueda estar en este módulo, además de las funciones anotadas con #[test].

Pruebas de funciones privadas

Existe un debate en la comunidad de pruebas sobre si las funciones privadas se deben probar directamente o no; otros lenguajes hacen que sea difícil o imposible probar funciones privadas. Independientemente de la ideología de pruebas a la que se adhiera, las reglas de privacidad de Rust le permiten probar funciones privadas. Considere el código del Listado 11-12 con la función privada internal_adder.

src/lib.rs
```
pub fn add_two(a: i32) -> i32 {
    internal_adder(a, 2)
}

fn internal_adder(a: i32, b: i32) -> i32 {
    a + b
}

#[cfg(test)]
mod tests {
    use super::*;

    #[test]
    fn internal() {
        assert_eq!(4, internal_adder(2, 2));
    }
}
```

Listado 11-12: Prueba de una función privada.

Observe que la función internal_adder no está marcada como pub (pública). Las pruebas son simplemente código Rust, y el módulo tests es solo otro módulo. Como discutimos en «Rutas para referirse a un elemento en el árbol de módulos», los elementos en módulos hijos pueden usar los elementos en sus módulos ancestros. En esta prueba, traemos todos los elementos padre del módulo test al ámbito con use super::*, y luego la prueba puede llamar a internal_adder. Si usted no considera que las funciones privadas se deban probar, no hay nada en Rust que le obligue a hacerlo.

Pruebas de integración

En Rust, las pruebas de integración son completamente externas a su biblioteca. Utilizan su biblioteca de la misma manera que lo haría cualquier otro código, lo que significa que solo pueden llamar a funciones que formen parte de la API pública de su biblioteca. Su propósito es probar si muchas partes de su biblioteca funcionan correctamente juntas. Las unidades de código que funcionan correctamente por sí mismas podrían tener problemas cuando se integran, por lo que la cobertura de pruebas del código integrado también es importante. Para crear pruebas de integración, primero necesita un directorio *tests*.

El directorio tests

Creamos un directorio *tests* en el nivel superior de nuestro directorio del proyecto, junto a *src*. Cargo sabe buscar archivos de pruebas de integración en este directorio. A continuación, podemos crear tantos archivos de pruebas como queramos, y Cargo compilará cada uno de ellos como un crate individual.

Vamos a crear una prueba de integración. Con el código del Listado 11-12 todavía en el archivo *src/lib.rs*, cree un directorio *tests* y, dentro de él, cree un nuevo archivo llamado *tests/integration_test.rs*. Su estructura de directorios se debería ver así:

```
adder
├── Cargo.lock
├── Cargo.toml
├── src
│   └── lib.rs
└── tests
    └── integration_test.rs
```

Introduzca el código del Listado 11-13 en el archivo *tests/integration_test.rs*.

tests/
integration
_test.rs

```
use adder;

#[test]
fn it_adds_two() {
    assert_eq!(4, adder::add_two(2));
}
```

Listado 11-13: Prueba de integración de una función en el crate adder.

Cada archivo en el directorio *tests* es un crate separado, por lo que necesitamos incorporar nuestra biblioteca al ámbito de cada unidad de prueba. Por esa razón, añadimos `use adder;` en la parte superior del código, lo cual no fue necesario en las pruebas unitarias.

No es necesario anotar ningún código en *tests/integration_test.rs* con `#[cfg(test)]`. Cargo trata el directorio *tests* de manera especial y solo compila los archivos en este directorio cuando ejecutamos `cargo test`. Ejecute `cargo test` ahora:

```
$ cargo test
   Compiling adder v0.1.0 (file:///projects/adder)
    Finished test [unoptimized + debuginfo] target(s) in 1.31s
     Running unittests src/lib.rs (target/debug/deps/adder-
1082c4b063a8fbe6)
```

```
❶ running 1 test
  test tests::internal ... ok

  test result: ok. 1 passed; 0 failed; 0 ignored; 0 measured; 0
  filtered out; finished in 0.00s

    ❷ Running tests/integration_test.rs
  (target/debug/deps/integration_test-1082c4b063a8fbe6)

  running 1 test
❸ test it_adds_two ... ok

❹ test result: ok. 1 passed; 0 failed; 0 ignored; 0 measured; 0
  filtered out; finished in 0.00s

    Doc-tests adder

  running 0 tests

  test result: ok. 0 passed; 0 failed; 0 ignored; 0 measured; 0
  filtered out; finished in 0.00s
```

Las tres secciones de resultados incluyen las pruebas unitarias, la prueba de integración y las pruebas de documentación. Es importante destacar que si falla alguna prueba en alguna sección, las secciones siguientes no se ejecutarán. Por ejemplo, si una prueba unitaria falla, no habrá resultados para las pruebas de integración y de documentación, ya que esas pruebas solo se ejecutan si todas las pruebas unitarias pasan.

La primera sección para las pruebas unitarias ❶ es la misma que hemos estado viendo: una línea por cada prueba unitaria (una llamada internal que añadimos al Listado 11-12) y luego una línea de resumen para las pruebas unitarias.

La sección de pruebas de integración comienza con la línea Running tests/integration_test.rs ❷. A continuación, hay una línea por cada función de prueba en esa prueba de integración ❸ y una línea resumen de los resultados de la prueba de integración ❹ justo antes de que comience la sección Doc-tests adder.

Cada archivo de prueba de integración tiene su propia sección, por lo que si añadimos más archivos al directorio *tests*, habrá más secciones de pruebas de integración.

Podemos ejecutar una función de prueba de integración concreta especificando el nombre de la función de prueba como argumento de cargo test. Para ejecutar todas las pruebas en un archivo de prueba de integración en particular, use el argumento --test en cargo test, seguido del nombre del archivo:

```
$ cargo test --test integration_test
  Finished test [unoptimized + debuginfo] target(s) in 0.64s
    Running tests/integration_test.rs
  (target/debug/deps/integration_test-82e7799c1bc62298)

running 1 test
test it_adds_two ... ok
```

```
test result: ok. 1 passed; 0 failed; 0 ignored; 0 measured; 0
filtered out; finished in 0.00s
```

Este comando ejecuta únicamente las pruebas en el archivo *tests/ integration_test.rs*.

Submódulos en las pruebas de integración

A medida que añada más pruebas de integración, es posible que desee crear más archivos en el directorio *tests* para organizarlas mejor; por ejemplo, puede agrupar las funciones de prueba según la funcionalidad que estas estén probando. Como se mencionó anteriormente, cada archivo en el directorio *tests* se compila como su propio crate separado, lo que es útil para crear ámbitos separados y así imitar más estrechamente la forma en que los usuarios finales utilizarán su biblioteca. Sin embargo, esto significa que los archivos en el directorio *tests* no comparten el mismo comportamiento que los archivos en *src*, como aprendió en el Capítulo 7 sobre cómo separar el código en módulos y archivos.

La diferencia en el comportamiento de los archivos en el directorio *tests* es más notable cuando tiene un conjunto de funciones auxiliares que se utilizan en varios archivos de la prueba de integración y trata de seguir los pasos de «Separación de módulos en diferentes archivos», para extraerlos a un módulo común. Por ejemplo, si creamos *tests/common.rs* y colocamos una función llamada setup en él, podemos añadir algún código a setup al que deseamos llamar desde varias funciones de prueba en varios archivos de prueba:

tests/common.rs

```
pub fn setup() {
    // setup code specific to your library's tests would go here
}
```

Cuando ejecutemos las pruebas otra vez, veremos una nueva sección en los resultados de las pruebas para el archivo *common.rs*, incluso aunque este archivo no contenga ninguna función de prueba y tampoco hayamos llamado a la función setup desde ningún sitio:

```
running 1 test
test tests::internal ... ok

test result: ok. 1 passed; 0 failed; 0 ignored; 0 measured; 0
filtered out; finished in 0.00s

    Running tests/common.rs (target/debug/deps/common-92948b65e88960b4)

running 0 tests

test result: ok. 0 passed; 0 failed; 0 ignored; 0 measured; 0
filtered out; finished in 0.00s

    Running tests/integration_test.rs
(target/debug/deps/integration_test-92948b65e88960b4)

running 1 test
```

```
test it_adds_two ... ok

test result: ok. 1 passed; 0 failed; 0 ignored; 0 measured; 0
filtered out; finished in 0.00s

   Doc-tests adder

running 0 tests

test result: ok. 0 passed; 0 failed; 0 ignored; 0 measured; 0
filtered out; finished in 0.00s
```

Que aparezca common en los resultados de las pruebas con running 0 tests no es lo que queríamos. Solo queríamos compartir cierto código con los otros archivos de la prueba de integración. Para evitar que common aparezca en la salida de las pruebas, en lugar de crear *tests/common.rs* crearemos *tests/common/mod.rs*. Ahora, el directorio del proyecto se verá así:

```
├── Cargo.lock
├── Cargo.toml
├── src
│   └── lib.rs
└── tests
    ├── common
    │   └── mod.rs
    └── integration_test.rs
```

Esta es la convención de nomenclatura más antigua que Rust también comprende y que mencionamos en «Rutas alternativas de archivos». Al nombrar el archivo de esta manera, le indica a Rust que no trate el módulo common como un archivo de prueba de integración. Cuando movemos el código de la función setup a *tests/common/mod.rs* y eliminamos el archivo *tests/common.rs*, la sección ya no aparecerá en la salida de la prueba. Los archivos en subdirectorios del directorio *tests* no se compilan como crates separados ni tienen secciones en la salida de la prueba.

Una vez que hayamos creado *tests/common/mod.rs*, podemos utilizarlo como módulo desde cualquiera de los archivos de prueba de integración. Aquí tiene un ejemplo de cómo llamar a la función setup desde la prueba it_adds_two en *tests/integration_test.rs*:

*tests/
integration
_test.rs*

```
use adder;

mod common;

#[test]
fn it_adds_two() {
    common::setup();
    assert_eq!(4, adder::add_two(2));
}
```

Hay que tener en cuenta que la declaración mod common; es igual a la declaración de módulo que mostramos en el Listado 7-21. Luego, en la función de prueba, podemos llamar a la función common::setup().

Pruebas de integración para crates binarios

Si nuestro proyecto es un crate binario que solo contiene un archivo *src/main.rs* y no tiene un archivo *src/lib.rs*, no podemos crear pruebas de integración en el directorio *tests* y traer funciones definidas en el archivo *src/main.rs* al ámbito con una sentencia use. Solo los crates de biblioteca exponen funciones que otros crates pueden utilizar; los paquetes binarios están destinados a ejecutarse por sí mismos.

Esta es una de las razones por las cuales los proyectos en Rust que proporcionan un binario tienen un archivo *src/main.rs* sencillo que llama a la lógica que reside en el archivo *src/lib.rs*. Utilizando esa estructura, las pruebas de integración pueden probar el crate de biblioteca con el uso de la declaración use para hacer que la funcionalidad más importante esté disponible. Si la funcionalidad más importante funciona correctamente, el poco código del archivo *src/main.rs* también funcionará, y ese poco código no se necesita probar.

Resumen

Las características de las pruebas de Rust proporcionan una forma de especificar cómo debería funcionar el código para tener la seguridad de que siga funcionando como se espera, incluso a medida que se realizan cambios.

Las pruebas unitarias se aplican a diferentes partes de una biblioteca por separado y pueden probar detalles de implementación privados. Las pruebas de integración verifican que muchas partes de la biblioteca funcionen juntas correctamente y utilizan la API pública de la biblioteca para probar el código de la misma manera que lo hará el código externo. Aunque el sistema de tipos y las reglas de propiedad de Rust ayudan a prevenir algunos tipos de errores, las pruebas siguen siendo importantes para reducir los errores de lógica que tienen que ver con la forma en que se espera que se comporte el código.

¡Vamos a combinar el conocimiento que ha aprendido en este capítulo y en capítulos anteriores para trabajar en un proyecto!

12

PROYECTO DE E/S: CONSTRUCCIÓN DE UN PROGRAMA DE LÍNEA DE COMANDOS

Este capítulo es una recopilación de las muchas habilidades que ha aprendido hasta ahora y una exploración de algunas características más de la biblioteca estándar. Construiremos una herramienta de línea de comandos que interactúa con las entradas/salidas de archivos y de línea de comandos para practicar algunos de los conceptos de Rust que ahora domina.

La velocidad, seguridad, generación de un solo binario y el soporte multiplataforma de Rust lo convierten en un lenguaje ideal para crear herramientas de línea de comandos, así que, para nuestro proyecto, haremos nuestra propia versión de la clásica herramienta de búsqueda mediante línea de comandos grep (**g**lobally search a **r**egular **e**xpression and **p**rint, buscar en todo el archivo una expresión regular e imprimirla). En el caso más simple, grep busca en un archivo específico una cadena determinada. Para hacerlo, grep toma como argumentos una ruta de archivo y una cadena. Luego, lee el archivo, busca las líneas de ese archivo que contienen el argumento de la cadena e imprime esas líneas.

Por el camino, mostraremos cómo hacer que nuestra herramienta de línea de comandos utilice las características de terminal que muchas otras herramientas de línea de comandos utilizan. Leeremos el valor de una variable de entorno, que permite que el usuario configure el comportamiento de nuestra herramienta. También imprimiremos los mensajes de error en el flujo de error estándar de la consola (stderr) en lugar de hacerlo en la salida estándar (stdout), de modo que, por ejemplo, el usuario pueda redirigir la salida satisfactoria a un archivo y seguir viendo los mensajes de error en pantalla.

Un miembro de la comunidad Rust, Andrew Gallant, ya ha creado una versión totalmente funcional y muy rápida de grep llamada ripgrep. En comparación, nuestra versión será bastante simple, pero este capítulo le proporcionará algunos conocimientos previos para entender un proyecto del mundo real como ripgrep.

Nuestro proyecto de grep combinará varios conceptos que ha aprendido hasta ahora:

- Organización del código (Capítulo 7)
- Uso de vectores y cadenas (Capítulo 8)
- Gestión de errores (Capítulo 9)
- Uso de traits y lifetimes cuando sea apropiado (Capítulo 10)
- Escritura de pruebas (Capítulo 11)

También introduciremos brevemente closures (cierres), iteradores y objetos trait, los cuales se tratarán en detalle en los Capítulos 13 y 17.

Aceptación de argumentos de la línea de comandos

Vamos a crear un nuevo proyecto como siempre, con cargo new. Llamaremos a nuestro proyecto minigrep para distinguirlo de la herramienta grep que quizás ya tenga en su sistema.

```
$ cargo new minigrep
    Created binary (application) `minigrep` project
$ cd minigrep
```

La primera tarea es hacer que minigrep acepte los dos argumentos de la línea de comandos: la ruta del archivo y una cadena a la que hay que buscar. Es decir, queremos poder ejecutar nuestro programa con cargo run, dos guiones para indicar que los siguientes argumentos son para nuestro programa y no para cargo, una cadena a la que buscar y una ruta de archivo en la que buscar, de la siguiente manera:

```
$ cargo run -- searchstring example-filename.txt
```

En este momento, el programa generado por cargo new no puede procesar los argumentos que le proporcionamos. Algunas bibliotecas existentes en *https://crates.io* pueden ayudar a escribir un programa que acepte argumentos de la línea de comandos, pero como está aprendiendo este concepto, implementaremos esta capacidad nosotros mismos.

Lectura de valores de los argumentos

Para permitir que `minigrep` lea los valores de los argumentos de la línea de comandos que le pasamos, necesitaremos la función `std::env::args` proporcionada por la biblioteca estándar de Rust. Esta función devuelve un iterador de los argumentos de la línea de comandos pasados a `minigrep`. Trataremos los iteradores con detalle en el Capítulo 13. Por ahora, solo necesita saber dos detalles sobre los iteradores: los iteradores producen una serie de valores, y podemos llamar al método collect en un iterador para convertirlo en una colección, como un vector, que contiene todos los elementos que el iterador produce.

El código del Listado 12-1 permite que el programa `minigrep` lea cualquier argumento de la línea de comandos que se le pase y, luego, recolecte los valores en un vector.

src/main.rs

```rust
use std::env;

fn main() {
    let args: Vec<String> = env::args().collect();
    dbg!(args);
}
```

Listado 12-1: Recopilación e impresión de los argumentos de la línea de comandos en un vector.

En primer lugar, introducimos el módulo `std::env` en el ámbito con una sentencia use para poder usar su función args. Observe que la función `std::env::args` está anidada en dos niveles de módulos. Como discutimos en el Capítulo 7, en casos en los que la función deseada está anidada en más de un módulo, hemos optado por incorporar el módulo padre al ámbito en lugar de la función. Al hacerlo, podemos usar fácilmente otras funciones de `std::env`. También es menos ambiguo que añadir use `std::env::args` y, luego, llamar a la función con solo args, ya que args podría confundirse fácilmente con una función definida en el módulo actual.

> ### LA FUNCIÓN ARGS Y UNICODE NO VÁLIDO
>
> Hay que tener en cuenta que std::env::args entrará en pánico si algún argumento contiene Unicode no válido. Si su programa necesita aceptar argumentos que contengan Unicode no válido, use en su lugar std::env::args_os. Esa función devuelve un iterador que produce valores de tipo OsString en lugar de String. Hemos elegido utilizar aquí std::env::args por simplicidad, ya que los valores de OsString difieren según la plataforma y es más complejo trabajar con ellos que con los valores de String.

En la primera línea de main, llamamos a env::args e, inmediatamente, usamos collect para convertir el iterador en un vector que contiene todos los valores producidos por el iterador. Podemos usar la función collect para crear muchos tipos de colecciones, por lo que anotamos explícitamente el tipo de args para especificar que queremos un vector de cadenas. Aunque casi nunca se necesita anotar tipos en Rust, collect es una función para la que a menudo se necesita anotarlos porque Rust no puede inferir el tipo de colección que usted desea.

Finalmente, imprimimos el vector usando la macro de depuración. Probemos a ejecutar el código primero sin argumentos y luego con dos argumentos:

```
$ cargo run
--snip--
[src/main.rs:5] args = [
    "target/debug/minigrep",
]
$ cargo run -- needle haystack
--snip--
[src/main.rs:5] args = [
    "target/debug/minigrep",
    "needle",
    "haystack",
]
```

Observe que el primer valor en el vector es "target/debug/minigrep", que es el nombre de nuestro binario. Esto coincide con el comportamiento de la lista de argumentos en C, lo que permite que los programas usen el nombre con el que fueron invocados en su ejecución. A menudo es conveniente tener acceso al nombre del programa, en caso de que desee imprimirlo en mensajes o cambiar el comportamiento del mismo según el alias de la línea de comandos que se utilizó para invocar el programa. Sin embargo, para los propósitos de este capítulo, lo ignoraremos y guardaremos solo los dos argumentos que necesitamos.

Almacenamiento de los valores de los argumentos en variables

El programa, actualmente, puede acceder a los valores especificados como argumentos de la línea de comandos. Ahora necesitamos guardar los valores de los dos argumentos en variables para poder usarlos en el resto del programa. Hacemos eso en el Listado 12-2.

src/main.rs
```
use std::env;

fn main() {
    let args: Vec<String> = env::args().collect();

    let query = &args[1];
    let file_path = &args[2];

    println!("Searching for {}", query);
    println!("In file {}", file_path);
}
```

Listado 12-2: Creación de variables para almacenar los argumentos de la consulta y la ruta del archivo.

Como vimos cuando imprimimos el vector, el nombre del programa ocupa el primer valor en el vector en args[0], por lo que estamos comenzando los argumentos en el índice 1. El primer argumento que toma minigrep es la cadena que estamos buscando, por lo que colocamos una referencia al primer argumento en la variable query. El segundo argumento será la ruta del archivo, así que ponemos una referencia al segundo argumento en la variable file_path.

Imprimimos temporalmente los valores de estas variables para mostrar que el código está funcionando como pretendemos. Vamos a ejecutar este programa nuevamente con los argumentos test y sample.txt:

```
$ cargo run -- test sample.txt
   Compiling minigrep v0.1.0 (file:///projects/minigrep)
    Finished dev [unoptimized + debuginfo] target(s) in 0.0s
     Running `target/debug/minigrep test sample.txt`
Searching for test
In file sample.txt
```

¡Genial, el programa funciona! Los valores de los argumentos que necesitamos se guardan en las variables adecuadas. Más adelante, añadiremos la gestión de errores para tratar ciertas situaciones potencialmente erróneas, como cuando el usuario no proporciona argumentos; por ahora, ignoraremos esa situación y, en cambio, nos centraremos en añadir la capacidad de lectura de archivos.

Lectura de archivos

Ahora añadimos la funcionalidad para leer el archivo especificado en el argumento file_path. En primer lugar, necesitamos un archivo de muestra para probarlo: utilizaremos un archivo con una pequeña cantidad de texto distribuido en varias líneas con algunas palabras repetidas. ¡En el Listado 12-3 hay un poema de Emily Dickinson que funcionará bien! Cree un archivo llamado *poem.txt* en el nivel raíz de su proyecto y teclee el poema «I'm Nobody! Who are you?».

poem.txt
```
I'm nobody! Who are you?
Are you nobody, too?
Then there's a pair of us - don't tell!
They'd banish us, you know.

How dreary to be somebody!
How public, like a frog
To tell your name the livelong day
To an admiring bog!
```

Listado 12-3: Un poema de Emily Dickinson es un buen caso de prueba.

Con el texto en su lugar, edite *src/main.rs* y añada el código para leer el archivo, como se muestra en el Listado 12-4.

src/main.rs
```
use std::env;
use std::fs; ❶
```

```
fn main() {
    --snip--
    println!("In file {}", file_path);

❷  let contents = fs::read_to_string(file_path)
        .expect("Should have been able to read the file");

❸  println!("With text:\n{contents}");
}
```

Listado 12-4: Lectura del contenido del archivo especificado en el segundo argumento.

En primer lugar, traemos una parte relevante de la biblioteca están-dar con la sentencia use: necesitamos std::fs para manejar archivos ❶.

En main, la nueva sentencia fs::read_to_string toma file_path, abre ese archivo y devuelve std::io::Result<String> con el contenido del archivo ❷.

Después de eso, añadimos nuevamente la sentencia println! tempo-ral que imprime el valor de contents después de leer el archivo, para que podamos verificar que el programa está funcionando hasta ahora ❸.

Vamos a ejecutar este código con cualquier cadena como primer argumento de la línea de comandos (porque aún no hemos imple-mentado la parte de búsqueda) y el archivo *poem.txt* como segundo argumento.

```
$ cargo run -- the poem.txt
   Compiling minigrep v0.1.0 (file:///projects/minigrep)
   Finished dev [unoptimized + debuginfo] target(s) in 0.0s
    Running `target/debug/minigrep the poem.txt`
Searching for the
In file poem.txt
With text:
I'm nobody! Who are you?
Are you nobody, too?
Then there's a pair of us - don't tell!
They'd banish us, you know.
How dreary to be somebody!
How public, like a frog
To tell your name the livelong day
To an admiring bog!
```

¡Genial! El código ha leído e imprimido el contenido del archivo. Sin embargo, el código tiene algunas deficiencias. En este momento, la función main tiene varias responsabilidades: generalmente, las funcio-nes son más claras y más fáciles de mantener si cada función es respon-sable de una sola idea. El otro problema es que no estamos gestionando los errores tan bien como podríamos. El programa aún es pequeño, por lo que estas deficiencias no son un gran problema, pero, a medida que el programa crezca, será más difícil corregirlas limpiamente. Es una buena práctica comenzar a refactorizar pronto cuando se desarrolla un programa porque es mucho más fácil refactorizar códigos breves. Vamos a proceder, a continuación, con la refactorización.

Refactorización para mejorar la modularidad y la gestión de errores

Para mejorar el programa, resolveremos cuatro problemas relacionados con la estructura del programa y con la forma de gestionar posibles errores. En primer lugar, la función main realiza actualmente dos tareas: analiza argumentos y lee archivos. A medida que nuestro programa crece, la cantidad de tareas separadas que maneja la función principal aumentará. A medida que una función adquiere más responsabilidades, se vuelve más difícil de entender, más complicada de probar y más difícil de cambiar sin romper alguna de sus partes. Lo mejor es separar la funcionalidad para que cada función sea responsable de una tarea.

Este problema también está relacionado con el segundo problema: aunque query y file_path son variables de configuración para nuestro programa, variables como contents se utilizan para llevar a cabo la lógica del programa. Cuanto más larga se vuelva la función main, más variables necesitaremos para llevarla a cabo; cuantas más variables tengamos en el ámbito, más difícil será hacer un seguimiento del propósito de cada una. Lo mejor es agrupar las variables de configuración en una estructura para que su propósito quede claro.

El tercer problema es que hemos utilizado expect para imprimir un mensaje de error cuando falla la lectura del archivo, pero el mensaje de error simplemente imprime Should have been able to read the file (Debería haber podido leer el archivo). La lectura de un archivo puede fallar de varias maneras: por ejemplo, el archivo podría haber desaparecido o es posible que no tengamos permiso para abrirlo. En este momento, sin importar la situación, imprimiríamos el mismo mensaje de error para todo, ¡lo que no proporcionaría ninguna información al usuario!

Cuarto, usamos expect repetidamente para gestionar diferentes errores, y si el usuario ejecuta nuestro programa sin especificar argumentos suficientes, obtendrá un error de index out of bounds (índice fuera de rango) de Rust que no explica claramente el problema. Lo mejor sería que todo el código de gestión de errores estuviera en un solo lugar para que los futuros responsables de mantenimiento solo tuvieran un lugar para consultar el código si la lógica de gestión de errores necesitara cambiar. Tener todo el código de gestión de errores en un solo lugar también asegurará que estemos imprimiendo mensajes que tendrán significado para nuestros usuarios finales.

Abordemos estos cuatro problemas refactorizando el proyecto.

Separación de responsabilidades en proyectos binarios

El problema organizativo de asignar responsabilidades para múltiples tareas a la función main es común en muchos proyectos binarios. Como resultado, la comunidad Rust ha desarrollado pautas para dividir el conjunto de responsabilidades independientes de un programa binario cuando la función main comienza a aumentar su tamaño. Este proceso consta de los siguientes pasos:

- Divida el programa en una archivo *main.rs* y un archivo *lib.rs* y mueva la lógica del programa a *lib.rs*.

- Mientras que la lógica de análisis de línea de comandos sea pequeña, puede permanecer en *main.rs*.

- Cuando la lógica de análisis de línea de comandos comience a complicarse, extráigala de *main.rs* y muévala a *lib.rs*.

Las responsabilidades que permanecen en la función main después de este proceso deben estar limitadas a lo siguiente:

- Llamar a la lógica de análisis de línea de comandos con los valores de los argumentos.

- Llevar a cabo cualquier otra configuración.

- Llamar a la función run en *lib.rs*.

- Si run devuelve un error, gestionar dicho error.

Este patrón trata de separar las responsabilidades: *main.rs* se encarga de ejecutar el programa y *lib.rs* gestiona toda la lógica de la tarea en cuestión. Debido a que no se puede probar directamente la función main, esta estructura le permite probar toda la lógica del programa al moverla a funciones en *lib.rs*. El código que permanece en *main.rs* será lo suficientemente pequeño como para verificar su corrección al leerlo. Vamos a reorganizar nuestro programa siguiendo este proceso.

Extracción del analizador de argumentos

Vamos a extraer la funcionalidad para analizar argumentos a una función a la que main llamará, preparando así el traslado de la lógica de análisis de línea de comandos a *src/lib.rs*. El Listado 12-5 muestra el nuevo comienzo de main que llama a una nueva función parse_config, la cual definiremos en *src/main.rs* por el momento.

src/main.rs
```
fn main() {
    let args: Vec<String> = env::args().collect();

    let (query, file_path) = parse_config(&args);

    --snip--
}

fn parse_config(args: &[String]) -> (&str, &str) {
    let query = &args[1];
    let file_path = &args[2];

    (query, file_path)
}
```

Listado 12-5: Extracción de la funcionalidad para analizar argumentos a la función parse_config de main.

Todavía recopilamos los argumentos de línea de comandos en un vector, pero, en lugar de asignar el valor del argumento en el índice 1 a la variable query y el valor del argumento en el índice 2 a la variable file_path dentro de la función main, ahora pasamos todo el vector a la función parse_config. La función parse_config contiene la lógica que determina qué argumento va en qué variable y, luego, pasa los valores de vuelta a main. Aún creamos las variables query y file_path en main, pero main ya no tiene la responsabilidad de determinar cómo se corresponden los argumentos de línea de comandos y las variables.

Esta reorganización puede parecer excesiva para nuestro pequeño programa, pero estamos refactorizando en pequeños pasos incrementales. Después de realizar este cambio, ejecute el programa nuevamente para verificar que el análisis de argumentos sigue funcionando. Es bueno que verifique su progreso con frecuencia para ayudar a identificar la causa de los problemas cuando ocurran.

Agrupación de los valores de configuración

Podemos dar otro pequeño paso para mejorar aún más la función parse_config. Por el momento, devolvemos una tupla, pero, luego, inmediatamente, rompemos esa tupla en partes individuales de nuevo. Esto es una señal de que tal vez aún no tenemos el nivel de abstracción apropiado.

Otro indicador que muestra que hay margen para mejorar es la parte config de parse_config, que implica que los dos valores que devolvemos están relacionados y ambos forman parte de un valor de configuración. Actualmente, no estamos transmitiendo este significado en la estructura de los datos más allá de agrupar los dos valores en una tupla; en su lugar, pondremos los dos valores en una struct y daremos a cada campo de la struct un nombre que tenga sentido. Al hacer esto, será más fácil para los futuros responsables de mantenimiento del código comprender cómo se relacionan los diferentes valores entre sí y cuál es su propósito.

El Listado 12-6 muestra las mejoras en la función parse_config.

src/main.rs
```
fn main() {
    let args: Vec<String> = env::args().collect();

❶ let config = parse_config(&args);

    println!("Searching for {}",❷ config.query);
    println!("In file {}",❸ config.file_path);

    let contents = fs::read_to_string(❹config.file_path)
        .expect("Should have been able to read the file");

    --snip--
}

❺ struct Config {
    query: String,
    file_path: String,
}

❻ fn parse_config(args: &[String]) -> Config {
```

```
❼ let query = args[1].clone();
❽ let file_path = args[2].clone();

  Config { query, file_path }
}
```

Listado 12-6: Refactorización de parse_config para devolver la instancia de la struct Config.

Hemos añadido una struct llamada Config definida con los campos llamados query y file_path ❺. La firma de parse_config indica ahora que devuelve un valor de tipo Config ❻. En el cuerpo de parse_config, donde solíamos devolver string slices que hacían referencia a valores de tipo String en args, ahora definimos que Config contendrá valores de tipo String propetarios (owned String values). La variable args en main es la propietaria de los valores de los argumentos y solo permite que la función parse_config los tome prestados, lo que significa que violaríamos las reglas de préstamo (borrowing) de Rust si Config intentara tomar posesión de los valores en args.

Hay varias formas de gestionar los datos de tipo String; la más sencilla, aunque algo ineficiente, es llamar al método clone en los valores ❼ ❽. Esta solución hará una copia completa de los datos para que la instancia de Config los posea, lo que requiere más tiempo y memoria que almacenar una referencia a los datos de cadena. Sin embargo, clonar los datos también hace que nuestro código sea muy directo, ya que no tenemos que gestionar los lifetimes de las referencias; en estas circunstancias, ceder un poco de rendimiento para obtener simplicidad es un intercambio válido y beneficioso.

CONTRAPARTIDAS DEL USO DE CLONE

Existe una tendencia entre muchos programadores de Rust a evitar usar clone para solucionar problemas de propiedad debido a su coste en tiempo de ejecución. En el Capítulo 13, aprenderá cómo utilizar métodos más eficientes en este tipo de situaciones. Pero, por ahora, está bien copiar algunas cadenas para seguir progresando, porque hará estas copias solo una vez y sus rutas de archivo y cadenas de consulta son muy pequeñas. Es mejor tener un programa funcional que sea algo ineficiente que intentar optimizar demasiado el código en el primer intento. A medida que adquiera más experiencia con Rust, será más fácil comenzar con la solución más eficiente, pero, por ahora, es perfectamente aceptable usar clone.

Hemos actualizado main para que coloque la instancia de Config devuelta por parse_config en una variable llamada config ❶, y también hemos actualizado el código que previamente usaba las variables separadas query y file_path para que ahora use los campos de la struct Config ❷ ❸ ❹.

Ahora el código comunica de manera más clara que query y file_path están relacionados y que su propósito es configurar el funcionamiento del programa. Cualquier código que utilice estos valores sabe que debe encontrarlos en la instancia de config, en los campos nombrados según su propósito.

Creación de un constructor para config

Hasta ahora, hemos extraído la lógica responsable de analizar los argumentos de la línea de comandos de la función main y la hemos colocado en la función parse_config. Hacerlo nos ha ayudado a ver que los valores de query y file_path estaban relacionados y que esa relación debería reflejarse en el código. Luego, añadimos una struct llamada Config para nombrar el uso relacionado de query y file_path, y así poder devolver los nombres de los valores como nombres de los campos de la struct desde la función parse_config.

Ahora que el propósito de la función parse_config es crear una instancia de Config, podemos cambiar parse_config de una simple función a una función llamada new que esté asociada con la struct Config. Hacer este cambio permitirá que el código sea más idiomático. Podemos crear instancias de tipos de la biblioteca estándar, como String, llamando a String::new. Del mismo modo, al cambiar parse_config por la función new asociada con Config, podremos crear instancias de Config llamando a Config::new. El Listado 12-7 muestra los cambios que debemos hacer.

src/main.rs
```
fn main() {
    let args: Vec<String> = env::args().collect();

❶  let config = Config::new(&args);

    --snip--
}

--snip--

❷ impl Config {
❸    fn new(args: &[String]) -> Config {
        let query = args[1].clone();
        let file_path = args[2].clone();

        Config { query, file_path }
    }
}
```

Listado 12-7: Cambio de parse_config por Config::new.

Hemos actualizado main, donde llamábamos a parse_config, para, en cambio, llamar a Config::new ❶. Hemos cambiado el nombre de parse_config a new ❸ y lo hemos movido al bloque impl ❷, que asocia la función new con Config. Intente compilar este código nuevamente para asegurarse de que funciona.

Corrección de la gestión de errores

Ahora trabajaremos en corregir la gestión de errores. Recuerde que intentar acceder a los valores en el vector args en el índice 1 o en el índice 2 provocará que el programa entre en pánico si el vector contiene menos de tres elementos. Intente ejecutar el programa sin ningún argumento; se verá así:

```
$ cargo run
   Compiling minigrep v0.1.0 (file:///projects/minigrep)
    Finished dev [unoptimized + debuginfo] target(s) in 0.0s
     Running `target/debug/minigrep`
thread 'main' panicked at 'index out of bounds: the len is 1 but
the index is 1', src/main.rs:27:21
note: run with `RUST_BACKTRACE=1` environment variable to display
a backtrace
```

La línea index out of bounds: the len is 1 but the index is 1 (índice fuera de límites: len es 1 pero el índice es 1) es un mensaje de error destinado a los programadores. En cambio, no ayudará a nuestros usuarios finales a entender lo que deben hacer. A continuación, vamos a arreglarlo.

Mejora de los mensajes de error

En el Listado 12-8 incluimos una comprobación dentro de la función new que verificará que la rebanada sea lo suficientemente larga antes de acceder al índice 1 y al índice 2. Si la rebanada no tiene la longitud suficiente, el programa generará un error y mostrará un mensaje de error más claro.

src/main.rs

```
--snip--
fn new(args: &[String]) -> Config {
    if args.len() < 3 {
        panic!("not enough arguments");
    }
    --snip--
```

Listado 12-8: Adición de una comprobación del número de argumentos.

Este código es similar a la función Guess::new que escribimos en el Listado 9-13, donde llamábamos a panic! cuando el argumento value estaba fuera del rango de valores válidos. Aquí, en lugar de verificar un rango de valores, estamos verificando que la longitud de args sea al menos 3, y el resto de la función puede operar bajo la suposición de que esta condición se ha cumplido. Si args tiene menos de tres elementos, esta condición será true, y a continuación llamamos a la macro panic! para finalizar el programa.

Con estas pocas líneas de código adicionales en new, vamos a ejecutar de nuevo el programa sin argumentos para ver cómo se ve el error ahora:

```
$ cargo run
   Compiling minigrep v0.1.0 (file:///projects/minigrep)
    Finished dev [unoptimized + debuginfo] target(s) in 0.0s
     Running `target/debug/minigrep`
```

```
thread 'main' panicked at 'not enough arguments',
src/main.rs:26:13
note: run with `RUST_BACKTRACE=1` environment variable to display
a backtrace
```

Esta salida es mejor que la anterior: ahora tenemos un mensaje de error razonable. Sin embargo, también tenemos información irrelevante que no queremos proporcionar a nuestros usuarios. Quizás la técnica que utilizamos en el Listado 9-13 no sea la mejor para emplearla aquí: una llamada a panic! es más apropiada para un problema de programación que para un problema de uso, como se discutió en el Capítulo 9. En su lugar, utilizaremos la otra técnica que ha aprendido en el Capítulo 9: devolver Result, que indica tanto el éxito como el error.

Devolución de Result en lugar de llamar a panic!

Podemos devolver el valor de Result, que contendrá una instancia de Config en el caso de tener éxito o describirá el problema en caso de error. También vamos a cambiar el nombre de la función de new a build, ya que muchos programadores esperan que las funciones new nunca fallen. Cuando Config::build se comunique con main, podemos usar el tipo Result para indicar que ha habido un problema. Luego, podemos cambiar main para convertir la variante Err en un error más práctico para nuestros usuarios, sin el texto adjunto sobre thread 'main' y RUST_BACKTRACE, que provoca una llamada a panic!.

El Listado 12-9 muestra los cambios que necesitamos hacer en el valor de retorno de la función que ahora llamamos Config::build, y el cuerpo de la función necesario para devolver Result. Hay que tener en cuenta que esto no compilará hasta que también actualicemos main, lo cual haremos en el próximo listado.

src/main.rs
```
impl Config {
    fn build(args: &[String]) -> Result<Config, &'static str> {
        if args.len() < 3 {
            return Err("not enough arguments");
        }

        let query = args[1].clone();
        let file_path = args[2].clone();

        Ok(Config { query, file_path })
    }
}
```

Listado 12-9: Devolución de Result de Config::build.

Nuestra función build devuelve Result con una instancia de Config en el caso de éxito y &'static str en caso de error. Nuestros valores de error siempre serán literales de cadena que tienen un lifetime 'static.

Hemos realizado dos cambios en el cuerpo de la función: en lugar de llamar a panic! cuando el usuario no pasa suficientes argumentos, ahora devolvemos un valor Err, y hemos envuelto el valor de retorno de Config en un Ok. Estos cambios hacen que la función cumpla con su nueva firma de tipo.

Devolver un valor Err de Config::build permite que, en caso de error, la función main gestione el valor Result devuelto por la función build y salga del proceso de manera más limpia.

Llamada a Config::build y gestión de errores

Para gestionar el caso de error e imprimir un mensaje amigable para el usuario, necesitamos actualizar main para gestionar Result, que devuelve Config::build, como se muestra en el Listado 12-10. También asumiremos la responsabilidad de salir de la herramienta de línea de comandos con un código de error distinto de cero en lugar de hacerlo con panic!, implementándolo nosotros mismos. Un estado de salida distinto de cero es una convención para indicarle al proceso que ha llamado a nuestro programa que este ha salido con un estado de error.

src/main.rs

```
use std::process; ❶

fn main() {
    let args: Vec<String> = env::args().collect();

  ❷ let config = Config::build(&args).❸unwrap_or_else(|❹err| {
      ❺ println!("Problem parsing arguments: {err}");
      ❻ process::exit(1);
    });

    --snip--
```

Listado 12-10: Salida con un código de error si falla la construcción de Config.

En este listado, hemos utilizado un método que aún no hemos tratado en detalle: unwrap_or_else, que está definido en Result<T, E> por la biblioteca estándar ❷. Usar unwrap_or_else nos permite definir una gestión personalizada de errores sin usar panic!. Si Result es un valor Ok, el comportamiento de este método es similar a unwrap: devuelve el valor interno que Ok envuelve. Sin embargo, si el valor es Err, este método llama al código en *closure (cierre)*, que es una función anónima que definimos y pasamos como argumento a unwrap_or_else ❸. Trataremos los closures con más detalle en el Capítulo 13. Por ahora, solo necesita saber que unwrap_or_else pasará el valor interno de Err, que, en este caso, es la cadena estática "not enough arguments", que añadimos en el Listado 12-9, a nuestro closure en el argumento err que aparece entre las barras verticales ❹. El código en closure podrá utilizar el valor err cuando este se ejecute.

Hemos añadido una nueva línea use para importar process desde la biblioteca estándar y llevarlo al ámbito ❶. El código en closure que se ejecutará en el caso de error solo consta de dos líneas: imprimimos el valor de err ❺ y, luego, llamamos a process::exit ❻. La función process::exit detendrá el programa a continuación y devolverá el número que se pasó como código de estado de salida. Esto es similar a la gestión basada en panic! que utilizamos en el Listado 12-8, pero ya no obtenemos la salida adicional. Vamos a probarlo:

```
$ cargo run
   Compiling minigrep v0.1.0 (file:///projects/minigrep)
    Finished dev [unoptimized + debuginfo] target(s) in 0.48s
     Running `target/debug/minigrep`
Problem parsing arguments: not enough arguments
```

¡Genial! Esta salida es mucho más amigable para nuestros usuarios.

Extracción de la lógica de main

Ahora que hemos terminado de refactorizar el análisis de configuración, centrémonos en la lógica del programa. Como mencionamos en «Separación de responsabilidades en proyectos binarios», extraeremos una función llamada run, que contendrá toda la lógica actualmente en la función main que no está relacionada con la configuración o la gestión de errores. Cuando hayamos terminado, la función main será concisa y fácil de verificar mediante inspección, y podremos escribir pruebas para toda la otra lógica.

El Listado 12-11 muestra la función run extraída. Por ahora, solo estamos haciendo el pequeño y progresivo cambio de extraer la función. Aún estamos definiendo la función en *src/main.rs*.

src/main.rs
```
fn main() {
    --snip--

    println!("Searching for {}", config.query);
    println!("In file {}", config.file_path);

    run(config);
}

fn run(config: Config) {
    let contents = fs::read_to_string(config.file_path)
        .expect("Should have been able to read the file");

    println!("With text:\n{contents}");
}

--snip--
```

Listado 12-11: Extracción de la función run que contiene el resto de la lógica del programa.

La función run ahora contiene toda la lógica restante de main, comenzando por la lectura del archivo. La función run recibe la instancia de Config como argumento.

Devolución de errores desde la función run

Con la lógica restante del programa separada en la función run, podemos mejorar la gestión de errores, tal como hicimos con Config::build en el Listado 12-9. En lugar de permitir que el programa entre en pánico mediante la llamada a expect, la función run devolverá Result<T, E> cuando algo salga mal. Esto nos permitirá consolidar aún más la lógica en torno a la gestión de errores en main de una manera amigable para el usuario. El Listado 12-12 muestra los cambios que debemos hacer en la firma y el cuerpo de la función run.

src/main.rs

```
use std::error::Error; ❶

--snip--

❷ fn run(config: Config) -> Result<(), Box<dyn Error>> {
    let contents = fs::read_to_string(config.file_path)❸?;

    println!("With text:\n{contents}");

  ❹ Ok(())
}
```

Listado 12-12: Cambio en la función run para que devuelva Result.

Aquí hemos realizado tres cambios importantes. En primer lugar, hemos cambiado el tipo de retorno de la función run a Result<(), Box<dyn Error>> ❷. Esta función anteriormente devolvía el tipo unit, (), y lo mantenemos como valor de retorno en el caso de Ok.

Para el tipo de error, hemos utilizado el *objeto trait* Box<dyn Error> (y hemos importado std::error::Error al ámbito con la sentencia use en primer término ❶). Trataremos los objetos trait en el Capítulo 17. Por ahora, solo debe saber que Box<dyn Error> significa que la función devolverá un tipo que implementa el trait Error, pero no necesitamos especificar qué tipo particular será el valor de retorno. Esto nos proporciona flexibilidad para devolver valores de error que pueden ser de diferentes tipos en diferentes casos de error. La palabra clave dyn es una abreviatura de *dynamic*.

En segundo lugar, hemos eliminado la llamada a expect en favor del operador ? ❸, como mencionamos en el Capítulo 9. En lugar de hacer panic! en caso de error, el operador ? devolverá el valor de error de la función en curso para que el llamador lo gestione.

En tercer lugar, ahora la función run devuelve un valor Ok en caso de éxito. Hemos declarado el tipo de éxito de la función run como () en la firma, lo que significa que necesitamos envolver el valor del tipo unit en el valor Ok. La sintaxis Ok(()) puede parecer un poco extraña al principio, pero usar () de esta manera es la forma idiomática de indicar que estamos llamando a run solo por sus efectos secundarios; no devuelve un valor que necesitemos.

Cuando ejecute este código, compilara, pero mostrará una advertencia:

```
warning: unused `Result` that must be used
  --> src/main.rs:19:5
   |
19 |     run(config);
   |     ^^^^^^^^^^^
   |
```

```
= note: `#[warn(unused_must_use)]` on by default
= note: this `Result` may be an `Err` variant, which should be
handled
```

Rust nos advierte de que el código ha ignorado el valor de `Result` y de que este valor podría indicar que ocurrió un error. Pero no estamos comprobando si hubo un error, ¡y el compilador nos recuerda que probablemente deberíamos tener algún código de gestión de errores aquí! Vamos a rectificar ese problema.

Gestión de errores devueltos por run en main

Comprobaremos errores y los gestionaremos utilizando una técnica similar a la que usamos con `Config::build` en el Listado 12-10, pero con una pequeña diferencia:

src/main.rs
```
fn main() {
    --snip--

    println!("Searching for {}", config.query);
    println!("In file {}", config.file_path);

    if let Err(e) = run(config) {
        println!("Application error: {e}");
        process::exit(1);
    }
}
```

Usamos `if let` en lugar de `unwrap_or_else` para comprobar si `run` devuelve un valor `Err` y, si es así, llamar a `process::exit(1)`. La función `run` no devuelve un valor al que queramos hacer `unwrap` de la misma manera que `Config::build` devuelve una instancia de `Config`. Dado que `run` devuelve `()` en el caso de éxito, solo nos importa detectar un error, por lo que no necesitamos que `unwrap_or_else` devuelva el valor desenvuelto, que solo sería `()`.

Los cuerpos de las funciones `if let` y `unwrap_or_else` son iguales en ambos casos: imprimimos el error y salimos del programa.

Separación de código en el crate de biblioteca

Hasta ahora, nuestro proyecto `minigrep` ¡va por buen camino! A continuación, vamos a separar el contenido del archivo *src/main.rs* y a colocar parte del código en el archivo *src/lib.rs*. De esta manera, podremos probar el código y tener un archivo *src/main.rs* con menos responsabilidades.

Vamos a trasladar todo el código que no está en la función `main` desde *src/main.rs* a *src/lib.rs*:

- La definición de la función `run`
- Las sentencias `use` relevantes
- La definición de `Config`
- La definición de la función `Config::build`

El contenido de *src/lib.rs* debería tener las firmas que se muestran en el Listado 12-13 (hemos omitido los cuerpos de las funciones para ser concisos). Hay que tener en cuenta que esto no compilará hasta que modifiquemos *src/main.rs* en el Listado 12-14.

src/lib.rs
```
use std::error::Error;
use std::fs;

pub struct Config {
    pub query: String,
    pub file_path: String,
}

impl Config {
    pub fn build(
        args: &[String],
    ) -> Result<Config, &'static str> {
        --snip--
    }
}

pub fn run(config: Config) -> Result<(), Box<dyn Error>> {
    --snip--
}
```

Listado 12-13: Traslado de Config *y a* src/lib.rs*.*

Hemos hecho un amplio uso de la palabra clave pub: en Config, en sus campos y en su método build, y también en la función run. ¡Ahora tenemos un crate de biblioteca que tiene una API pública que podemos probar!

A continuación, necesitamos incorporar el código que trasladamos a *src/lib.rs* al ámbito del crate binario en *src/main.rs*, tal como se muestra en el Listado 12-14.

src/main.rs
```
use std::env;
use std::process;

use minigrep::Config;

fn main() {
    --snip--
    if let Err(e) = minigrep::run(config) {
        --snip--
    }
}
```

Listado 12-14: Uso del crate de biblioteca minigrep *en* src/main.rs*.*

Añadimos la línea use minigrep::Config para incorporar el tipo Config desde el crate de biblioteca al ámbito del crate binario, y anteponemos a la función run el nombre de nuestro crate. Ahora la operatividad de todas las partes debería estar conectada y funcionar. Ejecute el programa con cargo run y asegúrese de que todo funcione correctamente.

¡Uf! ¡Eso ha sido mucho trabajo, pero nos hemos preparado para tener éxito en el futuro! Ahora es mucho más fácil gestionar errores y hemos hecho que el código sea más modular. A partir de ahora, casi todo el trabajo se realizará en *src/lib.rs*.

Vamos a aprovechar esta nueva modularidad haciendo algo que habría sido difícil de realizar con el código antiguo, pero es fácil con el código nuevo: ¡vamos a escribir algunas pruebas!

Desarrollo de la funcionalidad de la biblioteca con el desarrollo dirigido por pruebas

Ahora que hemos extraído la lógica a *src/lib.rs* y dejado la recopilación de argumentos y la gestión de errores en *src/main.rs*, es mucho más fácil escribir las pruebas para lo que es la funcionalidad principal del código. Podemos llamar a las funciones directamente con diferentes argumentos y verificar los valores de retorno sin tener que llamar al binario desde la línea de comandos.

En esta sección, añadiremos la lógica de búsqueda al programa minigrep utilizando el proceso de desarrollo dirigido por pruebas (Test-Driven Development, TDD) con los siguientes pasos:

1. Escriba una prueba que falle y ejecútela para asegurarse de que falla por la razón que usted espera.
2. Escriba o modifique solo la cantidad necesaria de código para hacer que la nueva prueba pase.
3. Refactorice el código que acaba de añadir o cambiar y asegúrese de que las pruebas sigan pasando.
4. ¡Repita los pasos desde el paso 1!

Aunque es solo una de las muchas formas de escribir software, el desarrollo dirigido por pruebas (TDD) puede ayudar a impulsar el diseño del código. Escribir la prueba antes de escribir el código que hace que la prueba pase ayuda a mantener una alta cobertura de pruebas durante todo el proceso.

Vamos a probar la implementación de la funcionalidad que realizará la búsqueda de la cadena de consulta en el contenido del archivo y producirá una lista de líneas que coinciden con la consulta. Añadiremos esta funcionalidad en una función llamada search.

Escritura de pruebas que fallan

Dado que ya no las necesitamos, vamos a eliminar las sentencias println! de *src/lib.rs* y *src/main.rs*, que usamos para verificar el comportamiento del programa. Luego, en *src/lib.rs*, añadiremos el módulo tests con una función de prueba, tal como lo hicimos en el Capítulo 11. La función de prueba especificará el comportamiento que queremos que tenga la función search: tomará una consulta y el texto a buscar, y devolverá solo las líneas del texto que contengan la consulta. El Listado 12-15 muestra esta prueba, que aún no compilará.

```
src/lib.rs    #[cfg(test)]
              mod tests {
                  use super::*;

                  #[test]
                  fn one_result() {
                      let query = "duct";
                      let contents = "\
              Rust:
              safe, fast, productive.
              Pick three.";

                      assert_eq!(
                          vec!["safe, fast, productive."],
                          search(query, contents)
                      );
                  }
              }
```

Listado 12-15: Creación de una prueba fallida para la función search que nos gustaría tener en nuestro código como programadores.

Esta prueba busca la cadena "duct". El texto que estamos buscando tiene tres líneas, de las cuales solo una contiene "duct" (note que la barra invertida después de la comilla doble de apertura le indica a Rust que no añada un carácter de nueva línea al principio del contenido de esta cadena literal). Afirmamos (assert) que el valor devuelto por la función search contiene solo la línea que esperamos.

Aún no podemos ejecutar esta prueba y verla fallar porque la prueba ni siquiera llega a compilar: ¡la función search aún no existe! De acuerdo con los principios del desarrollo dirigido por pruebas (TDD), añadimos solo el código necesario para que la prueba compile y se ejecute, añadiendo a la definición de la función search que siempre devuelva un vector vacío, como se muestra en el Listado 12-16. Luego, la prueba debería compilar y fallaría porque un vector vacío no coincide con un vector que contiene la línea "safe, fast, productive".

```
src/lib.rs    pub fn search<'a>(
                  query: &str,
                  contents: &'a str,
              ) -> Vec<&'a str> {
                  vec![]
              }
```

Listado 12-16: Definición de lo imprescindible de la función search para que la prueba compile.

Observe que necesitamos definir un lifetime explícito 'a en la firma de search y usar ese lifetime con el argumento contents y el valor de retorno. Recordemos que, en el Capítulo 10, los parámetros de lifetime especifican qué lifetime del argumento está conectado al lifetime del valor de retorno. En este caso, indicamos que el vector devuelto debería contener referencias a string slices que hacen referencia a slices del argumento contents (en lugar del argumento query).

En otras palabras, le decimos a Rust que los datos devueltos por la función search vivirán tanto tiempo como los datos pasados a la función search en el argumento contents. ¡Esto es importante! Los datos referenciados por un slice deben ser válidos para que la referencia sea válida; si el compilador asume que estamos haciendo string slices de query en lugar de contents, realizará su verificación de seguridad de forma incorrecta.

Si olvidamos las anotaciones de lifetime y tratamos de compilar esta función, obtendremos este error:

```
error[E0106]: missing lifetime specifier
  --> src/lib.rs:31:10
   |
29 |     query: &str,
   |            ----
30 |     contents: &str,
   |               ----
31 | ) -> Vec<&str> {
   |          ^ expected named lifetime parameter
   |
   = help: this function's return type contains a borrowed value, but the
signature does not say whether it is borrowed from `query` or `contents`
help: consider introducing a named lifetime parameter
   |
28 ~ pub fn search<'a>(
29 ~     query: &'a str,
30 ~     contents: &'a str,
31 ~ ) -> Vec<&'a str> {
   |
```

Rust no puede saber con certeza cuál de los dos argumentos necesitamos, por lo que tenemos que decírselo explícitamente. Dado que contents es el argumento que contiene todo nuestro texto y que queremos devolver las partes de ese texto que coinciden, sabemos que contents es el argumento que debe estar conectado al valor de retorno usando la sintaxis de lifetime.

En otros lenguajes de programación, no es necesario conectar los argumentos con los valores de retorno en la firma de la función, pero esta práctica se vuelve más fácil con el tiempo. Es posible que desee comparar este ejemplo con los ejemplos de «Validación de referencias con lifetimes».

Ahora, vamos a ejecutar la prueba:

```
$ cargo test
   Compiling minigrep v0.1.0 (file:///projects/minigrep)
    Finished test [unoptimized + debuginfo] target(s) in 0.97s
     Running unittests src/lib.rs (target/debug/deps/minigrep-9cd200e5fac0fc94)

running 1 test
test tests::one_result ... FAILED

failures:
```

```
---- tests::one_result stdout ----
thread 'tests::one_result' panicked at 'assertion failed: `(left == right)`
  left: `["safe, fast, productive."]`,
 right: `[]`', src/lib.rs:47:9
note: run with `RUST_BACKTRACE=1` environment variable to display a backtrace


failures:
    tests::one_result

test result: FAILED. 0 passed; 1 failed; 0 ignored; 0 measured; 0 filtered out;
finished in 0.00s

error: test failed, to rerun pass '--lib'
```

¡Genial, la prueba falla, exactamente como esperábamos! ¡Ahora vamos a hacer que la prueba pase!

Escritura de código para que la prueba pase

Nuestra prueba falla porque siempre devolvemos un vector vacío. Para solucionar eso e implementar search, nuestro programa debe seguir estos pasos:

1. Iterar a través de cada línea del contenido.
2. Verificar si la línea contiene nuestra cadena de consulta.
3. Si contiene la consulta, añadirla a la lista de valores que estamos devolviendo.
4. Si no contiene la cadena de consulta, no hacer nada.
5. Devolver la lista de resultados que coinciden.

Repasemos cada paso, empezando por la iteración a través de las líneas.

Iteración a través de las líneas utilizando el método lines

Rust tiene un útil método para manejar la iteración línea por línea de cadenas, al que convenientemente se le ha llamado lines y que funciona como se muestra en el Listado 12-17. Hay que tener en cuenta que esto aún no compilará.

src/lib.rs
```
pub fn search<'a>(
    query: &str,
    contents: &'a str,
) -> Vec<&'a str> {
    for line in contents.lines() {
        // do something with line
    }
}
```

Listado 12-17: Iteración por cada línea de contents.

El método lines devuelve un iterador. En el Capítulo 13 trataremos en profundidad los iteradores, pero recuerde que vimos esta forma de usar un iterador en el Listado 3-5, donde utilizamos un bucle for con un iterador para ejecutar código en cada elemento de una colección.

Búsqueda de cada línea para la consulta

A continuación, comprobaremos si la línea actual contiene nuestra cadena de consulta. Afortunadamente, las cadenas tienen un útil método llamado contains que hace esto por nosotros. Vamos a añadir una llamada al método contains en la función search, como se muestra en el Listado 12-18. Hay que tener en cuenta que esto aún no compilará.

src/lib.rs
```
pub fn search<'a>(
    query: &str,
    contents: &'a str,
) -> Vec<&'a str> {
    for line in contents.lines() {
        if line.contains(query) {
            // do something with line
        }
    }
}
```

Listado 12-18: Adición de la funcionalidad para verificar si la línea contiene la cadena de query.

En este momento, estamos construyendo la funcionalidad. Para que el código compile, necesitamos devolver un valor del cuerpo de la función, tal como indicamos en la firma de la función.

Almacenamiento de líneas que coinciden

Para finalizar esta función, necesitamos una forma de almacenar las líneas que coinciden y que queremos devolver. Para ello, podemos crear un vector mutable antes del bucle for y llamar al método push para almacenar cada line en el vector. Después del bucle for, podemos devolver el vector, como se muestra en el Listado 12-19.

src/lib.rs
```
pub fn search<'a>(
    query: &str,
    contents: &'a str,
) -> Vec<&'a str> {
    let mut results = Vec::new();

    for line in contents.lines() {
        if line.contains(query) {
            results.push(line);
        }
    }

    results
}
```

Listado 12-19: Almacenamiento de las líneas que coinciden para que podamos devorlverlas.

Ahora, la función search debería devolver solo las líneas que contienen query, y nuestra prueba debería pasar. Vamos a ejecutar la prueba:

```
$ cargo test
--snip--
running 1 test
test tests::one_result ... ok

test result: ok. 1 passed; 0 failed; 0 ignored; 0 measured; 0
filtered out; finished in 0.00s
```

¡La prueba ha pasado, así que sabemos que funciona!

En este punto, podríamos considerar las oportunidades para refactorizar la implementación de la función de búsqueda sin dejar de pasar las pruebas para mantener la misma funcionalidad. El código de la función de búsqueda no está tan mal, pero no aprovecha algunas características útiles de los iteradores. Volveremos a ver este ejemplo en el Capítulo 13, donde exploraremos los iteradores en detalle y veremos cómo mejorarlo.

Uso de la función search en la función run

Ahora que la función search funciona y se ha probado, necesitamos llamarla desde la función run. Debemos pasar el valor de config.query y contents que run lee del archivo a la función search. A continuación, run imprimirá cada línea devuelta por la función search.

src/lib.rs
```
pub fn run(config: Config) -> Result<(), Box<dyn Error>> {
    let contents = fs::read_to_string(config.file_path)?;

    for line in search(&config.query, &contents) {
        println!("{line}");
    }

    Ok(())
}
```

Todavía usamos el bucle for para devolver cada línea de la función de búsqueda e imprimirla.

¡Ahora todo el programa debería funcionar! Probémoslo primero con una palabra que debería devolver exactamente una línea del poema de Emily Dickinson: ¡*frog*!

```
$ cargo run -- frog poem.txt
   Compiling minigrep v0.1.0 (file:///projects/minigrep)
    Finished dev [unoptimized + debuginfo] target(s) in 0.38s
     Running `target/debug/minigrep frog poem.txt`
How public, like a frog
```

¡Genial! Ahora probemos con una palabra que coincida con varias líneas, como *body*.

```
$ cargo run -- body poem.txtvarias l
    Finished dev [unoptimized + debuginfo] target(s) in 0.0s
```

```
    Running `target/debug/minigrep body poem.txt`
I'm nobody! Who are you?
Are you nobody, too?
How dreary to be somebody!
```

Y, finalmente, asegurémonos de que no obtenemos ninguna línea cuando buscamos una palabra que no se encuentra en el poema, como *monomorphization*.

```
$ cargo run -- monomorphization poem.txt
    Finished dev [unoptimized + debuginfo] target(s) in 0.0s
    Running `target/debug/minigrep monomorphization poem.txt`
```

¡Excelente! Hemos construido nuestra propia versión mini de una herramienta clásica y hemos aprendido mucho sobre cómo estructurar aplicaciones. También hemos aprendido un poco sobre entrada y salida de archivos, lifetimes, pruebas y análisis de línea de comandos.

Para completar este proyecto, mostraremos brevemente cómo trabajar con variables de entorno y cómo imprimir en error estándar; ambos aspectos son útiles cuando se escriben programas de línea de comandos.

Trabajo con variables de entorno

Mejoraremos minigrep añadiendo una característica adicional: una opción para realizar búsquedas sin distinción entre mayúsculas y minúsculas que el usuario pueda activar a través de una variable de entorno. Podríamos convertir esta característica en una opción de línea de comandos y requerir que los usuarios la introduzcan cada vez que deseen aplicarla, pero, en lugar de eso, al convertirla en una variable de entorno, permitimos que los usuarios configuren la variable de entorno una vez y que todas sus búsquedas sean insensibles a mayúsculas y minúsculas en esa sesión en la terminal.

Escritura de una prueba fallida para la función de búsqueda insensible a mayúsculas y minúsculas

Primero añadimos una nueva función llamada search_case_insensitive, a la que se llamará cuando la variable de entorno tenga un valor. Continuaremos siguiendo el proceso TDD, por lo que el primer paso es escribir una prueba que falle. Añadiremos una nueva prueba para la nueva función search_case_insensitive y renombraremos nuestra antigua prueba one_result a case_sensitive para aclarar las diferencias entre las dos pruebas, como se muestra en el Listado 12-20.

src/lib.rs
```
#[cfg(test)]
mod tests {
    use super::*;

    #[test]
    fn case_sensitive() {
        let query = "duct";
        let contents = "\
```

```
Rust:
safe, fast, productive.
Pick three.
Duct tape.";

        assert_eq!(
            vec!["safe, fast, productive."],
            search(query, contents)
        );
    }

    #[test]
    fn case_insensitive() {
        let query = "rUsT";
        let contents = "\
Rust:
safe, fast, productive.
Pick three.
Trust me.";

        assert_eq!(
            vec!["Rust:", "Trust me."],
            search_case_insensitive(query, contents)
        );
    }
}
```

Listado 12-20: Adición de una nueva prueba fallida para la función insensible a mayúsculas y minúsculas que estamos a punto de añadir.

Hay que tener en cuenta que también hemos editado el `contents` de la prueba antigua. Hemos añadido una nueva línea con el texto `"Duct tape."` utilizando una *D* mayúscula que no debería coincidir con la consulta `"duct"` si la búsqueda distingue entre mayúsculas y minúsculas. Cambiar la prueba antigua de esta manera ayuda a asegurar que no rompemos accidentalmente la funcionalidad de búsqueda sensible a mayúsculas y minúsculas que ya hemos implementado. Esta prueba ya debería pasar y debería continuar pasando a medida que trabajemos en la búsqueda insensible a mayúsculas y minúsculas.

La nueva prueba para la búsqueda insensible a mayúsculas y minúsculas utiliza `"rUsT"` como consulta. En la función `search_case_insensitive` que estamos a punto de añadir, la consulta `"rUsT"` debería coincidir con la línea que contiene `"Rust:"` con una *R* mayúscula y también con la línea `"Trust me."`, aunque ambas tengan un formato diferente de la consulta. Esta es nuestra prueba fallida, y no compilará porque aún no hemos definido la función `search_case_insensitive`. Puede añadir una implementación básica que siempre devuelve un vector vacío, similar a la forma en que lo hicimos para la función `search` en el Listado 12-16, para ver cómo compila la prueba y falla.

Implementación de la función search_case_insensitive

La función `search_case_insensitive`, que se muestra en el Listado 12-21, será casi igual que la función `search`. La única diferencia es que convertiremos el texto de query y de cada line a minúsculas, de modo que, independientemente de las mayúsculas y minúsculas de los argumentos de entrada, tendrán el mismo formato al verificar si la línea contiene la consulta.

src/lib.rs

```
pub fn search_case_insensitive<'a>(
    query: &str,
    contents: &'a str,
) -> Vec<&'a str> {
  ❶ let query = query.to_lowercase();
    let mut results = Vec::new();

    for line in contents.lines() {
        if ❷ line.to_lowercase().contains(❸&query) {
            results.push(line);
        }
    }

    results
}
```

Listado 12-21: Definición de la función search_case_insensitive para convertir a minúsculas tanto la consulta como la línea antes de compararlas.

Primero, convertimos la cadena query a minúsculas y la almacenamos en una variable enmascarada con el mismo nombre ❶. Llamamos a to_lowercase en la consulta para asegurarnos de que, sin importar si la consulta del usuario es "rust", "RUST", "Rust", o "rUsT", la trataremos como si fuera "rust" y será insensible a las mayúsculas y minúsculas. Si bien to_lowercase manejará caracteres Unicode básicos, no será 100 % preciso. Si estuviéramos escribiendo una aplicación real, deberíamos trabajar un poco más en esto, pero esta sección trata de variables de entorno, no de Unicode, de manera que lo dejaremos así.

Es importante notar que ahora query es un String en lugar de una porción de cadena porque, al llamar a to_lowercase, crea nuevos datos en lugar de hacer referencia a los datos existentes. Supongamos que la consulta es "rUsT", como ejemplo: esa referencia a un fragmento de cadena no contiene la u y la t en minúscula, por lo que debemos asignar una nueva String que contenga "rust". Al pasar query como argumento al método contains, ahora necesitamos añadir un ampersand ❸   porque la firma de contains está definida para tomar un fragmento de cadena.

A continuación, añadimos una llamada a to_lowercase en cada line para convertir todas las letras a minúsculas ❷.Ahora que hemos convertido tanto line como query a minúsculas, encontraremos coincidencias sin importar cómo esté escrita la consulta.

Veamos si esta implementación pasa las pruebas:

```
running 2 tests
test tests::case_insensitive ... ok
test tests::case_sensitive ... ok

test result: ok. 2 passed; 0 failed; 0 ignored; 0 measured; 0
filtered out; finished in 0.00s
```

¡Genial! Ha pasado las pruebas. Ahora, llamemos a la nueva función search_case_insensitive desde la función run. Primero, añadiremos una opción de configuración en la struct Config para cambiar entre búsqueda sensible a mayúsculas y minúsculas y búsqueda insensible a mayúsculas y minúsculas. Añadir este campo causará errores del compilador porque aún no estamos inicializando este campo en ninguna parte:

src/lib.rs
```
pub struct Config {
    pub query: String,
    pub file_path: String,
    pub ignore_case: bool,
}
```

Añadimos el campo ignore_case, que almacena un valor booleano. A continuación, necesitamos que la función run verifique el valor del campo ignore_case y utilice ese valor para decidir si llamar a la función search o a la función search_case_insensitive, como se muestra en el Listado 12-22. Sin embargo, todavía no compilará.

src/lib.rs
```
pub fn run(config: Config) -> Result<(), Box<dyn Error>> {
    let contents = fs::read_to_string(config.file_path)?;

    let results = if config.ignore_case {
        search_case_insensitive(&config.query, &contents)
    } else {
        search(&config.query, &contents)
    };

    for line in results {
        println!("{line}");
    }

    Ok(())
}
```

Listado 12-22: Llamada a search o bien a search_case_insensitive según el valor de config.ignore_case.

Finalmente, necesitamos verificar la variable de entorno. Las funciones para trabajar con variables de entorno se encuentran en el módulo env en la biblioteca estándar, así que importamos ese módulo al ámbito al principio de *src/lib.rs* . Luego, utilizaremos la función var del módulo env para verificar si se ha establecido algún valor para una variable de entorno llamada IGNORE_CASE, como se muestra en el Listado 12-23.

src/lib.rs
```
use std::env;
--snip--

impl Config {
    pub fn build(
        args: &[String]
    ) -> Result<Config, &'static str> {
        if args.len() < 3 {
            return Err("not enough arguments");
        }
```

```
        let query = args[1].clone();
        let file_path = args[2].clone();

        let ignore_case = env::var("IGNORE_CASE").is_ok();

        Ok(Config {
            query,
            file_path,
            ignore_case,
        })
    }
}
```

Listado 12-23: Verificación de si hay algún valor en una variable de entorno llamada `IGNORE_CASE`.

Aquí creamos una nueva variable llamada `ignore_case`. Para establecer su valor, llamamos a la función `env::var` y le pasamos el nombre de la variable de entorno `IGNORE_CASE`. La función `env::var` devuelve `Result`, que será la variante `Ok` en caso de éxito, que contiene el valor de la variable de entorno si esta está configurada con algún valor. Devolverá la variante `Err` si la variable de entorno no está configurada.

Utilizamos el método `is_ok` en `Result` para verificar si la variable de entorno está configurada, lo que significa que el programa debe realizar una búsqueda insensible a mayúsculas y minúsculas. Si la variable de entorno `IGNORE_CASE` no está configurada con nada, `is_ok` devolverá `false` y el programa realizará una búsqueda sensible a mayúsculas y minúsculas. No nos importa el valor de la variable de entorno, solo si está configurada o no, por lo que comprobamos `is_ok` en lugar de usar `unwrap`, `expect`, o cualquiera de los otros métodos que hemos visto en `Result`.

Pasamos el valor en la variable `ignore_case` a la instancia de `Config` para que la función `run` pueda leer ese valor y decidir si llamar a `search_case_insensitive` o a `search`, como lo implementamos en el Listado 12-22.

¡Vamos a intentarlo! Primero, ejecutaremos nuestro programa sin la variable de entorno configurada y con la consulta *to*, que debería coincidir con cualquier línea que contenga la palabra *to* en minúsculas:

```
$ cargo run -- to poem.txt
   Compiling minigrep v0.1.0 (file:///projects/minigrep)
    Finished dev [unoptimized + debuginfo] target(s) in 0.0s
     Running `target/debug/minigrep to poem.txt`
Are you nobody, too?
How dreary to be somebody!
```

¡Parece que todavía funciona! Ahora vamos a ejecutar el programa con `IGNORE_CASE` configurado a 1 pero con la misma consulta *to*:

```
$ IGNORE_CASE=1 cargo run -- to poem.txt
```

Si utiliza PowerShell, deberá configurar la variable de entorno y ejecutar el programa como comandos separados:

```
PS> $Env:IGNORE_CASE=1; cargo run -- to poem.txt
```

Esto hará que IGNORE_CASE persista durante el resto de la sesión de su shell. Puede anularlo con el cmdlet Remove-Item:

```
PS> Remove-Item Env:IGNORE_CASE
```

Deberíamos obtener las líneas que contienen *to* y podrían tener letras en mayúsculas:

```
Are you nobody, too?
How dreary to be somebody!
To tell your name the livelong day
To an admiring bog!
```

¡Excelente, también obtuvimos líneas que contienen *To*! El programa minigrep ahora puede realizar búsquedas insensibles a mayúsculas y minúsculas controladas por una variable de entorno. Ahora sabe cómo gestionar opciones configuradas tanto mediante argumentos de línea de comandos como mediante variables de entorno.

Algunos programas permiten argumentos y variables de entorno para la misma configuración. En esos casos, los programas deciden cuál de ellos tiene prioridad. Para otro ejercicio por su cuenta, intente controlar la sensibilidad a mayúsculas y minúsculas a través de argumentos de línea de comandos o de variables de entorno. Decida cuál de ellos debe tener prioridad si el programa se ejecuta con uno configurado como sensible a mayúsculas y otro configurado como insensible a mayúsculas.

El módulo std::env contiene muchas más características útiles para tratar con variables de entorno: consulte la documentación para ver qué está disponible.

Escritura de mensajes de error en la salida de error estándar en lugar de en la salida estándar

En este momento, escribimos toda la salida en la terminal utilizando la macro println!. En la mayoría de las terminales, existen dos tipos de salidas: la *salida estándar* (stdout) para información general y la salida de *error estándar* (stderr) para mensajes de error. Esta distinción permite a los usuarios optar por dirigir la salida que tiene éxito de un programa a un archivo, pero seguir imprimiendo mensajes de error en la pantalla.

La macro println! solo es capaz de imprimir en la salida estándar, por lo que debemos usar algo diferente para imprimir en la salida de error estándar.

Comprobación de dónde están escritos los errores

En primer lugar, observemos cómo se escribe actualmente el contenido que imprime minigrep en la salida estándar, incluidos los mensajes de error que queremos escribir en la salida de error estándar. Para ello, redirigiremos el flujo de salida estándar a un archivo mientras causamos intencionadamente un error. No redirigiremos el flujo de error estándar, por lo que cualquier contenido enviado a la salida de error estándar seguirá mostrándose en la pantalla.

Se espera que los programas de línea de comandos envíen mensajes de error al flujo de error estándar para que podamos seguir viendo los mensajes de error en la pantalla incluso si redirigimos el flujo de salida estándar a un archivo. Actualmente, el programa no se comporta bien: ¡vamos a ver que, en lugar de hacerlo correctamente, guarda la salida del mensaje de error en un archivo!

Para mostrar este comportamiento, ejecutaremos el programa con > y la ruta del archivo, *output.txt*, al que redirigir el flujo de salida estándar. No pasaremos ningún argumento, lo que debería causar un error.

```
$ cargo run > output.txt
```

La sintaxis > le indica al shell que escriba el contenido de la salida estándar en *output.txt* en lugar de en la pantalla. No vemos el mensaje de error que esperábamos que se imprimiera en la pantalla, lo que significa que debe haber terminado en el archivo. Esto es lo que contiene *output.txt*:

```
Problem parsing arguments: not enough arguments
```

Sí, nuestro mensaje de error se imprime en la salida estándar. Es mucho más útil que mensajes de error como este se impriman en la salida de error estándar, de modo que solo los datos de una ejecución que tenga éxito acaben en el archivo. Vamos a cambiar eso.

Impresión de errores en la salida de error estándar

Utilizaremos el código del Listado 12-24 para cambiar la forma en que se imprimen los mensajes de error. Debido a la refactorización que hicimos anteriormente en este capítulo, todo el código que imprime mensajes de error se encuentra en una función, main. La biblioteca estándar proporciona la macro eprintln!, que imprime en el flujo de error estándar, así que cambiaremos los dos sitios en los que estábamos llamando a println! para imprimir errores y, en su lugar, usaremos eprintln!.

src/main.rs

```rust
fn main() {
    let args: Vec<String> = env::args().collect();

    let config = Config::build(&args).unwrap_or_else(|err| {
        eprintln!("Problem parsing arguments: {err}");
        process::exit(1);
    });

    if let Err(e) = minigrep::run(config) {
        eprintln!("Application error: {e}");
        process::exit(1);
    }
}
```

Listado 12-24: Escritura de mensajes de error en la salida de error estándar en lugar de la salida estándar al usar eprintln!.

Ahora, vamos a ejecutar el programa nuevamente de la misma manera, sin argumentos y redirigiendo la salida estándar con >:

```
$ cargo run > output.txt
Problem parsing arguments: not enough arguments
```

Vemos el error en pantalla y *output.txt* no contiene nada, que es el comportamiento que esperamos de los programas de línea de comandos.

Vamos a ejecutar el programa nuevamente con argumentos que no causen error, pero redireccionando la salida estándar a un archivo, de la siguiente manera:

```
$ cargo run -- to poem.txt > output.txt
```

No veremos ninguna salida en la terminal y *output.txt* contendrá los resultados.

output.txt
```
Are you nobody, too?
How dreary to be somebody!
```

Esto muestra que ahora utilizamos la salida estándar para la salida que tiene éxito y la salida de error estándar para la salida de errores, según corresponda.

Resumen

En este capítulo se han resumido algunos de los conceptos principales que ha aprendido hasta ahora y ha visto cómo realizar operaciones de E/S habituales en Rust. Al utilizar argumentos de línea de comandos, archivos, variables de entorno y la macro eprintln! para imprimir errores, ahora está preparado para escribir aplicaciones de línea de comandos. Combinado con los conceptos de capítulos anteriores, el código estará bien organizado, almacenará datos de manera efectiva en las estructuras de datos adecuadas, gestionará los errores adecuadamente y estará bien probado.

A continuación, exploraremos algunas características de Rust que fueron influenciadas por lenguajes funcionales: los closures (cierres) y los iteradores.

13

CARACTERÍSTICAS DE LOS LENGUAJES FUNCIONALES: ITERADORES Y CLOSURES

El diseño de Rust se ha inspirado en muchos lenguajes y técnicas existentes, y una influencia importante es la programación funcional. Programar en un estilo funcional a menudo implica usar funciones como valores al pasarlas como argumentos, devolverlas desde otras funciones, asignarlas a variables para su posterior ejecución, etc.

En este capítulo, no debatiremos sobre qué es o no la programación funcional, sino que analizaremos algunas características de Rust que son similares a las características presentes en muchos lenguajes frecuentemente denominados funcionales.

Más específicamente, trataremos:

- Closures (cierres), una construcción similar a una función que se puede almacenar en una variable.
- Iteradores, una forma de procesar una serie de elementos.
- Cómo utilizar closures e iteradores para mejorar el proyecto de E/S del Capítulo 12.

- El rendimiento de closures e iteradores (advertencia de *spoiler*: ¡son más rápidos de lo que se podría pensar!).

Ya hemos tratado algunas otras características de Rust, como la coincidencia de patrones y las enums, que también están influenciadas por el estilo funcional. Debido a que dominar los closures e iteradores es una parte importante de la escritura de código Rust idiomático y rápido, les dedicaremos este capítulo.

Closures: funciones anónimas que capturan su entorno

Los closures de Rust son funciones anónimas que se pueden guardar en una variable o pasar como argumentos a otras funciones. El closure se puede crear en un sitio y luego llamarlo desde otro sitio para evaluarlo en un contexto diferente. A diferencia de las funciones, los closures pueden capturar valores del ámbito en el que están definidos. Mostraremos cómo estas características de los closures permiten reutilizar código y personalizar comportamientos.

Capturas del entorno con closures

Examinaremos, en primer lugar, cómo podemos utilizar los closures para capturar valores del entorno en el que están definidos para su posterior uso. Este es el escenario: de vez en cuando, nuestra empresa de camisetas regala, para hacer promoción, una camiseta exclusiva y de edición limitada a alguien de nuestra lista de correo. Las personas en la lista de correo pueden, opcionalmente, añadir su color favorito a su perfil. Si la persona elegida para recibir una camiseta gratuita tiene configurado su color favorito, recibe una camiseta de ese color. Si, por el contrario, no ha especificado un color, recibe la camiseta del color que en ese momento tiene la empresa en mayor cantidad.

Hay muchas formas de implementar lo anterior. Para este ejemplo, vamos a utilizar una enum llamada ShirtColor, que tiene las variantes Red y Blue (limitamos por simplicidad el número de colores disponibles). Representamos el inventario de la empresa con una struct llamada Inventory, que tiene un campo llamado shirts que contiene un Vec<ShirtColor> que representa los colores de camisetas actualmente en *stock*. El método giveaway definido en Inventory obtiene la preferencia opcional del color de la camiseta del ganador que ha obtenido la camiseta gratuita y devuelve el color de camiseta que recibirá la persona agraciada. Esta configuración se muestra en el Listado 13-1.

src/main.rs
```
#[derive(Debug, PartialEq, Copy, Clone)]
enum ShirtColor {
    Red,
    Blue,
}

struct Inventory {
    shirts: Vec<ShirtColor>,
}
```

```
impl Inventory {
    fn giveaway(
        &self,
        user_preference: Option<ShirtColor>,
    ) -> ShirtColor {
      ❶ user_preference.unwrap_or_else(|| self.most_stocked())
    }

    fn most_stocked(&self) -> ShirtColor {
        let mut num_red = 0;
        let mut num_blue = 0;

        for color in &self.shirts {
            match color {
                ShirtColor::Red => num_red += 1,
                ShirtColor::Blue => num_blue += 1,
            }
        }
        if num_red > num_blue {
            ShirtColor::Red
        } else {
            ShirtColor::Blue
        }
    }
}

fn main() {
    let store = Inventory {
      ❷ shirts: vec![
            ShirtColor::Blue,
            ShirtColor::Red,
            ShirtColor::Blue,
        ],
    };

    let user_pref1 = Some(ShirtColor::Red);
  ❸ let giveaway1 = store.giveaway(user_pref1);
    println!(
        "The user with preference {:?} gets {:?}",
        user_pref1, giveaway1
    );

    let user_pref2 = None;
  ❹ let giveaway2 = store.giveaway(user_pref2);
    println!(
        "The user with preference {:?} gets {:?}",
        user_pref2, giveaway2
    );
}
```

Listado 13-1: Situación del sorteo de camisetas de la empresa.

La variable store definida en main tiene dos camisetas azules y una camiseta roja para repartir en esta promoción de edición limitada❷. Llamamos al método giveaway para un usuario que tiene preferencia por una camiseta roja❸ y para otro usuario que no tiene ninguna preferencia❹.

Nuevamente, este código se podría implementar de muchas maneras, y aquí, para centrarnos en los closures, nos hemos ceñido a conceptos que ya ha aprendido, excepto en el caso del cuerpo del método giveaway (que utiliza un closure). Con el método giveaway, obtenemos la preferencia del usuario como un parámetro de tipo Option<ShirtColor> y llamamos al método unwrap_or_else en user_preference ❶. El método unwrap_or_else en Option<T> está definido en la biblioteca estándar. El método toma un argumento: un closure sin argumentos que devuelve un valor T (el mismo tipo almacenado en la variante Some de Option<T>, en este caso ShirtColor). Si Option<T> es la variante Some, unwrap_or_else devuelve el valor contenido en Some. Si Option<T> es la variante None, unwrap_or_else llama a closure y devuelve el valor devuelto por closure.

Especificamos la expresión del closure || self.most_stocked() como argumento para unwrap_or_else. Este es un closure que no toma parámetros (si closure tuviera parámetros, aparecerían entre las dos barras verticales). El cuerpo de closure llama a self.most_stocked(). Definimos closure aquí, y la implementación de unwrap_or_else evaluará closure más adelante si se necesita el resultado.

Al ejecutar este código, se imprime lo siguiente:

```
The user with preference Some(Red) gets Red
The user with preference None gets Blue
```

Un aspecto interesante de lo anterior es que hemos pasado un closure que llama a self.most_stocked() en la instancia actual de Inventory. La biblioteca estándar no necesita saber nada sobre los tipos Inventory o ShirtColor que hemos definido, ni sobre la lógica que queremos usar en este escenario. Closure captura una referencia inmutable a la instancia self Inventory y la pasa, junto con el código que hemos especificado, al método unwrap_or_else. En cambio, las funciones no pueden capturar su entorno de esta manera.

Inferencia y anotación de tipos para closures

Hay más diferencias entre funciones y closures. Por lo general, los closures no requieren que se anoten los tipos de parámetros o el valor de retorno, como lo hacen las funciones del tipo fn. Las anotaciones de tipos son necesarias en las funciones porque los tipos son parte de una interfaz explícita expuesta a sus usuarios. Definir esta interfaz de manera rígida es importante para garantizar que todos estén de acuerdo en qué tipos de valores utiliza y devuelve una función. Los closures, por otro lado, no se utilizan en una interfaz expuesta de esta manera: se almacenan en variables y se utilizan sin nombrarlos ni exponerlos a los usuarios de nuestra biblioteca.

Los closures suelen ser cortos y relevantes solo dentro de un contexto limitado y no en cualquier escenario arbitrario. Dentro de estos contextos limitados, el compilador puede inferir los tipos de parámetros y el tipo de retorno, de manera similar a como puede inferir los tipos de la mayoría de las variables (hay casos raros en los que el compilador también necesita anotaciones de tipo de closure).

Al igual que con las variables, podemos añadir anotaciones de tipo si queremos ser más explícitos y claros a costa de extendernos más de lo estrictamente necesario. La anotación de tipos para un closure se vería como la definición que se muestra en el Listado 13-2. En este ejemplo, definimos un closure y lo almacenamos en una variable en lugar de definir el closure en el sitio donde lo pasamos como argumento, como hicimos en el Listado 13-1.

src/main.rs

```
let expensive_closure = |num: u32| -> u32 {
    println!("calculating slowly...");
    thread::sleep(Duration::from_secs(2));
    num
};
```

Listado 13-2: Adiciones de anotaciones de tipo opcionales para los tipos de pará-metro y valor de retorno en el closure.

Con las anotaciones de tipo añadidas, la sintaxis de los closures se asemeja más a la sintaxis de las funciones. A continuación, defini-mos una función que suma 1 a su parámetro y un closure que tiene el mismo comportamiento, para hacer una comparación. Hemos añadido algunos espacios para alinear las partes relevantes. Esto ilus-tra cómo la sintaxis del closure es similar a la sintaxis de la función, excepto por el uso de líneas verticales y la sintaxis, que es opcional:

```
fn  add_one_v1  (x: u32) -> u32 { x + 1 }
let add_one_v2 = |x: u32| -> u32 { x + 1 };
let add_one_v3 = |x|             { x + 1 };
let add_one_v4 = |x|               x + 1  ;
```

La primera línea muestra la definición de una función y la segunda línea muestra una definición de closure totalmente anotada. En la tercera línea, eliminamos las anotaciones de tipo de la definición del closure. En la cuarta línea, eliminamos las llaves, que son opciona-les porque el cuerpo del closure tiene solo una expresión. Todas estas son definiciones válidas que producirán el mismo comportamiento cuando se las llame. Las líneas add_one_v3 y add_one_v4 requieren que los closures sean evaluados para poder compilar, ya que los tipos se inferirán a partir de su uso. Esto es similar a cómo let v = Vec::new(); necesita anotaciones de tipo o valores de algún tipo para que Rust pueda inferir el tipo.

Para las definiciones de closures, el compilador inferirá un tipo con-creto para cada uno de sus parámetros y para el valor de retorno. Por ejemplo, el Listado 13-3 muestra la definición de un closure corto que, simplemente, devuelve el valor que recibe como parámetro. Este closure no es muy útil, excepto para los propósitos de este ejemplo. Observe que no hemos añadido ninguna anotación de tipo a la definición. Debido a que no hay anotaciones de tipo, podemos llamar al closure con cual-quier tipo, lo cual hemos hecho aquí con String la primera vez. Si luego intentamos llamar a example_closure con un entero, obtendremos un error.

```
let example_closure = |x| x;

let s = example_closure(String::from("hello"));
let n = example_closure(5);
```

Listado 13-3: Intento de llamar a un closure cuyos tipos son inferidos, con dos tipos diferentes.

El compilador nos da este error:

```
error[E0308]: mismatched types
 --> src/main.rs:5:29
  |
5 |     let n = example_closure(5);
  |                             ^- help: try using a conversion method:
`.to_string()`
  |                             |
  |                             expected struct `String`, found integer
```

La primera vez que llamamos a example_closure con el valor String, el compilador infiere el tipo de x y el tipo de retorno del closure como String. Esos tipos quedan entonces fijados en el closure en example_closure, y obtenemos un error de tipo cuando, a continuación, intentamos usar un tipo diferente con el mismo closure.

Captura de referencias o transferencia de la propiedad

Los closures pueden capturar valores de su entorno de tres maneras, que se corresponden directamente con las tres formas en que una función puede tomar un parámetro: tomando una referencia inmutable prestada, tomando una referencia mutable prestada y tomando la propiedad. El closure decidirá cuál de estas opciones usar, según lo que haga el cuerpo de la función con los valores capturados.

En el Listado 13-4, definimos un closure que captura una referencia inmutable al vector llamado list porque solo necesita una referencia inmutable para imprimir el valor.

```
fn main() {
    let list = vec![1, 2, 3];
    println!("Before defining closure: {:?}", list);

❶ let only_borrows = || println!("From closure: {:?}", list);

    println!("Before calling closure: {:?}", list);
❷ only_borrows();
    println!("After calling closure: {:?}", list);
}
```

Listado 13-4: Definición y llamada a un closure que captura una referencia inmutable.

Este ejemplo también ilustra que una variable puede vincularse a una definición de closure ❶ y, más tarde, podemos llamar al closure usando el nombre de la variable y los paréntesis como si el nombre de la variable fuera el nombre de una función ❷.

Debido a que podemos tener varias referencias inmutables a list al mismo tiempo, list sigue siendo accesible desde el código antes de la definición del closure, después de la definición del closure pero antes de que se llame al closure, y después de que se llame al closure. Este código compila, se ejecuta y se imprime:

```
Before defining closure: [1, 2, 3]
Before calling closure: [1, 2, 3]
From closure: [1, 2, 3]
After calling closure: [1, 2, 3]
```

A continuación, en el Listado 13-5, cambiamos el cuerpo del closure para que añada un elemento al vector list. El closure ahora captura una referencia mutable.

src/main.rs
```
fn main() {
    let mut list = vec![1, 2, 3];
    println!("Before defining closure: {:?}", list);

    let mut borrows_mutably = || list.push(7);

    borrows_mutably();
    println!("After calling closure: {:?}", list);
}
```

Listado 13-5: Definición y llamada a un closure que captura una referencia mutable.

Este código compila, se ejecuta y se imprime:

```
Before defining closure: [1, 2, 3]
After calling closure: [1, 2, 3, 7]
```

Hay que tener en en cuenta que ya no hay un println! entre la definición y la llamada al closure borrows_mutably: cuando se define borrows_mutably, captura una referencia mutable a list. No utilizamos el closure nuevamente después de que se le llame, por lo que el préstamo mutable termina. Entre la definición del closure y la llamada al closure, no se permite un préstamo inmutable para imprimir, ya que no se permiten otros préstamos cuando hay un préstamo mutable. ¡Intente añadir un println! allí para ver qué mensaje de error se obtiene!

Si se desea forzar el closure para que tome posesión de los valores que utiliza en el entorno, incluso si el cuerpo del closure no necesita estrictamente esa propiedad, se puede usar la palabra clave move antes de la lista de parámetros.

Esta técnica es especialmente útil sobre todo cuando se pasa un closure a un nuevo hilo para transferir los datos de manera que sean propiedad del nuevo hilo. Discutiremos en detalle los hilos y por qué se querrán usar en el Capítulo 16, cuando hablemos sobre concurrencia. Pero, por ahora, exploraremos brevemente cómo crear un nuevo hilo usando un closure que requiere la palabra clave move. El Listado 13-6 muestra el Listado 13-4 modificado para imprimir el vector en un nuevo hilo en lugar de hacerlo en el hilo principal.

src/main.rs

```
use std::thread;

fn main() {
    let list = vec![1, 2, 3];
    println!("Before defining closure: {:?}", list);

  ❶ thread::spawn(move || {
      ❷ println!("From thread: {:?}", list)
    }).join().unwrap();
}
```

Listado 13-6: Uso de move para forzar al closure del hilo a tomar la propiedad de la lista.

Creamos un nuevo hilo, y le damos como argumento un closure para que lo ejecute. El cuerpo del closure imprime la lista. En el Listado 13-4, el closure solo capturaba list usando una referencia inmutable porque es lo mínimo que se necesita para acceder a list para imprimirla. En este ejemplo, aunque el cuerpo del closure solo necesita una referencia inmutable ❷, debemos especificar que list debe moverse al closure colocando la palabra clave move ❶ al principio de la definición del closure. El nuevo hilo puede finalizar antes de que termine lo que quede del hilo principal, o el hilo principal puede finalizar primero. Si el hilo principal mantiene la propiedad de list pero termina antes que el nuevo hilo y libera list, la referencia inmutable en el hilo sería inválida. Por lo tanto, el compilador requiere que list se mueva al closure entregado al nuevo hilo para que la referencia sea válida. ¡Intente eliminar la palabra clave move o usar list en el hilo principal después de que se defina el closure para ver qué errores de compilación se obtienen!

Movimiento de valores capturados afuera de los closures y los traits Fn

Una vez que un closure ha capturado una referencia o ha tomado posesión de un valor del entorno donde se define el closure (afectando así a lo que, en su caso, se muda al closure), el código en el cuerpo del closure define qué sucede con las referencias o valores cuando el closure se evalúa más adelante (afectando así a qué, si es que algo, se mueve fuera del closure).

El cuerpo del closure puede realizar cualquiera de las siguientes acciones: mover un valor capturado fuera del closure, mutar el valor capturado, no mover ni mutar el valor o, para empezar, no capturar nada del entorno.

La forma en que el closure captura y gestiona valores del entorno afecta a qué traits implementa el closure, y los traits son la manera en que las funciones y structs pueden especificar qué tipos de closures pueden utilizar. Los closures implementarán automáticamente uno, dos o los tres de los siguientes traits Fn, de manera aditiva, dependiendo de cómo el cuerpo del closure gestione los valores:

- `FnOnce` se aplica a closures a los que se los puede llamar una sola vez. Todos los closures implementan al menos este trait porque a todos los closures se los puede llamar. Un closure que mueve valores capturados fuera de su cuerpo solo implementará `FnOnce` y ninguno de los otros traits `Fn` porque solo se le puede llamar una vez.

- `FnMut` se aplica a los closures que no mueven los valores capturados fuera de su cuerpo, pero que pueden mutar los valores capturados. Estos closures pueden ser llamados más de una vez.

- `Fn` se aplica a closures que no mueven valores capturados fuera de su cuerpo y que no mutan valores capturados, así como a closures que no capturan nada de su entorno. A estos closures se los puede llamar más de una vez sin mutar su entorno, lo cual es importante en casos como el de llamar a un closure varias veces de forma concurrente.

Veamos la definición del método `unwrap_or_else` en `Option<T>` que utilizamos en el Listado 13-1:

```
impl<T> Option<T> {
    pub fn unwrap_or_else<F>(self, f: F) -> T
    where
        F: FnOnce() -> T
    {
        match self {
            Some(x) => x,
            None => f(),
        }
    }
}
```

Hay que recordar que `T` es el tipo genérico que representa el tipo de valor en la variante `Some` de `Option`. Ese tipo `T` también es el tipo de retorno de la función `unwrap_or_else`: el código que llama a `unwrap_or_else` en `Option<String>`, por ejemplo, obtendrá un `String`.

A continuación, observe que la función `unwrap_or_else` tiene un parámetro adicional de tipo genérico `F`. `F` es el tipo del parámetro llamado `f`, que es el closure que proporcionamos al llamar a `unwrap_or_else`.

La restricción de trait (trait bound) especificado en el tipo genérico `F` es `FnOnce() -> T`, lo que significa que a `F` se le debe poder llamar una sola vez, no toma argumentos y devuelve un valor de tipo `T`. El uso de `FnOnce` en la restricción de trait expresa la limitación de que `unwrap_or_else` solo llamará a `f` una vez, como máximo. En el cuerpo de `unwrap_or_else`, podemos ver que si `Option` es `Some`, a `f` no se le llamará. Si `Option` es `None`, a `f` se le llamará una vez. Dado que todos los closures implementan `FnOnce`, `unwrap_or_else` acepta la mayor variedad de closures posibles y es lo más flexible posible.

NOTA *Las funciones también pueden implementar los tres traits Fn. Si lo que queremos hacer no requiere capturar un valor del entorno, podemos usar el nombre de una función en lugar de un closure cuando necesitamos algo que implemente uno de los traits Fn. Por ejemplo, en un valor Option<Vec<T>>, podríamos llamar a unwrap_or_else(Vec::new) para obtener un nuevo vector vacío si el valor es None.*

Ahora veamos el método sort_by_key de la biblioteca estándar, definido en slices (rebanadas), para ver cómo difiere de unwrap_or_else y por qué sort_by_key utiliza FnMut en lugar de FnOnce para la restricción de trait. El closure recibe un argumento en forma de una referencia al elemento actual en la slice que se está considerando, y devuelve un valor de tipo K que se puede ordenar. Esta función es útil cuando se desea ordenar una rebanada según un atributo particular de cada elemento. En el Listado 13-7, tenemos una lista de instancias de Rectangle y utilizamos sort_by_key para ordenarlas por su atributo width de menor a mayor.

src/main.rs
```
#[derive(Debug)]
struct Rectangle {
    width: u32,
    height: u32,
}

fn main() {
    let mut list = [
        Rectangle { width: 10, height: 1 },
        Rectangle { width: 3, height: 5 },
        Rectangle { width: 7, height: 12 },
    ];

    list.sort_by_key(|r| r.width);
    println!("{:#?}", list);
}
```

Listado 13-7: Uso de sort_by_key para ordenar rectángulos por su anchura.

Este código imprime:

```
[
    Rectangle {
        width: 3,
        height: 5,
    },
    Rectangle {
        width: 7,
        height: 12,
    },
    Rectangle {
        width: 10,
        height: 1,
    },
]
```

La razón por la que sort_by_key está definido para aceptar un closure de tipo FnMut es porque llama al closure varias veces: una vez por cada elemento de la rebanada. El closure |r| r.width no captura, ni muta ni mueve nada de su entorno, por lo que cumple con los requisitos de la restricción de trait.

En contraste, el Listado 13-8 muestra un ejemplo de un closure que implementa solo el trait FnOnce, ya que mueve un valor fuera del entorno. El compilador no nos permitirá usar este closure con sort_by_key.

`--snip--`

```
fn main() {
    let mut list = [
        Rectangle { width: 10, height: 1 },
        Rectangle { width: 3, height: 5 },
        Rectangle { width: 7, height: 12 },
    ];

    let mut sort_operations = vec![];
    let value = String::from("by key called");

    list.sort_by_key(|r| {
        sort_operations.push(value);
        r.width
    });
    println!("{:#?}", list);
}
```

Listado 13-8: Intento de utilizar el closure FnOnce con sort_by_key.

Este es un método forzado, complicado (que no funciona) para intentar contar el número de veces que se llama a sort_by_key al ordenar list. Este código intenta realizar el conteo al empujar value (una String desde el entorno del closure) hacia el vector sort_operations. El closure captura value y luego lo mueve fuera del closure al transferir la propiedad de value al vector sort_operations. A este cierre solo se le puede llamar una vez; intentar llamarlo una segunda vez no funcionaría porque value ya no estaría en el entorno para pasarlo nuevamente a sort_operations. Por lo tanto, este closure solo implementa FnOnce. Al intentar compilar este código, obtenemos este error que indica que no se puede mover value fuera del closure porque el closure debe implementar FnMut:

```
error[E0507]: cannot move out of `value`, a captured variable in an
`FnMut`
closure
  --> src/main.rs:18:30
   |
15 |         let value = String::from("by key called");
   |             ----- captured outer variable
16 |
17 |         list.sort_by_key(|r| {
   |                          ------ -
18 | |             sort_operations.push(value);
   | |                                  ^^^^^ move occurs because `value` has
type `String`, which does not implement the `Copy` trait
19 | |             r.width
20 | |         });
   | |_____- captured by this `FnMut` closure
```

El error señala la línea en el cuerpo del closure que mueve value fuera del entorno. Para solucionarlo, debemos cambiar el cuerpo del closure para que no mueva valores fuera del entorno. Mantener un contador en el entorno y aumentar su valor en el cuerpo del closure es una forma más directa de contar el número de veces que se llama a sort_by_key. El closure en el Listado 13-9 funciona con sort_by_key porque solo captura una referencia mutable al contador num_sort_operations y, por lo tanto, se le puede llamar más de una vez.

src/main.rs

```
--snip--

fn main() {
    --snip--

    let mut num_sort_operations = 0;
    list.sort_by_key(|r| {
        num_sort_operations += 1;
        r.width
    });
    println!(
        "{:#?}, sorted in {num_sort_operations} operations",
        list
    );
}
```

Listado 13-9: Está permitido el uso de un closure que implemente FnMut con sort_by_key.

Los traits Fn son importantes al definir o utilizar funciones o tipos que hacen uso de closures. En la siguiente sección discutiremos sobre iteradores. Muchos métodos de iteradores toman argumentos de closures, ¡así que hay que tener en cuenta estos detalles sobre closures mientras continuamos!

Procesamiento de series de elementos con iteradores

El patrón iterador permite realizar algunas tareas en una secuencia de elementos uno tras otro. Un iterador es responsable de la lógica de iterar sobre cada elemento y determinar cuándo ha terminado la secuencia. Cuando se utilizan iteradores, no necesita reimplementar esa lógica usted mismo.

En Rust, los iteradores son «perezosos», lo que significa que no tienen efecto hasta que se llama a métodos que consumen el iterador hasta agotarlo. Por ejemplo, el código del Listado 13-10 crea un iterador sobre los elementos del vector v1 al llamar al método iter definido en Vec<T>. Este código por sí solo no hace nada útil.

```
let v1 = vec![1, 2, 3];

let v1_iter = v1.iter();
```

Listado 13-10: Creación de un iterador.

El iterador se almacena en la variable v1_iter. Una vez que hemos creado el iterador, podemos utilizarlo de diversas formas. En el Listado 3-5, iteramos sobre un array utilizando un bucle for para ejecutar código en cada uno de sus elementos. En el fondo, esto implícitamente ha creado —y, a continuación, ha consumido— un iterador, pero hasta ahora hemos pasado por alto cómo funciona eso exactamente.

En el ejemplo del Listado 13-11, separamos la creación del iterador del uso del mismo en el bucle for. Cuando se llama al bucle for utilizando el iterador en v1_iter, cada elemento del iterador se utiliza en una iteración del bucle, que imprime cada valor.

```
let v1 = vec![1, 2, 3];

let v1_iter = v1.iter();

for val in v1_iter {
    println!("Got: {val}");
}
```

Listado 13-11: Uso del iterador en un bucle for.

En lenguajes que no tienen iteradores proporcionados por sus bibliotecas estándar, probablemente se escribiría esta misma funcionalidad comenzando con una variable en el índice 0, utilizando esa variable para acceder al vector y obtener un valor, e incrementando el valor de la variable en el bucle hasta que alcance el número total de elementos del vector.

Los iteradores gestionan toda esa lógica por usted, reduciendo el código repetitivo que podría estropear. Los iteradores brindan más flexibilidad para usar la misma lógica con muchos tipos diferentes de secuencias, no solo estructuras de datos en las que se puede indexar, como los vectores. Veamos cómo lo logran.

El trait iterator y el método next

Todos los iteradores implementan un trait llamado Iterator, que está definido en la biblioteca estándar. La definición del trait tiene el siguiente aspecto:

```
pub trait Iterator {
    type Item;
    fn next(&mut self) -> Option<Self::Item>;

    // methods with default implementations elided
}
```

Observe que esta definición utiliza una nueva sintaxis: type Item y Self::Item, que definen un tipo asociado con este trait. Hablaremos en profundidad sobre los tipos asociados en el Capítulo 19. Por ahora, todo lo que necesita saber es que este código indica que implementar el trait Iterator requiere definir también un tipo Item, y este tipo Item se utiliza en el tipo de retorno del método next. En otras palabras, el tipo Item será el tipo devuelto por el iterador.

El trait Iterator solo requiere que los implementadores definan un método: el método next, que devuelve un elemento del iterador cada vez, envuelto en Some, y, cuando la iteración ha terminado, devuelve None.

Podemos llamar al método next directamente en los iteradores; el Listado 13-12 muestra qué valores son devueltos por llamadas repetidas a next en el iterador creado a partir del vector.

src/lib.rs

```
#[test]
fn iterator_demonstration() {
    let v1 = vec![1, 2, 3];

    let mut v1_iter = v1.iter();

    assert_eq!(v1_iter.next(), Some(&1));
    assert_eq!(v1_iter.next(), Some(&2));
    assert_eq!(v1_iter.next(), Some(&3));
    assert_eq!(v1_iter.next(), None);
}
```

Listado 13-12: Llamada al método next en un iterador.

Observe que necesitamos hacer v1_iter mutable: llamar al método next en un iterador cambia el estado interno que el iterador utiliza para llevar un seguimiento de su posición en la secuencia. En otras palabras, este código consume, o utiliza, el iterador. Cada llamada a next consume un elemento del iterador. No necesitamos hacer v1_iter mutable cuando usamos un bucle for porque el bucle ha tomado posesión de vl_iter y lo ha hecho mutable en segundo plano.

También se debe tener en cuenta que los valores que obtenemos de las llamadas a next son referencias inmutables a los valores del vector. El método iter produce un iterador sobre referencias inmutables. Si queremos crear un iterador que tome posesión de v1 y devuelva valores en propiedad, podemos llamar a into_iter en lugar de iter. Del mismo modo, si queremos iterar sobre referencias mutables, podemos llamar a iter_mut en lugar de iter.

Métodos que consumen al iterador

El trait Iterator tiene varios métodos diferentes con implementaciones por defecto proporcionadas por la biblioteca estándar. Sobre estos métodos se puede informar buscando en la documentación de la API de la biblioteca estándar del trait Iterator. Algunos de estos métodos llaman al método next en su definición, por lo que es necesario implementar el método next al implementar el trait Iterator.

Los métodos que llaman a next se denominan adaptadores consumidores porque, al llamarlos, se agota el iterador. Un ejemplo es el método sum, que toma posesión del iterador e itera a través de los elementos llamando repetidamente a next, consumiendo así el iterador. Mientras itera, suma cada elemento a un total acumulado y devuelve el total cuando la iteración está completa. La Lista 13-13 es una prueba que ilustra el uso del método sum.

src/lib.rs

```
#[test]
fn iterator_sum() {
    let v1 = vec![1, 2, 3];
```

```
    let v1_iter = v1.iter();

    let total: i32 = v1_iter.sum();

    assert_eq!(total, 6);
}
```

Listado 13-13: Llamada al método sum para obtener el total de todos los elementos en el iterador.

No podemos usar v1_iter después de llamar a sum porque sum toma posesión del iterador al que llamamos.

Métodos que generan otros iteradores

Los adaptadores de iteradores son métodos definidos en el trait Iterator que no consumen el iterador. En cambio, producen diferentes iteradores al cambiar algún aspecto del iterador original.

El Listado 13-14 muestra un ejemplo de cómo llamar al método adaptador de iterador map, que toma un closure para llamarlo en cada elemento a medida que se itera a través de los elementos. El método map devuelve un nuevo iterador que produce los elementos modificados. El closure aquí crea un nuevo iterador en el cual cada elemento del vector se incrementará en 1.

src/main.rs
```
let v1: Vec<i32> = vec![1, 2, 3];

v1.iter().map(|x| x + 1);
```

Listado 13-14: Llamada al adaptador de iterador map para crear un nuevo iterador.

Sin embargo, este código da lugar a una advertencia:

```
warning: unused `Map` that must be used
 --> src/main.rs:4:5
  |
4 |     v1.iter().map(|x| x + 1);
  |     ^^^^^^^^^^^^^^^^^^^^^^^^^
  |
  = note: `#[warn(unused_must_use)]` on by default
  = note: iterators are lazy and do nothing unless consumed
```

El código del Listado 13-14 no hace nada; al closure que hemos especificado nunca se le llama. La advertencia nos recuerda por qué: los adaptadores de iteradores son perezosos y aquí necesitamos consumir el iterador.

Para solucionar esta advertencia y consumir el iterador, utilizaremos el método collect, que ya usamos con env::args en el Listado 12-1. Este método consume el iterador y recopila los valores resultantes en un tipo de dato de colección (collection).

En el Listado 13-15, recopilamos en un vector los resultados de iterar sobre el iterador devuelto por la llamada a map. Este vector terminará conteniendo cada elemento del vector original, incrementado en 1.

```
let v1: Vec<i32> = vec![1, 2, 3];

let v2: Vec<_> = v1.iter().map(|x| x + 1).collect();

assert_eq!(v2, vec![2, 3, 4]);
```

Listado 13-15: Llamada al método map para crear un nuevo iterador, y después se llama al método collect para consumir el nuevo iterador y crear un vector.

Debido a que map toma un closure, podemos especificar cualquier operación que deseemos realizar en cada elemento. Este es un excelente ejemplo de cómo los closures permiten personalizar ciertos comportamientos mientras se reutiliza el comportamiento de iteración que proporciona el trait Iterator.

Se pueden encadenar varias llamadas a adaptadores de iteradores para realizar acciones complejas de una manera legible. Pero, debido a que todos los iteradores son perezosos, se debe llamar a uno de los métodos adaptadores consumidores para obtener los resultados de las llamadas a los adaptadores de iteradores.

Uso de closures que capturan su entorno

Muchos adaptadores de iteradores toman closures como argumentos, y comúnmente los closures que especificaremos como argumentos para los adaptadores de iteradores serán closures que capturan su entorno.

Para este ejemplo, utilizaremos el método filter, que toma un closure. El closure recibe un elemento del iterador y devuelve un valor bool. Si el closure devuelve true, el valor se incluirá en la iteración producida por filter. Si el closure devuelve false, el valor no se incluirá.

En el Listado 13-16, utilizamos filter con un closure que captura la variable shoe_size de su entorno para iterar sobre una colección de instancias de la estructura Shoe. Solo devolverá los zapatos que tengan el tamaño especificado.

```
#[derive(PartialEq, Debug)]
struct Shoe {
    size: u32,
    style: String,
}

fn shoes_in_size(shoes: Vec<Shoe>, shoe_size: u32) -> Vec<Shoe> {
    shoes.into_iter().filter(|s| s.size == shoe_size).collect()
}

#[cfg(test)]
mod tests {
    use super::*;

    #[test]
    fn filters_by_size() {
        let shoes = vec![
            Shoe {
                size: 10,
```

```
            style: String::from("sneaker"),
        },
        Shoe {
            size: 13,
            style: String::from("sandal"),
        },
        Shoe {
            size: 10,
            style: String::from("boot"),
        },
    ];

    let in_my_size = shoes_in_size(shoes, 10);

    assert_eq!(
        in_my_size,
        vec![
            Shoe {
                size: 10,
                style: String::from("sneaker")
            },
            Shoe {
                size: 10,
                style: String::from("boot")
            },
        ]
    );
    }
}
```

Listado 13-16: Uso del método filter con un closure que captura la variable shoe_size.

La función shoes_in_size toma la propiedad de un vector que tiene como parámetros shoes (zapatos) y shoes size (tamaño de zapato). Devuelve un vector que contiene solo los zapatos del tamaño especificado.

En el cuerpo de shoes_in_size, llamamos a into_iter para crear un iterador que toma la propiedad del vector. Luego, llamamos a filter para adaptar ese iterador a un nuevo iterador que solo contiene elementos para los cuales closure devuelve true.

Closure captura el parámetro shoe_size del entorno y compara el valor con el tamaño de cada zapato, manteniendo solo los zapatos del tamaño especificado. Finalmente, al llamar a collect recopilamos los valores devueltos por el iterador adaptado en un vector que es devuelto por la función.

La prueba muestra que, cuando llamamos a shoes_in_size, recibimos solo los zapatos que tienen el mismo tamaño que el valor que especificamos.

Cómo mejorar nuestro proyecto de E/S

Con este nuevo conocimiento sobre iteradores, podemos mejorar el proyecto de E/S del Capítulo 12 utilizando iteradores para hacer que las secciones del código sean más claras y concisas. Veamos cómo los iteradores pueden mejorar nuestra implementación de la función Config::build y la función search.

Eliminación de clones usando iteradores

En el Listado 12-6, añadimos el código para tomar una rebanada de valores de tipo String y crear una instancia de la struct Config mediante la indexción en la rebanada y la clonación de los valores, permitiendo que la struct Config fuera propietaria de esos valores. En el Listado 13-17, hemos reproducido la implementación de la función Config::build tal como estaba en el Listado 12-23.

src/lib.rs
```rust
impl Config {
    pub fn build(
        args: &[String]
    ) -> Result<Config, &'static str> {
        if args.len() < 3 {
            return Err("not enough arguments");
        }

        let query = args[1].clone();
        let file_path = args[2].clone();

        let ignore_case = env::var("IGNORE_CASE").is_ok();

        Ok(Config {
            query,
            file_path,
            ignore_case,
        })
    }
}
```

Listado 13-17: Reproducción de la función Config::build del Listado 12-23.

En su momento, dijimos que no nos íbamos a preocupar por las llamadas ineficientes de clone porque las eliminaríamos en el futuro. Bueno, ¡pues ese momento ha llegado!

Necesitábamos clone aquí porque teníamos una rebanada con elementos de tipo String en el parámetro args, pero la función build no era dueña de args. Para devolver la propiedad de la instancia Config, tuvimos que clonar los valores de los campos query y filename de Config, de modo que la instancia Config pudiera ser dueña de sus valores.

Con el nuevo conocimiento sobre iteradores, podemos cambiar la función build para que tome la propiedad de un iterador como su argumento en lugar de tomar prestada una rebanada. Usaremos la funcionalidad del iterador en lugar del código que verifica la longitud de la rebanada e indexa en sitios específicos. Esto aclarará lo que hace la función Config::build, ya que el iterador accederá a los valores.

Una vez que Config::build tome la propiedad del iterador y deje de usar operaciones de indexación que toman prestado, podremos mover los valores de tipo String desde el iterador a Config en lugar de llamar a clone y realizar una nueva asignación (allocation).

Uso directo del iterador devuelto

Abra el archivo *src/main.rs* del proyecto E/S, que debería tener este aspecto:

```
fn main() {
    let args: Vec<String> = env::args().collect();

    let config = Config::build(&args).unwrap_or_else(|err| {
        eprintln!("Problem parsing arguments: {err}");
        process::exit(1);
    });

    --snip--
}
```

En primer lugar, cambiaremos el inicio de la función main del Listado 12-24 por el código del Listado 13-18, que esta vez utiliza un iterador. Esto no compilará hasta que también actualicemos Config::build.

```
fn main() {
    let config =
        Config::build(env::args()).unwrap_or_else(|err| {
            eprintln!("Problem parsing arguments: {err}");
            process::exit(1);
        });

    --snip--
}
```

Listado 13-18: Paso del valor de retorno de env::args a Config::build.

¡La función env::args devuelve un iterador! En lugar de recopilar los valores del iterador en un vector y luego pasar una rebanada a Config::build, ahora pasamos la propiedad del iterador devuelto por env::args directamente a Config::build.

A continuación, debemos actualizar la definición de Config::build. En el archivo *src/lib.rs* del proyecto de E/S, vamos a cambiar la firma de Config::build para que se vea como en el Listado 13-19. Aun así, esto no compilará, ya que necesitamos actualizar el cuerpo de la función.

```
impl Config {
    pub fn build(
        mut args: impl Iterator<Item = String>,
    ) -> Result<Config, &'static str> {
        --snip--
```

Listado 13-19: Actualización de la firma de Config::build para esperar un iterador.

La documentación de la biblioteca estándar para la función env::args muestra que el tipo del iterador que devuelve es std::env::Args, y ese tipo implementa el trait Iterator y devuelve valores de tipo String.

Hemos actualizado la firma de la función Config::build para que el parámetro args tenga un tipo genérico con las restricciones de trait impl Iterator<Item = String> en lugar de &[String]. Esta forma de usar la sintaxis impl Trait, que discutimos en «Traits como parámetros», significa que args puede ser cualquier tipo que implemente el trait Iterator y devuelva elementos de tipo String.

Dado que estamos tomando posesión de args y mutaremos args iterando sobre él, podemos añadir la palabra clave mut en la especificación del parámetro args para hacerlo mutable.

Uso de métodos del trait Iterator en lugar de la indexación

A continuación, corregiremos el cuerpo de Config::build. Dado que args implementa el trait Iterator, ¡sabemos que podemos llamar al método next en él! El Listado 13-20 actualiza el código del Listado 12-23 para usar el método next.

src/lib.rs

```rust
impl Config {
    pub fn build(
        mut args: impl Iterator<Item = String>,
    ) -> Result<Config, &'static str> {
        args.next();

        let query = match args.next() {
            Some(arg) => arg,
            None => return Err("Didn't get a query string"),
        };

        let file_path = match args.next() {
            Some(arg) => arg,
            None => return Err("Didn't get a file path"),
        };

        let ignore_case = env::var("IGNORE_CASE").is_ok();

        Ok(Config {
            query,
            file_path,
            ignore_case,
        })
    }
}
```

Listado 13-20: Cambio del cuerpo de Config::build para utilizar métodos del iterador.

Recuerde que el primer valor en el valor de retorno de env::args es el nombre del programa. Queremos ignorar eso y pasar al siguiente valor, así que primero llamamos a next y no hacemos nada con el valor de retorno. Luego, llamamos a next para obtener el valor que queremos poner en el campo query de Config. Si next devuelve Some, usamos match para extraer el valor. Si devuelve None, significa que no se proporcionaron suficientes argumentos y salimos prematuramente con un valor Err. Hacemos lo mismo para el valor filename.

Código más claro con adaptadores de iteradores

Podemos aprovechar también los iteradores en la función search de nuestro proyecto de E/S, que se reproduce aquí en el Listado 13-21, tal como estaba en la Lista 12-19.

```
src/lib.rs    pub fn search<'a>(
                  query: &str,
                  contents: &'a str,
              ) -> Vec<&'a str> {
                  let mut results = Vec::new();

                  for line in contents.lines() {
                      if line.contains(query) {
                          results.push(line);
                      }
                  }

                  results
              }
```

Listado 13-21: Implementación de la función search del Listado 12-19.

Podemos escribir este código de una manera más concisa utilizando los métodos adaptadores de iteradores. Al hacerlo, también evitamos tener un vector `results` intermedio mutable. El estilo de programación funcional prefiere minimizar el número de estados mutables para hacer el código más claro. Eliminar el estado mutable podría permitir una mejora futura para realizar la búsqueda en paralelo, ya que no tendríamos que gestionar el acceso concurrente al vector `results`. El Listado 13-22 muestra este cambio.

```
src/lib.rs    pub fn search<'a>(
                  query: &str,
                  contents: &'a str,
              ) -> Vec<&'a str> {
                  contents
                      .lines()
                      .filter(|line| line.contains(query))
                      .collect()
              }
```

Listado 13-22: Uso de métodos adaptadores de iteradores en la implementación de la función search.

Recuerde que el propósito de la función `search` es devolver todas las líneas en `contents` que contengan `query`. De forma similar al ejemplo de `filter` del Listado 13-16, este código utiliza el adaptador `filter` para mantener solo las líneas para las que `line.contains(query)` devuelve `true`. Luego, recogemos las líneas coincidentes en otro vector con `collect`. ¡Mucho más sencillo! Proceda con toda libertad para hacer el mismo cambio de utilizar también métodos iteradores en la función `search_case_insensitive`.

Cómo elegir entre bucles e iteradores

La siguiente pregunta lógica es qué estilo se debe elegir en el propio código y por qué: ¿la implementación original en el Listado 13-21 o la versión que utiliza iteradores en el Listado 13-22? La mayoría de los programadores de Rust prefieren utilizar el estilo de iterador.

Al principio puede ser un poco más difícil acostumbrarse, pero una vez que se familiarice con los diversos adaptadores de iterador y lo que hacen, los iteradores pueden ser más fáciles de entender. En lugar de manipular los diversos elementos del bucle y construir nuevos vectores, el código se centra en el objetivo de alto nivel del bucle. Esto abstrae parte del código común, lo que facilita que se vean los conceptos que son exclusivos de este código, como la condición de filtrado que cada elemento en el iterador debe cumplir.

Pero ¿son realmente equivalentes las dos implementaciones? La suposición intuitiva podría ser que el bucle de nivel inferior será más rápido. Hablemos sobre el rendimiento.

Comparación del rendimiento: bucles frente a iteradores

Para determinar si usar bucles o iteradores, se necesita saber cuál de las implementaciones es más rápida: la versión de la función search con un bucle for explícito o la versión con iteradores.

Realizamos benchmark (prueba comparativa) cargando todo el contenido de *The Adventures of Sherlock Holmes* de Sir Arthur Conan Doyle en un String y buscando la palabra the en el contenido. Aquí están los resultados del benckmark para la versión de search que utiliza el bucle for y la versión que utiliza iteradores:

```
test bench_search_for  ... bench:  19,620,300 ns/iter (+/- 915,700)
test bench_search_iter ... bench:  19,234,900 ns/iter (+/- 657,200)
```

¡La versión del iterador es ligeramente más rápida! No explicaremos aquí el código de la prueba comparativa porque el objetivo no es demostrar que las dos versiones son equivalentes, sino obtener una idea general de su comparación en cuanto al rendimiento.

Para un benchmark más completo, se debería verificar utilizando varios textos de diferentes tamaños como contents, diferentes palabras y palabras de diferentes longitudes como consulta, y todo tipo de variaciones. La cuestión es la siguiente: los iteradores, aunque son una abstracción de alto nivel, compilan más o menos con el mismo código que si hubiera escrito usted mismo el código de bajo nivel. Los iteradores son una de las *abstracciones de coste cero* de Rust, lo que significa que el uso de la abstracción no impone ningún coste adicional en tiempo de ejecución. Esto es análogo a cómo Bjarne Stroustrup, el diseñador e implementador original de C++, define la *sobrecarga cero* en *Foundations of C++* (2012):

> En general, las implementaciones de C++ obedecen el principio de sobrecarga cero: lo que no se utiliza no se paga. Y además: lo que sí se utiliza no se podría codificar mejor haciéndolo personalmente.

Como otro ejemplo, el siguiente código proviene de un decodificador de audio. El algoritmo de decodificación utiliza la operación matemática de predicción lineal para estimar valores futuros basados en una función lineal de las muestras anteriores. Este código utiliza una cadena de iteradores para realizar algunas operaciones matemáticas en tres variables en el ámbito: un fragmento de datos `buffer`, una matriz de 12 `coefficients` y una cantidad para desplazar los datos en `qlp_shift`. Hemos declarado las variables en este ejemplo, pero no hemos asignado valores; aunque este código no tiene mucho significado fuera de su contexto, sigue siendo un ejemplo conciso del mundo real que muestra cómo Rust traduce ideas de alto nivel a código de bajo nivel.

```
let buffer: &mut [i32];
let coefficients: [i64; 12];
let qlp_shift: i16;

for i in 12..buffer.len() {
    let prediction = coefficients.iter()
                                 .zip(&buffer[i - 12..i])
                                 .map(|(&c, &s)| c * s as i64)
                                 .sum::<i64>() >> qlp_shift;
    let delta = buffer[i];
    buffer[i] = prediction as i32 + delta;
}
```

Para calcular el valor de prediction, este código itera a través de cada uno de los 12 valores de `coefficients` y utiliza el método `zip` para emparejar los valores de los coeficientes con los 12 valores anteriores en `buffer`. Luego, para cada par, multiplica los valores juntos, suma todos los resultados y desplaza los bits en la suma `qlp_shift` de bits hacia la derecha.

Los cálculos en aplicaciones como los decodificadores de audio suelen priorizar en gran medida el rendimiento. Aquí, estamos creando un iterador, usando dos adaptadores y luego consumiendo el valor. ¿A qué código ensamblador se compilaría este código de Rust? Bueno, hasta la fecha en la que escribimos esto, se compilaría el mismo código ensamblador que escribiría usted manualmente. No hay ningún bucle correspondiente a la iteración sobre los valores en `coefficients`: Rust sabe que hay 12 iteraciones, por lo que «desenrolla» el bucle. *Desenrollar* es una optimización que elimina la sobrecarga del código de control del bucle y, en su lugar, genera código repetitivo para cada iteración del bucle.

Todos los coeficientes se almacenan en registros, lo que significa que el acceso a los valores es muy rápido. No hay comprobaciones de límites en el acceso a la matriz en tiempo de ejecución. Todas estas optimizaciones que Rust puede aplicar hacen que el código resultante sea extremadamente eficiente. Ahora que sabe esto, ¡puede usar iteradores y closures sin miedo! Hacen que el código parezca de más alto nivel pero no imponen una penalización en el rendimiento en tiempo de ejecución.

Resumen

Los closures e iteradores son características de Rust inspiradas en ideas de lenguajes de programación funcionales. Contribuyen a la capacidad de Rust para expresar claramente ideas de alto nivel con un rendimiento de bajo nivel. Las implementaciones de closures e iteradores están diseñadas de tal manera que el rendimiento en tiempo de ejecución no se ve afectado. Esto forma parte del objetivo de Rust de esforzarse por proporcionar abstracciones a coste cero.

Ahora que hemos mejorado la expresividad de nuestro proyecto de E/S, veamos algunas características adicionales de cargo que nos ayudarán a compartir el proyecto con el resto del mundo.

14

MÁS SOBRE CARGO
Y CRATES.IO

Hasta ahora, solo hemos utilizado las características más básicas de Cargo para construir, ejecutar y probar nuestro código, pero puede hacer mucho más. En este capítulo, discutiremos algunas de sus características más avanzadas para mostrarle cómo hacer lo siguiente:

- Personalizar la compilación a través de perfiles de lanzamiento.
- Publicar bibliotecas en *https://crates.io.*
- Organizar proyectos grandes con espacios de trabajo (workspaces).
- Instalar binarios desde *https://crates.io.*
- Extender Cargo utilizando comandos personalizados.

Cargo puede hacer aún más de lo que tratamos en este capítulo, por lo que, para acceder a una explicación completa de todas sus características, consulte la documentación en *https://doc.rust-lang.org/cargo*.

Personalización de compilaciones con perfiles de lanzamiento

En Rust, los *perfiles de lanzamiento* son perfiles predefinidos y personalizables con diferentes configuraciones que permiten al programador tener más control sobre múltiples opciones para compilar código. Cada perfil se configura de manera independiente de los demás.

Cargo tiene dos perfiles principales: el perfil dev, que utiliza Cargo cuando se ejecuta cargo build, y el perfil release, que utiliza Cargo cuando se ejecuta cargo build --release. El perfil dev está definido con los valores apropiados por defecto para el desarrollo, mientras que el perfil release tiene los valores adecuados por defecto para compilaciones de lanzamiento.

Es posible que estos nombres de perfiles le resulten familiares de los resultados de sus construcciones:

```
$ cargo build
    Finished dev [unoptimized + debuginfo] target(s) in 0.0s
$ cargo build --release
    Finished release [optimized] target(s) in 0.0s
```

Los perfiles dev y release son diferentes perfiles que utiliza el compilador.

Cargo tiene configuraciones por defecto para cada uno de los perfiles que se aplican cuando no se ha añadido explícitamente ninguna sección [profile.*] en el archivo *Cargo.toml* del proyecto. Al añadir secciones [profile.*] para cualquier perfil que desee personalizar, se anula cualquier subconjunto de las configuraciones por defecto. Por ejemplo, aquí están los valores por defecto para la configuración opt-level en los perfiles dev y release:

Cargo.toml
```
[profile.dev]
opt-level = 0

[profile.release]
opt-level = 3
```

La configuración opt-level controla la cantidad de optimizaciones que Rust aplicará al código, con un rango de 0 a 3. Aplicar más optimizaciones extiende el tiempo de compilación, por lo que si está en la fase de desarrollo y compilando el código con frecuencia, querrá que haya menos optimizaciones para compilar más rápido, incluso si el código resultante se ejecuta más lentamente. Por lo tanto, el valor por defecto de opt-level para dev es 0. Cuando esté listo para lanzar el código, es mejor dedicar más tiempo a la compilación. Solo compilará en modo de lanzamiento una vez, pero ejecutará el programa compilado muchas veces, por lo que el modo de lanzamiento intercambia un tiempo de compilación más largo por un código que se ejecuta más rápido. Por eso, el valor por defecto de `opt-level` para el perfil `release` es 3.

Se puede anular una configuración por defecto añadiendo un valor diferente para ella en *Cargo.toml*. Por ejemplo, si queremos usar el nivel de optimización 1 en el perfil de desarrollo, podemos añadir estas dos líneas a nuestro archivo *Cargo.toml* del proyecto:

Cargo.toml
```
[profile.dev]
opt-level = 1
```

Este código anula la configuración por defecto de 0. Ahora, cuando ejecutamos `cargo build`, Cargo utilizará los valores por defecto para el perfil `dev` junto con nuestra personalización para `opt-level`. Debido a que hemos establecido `opt-level` en 1, Cargo aplicará más optimizaciones que las predeterminadas, pero no tantas como en una compilación de lanzamiento.

Para obtener la lista completa de opciones de configuración y los valores por defecto para cada perfil, consulte la documentación de Cargo en *https://doc.rust-lang.org/cargo/reference/profiles.html*.

Publicación de un crate en Crates.io

Hemos utilizado paquetes de *https://crates.io* como dependencias del proyecto, pero también puede compartir el código con otras personas publicando sus propios paquetes. El registro de paquetes en *https://crates.io* distribuye el código fuente de sus paquetes, por lo que principalmente aloja código que es de código abierto.

Rust y Cargo tienen características que hacen que su paquete publicado sea más fácil de encontrar y usar por otras personas. Hablaremos sobre algunas de estas características a continuación y, luego, explicaremos cómo publicar un paquete.

Cómo hacer comentarios útiles en la documentación

Documentar los paquetes de manera precisa ayudará a otros usuarios a saber cómo y cuándo utilizarlos, por lo que vale la pena invertir tiempo en escribir documentación. En el Capítulo 3, discutimos cómo comentar el código Rust usando dos barras diagonales, //. Rust también tiene un tipo particular de comentario para la documentación, conocido convenientemente como *comentario de documentación*, que generará documentación en formato HTML. HTML muestra el contenido de los comentarios de la documentación para los elementos de la API pública destinados a programadores interesados en saber cómo utilizar su crate en lugar de saber cómo está implementado.

Los comentarios de documentación usan tres barras diagonales, ///, en lugar de dos, y admiten notación Markdown para formatear el texto. Los comentarios de documentación se colocan justo antes del elemento que están documentando. El Listado 14-1 muestra comentarios de documentación para una función llamada add_one en un crate llamado my_crate.

```
src/lib.rs    /// Adds one to the number given.
              ///
              /// # Examples
              ///
              /// ```
              /// let arg = 5;
              /// let answer = my_crate::add_one(arg);
              ///
              /// assert_eq!(6, answer);
              /// ```
              pub fn add_one(x: i32) -> i32 {
                  x + 1
              }
```

Listado 14-1: Comentario de documentación de una función.

Aquí, proporcionamos una descripción de lo que hace la función add_one; comenzamos una sección con el título `Examples` y, luego, proporcionamos el código que muestra cómo usar la función add_one. Podemos generar la documentación HTML a partir de este comentario de documentación ejecutando `cargo doc`. Este comando ejecuta la herramienta `rustdoc` que se distribuye con Rust y coloca la documentación HTML generada en el directorio *target/doc*.

Para mayor comodidad, al ejecutar `cargo doc --open` se construirá el HTML de la documentación del crate actual (así como la documentación para todas las dependencias del crate) y abrirá el resultado en un navegador web. Navegue hasta la función add_one y verá cómo se renderiza el texto en los comentarios de la documentación, como se muestra en la Figura 14-1.

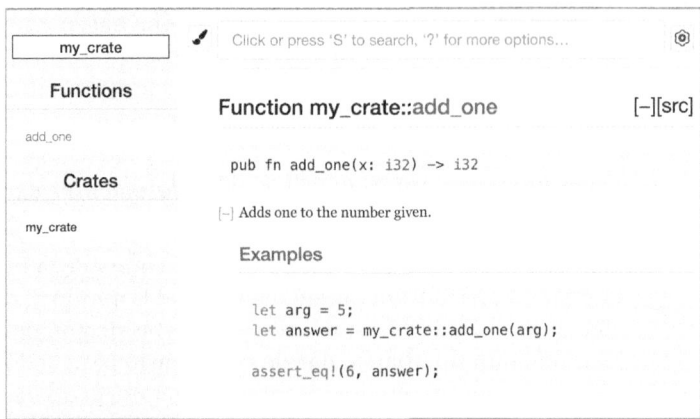

Figura 14-1: HTML de la documentación de la función add_one.

Secciones que se utilizan normalmente

Utilizamos el encabezado Markdown # `Examples` en el Listado 14-1 para crear una sección en HTML con el título «Examples». Aquí hay algunas otras secciones que los autores de crates usan normalmente en su documentación:

Panics. Escenarios en los que la función documentada podría generar panic. Los llamadores de la función que no deseen que sus programas generen panics deben asegurarse de no llamar a la función en estas situaciones.

Errors. Si la función devuelve Result, describir los tipos de errores que podrían ocurrir y las condiciones que podrían causar que se devuelvan esos errores puede ser útil para los llamadores, para que puedan escribir código que gestione los diferentes tipos de errores de diferentes maneras.

Safety. Si la llamada a la función es unsafe (discutiremos la inseguridad en el Capítulo 19), debe haber una sección que explique por qué la función no es segura y que trate las invariantes que la función espera que los llamadores mantengan.

La mayoría de los comentarios de documentación no necesitan todas estas secciones, pero esta es una buena lista de verificación para recordar los aspectos del código que los usuarios estarán interesados en conocer.

Comentarios de documentación que sirven como pruebas

Añadir bloques de código de ejemplo en los comentarios de la documentación puede ayudar a mostrar cómo utilizar su biblioteca, y hacerlo tiene una ventaja adicional: ¡ejecutar cargo test también ejecutará los ejemplos de código de su documentación como pruebas! Nada es mejor que la documentación con ejemplos. Pero nada es peor que ejemplos que no funcionan porque el código ha cambiado desde que se escribió la documentación. Si ejecutamos cargo test con la documentación para la función add_one del Listado 14-1, veremos una sección en los resultados de las pruebas que aparecerá así:

```
   Doc-tests my_crate

running 1 test
test src/lib.rs - add_one (line 5) ... ok

test result: ok. 1 passed; 0 failed; 0 ignored; 0 measured; 0
filtered out; finished in 0.27s
```

Ahora, si cambiamos la función o el ejemplo de manera que assert_eq! en el ejemplo entre en pánico y, luego, ejecutamos cargo test de nuevo, ¡veremos que las pruebas de documentación detectarán que el ejemplo y el código no están sincronizados!

Elementos que contienen comentarios

El comentario de documentación //! añade documentación al elemento que contiene los comentarios, en lugar de hacerlo a los elementos que siguen a los comentarios. Normalmente, ubicamos estos comentarios de documentación en el archivo raíz del crate (por convención, *src/lib.rs*), o en un módulo para documentar el crate o el módulo en su totalidad.

Por ejemplo, para añadir la documentación que describa el propósito del crate `my_crate` que contiene la función `add_one`, añadimos comentarios de documentación que comienzan con `//!` al principio del archivo *src/lib.rs*, como se muestra en el Listado 14-2.

src/lib.rs

```
//! # My Crate
//!
//! `my_crate` is a collection of utilities to make performing
//! certain calculations more convenient.

/// Adds one to the number given.
--snip--
```

Listado 14-2: Documentación para el crate `my_crate` en su conjunto.

Observe que no hay ningún código después de la última línea que comienza con `//!`. Debido a que iniciamos los comentarios con `//!` en lugar de `///`, estamos documentando el elemento que contiene este comentario en lugar de un elemento que sigue a este comentario. En este caso, ese elemento es el archivo *src/lib.rs*, que es la raíz del crate. Estos comentarios describen el crate en su totalidad.

Cuando ejecutemos `cargo doc --open`, estos comentarios se mostrarán en la portada de la documentación de `my_crate`, antes de la lista de elementos públicos del crate, como se muestra en la Figura 14-2.

Los comentarios de documentación dentro de los elementos son útiles para describir especialmente crates y módulos. Úselos para explicar el propósito general del contenedor y ayudar a sus usuarios a comprender la organización del crate.

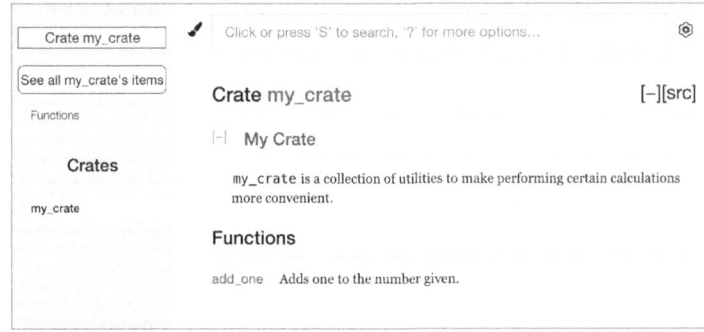

Figura 14-2: Documentación generada de `my_crate`, que incluye el comentario que describe el crate en su totalidad.

Exportación de una API pública adecuada con pub use

La estructura de su API pública es una consideración importante al publicar un crate. Las personas que utilizan su crate pueden no estar tan familiarizadas con la estructura como usted y podrían tener dificultades para encontrar las piezas que desean usar si su crate tiene una jerarquía de módulos extensa.

En el Capítulo 7, explicamos cómo hacer que los elementos sean públicos usando la palabra clave `pub` y cómo llevar elementos a un ámbito con la palabra clave use. Sin embargo, la estructura que tiene sentido para usted cuando desarrolla un crate puede que no sea muy adecuada para sus usuarios. Es posible que desee organizar sus structs en una jerarquía con múltiples niveles, pero, después, las personas que deseen usar un tipo que ha definido usted en lo más profundo de la jerarquía podrían tener problemas para descubrir que ese tipo existe. También podrían sentirse molestos por tener que escribir use my_crate::some_module::another_module::UsefulType; en lugar de use my_crate::UsefulType;.

La buena noticia es que si la estructura no es conveniente para que otros la utilicen desde otra biblioteca, no es necesario remodelar su organización interna: en su lugar, puede reexportar elementos para crear una estructura pública que sea diferente de su estructura privada utilizando pub use. *Re-exporting* toma un elemento público en una ubicación y lo hace público en otra ubicación, como si en cambio estuviera definido en esa otra ubicación.

Por ejemplo, digamos que creamos una biblioteca llamada art para modelar conceptos artísticos. Dentro de esta biblioteca hay dos módulos: un módulo llamado kinds, que contiene dos enums llamadas PrimaryColor y SecondaryColor, y un módulo llamado utils, que contiene una función llamada mix, como se muestra en el Listado 14-3.

src/lib.rs
```
//! # Art
//!
//! A library for modeling artistic concepts.

pub mod kinds {
    /// The primary colors according to the RYB color model.
    pub enum PrimaryColor {
        Red,
        Yellow,
        Blue,
    }

    /// The secondary colors according to the RYB color model.
    pub enum SecondaryColor {
        Orange,
        Green,
        Purple,
    }
}

pub mod utils {
    use crate::kinds::*;

    /// Combines two primary colors in equal amounts to create
    /// a secondary color.
    pub fn mix(
        c1: PrimaryColor,
        c2: PrimaryColor,
    ) -> SecondaryColor {
        --snip--
    }
}
```

Listado 14-3: Biblioteca art con elementos organizados en módulos kinds y utils.

La Figura 14-3 muestra cómo se vería la portada de la documentación para este crate generado por cargo doc.

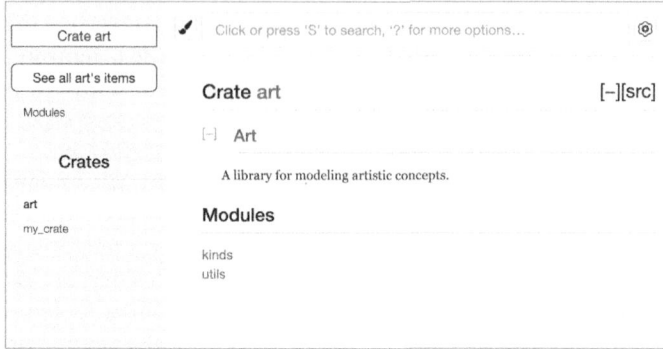

Figura 14-3: Portada de la documentación para art que enumera los módulos de kinds y utils.

Hay que tener en cuenta que los tipos `PrimaryColor` y `SecondaryColor` no se enumeran en la portada; tampoco la función `mix`. Tenemos que hacer clic en `kinds` y `utils` para verlos.

Otro crate que dependa de esta biblioteca necesitará declaraciones `use` que traigan los elementos de art al ámbito, especificando la estructura de módulos que está definida en ese momento. El Listado 14-4 muestra un ejemplo de un crate que utiliza los elementos `PrimaryColor` y `mix` del crate art.

src/main.rs
```
use art::kinds::PrimaryColor;
use art::utils::mix;

fn main() {
    let red = PrimaryColor::Red;
    let yellow = PrimaryColor::Yellow;
    mix(red, yellow);
}
```

Listado 14-4: Crate que utiliza los elementos del crate art con su estructura interna exportada.

El autor del código del Listado 14-4, que utiliza el crate art, tuvo que descubrir que `PrimaryColor` está en el módulo `kinds` y `mix` está en el módulo `utils`. La estructura de módulos del crate art es más relevante para los desarrolladores que trabajan en el crate art que para aquellos que la utilizan. La estructura interna no contiene información útil para alguien que intenta comprender cómo usar el crate art, sino que más bien causa confusión porque los desarrolladores que la utilicen deben descubrir dónde buscar y deben especificar los nombres de los módulos en las sentencias `use`.

Para eliminar la organización interna de la API pública, podemos modificar el código del crate art en el Listado 14-3 para añadir declaraciones `pub use` y volver a exportar los elementos al nivel superior, como se muestra en el Listado 14-5.

```
src/lib.rs    //! # Art
              //!
              //! A library for modeling artistic concepts.

              pub use self::kinds::PrimaryColor;
              pub use self::kinds::SecondaryColor;
              pub use self::utils::mix;

              pub mod kinds {
                  --snip--
              }

              pub mod utils {
                  --snip--
              }
```

Listado 14-5: Adición de declaraciones pub use para volver a exportar elementos.

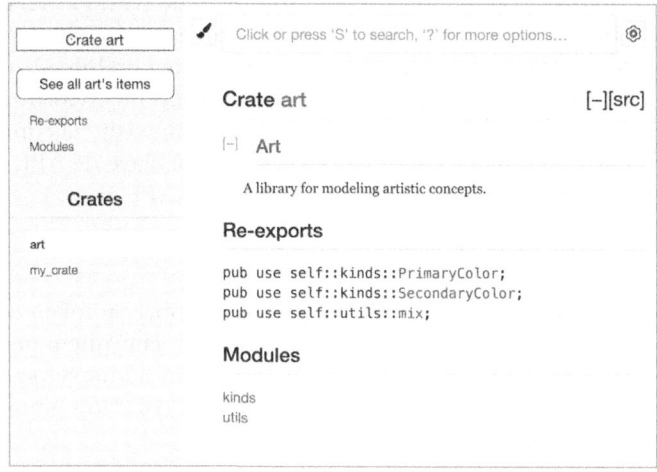

Figura 14-4: Portada de la documentación para art que enumera las reexportaciones.

La documentación de la API que genera cargo doc para este crate ahora listará y enlazará las reexportaciones en la portada, como se muestra en la Figura 14-4, facilitando así la búsqueda de los tipos PrimaryColor y SecondaryColor y de la función mix.

Los usuarios del crate art aún pueden ver y utilizar la estructura interna del Listado 14-3, como se muestra en el Listado 14-4, o pueden utilizar la estructura más conveniente del Listado 14-5, como se muestra en el Listado 14-6.

```
src/main.rs   use art::mix;
              use art::PrimaryColor;

              fn main() {
                  --snip--
              }
```

Listado 14-6: Programa que utiliza los elementos reexportados del crate art.

En casos en los que hay muchos módulos anidados, reexportar los tipos al nivel superior con `pub use` puede marcar una diferencia importante en la experiencia de las personas que utilizan el crate. Otro uso común de `pub use` es reexportar definiciones de una dependencia en el crate actual para hacer que las definiciones de esa dependencia sean parte de la API pública de su crate.

Crear una estructura de API pública útil es más un arte que una ciencia, y se puede iterar para encontrar la API que funcione mejor para sus usuarios. Elegir `pub use` le brinda flexibilidad en cuanto a elegir cómo estructura su crate internamente y desacopla esa estructura interna de lo que presenta a sus usuarios. Mire el código de algunos de los crates que ha instalado para ver si su estructura interna difiere de su API pública.

Configuración de una cuenta en Crates.io

Antes de poder publicar cualquier crate, necesita crear una cuenta en https://crates.io y obtener un token de API. Para hacerlo, visite la página de inicio en *https://crates.io* e inicie sesión a través de una cuenta de GitHub. (Actualmente, una cuenta de GitHub es un requisito, pero es posible que el sitio admita otras formas de crear una cuenta en el futuro). Una vez que haya iniciado sesión, visite la configuración de su cuenta en *https://crates.io/me* y obtenga su clave de API. Luego, ejecute el comando `cargo login` con su clave de API, así:

```
$ cargo login abcdefghijklmnopqrstuvwxyz012345
```

Este comando informará a Cargo sobre su token de API y lo almacenará localmente en *~/.cargo/credentials*. Hay que tener en cuenta que este token es secreto: no lo comparta con nadie. Si por alguna razón llega a compartirlo con alguien, debe revocarlo y generar un nuevo token en *https://crates.io*.

Adición de metadatos a un nuevo crate

Supongamos que tiene un crate que desea publicar. Antes de hacerlo, deberá añadir algunos metadatos en la sección [package] del archivo *Cargo.toml* del crate.

Su crate necesitará un nombre único. Mientras trabaja en el crate de forma local, puede nombrarlo como desee. Sin embargo, los nombres de crates en *https://crates.io* se asignan por orden de llegada. Una vez que se toma un nombre de crate, nadie más puede publicar un crate con ese nombre. Antes de intentar publicar un crate, busque el nombre que desea usar. Si el nombre ya ha sido usado, deberá encontrar otro nombre y editar el campo name en el archivo *Cargo.toml*, bajo la sección [package], para utilizar el nuevo nombre en la publicación, de la siguiente manera:

Cargo.toml
```
[package]
name = "guessing_game"
```

Incluso si ha elegido un nombre único, al ejecutar `cargo publish` para publicar el crate en este punto, recibirá una advertencia y luego un error:

```
$ cargo publish
    Updating crates.io index
warning: manifest has no description, license, license-file, documentation,
homepage or repository.
See https://doc.rust-lang.org/cargo/reference/manifest.html#package-metadata
for more info.
--snip--
error: failed to publish to registry at https://crates.io

Caused by:
  the remote server responded with an error: missing or empty metadata fields:
description, license. Please see https://doc.rust-lang.org/cargo/reference
/manifest.html for how to upload metadata
```

Lo anterior da como resultado un error porque a usted le falta una información crucial: se requiere una descripción y una licencia para que los usuarios sepan qué hace su crate y bajo qué términos pueden usarlo. En el archivo *Cargo.toml*, añada una descripción que contenga solo una o dos oraciones, ya que aparecerá junto a su crate en los resultados de búsqueda. Para el campo license, debe proporcionar un *valor identificador de licencia*. El Software Package Data Exchange (SPDX) de Linux Foundation en *https://spdx.org/licenses* enumera los identificadores que puede usar para este valor. Por ejemplo, para especificar que su crate tiene una licencia que utiliza la Licencia MIT, añada el identificador MIT:

Cargo.toml
```
[package]
name = "guessing_game"
license = "MIT"
```

Si desea utilizar una licencia que no aparece en SPDX, necesitará colocar el texto de esa licencia en un archivo, incluir el archivo en su proyecto y luego utilizar license-file para especificar el nombre de ese archivo en lugar de utilizar la clave license.

La orientación sobre qué licencia es adecuada para su proyecto está fuera del alcance del libro. Muchas personas en la comunidad Rust obtienen las licencias de sus proyectos de la misma manera que Rust, utilizando una licencia doble de MIT OR Apache-2.0. Esta práctica demuestra que también se pueden especificar varios identificadores de licencia separados por OR para tener múltiples licencias para su proyecto.

Con un nombre único, la versión, la descripción y una licencia añadidos, el archivo *Cargo.toml* para un proyecto listo para publicar podría verse así:

Cargo.toml
```
[package]
name = "guessing_game"
version = "0.1.0"
edition = "2021"
description = "A fun game where you guess what number the
computer has chosen."
license = "MIT OR Apache-2.0"

[dependencies]
```

La documentación de Cargo en *https://doc.rust-lang.org/cargo* describe otros metadatos que puede especificar para asegurarse de que otros puedan descubrir y utilizar más fácilmente su crate.

Publicación en Crates.io

Ahora que ha creado una cuenta, guardado su token de API, elegido un nombre para su crate y especificado los metadatos requeridos, ¡está listo para publicar! Al publicar un crate, se sube una versión específica a *https://crates.io* para que otros la utilicen.

Tenga cuidado, ya que la publicación es permanente. La versión nunca se puede sobreescribir y el código no se puede eliminar. Uno de los principales objetivos de Crates.io es actuar como un archivo permanente de código para que las compilaciones de todos los proyectos que dependen de crates en *https://crates.io* sigan funcionando. Permitir eliminar versiones haría imposible cumplir ese objetivo. Sin embargo, no hay límite en el número de versiones de crates que puede publicar.

Ejecute nuevamente el comando `cargo publish`. ¡Ahora debería tener éxito!

```
$ cargo publish
    Updating crates.io index
   Packaging guessing_game v0.1.0 (file:///projects/guessing_game)
   Verifying guessing_game v0.1.0 (file:///projects/guessing_game)
   Compiling guessing_game v0.1.0
(file:///projects/guessing_game/target/package/guessing_game-0.1.0)
    Finished dev [unoptimized + debuginfo] target(s) in 0.19s
   Uploading guessing_game v0.1.0 (file:///projects/guessing_game)
```

¡Felicidades! Ahora ha compartido su código con la comunidad Rust, y cualquier persona puede añadir fácilmente su crate como una dependencia en su proyecto.

Publicación de una nueva versión de un crate existente

Cuando haya realizado cambios en su crate y esté preparado para lanzar una nueva versión, debe cambiar el valor de versión especificado en el archivo *Cargo.toml* y volver a publicarlo. Utilice las reglas de Versionado Semántico en *https://semver.org* para decidir cuál es el número de versión apropiado para la siguiente versión, basándose en el tipo de cambios que haya realizado. Luego, ejecute `cargo publish` para subir la nueva versión.

Versiones obsoletas de Crates.io con cargo yank

Aunque no puede eliminar versiones anteriores de un crate, puede evitar que futuros proyectos las añadan como una nueva dependencia. Esto es útil cuando una versión del crate está rota por alguna razón. En tales situaciones, Cargo permite eliminar una versión del crate.

Hacer *yanking (descontinuar)* a una versión evita que nuevos proyectos dependan de esa versión, mientras que permite que todos los proyectos existentes que dependen de ella continúen funcionando.

Esencialmente, un «yank» significa que todos los proyectos con un *Cargo.lock* no se romperán, y cualquier futuro *Cargo.lock* generado no utilizará la versión yanked (descontinuada).

Para descontinuar una versión de un crate, en el directorio del crate que ha publicado previamente, ejecute `cargo yank` y especifique qué versión desea descontinuar. Por ejemplo, si hemos publicado la versión 1.0.1 de un crate llamado `guessing_game` y queremos descontinuarla, en el directorio del proyecto de `guessing_game` ejecutaríamos:

```
$ cargo yank --vers 1.0.1
    Updating crates.io index
        Yank guessing_game@1.0.1
```

Al añadir `--undo` al comando, también puede revertir la descontinuación y permitir que los proyectos vuelvan a depender de una versión:

```
$ cargo yank --vers 1.0.1 --undo
    Updating crates.io index
        Unyank guessing_game@1.0.1
```

La descontinuación no elimina ningún código. No puede, por ejemplo, eliminar secretos cargados accidentalmente. Si eso sucede, debe restablecer esos secretos de inmediato.

Workspaces (espacios de trabajo) de Cargo

En el Capítulo 12, construimos un paquete que incluía un crate binario y un crate de biblioteca. A medida que se desarrolla el proyecto, es posible que encuentre que el crate de biblioteca sigue creciendo y desee dividir el paquete en múltiples crates de biblioteca adicionales. Cargo ofrece una característica llamada *workspaces (espacios de trabajo)*, que puede ayudar a gestionar varios paquetes relacionados que se desarrollan en tándem.

Creación de workspaces

Workspace es un conjunto de paquetes que comparten los mismos *Cargo.lock* y directorio de salida. Crearemos un proyecto usando un workspace, utilizando un código trivial para poder concentrarnos en la estructura del workspace. Hay varias formas de estructurar el workspace, así que mostraremos solo una forma común. Tendremos un workspace que contiene un crate binario y dos crates de biblioteca. El binario, que proporcionará la funcionalidad principal, dependerá de los dos crates de biblioteca. Uno de los crates de biblioteca proporcionará la función `add_one` y el otro crate de biblioteca proporcionará la función `add_two`. Estos tres crates formarán parte del mismo workspace. Comenzaremos creando un nuevo directorio para el workspace:

```
$ mkdir add
$ cd add
```

A continuación, en el directorio *add*, creamos el archivo *Cargo.toml* que configurará todo el workspace. Este archivo no tendrá la sección [package]. En cambio, comenzará con una sección [workspace] que nos permitirá añadir miembros al workspace especificando la ruta al paquete con nuestro crate binario; en este caso, esa ruta es *adder*:

Cargo.toml
```
[workspace]

members = [
    "adder",
]
```

A continuación, crearemos el crate binario adder ejecutando cargo new en el directorio *add*:

```
$ cargo new adder
    Created binary (application) `adder` package
```

En este punto, podemos construir el workspace ejecutando cargo build. Los archivos en su directorio *add* deben tener este aspecto:

```
├── Cargo.lock
├── Cargo.toml
├── adder
│   ├── Cargo.toml
│   └── src
│       └── main.rs
└── target
```

El workspace tiene un directorio *target* en el nivel superior donde se colocarán los artefactos compilados; el paquete adder no tiene su propio directorio *target*. Incluso si ejecutáramos cargo build desde el directorio *adder*, los artefactos compilados terminarían en *add/target* en lugar de *add/adder/target*. Cargo estructura el directorio *target* en un workspace de esta manera porque los crates en un workspace están destinados a depender entre ellos. Si cada crate tuviera su propio directorio *target*, cada crate tendría que recompilar todos los demás crates en el workspace para colocar los artefactos en su propio directorio *target*. Al compartir un único directorio *target*, los crates pueden evitar una reconstrucción innecesaria.

Creación de un segundo paquete en workspace

A continuación, vamos a crear otro paquete miembro en el workspace y lo llamaremos add_one. Cambiaremos el archivo *Cargo.toml* del nivel superior para especificar la ruta *add_one* en la lista members:

Cargo.toml
```
[workspace]

members = [
    "adder",
    "add_one",
]
```

A continuación, generamos un nuevo crate de biblioteca llamado add_one:

```
$ cargo new add_one --lib
      Created library `add_one` package
```

Ahora, su directorio *add* debería contener estos directorios y archivos:

```
├── Cargo.lock
├── Cargo.toml
├── add_one
│   ├── Cargo.toml
│   └── src
│       └── lib.rs
├── adder
│   ├── Cargo.toml
│   └── src
│       └── main.rs
└── target
```

En el archivo *add_one/src/lib.rs*, añadimos la función add_one:

add_one/
src/lib.rs
```
pub fn add_one(x: i32) -> i32 {
    x + 1
}
```

Ahora podemos hacer que el paquete adder con nuestro crate binario dependa del paquete add_one que contiene nuestra biblioteca. Primero, necesitamos añadir una dependencia de ruta en add_one al archivo *adder/Cargo.toml*:

adder/
Cargo.toml
```
[dependencies]
add_one = { path = "../add_one" }
```

Cargo no asume que los crates en un workspace dependan entre sí, por lo que debemos ser explícitos acerca de las relaciones de dependencia.

A continuación, usemos la función add_one (del crate add_one) en el crate adder. Abra el archivo *adder/src/main.rs* y añada una línea use en la parte superior para incluir el nuevo crate de biblioteca add_one en el ámbito. Luego, cambie la función main para llamar a la función add_one, como en el Listado 14-7.

adder/src/
main.rs
```
use add_one;

fn main() {
    let num = 10;
    println!(
        "Hello, world! {num} plus one is {}!",
        add_one::add_one(num)
    );
}
```

Listado 14-7: Uso del crate de biblioteca add_one desde el crate adder.

¡Vamos a construir el workspace ejecutando cargo build en el directorio *add* del nivel superior!

```
$ cargo build
   Compiling add_one v0.1.0 (file:///projects/add/add_one)
   Compiling adder v0.1.0 (file:///projects/add/adder)
    Finished dev [unoptimized + debuginfo] target(s) in 0.68s
```

Para ejecutar el crate binario desde el directorio *add*, podemos especificar qué paquete de workspace queremos ejecutar utilizando el argumento -p y el nombre del paquete con cargo run:

```
$ cargo run -p adder
    Finished dev [unoptimized + debuginfo] target(s) in 0.0s
     Running `target/debug/adder`
Hello, world! 10 plus one is 11!
```

Esto ejecuta el código en *adder/src/main.rs*, el cual depende del crate add_one.

Cuando en el workspace se depende de un paquete externo

Observe que workspace tiene solo un archivo *Cargo.lock* en el nivel superior, en lugar de tener un *Cargo.lock* en el directorio de cada crate. Esto asegura que todos los crates utilicen la misma versión de todas las dependencias. Si añadimos el paquete rand a los archivos *adder/Cargo.toml* y *add_one/Cargo.toml*, Cargo resolverá ambos a una versión de rand y lo registrará en el único *Cargo.lock*. Hacer que todos los crates en workspace utilicen las mismas dependencias significa que los crates siempre serán compatibles entre sí. Vamos a añadir el crate rand a la sección [dependencies] en el archivo *add_one/Cargo.toml* para que podamos usar el crate rand en el crate add_one:

add_one/
Cargo.toml
```
[dependencies]
rand = "0.8.5"
```

Ahora podemos añadir use rand; a *add_one/src/lib.rs*, y construir todo el workspace ejecutando cargo build en el directorio *add* traerá y compilará el crate rand. Obtendremos una advertencia porque no estamos haciendo referencia a rand, que hemos incluido en el ámbito:

```
$ cargo build
    Updating crates.io index
  Downloaded rand v0.8.5
  --snip--
   Compiling rand v0.8.5
   Compiling add_one v0.1.0 (file:///projects/add/add_one)
   Compiling adder v0.1.0 (file:///projects/add/adder)
    Finished dev [unoptimized + debuginfo] target(s) in 10.18s
```

Ahora, el archivo *Cargo.lock* del nivel superior contiene información sobre la dependencia de add_one en rand. Sin embargo, aunque rand se utiliza en algún lugar de workspace, no podemos usarlo en otros crates de workspace a menos que también añadamos rand a los archivos *Cargo.toml* de esos crates. Por ejemplo, si añadimos use rand; a *adder/src/main.rs* para el paquete adder, obtendremos un error:

```
$ cargo build
   --snip--
   Compiling adder v0.1.0 (file:///projects/add/adder)
error[E0432]: unresolved import `rand`
 --> adder/src/main.rs:2:5
  |
2 | use rand;
  |     ^^^^ no external crate `rand`
```

Para solucionar lo anterior, edite el archivo *Cargo.toml* del paquete adder e indique que rand es una dependencia también para él. Al construir el paquete adder, se añadirá rand a la lista de dependencias para adder en *Cargo.lock*, pero no se descargarán copias adicionales de rand. Cargo se ha asegurado de que cada crate en cada paquete de workspace que utiliza el paquete rand estará utilizando la misma versión, ahorrándonos espacio y garantizando que los crates en workspace sean compatibles entre sí.

Adición de pruebas a workspace

Para incorporar otra mejora, vamos a añadir una prueba de la función add_one::add_one en el crate add_one:

add_one/
src/lib.rs

```
pub fn add_one(x: i32) -> i32 {
    x + 1
}

#[cfg(test)]
mod tests {
    use super::*;

    #[test]
    fn it_works() {
        assert_eq!(3, add_one(2));
    }
}
```

Ahora ejecute cargo test en el directorio del nivel superior *add*. Ejecutar cargo test en un workspace estructurado como este ejecutará las pruebas para todos los crates de workspace:

```
$ cargo test
   Compiling add_one v0.1.0 (file:///projects/add/add_one)
   Compiling adder v0.1.0 (file:///projects/add/adder)
    Finished test [unoptimized + debuginfo] target(s) in 0.27s
     Running unittests src/lib.rs (target/debug/deps/add_one-f0253159197f7841)

running 1 test
test tests::it_works ... ok
```

```
test result: ok. 1 passed; 0 failed; 0 ignored; 0 measured; 0 filtered out;
finished in 0.00s

    Running unittests src/main.rs (target/debug/deps/adder-49979ff40686fa8e)

running 0 tests

test result: ok. 0 passed; 0 failed; 0 ignored; 0 measured; 0 filtered out;
finished in 0.00s

  Doc-tests add_one

running 0 tests

test result: ok. 0 passed; 0 failed; 0 ignored; 0 measured; 0 filtered out;
finished in 0.00s
```

La primera sección de la salida muestra que la prueba it_works en el crate add_one ha pasado. La siguiente sección muestra que se han encontrado cero pruebas en el crate adder y, a continuación, la última sección muestra que se han encontrado cero pruebas de documentación en el crate add_one.

También podemos ejecutar pruebas para un crate en particular en el workspace desde el directorio de nivel superior utilizando la bandera -p y especificando el nombre del crate que queremos probar:

```
$ cargo test -p add_one
    Finished test [unoptimized + debuginfo] target(s) in 0.00s
    Running unittests src/lib.rs (target/debug/deps/add_one-b3235fea9a156f74)

running 1 test
test tests::it_works ... ok

test result: ok. 1 passed; 0 failed; 0 ignored; 0 measured; 0 filtered out;
finished in 0.00s

  Doc-tests add_one

running 0 tests

test result: ok. 0 passed; 0 failed; 0 ignored; 0 measured; 0 filtered out;
finished in 0.00s
```

Esta salida muestra que cargo test solo ha ejecutado las pruebas del crate add_one y no se han ejecutado las pruebas del crate adder.

Si publicamos los crates de workspace en *https://crates.io*, cada crate de workspace deberá publicarse por separado. Al igual que con cargo test, podemos publicar un crate concreto en nuestro workspace utilizando el indicador -p y especificando el nombre del crate que queremos publicar.

Para practicar un poco más, ¡añada el crate add_two a este workspace de forma similar al crate add_one!

A medida que su proyecto crezca, considere el uso de un workspace: proporciona componentes individuales más pequeños y fáciles de entender que un blob (binary large object) de código. Además, mantener los crates en un workspace puede facilitar la coordinación entre crates si se cambian a menudo al mismo tiempo.

Instalación de binarios con cargo install

El comando `cargo install` permite instalar y usar crates binarios localmente. Con esto no se pretende sustituir a los paquetes del sistema, sino que sea una forma cómoda para los desarrolladores de Rust de instalar herramientas que otros han compartido en *https://crates.io.* Hay que tener en cuenta que solo se pueden instalar paquetes que tengan objetivos binarios. Un *binary target (objetivo binario)* es el programa ejecutable que se crea si el crate tiene un archivo *src/main.rs* u otro archivo especificado como binario, a diferencia de un objetivo de biblioteca que no es ejecutable por sí mismo pero es adecuado para incluirlo dentro de otros programas. Normalmente, los crates tienen información en el archivo README sobre si un crate es una biblioteca, tiene un objetivo binario, o ambos.

Todos los binarios instalados con `cargo install` se almacenan en la carpeta *bin* del directorio raíz de la instalación. Si ha instalado Rust usando *rustup.rs* y no tiene ninguna configuración personalizada, este directorio será *$HOME/.cargo/bin.* Asegúrese de que ese directorio está en su $PATH para poder ejecutar los programas que ha instalado con `cargo install`.

Por ejemplo, en el Capítulo 12 mencionamos que existe una implementación en Rust de la herramienta grep llamada ripgrep para buscar archivos. Para instalar ripgrep, podemos ejecutar lo siguiente:

```
$ cargo install ripgrep
    Updating crates.io index
  Downloaded ripgrep v13.0.0
  Downloaded 1 crate (243.3 KB) in 0.88s
  Installing ripgrep v13.0.0
   --snip--
  Compiling ripgrep v13.0.0
   Finished release [optimized + debuginfo] target(s) in 3m 10s
  Installing ~/.cargo/bin/rg
   Installed package `ripgrep v13.0.0` (executable `rg`)
```

La penúltima línea de la salida muestra la ubicación y el nombre del binario instalado, que, en el caso de `ripgrep`, es `rg`. Siempre que el directorio de instalación esté en su $PATH, como se mencionó anteriormente, puede ejecutar `rg --help` y empezar a utilizar una herramienta más rápida y más propia de Rust para buscar archivos.

Ampliación de cargo con comandos personalizados

Cargo está diseñado para que pueda ampliarlo con nuevos subcomandos sin tener que modificarlo. Si un binario de su $PATH se llama `cargo-something` (cargo-algo), puede ejecutarlo como si fuera un subcomando de Cargo ejecutando `cargo something` (cargo algo).

Los comandos personalizados como este también se listan cuando se ejecuta cargo --list. ¡La posibilidad de utilizar cargo install para instalar extensiones y luego ejecutarlas como si fueran herramientas integradas de Cargo es una ventaja muy conveniente del diseño de Cargo!

Resumen

Compartir código con Cargo y *https://crates.io* es parte de lo que hace que el ecosistema Rust sea útil para muchas tareas diferentes. La biblioteca estándar de Rust es pequeña y estable, pero los crates son fáciles de compartir, usar y mejorar en un horizonte temporal diferente al del lenguaje. No sea tímido a la hora de compartir código que le sea útil en *https://crates.io*; ¡es probable que también le sea útil a alguien más!

15

PUNTEROS INTELIGENTES

El *puntero* es un concepto general para referirse a una variable que contiene una dirección de memoria. Esta dirección se refiere o «apunta a» otros datos. En Rust, el tipo más común de puntero es la referencia, que se ha tratado en el Capítulo 4.

Las referencias se indican con el símbolo & y toman prestado el valor al que apuntan. No tienen ninguna capacidad especial aparte de referirse a datos, y no suponen ninguna sobrecarga adicional.

Por otro lado, los *punteros inteligentes* son estructuras de datos que actúan como un puntero, pero también tienen metadatos y capacidades adicionales. El concepto de punteros inteligentes no es exclusivo de Rust: los punteros inteligentes se originaron en C++ y también existen en otros lenguajes. Rust tiene una variedad de punteros inteligentes definidos en la biblioteca estándar que proporcionan funcionalidades que superan a las que ofrecen las referencias. Para explorar el concepto general, veremos un par de ejemplos diferentes de punteros inteligentes, incluido un tipo de puntero inteligente con *conteo de referencias*. Este puntero permite autorizar que los datos tengan varios propietarios al llevar un registro del número de propietarios y, cuando ya no quedan propietarios, limpiar los datos.

Rust, con su concepto de propiedad y préstamo (borrowing), presenta una diferencia adicional entre referencias y punteros inteligentes: mientras que las referencias solo toman prestados los datos, en muchos casos los punteros inteligentes son dueños de los datos a los que apuntan.

Aunque en su momento no los llamamos así, ya nos hemos encontrado con algunos punteros inteligentes en el libro, incluidos `String` y `Vec<T>`, en el Capítulo 8. Ambos se consideran punteros inteligentes porque son dueños de cierta cantidad de memoria y nos permiten manipularla. También tienen metadatos y capacidades o garantías adicionales. Por ejemplo, `String` conserva sus recursos para metadatos y tiene la capacidad adicional de garantizar que sus datos siempre serán válidos en formato UTF-8.

Los punteros inteligentes generalmente se implementan utilizando structs. A diferencia de una struct ordinaria, los punteros inteligentes implementan los traits `Deref` y `Drop`. El trail `Deref` permite que una instancia de struct del puntero inteligente se comporte como una referencia, por lo que usted puede escribir su código para trabajar con referencias o con punteros inteligentes. El trait `Drop` le permite personalizar el código que se ejecuta cuando una instancia del puntero inteligente queda fuera de ámbito. En este capítulo, discutiremos ambos traits y mostraremos por qué son importantes para los punteros inteligentes.

Dado que el patrón de puntero inteligente es un patrón de diseño general que se utiliza con frecuencia en Rust, este capítulo no tratará todos los punteros inteligentes existentes. Muchas bibliotecas tienen sus propios punteros inteligentes, e incluso usted puede escribir el suyo propio. Trataremos los punteros inteligentes más comunes de la biblioteca estándar:

- `Box<T>`, para asignar valores en heap.
- `Rc<T>`, un tipo con conteo de referencias que permite que existan varios propietarios.
- `Ref<T>` y `RefMut<T>`, se accede a través de `RefCell<T>`, un tipo que aplica las reglas de préstamo en tiempo de ejecución en lugar de en tiempo de compilación.

Además, trataremos el patrón de *mutabilidad interna* donde un tipo inmutable expone una API para mutar un valor interno. También discutiremos los ciclos de referencia: cómo pueden provocar pérdida de memoria y cómo prevenirlos.

¡Vamos a entrar en materia!

Uso de Box<T> para apuntar a los datos en heap

El puntero inteligente más sencillo es box, cuyo tipo se escribe `Box<T>`. Los *boxes* permiten almacenar datos en heap en lugar de hacerlo en stack. Lo que queda en stack es el puntero hacia los datos en heap. Consulte el Capítulo 4 para revisar la diferencia entre los almacenamientos stack y heap.

Los boxes no tienen coste de rendimiento, aparte de almacenar sus datos en heap en lugar hacerlo en stack. Pero tampoco tienen muchas capacidades adicionales. Los usará más frecuentemente en las siguientes situaciones:

- Cuando tenga un tipo cuyo tamaño no puede ser conocido en tiempo de compilación y quiera usar un valor de ese tipo en un contexto que requiera un tamaño exacto.

- Cuando tenga una gran cantidad de datos y quiera transferir la propiedad pero asegurarse de que los datos no se copiarán al hacerlo.

- Cuando quiera ser dueño de un valor y solo le importe que sea un tipo que implementa un trait particular en lugar de ser de un tipo específico.

Explicaremos la primera situación en «Habilitación de tipos recursivos con boxes», más adelante en este capítulo. En el segundo caso, transferir la propiedad de una gran cantidad de datos puede llevar mucho tiempo porque los datos se copian en stack. Para mejorar el rendimiento en esta situación, podemos almacenar esa gran cantidad de datos de heap en un box. Luego, solo se copia la pequeña cantidad de datos del puntero en stack, mientras que los datos a los que apunta permanecen en un solo lugar en heap. El tercer caso se conoce como un objeto de tipo trait, y la sección «Uso de objetos trait que permiten valores de diferentes tipos» está dedicada a ese tema. ¡Así que lo que aprenda aquí lo aplicará nuevamente en esa sección!

Uso de Box<T> para almacenar datos en heap

Antes de hablar del caso de uso del almacenamiento de heap para Box<T>, trataremos la sintaxis y cómo interactuar con los valores almacenados en Box<T>.

El Listado 15-1 muestra cómo usar box para almacenar un valor i32 en heap.

src/main.rs

```
fn main() {
    let b = Box::new(5);
    println!("b = {b}");
}
```

Listado 15-1: Almacenamiento de un valor i32 en heap usando box.

Definimos la variable b para tener el valor de Box que apunta al valor 5, que está asignado en heap. Este programa imprimirá b = 5; en este caso, podemos acceder a los datos de box de manera similar a como lo haríamos si esos datos estuvieran en stack. Al igual que cualquier valor propio, cuando box sale de ámbito, como lo hace b al final de main, se desasignará. La desasignación ocurre tanto para box (almacenado en stack) como para los datos a los que apunta (almacenados en heap).

Colocar un único valor en heap no es muy útil, por lo que no se usarán boxes solos de esta manera con mucha frecuencia. Tener valores como un único i32 en stack, donde se almacenan por defecto, es más apropiado en la mayoría de las situaciones. Veamos un caso en el que los boxes nos permiten definir tipos que no podríamos definir si no tuviéramos boxes.

Habilitación de tipos recursivos con boxes

Un valor de *tipo recursivo* puede tener otro valor del mismo tipo como parte de sí mismo. Los tipos recursivos plantean un problema porque, en tiempo de compilación, Rust necesita saber cuánto espacio ocupa un tipo. Sin embargo, el anidamiento de valores de tipos recursivos teóricamente podría continuar infinitamente, por lo que Rust no puede saber cuánto espacio necesita el valor. Debido a que los boxes tienen un tamaño conocido, podemos habilitar tipos recursivos insertando un box en la definición del tipo recursivo.

Como ejemplo de tipo recursivo, exploraremos *cons list*. Este es un tipo de dato que se encuentra habitualmente en lenguajes de programación funcionales. El tipo de cons list que definiremos es sencillo, excepto por la recursividad; por lo tanto, los conceptos con los que trabajaremos en el ejemplo serán útiles a medida que se encuentre en situaciones más complejas que involucren tipos recursivos.

Más información sobre cons list

Cons list es una estructura de datos que proviene del lenguaje de programación Lisp y sus dialectos; está compuesta por pares anidados y es la versión Lisp de lista enlazada. Su nombre procede de la función cons (abreviatura de *construct function* (función de construcción) de Lisp, que construye un nuevo par a partir de sus dos argumentos. Al llamar a cons sobre un par formado por un valor y otro par, podemos construir cons lists compuestas por pares recursivos.

Por ejemplo, aquí hay una representación en pseudocódigo de una cons list que contiene la lista 1, 2, 3, con cada par entre paréntesis:

```
(1, (2, (3, Nil)))
```

Cada ítem en una cons list contiene dos elementos: el valor del elemento actual y el siguiente elemento. El último elemento en la lista solo contiene el valor llamado Nil al que no sigue ningún elemento. Una cons list se produce llamando recursivamente a la función cons. El nombre canónico que se utiliza para denotar el caso base de la recursión es Nil. Hay que tener en cuenta que esto no es lo mismo que el concepto «null» o «nil» discutido en el Capítulo 6, que es un valor inválido o ausente.

Cons list no es una estructura de datos que se utilice frecuentemente en Rust. La mayoría de las veces, cuando se tiene una lista de elementos en Rust, es mejor utilizar Vec<T>. Otros tipos de datos recursivos más complejos son útiles en diversas situaciones, pero al comenzar con cons list en este capítulo, podemos explorar cómo los boxes nos permiten definir un tipo de dato recursivo sin muchas distracciones.

El Listado 15-2 contiene una definición de enum para una cons list. Hay que tener en cuenta que este código aún no compilará porque el tipo List no tiene un tamaño conocido, lo cual vamos a mostrar.

```
enum List {
    Cons(i32, List),
    Nil,
}
```

Listado 15-2: Primer intento de definir una enum para representar una estructura de datos const list de valores i32.

NOTA *Implementamos cons list, que contiene solo valores i32, para los fines de este ejemplo. Podríamos haberla implementado utilizando genéricos, como discutimos en el Capítulo 10, para definir un tipo de cons list que pudiera almacenar valores de cualquier tipo.*

La utilización del tipo List para almacenar la lista 1, 2, 3 se vería como el código del Listado 15-3.

```
--snip--

use crate::List::{Cons, Nil};

fn main() {
    let list = Cons(1, Cons(2, Cons(3, Nil)));
}
```

Listado 15-3: Uso de la enum List para almacenar la lista 1, 2, 3.

El primer valor Cons contiene 1 y otro valor List. Este valor List es otro valor Cons que contiene 2 y otro valor List. Este valor List es un valor Cons más que contiene 3 y un valor List, que finalmente es Nil, la variante no recursiva que señala el final de la lista.

Si intentamos compilar el código del Listado 15-3, obtendremos el error que se muestra en el Listado 15-4.

```
error[E0072]: recursive type `List` has infinite size
  --> src/main.rs:1:1
   |
1  | enum List {
   | ^^^^^^^^^ recursive type has infinite size
2  |     Cons(i32, List),
   |               ---- recursive without indirection
   |
help: insert some indirection (e.g., a `Box`, `Rc`, or `&`) to make `List`
representable
   |
2  |     Cons(i32, Box<List>),
   |               ++++    +
```

Listado 15-4: Error que obtenemos al intentar definir una enum recursiva.

El error muestra que este tipo «tiene un tamaño infinito». La razón es que hemos definido List con una variante que es recursiva: contiene directamente otro valor de sí misma. Como resultado, Rust no puede determinar cuánto espacio necesita para almacenar un valor de tipo List. Veamos por qué obtenemos este error. Primero, examinaremos cómo decide Rust cuánto espacio necesita para almacenar un valor de un tipo no recursivo.

Cálculo del tamaño de tipos no recursivos

Recuerde la enum `Message` que definimos en el Listado 6-2 cuando discutimos las definiciones de enums en el Capítulo 6:

```
enum Message {
    Quit,
    Move { x: i32, y: i32 },
    Write(String),
    ChangeColor(i32, i32, i32),
}
```

Para determinar cuánto espacio hay que asignar a un valor de tipo `Message`, Rust examina cada una de las variantes para ver cuál de ellas necesita más espacio. Rust nota que `Message::Quit` no necesita ningún espacio, `Message::Move` necesita suficiente espacio para almacenar dos valores `i32`, y así sucesivamente. Dado que solo se usará una variante, el espacio máximo que un valor de tipo `Message` necesitará es el espacio que ocuparía almacenar la variante más grande.

Lo anterior contrasta con lo que sucede cuando Rust intenta determinar cuánto espacio necesita un tipo recursivo como la enum `List` del Listado 15-2. El compilador comienza examinando la variante `Cons`, que contiene un valor de tipo `i32` y un valor de tipo `List`. Por lo tanto, `Cons` necesita una cantidad de espacio igual al tamaño de `i32` más el tamaño de `List`. Para determinar cuánta memoria necesita el tipo `List`, el compilador examina las variantes, comenzando con la variante `Cons`. La variante `Cons` contiene un valor de tipo `i32` y un valor de tipo `List`, y este proceso continúa infinitamente, como se muestra en la Figura 15-1.

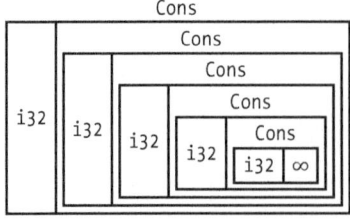

Figura 15-1: `List` infinita que consta de infinitas variantes `Cons`.

Uso de Box<T> para obtener un tipo recursivo con un tamaño conocido

Dado que Rust no puede determinar cuánto espacio asignar para tipos definidos recursivamente, el compilador muestra un error:

```
help: insert some indirection (e.g., a `Box`, `Rc`, or `&`) to make `List`
representable
  |
2 |     Cons(i32, Box<List>),
  |               ++++    +
```

En esta sugerencia, *indirection (indirección)* significa que, en lugar de almacenar un valor directamente, debemos cambiar la estructura de datos para almacenar el valor de manera indirecta almacenando un puntero al valor.

Dado que Box<T> es un puntero, Rust siempre sabe cuánto espacio necesita Box<T>: el tamaño de un puntero no cambia en función de la cantidad de datos a la que apunta. Esto significa que podemos colocar directamente Box<T> dentro de la variante Cons en lugar de otro valor List. Box<T> apuntará al siguiente valor de List, que estará en heap en lugar de estar en la variante Cons. Conceptualmente, todavía tenemos una lista, creada con listas que contienen otras listas, pero esta implementación ahora se parece más a colocar los elementos uno al lado del otro en lugar de uno dentro del otro.

Podemos cambiar la definición de la enum List del Listado 15-2 y el uso de List del Listado 15-3 al código del Listado 15-5, que compilará.

src/main.rs

```rust
enum List {
    Cons(i32, Box<List>),
    Nil,
}

use crate::List::{Cons, Nil};

fn main() {
    let list = Cons(
        1,
        Box::new(Cons(
            2,
            Box::new(Cons(
                3,
                Box::new(Nil)
            ))
        ))
    );
}
```

Listado 15-5: Definición de List que utiliza Box<T> para tener un tamaño conocido.

La variante Cons necesita el tamaño de i32 más el espacio para almacenar los datos del puntero de box. La variante Nil no almacena valores, por lo que necesita menos espacio que la variante Cons. Ahora sabemos que cualquier valor de tipo List ocupará el tamaño de i32 más el tamaño de los datos del puntero de box. Al utilizar box, hemos roto la cadena infinita y recursiva, por lo que el compilador puede determinar el tamaño que necesita para almacenar un valor de tipo List. La Figura 15-2 muestra cómo se ve ahora la variante Cons.

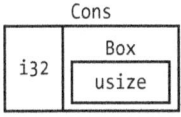

Figura 15-2: List que no tiene un tamaño infinito, porque Cons contiene a Box.

Los boxes proporcionan solo la indirección y la asignación en heap; no tienen ninguna otra capacidad especial, como las que veremos en los otros tipos de punteros inteligentes. Tampoco tienen el coste de rendimiento que estas capacidades especiales conllevan, por lo que pueden ser útiles en casos como el de cons list, donde la indirección es la única característica que necesitamos. Veremos más casos de uso de boxes en el Capítulo 17.

El puntero de tipo Box<T> es un puntero inteligente porque implementa el trait Deref, lo que permite que los valores de Box<T> se traten como referencias. Cuando un valor de Box<T> sale de ámbito, los datos en heap a los que apunta box también se limpian, debido a la implementación del trait Drop. Estos dos traits serán aún más importantes para la funcionalidad proporcionada por los otros tipos de punteros inteligentes que discutiremos en el resto de este capítulo. Vamos a explorar estos dos traits con más detalle.

Tratamiento de los punteros inteligentes como referencias regulares con Deref

Implementar el trait Deref permite personalizar el comportamiento del *dereference operator* * (*operador de desreferenciación*, que no debe confundirse con el operador de multiplicación o el operador glob). Al implementar Deref de tal manera que un puntero inteligente pueda tratarse como una referencia regular, se puede escribir código que opere sobre referencias y utilizar ese código también con punteros inteligentes.

Primero, veamos cómo funciona el operador de desreferenciación con referencias regulares. Luego, intentaremos definir un tipo personalizado que se comporte como Box<T>, y veremos por qué el operador de desreferenciación no funciona como una referencia en nuestro tipo recién definido. Exploraremos cómo la implementación del trait Deref permite que los punteros inteligentes funcionen de manera similar a las referencias. Luego, analizaremos la característica de *coerción de desreferenciación* de Rust y cómo nos permite trabajar tanto con referencias como con punteros inteligentes.

> **NOTA** *Hay una gran diferencia entre el tipo MyBox<T> que estamos a punto de construir y el verdadero Box<T>: nuestra versión no almacenará sus datos en heap. Estamos centrando este ejemplo en Deref, por lo que dónde se almacenan realmente los datos es menos importante que el comportamiento similar al de un puntero.*

Seguimiento del puntero hasta el valor

Una referencia regular es un tipo de puntero, como una flecha que apunta a un valor almacenado en otro lugar. En el Listado 15-6, creamos una referencia a un valor i32 y, luego, utilizamos el operador de desreferenciación para seguir la referencia hasta el valor.

src/main.rs

```
fn main() {
    ❶ let x = 5;
    ❷ let y = &x;
```

```
❸ assert_eq!(5, x);
❹ assert_eq!(5, *y);
}
```

Listado 15-6: Uso del operador de desreferenciación para seguir una referencia a un valor i32.

La variable x contiene el valor 5 de i32 ❶. Establecemos y igual a una referencia a x ❷. Podemos afirmar que x es igual a 5 ❸. Sin embargo, si queremos hacer una afirmación sobre el valor en y, tenemos que usar *y para seguir la referencia al valor al que está apuntando (por lo tanto, *desreferenciar*), así el compilador puede comparar el valor real ❹. Una vez que desreferenciamos y, tenemos acceso al valor del entero al que está apuntando y podemos compararlo con 5.

Si intentáramos escribir assert_eq!(5, y); en su lugar, obtendríamos este error de compilación:

```
error[E0277]: can't compare `{integer}` with `&{integer}`
 --> src/main.rs:6:5
  |
6 |     assert_eq!(5, y);
  |     ^^^^^^^^^^^^^^^^^ no implementation for `{integer} ==
&{integer}`
  |
  = help: the trait `PartialEq<&{integer}>` is not implemented
for `{integer}`
```

Comparar un número y una referencia con un número no está permitido porque son tipos diferentes. Debemos usar el operador de desreferenciación para seguir la referencia hasta el valor al que está apuntando.

Uso de Box<T> como una referencia

Podemos reescribir el código del Listado 15-6 para usar Box<T> en lugar de una referencia; el operador de desreferenciación utilizado en Box<T> del Listado 15-7 funciona de la misma manera que el operador de desreferenciación utilizado en la referencia del Listado 15-6.

src/main.rs

```
fn main() {
    let x = 5;
❶   let y = Box::new(x);

    assert_eq!(5, x);
❷   assert_eq!(5, *y);
}
```

Listado 15-7: Uso del operador de desreferenciación en Box<i32>.

La principal diferencia entre el Listado 15-7 y el Listado 15-6 es que aquí establecemos que y sea una instancia de un box que apunta a una copia del valor de x, en lugar de una referencia que apunte al valor de x ❶. En la última afirmación ❷, podemos utilizar el operador de desreferenciación para seguir el puntero de box igual que lo hicimos cuando y era una referencia. A continuación, exploraremos qué es lo especial acerca de Box<T> que nos permite usar el operador de desreferenciación al definir nuestro propio tipo de box.

Definición de nuestro propio puntero inteligente

Vamos a construir un puntero inteligente similar al tipo Box<T> proporcionado por la biblioteca estándar para experimentar cómo se comportan de forma diferente a las referencias por defecto. Luego, veremos cómo añadir la capacidad de usar el operador de desreferenciación.

El tipo Box<T> se define en última instancia como una struct de tupla con un elemento, así que en el Listado 15-8 se define un tipo MyBox<T> de la misma manera. También definiremos la función new para coincidir con la función new definida en Box<T>.

src/main.rs

```
struct MyBox<T>(T); ❶

impl<T> MyBox<T> {
  ❷ fn new(x: T) -> MyBox<T> {
      ❸ MyBox(x)
    }
}
```

Listado 15-8: Definición del tipo MyBox<T>.

Definimos una struct llamada MyBox y declaramos un parámetro genérico T ❶ porque queremos que nuestro tipo contenga valores de cualquier tipo. El tipo MyBox es una struct de tupla con un elemento de tipo T. La función MyBox::new toma un parámetro de tipo T ❷ y devuelve una instancia de MyBox que contiene el valor pasado ❸.

Vamos a intentar añadir la función main del Listado 15-7 al Listado 15-8 y cambiarla para usar el tipo MyBox<T> definido en lugar de Box<T>. El código en el Listado 15-9 no compilará porque Rust no sabe cómo desreferenciar MyBox.

src/main.rs

```
fn main() {
    let x = 5;
    let y = MyBox::new(x);

    assert_eq!(5, x);
    assert_eq!(5, *y);
}
```

Listado 15-9: Intento de utilizar MyBox<T> de la misma manera que Box<T>.

Aquí está el error de compilación resultante:

```
error[E0614]: type `MyBox<{integer}>` cannot be dereferenced
  --> src/main.rs:14:19
   |
14 |      assert_eq!(5, *y);
   |                    ^^
```

Nuestro tipo MyBox<T> no puede ser desreferenciado porque no hemos implementado esa capacidad en nuestro tipo. Para habilitar la desreferenciación con el operador *, implementamos el trait Deref.

Implementación del trait Deref

Como se explica en «Implementación de un trait en un tipo», para implementar un trait, necesitamos proporcionar implementaciones para los métodos requeridos por el trait. El trait Deref, proporcionado por la biblioteca estándar, requiere que implementemos un método llamado deref que toma prestado self y devuelve una referencia a los datos internos. El Listado 15-10 contiene la implementación de Deref para añadir a la definición de MyBox<T>.

src/main.rs

```
use std::ops::Deref;

impl<T> Deref for MyBox<T> {
  ❶ type Target = T;

    fn deref(&self) -> &Self::Target {
      ❷ &self.0
    }
}
```

Listado 15-10: Implementación de Deref en MyBox<T>.

La sintaxis type Target = T; ❶ define un tipo asociado para que lo use el trait Deref. Los tipos asociados son una forma ligeramente diferente de declarar un parámetro genérico, pero no necesita preocuparse por ellos ahora; los trataremos con más detalle en el Capítulo 19.

Rellenamos el cuerpo del método deref con &self.0, de modo que deref devuelva una referencia al valor al que queremos acceder con el operador * ❷; recuerde que .0 accede al primer valor en una struct de tupla, como mencionamos en «Uso de structs de tupla que no tienen nombres asociados a sus campos para crear diferentes tipos». La función main del Listado 15-9 que llama a * sobre el valor MyBox<T> ahora compila, ¡y las aserciones pasan!

Sin trait Deref, el compilador solo puede desreferenciar referencias &. El método deref le da al compilador la capacidad de tomar un valor de cualquier tipo que implemente Deref y llamar al método deref para obtener una referencia & que sabe cómo desreferenciar.

Cuando introdujimos *y en el Listado 15-9, en realidad Rust ejecutó este código en segundo plano:

```
*(y.deref())
```

Rust sustituye al operador * por una llamada al método deref y, luego, una desreferenciación simple, por lo que no tenemos que pensar en si necesitamos o no llamar al método deref. Esta característica de Rust nos permite escribir código que funciona de manera idéntica, tanto si tenemos una referencia regular como si tenemos un tipo que implemente Deref.

La razón por la cual el método deref devuelve una referencia a un valor y por qué la desreferenciación simple fuera de los paréntesis en *(y. deref()) todavía es necesaria tiene que ver con el sistema de propiedad. Si el método deref devolviera el valor directamente en lugar de una referencia al valor, el valor se movería fuera de self. No queremos tomar posesión del valor interno de MyBox<T> en este caso, ni en la mayoría de los casos en los que usamos el operador de desreferenciación.

Observe que el operador * se reemplaza con una llamada al método deref y, luego, una llamada al operador * solo una vez, cada vez que usamos * en el código. Debido a que la sustitución del operador * no se realiza de forma recursiva infinitamente, terminamos con datos de tipo i32, que coincide con el 5 en assert_eq! del Listado 15-9.

Coerciones deref implícitas con funciones y métodos

La *coercion deref* convierte una referencia a un tipo que implementa el trait Deref en una referencia a otro tipo. Por ejemplo, la coerción deref puede convertir &String a &str porque String implementa el trait Deref de tal manera que devuelve &str. La coerción deref es una conveniencia que Rust realiza en los argumentos de funciones y métodos, y solo funciona en tipos que implementan el trait Deref. Esto ocurre automáticamente cuando pasamos una referencia al valor de un tipo particular como argumento a una función o método que no coincide con el tipo de parámetro en la definición de la función o método. Una secuencia de llamadas al método deref convierte el tipo que proporcionamos en el tipo que necesita el parámetro.

La coerción deref se añadió a Rust para que los programadores que escriben llamadas a funciones y métodos no tengan que añadir tantas referencias y desreferencias explícitas con & y *. La función de coerción deref también nos permite escribir más código que pueda funcionar tanto para referencias como para punteros inteligentes.

Para ver la coerción deref en acción, vamos a utilizar el tipo MyBox<T> que definimos en el Listado 15-8, así como la implementación de Deref que agregamos al Listado 15-10. El Listado 15-11 muestra la definición de una función que tiene un parámetro string slice (rebanada de cadena).

src/main.rs

```
fn hello(name: &str) {
    println!("Hello, {name}!");
}
```

Listado 15-11: Función hello con el parámetro name del tipo &str.

Podemos llamar a la función hello con una string slice como argumento, por ejemplo, hello("Rust");. La coerción deref hace posible llamar a hello con una referencia a un valor de tipo MyBox<String>, como se muestra en el Listado 15-12.

src/main.rs

```
fn main() {
    let m = MyBox::new(String::from("Rust"));
    hello(&m);
}
```

Listado 15-12: Llamada a hello con una referencia a un valor del tipo MyBox<String>, lo cual funciona gracias a la coerción deref.

Aquí llamamos a la función hello con el argumento &m, que es una referencia a un valor MyBox<String>. Debido a que implementamos el trait Deref en MyBox<T> en el Listado 15-10, Rust puede convertir &MyBox<String> en &String llamando a deref. La biblioteca estándar proporciona una implementación de Deref en String que devuelve una string slice, y esto está en la documentación de la API de Deref. Rust llama a deref nuevamente para convertir &String en &str, que coincide con la definición de la función hello.

Si Rust no implementara la coerción deref, tendríamos que escribir el código del Listado 15-13 en lugar del código del Listado 15-12 para llamar a hello con un valor de tipo &MyBox<String>.

src/main.rs

```
fn main() {
    let m = MyBox::new(String::from("Rust"));
    hello(&(*m)[..]);
}
```

Listado 15-13: Código que tendríamos que escribir si Rust no tuviera la coerción deref.

(*m) desreferencia MyBox<String> en String. Luego, & y [..] toman una string slice de String que es igual a toda la cadena para que coincida con la firma de hello. Este código sin las coerciones de deref es más difícil de leer, escribir y entender debido a los símbolos involucrados. La coerción deref permite que Rust gestione estas conversiones automáticamente en lugar de tener que hacerlo nosotros.

Cuando el trait Deref está definido para los tipos involucrados, Rust analizará los tipos y usará Deref::deref tantas veces como sea necesario para obtener una referencia que coincida con el tipo del parámetro. La cantidad de veces que se necesite insertar Deref::deref se resuelve en tiempo de compilación, ¡así que no hay una penalización en tiempo de ejecución por aprovechar la coerción de deref!

Cómo interactúa la coerción deref con la mutabilidad

De forma similar a como se usa el trait Deref para anular el operador * en referencias inmutables, se puede usar el trait DerefMut para anular el operador * en referencias mutables.

Rust realiza la coerción deref cuando encuentra tipos e implementaciones de traits en tres casos:

1. De &T a &U cuando T: Deref<Target=U>
2. De &mut T a &mut U cuando T: DerefMut<Target=U>
3. De &mut T a &U cuando T: Deref<Target=U>

Los dos primeros casos son iguales, excepto que el segundo implementa la mutabilidad. El primer caso establece que si se tiene &T, y T implementa Deref para algún tipo U, se puede obtener un &U de manera transparente. El segundo caso establece que ocurre la misma coerción deref para referencias mutables.

El tercer caso es más complejo: Rust también coerciona una referencia mutable a una inmutable. Sin embargo, lo inverso no es posible: las referencias inmutables nunca se podrán coercionar a referencias mutables. Debido a las reglas de préstamo (borrowing rules), si se tiene una referencia mutable, esa referencia mutable debe ser la única referencia a esos datos (de lo contrario, el programa no compilaría). Convertir una referencia mutable en una referencia inmutable nunca romperá las reglas de préstamo. Convertir una referencia inmutable en una mutable requeriría que la referencia inmutable inicial fuera la única referencia inmutable a esos datos, pero las reglas de préstamo no garantizan eso. Por lo tanto, Rust no puede asumir que convertir una referencia inmutable en una mutable sea posible.

Ejecución de código durante la limpieza con el trait Drop

El segundo trait importante para el patrón de punteros inteligentes es Drop, que permite personalizar lo que sucede cuando un valor está a punto de quedar fuera de ámbito. Se puede proporcionar una implementación para el trait Drop en cualquier tipo, y ese código se puede usar para liberar recursos como archivos o conexiones de red.

Presentamos el trait Drop en el contexto de los punteros inteligentes porque la funcionalidad del trait Drop se utiliza casi siempre al implementar un puntero inteligente. Por ejemplo, cuando se descarta Box<T>, se desasignará el espacio en heap al que apunta box.

En algunos lenguajes, para ciertos tipos, el programador debe llamar al código para liberar memoria o recursos cada vez que estos terminan de usar una instancia de esos tipos. Algunos ejemplos son los manejadores de archivos, los sockets y los bloqueos. Si olvidan hacerlo, el sistema podría sobrecargarse y colapsar. En Rust, se puede especificar que un fragmento particular de código se ejecute siempre que un valor quede fuera de ámbito, y el compilador insertará este código automáticamente. Como resultado, no se necesita ser meticuloso acerca de colocar código de limpieza en todo lugar en un programa donde una instancia de un tipo particular haya finalizado su uso. ¡Aun así, no se perderán recursos!

Usted especifica el código que se ejecutará cuando un valor quede fuera de ámbito al implementar el trait Drop. El trait Drop requiere que se implemente un método llamado drop que tome una referencia mutable a self. Para ver cuándo Rust llama a drop, vamos, por ahora, a implementar drop con declaraciones println!.

El Listado 15-14 muestra la struct CustomSmartPointer, cuya única funcionalidad personalizada es imprimir Dropping CustomSmartPointer! cuando la instancia salga de ámbito, para mostrar cuándo Rust ejecuta el método drop.

src/main.rs

```
struct CustomSmartPointer {
    data: String,
}

❶ impl Drop for CustomSmartPointer {
```

```
      fn drop(&mut self) {
    ❷ println!(
            "Dropping CustomSmartPointer with data `{}`!",
            self.data
        );
    }
}

fn main() {
    ❸ let c = CustomSmartPointer {ui8
        data: String::from("my stuff"),
    };
    ❹ let d = CustomSmartPointer {
        data: String::from("other stuff"),
    };
    ❺ println!("CustomSmartPointers created.");
❻ }
```

Listado 15-14: Struct CustomSmartPointer, que implementa el trait Drop en el sitio en el que pondríamos nuestro código de limpieza.

El trait Drop está incluido en el preludio, por lo que no necesitamos traerlo al ámbito. Implementamos el trait Drop en CustomSmartPointer ❶ y proporcionamos una implementación para el método drop que llama a println! ❷. El cuerpo del método drop es donde se colocará cualquier lógica que usted quiera ejecutar cuando una instancia de su tipo (de usted) quede fuera de ámbito. Imprimimos aquí un texto para demostrar visualmente cuándo Rust llamará a drop.

En main, creamos dos instancias de CustomSmartPointer en ❸ y ❹, y luego imprimimos CustomSmartPointers created ❺. Al finalizar main ❻, nuestras instancias de CustomSmartPointer quedarán fuera de ámbito, y Rust llamará al código que colocamos en el método drop ❷, e imprimirá nuestro mensaje final. Cabe destacar que no ha sido necesario llamar explícitamente al método drop.

Cuando ejecutemos este programa, veremos la siguiente salida:

```
CustomSmartPointers created.
Dropping CustomSmartPointer with data `other stuff`!
Dropping CustomSmartPointer with data `my stuff`!
```

Rust ha llamado automáticamente al método drop cuando nuestras instancias quedaron fuera de ámbito, llamando al código que especificamos. Las variables se eliminan en el orden inverso a su creación, por lo que d se ha eliminado antes que c. El propósito de este ejemplo es proporcionar una guía visual sobre cómo funciona el método drop; normalmente, se especificaría el código de limpieza que su tipo (de usted) necesita ejecutar en lugar de un mensaje de impresión.

Lamentablemente, no es sencillo deshabilitar la funcionalidad de drop automático. Por lo general, no es necesario desactivar la función drop, ya que el trait Drop se encarga de ello automáticamente. Sin embargo, ocasionalmente puede que quiera limpiar un valor antes de tiempo. Un ejemplo es cuando se utilizan punteros inteligentes que gestionan bloqueos: es posible que desee forzar el método drop que libera el bloqueo para que otro código en el mismo ámbito pueda adquirirlo. Rust no permite llamar manualmente al método `drop` del trait `Drop`; en su lugar, debe llamar a la función `std::mem::drop` que proporciona la biblioteca estándar si desea forzar que un valor se elimine antes de que termine su ámbito.

Si intentamos llamar manualmente al método `drop` del trait `Drop` modificando la función `main` del Listado 15-14, como se muestra en el Listado 15-15, obtendremos un error del compilador.

src/main.rs

```
fn main() {
    let c = CustomSmartPointer {
        data: String::from("some data"),
    };
    println!("CustomSmartPointer created.");
    c.drop();
    println!(
        "CustomSmartPointer dropped before the end of main."
    );
}
```

Listado 15-15: *Intento de llamar manualmente al método drop del trait Drop para realizar una limpieza antes de tiempo.*

Cuando intentemos compilar este código, obtendremos este error:

```
error[E0040]: explicit use of destructor method
  --> src/main.rs:16:7
   |
16 |     c.drop();
   |     --^^^^--
   |     | |
   |     | explicit destructor calls not allowed
   |     help: consider using `drop` function: `drop(c)`
```

Este mensaje de error indica que no se nos permite llamar explícitamente a `drop`. El mensaje de error utiliza el término *destructor*, que es el término de programación general para una función que realiza la limpieza de una instancia. El destructor es análogo al *constructor*, que crea una instancia. La función `drop` en Rust es un destructor específico.

Rust no permite llamar explícitamente a `drop` porque Rust seguiría llamando automáticamente a `drop` sobre el valor al final de `main`. Esto causaría un error de *doble liberación* (*double free*), ya que Rust estaría intentando limpiar el mismo valor dos veces.

No podemos desactivar la inserción automática de `drop` cuando un valor sale de su ámbito, y tampoco podemos llamar explícitamente al método `drop`. Entonces, si necesitamos forzar que un valor se limpie antes de tiempo, utilizamos la función `std::mem::drop`.

La función `std::mem::drop` es diferente al método `drop` del trait `Drop`. La llamamos pasando como argumento el valor que queremos forzar a liberar. La función está en el preludio, por lo que podemos modificar `main` en el Listado 15-15 para llamar a la función `drop`, como se muestra en el Listado 15-16.

```
fn main() {
    let c = CustomSmartPointer {
        data: String::from("some data"),
    };
    println!("CustomSmartPointer created.");
    drop(c);
    println!(
        "CustomSmartPointer dropped before the end of main."
    );
}
```

Listado 15-16: Llamada a std::mem::drop *para liberar explícitamente un valor antes de que salga de su ámbito.*

La ejecución de este código imprimirá lo siguiente:

```
CustomSmartPointer created.
Dropping CustomSmartPointer with data `some data`!
CustomSmartPointer dropped before the end of main.
```

El texto Dropping CustomSmartPointer with data `some data`! se imprime entre CustomSmartPointer created. y CustomSmartPointer dropped before the end of main., mostrando que se llama al código del método drop para liberar c en ese punto.

Se puede usar el código especificado en una implementación del trait Drop de muchas formas para hacer que la limpieza sea conveniente y segura: por ejemplo, ¡podría usarlo para crear su propio asignador de memoria! Con el trait Drop y el sistema de propiedad de Rust, no tiene que recordar hacer limpieza porque Rust lo hace automáticamente.

Tampoco tiene que preocuparse por problemas que sean el resultado de la limpieza accidental de valores aún en uso: el sistema de propiedad, que se asegura de que las referencias siempre sean válidas, también garantiza que se llame a drop solo una vez cuando el valor ya no se utilice.

Ahora que hemos examinado Box<T> y algunas de las características de los punteros inteligentes, echemos un vistazo a otros punteros inteligentes definidos en la biblioteca estándar.

Rc<T>, el puntero inteligente con recuento de referencias

En la mayoría de los casos, la propiedad es clara: usted sabe exactamente qué variable es dueña de un valor dado. Sin embargo, hay casos en los que un solo valor puede tener varios propietarios. Por ejemplo, en estructuras de datos de grafos, varias aristas pueden apuntar al mismo nodo, y ese nodo es conceptualmente propiedad de todas las aristas que apuntan a él. Un nodo no se debería limpiar a menos que no tenga aristas que apunten a él y, por lo tanto, no tenga propietarios.

Debe habilitar la propiedad múltiple explícitamente utilizando el tipo de Rust Rc<T>, que es una abreviatura de *reference counting* (recuento de referencias). El tipo Rc<T> lleva un registro del número de referencias a un valor para determinar si el valor aún está en uso o no. Si no hay referencias al valor, el valor se puede limpiar sin que ninguna referencia se vuelva inválida.

Imagine que Rc<T> es como un televisor (TV) en una sala de estar familiar. Cuando una persona entra a ver la TV, la enciende. Otras personas pueden entrar a la sala y ver la TV. Cuando la última persona sale de la sala, apaga la TV porque ya no se está usando. ¡Si alguien apagara la TV mientras otros todavía la están viendo, habría una protesta por parte de los espectadores restantes!

Utilizamos el tipo Rc<T> cuando queremos asignar datos en heap para que varias partes de nuestro programa puedan leerlos, y no podemos determinar en tiempo de compilación qué parte terminará de usar los datos en último lugar. Si supiéramos qué parte terminaría de usarlos en último lugar, podríamos simplemente hacer que esa parte fuera la dueña de los datos, y las reglas normales de propiedad impuestas en tiempo de compilación surtirían efecto.

Cabe destacar que Rc<T> solo se utiliza en escenarios de un solo hilo (single-threaded). Cuando discutamos la concurrencia en el Capítulo 16, explicaremos cómo hacer recuento de referencias en programas con múltiples hilos.

Uso de Rc<T> para compartir datos

Volvamos a nuestro ejemplo de cons list en el Listado 15-5. Recordemos que la definimos usando Box<T>. Esta vez, crearemos dos listas que comparten la propiedad de una tercera lista. Conceptualmente, esto se parece a la Figura 15-3.

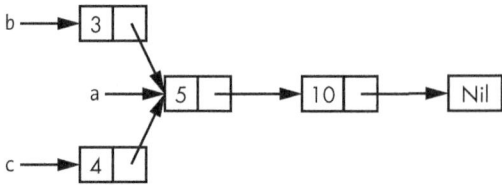

Figura 15-3: Dos listas, b y c, comparten la propiedad de una tercera lista, a.

Crearemos una lista a que contiene 5 y luego 10. A continuación, crearemos otras dos listas: b, que comienza con 3, y c, que comienza con 4. Tanto b como c continuarán después con la primera lista a que contiene 5 y 10. En otras palabras, ambas listas compartirán la primera lista que contiene 5 y 10.

Intentar implementar este escenario utilizando nuestra definición de List con Box<T> no funcionará, como se muestra en el Listado 15-17.

src/main.rs
```
enum List {
    Cons(i32, Box<List>),
    Nil,
}

use crate::List::{Cons, Nil};

fn main() {
    let a = Cons(5, Box::new(Cons(10, Box::new(Nil))));
❶ let b = Cons(3, Box::new(a));
```

```
❷ let c = Cons(4, Box::new(a));
}
```

Listado 15-17: Demostración de que no se nos permite tener dos listas que usen Box<T> y que intenten compartir la propiedad de una tercera lista.

Cuando compilamos este código, obtenemos el siguiente error:

```
error[E0382]: use of moved value: `a`
  --> src/main.rs:11:30
   |
9  |     let a = Cons(5, Box::new(Cons(10, Box::new(Nil))));
   |         - move occurs because `a` has type `List`, which
does not implement the `Copy` trait
10 |     let b = Cons(3, Box::new(a));
   |                               - value moved here
11 |     let c = Cons(4, Box::new(a));
   |                               ^ value used here after move
```

Las variantes de Cons son propietarias de los datos que contienen, por lo que cuando creamos la lista b ❶, a se traslada a b y b posee a. Luego, cuando intentamos usar a nuevamente al crear c ❷, no se nos permite hacerlo porque a se ha movido.

Podríamos cambiar la definición de Cons para que, en cambio, contenga referencias, pero entonces tendríamos que especificar parámetros de tiempo de vida (lifetime parameters). Al especificar parámetros de tiempo de vida, estaríamos indicando que cada elemento de la lista vivirá al menos tanto como toda la lista. Esto es cierto para los elementos y listas en el Listado 15-17, pero no en todos los escenarios.

En cambio, modificaremos nuestra definición de List para usar Rc<T> en lugar de Box<T>, como se muestra en el Listado 15-18. Cada variante de Cons ahora contendrá un valor y un Rc<T> que apunta a List. Cuando creemos b, en lugar de tomar posesión de a, clonaremos Rc<List> que contiene a, aumentando así el número de referencias de uno a dos y permitiendo que a y b compartan la propiedad de los datos en ese Rc<List>. También clonaremos a al crear c, aumentando el número de referencias de dos a tres. Cada vez que llamemos a Rc::clone, el número de referencias a los datos en Rc<List> aumentará, y los datos no se limpiarán a menos que no haya ninguna referencia a ellos.

src/main.rs

```
enum List {
    Cons(i32, Rc<List>),
    Nil,
}

use crate::List::{Cons, Nil};
❶ use std::rc::Rc;

fn main() {
❷ let a = Rc::new(Cons(5, Rc::new(Cons(10, Rc::new(Nil)))));
❸ let b = Cons(3, Rc::clone(&a));
❹ let c = Cons(4, Rc::clone(&a));
}
```

Listado 15-18: Definición de List que usa Rc<T>.

Necesitamos añadir la sentencia use para llevar Rc<T> al ámbito ❶ porque no está en el preludio. En main, creamos la lista que contiene 5 y 10 y la almacenamos en un nuevo Rc<List> en a ❷. Luego, al crear b ❸ y c ❹, llamamos a la función Rc::clone y pasamos una referencia a Rc<List> en a como argumento.

Podríamos haber llamado a a.clone() en lugar de Rc::clone(&a), pero la convención en Rust es usar Rc::clone en este caso. La implementación de Rc::clone no realiza una copia profunda de todos los datos como lo hacen las implementaciones de clone de la mayoría de los tipos. La llamada a Rc::clone solo incrementa el recuento de referencias, lo que no lleva mucho tiempo. Las copias profundas de datos pueden llevar mucho tiempo. Al usar Rc::clone para el conteo de referencias, podemos distinguir visualmente entre los tipos de clonaciones que son copias profundas y los tipos de clonaciones que incrementan el recuento de referencias. Al buscar problemas de rendimiento en el código, solo necesitamos considerar las clonaciones de copia profunda y podemos pasar por alto las llamadas a Rc::clone.

La clonación de Rc<T> aumenta el recuento de referencias

Vamos a cambiar nuestro ejemplo de trabajo del Listado 15-18 para que podamos ver cómo cambian los recuentos de referencias de Rc<List> en a al crear y eliminar referencias.

En el Listado 15-19, cambiaremos la función main para que tenga un ámbito interno que encierre la lista c; de esta manera, podremos observar cómo cambia el recuento de referencias cuando c sale de ámbito.

src/main.rs

```
--snip--

fn main() {
    let a = Rc::new(Cons(5, Rc::new(Cons(10, Rc::new(Nil)))));
    println!(
        "count after creating a = {}",
        Rc::strong_count(&a)
    );
    let b = Cons(3, Rc::clone(&a));
    println!(
        "count after creating b = {}",
        Rc::strong_count(&a)
    );
    {
        let c = Cons(4, Rc::clone(&a));
        println!(
            "count after creating c = {}",
            Rc::strong_count(&a)
        );
    }
    println!(
        "count after c goes out of scope = {}",
        Rc::strong_count(&a)
    );
}
```

Listado 15-19: Impresión del recuento de referencias.

En cada punto del programa donde cambia el recuento de referencias, imprimimos el recuento de las mismas, que obtenemos llamando a la función `Rc::strong_count`. Esta función se llama `strong_count` en lugar de `count` porque el tipo `Rc<T>` también tiene un `weak_count`; veremos para qué se utiliza `weak_count`; en la sección «Prevención de ciclos de referencia mediante Weak<T>».

Este código imprime lo siguiente:

```
count after creating a = 1
count after creating b = 2
count after creating c = 3
count after c goes out of scope = 2
```

Podemos ver que `Rc<List>` en a tiene un recuento de referencias inicial de 1; luego, cada vez que llamamos a `clone`, el recuento aumenta en 1. Cuando c sale de ámbito, el recuento disminuye en 1. No es necesario llamar a una función para disminuir el recuento de referencias como cuando es necesario llamar a `Rc::clone` para aumentar el recuento de referencias: la implementación del trait `Drop` disminuye automáticamente el recuento de referencias cuando un valor de `Rc<T>` sale de ámbito.

Lo que no podemos ver en este ejemplo es que cuando b —y luego a— salen de ámbito al final de `main`, el recuento es entonces 0, y `Rc<List>` se elimina por completo. El uso de `Rc<T>` permite que un solo valor tenga múltiples propietarios, y el recuento asegura que el valor siga siendo válido mientras exista al menos uno de los propietarios.

A través de referencias inmutables, `Rc<T>` permite compartir datos entre varias partes del programa solo para lectura. Si `Rc<T>` también permitiera tener múltiples referencias mutables, se podría violar una de las reglas de préstamo discutidas en el Capítulo 4: múltiples préstamos mutables al mismo sitio pueden causar carreras de datos e inconsistencias. ¡Pero poder mutar datos es muy útil! En la próxima sección, discutiremos el patrón de mutabilidad interna y el tipo `RefCell<T>` que se puede usar en conjunto con `Rc<T>` para trabajar con esta restricción de inmutabilidad.

RefCell<T> y el patrón de mutabilidad interna

La *mutabilidad interna* es un patrón de diseño en Rust que permite mutar datos incluso cuando existen referencias inmutables a esos datos; normalmente, esta acción está prohibida por las reglas de préstamo. Para mutar datos, el patrón utiliza código `unsafe` (no seguro) dentro de una estructura de datos para flexibilizar las reglas habituales de Rust que gobiernan la mutación y el préstamo. El código no seguro le indica al compilador que estamos verificando las reglas manualmente en lugar de confiar en que el compilador las verifique por nosotros; discutiremos con más detalle el código no seguro en el Capítulo 19.

Podemos usar tipos que utilizan el patrón de mutabilidad interna solo cuando podemos asegurar que las reglas de préstamo se seguirán en tiempo de ejecución, aunque el compilador no pueda garantizarlo.

El código no seguro involucrado se envuelve entonces en una API segura, y el tipo externo sigue siendo inmutable.

Vamos a explorar este concepto observando el tipo `RefCell<T>` que sigue el patrón de mutabilidad interna.

Imposición de las reglas de préstamo en tiempo de ejecución con RefCell<T>

A diferencia de `Rc<T>`, el tipo `RefCell<T>` representa la propiedad única sobre los datos que contiene. Entonces, ¿qué hace que `RefCell<T>` sea diferente de un tipo como `Box<T>`? Recuerde las reglas de préstamo que aprendió en el Capítulo 4:

- En cualquier momento dado, se puede tener una referencia mutable o cualquier cantidad de referencias inmutables (pero no ambas).
- Las referencias siempre deben ser válidas.

Con las referencias y `Box<T>`, las invariantes de las reglas de préstamo se aplican en tiempo de compilación. Con `RefCell<T>`, estas invariantes se aplican *en tiempo de ejecución (at runtime)*. Con las referencias, si se rompen estas reglas, se obtendrá un error del compilador. Con `RefCell<T>`, si se rompen estas reglas, el programa entrará en pánico y se cerrará.

Las ventajas de verificar las reglas de préstamo en tiempo de compilación son que los errores se detectarán antes en el proceso de desarrollo y no hay impacto en el rendimiento en tiempo de ejecución porque todo el análisis se completa de antemano. Por estas razones, verificar las reglas de préstamo en tiempo de compilación es la mejor opción en la mayoría de los casos, por eso es la elección por defecto en Rust.

La ventaja de verificar las reglas de préstamo en tiempo de ejecución en lugar de hacerlo en tiempo de compilación es que se permiten ciertos escenarios seguros en términos de memoria, donde habrían sido prohibidos por las verificaciones en tiempo de compilación. El análisis estático, como el compilador de Rust, es inherentemente conservador. Algunas propiedades del código son imposibles de detectar mediante el análisis del código: el ejemplo más famoso es el Problema de detención (Halting Problem), que está más allá del alcance del libro pero es un tema interesante para investigar.

Debido a que algunos análisis son imposibles, si el compilador de Rust no puede estar seguro de que el código cumple con las reglas de propiedad, podría rechazar un programa correcto; en este sentido, es conservador. Si Rust aceptara un programa incorrecto, los usuarios no podrían confiar en las garantías que Rust ofrece. Sin embargo, si Rust rechaza un programa correcto, incomodará al programador, pero no ocurrirá nada catastrófico. El tipo `RefCell<T>` es útil cuando se está seguro de que el código sigue las reglas de préstamo, pero el compilador no puede entender y garantizar lo anterior.

Similar a `Rc<T>`, `RefCell<T>` solo se debe usar en escenarios de un solo hilo (single-threaded) y proporcionará un error en tiempo de compilación si se intenta usar en un contexto de múltiples hilos (multithreaded). Hablaremos sobre cómo obtener la funcionalidad de RefCell<T> en un programa multihilo en el Capítulo 16.

Aquí tiene un resumen de las razones para elegir Box<T>, Rc<T> o RefCell<T>:

- Rc<T> permite tener varios propietarios de los mismos datos; Box<T> y RefCell<T> tienen un único propietario.

- Box<T> permite préstamos (borrows) inmutables o mutables verificados en tiempo de compilación; Rc<T> permite solo préstamos inmutables verificados en tiempo de compilación; RefCell<T> permite préstamos inmutables o mutables verificados en tiempo de ejecución.

- Debido a que RefCell<T> permite préstamos mutables verificados en tiempo de ejecución, se puede mutar el valor en RefCell<T> incluso cuando RefCell<T> es inmutable.

Mutar el valor en un valor inmutable es el patrón de mutabilidad interna. Veamos una situación en la que la mutabilidad interna es útil y examinemos cómo es esto posible.

Mutabilidad interna: un préstamo mutable a un valor inmutable

Una consecuencia de las reglas de préstamo es que cuando se tiene un valor inmutable, no se puede pedir prestado de manera mutable. Por ejemplo, el siguiente código no compilará:

src/main.rs

```
fn main() {
    let x = 5;
    let y = &mut x;
}
```

Si intentara compilar este código, obtendría el siguiente error:

```
error[E0596]: cannot borrow `x` as mutable, as it is not declared
as mutable
 --> src/main.rs:3:13
  |
2 |     let x = 5;
  |         - help: consider changing this to be mutable: `mut x`
3 |     let y = &mut x;
  |             ^^^^^^ cannot borrow as mutable
```

Sin embargo, existen situaciones en las que sería útil que un valor mutara dentro de sus propios métodos, pero que pareciera inmutable para otros códigos. El código fuera de los métodos del valor no podría mutar el valor. El uso de RefCell<T> es una forma de obtener la capacidad de tener mutabilidad interna, pero RefCell<T> no evita del todo las reglas de préstamo: el verificador de préstamos en el compilador permite esta mutabilidad interna y, por otro lado, las reglas de préstamo se verifican en tiempo de ejecución. Si viola las reglas, obtendrá panic! en lugar de un error del compilador.

Vamos a trabajar mediante un ejemplo práctico donde podamos usar RefCell<T> para mutar un valor inmutable y entender por qué esto es útil.

Caso de uso de mutabilidad interna: objetos simulados (mock objects)

A veces, durante las pruebas, el programador utilizará un tipo en lugar de otro para observar un comportamiento específico y asegurarse de que lo está implementado correctamente. A este tipo de sustitución se la llama *doble de prueba (test double)*. Hay que pensar en ello como en un doble en el cine, donde un doble sustituye a un actor para realizar una escena particularmente complicada. Los test doubles actúan en lugar de otros tipos cuando estamos ejecutando pruebas. Los *objetos simulados (mock objects)* son un tipo específico de test double que registran lo que ocurre durante una prueba para poder asegurar que se han realizado las acciones correctas.

Rust no tiene objetos en el mismo sentido que otros lenguajes tienen objetos, y Rust no tiene funcionalidad de objetos simulados (mock objects) incorporada en la biblioteca estándar como sí tienen algunos otros lenguajes. Sin embargo, definitivamente se puede crear una struct que cumpla el mismo propósito que un objeto simulado.

Este será el escenario que probaremos: crearemos una biblioteca que haga el seguimiento de un valor con respecto a un valor máximo y envíe mensajes dependiendo de lo cerca que esté el valor en ese instante del valor máximo. Esta biblioteca podría usarse, por ejemplo, para llevar un registro de la cuota de llamadas a la API que un usuario tiene permitido hacer.

Nuestra biblioteca solo proporcionará la funcionalidad de rastrear lo cerca que está un valor del máximo, así como cuáles deben ser los mensajes y en qué momentos hay que enviarlos. Se espera que las aplicaciones que utilicen nuestra biblioteca proporcionen el mecanismo para enviar los mensajes: la aplicación podría colocar un mensaje en la propia aplicación, enviar un correo electrónico, enviar un mensaje de texto o hacer algo más. La biblioteca no necesita conocer esos detalles. Lo único que la biblioteca necesita es algo que implemente un trait que proporcionaremos llamado Messenger. El Listado 15-20 muestra el código de la biblioteca.

src/lib.rs

```
pub trait Messenger {
  ❶ fn send(&self, msg: &str);
}

pub struct LimitTracker<'a, T: Messenger> {
    messenger: &'a T,
    value: usize,
    max: usize,
}

impl<'a, T> LimitTracker<'a, T>
where
    T: Messenger,
{
    pub fn new(
        messenger: &'a T,
        max: usize
    ) -> LimitTracker<'a, T> {
        LimitTracker {
            messenger,
```

```
            value: 0,
            max,
        }
    }

❷ pub fn set_value(&mut self, value: usize) {
        self.value = value;

        let percentage_of_max =
            self.value as f64 / self.max as f64;

        if percentage_of_max >= 1.0 {
            self.messenger
                .send("Error: You are over your quota!");
        } else if percentage_of_max >= 0.9 {
            self.messenger
                .send("Urgent: You're at 90% of your quota!");
        } else if percentage_of_max >= 0.75 {
            self.messenger
                .send("Warning: You're at 75% of your quota!");
        }
    }
}
```

Listado 15-20: Biblioteca para llevar un registro de lo cercano que un valor está del valor máximo y emitir advertencias cuando el valor alcanza ciertos niveles.

Una parte importante de este código es que el trait Messenger tiene un método llamado send que toma una referencia inmutable a self y el texto del mensaje ❶. Este trait es la interfaz que nuestro objeto simulado (mock object) debe implementar para que esta simulación se pueda utilizar de la misma manera que un objeto real. La otra parte importante es que queremos probar el comportamiento del método set_value en LimitTracker ❷. Podemos cambiar lo que pasamos en el parámetro value, pero set_value no devuelve nada sobre lo que podamos hacer afirmaciones. Queremos poder afirmar que si creamos LimitTracker con algo que implementa el trait Messenger y un valor particular para max, cuando pasamos diferentes números a value, se le indica al mensajero que envíe los correspondientes mensajes.

Necesitamos un objeto simulado que, en lugar de enviar un correo electrónico o mensaje de texto cuando llamamos a send, simplemente lleve un registro de los mensajes que se le dice que envíe. Podemos crear una nueva instancia del objeto simulado, crear LimitTracker que utilice el objeto simulado, llamar al método set_value en LimitTracker y luego comprobar que el objeto simulado tiene los mensajes que esperamos. El Listado 15-21 muestra un intento de implementar un objeto simulado para hacer exactamente eso, pero el verificador de préstamos no lo permite.

src/lib.rs
```
#[cfg(test)]
mod tests {
    use super::*;

❶  struct MockMessenger {
```

```
  ❷ sent_messages: Vec<String>,
    }

    impl MockMessenger {
      ❸ fn new() -> MockMessenger {
            MockMessenger {
                sent_messages: vec![],
            }
        }
    }

  ❹ impl Messenger for MockMessenger {
        fn send(&self, message: &str) {
          ❺ self.sent_messages.push(String::from(message));
        }
    }

    #[test]
  ❻ fn it_sends_an_over_75_percent_warning_message() {
        let mock_messenger = MockMessenger::new();
        let mut limit_tracker = LimitTracker::new(
            &mock_messenger,
            100
        );

        limit_tracker.set_value(80);

        assert_eq!(mock_messenger.sent_messages.len(), 1);
    }
}
```

Listado 15-21: Intento de implementar MockMessenger, *que no está permitido por el verificador de préstamos.*

Este código de prueba define una struct llamada MockMessenger ❶, que tiene un campo sent_messages con un Vec de valores String ❷ para llevar un registro de los mensajes que se le indica que envíe. También definimos una función asociada llamada new ❸ para que resulte más cómodo crear nuevos valores de MockMessenger que comiencen con una lista vacía de mensajes. Luego, implementamos el trait Messenger para MockMessenger ❹, de modo que podamos proporcionar MockMessenger a LimitTracker. En la definición del método send ❺, tomamos el mensaje pasado como parámetro y lo almacenamos en la lista MockMessenger de sent_messages.

En la prueba, comprobamos lo que sucede cuando se le indica a LimitTracker que establezca value en algo que es más del 75 por ciento del valor max ❻. Primero creamos un nuevo MockMessenger, que comenzará con una lista vacía de mensajes. Luego, creamos un nuevo LimitTracker y le proporcionamos una referencia al nuevo MockMessenger y un valor max de 100. Llamamos al método set_value en LimitTracker con un valor de 80, que es más del 75 por ciento de 100. Luego, afirmamos que la lista de mensajes que MockMessenger registra debería contener ahora un mensaje.

Sin embargo, hay un problema con esta prueba, como se muestra aquí:

```
error[E0596]: cannot borrow `self.sent_messages` as mutable, as it is behind a
`&` reference
  --> src/lib.rs:58:13
   |
2  |      fn send(&self, msg: &str);
   |              ----- help: consider changing that to be a mutable reference:
`&mut self`
...
58 |          self.sent_messages.push(String::from(message));
   |          ^^^^^^^^^^^^^^^^^^^^^^^^^^^^^^^^^^^^^^^^^^^^^^^^ `self` is a
`&` reference, so the data it refers to cannot be borrowed as mutable
```

No podemos modificar MockMessenger para llevar un registro de los mensajes porque el método send toma una referencia inmutable a self. Tampoco podemos seguir la sugerencia del texto de error de usar &mut self en su lugar, porque entonces la firma del método send no coincidiría con la firma en la definición del trait Messenger (inténtelo con toda libertad y vea qué mensaje de error obtiene).

¡Esta es una situación en la que la mutabilidad interna puede ayudar! Almacenaremos los sent_messages en RefCell<T>, y así el método send podrá modificar sent_messages para almacenar los mensajes que hemos visto. El Listado 15-22 muestra el aspecto que tiene lo anterior.

src/lib.rs

```
#[cfg(test)]
mod tests {
    use super::*;
    use std::cell::RefCell;

    struct MockMessenger {
      ❶ sent_messages: RefCell<Vec<String>>,
    }

    impl MockMessenger {
        fn new() -> MockMessenger {
            MockMessenger {
              ❷ sent_messages: RefCell::new(vec![]),
            }
        }
    }

    impl Messenger for MockMessenger {
        fn send(&self, message: &str) {
            self.sent_messages
              ❸ .borrow_mut()
                .push(String::from(message));
        }
    }

    #[test]
    fn it_sends_an_over_75_percent_warning_message() {
        --snip--

        assert_eq!(
```

```
     ❹ mock_messenger.sent_messages.borrow().len(),
           1
       );
   }
}
```

Listado 15-22: Uso de `RefCell<T>` *para mutar un valor interno mientras el valor externo se considera inmutable.*

El campo `sent_messages` ahora es de tipo `RefCell<Vec<String>>` ❶ en lugar de `Vec<String>`. En la función `new`, creamos una nueva instancia de `RefCell<Vec<String>>` que encierra el vector vacío ❷.

Para la implementación del método `send`, el primer parámetro sigue siendo un préstamo inmutable de `self`, lo cual coincide con la definición del trait. Llamamos a `borrow_mut` en `RefCell<Vec<String>>` en `self.sent_messages` ❸ para obtener una referencia mutable al valor en `RefCell<Vec<String>>`, que es el vector. Luego, podemos llamar a `push` en la referencia mutable al vector para llevar un registro de los mensajes enviados durante la prueba.

El último cambio que debemos hacer es en la afirmación: para ver cuántos elementos hay en el vector interno, llamamos a `borrow` en `RefCell<Vec<String>>` para obtener una referencia inmutable al vector ❹.

Ahora que ha visto cómo usar `RefCell<T>`, ¡profundicemos en cómo funciona!

Seguimiento de préstamos en tiempo de ejecución con RefCell<T>

Al crear referencias inmutables y mutables, utilizamos la sintaxis & y &mut, respectivamente. Con `RefCell<T>`, empleamos los métodos `borrow` y `borrow_mut`, que forman parte de la API segura perteneciente a `RefCell<T>`. El método `borrow` retorna el tipo de puntero inteligente `Ref<T>`, y `borrow_mut` retorna el tipo de puntero inteligente `RefMut<T>`. Ambos tipos implementan `Deref`, por lo que podemos tratarlos como referencias regulares.

`RefCell<T>` lleva un registro de los punteros inteligentes `Ref<T>` y `RefMut<T>` que están actualmente activos. Cada vez que llamamos a `borrow`, `RefCell<T>` incrementa su cuenta de cuántos préstamos inmutables están activos. Cuando un valor `Ref<T>` sale de ámbito, la cuenta de préstamos inmutables disminuye en 1. Al igual que las reglas de préstamo en tiempo de compilación, `RefCell<T>` nos permite tener muchos préstamos inmutables o un único préstamo mutable en cualquier momento.

Si intentamos violar estas reglas, en lugar de obtener un error de compilación como ocurriría con las referencias, la implementación de `RefCell<T>` generará un pánico en tiempo de ejecución. El Listado 15-23 muestra una modificación de la implementación de `send` en el Listado 15-22. Estamos intentando deliberadamente crear dos préstamos mutables activos para el mismo ámbito para ilustrar que `RefCell<T>` nos impide hacer esto en tiempo de ejecución.

src/lib.rs
```
impl Messenger for MockMessenger {
    fn send(&self, message: &str) {
        let mut one_borrow = self.sent_messages.borrow_mut();
        let mut two_borrow = self.sent_messages.borrow_mut();
```

```
        one_borrow.push(String::from(message));
        two_borrow.push(String::from(message));
    }
}
```

Listado 15-23: Creación de dos referencias mutables en el mismo ámbito para ver que RefCell<T> entrará en pánico.

Creamos una variable llamada one_borrow para el puntero inteligente RefMut<T> devuelto por borrow_mut. Luego, creamos otro préstamo mutable de la misma manera en la variable two_borrow. Esto genera dos referencias mutables en el mismo ámbito, lo cual no está permitido. Cuando ejecutamos las pruebas para nuestra biblioteca, el código en el Listado 15-23 compilará sin errores, pero la prueba fallará:

```
---- tests::it_sends_an_over_75_percent_warning_message stdout ----
thread 'main' panicked at 'already borrowed: BorrowMutError', src/lib.rs:60:53
note: run with `RUST_BACKTRACE=1` environment variable to display a backtrace
```

Observe que el código generó un pánico con el mensaje already borrowed: BorrowMutError. Así es como RefCell<T> maneja las violaciones de las reglas de préstamo en tiempo de ejecución.

La decisión de capturar errores de préstamo en tiempo de ejecución en lugar de en tiempo de compilación, como hemos hecho aquí, significa que potencialmente encontraría errores en su código más adelante en el proceso de desarrollo; posiblemente no hasta que su código se haya desplegado en producción. Además, el código incurriría en una pequeña penalización de rendimiento en tiempo de ejecución, como resultado de llevar un registro de los préstamos en tiempo de ejecución en lugar de en tiempo de compilación. Sin embargo, el uso de RefCell<T> hace posible escribir un objeto simulado (mock) que puede modificarse a sí mismo para llevar un registro de los mensajes que ha visto mientras usted lo usa en un contexto en el que solo se permiten valores inmutables. Puede utilizar RefCell<T> a pesar de sus contrapartidas para obtener más funcionalidad de la que proporcionan las referencias regulares.

Cómo permitir múltiples propietarios de datos mutables con Rc<T> y RefCell<T>

Una forma frecuente de usar RefCell<T> es en combinación con Rc<T>. Recuerde que Rc<T> permite tener múltiples propietarios de ciertos datos, pero solo proporciona acceso inmutable a esos datos. Si tiene un Rc<T> que contiene un RefCell<T>, ¡puede obtener un valor que puede tener múltiples propietarios y que puede mutar!

Por ejemplo, recuerde el ejemplo de cons list del Listado 15-18, donde usamos Rc<T> para permitir que varias listas compartieran la propiedad de otra lista. Dado que Rc<T> contiene solo valores inmutables, no podemos cambiar ninguno de los valores en la lista una vez que los hemos creado. Vamos a añadir RefCell<T> por su capacidad de cambiar los valores en las listas. El Listado 15-24 muestra que, al usar RefCell<T> en la definición de Cons, podemos modificar el valor almacenado en todas las listas.

```rust
#[derive(Debug)]
enum List {
    Cons(Rc<RefCell<i32>>, Rc<List>),
    Nil,
}

use crate::List::{Cons, Nil};
use std::cell::RefCell;
use std::rc::Rc;

fn main() {
  ❶ let value = Rc::new(RefCell::new(5));

  ❷ let a = Rc::new(Cons(Rc::clone(&value), Rc::new(Nil)));

    let b = Cons(Rc::new(RefCell::new(3)), Rc::clone(&a));
    let c = Cons(Rc::new(RefCell::new(4)), Rc::clone(&a));

  ❸ *value.borrow_mut() += 10;

    println!("a after = {:?}", a);
    println!("b after = {:?}", b);
    println!("c after = {:?}", c);
}
```

Listado 15-24: Uso de Rc<RefCell<i32>> para crear List que podemos mutar.

Creamos un valor que es una instancia de Rc<RefCell<i32>> y lo almacenamos en una variable llamada value ❶ para que podamos acceder directamente a él más adelante. Luego, creamos List en a con una variante Cons que contiene value ❷. Necesitamos clonar value para que tanto a como value tengan propiedad del valor interno 5 en lugar de transferir la propiedad de value a a o tener un préstamo desde value.

Envolvemos la lista a en un Rc<T> para que, cuando creemos las listas b y c, ambas puedan hacer referencia a a, tal como hicimos en el Listado 15-18.

Después de haber creado las listas en a, b, y c, queremos sumarle 10 al valor en value ❸. Hacemos esto llamando a borrow_mut en value, lo que utiliza la característica de desreferenciación automática, que discutimos en «¿Dónde está el operador ->?», para desreferenciar Rc<T> al valor RefCell<T> interno. El método borrow_mut devuelve el puntero inteligente RefMut<T>, usamos el operador de desreferenciación en él y cambiamos el valor interno.

Cuando imprimimos a, b, y c, podemos ver que todos tienen el valor modificado de 15 en lugar de 5:

```
a after = Cons(RefCell { value: 15 }, Nil)
b after = Cons(RefCell { value: 3 }, Cons(RefCell { value: 15 }, Nil))
c after = Cons(RefCell { value: 4 }, Cons(RefCell { value: 15 }, Nil))
```

¡Esta técnica es bastante ingeniosa! Al usar RefCell<T>, tenemos un valor de List que parece inmutable desde el exterior. Sin embargo, podemos usar los métodos en RefCell<T> que brindan acceso a su mutabilidad interna para modificar nuestros datos cuando sea necesario. Las verificaciones en tiempo de ejecución de las reglas de préstamo nos protegen de las carreras de datos, y a veces vale la pena intercambiar un poco de velocidad por esta flexibilidad en las estructuras de datos. ¡Tenga en cuenta que RefCell<T> no funciona para código multihilo! Mutex<T> es la versión segura para hilos de RefCell<T>; hablaremos sobre Mutex<T> en el Capítulo 16.

Los ciclos de referencia pueden provocar fuga de memoria

Las garantías de seguridad de memoria de Rust hacen que sea difícil, pero no imposible, ocasionar accidentalmente que haya memoria que nunca se limpie (conocida como fuga de memoria, o *memory leak*). Prevenir totalmente las fugas de memoria no es una de las garantías de Rust, lo que significa que las fugas de memoria se producen con toda seguridad. Podemos ver que Rust permite fugas de memoria al usar Rc<T> y RefCell<T>: es posible crear referencias donde los elementos se refieren unos a otros en un ciclo de referencia. Esto ocasiona fugas de memoria porque el recuento de referencias de cada elemento en el ciclo nunca llegará a 0 y los valores nunca se eliminarán.

Creación de ciclos de referencia

Veamos cómo podría ocurrir un ciclo de referencia y cómo prevenirlo, comenzando con la definición de la enum List y el método tail del Listado 15-25.

src/main.rs
```
use crate::List::{Cons, Nil};
use std::cell::RefCell;
use std::rc::Rc;

#[derive(Debug)]
enum List {
  ❶ Cons(i32, RefCell<Rc<List>>),
    Nil,
}

impl List {
  ❷ fn tail(&self) -> Option<&RefCell<Rc<List>>> {
      match self {
          Cons(_, item) => Some(item),
          Nil => None,
      }
  }
}
```

Listado 15-25: Definición de cons list que contiene RefCell<T>, para que podamos modificar a qué hace referencia una variante Cons.

Utilizamos otra variación de la definición de List del Listado 15-5. El segundo elemento en la variante Cons es ahora RefCell<Rc<List>> ❶, lo que significa que, en lugar de tener la capacidad de modificar el valor i32 como hicimos en el Listado 15-24, queremos modificar el valor de List al que apunta una variante Cons. También añadimos el método tail❷ para que sea conveniente acceder al segundo elemento si tenemos una variante Cons.

En el Listado 15-26, añadimos la función main que utiliza las definiciones del Listado 15-25. Este código crea una lista en a y una lista en b que apunta a la lista en a. Luego, modifica la lista en a para que apunte a b, creando un ciclo de referencia. Hay declaraciones println! en el camino para mostrar cuáles son los recuentos de referencias en varios puntos de este proceso.

src/main.rs

```
fn main() {
  ❶ let a = Rc::new(Cons(5, RefCell::new(Rc::new(Nil))));

    println!("a initial rc count = {}", Rc::strong_count(&a));
    println!("a next item = {:?}", a.tail());

  ❷ let b = Rc::new(Cons(10, RefCell::new(Rc::clone(&a))));

    println!(
        "a rc count after b creation = {}",
        Rc::strong_count(&a)
    );
    println!("b initial rc count = {}", Rc::strong_count(&b));
    println!("b next item = {:?}", b.tail());

  ❸ if let Some(link) = a.tail() {
      ❹ *link.borrow_mut() = Rc::clone(&b);
    }

    println!(
        "b rc count after changing a = {}",
        Rc::strong_count(&b)
    );
    println!(
        "a rc count after changing a = {}",
        Rc::strong_count(&a)
    );

    // Uncomment the next line to see that we have a cycle;
    // it will overflow the stack.
    // println!("a next item = {:?}", a.tail());
}
```

Listado 15-26: Creación de un ciclo de referencia de dos valores de List que se apuntan mutuamente.

Creamos una instancia de Rc<List> que contiene un valor de List en la variable a con una lista inicial de 5, Nil ❶. Luego, creamos otra instancia de Rc<List> que contiene otro valor de List en la variable b que contiene el valor 10 y apunta a la lista en a ❷.

Modificamos a para que apunte a b en lugar de a Nil, creando un ciclo. Hacemos esto usando el método tail para obtener una referencia a RefCell<Rc<List>> en a, que colocamos en la variable link ❸. Luego, usamos el método borrow_mut en RefCell<Rc<List>> para cambiar el valor interno de Rc<List> que contiene un valor Nil a Rc<List> en b ❹.

Cuando ejecutemos este código, manteniendo el último println!
comentado por el momento, obtendremos esta salida:

```
a initial rc count = 1
a next item = Some(RefCell { value: Nil })
a rc count after b creation = 2
b initial rc count = 1
b next item = Some(RefCell { value: Cons(5, RefCell { value: Nil }) })
b rc count after changing a = 2
a rc count after changing a = 2
```

El recuento de referencias de las instancias de Rc<List> tanto en a
como en b es 2 después de que cambiemos la lista en a para que apunte a
b. Al final de la función main, Rust elimina la variable b, lo que disminuye
el recuento de referencias de la instancia Rc<List> de b de 2 a 1. La memoria que tiene Rc<List> en heap no se eliminará en este punto porque su
recuento de referencias es 1, no 0. Luego, Rust elimina a, lo que disminuye el recuento de referencias de la instancia Rc<List> de a también de
2 a 1. Tampoco se puede eliminar la memoria de esta instancia, porque
la otra instancia Rc<List> aún se refiere a ella. La memoria asignada a la
lista permanecerá sin desasignar para siempre. Para visualizar este ciclo
de referencia, hemos creado el diagrama de la Figura 15-4.

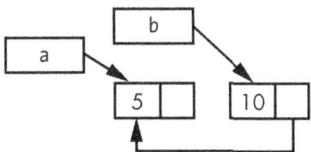

Figura 15-4: Ciclo de referencia de las listas a y b que apuntan la una a la otra.

Si elimina el comentario del último println! y ejecuta el programa, Rust intentará imprimir este ciclo con a apuntando a b, apuntando a a, y así sucesivamente, hasta que desborde la pila.

Comparado con un programa del mundo real, las consecuencias
de crear un ciclo de referencia en este ejemplo no son muy graves:
justo después de crear el ciclo de referencia, el programa finaliza. Sin
embargo, si un programa más complejo asignara mucha memoria
en un ciclo de referencia y la mantuviera durante mucho tiempo, el
programa usaría más memoria de la necesaria y podría sobrecargar el
sistema, haciendo que se quedara sin memoria disponible.

Crear ciclos de referencia no es algo que se haga fácilmente, pero tampoco es imposible. Si tiene valores RefCell<T> que contienen valores Rc<T>
u otras combinaciones anidadas de tipos con mutabilidad interna y conteo
de referencias, debe asegurarse de no crear ciclos de referencia; no puede
confiar en que Rust los detecte. Crear un ciclo de referencia sería un error
lógico del programa, que debe minimizar utilizando pruebas automatizadas, revisiones de código y otras prácticas de desarrollo de software.

Otra solución para evitar los ciclos de referencia es reorganizar
las estructuras de datos de manera que algunas referencias expresen
propiedad y otras no lo hagan. Como resultado, puede tener ciclos

compuestos por algunas relaciones de propiedad y algunas relaciones de no propiedad, y solo las relaciones de propiedad afectarán a si un valor puede ser eliminado o no. En el Listado 15-25, siempre queremos que las variantes Cons sean dueñas de su lista, por lo que reorganizar la estructura de datos no es posible. Veamos un ejemplo utilizando grafos compuestos por nodos padres y nodos hijos para ver cuándo las relaciones de no propiedad son una forma apropiada de prevenir los ciclos de referencia.

Prevención de ciclos de referencia mediante Weak<T>

Hasta ahora, hemos mostrado que llamar a Rc::clone aumenta el strong_count de una instancia Rc<T>, y una instancia Rc<T> solo se limpia si su strong_count es 0. También puede crear una referencia débil (weak reference) al valor dentro de una instancia Rc<T> llamando a Rc::downgrade y pasando una referencia a la instancia Rc<T>. Las *referencias fuertes* (strong references) son la forma en que puede compartir la propiedad de una instancia Rc<T>. Las *referencias débiles* no expresan una relación de propiedad, y su recuento no afecta cuando se limpia una instancia Rc<T>. No causarán un ciclo de referencia porque cualquier ciclo que involucre referencias débiles se romperá una vez que el recuento de referencias fuertes de los valores involucrados sea 0.

Cuando llama a Rc::downgrade, obtiene un puntero inteligente del tipo Weak<T>. En lugar de aumentar strong_count en la instancia Rc<T> en 1, llamar a Rc::downgrade aumenta el weak_count en 1. El tipo Rc<T> utiliza weak_countpara llevar un registro de cuantas referencias Weak<T> existen, de manera similar a strong_count. La diferencia es que weak_count no necesita ser 0 para que la instancia Rc<T> se limpie.

Debido a que el valor al que hace referencia Weak<T> podría haber sido eliminado, para realizar cualquier operación con el valor al que apunta Weak<T>, debe asegurarse de que el valor todavía existe. Puede lograr esto llamando al método upgrade en una instancia Weak<T>, el cual devolverá Option<Rc<T>>. Obtendrá un resultado de Some si el valor Rc<T> aún no ha sido eliminado, y un resultado de None si el valor de Rc<T> ha sido eliminado. Dado que upgrade devuelve Option<Rc<T>>, Rust se asegurará de que se gestionen tanto el caso Some como el caso None, y no habrá un puntero inválido.

Como ejemplo, en lugar de usar una lista cuyos elementos solo conocen el elemento siguiente, crearemos un árbol cuyos elementos conocen a sus elementos hijos y a sus elementos padres.

Creación de una estructura de datos en árbol: un nodo con nodos hijos

Para comenzar, construiremos un árbol con nodos que conozcan a sus nodos hijos. Crearemos una struct llamada Node que contenga su propio valor de tipo i32 y referencias a los valores de los hijos de Node:

src/main.rs

```
use std::cell::RefCell;
use std::rc::Rc;

#[derive(Debug)]
```

```
struct Node {
    value: i32,
    children: RefCell<Vec<Rc<Node>>>,
}
```

Queremos que Node sea propietario de sus hijos, y deseamos compartir esa propiedad con variables para poder acceder a cada Node en el árbol directamente. Para lograr esto, definimos los elementos del tipo Vec<T> como valores de tipo Rc<Node>. También queremos poder modificar qué nodos son hijos de otro nodo, por lo que tenemos un RefCell<T> en children que encierra Vec<Rc<Node>>.

A continuación, usaremos nuestra definición de struct y crearemos una instancia de Node llamada leaf con el valor 3 y sin hijos, y otra instancia llamada branch con el valor 5 y leaf como uno de sus hijos, como se muestra en el Listado 15-27.

src/main.rs

```
fn main() {
    let leaf = Rc::new(Node {
        value: 3,
        children: RefCell::new(vec![]),
    });

    let branch = Rc::new(Node {
        value: 5,
        children: RefCell::new(vec![Rc::clone(&leaf)]),
    });
}
```

Listado 15-27: Creación del nodo leaf sin hijos y del nodo branch con leaf como uno de sus hijos.

Clonamos Rc<Node> en leaf y lo almacenamos en branch, lo que significa que Node en leaf ahora tiene dos propietarios: leaf y branch. Podemos llegar desde branch hasta leaf a través de branch.children, pero no hay forma de llegar desde leaf hasta branch. La razón es que leaf no tiene una referencia a branch y no sabe que están relacionados. Queremos que leaf sepa que branch es su padre. Haremos eso a continuación.

Adición de una referencia del nodo hijo a su nodo padre

Para que el nodo hijo sea consciente de su nodo padre, necesitamos añadir el campo parent a la definición de la estructura Node. El problema radica en decidir qué tipo de dato debe ser parent. Sabemos que no puede contener Rc<T> porque eso crearía un ciclo de referencia con leaf.parent apuntando a branch y branch.children apuntando a leaf, lo que haría que sus valores de strong_count nunca fueran 0.

Pensando en las relaciones de otra manera, un nodo padre debería ser propietario de sus nodos hijos: si se elimina un nodo padre, sus nodos hijos también deberían eliminarse. Sin embargo, un nodo hijo no debería ser propietario de su nodo padre: si eliminamos un nodo hijo, el nodo padre todavía debería existir. ¡Este es un caso para las referencias débiles (weak references)!

Entonces, en lugar de usar Rc<T>, haremos que el tipo de parent use Weak<T>, específicamente RefCell<Weak<Node>>. Ahora, la definición de la estructura Node se verá así:

src/mains

```rust
use std::cell::RefCell;
use std::rc::{Rc, Weak};

#[derive(Debug)]
struct Node {
    value: i32,
    parent: RefCell<Weak<Node>>,
    children: RefCell<Vec<Rc<Node>>>,
}
```

Un nodo podrá hacer referencia a su nodo padre pero no será dueño de su nodo padre. En el Listado 15-28, actualizamos la función main para usar esta nueva definición, de modo que el nodo leaf tenga una manera de hacer referencia a su nodo padre, branch.

src/main.rs

```rust
fn main() {
    let leaf = Rc::new(Node {
        value: 3,
      ❶ parent: RefCell::new(Weak::new()),
        children: RefCell::new(vec![]),
    });

  ❷ println!(
        "leaf parent = {:?}",
        leaf.parent.borrow().upgrade()
    );

    let branch = Rc::new(Node {
        value: 5,
      ❸ parent: RefCell::new(Weak::new()),
        children: RefCell::new(vec![Rc::clone(&leaf)]),
    });

  ❹ *leaf.parent.borrow_mut() = Rc::downgrade(&branch);

  ❺ println!(
        "leaf parent = {:?}",
        leaf.parent.borrow().upgrade()
    );
}
```

Listado 15-28: Nodo leaf con una referencia débil a su nodo padre, branch.

La creación del nodo leaf se ve como en el Listado 15-27, con la excepción del campo parent: el nodo leaf comienza sin un nodo padre, por lo que creamos una nueva instancia de referencia Weak<Node> vacía ❶.

En este punto, cuando intentamos obtener una referencia al nodo padre de leaf usando el método upgrade, obtenemos el valor None. Lo vemos en la salida de la primera sentencia println!.

```
leaf parent = None
```

Cuando creamos el nodo branch, también tendrá una nueva referencia Weak<Node> en el campo parent ❸ porque branch no tiene un nodo padre. Aún tenemos leaf como uno de los nodos hijos de branch. Una vez que tenemos la instancia de Node en branch, podemos modificar leaf para darle una referencia Weak<Node> a su nodo padre ❹. Utilizamos el método borrow_mut en RefCell<Weak<Node>> en el campo parent, y luego usamos la función Rc::downgrade para crear una referencia Weak<Node> a branch a partir de Rc<Node> en branch.

Cuando imprimamos nuevamente el nodo padre de leaf ❺, esta vez obtendremos una variante Some que contiene branch: ¡ahora leaf puede acceder a su nodo padre! Al imprimir leaf, también evitamos el ciclo que terminaba en un desbordamiento de la pila como en el Listado 15-26; las referencias Weak<Node> se imprimen como (Weak):

```
leaf parent = Some(Node { value: 5, parent: RefCell { value: (Weak) },
children: RefCell { value: [Node { value: 3, parent: RefCell { value: (Weak) },
children: RefCell { value: [] } }] } })
```

La ausencia de una salida infinita indica que este código no ha creado un ciclo de referencias. También podemos confirmar esto al observar los valores que obtenemos al llamar a Rc::strong_count y Rc::weak_count.

Visualización de cambios en strong_count y weak_count

Veamos cómo cambian los valores de strong_count y weak_count de las instancias Rc<Node> al crear un nuevo ámbito interno y mover la creación de branch a ese ámbito. Al hacerlo, podemos observar qué sucede cuando se crea branch y luego se libera al salir del ámbito. Las modificaciones se muestran en el Listado 15-29.

src/main.rs

```
fn main() {
    let leaf = Rc::new(Node {
        value: 3,
        parent: RefCell::new(Weak::new()),
        children: RefCell::new(vec![]),
    });

❶  println!(
        "leaf strong = {}, weak = {}",
        Rc::strong_count(&leaf),
        Rc::weak_count(&leaf),
    );

❷  {
        let branch = Rc::new(Node {
            value: 5,
            parent: RefCell::new(Weak::new()),
            children: RefCell::new(vec![Rc::clone(&leaf)]),
        });

        *leaf.parent.borrow_mut() = Rc::downgrade(&branch);
```

```
❸ println!(
      "branch strong = {}, weak = {}",
      Rc::strong_count(&branch),
      Rc::weak_count(&branch),
   );

❹ println!(
      "leaf strong = {}, weak = {}",
      Rc::strong_count(&leaf),
      Rc::weak_count(&leaf),
   );
❺ }

❻ println!(
      "leaf parent = {:?}",
      leaf.parent.borrow().upgrade()
   );
❼ println!(
      "leaf strong = {}, weak = {}",
      Rc::strong_count(&leaf),
      Rc::weak_count(&leaf),
   );
}
```

Listado 15-29: Creación de branch en un ámbito interno y examen de los recuentos de referencias fuertes y débiles.

Después de crear leaf, su Rc<Node> tiene un recuento fuerte de 1 y un recuento débil de 0 ❶. En el ámbito interno ❷, creamos branch y la asociamos con leaf; en ese momento, cuando imprimimos los recuentos ❸, Rc<Node> en branch tendrá un recuento fuerte de 1 y un recuento débil de 1 (para leaf.parent apuntando a branch con un Weak<Node>). Cuando imprimamos los recuentos en leaf ❹, veremos que tendrá un recuento fuerte de 2 porque branch ahora tiene un clon de Rc<Node> de leaf almacenado en branch.children, pero seguirá teniendo un recuento débil de 0.

Cuando el ámbito interno finaliza ❺, branch sale del ámbito y el recuento fuerte de Rc<Node> disminuye a 0, por lo que se descarta su Node. El recuento débil de 1 de leaf.parent no tiene ningún efecto en si se descarta Node o no, ¡así que no obtenemos ninguna fuga de memoria!

Si intentamos acceder al nodo padre de leaf después del final del ámbito, obtendremos None nuevamente ❻. Al final del programa ❼, Rc<Node> en leaf tiene un recuento fuerte de 1 y un recuento débil de 0 porque la variable leaf es ahora nuevamente la única referencia a Rc<Node>.

Toda la lógica que gestiona los recuentos y la eliminación de valores está incorporada en Rc<T> y Weak<T>, así como en sus implementaciones del trait Drop. Al especificar que la relación entre un nodo hijo y su nodo padre debe ser una referencia Weak<T> en la definición de Node, usted puede hacer que los nodos padres apunten a nodos hijos, y viceversa, sin crear un ciclo de referencias ni fugas de memoria.

Resumen

En este capítulo se ha abordado cómo utilizar punteros inteligentes para establecer garantías y contrapartidas diferentes a las que Rust realiza por defecto con referencias regulares. El tipo `Box<T>` tiene un tamaño conocido y apunta a datos asignados en heap. El tipo `Rc<T>` realiza un seguimiento del número de referencias a datos en heap para que los datos puedan tener varios propietarios. El tipo `RefCell<T>`, con su mutabilidad interna, nos brinda un tipo que podemos usar cuando necesitamos un tipo inmutable pero necesitamos cambiar un valor interno de ese tipo; además, hace cumplir las reglas de préstamo en tiempo de ejecución en lugar de hacerlo en tiempo de compilación.

También se han discutido los traits `Deref` y `Drop`, que habilitan gran parte de la funcionalidad de los punteros inteligentes. Exploramos los ciclos de referencia que pueden causar fugas de memoria y cómo prevenirlos utilizando `Weak<T>`.

Si este capítulo ha despertado su interés y desea implementar sus propios punteros inteligentes, puede consultar «The Rustonomicon» en *https://doc.rust-lang.org/stable/nomicon* para obtener más información que le resultará útil.

A continuación, hablaremos sobre la concurrencia en Rust. Incluso aprenderá acerca de algunos nuevos punteros inteligentes.

16

CONCURRENCIA SIN PREOCUPACIÓN

Gestionar la programación concurrente de manera segura y eficiente es otro de los principales objetivos de Rust. La *programación concurrente*, en la cual diferentes partes de un programa se ejecutan de manera independiente, y la *programación paralela*, en la cual diferentes partes de un programa se ejecutan al mismo tiempo, están adquiriendo cada vez más importancia a medida que más ordenadores aprovechan sus múltiples procesadores. Historicamente, programar en estos contextos ha sido dificil y propenso a errores. Rust espera poder cambiar eso.

Inicialmente, el equipo de Rust pensó que garantizar la seguridad de la memoria y prevenir problemas de concurrencia eran dos desafíos separados que debían resolverse por métodos diferentes. Con el tiempo, el equipo descubrió que los sistemas de propiedad y tipos son un conjunto de potentes herramientas para ayudar a gestionar la seguridad de la memoria y los problemas de concurrencia. Al aprovechar la propiedad y la verificación de tipos, muchos errores de concurrencia se convierten en Rust en errores en tiempo de compilación, en lugar de ser errores en tiempo de ejecución. Por lo tanto, en lugar de hacerle perder mucho tiempo intentando reproducir las circunstancias exactas en las que ocurre un error de concurrencia en tiempo de ejecución, el código incorrecto se niega a compilar y muestra un error explicando el problema. Como resultado, puede corregir el código mientras trabaja en él, en lugar de hacerlo después de que se haya enviado a producción. Hemos apodado este aspecto de Rust *concurrencia sin miedo*. La concurrencia sin miedo permite escribir código que está libre de errores sutiles y es fácil de refactorizar sin introducir nuevos errores

NOTA *Para simplificar, nos referiremos a muchos de los problemas como* concurrentes, *en lugar de ser más precisos y decir* concurrentes y/o paralelos. *Si el libro tratara sobre concurrencia y/o paralelismo, seríamos más específicos.*

Muchos lenguajes son dogmáticos en cuanto a las soluciones que ofrecen para gestionar problemas concurrentes. Por ejemplo, Erlang tiene una funcionalidad elegante para la concurrencia de paso de mensajes, pero tiene formas poco claras de compartir estado entre hilos. Apoyar solo un subconjunto de soluciones posibles es una estrategia razonable para los lenguajes de alto nivel, ya que estos prometen beneficios al renunciar a cierto control para ganar en abstracciones. Sin embargo, se espera que los lenguajes de bajo nivel proporcionen la solución con el mejor rendimiento en cualquier situación dada y tengan menos abstracciones sobre el hardware. Por lo tanto, Rust ofrece una variedad de herramientas para modelar problemas de la manera adecuada en función de la situación en la que usted se encuentre y de los requisitos que considere.

Aquí están los temas que trataremos en este capítulo:

- Cómo crear hilos para ejecutar múltiples fragmentos de código al mismo tiempo.
- Concurrencia de *paso de mensajes*, donde los canales envían mensajes entre hilos.
- Concurrencia de *estado compartido*, donde varios hilos tienen acceso a algún fragmento de datos.
- Los traits Sync y Send, que extienden las garantías de concurrencia de Rust a tipos definidos por el usuario, así como a tipos proporcionados por la biblioteca estándar.

Uso de hilos para ejecutar código simultáneamente

En la mayoría de los sistemas operativos actuales, el código de un programa en ejecución se ejecuta en un *proceso*, y el sistema operativo gestionará múltiples procesos al mismo tiempo. Dentro de un programa, también se pueden tener partes independientes que se ejecutan simultáneamente. Las funciones que ejecutan estas partes independientes se llaman *hilos*. Por ejemplo, un servidor web podría tener varios hilos para poder responder a más de una solicitud al mismo tiempo.

Dividir la computación del programa en varios hilos para ejecutar múltiples tareas al mismo tiempo puede mejorar el rendimiento, pero también añade complejidad. Debido a que los hilos pueden ejecutarse simultáneamente, no hay una garantía inherente sobre el orden en que se ejecutarán las partes del código en los distintos hilos. Esto puede llevar a problemas, como:

- Condiciones de carrera, en las cuales los hilos acceden a datos o recursos en un orden incoherente.
- Bloqueos, en los cuales dos hilos esperan mutuamente, impidiendo que ambos hilos continúen.
- Errores que solo ocurren en ciertas situaciones y que son difíciles de reproducir y solucionar de manera confiable.

Rust intenta mitigar los efectos negativos de usar hilos, pero programar en un contexto multihilo aún requiere una cuidadosa reflexión y una estructura de código diferente a la de los programas que se ejecutan en un solo hilo.

Los lenguajes de programación implementan los hilos de varias formas diferentes, y muchos sistemas operativos proporcionan una API a la que el lenguaje puede llamar para crear nuevos hilos. La biblioteca estándar de Rust utiliza un modelo de implementación de hilo 1:1, en el cual un programa utiliza un hilo del sistema operativo por cada hilo del lenguaje. Existen crates que implementan otros modelos de hilos que realizan diferentes concesiones en comparación con el modelo 1:1.

Creación de nuevos hilos con spawn

Para crear un nuevo hilo, llamamos a la función thread::spawn y le pasamos el closure (hablamos sobre closures en el Capítulo 13) que contiene el código que queremos ejecutar en el nuevo hilo. El ejemplo del Listado 16-1 imprime un texto desde el hilo principal y otro texto desde el nuevo hilo.

src/main.rs
```
use std::thread;
use std::time::Duration;

fn main() {
    thread::spawn(|| {
        for i in 1..10 {
            println!("hi number {i} from the spawned thread!");
            thread::sleep(Duration::from_millis(1));
        }
    });

    for i in 1..5 {
        println!("hi number {i} from the main thread!");
        thread::sleep(Duration::from_millis(1));
    }
}
```

Listado 16-1: Creación de un nuevo hilo para imprimir una cosa mientras que el hilo principal imprime otra cosa.

Hay que tener en cuenta que cuando el hilo principal de un programa Rust finaliza, todos los hilos creados (spawned threads) se apagan, hayan terminado de ejecutarse o no. La salida de este programa podría ser algo diferente cada vez, pero será similar a lo siguiente:

```
hi number 1 from the main thread!
hi number 1 from the spawned thread!
hi number 2 from the main thread!
hi number 2 from the spawned thread!
hi number 3 from the main thread!
hi number 3 from the spawned thread!
hi number 4 from the main thread!
hi number 4 from the spawned thread!
hi number 5 from the spawned thread!
```

Las llamadas a thread::sleep obligan al hilo a detener su ejecución durante un breve periodo, permitiendo así que se ejecute otro hilo. Los hilos probablemente se turnarán, pero eso no está garantizado: depende de cómo el sistema operativo programe los hilos. En esta ejecución, el hilo principal ha sido el primero en imprimir, a pesar de que la sentencia de impresión del hilo creado aparece antes en el código. Y aunque le dijimos al hilo creado que imprimiera hasta que i fuera 9, solo llegó a 5 antes de que el hilo principal se apagara.

Si ejecuta este código y solo ve la salida del hilo principal, o no ve ninguna superposición, intente aumentar los números en los rangos para crear más oportunidades de que el sistema operativo cambie entre los hilos.

Situación en espera de que finalicen todos los hilos mediante el uso de join Handles

El código en el Listado 16-1 no solo detiene prematuramente el hilo creado (spawned thread) en la mayoría de los casos, debido a que el hilo principal finaliza, sino que, debido a que no hay garantía sobre el orden en que se ejecutan los hilos, ¡tampoco podemos garantizar que el hilo creado se ejecute en absoluto!

Podemos solucionar el problema de que el hilo creado no se ejecute o de que termine prematuramente guardando el valor de retorno de thread::spawn en una variable. El tipo de retorno de thread::spawn es JoinHandle<T>. JoinHandle<T> es un valor en propiedad que, cuando llamamos al método join en él, esperará a que su hilo termine. El Listado 16-2 muestra cómo usar JoinHandle<T> del hilo que creamos en el Listado 16-1 y cómo llamar a join para asegurarnos de que el hilo creado termine antes de que main termine.

src/main.rs
```
use std::thread;
use std::time::Duration;

fn main() {
    let handle = thread::spawn(|| {
        for i in 1..10 {
            println!("hi number {i} from the spawned thread!");
```

```
            thread::sleep(Duration::from_millis(1));
        }
    });

    for i in 1..5 {
        println!("hi number {i} from the main thread!");
        thread::sleep(Duration::from_millis(1));
    }

    handle.join().unwrap();
}
```

Listado 16-2: Almacenamienteo de `JoinHandle<T>` de `thread::spawn` para garantizar que el hilo se ejecute hasta su finalización.

Llamar a `join` en el manejador (handle) bloquea el hilo que está en ejecución en ese momento hasta que el hilo representado por el manejador termine. *Bloquear* un hilo significa que se impide que el hilo realice trabajo o salga. Dado que hemos colocado la llamada a `join` después del bucle `for` del hilo principal, ejecutar el Listado 16-2 debería producir una salida similar a esta:

```
hi number 1 from the main thread!
hi number 2 from the main thread!
hi number 1 from the spawned thread!
hi number 3 from the main thread!
hi number 2 from the spawned thread!
hi number 4 from the main thread!
hi number 3 from the spawned thread!
hi number 4 from the spawned thread!
hi number 5 from the spawned thread!
hi number 6 from the spawned thread!
hi number 7 from the spawned thread!
hi number 8 from the spawned thread!
hi number 9 from the spawned thread!
```

Los dos hilos siguen alternándose, pero el hilo principal espera debido a la llamada a `handle.join()` y no termina hasta que el hilo creado haya finalizado.

Pero veamos qué sucede cuando, en su lugar, movemos `handle.join()` antes del bucle `for` en main, como lo siguiente:

src/main.rs
```
use std::thread;
use std::time::Duration;

fn main() {
    let handle = thread::spawn(|| {
        for i in 1..10 {
            println!("hi number {i} from the spawned thread!");
            thread::sleep(Duration::from_millis(1));
        }
    });

    handle.join().unwrap();
```

```
        for i in 1..5 {
            println!("hi number {i} from the main thread!");
            thread::sleep(Duration::from_millis(1));
        }
    }
```

El hilo principal esperará a que el hilo creado termine y, luego, ejecutará su bucle for, por lo que la salida ya no estará entrelazada:

```
hi number 1 from the spawned thread!
hi number 2 from the spawned thread!
hi number 3 from the spawned thread!
hi number 4 from the spawned thread!
hi number 5 from the spawned thread!
hi number 6 from the spawned thread!
hi number 7 from the spawned thread!
hi number 8 from the spawned thread!
hi number 9 from the spawned thread!
hi number 1 from the main thread!
hi number 2 from the main thread!
hi number 3 from the main thread!
hi number 4 from the main thread!
```

Pequeños detalles, como dónde se llama a join, pueden afectar a
que los hilos se ejecuten o no al mismo tiempo.

Uso en hilos de closures con move

A menudo utilizaremos la palabra clave move con los closures pasados
a thread::spawn porque el closure tomará posesión de los valores que
utiliza del entorno, transfiriendo así la propiedad de esos valores de
un hilo a otro. En «Captura del entorno con closures» analizamos move
en el contexto de los closures. Ahora nos concentraremos más en la
interacción entre move y thread::spawn.

Observe en el Listado 16-1 que el closure que pasamos a
thread::spawn no toma argumentos: no estamos utilizando ningún
dato del hilo principal en el código del hilo creado. Para usar datos
del hilo principal en el hilo creado, el closure del hilo creado debe
capturar los valores que necesita. El Listado 16-3 muestra el intento
de crear un vector en el hilo principal y usarlo en el hilo creado. Sin
embargo, esto aún no funcionará, como verá en un momento.

src/main.rs

```
use std::thread;

fn main() {
    let v = vec![1, 2, 3];

    let handle = thread::spawn(|| {
        println!("Here's a vector: {:?}", v);
    });

    handle.join().unwrap();
}
```

Listado 16-3: Intento de usar un vector creado por el hilo principal en otro hilo.

El closure utiliza v, por lo que capturará v y lo incluirá en el entorno del closure. Debido a que thread::spawn ejecuta este closure en un nuevo hilo, deberíamos poder acceder a v dentro de ese nuevo hilo. Pero al compilar este ejemplo, obtenemos el siguiente error:

```
error[E0373]: closure may outlive the current function, but it borrows `v`,
which is owned by the current function
 --> src/main.rs:6:32
  |
6 |     let handle = thread::spawn(|| {
  |                                ^^ may outlive borrowed value `v`
7 |         println!("Here's a vector: {:?}", v);
  |                                           - `v` is borrowed here

note: function requires argument type to outlive `'static`
 --> src/main.rs:6:18
  |
6 |       let handle = thread::spawn(|| {
  |  _____^
7 | |         println!("Here's a vector: {:?}", v);
8 | |     });
  | |_____^
help: to force the closure to take ownership of `v` (and any other referenced
variables), use the `move` keyword
  |
6 |     let handle = thread::spawn(move || {
  |                                ++++
```

Rust infiere cómo capturar v y, debido a que println! solo necesita una referencia a v, closure intenta tomar prestada v. Sin embargo, hay un problema: Rust no puede saber cuánto tiempo se ejecutará el hilo creado, por lo que no sabe si la referencia a v será siempre válida.

El Listado 16-4 presenta un escenario más probable de tener una referencia a v que no será válida.

src/main.rs

```
use std::thread;

fn main() {
    let v = vec![1, 2, 3];

    let handle = thread::spawn(|| {
        println!("Here's a vector: {:?}", v);
    });

    drop(v); // oh no!

    handle.join().unwrap();
}
```

Listado 16-4: Hilo con un closure que intenta capturar una referencia a v desde el hilo principal que libera a v.

Si Rust nos permitiera ejecutar este código, existe la posibilidad de que el hilo creado se coloque inmediatamente en segundo plano sin ejecutarse en absoluto. El hilo creado tiene una referencia a v en su interior, pero el hilo principal libera inmediatamente a v usando la función drop que discutimos en el Capítulo 15. Luego, cuando el hilo creado comienza a ejecutarse, v ya no es válido, por lo que una referencia a él también es inválida. ¡Oh, no!

Para solucionar el error del compilador en el Listado 16-3, podemos seguir el consejo del mensaje de error:

```
help: to force the closure to take ownership of `v` (and any other referenced
variables), use the `move` keyword
  |
6 |     let handle = thread::spawn(move || {
  |                                ++++
```

Al añadir la palabra clave move antes de closure, obligamos a closure a tomar posesión de los valores que está utilizando en lugar de permitir que Rust infiera que debería tomar prestados los valores. La modificación en el Listado 16-3, que se muestra en el Listado 16-5, se compilará y se ejecutará como pretendemos.

src/main.rs
```
use std::thread;

fn main() {
    let v = vec![1, 2, 3];

    let handle = thread::spawn(move || {
        println!("Here's a vector: {:?}", v);
    });

    handle.join().unwrap();
}
```

Listado 16-5: Uso de la palabra clave move para obligar a closure a tomar posesión de los valores que utiliza.

Podríamos sentir la tentación de intentar lo mismo para solucionar el código en el Listado 16-4, donde el hilo principal llamó a drop usando un closure con move. Sin embargo, esta solución no funcionará porque lo que el Listado 16-4 está intentando hacer está prohibido por una razón diferente. Si añadiéramos move a closure, moveríamos v al entorno de closure, y ya no podríamos llamar a drop sobre él en el hilo principal. En su lugar, obtendríamos este error del compilador:

```
error[E0382]: use of moved value: `v`
  --> src/main.rs:10:10
   |
4  |     let v = vec![1, 2, 3];
   |         - move occurs because `v` has type `Vec<i32>`, which does not
implement the `Copy` trait
5  |
6  |     let handle = thread::spawn(move || {
   |                                ------- value moved into closure here
7  |         println!("Here's a vector: {:?}", v);
   |                                           - variable moved due to
use in closure
```

```
...
10 |     drop(v); // oh no!
   |          ^ value used here after move
```

Las reglas de propiedad de Rust ¡nos han salvado nuevamente! Obtenemos un error del código en el Listado 16-3 porque Rust fue conservador y solo tomó prestado v para el hilo, lo que significaba que el hilo principal teóricamente podría invalidar la referencia del hilo creado. Al decirle a Rust que mueva la propiedad de v al hilo creado, le estamos garantizando a Rust que el hilo principal ya no usará v. Si cambiamos el Listado 16-4 de la misma manera, estaríamos violando las reglas de propiedad cuando intentamos usar v en el hilo principal. La palabra clave move anula el comportamiento conservador por defecto de Rust de tomar prestado; no nos permite violar las reglas de propiedad.

Ahora que hemos explicado qué son los hilos y los métodos proporcionados por la API de hilos, veamos algunas situaciones en las que podemos utilizar hilos.

Uso del paso de mensajes para transferir datos entre hilos

Un enfoque cada vez más popular para garantizar una concurrencia segura es el *paso de mensajes*, donde los hilos o actores se comunican enviándose mensajes que contienen datos. La idea se resume en un lema del documento de Go en *https://golang.org/doc/effective_go.html#concurrency*: «No se comunique compartiendo memoria; en su lugar, comparta memoria comunicándose».

Para lograr la concurrencia mediante el envío de mensajes, la biblioteca estándar de Rust proporciona la implementación de canales. Un *canal* es un concepto de programación general mediante el cual se envían datos de un hilo a otro.

Puede imaginar un canal en programación como si fuera un canal de agua unidireccional, como un arroyo o un río. Si colocas algo como un pato de goma en un río, viajará río abajo hasta el final del cauce.

Un canal tiene dos mitades: un transmisor y un receptor. La mitad formada por el transmisor es la ubicación aguas arriba donde se coloca el pato de goma en el río, y la mitad formada por el receptor es donde el pato de goma termina, aguas abajo. Una parte del código llama a métodos en el transmisor con los datos que se desean enviar, y otra parte verifica el extremo receptor si llegan mensajes. Se dice que un canal está *cerrado* si la mitad transmisora o la receptora se caen.

Aquí, trabajaremos en un programa que tiene un hilo que genera valores y los envía a través de un canal, y otro hilo que los recibe y los imprime. Enviaremos valores simples entre hilos usando un canal para ilustrar la función. Una vez que se familiarice con la técnica, podrá utilizar canales para cualquier hilo que necesite comunicarse con otro, como un sistema de chat o un sistema en el que muchos hilos realizan partes de un cálculo y envían las partes a un hilo que añade los resultados.

Primero, en el Listado 16-6, crearemos un canal pero no haremos nada con él. Hay que tener en cuenta que esto aún no compilará

porque Rust no puede determinar qué tipo de valores queremos
enviar a través del canal.

src/main.rs

```
use std::sync::mpsc;

fn main() {
    let (tx, rx) = mpsc::channel();
}
```

Listado 16-6: Creación de un canal y asignación de las dos mitades a tx y rx.

Creamos un nuevo canal utilizando la función `mpsc::channel`; `mpsc`
significa *multiple producer, single consumer* (varios productores, un solo
consumidor). En resumen, la forma en que la biblioteca estándar de
Rust implementa los canales significa que un canal puede tener múltiples extremos de envío que producen valores, pero solo un extremo de
recepción que consume esos valores. Imagine múltiples corrientes que
fluyen juntas en un único gran río: todo lo enviado por cualquiera de
las corrientes terminará en un solo río al final. Comenzaremos con un
solo productor por ahora, pero añadiremos varios productores cuando
hagamos funcionar este ejemplo.

La función `mpsc::channel` devuelve una tupla, cuyo primer elemento
es el extremo del envío (el transmisor) y el segundo elemento es el
extremo de la recepción (el receptor). Las abreviaturas `tx` y `rx` se utilizan tradicionalmente en muchos campos para denotar el *transmisor* y
el *receptor*, respectivamente. Así que nombramos nuestras variables de
esa manera para indicar cada extremo. Usamos la sentencia `let` con un
patrón que desestructura las tuplas; discutiremos el uso de patrones en
declaraciones `let` y la desestructuración en el Capítulo 18. Por ahora,
debe saber que usar una sentencia `let` de esta manera es un enfoque conveniente para extraer las partes de la tupla devuelta por `mpsc::channel`.

Vamos a mover el extremo de transmisión (transmisor) a un hilo
creado (spawned thread) y hacer que envíe una cadena para que el
hilo creado se comunique con el hilo principal, como se muestra en el
Listado 16-7. Esto es similar a poner un pato de goma en el río aguas
arriba o enviar un mensaje de chat de un hilo a otro.

src/main.rs

```
use std::sync::mpsc;
use std::thread;

fn main() {
    let (tx, rx) = mpsc::channel();

    thread::spawn(move || {
        let val = String::from("hi");
        tx.send(val).unwrap();
    });
}
```

Listado 16-7: Incorporación de tx a un hilo que se ha creado y envío de "hi".

Nuevamente, utilizamos `thread::spawn` para crear un nuevo hilo y,
luego, usar `move` para mover `tx` a closure, de manera que el hilo creado

sea propietario de tx. El hilo creado necesita ser propietario del transmisor para poder enviar mensajes a través del canal.

El transmisor tiene el método send que toma el valor que queremos enviar. El método send devuelve el tipo Result<T, E>, por lo que si el receptor ya ha sido eliminado y no hay ningún lugar para enviar un valor, la operación de envío devolverá un error. En este ejemplo, llamamos a unwrap para que entre en pánico en caso de un error. Pero en una aplicación real, lo gestionaríamos adecuadamente: vuelva al Capítulo 9 para revisar estrategias adecuadas de gestión de errores.

En el Listado 16-8, obtendremos el valor del receptor en el hilo principal. Esto es como recuperar el pato de goma del agua al final del río o recibir un mensaje de chat.

src/main.rs

```
use std::sync::mpsc;
use std::thread;

fn main() {
    let (tx, rx) = mpsc::channel();

    thread::spawn(move || {
        let val = String::from("hi");
        tx.send(val).unwrap();
    });

    let received = rx.recv().unwrap();
    println!("Got: {received}");
}
```

Listado 16-8: Recepción del valor "hi" en el hilo principal e impresión del mismo.

El receptor tiene dos métodos que son muy útiles: recv and try_recv. Usamos recv, que significa *recibir*, que bloqueará la ejecución del hilo principal y esperará hasta que se envíe un valor a través del canal. Una vez que se envía un valor, recv lo devolverá en Result<T, E>. Cuando el transmisor se cierra, recv devolverá un error para indicar que no se recibirán más valores.

El método try_recv no bloquea, sino que, en su lugar, devolverá Result<T, E> de inmediato: un valor Ok que contiene un mensaje si hay uno disponible y un valor Err si no hay mensajes en este momento. Usar try_recv es útil si este hilo tiene otro trabajo que hacer mientras espera mensajes: podríamos escribir un bucle que llame a try_recv de vez en cuando, gestione el mensaje si hay alguno disponible y, en caso contrario, realice otro trabajo durante un tiempo hasta comprobar de nuevo.

Hemos usado recv en este ejemplo por simplicidad; no tenemos ningún otro trabajo que realice el hilo principal aparte de esperar mensajes, por lo que es apropiado bloquear el hilo principal.

Cuando ejecutemos el código del Listado 16-8, veremos el valor impreso del hilo principal:

```
Got: hi
```

¡Perfecto!

Canales y transferencia de propiedad

Las reglas de propiedad desempeñan un papel vital en el envío de mensajes porque ayudan a escribir código concurrente seguro. Prevenir errores en la programación concurrente es la ventaja que supone pensar en la propiedad a lo largo de los programas en Rust. Hagamos un experimento para mostrar cómo los canales y la propiedad trabajan juntos para prevenir problemas: intentaremos usar un valor val en el hilo creado después de haberlo enviado por el canal. Intente compilar el código del Listado 16-9 para ver por qué este código no está permitido.

src/main.rs
```
use std::sync::mpsc;
use std::thread;

fn main() {
    let (tx, rx) = mpsc::channel();

    thread::spawn(move || {
        let val = String::from("hi");
        tx.send(val).unwrap();
        println!("val is {val}");
    });

    let received = rx.recv().unwrap();
    println!("Got: {received}");
}
```

Listado 16-9: Intento de usar val después de haberlo enviado por el canal.

Aquí, intentamos imprimir val después de haberlo enviado por el canal mediante tx.send. Permitir esto sería una mala idea: una vez que el valor se ha enviado a otro hilo, ese hilo podría modificarlo o eliminarlo antes de que intentemos usar el valor nuevamente. Potencialmente, las modificaciones realizadas por el otro hilo podrían causar errores o resultados inesperados debido a datos incoherentes o inexistentes. Sin embargo, Rust da un error si intentamos compilar el código en el Listado 16-9:

```
error[E0382]: borrow of moved value: `val`
  --> src/main.rs:10:31
   |
8  |         let val = String::from("hi");
   |             --- move occurs because `val` has type `String`, which does
not implement the `Copy` trait
9  |         tx.send(val).unwrap();
   |                 --- value moved here
10 |         println!("val is {val}");
   |                          ^^^ value borrowed here after move
```

Nuestro error de concurrencia ha causado un error durante la compilación. La función send se apropia de su parámetro y, cuando el valor se mueve, el receptor se apropia de él. Esto impide que accidentalmente volvamos a usar el valor después de enviarlo; el sistema de propiedad comprueba que todo está bien.

Envío de múltiples valores y observación de la espera del receptor

El código del Listado 16-8 se ha compilado y ejecutado, pero no nos ha mostrado claramente que dos hilos separados estaban comunicándose entre sí a través del canal. En el Listado 16-10 hemos realizado algunas modificaciones que mostrarán que el código en el Listado 16-8 se ejecutará concurrentemente: el hilo creado ahora enviará múltiples mensajes y se detendrá durante un segundo entre cada mensaje.

src/main.rs
```rust
use std::sync::mpsc;
use std::thread;
use std::time::Duration;

fn main() {
    let (tx, rx) = mpsc::channel();

    thread::spawn(move || {
        let vals = vec![
            String::from("hi"),
            String::from("from"),
            String::from("the"),
            String::from("thread"),
        ];

        for val in vals {
            tx.send(val).unwrap();
            thread::sleep(Duration::from_secs(1));
        }
    });

    for received in rx {
        println!("Got: {received}");
    }
}
```

Listado 16-10: Envío de varios mensajes haciendo pausas entre cada uno de ellos.

Esta vez, el hilo generado tiene un vector de cadenas que queremos enviar al hilo principal. Iteramos sobre ellas, enviando cada una individualmente, y pausamos entre cada una llamando a la función thread::sleep con el valor Duration de un segundo.

En el hilo principal, ya no llamamos explícitamente a la función recv; en su lugar, tratamos rx como un iterador. Para cada valor recibido, lo imprimimos. Cuando el canal se cierra, la iteración terminará.

Cuando ejecute el código en el Listado 16-10, debería ver la siguiente salida con una pausa de un segundo entre cada línea:

```
Got: hi
Got: from
Got: the
Got: thread
```

Dado que no tenemos ningún código que haga una pausa o produzca un retardo en el bucle for en el hilo principal, podemos deducir que el hilo principal está esperando recibir valores del hilo generado.

Creación de varios productores mediante la clonación del transmisor

Anteriormente, mencionamos que mpsc es un acrónimo de múltiples productores, un solo consumidor. Vamos a poner en uso mpsc y a ampliar el código del Listado 16-10 para crear varios hilos que envíen valores al mismo receptor. Podemos hacerlo clonando el transmisor, como se muestra en el Listado 16-11.

src/main.rs

```
--snip--

let (tx, rx) = mpsc::channel();

let tx1 = tx.clone();
thread::spawn(move || {
    let vals = vec![
        String::from("hi"),
        String::from("from"),
        String::from("the"),
        String::from("thread"),
    ];

    for val in vals {
        tx1.send(val).unwrap();
        thread::sleep(Duration::from_secs(1));
    }
});

thread::spawn(move || {
    let vals = vec![
        String::from("more"),
        String::from("messages"),
        String::from("for"),
        String::from("you"),
    ];

    for val in vals {
        tx.send(val).unwrap();
        thread::sleep(Duration::from_secs(1));
    }
});

for received in rx {
    println!("Got: {received}");
}

--snip--
```

Listado 16-11: Envío de varios mensajes desde varios productores.

Esta vez, antes de crear el primer hilo generado, llamamos a clone en el transmisor. Esto nos dará un nuevo transmisor que podemos pasar al primer hilo generado. Pasamos el transmisor original a un segundo hilo generado. Esto nos proporciona dos hilos, y cada uno envia mensajes diferentes a un receptor.

Cuando ejecute el código, la salida debería ser algo así:

```
Got: hi
Got: more
Got: from
Got: messages
Got: for
Got: the
Got: thread
Got: you
```

Es posible que vea los valores en un orden distinto, según su sistema. Esto es lo que hace que la concurrencia sea interesante y, a la vez, difícil. Si experimenta con thread::sleep, asignándole diferentes valores en los distintos hilos, cada ejecución será menos determinista y creará una salida diferente en cada ocasión.

Ahora que hemos visto cómo funcionan los canales, veamos un método diferente de concurrencia.

Concurrencia de estados compartidos

El paso de mensajes es una forma válida de gestionar la concurrencia, pero no es la única manera. Otro método consistiría en que varios hilos accedan a los mismos datos compartidos. Considere nuevamente la siguiente parte del lema de la documentación del lenguaje Go: «No te comuniques compartiendo memoria».

¿Cómo sería comunicarse compartiendo memoria? Además, ¿por qué los entusiastas del paso de mensajes advierten contra el uso de la memoria compartida?

En cierto sentido, los canales en cualquier lenguaje de programación son similares a la propiedad única, porque una vez que se transfiere un valor a través de un canal, ya no se debería usar ese valor. La concurrencia de memoria compartida es similar a la propiedad múltiple: varios hilos pueden acceder a la misma ubicación de memoria al mismo tiempo. Como se vio en el Capítulo 15, en el que los punteros inteligentes hicieron posible la propiedad múltiple, esta propiedad puede añadir complejidad, ya que los diferentes propietarios necesitan ser gestionados. El sistema de tipos y las reglas de propiedad de Rust ayudan enormemente a lograr una correcta gestión de lo anterior. Como ejemplo, veamos los mutex, una de las primitivas para concurrencia más comunes en memoria compartida.

Uso de mutex para permitir el acceso a los datos desde un hilo cada vez

Mutex es una abreviatura de *exclusión mutua*, ya que mutex permite que solo un hilo acceda a ciertos datos en un momento dado. Para acceder a los datos de mutex, un hilo debe, primero, indicar que quiere acceder solicitando adquirir el bloqueo de mutex. *Lock* es una estructura de datos que forma parte de mutex y realiza un seguimiento de quién tiene en ese momento acceso exclusivo a los datos.

Por lo tanto, se dice que mutex *protege* los datos que contiene a través del sistema de bloqueo.

Los mutex tienen la reputación de ser difíciles de usar porque se deben recordar dos reglas:

1. Se debe intentar adquirir el bloqueo antes de usar los datos.
2. Cuando se haya terminado con los datos que el mutex protege, se deben desbloquear los datos para que otros hilos puedan adquirir el bloqueo.

Como metáfora real para mutex, imagine una mesa redonda en una conferencia con un único micrófono. Antes de que un panelista pueda hablar, debe preguntar o señalizar que quiere usar el micrófono. Cuando obtiene el micrófono, puede hablar todo el tiempo que quiera y, luego, pasar el micrófono al siguiente panelista que solicite hablar. Si un panelista olvida pasar el micrófono cuando haya terminado de usarlo, nadie más podrá hablar. Si la gestión del micrófono compartido falla, ¡el panel no funcionará como estaba previsto!

La gestión de los mutex puede ser extremadamente difícil, por eso mucha gente está entusiasmada con los canales. Sin embargo, gracias al sistema de tipos y a las reglas de propiedad de Rust, no es posible equivocarse al bloquear y desbloquear.

La API de Mutex<T>

Como ejemplo de cómo usar mutex, empecemos por usarlo en el contexto de un solo hilo, como se muestra en el Listado 16-12.

src/main.rs

```
use std::sync::Mutex;

fn main() {
  ❶ let m = Mutex::new(5);

    {
      ❷ let mut num = m.lock().unwrap();
      ❸ *num = 6;
  ❹ }

  ❺ println!("m = {:?}", m);
}
```

Listado 16-12: Exploración de la API de Mutex<T> en el contexto de un solo hilo, para simplificar.

Al igual que con muchos tipos, creamos Mutex<T> utilizando la función asociada new ❶. Para acceder a los datos de mutex, utilizamos el método lock para adquirir el bloqueo ❷. Esta llamada bloqueará el hilo en curso, impidiéndole realizar cualquier trabajo hasta que sea nuestro turno para obtener el bloqueo.

La llamada a lock fallaría si otro hilo que tiene el bloqueo entrara en pánico. En ese caso, nadie podría obtener el bloqueo, por lo que hemos optado por utilizar unwrap y hacer que este hilo entre en pánico si nos encontramos en esa situación.

Después de haber adquirido el bloqueo, podemos tratar el valor de retorno, llamado num en este caso, como una referencia mutable a los datos que contiene. El sistema de tipos garantiza que adquiramos un bloqueo antes de usar el valor en m. El tipo de m es Mutex<i32>, no i32, por lo que debemos llamar a lock para poder usar el valor i32. No podemos olvidarlo; de lo contrario, el sistema de tipos no nos permitirá acceder al i32 interno.

Como podría sospechar, Mutex<T> es un puntero inteligente. Más concretamente, la llamada a lock devuelve un puntero inteligente llamado MutexGuard, envuelto en LockResult, que gestionamos con la llamada a unwrap. El puntero inteligente MutexGuard implementa Deref para apuntar a nuestros datos internos; además, este puntero inteligente tiene una implementación de Drop que libera el bloqueo automáticamente cuando MutexGuard sale del ámbito, lo cual sucede al final del ámbito interno ❹. Como resultado, no corremos el riesgo de olvidar liberar el bloqueo y bloquear mutex impidiendo que lo puedan usar otros hilos, ya que la liberación del bloqueo ocurre automáticamente.

Después de soltar el bloqueo, podemos imprimir el valor de mutex y ver que hemos podido cambiar el i32 interno a 6 ❺.

Compartición de Mutex<T> entre varios hilos

Ahora, vamos a intentar compartir un valor entre varios hilos utilizando Mutex<T>. Crearemos 10 hilos y haremos que cada uno incremente el valor del contador en 1, de modo que el contador vaya de 0 a 10. El ejemplo del Listado 16-13 tendrá un error de compilación, y usaremos ese error para aprender más sobre cómo usar Mutex<T> y cómo Rust nos ayuda a usarlo correctamente.

src/main.rs

```
use std::sync::Mutex;
use std::thread;

fn main() {
  ❶ let counter = Mutex::new(0);
    let mut handles = vec![];

  ❷ for _ in 0..10 {
      ❸ let handle = thread::spawn(move || {
          ❹ let mut num = counter.lock().unwrap();

          ❺ *num += 1;
        });
      ❻ handles.push(handle);
    }

    for handle in handles {
      ❼ handle.join().unwrap();
    }

  ❽ println!("Result: {}", *counter.lock().unwrap());
}
```

Listado 16-13: Diez hilos, cada uno incrementa un contador protegido por Mutex<T>.

Creamos una variable counter para almacenar i32 en Mutex<T> ❶, como hicimos en el Listado 16-12. A continuación, creamos 10 hilos iterando sobre un rango de números ❷. Usamos thread::spawn y les damos a todos los hilos el mismo closure: el que mueve (la propiedad de) el contador al hilo ❸, adquiere el bloqueo en Mutex<T> llamando al método lock ❹ y, luego, añade 1 al valor en mutex ❺. Cuando un hilo termina de ejecutar su closure, la variable num quedará fuera del ámbito y liberará el bloqueo para que otro hilo pueda adquirirlo.

En el hilo principal, recopilamos todos los manejadores de unión (join handles) ❻. Luego, como hicimos en el Listado 16-2, llamamos a join en cada manejador para tener la seguridad de que todos los hilos terminen ❼. En ese punto, el hilo principal adquirirá el bloqueo e imprimirá el resultado de este programa ❽.

Hemos insinuado que este ejemplo no compilaría. ¡Ahora vamos a averiguar por qué!

```
error[E0382]: use of moved value: `counter`
  --> src/main.rs:9:36
   |
5  |      let counter = Mutex::new(0);
   |          ------- move occurs because `counter` has type `Mutex<i32>`, which
does not implement the `Copy` trait
...
9  |          let handle = thread::spawn(move || {
   |                                     ^^^^^^^ value moved into closure here,
in previous iteration of loop
10 |              let mut num = counter.lock().unwrap();
   |                            ------- use occurs due to use in closure
```

El mensaje de error indica que el valor de counter ha sido movido en la iteración anterior del bucle. Rust nos está diciendo que no podemos mover la propiedad del counter de bloqueos a varios hilos. Vamos a solucionar el error del compilador con el método de propiedad múltiple que discutimos en el Capítulo 15.

Propiedad múltiple con varios hilos

En el Capítulo 15, asignamos un valor a varios propietarios utilizando el puntero inteligente Rc<T> para crear un valor con recuento de referencias. Vamos a hacer lo mismo aquí y veamos qué sucede. Envolveremos Mutex<T> en Rc<T> en el Listado 16-14 y clonaremos Rc<T> antes de transferir la propiedad al hilo.

src/main.rs
```
use std::rc::Rc;
use std::sync::Mutex;
use std::thread;

fn main() {
    let counter = Rc::new(Mutex::new(0));
    let mut handles = vec![];

    for _ in 0..10 {
        let counter = Rc::clone(&counter);
```

```
        let handle = thread::spawn(move || {
            let mut num = counter.lock().unwrap();

            *num += 1;
        });
        handles.push(handle);
    }

    for handle in handles {
        handle.join().unwrap();
    }

    println!("Result: {}", *counter.lock().unwrap());
}
```

Listado 16-14: Intento de usar Rc<T> para permitir que varios hilos posean Mutex<T>.

Una vez más, compilamos y obtenemos... ¡errores diferentes! El compilador nos está enseñando mucho.

```
error[E0277]: ❶ `Rc<Mutex<i32>>` cannot be sent between threads safely
  --> src/main.rs:11:22
   |
11 |            let handle = thread::spawn(move || {
   |  _____ ^^^^^^^^^^^^ _
   | |                                |
   | |                                `Rc<Mutex<i32>>` cannot be sent between threads
safely
12 | |                let mut num = counter.lock().unwrap();
13 | |
14 | |                *num += 1;
15 | |            });
   | |_____- within this `[closure@src/main.rs:11:36: 15:10]`
   |
= help: within `[closure@src/main.rs:11:36: 15:10]`, ❷the trait `Send` is not
implemented for `Rc<Mutex<i32>>`
    = note: required because it appears within the type
`[closure@src/main.rs:11:36: 15:10]`
note: required by a bound in `spawn`
```

¡Vaya, ese mensaje de error es muy extenso! Aquí está la parte importante en la que debe centrarse: `Rc<Mutex<i32>>` cannot be sent between threads safely ❶ (`Rc<Mutex<i32>>` no se puede eenviar entre hilos de manera segura). El compilador también nos indica la razón: the trait `Send` is not implemented for `Rc<Mutex<i32>>` ❷ (el trait `Send` no está implementado para `Rc<Mutex<i32>>`). Hablaremos sobre Send en la siguiente sección: es uno de los traits que asegura que los tipos que usamos con hilos están pensados para su uso en situaciones concurrentes.

Lamentablemente, Rc<T> no es seguro para compartir entre hilos. Cuando Rc<T> gestiona el recuento de referencias, incrementa el recuento por cada llamada clone y lo decrementa cuando se elimina cada clone. Sin embargo, no utiliza ninguna primitiva de concurrencia para asegurarse de que los cambios en el recuento no los pueda interrumpir otro hilo. Esto podría dar lugar a recuentos erróneos, errores sutiles que, a su vez, podrían provocar fugas de memoria o que un valor se elimine antes de que hayamos terminado con él. Lo que necesitamos es un tipo que sea exactamente igual a Rc<T>, pero que realice cambios en el recuento de referencias de forma segura para los hilos.

Recuento de referencias atómicas con Arc<T>

Afortunadamente, Arc<T> es un tipo similar a Rc<T> que es seguro de usar en situaciones concurrentes. La *a* es la incial de *atomic* (atómico), lo que significa que es un tipo con *atomically reference-counted (recuento de referencias atómico)*. Los atómicos son un tipo adicional de primitiva de concurrencia que no abordaremos aquí en profundidad: para conocer más detalles, consulte la documentación de la biblioteca cstándar de std::sync::atomic. En este momento, solo necesita saber que los tipos atómicos funcionan como tipos primitivos, pero son seguros para compartir entre hilos.

Podría, entonces, preguntarse por qué no todos los tipos primitivos son atómicos y por qué los tipos de la biblioteca estándar no están implementados para usar Arc<T> de manera predeterminada. La razón es que la seguridad de los hilos conlleva una penalización en el rendimiento que solo querrá pagar cuando en realidad lo necesite. Si solo realiza operaciones sobre valores dentro de un único hilo, el código puede ejecutarse más rápidamente si este no tiene que aplicar las garantías que proporcionan los tipos atómicos.

Volviendo a nuestro ejemplo: Arc<T> y Rc<T> tienen la misma API, por lo que solucionamos nuestro programa cambiando la línea use, la llamada a new y la llamada a clone. El código en el Listado 16-15 finalmente se compilará y ejecutará.

src/main.rs
```
use std::sync::{Arc, Mutex};
use std::thread;

fn main() {
    let counter = Arc::new(Mutex::new(0));
    let mut handles = vec![];

    for _ in 0..10 {
        let counter = Arc::clone(&counter);
        let handle = thread::spawn(move || {
            let mut num = counter.lock().unwrap();

            *num += 1;
        });
        handles.push(handle);
    }

    for handle in handles {
        handle.join().unwrap();
    }

    println!("Result: {}", *counter.lock().unwrap());
}
```

Listado 16-15: Uso de Arc<T> para envolver Mutex<T> y poder compartir la propiedad entre varios hilos.

Este código imprimirá lo siguiente:

```
Result: 10
```

¡Lo hemos conseguido! Contamos del 0 al 10, lo que puede no parecer muy impresionante, pero nos ha enseñado mucho sobre Mutex<T> y la seguridad en los hilos. También se podría usar la estructura de este programa para realizar operaciones más complicadas que la de simplemente incrementar un contador. Utilizando esta estrategia, se puede dividir un cálculo en partes independientes, distribuir esas partes entre hilos y, luego, usar un Mutex<T> para que cada hilo actualice el resultado final con su parte.

Hay que tener en cuenta que si se realizan operaciones numéricas simples, existen tipos más simples que los tipos Mutex<T> que proporciona el módulo std::sync::atomic de la biblioteca estándar. Estos tipos ofrecen un acceso seguro, concurrente y atómico a tipos primitivos. Elegimos usar Mutex<T> con un tipo primitivo en este ejemplo para poder concentrarnos en cómo funciona Mutex<T>.

Similitudes entre RefCell<T>/Rc<T> y Mutex<T>/Arc<T>

Es posible que haya notado que counter es inmutable, pero podríamos obtener una referencia mutable al valor que contiene; esto significa que Mutex<T> proporciona mutabilidad interna, al igual que lo hace la familia Cell. De la misma manera en que usamos RefCell<T> en el Capítulo 15 para permitirnos mutar el contenido dentro de Rc<T>, usamos Mutex<T> para mutar el contenido de Arc<T>.

Otro detalle a tener en cuenta es que Rust no puede protegerle de todos los tipos de errores lógicos cuando utiliza Mutex<T>. Recordemos, del Capítulo 15, que usar Rc<T> implicaba el riesgo de crear ciclos de referencia, donde dos valores Rc<T> se referencian mutuamente, causando pérdidas de memoria. De manera similar, Mutex<T> conlleva el riesgo de crear *deadlocks* (bloqueos mutuos). Estos ocurren cuando una operación necesita bloquear dos recursos y dos hilos han adquirido cada uno de los bloqueos, lo que provoca que esperen mutuamente de forma indefinida. Si le interesan los bloqueos, intente crear un programa en Rust que tenga un bloqueo; luego, investigue estrategias de mitigación de bloqueos para los mutex en cualquier lenguaje y trate de implementarlas en Rust. La documentación de la API de la biblioteca estándar para Mutex<T> y MutexGuard ofrece información muy útil.

Cerraremos este capítulo hablando sobre los traits Send y Sync y cómo podemos usarlos con tipos personalizados.

Concurrencia ampliable con los traits Send y Sync

Curiosamente, el lenguaje Rust tiene muy pocas características de concurrencia. Casi todas las características de concurrencia de las que hemos hablado hasta ahora en este capítulo han sido parte de la biblioteca estándar, no del lenguaje en sí. Sus opciones para manejar la concurrencia no se limitan al lenguaje o a la biblioteca estándar; puede escribir sus propias características de concurrencia o utilizar las escritas por otros.

Sin embargo, hay dos conceptos de concurrencia integrados en el lenguaje: los traits `std::marker` Send y Sync.

Cómo permitir la transferencia de propiedad entre hilos con Send

El trait marcador Send indica que la propiedad de valores del tipo que implementa Send puede transferirse entre hilos. Casi todos los tipos en Rust son Send, pero hay algunas excepciones, incluido Rc<T>: este tipo no puede ser Send porque, si usted clonara un valor Rc<T> y tratara de transferir la propiedad del clon a otro hilo, ambos hilos podrían actualizar el recuento de referencias al mismo tiempo. Por esta razón, Rc<T> se implementa para su uso en situaciones de un solo hilo en las que no se desea pagar la penalización de rendimiento de la seguridad de los hilos.

Por lo tanto, el sistema de tipos y las retricciones de traits de Rust aseguran que nunca se pueda enviar accidentalmente un valor Rc<T> entre hilos de manera insegura. Cuando intentamos hacer esto en el Listado 16-14, obtuvimos el error the trait `Send` is not implemented for `Rc<Mutex<i32>>`(el trait Send no está implementado para `Rc<Mutex<i32>>`). Cuando cambiamos a Arc<T>, que es Send, el código compiló.

Cualquier tipo compuesto totalmente por tipos Send también se marca automáticamente como Send. Casi todos los tipos primitivos son Send, excepto los punteros sin procesar, que discutiremos en el Capítulo 19.

Cómo permitir el acceso desde varios hilos con Sync

El trait marcador Sync indica que es seguro que el tipo que lo implementa sea referenciado desde múltiples hilos. En otras palabras, cualquier tipo T es Sync si &T (una referencia inmutable a T) es Send, lo que significa que la referencia puede enviarse de manera segura a otro hilo. De forma similar a Send, los tipos primitivos son Sync, y los tipos compuestos totalmente por tipos que son Sync también son Sync.

El puntero inteligente Rc<T> tampoco es Sync por las mismas razones por las que no es Send. El tipo RefCell<T> (del que hablamos en el Capítulo 15) y la familia de tipos relacionados Cell<T> no son Sync. La implementación de verificación de préstamos que RefCell<T> realiza durante la ejecución no es segura para los hilos. El puntero inteligente Mutex<T> es Sync y puede usarse para compartir acceso entre varios hilos, como se vio en la sección «Compartición de Mutex<T> entre varios hilos».

Las implementaciones manuales de Send y Sync no son seguras

Dado que los tipos compuestos por traits Send y Sync también son automáticamente Send y Sync, no tenemos que implementar manualmente esos traits. Como traits marcadores, ni siquiera tienen métodos que implementar. Son útiles simplemente para hacer cumplir invariantes relacionados con la concurrencia.

Implementar manualmente estos traits implica implementar código inseguro en Rust. Hablaremos sobre cómo usar código inseguro en Rust en el Capítulo 19; por ahora, la información importante es que construir nuevos tipos concurrentes que no estén compuestos por partes Send y Sync requiere pensar cuidadosamente para mantener las garantías de seguridad. «The Rustonomicon», en *https://doc.rust-lang.org/stable/nomicon*, tiene más información sobre estas garantías y sobre cómo mantenerlas.

Resumen

No es la última vez que verá la concurrencia en el libro: el proyecto del Capítulo 20 utilizará los conceptos de este capítulo en una situación más realista que los ejemplos menores discutidos aquí.

Como se mencionó anteriormente, debido a que muy poco de cómo Rust gestiona la concurrencia es parte del lenguaje, muchas soluciones de concurrencia se implementan como crates (paquetes). Estos evolucionan más rápidamente que la biblioteca estándar, así que asegúrese de buscar en línea los crates más actuales y avanzados para usar en situaciones multihilo.

La biblioteca estándar de Rust proporciona canales para el envío de mensajes y tipos de punteros inteligentes, como Mutex<T> y Arc<T>, que son seguros de usar en contextos concurrentes. El sistema de tipos y el verificador de préstamos aseguran que el código que utiliza estas soluciones no termine con carreras de datos ni referencias inválidas. Una vez que logre que el código compile, puede estar seguro de que funcionará sin problemas en varios hilos, sin los tipos de errores difíciles de rastrear frecuentes en otros lenguajes. La programación concurrente ya no es un concepto que deba causar temor: ¡avance y haga que sus programas sean concurrentes sin preocupación alguna!

A continuación, hablaremos sobre formas idiomáticas de modelar problemas y estructurar soluciones a medida que los programas en Rust se vuelvan más grandes. Además, discutiremos cómo los modismos de Rust se relacionan con aquellos que podría conocer en la programación orientada a objetos.

17

CARACTERÍSTICAS DE LA PROGRAMACIÓN ORIENTADA A OBJETOS

La Programación Orientada a Objetos (POO) es una forma de modelar programas. Los objetos como concepto programático se introdujeron en el lenguaje de programación Simula en la década de 1960. Esos objetos influyeron en la arquitectura de programación de Alan Kay, en la cual los objetos se envían mensajes entre sí. Para describir esta arquitectura, acuñó el término *programación orientada a objetos* en 1967. Muchas definiciones contradictorias describen qué es la POO, y según algunas de estas definiciones, Rust es orientado a objetos pero, según otras, no lo es. En este capítulo, exploraremos ciertas características que comúnmente se consideran propias de la orientación a objetos y cómo esas características se traducen al Rust idiomático. Luego, le mostraremos cómo implementar un patrón de diseño orientado a objetos en Rust y discutiremos las contrapartidas de hacerlo en comparación con implementar una solución utilizando en su lugar algunas de las fortalezas de Rust.

Características de los lenguajes orientados a objetos

No hay consenso en la comunidad de programación sobre qué características debe tener un lenguaje para considerarse orientado a objetos. Rust está influenciado por muchos paradigmas de programación, incluida la POO; por ejemplo, exploramos las características que provienen de la programación funcional en el Capítulo 13. Se podría argumentar que los lenguajes orientados a objetos comparten ciertas características comunes; a saber, objetos, encapsulación y herencia. Veamos qué significa cada una de esas características y si Rust las soporta.

Los objetos contienen datos y comportamientos

El libro *Design Patterns: Elements of Reusable Object-Oriented Software*, de Erich Gamma, Richard Helm, Ralph Johnson, y John Vlissides (Addison-Wesley, 1994), comúnmente conocido como *The Gang of Four*, es un catálogo de patrones de diseño orientados a objetos. Define la POO de la siguiente manera:

> Los programas orientados a objetos están compuestos por objetos. Un **objeto** combina tanto datos como los procedimientos que operan en esos datos. Los procedimientos normalmente se llaman **métodos** u **operaciones**.

Utilizando esta definición, Rust es orientado a objetos: las structs y enums tienen datos, y los bloques `impl` proporcionan métodos para las structs y enums. Aunque a las structs y enums con métodos no se las llama objetos, proporcionan la misma funcionalidad, según la definición de objetos del libro *The Gang of Four*.

La encapsulación que oculta los detalles de implementación

Otro aspecto comúnmente asociado con la POO es la idea de *encapsulación*, que significa que los detalles de implementación de un objeto no son accesibles para el código que utiliza ese objeto. Por lo tanto, la única forma de interactuar con un objeto es a través de la API pública del mismo; el código que usa el objeto no debería poder acceder a los detalles internos del objeto y cambiar los datos o el comportamiento directamente. Esto permite al programador cambiar y refactorizar los detalles internos de un objeto sin necesidad de modificar el código que usa dicho objeto.

Discutimos cómo controlar la encapsulación en el Capítulo 7: podemos usar la palabra clave `pub` para decidir qué módulos, tipos, funciones y métodos deben ser públicos en el código (y, por defecto, todo lo demás es privado). Por ejemplo, podemos definir una struct llamada `AveragedCollection` que tenga un campo que contenga un vector de valores `i32`. La struct también puede tener un campo que contenga el promedio de los valores del vector, lo que significa que el promedio no tiene que calcularse bajo demanda cada vez que alguien lo necesite. En otras palabras, `AveragedCollection` almacenará en caché el promedio que ha calculado en lugar de tener que hacerlo nosotros. El Listado 17-1 contiene la definición de la struct `AveragedCollection`.

```rust
pub struct AveragedCollection {
    list: Vec<i32>,
    average: f64,
}
```

Listado 17-1: Struct AveragedCollection que almacena una lista de enteros y el promedio de los elementos de la colección.

La struct está marcada como pub para que otro código pueda usarla, pero los campos en la estructura permanecen privados. Esto es importante en este caso porque queremos asegurarnos de que cada vez que se añade o elimina un valor de la lista, el promedio también se actualiza. Hacemos esto implementando los métodos add, remove, y average en la struct, como se muestra en el Listado 17-2.

```rust
impl AveragedCollection {
    pub fn add(&mut self, value: i32) {
        self.list.push(value);
        self.update_average();
    }

    pub fn remove(&mut self) -> Option<i32> {
        let result = self.list.pop();
        match result {
            Some(value) => {
                self.update_average();
                Some(value)
            }
            None => None,
        }
    }

    pub fn average(&self) -> f64 {
        self.average
    }

    fn update_average(&mut self) {
        let total: i32 = self.list.iter().sum();
        self.average = total as f64 / self.list.len() as f64;
    }
}
```

Listado 17-2: Implementaciones de los métodos públicos add, remove y average en AveragedCollection.

Los métodos públicos add, remove y average son las únicas formas de acceder o modificar los datos en una instancia de AveragedCollection. Cuando se añade un elemento a list usando el método add o se elimina usando el método remove, las implementaciones de cada uno de ellos llaman al método privado update_average que se encarga también de actualizar el campo average.

Dejamos los campos list y average como privados para que no haya forma de que el código externo pueda añadir o eliminar elementos de la lista directamente; de lo contrario, el campo average podría desincronizarse cuando list cambie. El método average devuelve el valor del campo average, lo que permite que el código externo lea average pero no lo modifique.

Debido a que hemos encapsulado los detalles de implementación de la struct AveragedCollection, podremos, en el futuro, cambiar fácilmente aspectos como la estructura de los datos. Por ejemplo, podríamos usar un HashSet<i32> en lugar de Vec<i32> para el campo list. Siempre y cuando las firmas de los métodos públicos de add, remove y average se mantengan iguales, el código que usa AveragedCollection no necesitaría cambiar. Si hiciéramos que la lista fuera pública, esto no sería necesariamente cierto: HashSet<i32> y Vec<i32> tienen métodos diferentes para añadir y eliminar elementos, por lo que es probable que el código externo tuviera que cambiar si modificara list directamente.

Si la encapsulación es un aspecto requerido para que un lenguaje se considere orientado a objetos, entonces Rust cumple con ese requisito. La opción de usar pub o no en diferentes partes del código permite la encapsulación de los detalles de implementación.

La herencia como sistema de tipos y como compartición de código

La *herencia* es un mecanismo mediante el cual un objeto puede heredar elementos de la definición de otro objeto, adquiriendo así los datos y el comportamiento del objeto padre sin necesidad de definirlos nuevamente.

Si un lenguaje debe tener herencia para ser considerado orientado a objetos, entonces Rust no es tal lenguaje. No hay forma de definir una estructura que herede los campos y las implementaciones de métodos de la estructura padre sin usar una macro.

Sin embargo, si usted está acostumbrado a tener la herencia en su caja de herramientas de programación, puede usar otras soluciones en Rust, dependiendo, en primer lugar, de la razón por la que busca la herencia.

Elegiría la herencia principalmente por dos razones. Una es para la reutilización de código: puede implementar un comportamiento específico para un tipo y la herencia le permite reutilizar esa implementación para un tipo diferente. En el código de Rust, puede hacer esto de manera limitada usando implementaciones de métodos por defecto en traits, como se vio en el Listado 10-14 cuando añadimos una implementación por defecto del método summarize en el trait Summary. Cualquier tipo que implemente el trait Summary tendrá disponible el método summarize sin necesidad de código adicional. Esto es similar a una clase padre que tiene una implementación de un método y una clase hija heredera que también tiene la implementación del método. También podemos anular la implementación por defecto del método summarize cuando implementamos el trait Summary, lo cual es similar a una clase hija que anula la implementación de un método heredado de una clase padre.

La otra razón para usar la herencia se relaciona con el sistema de tipos: para permitir que un tipo hijo se pueda usar en los mismos lugares que el tipo padre. A esto también se le llama *polimorfismo*, lo que significa que se pueden sustituir varios objetos entre sí en tiempo de ejecución si comparten ciertas características.

POLIMORFISMO

Para muchos usuarios, el polimorfismo es sinónimo de herencia. Pero, en realidad, es un concepto más general que se refiere al código que puede funcionar con datos de varios tipos. En el caso de la herencia, esos tipos son generalmente subclases.

En cambio, Rust utiliza genéricos para abstraer los diferentes tipos posibles y trait bounds (restricciones de traits) para imponer restricciones sobre lo que esos tipos deben proporcionar. A esto a veces se le llama *polimorfismo paramétrico acotado*.

La herencia ha caído recientemente en desuso como solución de diseño de programación en muchos lenguajes de programación, porque a menudo existe el riesgo de compartir más código del necesario. Las subclases no siempre deberían compartir todas las características de su clase padre, pero lo harán con la herencia. Esto puede hacer que el diseño de un programa sea menos flexible. También introduce la posibilidad de llamar a métodos en subclases que no tienen sentido o que causan errores porque los métodos no se aplican a la subclase. Además, algunos lenguajes solo permitirán una *herencia única* (lo que significa que una subclase solo puede heredar de una clase), lo que restringe aún más la flexibilidad del diseño de un programa.

Por estas razones, Rust adopta un enfoque diferente al utilizar objetos trait en lugar de la herencia. Veamos cómo los objetos trait permiten el polimorfismo en Rust.

Uso de objetos trait que permiten valores de diferentes tipos

En el Capítulo 8, mencionamos que una limitación de los vectores es que solo pueden almacenar elementos de un solo tipo. Aplicamos una solución alternativa en el Listado 8-9, donde definimos una enum llamada SpreadsheetCell que tenía variantes para almacenar números enteros, de coma flotante y texto. Esto significaba que podíamos almacenar diferentes tipos de datos en cada celda y, aun así, tener un vector que representara una fila de celdas. Esta es una solución perfectamente válida cuando los elementos intercambiables son un conjunto fijo de tipos que conocemos cuando se compila el código.

Sin embargo, a veces queremos que el usuario de nuestra biblioteca pueda extender el conjunto de tipos que son válidos en una situación particular. Para mostrar cómo podríamos lograr esto, crearemos una herramienta de interfaz gráfica de usuario (Graphical User Interface, GUI) de ejemplo que itera a través de una lista de elementos, llamando al método draw en cada elemento para mostrarlo en pantalla; una técnica frecuente en herramientas GUI. Crearemos un crate de biblioteca llamado gui que contiene la estructura de una biblioteca GUI.

Este crate podría incluir algunos tipos para que los usuarios los utilicen, como `Button` o `TextField`. Además, los usuarios de `gui` querrán crear sus propios tipos y que se puedan dibujar: por ejemplo, un programador podría añadir `Image` y otro podría añadir `SelectBox`.

En este ejemplo, no implementaremos una biblioteca GUI completa, pero mostraremos cómo encajarían las piezas. En el momento de escribir la biblioteca, no podemos conocer y definir todos los tipos que otros programadores podrían querer crear. Pero sí sabemos que `gui` necesita llevar un seguimiento de muchos valores de diferentes tipos, y debe llamar al método `draw` en cada uno de estos valores de tipos diferentes. `Gui` no necesita saber exactamente qué sucederá cuando llamemos al método `draw`, solo que el valor tendrá ese método disponible para que lo llamemos.

Para hacer todo esto en un lenguaje con herencia, podríamos definir una clase llamada `Component` que tenga un método llamado `draw`. Las otras clases, como `Button`, `Image`, y `SelectBox`, heredarían de `Component` y, por lo tanto, heredarían el método `draw`. Cada una podría anular el método `draw` para definir su comportamiento personalizado, pero el framework (marco de trabajo) podría tratar a todos los tipos como si fueran instancias de `Component` y llamar a `draw` en ellos. Pero, dado que Rust no tiene herencia, necesitamos otra forma de estructurar la biblioteca `gui` para permitir a los usuarios extenderla con nuevos tipos.

Definición de trait para un comportamiento común

Para implementar el comportamiento que deseamos que tenga `gui`, definiremos el trait llamado `Draw` que tendrá el método llamado `draw`. Luego, podremos definir un vector que tome un objeto trait. Un *objeto trait* apunta tanto a una instancia de un tipo, que implementa nuestro trait especificado, como a una tabla que se utiliza para buscar los métodos del trait en ese tipo en tiempo de ejecución. Creamos un objeto trait especificando algún tipo de puntero, como una referencia `&` o un puntero inteligente `Box<T>`, seguido de la palabra clave `dyn`, especificando luego el trait apropiado. (Hablaremos sobre la razón por la que los objetos trait deben usar un puntero en «Tipos de tamaño dinámico y el trait Sized»). Podemos usar objetos trait en lugar de un tipo genérico o concreto. Dondequiera que usemos un objeto trait, el sistema de tipos de Rust se asegurará en tiempo de compilación de que cualquier valor utilizado en ese contexto implemente el trait del objeto trait. En consecuencia, no necesitamos conocer todos los posibles tipos en tiempo de compilación.

Hemos mencionado que, en Rust, nos abstendremos de llamar a las structs y enums «objetos» para distinguirlas de los objetos en otros lenguajes. En una struct o enum, los datos en los campos de la struct y el comportamiento en los bloques `impl` están separados, mientras que, en otros lenguajes, la combinación de datos y comportamiento en un solo concepto a menudo se etiqueta como objeto. Sin embargo, los objetos trait son más parecidos a los objetos en otros lenguajes, en el sentido de que combinan datos y comportamiento. Pero los objetos trait difieren de los objetos tradicionales en que no podemos añadir datos a un objeto trait. Los objetos trait no son tan útiles en general como los objetos en otros lenguajes: su propósito específico es permitir la abstracción a través de comportamientos comunes.

El Listado 17-3 muestra cómo definir el trait llamado Draw con el método llamado draw.

src/lib.rs

```
pub trait Draw {
    fn draw(&self);
}
```

Listado 17-3: Definición del trait Draw.

Esta sintaxis debería resultarle familiar de nuestras discusiones sobre cómo definir traits en el Capítulo 10. A continuación, viene una sintaxis nueva: el Listado 17-4 define una struct llamada Screen que contiene un vector llamado components. Este vector es de tipo Box<dyn Draw>, que es un objeto trait; es un sustituto para cualquier tipo dentro de Box que implemente el trait Draw.

src/lib.rs

```
pub struct Screen {
    pub components: Vec<Box<dyn Draw>>,
}
```

Listado 17-4: Definición de la struct Screen con el campo components que contiene un vector de objetos trait que implementan el trait Draw.

En la struct Screen, definiremos el método llamado run que llamará al método draw en cada uno de los components, como se muestra en el Listado 17-5.

src/lib.rs

```
impl Screen {
    pub fn run(&self) {
        for component in self.components.iter() {
            component.draw();
        }
    }
}
```

Listado 17-5: Método run en Screen que llama al método draw en cada componente.

Esto funciona de manera diferente a la definición de una struct que utilice un parámetro de tipo genérico con trait bounds (restricciones de traits). Un parámetro de tipo genérico se puede sustituir solo por un tipo concreto a la vez, mientras que los objetos trait permiten que varios tipos concretos ocupen el lugar del objeto trait en tiempo de ejecución. Por ejemplo, podríamos haber definido la struct Screen usando un parámetro de tipo genérico y una restricción de trait, como se muestra en el Listado 17-6.

src/lib.rs

```
pub struct Screen<T: Draw> {
    pub components: Vec<T>,
}

impl<T> Screen<T>
```

```
where
    T: Draw,
{
    pub fn run(&self) {
        for component in self.components.iter() {
            component.draw();
        }
    }
}
```

Listado 17-6: Implementación alternativa de la estructura Screen y su método run usando genéricos y restricciones de traits.

Esto nos limita a una instancia de Screen que tiene una lista de componentes todos del tipo Button o todos del tipo TextField. Si solo va a tener colecciones homogéneas, es preferible que use genéricos y restricciones de traits porque las definiciones se monomorfizarán en tiempo de compilación para usar los tipos concretos.

Por otro lado, con el método que utiliza objetos fr trait, una instancia de Screen puede contener un Vec<T> que contiene tanto Box<Button> como Box<TextField>. Veamos cómo funciona esto y, luego, hablaremos sobre las implicaciones del rendimiento en tiempo de ejecución.

Implementación de trait

Ahora añadiremos algunos tipos que implementan el trait Draw. Proporcionaremos el tipo Button. Nuevamente, en realidad, implementar una biblioteca GUI está más allá del alcance del libro, por lo que el método draw no tendrá ninguna implementación útil en su cuerpo. Para imaginar cómo podría ser la implementación, una estructura Button podría tener campos width, height, y label, como se muestra en el Listado 17-7.

src/lib.rs
```
pub struct Button {
    pub width: u32,
    pub height: u32,
    pub label: String,
}

impl Draw for Button {
    fn draw(&self) {
        // code to actually draw a button
    }
}
```

Listado 17-7: Estructura Button que implementa el trait Draw.

Los campos width, height, y label en Button serán diferentes de los campos en otros componentes; por ejemplo, un tipo TextField podría tener esos mismos campos además de un campo placeholder. Cada uno de los tipos que queremos dibujar en la pantalla implementará el trait Draw, pero usará un código diferente en el método draw para definir cómo dibujar ese tipo en particular, como lo hace Button aquí (sin el código GUI real, como se mencionó). El tipo Button, por ejemplo, podría tener un bloque impl adicional que contenga métodos relacionados con lo que sucede cuando un usuario hace clic en el botón. Estos tipos de métodos no se aplicarán a tipos como TextField.

Si alguien que usa nuestra biblioteca decide implementar una estructura SelectBox que tenga campos width, height, y options, también implementaría el trait Draw en el tipo SelectBox (Listado 17-8).

src/main.rs

```
use gui::Draw;

struct SelectBox {
    width: u32,
    height: u32,
    options: Vec<String>,
}

impl Draw for SelectBox {
    fn draw(&self) {
        // code to actually draw a select box
    }
}
```

Listado 17-8: Otro crate que usa gui e implementa el trait Draw en la estructura SelectBox.

El usuario de nuestra biblioteca ahora puede escribir su función main para crear una instancia de Screen. A la instancia de Screen, puede añadir SelectBox y Button colocando cada uno en Box<T> para convertirlos en un objeto trait. Luego, puede llamar al método run en la instancia de Screen, lo cual llamará a draw en cada uno de los componentes. El Listado 17-9 muestra esta implementación.

src/main.rs

```
use gui::{Button, Screen};

fn main() {
    let screen = Screen {
        components: vec![
            Box::new(SelectBox {
                width: 75,
                height: 10,
                options: vec![
                    String::from("Yes"),
                    String::from("Maybe"),
                    String::from("No"),
                ],
            }),
            Box::new(Button {
                width: 50,
                height: 10,
                label: String::from("OK"),
            }),
        ],
    };

    screen.run();
}
```

Listado 17-9: Uso de los objetos trait para almacenar valores de diferentes tipos que implementan el mismo trait.

Cuando escribimos la biblioteca, no sabíamos que alguien podría añadir el tipo SelectBox, pero nuestra implementación de Screen podía operar en el nuevo tipo y dibujarlo, porque SelectBox implementa el trait Draw, lo que significa que implementa el método draw.

Este concepto —de preocuparnos solo por los mensajes a los que responde un valor en lugar del tipo concreto del valor— es similar al concepto de *duck typing* en lenguajes de tipado dinámico: si camina como un pato y hace cuac como un pato, entonces ¡debe ser un pato! En la implementación de la función run en Screen en el Listado 17-5, no necesita saber cuál es el tipo concreto de cada componente. No verifica si un componente es una instancia de Button o de SelectBox, simplemente llama al método draw en el componente. Al especificar Box<dyn Draw> como el tipo de los valores en el vector components, hemos definido que Screen necesita valores en los que podamos llamar al método draw.

La ventaja de usar objetos trait y el sistema de tipos de Rust para escribir código similar al código que utiliza duck typing es que nunca tenemos que verificar si un valor implementa un método en particular en tiempo de ejecución ni preocuparnos por obtener errores si un valor no implementa un método pero lo llamamos de todas formas. Rust no compilará el código si los valores no implementan los traits que necesitan los objetos trait.

Por ejemplo, el Listado 17-10 muestra qué sucede si intentamos crear una pantalla con String como componente.

src/main.rs

```
use gui::Screen;

fn main() {
    let screen = Screen {
        components: vec![Box::new(String::from("Hi"))],
    };

    screen.run();
}
```

Listado 17-10: Intento de usar un tipo que no implementa el trait del objeto trait.

Obtendremos este error porque String no implementa el trait Draw:

```
error[E0277]: the trait bound `String: Draw` is not satisfied
  --> src/main.rs:5:26
   |
5  |         components: vec![Box::new(String::from("Hi"))],
   |                          ^^^^^^^^^^^^^^^^^^^^^^^^^^^^^ the trait `Draw`
is not implemented for `String`
   |
   = note: required for the cast to the object type `dyn Draw`
```

Este error nos indica que estamos pasando algo a Screen que no teníamos la intención de pasar, por lo que deberíamos pasar un tipo diferente, o deberíamos implementar la función Draw en String para que Screen pueda llamar a draw sobre él.

Los objetos trait realizan despacho dinámico

Recuerde, de la sección «Rendimiento del código cuando se utilizan genéricos», nuestra discusión sobre el proceso de monomorfización realizado por el compilador cuando usamos restricciones de traits en genéricos: el compilador genera implementaciones no genéricas de funciones y métodos para cada tipo concreto que utilizamos en lugar de un parámetro de tipo genérico. El código resultante de la monomorfización realiza un *despacho estático*, que es cuando el compilador sabe a qué método se llama en tiempo de compilación. Esto se opone al *despacho dinámico*, que es cuando el compilador no puede determinar a qué método se llama en tiempo de compilación. En casos de despacho dinámico, el compilador emite código que en tiempo de ejecución averiguará a qué método llamar.

Cuando utilizamos objetos trait, Rust debe emplear el despacho dinámico. El compilador no conoce todos los tipos que se podrían usar con el código que utiliza objetos trait, por lo que no sabe a qué método implementado en qué tipo llamar. En cambio, en tiempo de ejecución, Rust utiliza los punteros dentro del objeto trait para saber a qué método llamar. Esta búsqueda conlleva un coste en cuanto al tiempo de ejecución que no ocurre con el despacho estático. El despacho dinámico también impide que el compilador elija insertar el código de un método en línea, lo que, a su vez, impide algunas optimizaciones. Sin embargo, obtuvimos una mayor flexibilidad en el código que escribimos en el Listado 17-5 y lo pudimos respaldar en el Listado 17-9, por lo que es una compensación a considerar.

Implementación de un patrón de diseño orientado a objetos

El *patrón de estados* es un patrón de diseño orientado a objetos. La esencia del patrón radica en que definimos un conjunto de estados que un valor puede tener internamente. Los estados están representados por un conjunto de *objetos de estado*, y el comportamiento del valor cambia en función de su estado. Vamos a trabajar mediante un ejemplo de una struct de entrada de blog que tiene un campo para mantener su estado, que será un objeto estado del conjunto «borrador», «revisión» o «publicado».

Los objetos de estado comparten funcionalidad: en Rust, por supuesto, utilizamos structs y traits en lugar de objetos y herencia. Cada objeto de estado es responsable de su propio comportamiento y de determinar cuándo debe cambiar a otro estado. El valor que contiene un objeto de estado no sabe nada sobre el comportamiento diferente de los estados ni sobre cuándo hacer la transición entre estados.

La ventaja de usar el patrón de estado es que, cuando los requisitos de negocio del programa cambien, no será necesario modificar el código del valor que contiene el estado ni el código que utiliza ese valor. Solo tendremos que actualizar el código dentro de uno de los objetos de estado para cambiar sus reglas o, tal vez, añadir más objetos de estado.

En primer lugar, vamos a implementar el patrón de estado de manera más tradicional, siguiendo un enfoque orientado a objetos clásico y, luego, utilizaremos un enfoque más natural en Rust. Ahora, vamos a adentrarnos en la implementación incremental del flujo de trabajo para entradas de blog utilizando el patrón de estado.

La funcionalidad final se verá así:

1. Una entrada de blog comienza como un borrador vacío.
2. Cuando se completa el borrador, se solicita una revisión de la entrada.
3. Cuando la entrada es aprobada, se publica.
4. Solo las entradas de blog aprobadas devuelven contenido para imprimir, por lo que las entradas no aprobadas no pueden publicarse de forma accidental.

Cualquier otro cambio que se intente realizar en una entrada no debería tener efecto. Por ejemplo, si intentamos aprobar una entrada del blog en borrador antes de haber solicitado una revisión, la entrada debería seguir siendo un borrador no publicado.

El Listado 17-11 muestra este flujo de trabajo en forma de código: este es un ejemplo de uso de la API que implementaremos en un crate de biblioteca llamado blog. Aún no compilará porque no hemos implementado el crate blog todavía.

src/main.rs
```
use blog::Post;

fn main() {
❶ let mut post = Post::new();

❷ post.add_text("I ate a salad for lunch today");
❸ assert_eq!("", post.content());

❹ post.request_review();
❺ assert_eq!("", post.content());

❻ post.approve();
❼ assert_eq!("I ate a salad for lunch today", post.content());
}
```

Listado 17-11: Código que muestra el comportamiento que queremos que tenga nuestro crate blog.

Queremos que el usuario pueda crear una nueva entrada del blog en borrador con Post::new ❶. Queremos que se pueda añadir texto a la entrada del blog ❷. Si intentamos obtener el contenido de la entrada de forma inmediata, antes de su aprobación, no deberíamos obtener ningún texto porque la entrada aún es un borrador. Hemos añadido assert_ eq! en el código con fines de demostración ❸. Una excelente prueba unitaria para esto sería asegurar que una entrada del blog en borrador devuelve una cadena vacía desde el método content, pero no vamos a escribir pruebas para este ejemplo.

A continuación, deseamos habilitar una solicitud de revisión de la entrada ❹, y queremos que el método content devuelva una cadena vacía mientras esperamos la revisión ❺. Cuando la entrada reciba aprobación ❻, debería ser publicada, lo que significa que el texto de la entrada se devolverá cuando se llame a content ❼.

Observe que el único tipo con el que estamos interactuando desde el crate es el tipo Post. Este tipo usará el patrón de estado y mantendrá un valor que será uno de los tres objetos de estado que representan los diversos estados en los que puede encontrarse una publicación: borrador, revisión o publicado. El cambio de un estado a otro se gestionará internamente dentro del tipo Post. Los estados cambian en respuesta a los métodos llamados por los usuarios de nuestra biblioteca en la instancia de Post, pero estos no tienen que gestionar los cambios de estado directamente. Además, los usuarios no pueden cometer errores con los estados, como publicar una entrada antes de que se haya revisado.

Definición de la entrada (Post) y creación de una nueva instancia de Post en estado de borrador

¡Comencemos con la implementación de la biblioteca! Sabemos que necesitamos una struct pública, Post, que albergue algún contenido, así que comenzaremos con la definición de la struct y una función pública asociada new para crear una instancia de Post, como se muestra en el Listado 17-12. También crearemos un trait privado, State, que definirá el comportamiento que todos los objetos de estado de Post deben tener.

Entonces, Post contendrá el objeto trait de Box<dyn State> dentro de Option<T> en un campo privado llamado state para guardar el objeto de estado. Verá, en un momento, por qué es necesario Option<T>.

src/lib.rs
```
pub struct Post {
    state: Option<Box<dyn State>>,
    content: String,
}

impl Post {
    pub fn new() -> Post {
        Post {
          ❶ state: Some(Box::new(Draft {})),
          ❷ content: String::new(),
        }
    }
}

trait State {}

struct Draft {}

impl State for Draft {}
```

Listado 17-12: Definición de la struct Post y la función new que crea una nueva instancia de Post, el trait State, y la struct Draft.

El trait State define el comportamiento compartido por los diferentes estados de la entrada. Los objetos de estado son Draft (Borrador), PendingReview (Pendiente de revisión) y Published (Publicado), y todos implementarán el trait State. Por ahora, este trait no tiene ningún método, y comenzaremos definiendo solo el estado de Draft porque ese es el estado en el que queremos que comience una entrada.

Cuando creamos un nuevo Post, establecemos su campo state en un valor Some que contiene Box ❶. Este Box apunta a una nueva instancia de la struct Draft. Esto garantiza que cada vez que creamos una nueva instancia de Post, comenzará como borrador. Dado que el campo state de Post es privado, ¡no hay forma de crear un Post en ningún otro estado! En la función Post::new, establecemos el campo content en una nueva String vacía ❷.

Almacenamiento del texto correspondiente al contenido de la entrada

Vimos, en el Listado 17-11, que deseamos poder llamar a un método cuyo nombre es add_text y pasarle &str, que luego se añadirá como el contenido del texto de la entrada del blog. Implementamos esto como un método en lugar de exponer el campo content como pub, para que luego podamos implementar un método que controle cómo se leen los datos del campo content. El método add_text es bastante sencillo, así que vamos a añadir su implementación en el bloque impl Post, como se muestra en el Listado 17-13.

src/lib.rs
```rust
impl Post {
    --snip--
    pub fn add_text(&mut self, text: &str) {
        self.content.push_str(text);
    }
}
```

Listado 17-13: Implementación del método add_text para añadir texto a content de una entrada del blog.

El método add_text toma una referencia mutable a self porque estamos modificando la instancia de Post en la que estamos llamando a add_text. Luego, llamamos a push_str sobre String en content y pasamos el argumento text para añadirlo al content guardado. Este comportamiento no depende del estado en el que se encuentre la entrada, por lo que no forma parte del patrón de estado. El método add_text no interactúa en absoluto con el campo state, pero es parte del comportamiento que queremos mantener.

Cómo garantizar que el contenido del borrador de la entrada esté vacío

Incluso después de haber llamado a add_text y haber añadido contenido a nuestra entrada, todavía queremos que el método content devuelva una string slice vacía, ya que la entrada aún está en estado de borrador, como se muestra en el punto ❸ del Listado 17-11. Por ahora, vamos a implementar el método content con la cosa más simple que cumpla con este requisito: devolver siempre una string slice vacía. Cambiaremos esto más adelante, una vez que implementemos la capacidad de cambiar el estado de una entrada para que pueda ser publicada. Hasta ahora, las entradas solo pueden estar en estado de borrador, por lo que el contenido de la entrada siempre debe estar vacío. El Listado 17-14 muestra esta implementación de marcador.

src/lib.rs

```rust
impl Post {
    --snip--
    pub fn content(&self) -> &str {
        ""
    }
}
```

Listado 7-14: Adición de la implementación de marcador para el método content en Post, que devuelve siempre una string slice (rebanada de cadena) vacía.

Con el método content añadido, todo en el Listado 17-11 hasta la línea ❸ funciona según lo previsto.

La solicitud de revisión cambia el estado de la entrada

A continuación, necesitamos añadir la funcionalidad para poder solicitar la revisión de la entrada, la cual debería cambiar su estado de Draft a PendingReview. El Listado 17-15 muestra el código.

src/lib.rs

```rust
impl Post {
    --snip--
  ❶ pub fn request_review(&mut self) {
      ❷ if let Some(s) = self.state.take() {
          ❸ self.state = Some(s.request_review())
        }
    }
}

trait State {
  ❹ fn request_review(self: Box<Self>) -> Box<dyn State>;
}

struct Draft {}

impl State for Draft {
    fn request_review(self: Box<Self>) -> Box<dyn State> {
      ❺ Box::new(PendingReview {})
    }
}

struct PendingReview {}

impl State for PendingReview {
    fn request_review(self: Box<Self>) -> Box<dyn State> {
      ❻ self
    }
}
```

Listado 17-15: Implementación de los métodos request_review en Post y en el trait State.

Añadimos el método público a Post con el nombre de request_review, que tomará una referencia mutable a self ❶. Luego, llamamos a un método interno request_review en el estado actual de Post ❸, y este segundo método request_review consume el estado actual y devuelve un nuevo estado.

Añadimos el método request_review al trait State ❹; todos los tipos que implementen el trait deberán ahora implementar el método request_review. Observe que, en lugar de tener self, &self o &mut self como primer parámetro del método, tenemos self: Box<Self>. Esta sintaxis significa que el método solo es válido cuando se llama en un Box que contiene el tipo que implementa el trait. Esta sintaxis toma posesión de Box<Self>, invalidando el antiguo estado para que el valor de estado de Post (valor de estado es el contenido encapsulado dentro de Box<Self>, que es el estado actual de Post) pueda transformarse en un nuevo estado.

Para consumir el estado anterior, el método request_review necesita adquirir la propiedad del valor de estado. Aquí es donde entra en juego Option en el campo state de Post: llamamos al método take para extraer el valor Some del campo state y dejar None en su lugar, ya que Rust no nos permite tener campos sin poblar en las structs ❷. Esto nos permite mover el valor de state de Post en lugar de tomarlo prestado. Luego, estableceremos el valor de state de la entrada en el resultado de esta operación.

Necesitamos establecer temporalmente state a None en lugar de establecerlo directamente con código como self.state = self.state.request_review(); para adquirir la propiedad del valor de state. Esto asegura que Post no pueda usar el antiguo valor de state después de haberlo transformado en un nuevo estado.

El método request_review en Draft devuelve una nueva instancia en box de la nueva struct PendingReview ❺, que representa el estado cuando la entrada espera la revisión. La struct PendingReview también implementa el método request_review, pero no realiza transformaciones. En su lugar, se devuelve a sí misma ❻, porque cuando solicitamos la revisión de la entrada que ya está en el estado PendingReview, debe permanecer en ese estado.

Ahora podemos comenzar a ver las ventajas del patrón de estado: el método request_review en Post es el mismo sin importar su valor de state. Cada estado es responsable de sus propias reglas.

Dejaremos el método content en Post como está, devolviendo una string slice vacía. Ahora podemos tener Post tanto en el estado PendingReview como en el estado Draft, pero queremos el mismo comportamiento en el estado PendingReview. ¡El Listado 17-11 ahora funciona hasta la línea ❺!

Adición de approve para cambiar el comportamiento de content

El método approve será similar al método request_review: establecerá el estado al valor que el estado actual indica que debería tener cuando ese estado se aprueba (approved), como se muestra en el Listado 17-16.

```
impl Post {
    --snip--
    pub fn approve(&mut self) {
        if let Some(s) = self.state.take() {
            self.state = Some(s.approve())
        }
    }
}

trait State {
    fn request_review(self: Box<Self>) -> Box<dyn State>;
    fn approve(self: Box<Self>) -> Box<dyn State>;
}

struct Draft {}

impl State for Draft {
    --snip--
    fn approve(self: Box<Self>) -> Box<dyn State> {
      ❶ self
    }
}

struct PendingReview {}

impl State for PendingReview {
    --snip--
    fn approve(self: Box<Self>) -> Box<dyn State> {
      ❷ Box::new(Published {})
    }
}

struct Published {}

impl State for Published {
    fn request_review(self: Box<Self>) -> Box<dyn State> {
        self
    }

    fn approve(self: Box<Self>) -> Box<dyn State> {
        self
    }
}
```

Listado 17-16: Implementación del método approve en Post y en el trait State.

Añadimos el método approve al trait State y añadimos una nueva struct que implementa State, el estado Published.

De manera similar a como funciona request_review en PendingReview, si llamamos al método approve en Draft, no tendrá efecto porque approve devolverá self ❶. Cuando llamamos a approve en PendingReview, devuelve una nueva instancia en box de la struct Published ❷. La struct Published implementa el trait State y, tanto para el método request_review como para el método approve, se devuelve a sí misma, ya que la entrada debe permanecer en el estado Published en esos casos.

Ahora necesitamos actualizar el método content en Post. Queremos que el valor devuelto por content dependa del estado actual de Post, por lo que vamos a hacer que Post delegue en el método content definido en su estado, como se muestra en el Listado 17-17.

src/lib.rs

```rust
impl Post {
    --snip--
    pub fn content(&self) -> &str {
        self.state.as_ref().unwrap().content(self)
    }
    --snip--
}
```

Listado 17-17: Actualización del método content en Post para que Post delegue en el método content en State.

Dado que el objetivo es mantener todas estas reglas dentro de las structs que implementan State, llamamos al método content sobre el valor en state y pasamos la instancia de la entrada (es decir, self) como argumento. A continuación, devolvemos el valor que se devuelve al usar el método content sobre el valor en state.

Llamamos al método as_ref en Option porque queremos tener una referencia al valor en Option en lugar de la propiedad del valor. Dado que state es de tipo Option<Box<dyn State>>, cuando llamamos a as_ref se devuelve Option<&Box<dyn State>>. Si no llamáramos a as_ref, obtendríamos un error porque no podríamos mover state fuera del &self prestado del parámetro de la función.

Luego llamamos al método unwrap, lo cual sabemos que nunca causará un pánico porque los métodos en Post aseguran que state siempre contendrá un valor Some cuando esos métodos se completen. Este es uno de los casos que mencionamos en «Casos en los que tenemos más información que el compilador», cuando sabemos que un valor None nunca es posible, aunque el compilador no puede comprenderlo.

En este punto, cuando llamemos a content en &Box<dyn State>, la coerción de desreferenciación tendrá efecto en & y Box, por lo que finalmente se llamará al método content en el tipo que implementa el trait State. Esto significa que debemos añadir content a la definición del trait State, y es aquí donde pondremos la lógica para determinar qué contenido devolver según el estado que tengamos, como se muestra en el Listado 17-18.

src/lib.rs

```rust
trait State {
    --snip--
    fn content<'a>(&self, post: &'a Post) -> &'a str {
      ❶ ""
    }
}

--snip--
```

```
struct Published {}

impl State for Published {
    --snip--
    fn content<'a>(&self, post: &'a Post) -> &'a str {
      ❷ &post.content
    }
}
```

Listado 17-18: Adición del método content al trait State.

Añadimos una implementación por defecto del método content que devuelve una string slice vacía ❶. Esto significa que no necesitamos implementar content en las estructuras Draft y PendingReview. La estructura Published anulará el método content y devolverá el valor en post.content ❷.

Nótese que necesitamos anotaciones de tiempo de vida (lifetime) en este método, como discutimos en el Capítulo 10. Estamos tomando una referencia a post como argumento y devolviendo una referencia a una parte de ese post, por lo que el tiempo de vida de la referencia devuelta está relacionado con el tiempo de vida del argumento de post.

¡Ya hemos terminado! ¡Ahora funciona todo el Listado 17-11! Hemos implementado el patrón de estado con las reglas del flujo de trabajo de las entradas del blog. La lógica relacionada con las reglas reside en los objetos de estado en lugar de estar dispersa en todo Post.

¿POR QUÉ NO UNA ENUM?

Puede que se haya preguntado por qué no usamos una enum con los diferentes estados posibles de una entrada como variantes. Ciertamente, esa es una solución posible; ¡pruébela y compare los resultados finales para ver cuál prefiere! Una desventaja de usar una enum es que cada sitio que verifica el valor de la enum necesitará una expresión match o similar para gestionar cada posible variante. Esto podría resultar más repetitivo que la solución con objetos trait que hemos utilizado.

Contrapartidas del patrón de estado

Hemos mostrado que Rust es capaz de implementar el patrón de estado orientado a objetos para encapsular los diferentes tipos de comportamiento que una entrada debería tener en cada estado. Los métodos en Post no saben nada sobre los diferentes comportamientos. La forma en que organizamos el código nos permite mirar en un solo sitio para conocer las diferentes formas en las que puede comportarse una entrada publicada: la implementación del trait State en la estructura Published.

Si creáramos una implementación alternativa que no utilizara el patrón de estado, podríamos, en su lugar, usar expresiones match en los métodos de Post o incluso en el código main que verifica el estado de la entrada y cambia el comportamiento en esos sitios. Esto significaría que tendríamos que mirar en varios sitios para comprender todas las implicaciones de una entrada en estado publicado. Esto solamente lo complicaría más a medida que añadiéramos más estados: cada una de esas expresiones match necesitaría otra rama.

Con el patrón de estado, los métodos Post y los sitios donde usamos Post no necesitan expresiones match, y para añadir un estado nuevo, solo necesitaríamos añadir una nueva struct e implementar los métodos del trait en esa única struct.

La implementación utilizando el patrón de estado es fácil de ampliar para añadir más funcionalidad. Para ver la simplicidad de mantener el código que utiliza el patrón de estado, pruebe algunas de estas sugerencias:

- Añadir el método reject, que cambie el estado de la entrada de PendingReview a Draft.

- Requerir dos llamadas a approve antes de que el estado se pueda cambiar a Published.

- Permitir a los usuarios añadir contenido de texto solo cuando una entrada está en el estado Draft. Pista: hacer que el objeto de estado sea responsable de lo que podría cambiar en el contenido, pero no responsable de modificar Post.

Una desventaja del patrón de estado es que, debido a que los estados implementan las transiciones entre ellos, algunos de los estados están acoplados entre sí. Si añadiéramos otro estado entre PendingReview y Published, como por ejemplo Scheduled, tendríamos que cambiar el código en PendingReview para que, en su lugar, la transición fuera hacia Scheduled. Supondría menos trabajo si PendingReview no necesitara cambiar con la adición de un nuevo estado, pero eso implicaría cambiar a otro patrón de diseño.

Otro inconveniente es que hemos duplicado cierta lógica. Para eliminar parte de esta duplicación, podríamos intentar crear implementaciones por defecto para los métodos request_review y approve en el trait State que devuelvan self. Sin embargo, esto no funcionaría: al usar State como un objeto trait, el trait no sabe qué será exactamente el self concreto, por lo que el tipo de retorno no se conoce en tiempo de compilación.

Otra duplicación incluye las implementaciones similares de los métodos request_review y approve en Post. Ambos métodos delegan en la implementación del mismo método sobre el valor del campo state de Option y establecen el nuevo valor del campo state como resultado. Si tuviéramos muchos métodos en Post que siguieran este patrón, podríamos considerar definir una macro para eliminar la repetición.

Al implementar el patrón de estado exactamente como se define en lenguajes orientados a objetos, no estamos aprovechando al máximo las fortalezas de Rust. Veamos algunos cambios que podemos realizar en el crate blog para convertir estados y transiciones inválidos en errores en tiempo de compilación.

Codificación de estados y comportamientos como tipos

Mostraremos cómo repensar el patrón de estado para obtener un conjunto diferente de contrapartidas. En lugar de encapsular por completo los estados y las transiciones para que el código externo no tenga conocimiento de ellos, codificaremos los estados en diferentes tipos. En consecuencia, el sistema de verificación de tipos de Rust evitará intentos de usar entradas de borrador donde solo se permiten entradas publicadas emitiendo un error del compilador.

Consideremos la primera parte de main en el Listado 17-11:

src/main.rs
```
fn main() {
    let mut post = Post::new();

    post.add_text("I ate a salad for lunch today");
    assert_eq!("", post.content());
}
```

Seguimos permitiendo la creación de nuevas entradas en el estado de borrador utilizando Post::new y la capacidad de añadir texto al contenido de la entrada. Pero, en lugar de tener el método content en una entrada de borrador que devuelva una cadena vacía, haremos que las entradas de borrador no tengan ningún método content. De esta manera, si intentamos obtener el contenido de una entrada de borrador, obtendremos un error del compilador que nos dirá que el método no existe. Como resultado, será imposible que mostremos accidentalmente el contenido de una entrada de borrador en producción porque ese código ni siquiera compilará. El Listado 17-19 muestra la definición de una struct Post y una struct DraftPost, así como los métodos en cada una.

src/lib.rs
```
pub struct Post {
    content: String,
}
pub struct DraftPost {
    content: String,
}
impl Post {
  ❶ pub fn new() -> DraftPost {
        DraftPost {
            content: String::new(),
        }
    }

  ❷ pub fn content(&self) -> &str {
        &self.content
    }
}
impl DraftPost {
  ❸ pub fn add_text(&mut self, text: &str) {
        self.content.push_str(text);
    }
}
```

Listado 17-19: Post con el método content y DraftPost sin el método content.

Tanto la struct Post como la DraftPost tienen un campo privado content que almacena el texto de la entrada del blog. Las struct ya no tienen el campo state porque estamos moviendo la codificación del estado a los tipos de las structs. La struct Post representará una entrada publicada y tiene el método content que devuelve content (contenido) ❷.

Todavía tenemos una función Post::new, pero, en lugar de devolver una instancia de Post, ahora devuelve una instancia de DraftPost ❶. Dado que content es privado y no hay funciones que devuelvan Post, no es posible crear una instancia de Post en este momento.

La estructura DraftPost tiene el método add_text, lo que nos permite añadir texto a content como antes ❸, ¡pero observe que DraftPost no tiene un método content definido! Así que ahora el programa garantiza que todas las entradas comienzan como entradas de borrador y las entradas de borrador no tienen su contenido disponible para mostrarlo. Cualquier intento de evadir estas restricciones dará como resultado un error del compilador.

Implementación de transiciones como transformaciones en diferentes tipos

Entonces, ¿cómo obtenemos una entrada publicada? Queremos hacer cumplir la regla de que antes de poder publicarse, una entrada de borrador se debe revisar y aprobar. Una entrada en estado de revisión pendiente todavía no debería mostrar ningún contenido. Vamos a implementar estas restricciones añadiendo otra estructura llamada PendingReviewPost, definiendo el método request_review en DraftPost para que devuelva un PendingReviewPost y definiendo el método approve en PendingReviewPost para que devuelva un Post, como se muestra en el Listado 17-20.

src/lib.rs
```
impl DraftPost {
    --snip--
    pub fn request_review(self) -> PendingReviewPost {
        PendingReviewPost {
            content: self.content,
        }
    }
}

pub struct PendingReviewPost {
    content: String,
}

impl PendingReviewPost {
    pub fn approve(self) -> Post {
        Post {
            content: self.content,
        }
    }
}
```

Listado 17-20: PendingReviewPost que se crea llamando a request_review en DraftPost y el método approve que convierte PendingReviewPost en un Post publicado.

Los métodos request_review y approve toman posesión de self, consumiendo así las instancias de DraftPost y PendingReviewPost y transformándolas en un PendingReviewPost y en un Post publicado, respectivamente. De esta manera, no tendremos instancias residuales de DraftPost después de haber llamado a request_review, y así sucesivamente. La struct PendingReviewPost no tiene un método content definido en ella, por lo que intentar leer su contenido da como resultado un error del compilador, al igual que con DraftPost. Dado que la única forma de obtener una instancia de Post publicada que tiene un método content definido es llamando al método approve en un PendingReviewPost, y la única forma de obtener un PendingReviewPost es llamando al método request_review en un DraftPost, hemos codificado el flujo de trabajo de las entradas del blog en el sistema de tipos.

Pero también tenemos que hacer algunos ligeros cambios en main. Los métodos request_review y approve devuelven nuevas instancias en lugar de modificar la struct sobre la que se les llama, por lo que necesitamos añadir más asignaciones con enmascaramiento let post = para guardar las instancias devueltas. Tampoco podemos tener las afirmaciones sobre el contenido de las entradas de borrador y de revisión pendiente como cadenas vacías, ni las necesitamos: ya no podemos compilar código que intente usar el contenido de las entradas en esos estados. El código actualizado en main se muestra en el Listado 17-21.

src/main.rs

```rust
use blog::Post;

fn main() {
    let mut post = Post::new();

    post.add_text("I ate a salad for lunch today");

    let post = post.request_review();

    let post = post.approve();

    assert_eq!("I ate a salad for lunch today", post.content());
}
```

Listado 17-21: Modificaciones en main para usar la nueva implementación del flujo de trabajo de las entradas del blog.

Los cambios que necesitamos realizar en main para reasignar post significa que esta implementación ya no sigue completamente el patrón de estado orientado a objetos: las transformaciones entre los estados ya no están completamente encapsuladas dentro de la implementación de Post. Sin embargo, nuestra ganancia es que los estados inválidos ahora son imposibles debido al sistema de tipos y a la verificación de tipos que ocurre en tiempo de compilación. Esto asegura que ciertos errores, como la visualización del contenido de una entrada no publicada, se descubran antes de llegar a producción.

Intente realizar las tareas sugeridas al inicio de esta sección en el crate blog, tal como está después del Listado 17-21, para ver qué opina sobre el diseño de esta versión del código. Hay que tener en cuenta que algunas de las tareas podrían haber sido completadas ya en este diseño.

Hemos visto que, aunque Rust es capaz de implementar patrones de diseño orientados a objetos, también están disponibles en Rust otros patrones, como la codificación del estado en el sistema de tipos. Estos patrones tienen diferentes contrapartidas. Aunque es posible que esté muy familiarizado con los patrones orientados a objetos, replantear el problema para aprovechar las características de Rust puede brindar beneficios, como prevenir algunos errores en tiempo de compilación. Los patrones orientados a objetos no siempre serán la mejor solución en Rust, debido a ciertas características, como la propiedad, que los lenguajes orientados a objetos no tienen.

Resumen

Independientemente de que piense en Rust como un lenguaje orientado a objetos después de leer este capítulo, ahora sabe que en Rust puede utilizar objetos trait para obtener algunas características orientadas a objetos. El despacho dinámico puede brindar flexibilidad al código a cambio de perder una pequeña fracción del rendimiento en tiempo de ejecución. Puede aprovechar esta flexibilidad para implementar patrones orientados a objetos que pueden mejorar la facilidad del mantenimiento del código. Rust también tiene otras características, como la propiedad, que los lenguajes orientados a objetos no tienen. Un patrón orientado a objetos no siempre será la mejor forma de aprovechar las fortalezas de Rust, pero es una opción disponible.

A continuación, veremos los patrones, que son otra de las características de Rust que proporcionan una gran flexibilidad. Los hemos visto brevemente a lo largo del libro, pero aún no hemos visto toda su capacidad. ¡Vamos a ello!

18

PATRONES Y COINCIDENCIAS

Los *patrones* son una sintaxis especial de Rust que se comparan con la estructura de tipos, tanto simples como complejos. El uso de patrones junto con las expresiones `match` y otras construcciones le proporciona un mayor control sobre el flujo de control del programa. Un patrón consta de cualquier combinación de los siguientes elementos:

- Literales
- Arrays desestructurados, enums, structs, o tuplas
- Variables
- Comodines
- Marcadores

Algunos ejemplos de patrones incluyen x, (a, 3) y `Some(Color::Red)`. En los contextos en los que los patrones son válidos, estos componentes describen la estructura de los datos. Entonces, nuestro programa compara los valores con los patrones para determinar si los datos tienen la estructura correcta para continuar ejecutando la parte específica del código.

El uso de un patrón supone compararlo con algún valor. Si el patrón coincide con el valor, utilizamos en el código las diferentes partes del valor. Recuerde las expresiones match en el Capítulo 6 en las que se utilizaron patrones, como en el ejemplo de la máquina de clasificación de monedas. Si el valor se ajusta a la forma del patrón, podemos usar las partes mencionadas. Si no lo hace, el código asociado al patrón no se ejecutará.

Este capítulo es una referencia sobre todo lo relacionado con los patrones. Trataremos las partes del código en las que se pueden usar patrones, la diferencia entre patrones refutables e irrefutables, y los diferentes tipos de sintaxis de patrones que puede encontrar. Al final del capítulo, sabrá cómo utilizar patrones para expresar muchos conceptos de manera clara.

Partes del código donde se pueden utilizar patrones

EnRust, los patrones aparecen en varias partes del codigo; ¡los ha estado usando mucho sin darse cuenta! En esta sección, se discuten todas las partes del código en las que los patrones son válidos.

Ramas match

Como se discutió en el Capítulo 6, utilizamos patrones en las ramas de las expresiones match. Formalmente, las expresiones match se definen con la palabra clave match, un valor con el que se debe coincidir, y una o más ramas de coincidencia que constan de un patrón y una expresión que se ejecutará si el valor coincide con el patrón de esa rama, como se indica a continuación:

```
match VALUE {
    PATTERN => EXPRESSION,
    PATTERN => EXPRESSION,
    PATTERN => EXPRESSION,
}
```

Por ejemplo, aquí está la expresión match del Listado 6-5 en la que el valor de la variable x coincide con un valor de Option<i32>:

```
match x {
    None => None,
    Some(i) => Some(i + 1),
}
```

Los patrones en esta expresión match son None y Some(i) a la izquierda de cada flecha.

Un requisito para las expresiones match es que deben ser exhaustivas, en el sentido de que deben tenerse en cuenta todas las posibilidades para el valor en la expresión match. Una forma de asegurarse de que se han considerado todas las posibilidades es tener un patrón catch-all en la última rama: por ejemplo, un nombre de variable que coincida con cualquier valor nunca puede fallar y, por lo tanto, tiene en cuenta todos los casos restantes.

El patrón especial _ coincidirá con cualquier cosa, pero nunca se enlaza a una variable, por lo que a menudo se utiliza en la última rama de la expresión de coincidencia. El patrón _ puede ser útil cuando, por ejemplo, se desea ignorar cualquier valor no especificado. Trataremos el patrón _ con más detalle en la sección «Cómo ignorar valores en un patrón».

Expresiones if let condicionales

En el Capítulo 6, discutimos cómo usar las expresiones if let, principalmente como una forma más resumida de escribir el equivalente a match que solo coincide con un caso. Opcionalmente, if let puede tener el código else correspondiente que se ejecutará si el patrón en if let no coincide.

El Listado 18-1 muestra que también es posible combinar y hacer coincidir expresiones if let, else if, y else if let. Hacerlo así nos brinda más flexibilidad que una expresión match en la que solo podemos comparar un valor con los distintos patrones. Además, Rust no requiere que las condiciones en una serie de ramas if let, else if, y else if let estén relacionadas entre sí.

El código del Listado 18-1 determina qué color darle al fondo basándose en una serie de verificaciones de varias condiciones. Para este ejemplo, hemos creado variables con valores codificados que un programa real podría recibir como entradas del usuario.

src/main.rs
```
fn main() {
    let favorite_color: Option<&str> = None;
    let is_tuesday = false;
    let age: Result<u8, _> = "34".parse();

❶  if let Some(color) = favorite_color {
    ❷  println!(
            "Using your favorite, {color}, as the background"
        );
❸  } else if is_tuesday {
    ❹  println!("Tuesday is green day!");
❺  } else if let Ok(age) = age {
    ❻  if age > 30 {
        ❼  println!("Using purple as the background color");
        } else {
        ❽  println!("Using orange as the background color");
        }
❾  } else {
    ❿  println!("Using blue as the background color");
    }
}
```

Listado 18-1: Mezcla de if let, else if, else if let y else.

Si el usuario especifica su color favorito ❶, ese color se utiliza como fondo ❷. Si no se especifica un color favorito y hoy es martes ❸, el color de fondo es verde ❹. De lo contrario, si el usuario especifica su edad como una cadena y podemos analizarla con éxito como un número ❺, el color es o bien morado ❼ o bien naranja ❽, dependiendo del valor del número ❻. Si ninguna de estas condiciones se aplica ❾, el color de fondo es azul ❿.

Esta estructura condicional nos permite gestionar requisitos complejos. Con los valores codificados (hardcode) que tenemos aquí, este ejemplo imprimirá Using purple as the background color (Uso del morado como color de fondo).

Puede observar que if let también puede introducir variables enmascaradas, de la misma manera que con las ramas match: la línea if let Ok(age) = age ❺ introduce una nueva variable age con enmascaramiento, que contiene el valor dentro de la variante Ok. Esto significa que debemos colocar la condición if age > 30 ❻ dentro de ese bloque: no podemos combinar estas dos condiciones en if let Ok(age) = age && age > 30. La variable age enmascarada con la que queremos comparar 30 no es válida hasta que comience el nuevo ámbito con la correspondiente llave.

La desventaja de usar expresiones if let es que el compilador no verifica la exhaustividad, a diferencia de las expresiones match. Si omitiéramos el último bloque else ❾ y, por lo tanto, no gestionáramos algunos casos, el compilador no nos alertaría sobre el posible error lógico.

Bucles condicionales con while let

Similar en construcción a if let, el bucle condicional while let permite que un bucle while se ejecute mientras un patrón siga coincidiendo. En el Listado 18-2, codificamos un bucle while let que utiliza un vector como pila e imprime los valores en el vector en el orden opuesto al que se insertaron.

src/main.rs

```
let mut stack = Vec::new();

stack.push(1);
stack.push(2);
stack.push(3);

while let Some(top) = stack.pop() {
    println!("{top}");
}
```

Listado 18-2: Uso de un bucle while let para imprimir valores mientras que stack. pop() devuelva Some.

En este ejemplo, se imprime 3, 2, y, luego, 1. El método pop saca el último elemento del vector y devuelve Some(value). Si el vector está vacío, pop devuelve None. El bucle while continúa ejecutando el código en su bloque siempre que pop devuelva Some. Cuando pop devuelve None, el bucle se detiene. Podemos utilizar while let para sacar cada elemento de nuestra pila.

Bucles for

En un bucle for, el valor que sigue directamente a la palabra clave for es un patrón. Por ejemplo, en for x in y, la x es el patrón.

El Listado 18-3 muestra cómo utilizar un patrón en un bucle for para desestructurar, o descomponer, una tupla como parte del bucle for.

src/main.rs

```
let v = vec!['a', 'b', 'c'];

for (index, value) in v.iter().enumerate() {
    println!("{value} is at index {index}");
}
```

Listado 18-3: Uso de un patrón en un bucle for loop para desestructurar una tupla.

El código del Listado 18-3 imprimirá lo siguiente:

```
a is at index 0
b is at index 1
c is at index 2
```

Adaptamos un iterador usando el método enumerate para que produzca un valor y el índice de ese valor, colocados en una tupla. El primer valor producido es la tupla (0, 'a'). Cuando este valor se compara con el patrón (index, value), index será 0 y value será 'a', y se imprimirá la primera línea de la salida.

Sentencias let

Antes de este capítulo, solo habíamos discutido explícitamente el uso de patrones con match e if let, pero, de hecho, también hemos utilizado patrones en otras partes del código, incluidas las sentencias let. Por ejemplo, considere esta asignación de una variable sencilla con let:

```
let x = 5;
```

Cada vez que ha utilizado una sentencia let como esta, ¡ha estado utilizando patrones, aunque es posible que no se haya dado cuenta! De manera más formal, una sentencia let se ve así:

```
let PATTERN = EXPRESSION;
```

En sentencias como let x = 5; donde aparece el nombre de la variable en el espacio ocupado por PATTERN, el nombre de la variable es, simplemente, una forma particularmente simple de patrón. Rust compara la expresión con el patrón y asigna cualquier nombre que encuentre. Así que, en el ejemplo let x = 5;, x es un patrón que significa «vincular lo que se iguala aquí a la variable x». Debido a que el nombre x es todo el patrón, este patrón efectivamente significa «vincular todo a la variable x, sea cual sea el valor».

Para comprender más claramente el aspecto de coincidencia de patrones de let, considere el Listado 18-4, que utiliza un patrón con let para desestructurar una tupla.

```
let (x, y, z) = (1, 2, 3);
```

Listado 18-4: Uso de un patrón para desestructurar una tupla y crear tres variables a la vez.

Aquí, hacemos coincidir una tupla con un patrón. Rust compara el valor (1, 2, 3) con el patrón (x, y, z) y ve que el valor coincide con el patrón, en el sentido de que observa que el número de elementos es el mismo en ambos, por lo que Rust vincula 1 a x, 2 a y, y 3 a z. Puede pensar en este patrón de tupla como la anidación de tres patrones de variables individuales dentro del mismo.

Si el número de elementos en el patrón no coincide con el número de elementos en la tupla, el tipo general no coincidirá y obtendremos un error del compilador. Por ejemplo, el Listado 18-5 muestra un intento de desestructurar una tupla con tres elementos en dos variables, lo cual no funcionará.

```
let (x, y) = (1, 2, 3);
```

Listado 18-5: Construcción incorrecta de un patrón cuyas variables no coinciden con el número de elementos en la tupla.

Intentar compilar este código da como resultado este error de tipo:

```
error[E0308]: mismatched types
 --> src/main.rs:2:9
  |
2 |     let (x, y) = (1, 2, 3);
  |         ^^^^^^   --------- this expression has type `({integer}, {integer},
{integer})`
  |         |
  |         expected a tuple with 3 elements, found one with 2 elements
  |
  = note: expected tuple `({integer}, {integer}, {integer})`
             found tuple `(_, _)`
```

Para corregir el error, podríamos ignorar uno o más de los valores en la tupla usando _ o .., como verá en «Cómo ignorar valores en un patrón». Si el problema es que tenemos demasiadas variables en el patrón, la solución es hacer coincidir los tipos eliminando variables, de modo que el número de variables sea igual al número de elementos en la tupla.

Parámetros de funciones

Los parámetros de funciones también pueden ser patrones. El código en el Listado 18-6, que declara una función llamada foo que toma un parámetro llamado x de tipo i32, debería resultar familiar en este punto.

```
fn foo(x: i32) {
    // code goes here
}
```

Listado 18-6: Firma de una función que utiliza patrones en los parámetros.

¡La parte x es un patrón! Como hicimos con let, podríamos hacer coincidir una tupla de los argumentos de una función con el patrón. En el Listado 18-7 se dividen los valores de una tupla mientras los pasamos a una función.

```
fn print_coordinates(&(x, y): &(i32, i32)) {
    println!("Current location: ({x}, {y})");
}

fn main() {
    let point = (3, 5);
    print_coordinates(&point);
}
```

Listado 18-7: Función con parámetros que desestructura una tupla.

Este código imprime Current location: (3, 5) (Ubicación actual: (3, 5). Los valores &(3, 5) coinciden con el patrón &(x, y), por lo que x es el valor 3 e y es el valor 5.

También podemos utilizar patrones en listas de parámetros de closures de la misma manera que en listas de parámetros de funciones, ya que las closures son similares a las funciones, como se discutió en el Capítulo 13.

Hasta este punto, ha visto varias formas de utilizar patrones, pero los patrones no funcionan de la misma manera en todas las partes del código donde podemos usarlos. En algunas partes, los patrones deben ser irrefutables; en otras circunstancias, pueden ser refutables. A continuación, discutiremos estos dos conceptos.

Refutabilidad: un patrón puede fallar al hacerlo coincidir

Los patrones se presentan en dos formas: refutables e irrefutables. Los patrones que coinciden con cualquier valor posible son *irrefutables*. Un ejemplo sería x en la sentencia let x = 5; porque x coincide con cualquier cosa y, por lo tanto, no puede dejar de coincidir. Los patrones que pueden dejar de coincidir para algunos valores posibles son *refutables*. Un ejemplo sería Some(x) en la expresión if let Some(x) = a_value porque si el valor en la variable a_value es None en lugar de Some, el patrón Some(x) no coincidirá.

Los parámetros de funciones, las sentencias let y los bucles for solo pueden aceptar patrones irrefutables, ya que el programa no puede realizar ninguna acción significativa cuando los valores no coinciden. Las expresiones if let y while let aceptan patrones refutables e irrefutables, pero el compilador advierte sobre los patrones irrefutables, ya que, por definición, están destinados a manejar posibles fallos: la funcionalidad de un condicional radica en su capacidad para actuar de manera diferente según el éxito o el fracaso.

En general, no debería preocuparse por la distinción entre patrones refutables e irrefutables; sin embargo, es importante que esté familiarizado con el concepto de refutabilidad para que pueda responder cuando lo vea en un mensaje de error. En esos casos, deberá cambiar bien el patrón o bien la construcción en la que usa el patrón, según el comportamiento previsto del código.

Veamos un ejemplo de lo que sucede cuando intentamos usar un patrón refutable donde Rust requiere un patrón irrefutable y viceversa.

El Listado 18-8 muestra una sentencia let, pero, para el patrón, hemos especificado Some(x), un patrón refutable. Como sería de esperar, este código no compilará.

```
let Some(x) = some_option_value;
```

Listiado18-8: Intento de usar un patrón refutable con `let`.

Si some_option_value fuera un valor None, no coincidiría con el patrón Some(x), lo que significa que el patrón es refutable. Sin embargo, la sentencia let solo puede aceptar un patrón irrefutable porque no hay nada válido que el código pueda hacer con un valor None. Durante la compilación, Rust mostrará un error indicando que hemos intentado usar un patrón refutable donde se requiere un patrón irrefutable:

```
error[E0005]: refutable pattern in local binding: `None` not covered
  --> src/main.rs:3:9
   |
3  |     let Some(x) = some_option_value;
   |         ^^^^^^^ pattern `None` not covered
   |
   = note: `let` bindings require an "irrefutable pattern", like a `struct` or
an `enum` with only one variant
   = note: for more information, visit
https://doc.rust-lang.org/book/ch18-02-refutability.html
   = note: the matched value is of type `Option<i32>`
help: you might want to use `if let` to ignore the variant that isn't matched
   |
3  |     let x = if let Some(x) = some_option_value { x } else { todo!() };
   |     ++++++++++                                  ++++++++++++++++++++++++
```

Dado que no tratamos (¡y no podríamos haber tratado!) cada valor válido con el patrón Some(x), Rust genera, con razón, un error del compilador.

Si tenemos un patrón refutable donde se necesita un patrón irrefutable, podemos solucionarlo cambiando el código que utiliza el patrón: en lugar de usar let, podemos usar if let. Entonces, si el patrón no coincide, el código simplemente omitirá el código entre llaves, lo que le permitirá continuar su ejecución normalmente. El Listado 18-9 muestra cómo corregir el código del Listado 18-8.

```
if let Some(x) = some_option_value {
    println!("{x}");
}
```

Listado 18-9: Uso de `if let` y un bloque con patrones refutables en lugar de `let`.

¡Le hemos dado al código una salida! Este código es perfectamente válido, aunque signifique que no podemos usar un patrón irrefutable sin recibir un error. Si le damos a if let un patrón que siempre coincidirá, como x, como se muestra en el Listado 18-10, el compilador emitirá una advertencia.

```
if let x = 5 {
    println!("{x}");
};
```

Listado 18-10: Intento de usar un patrón irrefutable con `if let`.

Rust se queja de que no tiene sentido usar `if let` con un patrón irrefutable:

```
warning: irrefutable `if let` pattern
 --> src/main.rs:2:8
  |
2 |     if let x = 5 {
  |        ^^^^^^^^^
  |
  = note: `#[warn(irrefutable_let_patterns)]` on by default
  = note: this pattern will always match, so the `if let` is useless
  = help: consider replacing the `if let` with a `let`
```

Por esta razón, las ramas (arms) de match deben usar patrones refutables, excepto en la última rama, que debería coincidir con cualquier valor restante mediante un patrón irrefutable. Rust nos permite usar un patrón irrefutable en match con solo una rama, pero esta sintaxis no es particularmente útil y podría reemplazarse con una sentencia let más simple.

Ahora que sabe dónde usar patrones y la diferencia entre patrones refutables e irrefutables, vamos a tratar toda la sintaxis que podemos utilizar para crear patrones.

Sintaxis de patrones

En esta sección, recopilamos toda la sintaxis válida de patrones y discutimos por qué y cuándo podría interesarle usar cada una de ellas.

Literales coincidentes

Como vio en el Capítulo 6, puede emparejar patrones directamente con literales. El siguiente código proporciona algunos ejemplos:

src/main.rs
```
let x = 1;

match x {
    1 => println!("one"),
    2 => println!("two"),
    3 => println!("three"),
    _ => println!("anything"),
}
```

Este código imprime one porque el valor en x es 1. Esta sintaxis es útil cuando desea que el código realice una acción si recibe un valor concreto en particular.

Coincidencia de variables con nombre

Las variables con nombre son patrones irrefutables que coinciden con cualquier valor, y las hemos utilizado muchas veces en el libro.

Sin embargo, hay una complicación cuando se usan variables con nombre en expresiones match. Debido a que match inicia un nuevo ámbito, las variables declaradas como parte de un patrón dentro de la expresión match enmascararán a aquellas con el mismo nombre fuera de la construcción match, como ocurre con todas las variables. En el Listado 18-11, declaramos una variable llamada x con el valor Some(5) y una variable y con el valor 10. Luego, creamos una expresión match en el valor x. Observe los patrones en las ramas de coincidencia y println! al final, e intente deducir qué imprimirá el código antes de ejecutarlo o de seguir leyendo.

src/main.rs
```
fn main() {
  ❶ let x = Some(5);
  ❷ let y = 10;

    match x {
      ❸ Some(50) => println!("Got 50"),
      ❹ Some(y) => println!("Matched, y = {y}"),
      ❺ _ => println!("Default case, x = {:?}", x),
    }

  ❻ println!("at the end: x = {:?}, y = {y}", x);
}
```

Listado 18-11: Expresión match con una rama que introduce una variable enmascarada y.

Vamos a repasar qué ocurre cuando se ejecuta la expresión match. El patrón en la primera rama de coincidencia ❸ no coincide con el valor definido de x ❶, por lo que el código continúa su ejecución.

El patrón en la segunda rama de coincidencia ❹ introduce una nueva variable llamada y que coincidirá con cualquier valor dentro de un valor Some. Debido a que estamos en un nuevo ámbito dentro de la expresión match, esta es una nueva variable y, no la y que declaramos al principio con el valor 10 ❷. Esta nueva vinculación y coincidirá con cualquier valor de Some, que es lo que tenemos en x. Por lo tanto, esta nueva y se vincula con el valor interno de Some en x. Ese valor es 5, por lo que se ejecuta la expresión para esa rama y se imprime Matched, y = 5.

Si x hubiera sido un valor None en lugar de Some(5), los patrones en las primeras dos ramas no habrían coincidido, por lo que el valor habría coincidido con el guión bajo ❺. No introdujimos la variable x en el patrón de la rama del guión bajo, por lo que la x en la expresión sigue siendo la x externa que no ha sido enmascarada. En este caso hipotético, match imprimiría Default case, x = None (Caso por defecto, x = None).

Cuando la expresión match finaliza, su ámbito termina, al igual que el ámbito de la variable interna y. El último println! ❻ se produce al final: x = Some(5), y = 10.

Para crear una expresión match que compare los valores de las variables externas x e y en lugar de introducir una variable enmascarada, tendríamos que usar una condición de guardia de coincidencia. Hablaremos sobre las guardias de coincidencia «Condicionales adicionales utilizando guardas de coincidencia».

Varios patrones

En las expresiones match, puede hacer coincidir varios patrones utilizando la sintaxis |, que es el operador *or* de los patrones. Por ejemplo, en el siguiente código hacemos coincidir el valor de x con las ramas de coincidencia, la primera de las cuales tiene la opción *or*, lo que significa que si el valor de x coincide con alguno de los valores en esa rama, el código de esa rama se ejecutará:

src/main.rs

```rust
let x = 1;

match x {
    1 | 2 => println!("one or two"),
    3 => println!("three"),
    _ => println!("anything"),
}
```

Este código imprime one or two.

Coincidencia con rangos de valores usando ..=

La sintaxis ..= nos permite hacer coincidir un rango de valores inclusivo. En el siguiente código, cuando un patrón coincide con cualquiera de los valores dentro del rango dado, esa rama se ejecutará:

src/main.rs

```rust
let x = 5;

match x {
    1..=5 => println!("one through five"),
    _ => println!("something else"),
}
```

Si x es 1, 2, 3, 4, o 5, la primera rama coincidirá. Esta sintaxis es más conveniente para múltiples valores de coincidencia que usar el operador | para expresar la misma idea; si usáramos |, tendríamos que especificar 1 | 2 | 3 | 4 | 5. Especificar un rango es mucho más corto, especialmente si queremos hacer coincidir, por ejemplo, ¡cualquier número entre 1 y 1000!

El compilador verifica que el rango no esté vacío durante la compilación y, debido a que los únicos tipos para los cuales Rust puede determinar si un rango está vacío o no son char y los valores numéricos, los rangos solo están permitidos con valores numéricos o char.

Aquí tiene un ejemplo que utiliza rangos de valores char:

src/main.rs

```rust
let x = 'c';

match x {
    'a'..='j' => println!("early ASCII letter"),
    'k'..='z' => println!("late ASCII letter"),
    _ => println!("something else"),
}
```

Rust puede determinar que 'c' está dentro del rango del primer patrón e imprime early ASCII letter (primeras letras ASCII).

Desestructuración para descomponer valores

También podemos utilizar patrones para desestructurar structs, enums y tuplas para utilizar diferentes partes de estos valores. Repasemos cada uno de estos valores.

Desestructuración de structs

El Listado 18-12 muestra una struct Point con dos campos, x e y, que podemos descomponer utilizando un patrón con una sentencia let.

src/main.rs

```rust
struct Point {
    x: i32,
    y: i32,
}

fn main() {
    let p = Point { x: 0, y: 7 };

    let Point { x: a, y: b } = p;
    assert_eq!(0, a);
    assert_eq!(7, b);
}
```

Listado 18-12: Desestructuración de los campos de una struct en variables separadas.

Este código crea las variables a y b, que coinciden con los valores de los campos x e y de la estructura p. Este ejemplo muestra que los nombres de las variables en el patrón no tienen que coincidir con los nombres de los campos de la estructura. Sin embargo, es habitual que los nombres de las variables coincidan con los nombres de los campos para facilitar recordar qué variables provienen de qué campos. Debido a este uso frecuente, y porque escribir let Point { x: x,y: y } = p; contiene duplicación, Rust tiene una forma abreviada para patrones que coinciden con campos de structs: solo necesita listar el nombre del campo de la struct, y las variables creadas a partir del patrón tendrán los mismos nombres. El código del Listado 18-13 se comporta de la misma manera que el código del Listado 18-12, pero las variables creadas en el patrón let son x e y en lugar de a y b.

src/main.rs

```rust
struct Point {
    x: i32,
    y: i32,
}

fn main() {
    let p = Point { x: 0, y: 7 };

    let Point { x, y } = p;
    assert_eq!(0, x);
    assert_eq!(7, y);
}
```

Listado 18-13: Desestructuración de los campos de una struct usando la abreviatura de campos de structs.

Este código crea las variables x e y, que coinciden con los campos x e y de la variable p. El resultado es que las variables x e y contienen los valores de la estructura p.

También podemos hacer la desestructuración con valores literales como parte del patrón de la struct, en lugar de crear variables para todos los campos. Hacerlo nos permite verificar algunos de los campos para valores particulares, al mismo tiempo que creamos variables para desestructurar los otros campos.

En el Listado 18-14, tenemos una expresión de coincidencia que separa los valores de tipo Point en tres casos: puntos situados directamente en el eje x (lo cual es cierto cuando y = 0), en el eje y (x = 0), o en ninguno de los ejes.

src/main.rs

```
fn main() {
    let p = Point { x: 0, y: 7 };

    match p {
        Point { x, y: 0 } => println!("On the x axis at {x}"),
        Point { x: 0, y } => println!("On the y axis at {y}"),
        Point { x, y } => {
            println!("On neither axis: ({x}, {y})");
        }
    }
}
```

Listado 18-14: Desestructuración y coincidencia de valores literales en un único patrón.

La primera rama coincidirá con cualquier punto situado en el eje x al especificar que el campo y coincida si su valor es igual al literal 0. El patrón crea aún una variable x que podemos utilizar en el código para esta rama.

De manera similar, la segunda rama coincide con cualquier punto en el eje y al especificar que el campo x coincida si su valor es 0, y crea una variable y para el valor del campo y. La tercera rama no especifica ningún literal, por lo que coincide con cualquier otro Point y crea variables tanto para el campo x como para el campo y.

En este ejemplo, el valor p coincide con la segunda rama, debido a que x contiene un 0, por lo que este código imprimirá On the y axis at 7 (En el eje y en 7).

Recuerde que una expresión match deja de verificar las ramas una vez que ha encontrado el primer patrón coincidente, por lo que, aunque Point { x: 0, y: 0} esté en el eje x y en el eje y, este código solo imprimirá On the x axis at 0 (En el eje x en 0).

Desestructuración de enums

Hemos desestructurado enums en el libro (por ejemplo, en el Listado 6-5), pero aún no hemos discutido explícitamente que el patrón para desestructurar una enum corresponde a la forma en que se definen los datos almacenados en la enum. Como ejemplo, en el Listado 18-15 usamos la enum Message del Listado 6-2 y escribimos match con patrones que desestructurarán cada valor interno.

```rust
enum Message {
    Quit,
    Move { x: i32, y: i32 },
    Write(String),
    ChangeColor(i32, i32, i32),
}

fn main() {
❶   let msg = Message::ChangeColor(0, 160, 255);

    match msg {
❷       Message::Quit => {
            println!(
                "The Quit variant has no data to destructure."
            );
        }
❸       Message::Move { x, y } => {
            println!(
                "Move in the x dir {x}, in the y dir {y}"
            );
        }
❹       Message::Write(text) => {
            println!("Text message: {text}");
        }
❺       Message::ChangeColor(r, g, b) => println!(
            "Change color to red {r}, green {g}, and blue {b}"
        ),
    }
}
```

Listado 18-15: Desestructuración de variantes de enums que contienen diferentes tipos de valores.

Este código imprimirá Change color to red 0, green 160, and blue 255. "(Cambiar color a rojo 0, verde 160 y azul 255). Intente cambiar el valor msg ❶ para ver cómo se ejecutan las otras ramas del código.

Para las variantes de enum sin ningún dato, como Message::Quit ❷, no podemos desestructurar el valor aún más. Solo podemos hacer coincidencia con el valor literal de Message::Quit, y en ese patrón no hay variables.

Para variantes de enums similares a structs, como Message::Move ❸, podemos usar un patrón similar al que especificamos para hacer coincidir structs. Después del nombre de la variante, colocamos llaves y, luego, listamos los campos con las variables para separar las partes y usarlas en el código de esta rama. Aquí usamos la forma abreviada, como hicimos en el Listado 18-13.

Para variantes de enumeraciones similares a tuplas, como Message::Write, que contiene una tupla con un elemento ❹, y Message::ChangeColor, que contiene una tupla con tres elementos ❺, el patrón es similar al que especificamos para hacer coincidir tuplas. El número de variables del patrón debe coincidir con el número de elementos de la variante que estamos comparando.

Desestructuración de estructuras anidadas y enums

Hasta ahora, todos los ejemplos han consistido en hacer coincidir structs o enums a un solo nivel, ¡pero la coincidencia también puede funcionar en elementos anidados! Por ejemplo, podemos refactorizar el código del Listado 18-15 para admitir colores RGB y HSV en el mensaje ChangeColor, como se muestra en el Listado 18-16.

src/main.rs

```rust
enum Color {
    Rgb(i32, i32, i32),
    Hsv(i32, i32, i32),
}

enum Message {
    Quit,
    Move { x: i32, y: i32 },
    Write(String),
    ChangeColor(Color),
}

fn main() {
    let msg = Message::ChangeColor(Color::Hsv(0, 160, 255));

    match msg {
        Message::ChangeColor(Color::Rgb(r, g, b)) => println!(
            "Change color to red {r}, green {g}, and blue {b}"
        ),
        Message::ChangeColor(Color::Hsv(h, s, v)) => println!(
            "Change color to hue {h}, saturation {s}, value {v}"
        ),
        _ => (),
    }
}
```

Listado 18-16: Comparación de enums anidadas.

En el patrón de la primera rama de la expresión match no coincide la variante de la enum Message::ChangeColor que contiene la variante Color::Rgb (de la enum Color) con el valor de msg. A continuación, el patrón se vincula a los tres valores i32 internos. En el patrón de la segunda rama coincide la variante de la enum Message::ChangeColor, pero, en este caso, la variante de la enum interna coincide con Color::Hsv, que es el valor de msg. Podemos especificar estas condiciones complejas en una sola expresión match, a pesar de que están involucradas dos enums.

Desesetructuración de structs y tuplas

Podemos mezclar, combinar y anidar patrones de desestructuración de formas aún más complejas. El siguiente ejemplo muestra una desestructuración complicada en la que anidamos structs y tuplas dentro de una tupla, y extraemos todos los valores primitivos:

```rust
let ((feet, inches), Point { x, y }) =
    ((3, 10), Point { x: 3, y: -10 });
```

Este código nos permite descomponer tipos complejos en sus partes componentes para que podamos utilizar los valores que nos interesan por separado.

La desestructuración con patrones es una forma conveniente de utilizar partes de valores, como el valor de cada campo de una struct, por separado.

Cómo ignorar valores en un patrón

Ya ha visto que a veces es útil ignorar valores en un patrón, como en la última rama de match, para tener un cajón de sastre que en realidad no haga nada, pero que tenga en cuenta todos los valores posibles restantes. Hay varias formas de ignorar valores enteros o partes de valores en un patrón: usando el patrón _ (que ya ha visto), usando el patrón _ dentro de otro patrón, usando un nombre que empiece por un guión bajo o usando .. para ignorar las partes restantes de un valor. Vamos a explorar cómo y por qué usar cada uno de estos patrones.

Cualquier valor con _

Hemos utilizado el guion bajo como un patrón comodín que coincidirá con cualquier valor pero no se vinculará al valor. Esto es especialmente útil cuando se emplea en la última rama de una expresión match, pero también podemos usarlo en cualquier patrón, incluidos los parámetros de funciones, como se muestra en el Listado 18-17.

src/main.rs
```rust
fn foo(_: i32, y: i32) {
    println!("This code only uses the y parameter: {y}");
}

fn main() {
    foo(3, 4);
}
```

Listado 18-17: Uso de _ en la firma de una función.

Este código ignorará completamente el valor 3 pasado como primer argumento, y mostrará This code only uses the y parameter: 4 (Este código solo utiliza el parámetro y: 4).

En la mayoría de los casos, cuando ya no se necesita un parámetro particular de una función, se cambiaría la firma de la función para que no incluya el parámetro que no se va a utilizar. Ignorar un parámetro de una función puede ser especialmente útil en casos en los que, por ejemplo, está implementando un trait y necesita una determinada firma de tipo, pero el cuerpo de la función en la implementación que hace usted no necesita uno de los parámetros. Así evitará recibir una advertencia del compilador sobre parámetros de función no utilizados, como ocurriría si usara un nombre en su lugar.

Partes de un valor con _ anidado

También podemos usar _ dentro de otro patrón para ignorar solo una parte de un valor; por ejemplo, cuando queremos verificar solo parte de un valor pero no necesitamos las otras partes del correspondiente código que queremos ejecutar. El Listado 18-18 muestra el código responsable de gestionar el valor de una configuración (setting's value). Los requisitos del problema son que al usuario no se le permite sobrescribir una personalización existente de la configuración, pero puede anular la configuración y asignarle un valor si este no está establecido en ese momento.

src/main.rs

```rust
let mut setting_value = Some(5);
let new_setting_value = Some(10);

match (setting_value, new_setting_value) {
    (Some(_), Some(_)) => {
        println!("Can't overwrite an existing customized value");
    }
    _ => {
        setting_value = new_setting_value;
    }
}

println!("setting is {:?}", setting_value);
```

Listado 18-18: Uso del guion bajo en patrones que coinciden con variantes Some cuando no necesitamos usar el valor en Some.

Este código imprimirá Can't overwrite an existing customized value (No se puede sobreescribir un valor personalizado existente) y, luego, setting is Some(5) (la configuración es Some(5). En la primera rama de coincidencia, no necesitamos hacer coincidir ni usar los valores de ninguna de las variantes Some, pero sí necesitamos verificar el caso en el que tanto setting_value como new_setting_value sean la variante Some. En ese caso, imprimimos la razón por la cual no se cambia setting_value, y no se cambia.

En todos los demás casos (cuando setting_value o new_setting_value es None), expresados mediante el patrón _ en la segunda rama, queremos que se permita que new_setting_value se convierta en setting_value.

También podemos usar guiones bajos en varias ubicaciones dentro de un mismo patrón para ignorar valores particulares. El Listado 18-19 muestra un ejemplo de cómo ignorar los valores segundo y cuarto en una tupla de cinco elementos.

src/main.rs

```rust
let numbers = (2, 4, 8, 16, 32);

match numbers {
    (first, _, third, _, fifth) => {
        println!("Some numbers: {first}, {third}, {fifth}");
    }
}
```

Listado 18-19: Caso en el que se ignoran varias partes de una tupla.

Este código imprimirá Some numbers: 2, 8, 32, (Algunos de los números: 2, 8, 32), y los valores 4 y 16 serán ignorados.

Variable no utilizada al comenzar su nombre con _

Si crea una variable pero no la usa en ningún sitio, Rust generalmente emitirá una advertencia porque una variable no utilizada podría ser un error. Sin embargo, a veces es útil poder crear una variable que todavía no usará, como cuando está haciendo un prototipo o empieza un proyecto. En esta situación, puede indicarle a Rust que no le advierta sobre la variable no utilizada comenzando el nombre de la variable con un guion bajo. En el Listado 18-20, creamos dos variables no usadas, pero cuando compilemos este código, deberíamos obtener una advertencia solo sobre una de ellas.

src/main.rs

```rust
fn main() {
    let _x = 5;
    let y = 10;
}
```

Listado 18-20: Comienzo del nombre de una variable con un guion bajo para evitar recibir advertencias de variable no utilizada.

Aquí, recibimos una advertencia sobre no usar la variable y, pero no recibimos una advertencia sobre no usar _x.

Hay que tener en cuenta que hay una diferencia sutil entre usar solo _ y usar un nombre que comienza con un guion bajo. La sintaxis _x todavía sigue vinculando el valor a la variable, mientras que _ no lo hace. Para mostrar un caso en el que esta distinción importa, el Listado 18-21 nos proporcionará un error.

src/main.rs

```rust
let s = Some(String::from("Hello!"));

if let Some(_s) = s {
    println!("found a string");
}

println!("{:?}", s);
```

Listado 18-21: La variable no utilizada que comienza con un guion bajo sigue vinculando el valor, y podría tomar posesión del mismo.

Recibiremos un error porque el valor de s todavía se moverá a _s, lo que nos impide usar s nuevamente. Sin embargo, usar solo el guion bajo nunca se vincula al valor. El Listado 18-22 se compilará sin errores porque s no se mueve a _.

src/main.rs

```rust
let s = Some(String::from("Hello!"));

if let Some(_) = s {
    println!("found a string");
}

println!("{:?}", s);
```

Listado 18-22: El uso de un guion bajo no vincula el valor.

Este código funciona perfectamente porque nunca vinculamos s a nada; no se mueve.

Partes restantes de un valor con ..

Con valores que tienen muchas partes, podemos usar la sintaxis ..
para usar partes específicas e ignorar el resto, evitando la necesidad de
listar guiones bajos para cada valor ignorado. El patrón .. ignora cualquier parte de un valor que no hayamos emparejado explícitamente
en el resto del patrón. En el Listado 18-23, tenemos una estructura
Point que contiene una coordenada en un espacio tridimensional. En
la expresión match, queremos operar solo en la coordenada x e ignorar
los valores en los campos y y z.

src/main.rs

```rust
struct Point {
    x: i32,
    y: i32,
    z: i32,
}

let origin = Point { x: 0, y: 0, z: 0 };-

match origin {
    Point { x, .. } => println!("x is {x}"),
}
```

Listado 18-23: Se ignoran todos los campos de Point excepto x usando ...

Listamos el valor x y, luego, simplemente incluimos el patrón ...
Esto es más rápido que tener que listar y: _ y z: _, especialmente
cuando estamos trabajando con estructuras que tienen muchos campos
en situaciones en las que solo uno o dos campos son relevantes.

La sintaxis .. se expandirá a tantos valores como sea necesario. El
Listado 18-24 muestra cómo usar .. con una tupla.

src/main.rs

```rust
fn main() {
    let numbers = (2, 4, 8, 16, 32);

    match numbers {
        (first, .., last) => {
            println!("Some numbers: {first}, {last}");
        }
    }
}
```

*Listado 18-24: Se hacen coincidir solo los valores primero y último en una tupla y
se ignoran todos los demás.*

En este código, los valores primero y último se hacen coincidir con
first y last. El .. coincidirá e ignorará todo lo que haya en medio.

Sin embargo, el uso de .. debe ser inequívoco. Si no está claro qué
valores están destinados a la coincidencia y cuáles deben ser ignorados, Rust nos mostrará un error. El Listado 18-25 muestra un ejemplo
de uso ambiguo de .., que no compilará.

src/main.rs

```rust
fn main() {
    let numbers = (2, 4, 8, 16, 32);
```

```
match numbers {
    (.., second, ..) => {
        println!("Some numbers: {second}");
    },
}
```

Listado 18-25: Intento de usar .. de forma ambigua.

Cuando compilamos este ejemplo, obtenemos el siguiente error:

```
error: `..` can only be used once per tuple pattern
 --> src/main.rs:5:22
  |
5 |         (.., second, ..) => {
  |          --              ^^ can only be used once per tuple pattern
  |          |
  |          previously used here
```

Es imposible para Rust determinar cuántos valores en la tupla se deben ignorar antes de hacer coincidir un valor con second y, luego, cuántos valores adicionales se deben ignorar a partir de ahí. Este código podría significar que queremos ignorar 2, vincular second a 4 y, luego, ignorar 8, 16, y 32; o que queremos ignorar 2 y 4, vincular second a 8 y, luego, ignorar 16 y 32; y así sucesivamente. El nombre de la variable second no tiene un significado especial para Rust, por lo que obtenemos un error del compilador, ya que usar de esta manera .. en dos lugares es ambiguo.

Condicionales adicionales utilizando guardas de coincidencia

La *guarda de coincidencia* es una condición if adicional, especificada después del patrón en una rama match, que también debe coincidir para que se elija esa rama. Las guardas de coincidencia son útiles para expresar ideas más complejas de las que permite un patrón por sí solo.

La condición puede usar variables creadas en el patrón. El Listado 18-26 muestra match en la que la primera rama tiene el patrón Some(x) y también tiene una guarda de coincidencia if x % 2 == 0 (que será verdadera si el número es par).

src/main.rs

```
let num = Some(4);

match num {
    Some(x) if x % 2 == 0 => println!("The number {x} is even"),
    Some(x) => println!("The number {x} is odd"),
    None => (),
}
```

Listado 18-26: Adición de una guarda de coincidencia a un patrón.

Este ejemplo imprimirá The number 4 is even (El número 4 es par). Cuando se compara num con el patrón de la primera rama, coincide porque Some(4) coincide con Some(x). Luego, la guarda de coincidencia verifica si el resto de dividir x entre 2 es igual a 0 y, como lo es, se selecciona la primera rama.

Si en lugar de lo anterior num hubiera sido Some(5), la guarda de coincidencia en la primera rama habría sido false porque el resto de la división de 5 entre 2 es 1, lo cual no es igual a 0. Rust luego pasaría a la segunda rama, que coincidiría porque la segunda rama no tiene una guarda de coincidencia y, por lo tanto, coincide con cualquier variante Some.

No hay forma de expresar la condición if x % 2 == 0 dentro de un patrón, por lo que la guarda de coincidencia nos brinda la capacidad de expresar esta lógica. La desventaja de esta expresividad adicional es que el compilador no intenta verificar la exhaustividad cuando están involucradas expresiones de guarda de coincidencia.

En el Listado 18-11, mencionamos que podríamos usar guardas de coincidencia para resolver nuestro problema de enmascaramiento de patrones. Recuerde que creamos una nueva variable dentro del patrón en la expresión match en lugar de usar la variable fuera de match. Esa nueva variable significaba que no podíamos hacer pruebas contra el valor de la variable externa. El Listado 18-27 muestra cómo podemos usar una guarda de coincidencia para solucionar este problema.

src/main.rs

```rust
fn main() {
    let x = Some(5);
    let y = 10;

    match x {
        Some(50) => println!("Got 50"),
        Some(n) if n == y => println!("Matched, n = {n}"),
        _ => println!("Default case, x = {:?}", x),
    }

    println!("at the end: x = {:?}, y = {y}", x);
}
```

Listado 18-27: Uso de la guarda de coincidencia para probar la igualdad con una variable externa.

Este código ahora imprimirá Default case, x = Some(5) (Caso por defecto, x = Some(5)). El patrón en la segunda rama de coincidencia no introduce una nueva variable y que enmascararía a la y externa, lo que significa que podemos usar la y externa en la guarda de coincidencia. En lugar de especificar el patrón como Some(y), que habría enmascarado a la y externa, especificamos Some(n). Esto crea una nueva variable n que no enmascara nada porque no hay ninguna variable n fuera de match.

La guarda de coincidencia if n == y no es un patrón y, por lo tanto, no introduce nuevas variables. Esta y es la y externa en lugar de una nueva y enmascarada, y podemos buscar un valor que tenga el mismo valor que la y externa comparando n con y.

También puede usar el operador *or* en una guarda de coincidencia para especificar varios patrones; la condición de la guarda de coincidencia se aplicará a todos los patrones. El Listado 18-28 muestra la precedencia al combinar un patrón que usa | con una guarda de coincidencia. La parte importante de este ejemplo es que la guarda de coincidencia if y se aplica a 4, 5, y 6, aunque parezca que if y solo se aplica a 6.

```
let x = 4;
let y = false;

match x {
    4 | 5 | 6 if y => println!("yes"),
    _ => println!("no"),
}
```

Listado 18-28: Combinación de varios patrones con una guarda de coincidencia.

La condición de coincidencia establece que la rama solo coincide si el valor de x es igual a 4, 5, o 6 y si y es true. Cuando se ejecuta este código, el patrón de la primera rama coincide porque x es 4, pero la guarda de coincidencia if y es false, por lo que la primera rama no se elige. El código pasa a la segunda rama, que sí coincide, y este programa imprime no. La razón es que la condición if se aplica al patrón completo 4 | 5 | 6, no solo al último valor 6. En otras palabras, la precedencia de una guarda de coincidencia en relación con un patrón se comporta de la siguiente manera:

```
(4 | 5 | 6) if y => ...
```

en vez de lo siguiente:

```
4 | 5 | (6 if y) => ...
```

Después de ejecutar el código, el comportamiento de precedencia es evidente: si la guarda de coincidencia se aplicara solo al último valor en la lista de valores especificados mediante el operador | , la rama habría coincidido y el programa habría impreso yes.

Vinculaciones con @

El operador @ (*at*) nos permite crear una variable que coge un valor al mismo tiempo que comprobamos si ese valor coincide con un patrón. En el Listado 18-29, queremos comprobar que el valor del campo id de Message::Hello está dentro del rango 3..=7. También queremos vincular ese valor a la variable id_variable para poder usarlo en el código asociado a la rama correspondiente. Podríamos nombrar esta variable id, igual que el campo, pero para este ejemplo usaremos un nombre diferente.

```
enum Message {
    Hello { id: i32 },
}

let msg = Message::Hello { id: 5 };

match msg {
    Message::Hello {
        id: id_variable @ 3..=7,
    } => println!("Found an id in range: {id_variable}"),
    Message::Hello { id: 10..=12 } => {
```

```
        println!("Found an id in another range")
    }
    Message::Hello { id } => println!("Some other id: {id}"),
}
```

Listado 18-29: Uso de @ para hacer la vinculación con un valor de un patrón y comporbarlo al mismo tiempo.

Este ejemplo imprimirá Found an id in range: 5 (Encontrado un id en el rango: 5). Al especificar id_variable @ antes del rango 3..=7, id_variable captura cualquier valor de id que coincida con el rango y, al mismo tiempo, comprobamos que el valor coincida con el patrón del rango (id_variable @ 3..=7).

En la segunda rama, donde solo tenemos un rango especificado en el patrón, el código asociado a la rama no tiene una variable que contenga el valor real del campo id. El valor del campo id podría haber sido 10, 11 o 12, pero el código que acompaña a ese patrón no sabe cuál es. El código del patrón no puede usar el valor del campo id porque no hemos guardado el valor de id en una variable.

En la última rama, donde hemos especificado una variable sin rango, tenemos el valor disponible para usar en el código de la rama en una variable llamada id. La razón es que hemos utilizado la sintaxis abreviada del campo de la struct. Pero no hemos aplicado ninguna prueba al valor en el campo id en esta rama, como hicimos con las dos primeras ramas: cualquier valor coincidiría con este patrón.

Usar @ nos permite probar un valor y guardarlo en una variable dentro de un patrón.

Resumen

Los patrones en Rust son muy útiles para distinguir entre diferentes tipos de datos. Cuando se usan en expresiones match, Rust garantiza que sus patrones incluyan todos los valores posibles, o su programa no compilará. Los patrones en declaraciones let y parámetros de funciones hacen que esas construcciones sean más útiles, permitiendo así la desestructuración de valores en partes más pequeñas y asignando esas partes a variables. Podemos crear patrones simples o complejos según nuestras necesidades.

A continuación, en el penúltimo capítulo del libro, examinaremos algunos aspectos avanzados de varias características de Rust.

19

CARACTERÍSTICAS
AVANZADAS

Hasta ahora, ha aprendido las partes más comúnmente utilizadas del lenguaje de programación Rust. Antes de hacer un proyecto más en el Capítulo 20, exploraremos algunos aspectos del lenguaje que podría encontrar de vez en cuando, pero que tal vez no use todos los días. Puede utilizar este capítulo como referencia cuando se encuentre con algo desconocido. Las características tratadas son útiles en situaciones muy específicas. Aunque es posible que no las utilice con frecuencia, queremos asegurarnos de que tenga un conocimiento de todas las características que Rust puede ofrecer.

En este capítulo trataremos:

- Rust no seguro: cómo optar por salir de algunas de las garantías de Rust y asumir la responsabilidad de mantener manualmente esas garantías.
- Traits avanzados: tipos asociados, parámetros de tipo predeterminados, sintaxis totalmente calificada, supertraits y el patrón newtype en relación con los traits.
- Tipos avanzados: más sobre el patrón newtype, alias de tipo, el tipo never y tipos de tamaño dinámico.
- Funciones y closures avanzados: punteros a funciones y retorno de closures.
- Macros: formas de definir código que define más código en tiempo de compilación.

¡Se trata de una panoplia de características de Rust para todos los gustos! ¡Vamos a sumergirnos en la materia!

Rust no seguro

Todo el código que hemos discutido hasta ahora ha tenido las garantías de seguridad de la memoria de Rust aplicadas en tiempo de compilación. Sin embargo, Rust tiene un segundo lenguaje oculto en su interior que no hace cumplir estas garantías de seguridad de memoria: se llama *Rust no seguro* y funciona de manera similar al Rust normal, pero nos otorga superpoderes extra.

Rust no seguro existe porque, por naturaleza, el análisis estático es conservador. Cuando el compilador intenta determinar si el código cumple o no con las garantías, es mejor que rechace algunos programas válidos que aceptar algunos programas no válidos. Aunque el código podría estar bien, si el compilador de Rust no tiene suficiente información para estar seguro, rechazará el código. En estos casos, puede usar el código no seguro para decirle al compilador: «Confía en mí, sé lo que estoy haciendo». Sin embargo, tenga en cuenta que el uso de Rust no seguro es bajo su propio riesgo: si usa código no seguro incorrectamente, pueden surgir problemas debido a la falta de seguridad de la memoria, como es la desreferenciación de punteros nulos.

Otra razón por la que Rust tiene un alter ego no seguro es que el hardware subyacente del ordenador es inherentemente no seguro. Si Rust no le permitiera realizar operaciones no seguras, no podría realizar ciertas tareas. Rust necesita permitirle hacer programación de sistemas a bajo nivel, como interactuar directamente con el sistema operativo o incluso escribir su propio sistema operativo. Trabajar con la programación de sistemas a bajo nivel es uno de los objetivos del lenguaje. Vamos a explorar qué podemos hacer con Rust no seguro y cómo hacerlo.

Superpoderes no seguros

Para cambiar a Rust no seguro, utilice la palabra clave unsafe y, a continuación, comience un nuevo bloque que contenga el código no seguro. En Rust no seguro, puede realizar cinco acciones que no puede hacer en Rust seguro, a las que llamamos *superpoderes no seguros*. Esos superpoderes incluyen la capacidad de:

1. Desreferenciar un puntero sin procesar.
2. Llamar a una función o método no seguro.
3. Acceder o modificar una variable estática mutable.
4. Implementar un trait no seguro.
5. Acceder a los campos de unions.

Es importante entender que unsafe no desactiva el verificador de préstamos ni deshabilita ninguna otra comprobación de seguridad de Rust: si usa una referencia en código no seguro, se comprobará igualmente. La palabra clave unsafe solo le otorga acceso a estas cinco características que luego no verifica el compilador en cuanto a seguridad de la memoria. Seguirá teniendo cierto grado de seguridad dentro de un bloque no seguro.

Además, unsafe no significa que el código del bloque sea necesariamente peligroso o que definitivamente vaya a tener problemas de seguridad de la memoria: la intención es que, como programador, garantice que el código de un bloque no seguro accederá a la memoria de manera válida.

Las personas se pueden equivocar y se producirán errores, pero al requerir que estas cinco operaciones no seguras se encuentren dentro de bloques anotados con unsafe, sabrá que cualquier error relacionado con la seguridad de la memoria debe estar dentro de un bloque unsafe. Procure que el tamaño los bloques unsafe se mantenga pequeño; lo agradecerá más adelante cuando investigue errores de memoria.

Para aislar el código no seguro tanto como sea posible, es mejor encapsular dicho código dentro de una abstracción segura y proporcionar una API segura, lo cual discutiremos más adelante en el capítulo cuando examinemos las funciones y métodos no seguros. Partes de la biblioteca estándar están implementadas como abstracciones seguras sobre código no seguro que ha sido auditado. Envolver código no seguro en una abstracción segura evita que los usos de unsafe se filtren a sitios donde usted o sus usuarios podrían querer utilizar la funcionalidad implementada con código no seguro, ya que utilizar una abstracción segura es seguro.

Vamos a examinar con detalle cada uno de los cinco superpoderes no seguros. También veremos algunas abstracciones que proporcionan una interfaz segura para el código no seguro.

Desreferenciación de un puntero sin procesar

En la sección «Referencias colgantes» mencionamos que el compilador asegura que las referencias siempre sean válidas. Rust no seguro tiene dos nuevos tipos llamados *punteros sin procesar*, que son similares a las referencias. Al igual que con las referencias, los punteros sin procesar pueden ser inmutables o mutables, y se escriben *const T y *mut T, respectivamente. El asterisco no es el operador de desreferencia; es parte del nombre del tipo. En el contexto de los punteros sin procesar, *inmutable* significa que el puntero no puede asignarse directamente después de ser desreferenciado.

A diferencia de las referencias y los punteros inteligentes, en relación con los punteros sin procesar:

- Se les permite ignorar las reglas de préstamo al tener tanto punteros inmutables como mutables, o varios punteros mutables que apuntan a la misma ubicación.
- No se garantiza que apunten a una memoria válida.
- Pueden ser nulos.
- No implementan una limpieza automática.

Al optar por no hacer que Rust haga cumplir estas garantías, puede renunciar a la seguridad garantizada a cambio de un mayor rendimiento o la capacidad de interactuar con otro lenguaje o hardware donde las garantías de Rust no se apliquen.

El Listado 19-1 muestra cómo crear un puntero sin procesar inmutable y otro mutable a partir de referencias.

```
let mut num = 5;

let r1 = &num as *const i32;
let r2 = &mut num as *mut i32;
```

Listado 19-1: Creación de punteros sin procesar a partir de referencias.

Observe que en este código no incluimos la palabra clave unsafe. Podemos crear punteros sin procesar con código seguro; solo que no podemos desreferenciar punteros sin procesar fuera de un bloque no seguro (unsafe), como verá en un momento.

Hemos creado punteros sin procesar utilizando as para convertir una referencia inmutable y una referencia mutable en sus correspondientes tipos de punteros sin procesar. Debido a que los creamos directamente a partir de referencias garantizadas como válidas, sabemos que estos particulares punteros sin procesar son válidos, pero no podemos hacer esa suposición acerca de cualquier puntero sin procesar en general.

Para mostrar lo anterior, a continuación crearemos un puntero sin procesar de cuya validez no podemos estar tan seguros. El Listado 19-2 muestra cómo crear un puntero sin procesar que apunte a una ubicación arbitraria en la memoria. Tratar de usar una memoria arbitraria supone admitir una indefinición: puede que haya datos en esa dirección o puede que no los haya, el compilador puede optimizar el código para que no haya acceso a la memoria, o el programa puede terminar con un fallo de segmentación. Normalmente, no hay una buena razón para escribir código de esta manera, pero es posible hacerlo.

```
let address = 0x012345usize;
let r = address as *const i32;
```

Listado 19-2: Creación de un puntero sin procesar a una dirección de memoria arbitraria.

Recuerde que podemos crear punteros sin procesar con código seguro, pero no podemos desreferenciarlos y leer los datos a los que apuntan. En el Listado 19-3, usamos el operador de desreferencia * en un puntero sin procesar que requiere un bloque unsafe.

```
let mut num = 5;

let r1 = &num as *const i32;
let r2 = &mut num as *mut i32;

unsafe {
    println!("r1 is: {}", *r1);
    println!("r2 is: {}", *r2);
}
```

Listado 19-3: Desreferenciación de punteros sin procesar en un bloque no seguro.

Crear un puntero no causa daño alguno; es solo cuando intentamos acceder al valor al que apunta que podríamos terminar tratando con un valor no válido.

También hay que tener en cuenta que, en los Listados 19-1 y 19-3, creamos punteros sin procesar *const i32 y *mut i32 que apuntaban a la misma ubicación de memoria, donde se almacena num. Si, en cambio, intentáramos crear una referencia inmutable y una referencia mutable a num, el código no habría compilado porque las reglas de propiedad de Rust no permiten una referencia mutable al mismo tiempo que cualquier referencia inmutable. Con punteros sin procesar, podemos crear un puntero mutable y un puntero inmutable a la misma ubicación y cambiar datos a través del puntero mutable, lo que potencialmente podría causar una carrera de datos. ¡Tenga cuidado!

Con todos estos peligros, ¿por qué usar en algún momento punteros sin procesar? Un caso de uso importante es cuando se interactúa con código C, como verá en la siguiente sección. Otro caso es cuando se construyen abstracciones seguras que el verificador de préstamos de Rust no entiende. Presentaremos funciones no seguras y, luego, veremos un ejemplo de una abstracción segura que utiliza código no seguro.

Llamada a una función o método no seguros

El segundo tipo de operación que se puede realizar en un bloque no seguro es llamar a funciones no seguras. Las funciones y métodos no seguros se ven exactamente igual que las funciones y métodos regulares, pero tienen la palabra unsafe adicional antes del resto de la definición. La palabra clave unsafe en este contexto indica que la función tiene requisitos que debemos cumplir cuando llamamos a esta función, porque Rust no puede garantizar que hayamos cumplido con estos requisitos. Al llamar a una función no segura dentro de un bloque unsafe, estamos diciendo que hemos leído la documentación de esta función y asumimos la responsabilidad de cumplir con los contratos de la función.

Aquí hay una función no segura llamada dangerous que no hace nada, su cuerpo carece de contenido:

```
unsafe fn dangerous() {}

unsafe {
    dangerous();
}
```

Debemos llamar a la función dangerous dentro de un bloque unsafe
separado (es decir, que se coloca de manera independiente en el código).
Si intentamos llamar a dangerous sin el bloque unsafe, obtendremos un
error:

```
error[E0133]: call to unsafe function is unsafe and requires
unsafe function or block
 --> src/main.rs:4:5
  |
4 |     dangerous();
  |     ^^^^^^^^^^^ call to unsafe function
  |
  = note: consult the function's documentation for information on
how to avoid undefined behavior
```

Con el bloque unsafe, le estamos asegurando a Rust que hemos
leído la documentación de la función, entendemos cómo usarla
correctamente y hemos verificado que cumplimos con el contrato de
la función.

Los cuerpos de las funciones no seguras son, efectivamente, bloques unsafe, por lo que para realizar otras operaciones no seguras
dentro de una función no segura, no necesitamos añadir otro bloque
unsafe.

Creación de una abstracción segura sobre código no seguro

El hecho de que una función contenga código no seguro no significa
que necesitemos marcar toda la función como no segura. De hecho,
envolver código no seguro en una función segura es una abstracción
frecuente. Como ejemplo, estudiaremos la función split_at_mut de
la biblioteca estándar, que requiere una parte de código no seguro.
Exploraremos cómo podríamos implementarla. El siguiente método
seguro se define sobre rebanadas (slices) mutables: toma una rebanada y la convierte en dos al dividir el índice proporcionado como
argumento. El Listado 19-4 muestra cómo usar split_at_mut.

```
let mut v = vec![1, 2, 3, 4, 5, 6];

let r = &mut v[..];

let (a, b) = r.split_at_mut(3);

assert_eq!(a, &mut [1, 2, 3]);
assert_eq!(b, &mut [4, 5, 6]);
```

Listado 19-4: Uso de la función segura split_at_mut.

No podemos implementar esta función usando solo Rust seguro. Un intento podría parecerse al Listado 19-5, que no compilará. Para simplificar, implementaremos `split_at_mut` como una función en lugar de como un método y solo para rebanadas de valores `i32` en lugar de hacerlo para un tipo genérico `T`.

```
fn split_at_mut(
    values: &mut [i32],
    mid: usize,
) -> (&mut [i32], &mut [i32]) {
    let len = values.len();

    assert!(mid <= len);

    (&mut values[..mid], &mut values[mid..])
}
```

Listado 19-5: Intento de implementación de `split_at_mut` usando solo Rust seguro.

Esta función obtiene primero la longitud total de la rebanada. Luego, verifica que el índice proporcionado como parámetro esté dentro de la rebanada, comprobando si es menor o igual a la longitud de la misma. La afirmación (macro assert!) significa que si pasamos un índice que es mayor que la longitud para dividir la rebanada, la función generará un error antes de intentar usar ese índice.

A continuación, devolvemos dos rebanadas mutables en una tupla: una desde el inicio de la rebanada original hasta el índice `mid` y otra desde `mid` hasta el final de la rebanada.

Cuando intentamos compilar el código en el Listado 19-5, obtenemos un error:

```
error[E0499]: cannot borrow `*values` as mutable more than once at a time
  --> src/main.rs:9:31
   |
2  |     values: &mut [i32],
   |             - let's call the lifetime of this reference `'1`
...
9  |     (&mut values[..mid], &mut values[mid..])
   |     --------------------------^^^^^^--------
   |     |    |                    |
   |     |    |                    second mutable borrow occurs here
   |     |    first mutable borrow occurs here
   |     returning this value requires that `*values` is borrowed for `'1`
```

Tomar prestadas diferentes partes de una rebanada está básicamente bien porque las dos rebanadas no se superponen, pero Rust no es lo suficientemente inteligente para entender esto. Cuando sabemos que el código está bien, pero Rust no lo sabe, es hora de recurrir al código no seguro.

El Listado 19-6 muestra cómo usar un bloque `unsafe`, un puntero sin procesar y algunas llamadas a funciones no seguras para hacer que la implementación de `split_at_mut` funcione.

```
use std::slice;

fn split_at_mut(
    values: &mut [i32],
    mid: usize,
) -> (&mut [i32], &mut [i32]) {
❶ let len = values.len();
❷ let ptr = values.as_mut_ptr();

❸ assert!(mid <= len);

❹ unsafe {
        (
          ❺ slice::from_raw_parts_mut(ptr, mid),
          ❻ slice::from_raw_parts_mut(ptr.add(mid), len - mid),
        )
    }
}
```

Listado 19-6: Uso de código no seguro en la implementación de la función
split_at_mut.

Recordemos, de «El tipo rebanada (slice)», que una rebanada es un puntero que apunta a algunos datos junto con la longitud de la rebanada. Usamos el método len para obtener la longitud de la rebanada ❶ y el método as_mut_ptr para acceder al puntero sin procesar de la rebanada ❷. En este caso, dado que tenemos una rebanada mutable con valores i32, as_mut_ptr devuelve un puntero sin procesar con el tipo *mut i32, que hemos almacenado en la variable ptr.

Mantenemos la afirmación (macro assert!) de que el índice mid está dentro de la rebanada ❸. Luego, llegamos al código no seguro ❹: la función slice::from_raw_parts_mut toma el puntero sin procesar y la longitud, y crea una rebanada. Lo usamos para crear una rebanada que comienza en ptr y tiene una longitud mid de elementos ❺. Luego, llamamos al método add en ptr con mid como argumento para obtener un puntero sin procesar que comienza en mid, y creamos una rebanada usando ese puntero y como longitud el número restante de elementos después de mid ❻.

La función slice::from_raw_parts_mut es no segura porque toma un puntero sin procesar y hay que confiar en que este puntero sea válido. El método add en punteros sin procesar tampoco es seguro porque debe confiar en que la ubicación del desplazamiento también sea un puntero válido. Por consiguiente, hemos tenido que colocar un bloque unsafe que contiene las funciones slice::from_raw_parts_mut y add para poder llamarlas. Al observar el código y al añadir la afirmación de que mid debe ser menor o igual que len, podemos deducir que todos los punteros sin procesar utilizados dentro del bloque unsafe serán punteros válidos a datos dentro de la rebanada. Este uso de unsafe se considera aceptable y apropiado.

Cabe destacar que no es necesario marcar la función resultante split_at_mut como no segura, y que podemos llamar a esta función desde Rust seguro. Hemos creado una abstracción segura para código no seguro con una implementación de la función que utiliza código unsafe de manera segura, ya que crea solo punteros válidos a partir de los datos a los que esta función tiene acceso.

En contraste, el uso de slice::from_raw_parts_mut en el Listado 19-7 probablemente generará un fallo cuando se utilice la rebanada. Este código toma una ubicación de memoria arbitraria y crea una rebanada de 10 000 elementos de longitud.

```rust
use std::slice;

let address = 0x01234usize;
let r = address as *mut i32;

let values: &[i32] = unsafe {
    slice::from_raw_parts_mut(r, 10000)
};
```

Listado 19-7: Creación de una rebanada a partir de una ubicación de memoria arbitraria.

No somos propietarios de la memoria en esta ubicación arbitraria, y no hay garantía de que la rebanada que este código crea contenga valores i32 válidos. Intentar usar values como si fuera una rebanada válida da como resultado un comportamiento indefinido.

Uso de funciones externas para llamar a código externo

A veces, su código Rust podría necesitar interactuar con código escrito en otro lenguaje. Para esto, Rust tiene la palabra clave extern que facilita la creación y el uso de una *Foreign Function Interface (FFI)* (*interfaz de función externa*), que es la forma en que un lenguaje de programación puede definir funciones y permitir que un lenguaje de programación diferente (extranjero) llame a esas funciones.

El Listado 19-8 muestra cómo configurar la integración con la función abs de la biblioteca estándar de C. Las funciones declaradas dentro de bloques extern nunca son seguras cuando se las llama desde código Rust. La razón es que otros lenguajes no aplican las reglas y garantías de Rust, y Rust no puede verificarlas, por lo que la responsabilidad de garantizar la seguridad recae en el programador.

src/main.rs
```rust
extern "C" {
    fn abs(input: i32) -> i32;
}

fn main() {
    unsafe {
        println!(
            "Absolute value of -3 according to C: {}",
            abs(-3)
        );
    }
}
```

Listado 19-8: Declaración de y llamada a la función extern definida en otro lenguaje.

Dentro del bloque extern "C", listamos los nombres y las firmas de las funciones externas de otro lenguaje al que queremos llamar. La parte "C" define qué *interfaz binario de aplicación (application binary interface, ABI)* utiliza la función externa: ABI define cómo llamar a la función a nivel de ensamblaje. La ABI "C" es la más común y sigue la ABI del lenguaje de programación C.

LLAMADA A FUNCIONES DE RUST DESDE OTROS LENGUAJES

También podemos usar extern para crear una interfaz que permita que otros lenguajes llamen a funciones de Rust. En lugar de crear un bloque extern completo, añadimos la palabra clave extern y especificamos la ABI a usar justo antes de la palabra clave fn para la función relevante. También necesitamos añadir la anotación #[no_mangle] para indicar al compilador de Rust que no manipule el nombre de esta función. *Manipulación* es cuando un compilador cambia el nombre que hemos dado a una función por un nombre diferente que contiene más información para que otras partes del proceso de compilación la consuman, pero que es menos legible para las personas. El compilador de cada lenguaje de programación realiza la manipulación de nombres de manera ligeramente diferente, por lo que para que una función de Rust la puedan nombrar otros lenguajes, debemos deshabilitar la manipulación de nombres del compilador de Rust.

En el siguiente ejemplo, hacemos que la función call_from_c sea accesible desde código C, después de compilarlo en una biblioteca compartida y vincularlo desde C:

```
#[no_mangle]
pub extern "C" fn call_from_c() {
    println!("Just called a Rust function from C!");
}
```

Este uso de extern no requiere unsafe.

Acceso o modificación de una variable estática mutable

En el libro, aún no hemos hablado sobre variables globales, que Rust admite pero pueden ser problemáticas debido a las reglas de propiedad de Rust. Si dos hilos están accediendo a la misma variable global mutable, puede causar una carrera de datos.

En Rust, a las variables globales se las llama variables *estáticas*. El Listado 19-9 muestra un ejemplo de declaración y uso de una variable estática con una rebanada de cadena como valor.

src/main.rs

```
static HELLO_WORLD: &str = "Hello, world!";

fn main() {
    println!("value is: {HELLO_WORLD}");
}
```

Listado 19-9: Definición y uso de una variable estática inmutable.

Las variables estáticas son similares a las constantes, que discutimos en «Constantes». Por convención, los nombres de las variables estáticas están en SCREAMING_SNAKE_CASE. Las variables estáticas solo pueden almacenar referencias con el tiempo de vida (lifetime) 'static, lo que significa que el compilador de Rust puede determinar la duración y no es necesario anotarla explícitamente. Acceder a una variable estática inmutable es seguro.

Una diferencia sutil entre las constantes y las variables estáticas inmutables es que los valores en una variable estática tienen una dirección fija en memoria. Si se usa el valor siempre se accederá a los mismos datos. En cambio, a las constantes se les permite duplicar sus datos cada vez que se usan. Otra diferencia es que las variables estáticas pueden ser mutables. Acceder y modificar variables estáticas mutables es *unsafe (no seguro)*. El Listado 19-10 muestra cómo declarar, acceder y modificar una variable estática mutable llamada COUNTER.

src/main.rs

```rust
static mut COUNTER: u32 = 0;

fn add_to_count(inc: u32) {
    unsafe {
        COUNTER += inc;
    }
}

fn main() {
    add_to_count(3);

    unsafe {
        println!("COUNTER: {COUNTER}");
    }
}
```

Listado 19-10: La lectura de o escritura en una variable estática no es segura.

Al igual que con las variables regulares, especificamos la mutabilidad usando la palabra clave mut. Cualquier código que lea de o escriba en COUNTER debe estar dentro de un bloque unsafe. Este código compila e imprime COUNTER: 3 como esperaríamos porque es de un solo hilo. Sin embargo, si varios hilos acceden a COUNTER, es probable que ocurran carreras de datos.

Con datos mutables que son globalmente accesibles, es difícil asegurarse de que no haya carreras de datos, por lo que Rust considera que las variables estáticas mutables no son seguras. Cuando sea posible, es preferible utilizar las técnicas de concurrencia y los punteros inteligentes seguros a prueba de hilos que analizamos en el Capítulo 16, de modo que el compilador verifique que el acceso a los datos desde diferentes hilos se realice de manera segura.

Implementación de un trait no seguro

Podemos usar unsafe para implementar un trait no seguro. Un trait es no seguro cuando al menos uno de sus métodos tiene alguna invariante que el compilador no puede verificar. Declararemos que un trait es no seguro al añadir la palabra clave unsafe antes de trait y marcar la implementación del trait como unsafe también, como se muestra en el Listado 19-11.

```
unsafe trait Foo {
    // methods go here
}

unsafe impl Foo for i32 {
    // method implementations go here
}
```

Listado 19-11: Definición e implementación de un trait no seguro.

Al usar `unsafe impl`, estamos prometiendo que mantendremos las invariantes que el compilador no puede verificar.

Como ejemplo, recordemos los traits marcadores Send y Sync que discutimos en «Concurrencia ampliable con los traits Send y Sync»: el compilador implementa estos traits automáticamente si nuestros tipos están compuestos básicamente por tipos Send y Sync. Si implementamos un tipo que contiene un tipo que no es Send o Sync, como son los punteros sin procesar, y queremos marcar ese tipo como Send o Sync, debemos usar unsafe. Rust no puede verificar que nuestro tipo cumpla con las garantías de que se pueda enviar de manera segura entre hilos o acceder desde múltiples hilos; por lo tanto, necesitamos realizar esas verificaciones manualmente e indicarlo con unsafe.

Acceso a los campos de una unión

La última acción que solo funciona con unsafe es acceder a los campos de una unión. La unión es similar a `struct`, pero solo se utiliza un campo declarado en una instancia particular en un momento dado. Las uniones se utilizan principalmente para interactuar con uniones en código C. Acceder a los campos de una unión es no seguro porque Rust no puede garantizar el tipo de los datos que se están almacenando en ese momento en la instancia de la unión. Puede obtener más información sobre las uniones en Rust Reference en *https://doc.rust-lang.org/reference/items/unions.html.*

Cuándo usar código no seguro

Usar unsafe para aprovechar uno de los cinco superpoderes mencionados anteriormente no es incorrecto ni está mal visto, pero es más complicado asegurarse de que el código unsafe sea correcto, ya que el compilador no puede ayudar a mantener la seguridad de la memoria. Cuando tenga una razón para usar código unsafe, puede hacerlo, y tener la anotación explícita de unsafe facilita identificar la fuente de problemas cuando ocurren.

Traits avanzados

Tratamos por primera vez los traits en «Traits: Definición de comportamiento compartido», pero no analizamos los detalles más avanzados.

Ahora que conoce más sobre Rust, podemos adentrarnos en los detalles más específicos.

Tipos asociados

Los *tipos asociados* conectan un marcador de tipo con un trait, de manera que las definiciones de métodos del trait pueden utilizar estos tipos de marcadores de tipo en sus firmas. El implementador del trait especificará el tipo concreto que se usará en lugar del tipo de marcador de tipo para la implementación particular. De esta manera, podemos definir un trait que use algunos tipos sin necesidad de saber exactamente qué tipos son hasta que se implemente el trait.

Hemos descrito la mayoría de las características avanzadas en este capítulo como aquellas que rara vez son necesarias. Los tipos asociados están en algún punto intermedio: se utilizan con menos frecuencia que las características explicadas en el resto del libro, pero más comúnmente que muchas de las otras características discutidas en este capítulo.

Un ejemplo de trait con un tipo asociado es el trait Iterator que proporciona la biblioteca estándar. El tipo asociado se llama Item y representa el tipo de los valores sobre los que itera el tipo que implementa el trait Iterator. La definición del trait Iterator se muestra en el Listado 19-12.

```
pub trait Iterator {
    type Item;

    fn next(&mut self) -> Option<Self::Item>;
}
```

Listaddo 19-12: Definición del trait Iterator que tiene un tipo asociado llamado Item.

El tipo Item es un marcador, y la definición del método next muestra que devolverá valores de tipo Option<Self::Item>. Los implementadores del trait Iterator especificarán el tipo concreto para Item, y el método next devolverá Option, que contiene un valor de ese tipo concreto.

Los tipos asociados pueden parecer un concepto similar a los genéricos, ya que estos últimos permiten definir una función sin especificar qué tipos puede gestionar. Para examinar la diferencia entre ambos conceptos, vamos a ver una implementación del trait Iterator en un tipo llamado Counter que especifica que el tipo Item es u32:

src/lib.rs
```
impl Iterator for Counter {
    type Item = u32;

    fn next(&mut self) -> Option<Self::Item> {
        --snip--
```

Esta sintaxis parece comparable a la de los genéricos. Entonces, ¿por qué no definir simplemente el trait Iterator con genéricos, como se muestra en el Listado 19-13?

```
pub trait Iterator<T> {
    fn next(&mut self) -> Option<T>;
}
```

Listado 19-13: Una hipotética definición del trait `Iterator` usando genéricos.

La diferencia radica en que, al usar genéricos, como en el Listado 19-13, debemos anotar los tipos en cada implementación. Dado que también podemos implementar `Iterator<String> for Counter` o cualquier otro tipo, podríamos tener varias implementaciones de `Iterator for Counter`. En otras palabras, cuando un trait tiene un parámetro genérico, puede implementarse para un tipo varias veces, cambiando los tipos concretos de los parámetros genéricos cada vez. Cuando usamos el método `next` en `Counter`, tenemos que proporcionar anotaciones de tipo para indicar qué implementación de `Iterator` queremos usar.

Con los tipos asociados, no necesitamos anotar tipos porque no podemos implementar un trait en un tipo varias veces. En el Listado 19-12, con la definición que utiliza tipos asociados, podemos elegir cuál será el tipo de `Item` solo una vez, porque solo puede haber una `impl Iterator for Counter` (implementación de Iterator para Counter). No tenemos que especificar que queremos un iterador de valores `u32` en todas partes donde llamamos a `next` en `Counter`.

Los tipos asociados también forman parte del contrato del trait: los implementadores del trait deben proporcionar un tipo para que funcione como el marcador del tipo asociado. A menudo, los tipos asociados tienen un nombre que describe cómo se utilizará el tipo, y documentar el tipo asociado en la documentación de la API es una buena práctica.

Parámetros de tipo genérico por defecto y sobrecarga de operadores

Cuando utilizamos parámetros de tipo genérico, podemos especificar un tipo concreto por defecto para el tipo genérico. Esto elimina la necesidad de que los implementadores del trait especifiquen un tipo concreto si el tipo predeterminado funciona. Se puede especificar un tipo por defecto al declarar un tipo genérico con la sintaxis `<PlaceholderType=ConcreteType>`.

Un excelente ejemplo de una situación en la que esta técnica es útil es con la *sobrecarga de operadores*, en la que se personaliza el comportamiento de un operador (como es +) en situaciones particulares.

Rust no le permite crear sus propios operadores ni sobrecargar operadores arbitrarios. Sin embargo, se pueden sobrecargar las operaciones y traits correspondientes enumerados en `std::ops` al implementar los traits asociados con el operador. Por ejemplo, en el Listado 19-14 sobrecargamos el operador + para sumar dos instancias de `Point`. Lo hacemos implementando el trait `Add` en una struct `Point`.

src/main.rs
```
use std::ops::Add;

#[derive(Debug, Copy, Clone, PartialEq)]
```

```
struct Point {
    x: i32,
    y: i32,
}

impl Add for Point {
    type Output = Point;

    fn add(self, other: Point) -> Point {
        Point {
            x: self.x + other.x,
            y: self.y + other.y,
        }
    }
}

fn main() {
    assert_eq!(
        Point { x: 1, y: 0 } + Point { x: 2, y: 3 },
        Point { x: 3, y: 3 }
    );
}
```

Listado 19-14: Implementación del trait Add para sobrecargar el operador + para instancias Point.

El método add suma los valores x de dos instancias de Point y los valores y de dos instancias de Point para crear una nueva struct Point. El trait Add tiene un tipo asociado llamado Output que determina el tipo devuelto por el método add.

El tipo genérico por defecto en este código se encuentra dentro del trait Add. Aquí está su definición:

```
trait Add<Rhs=Self> {
    type Output;

    fn add(self, rhs: Rhs) -> Self::Output;
}
```

Este código, en términos generales, debería resultar familiar: un trait con un método y un tipo asociado. La parte nueva es Rhs=Self: a esta sintaxis se la llama *parámetros de tipo por defecto*. El parámetro genérico Rhs (abreviatura de «lado derecho») define el tipo de parámetro rhs en el método add. Si no especificamos un tipo concreto para Rhs cuando implementamos el trait Add, el tipo del paráetro Rhs se establecerá por defecto en Self, que será el tipo en el que estamos implementando Add.

Cuando implementamos Add para Point, utilizamos el valor por defecto para Rhs porque queremos sumar dos instancias de Point. Veamos un ejemplo de implementación del trait Add donde queremos personalizar el tipo Rhs en lugar de utilizar el valor por defecto.

Tenemos dos estructuras, Millimeters y Meters, que contienen valores en unidades diferentes. Este delgado envoltorio de un tipo existente en otra estructura se conoce como *patrón newtype*, que describimos con más detalle en «Uso del patrón newtype para implementar traits externos». Queremos sumar valores en milímetros a valores en metros y que la implementación de Add realice la conversión correctamente. Podemos implementar Add para Millimeters con Meters como Rhs, como se muestra en el Listado 19-15.

src/lib.rs

```rust
use std::ops::Add;

struct Millimeters(u32);
struct Meters(u32);

impl Add<Meters> for Millimeters {
    type Output = Millimeters;

    fn add(self, other: Meters) -> Millimeters {
        Millimeters(self.0 + (other.0 * 1000))
    }
}
```

Listado 19-15: Implementación del trait Add en Millimeters para sumar Millimeters y Meters.

Para sumar Millimeters y Meters, especificamos impl Add<Meters> para establecer el valor del parámetro del tipo Rhs en lugar de usar el valor por defecto Self.

Usted utilizará parámetros de tipo por defecto con dos propósitos fundamentales:

1. Para extender un tipo sin romper el código existente.
2. Para permitir personalizaciones en casos específicos que la mayoría de los usuarios no necesitarán.

El trait Add de la biblioteca estándar es un ejemplo del segundo propósito: generalmente, se sumarán dos tipos similares, pero el trait Add proporciona la capacidad de personalizar más allá de eso. El uso de un parámetro de tipo por defecto en la definición del trait Add significa que la mayoría de las veces no es necesario especificar el parámetro adicional. En otras palabras, no es necesaria la implementación repetitiva de algo, lo que facilita el uso del trait.

El primer propósito es similar al segundo pero a la inversa: si se desea añadir un parámetro de tipo a un trait existente, se puede proporcionar un valor por defecto para permitir la extensión de la funcionalidad del trait sin romper el código de implementación existente.

Desambiguación entre métodos con el mismo nombre

En Rust, nada impide que un trait tenga un método con el mismo nombre que el método de otro trait, ni impide que se implementen ambos traits en un mismo tipo. También es posible implementar un método directamente en el tipo con el mismo nombre que los métodos de los traits.

Cuando se llame a métodos con el mismo nombre, se deberá indicar a Rust cuál se desea usar. Considere el código del Listado 19-16, donde hemos definido dos traits, `Pilot` y `Wizard`, que tienen ambos un método llamado `fly`. Luego, implementamos ambos traits en un tipo llamado `Human`, que ya tiene un método llamado `fly` implementado en él. Cada método `fly` hace algo diferente.

src/mains

```rust
trait Pilot {
    fn fly(&self);
}

trait Wizard {
    fn fly(&self);
}

struct Human;

impl Pilot for Human {
    fn fly(&self) {
        println!("This is your captain speaking.");
    }
}

impl Wizard for Human {
    fn fly(&self) {
        println!("Up!");
    }
}

impl Human {
    fn fly(&self) {
        println!("*waving arms furiously*");
    }
}
```

Listado 9-16: Se definen dos traits que tienen un método `fly` y se implementan en el tipo `Human`, y directamente se implementa un método `fly` en `Human`.

Cuando llamamos a `fly` en una instancia de `Human`, el compilador llama por defecto al método que está implementado directamente en el tipo, como se muestra en el Listado 19-17.

src/main.rs

```rust
fn main() {
    let person = Human;
    person.fly();
}
```

Listado 19-17: Llamada a `fly` en una instancia de `Human`.

La ejecución de este código imprimirá *waving arms furiously*, mostrando que Rust ha llamado al método `fly` implementado directamente en `Human`.

Para llamar a los métodos `fly` bien desde el trait `Pilot` o bien desde el trait `Wizard`, necesitamos utilizar una sintaxis más explícita para especificar cuál de los métodos `fly` estamos utilizando. El Listado 19-18 muestra esta sintaxis.

```
fn main() {
    let person = Human;
    Pilot::fly(&person);
    Wizard::fly(&person);
    person.fly();
}
```

Listado 19-18: Especificación del método fly del trait al que queremos llamar.

Especificar el nombre del trait antes del nombre del método aclara a Rust qué implementación de fly queremos llamar. También podríamos escribir Human::fly(&person), lo cual es equivalente a person.fly() que usamos en el Listado 19-18, pero esto es un poco más largo de escribir si no necesitamos desambiguar.

Al ejecutar este código, se imprime lo siguiente:

```
This is your captain speaking.
Up!
*waving arms furiously*
```

Dado que el método fly toma el parámetro self, si tuviéramos dos tipos que implementan un mismo trait, Rust podría determinar qué implementación de ese trait utilizar en función del tipo de self.

Sin embargo, las funciones asociadas, que no son métodos, no tienen el parámetro self. Cuando hay varios tipos o traits que definen funciones que no son métodos con el mismo nombre de función, Rust no siempre sabe a qué tipo se refiere usted a menos que use una sintaxis totalmente cualificada. Por ejemplo, en el Listado 19-19 creamos un trait para un refugio de animales que quiere nombrar a todos los cachorros de perro como Spot. Creamos el trait Animal con una función asociada baby_name que no es método. El trait Animal se implementa para la struct Dog, a la que también proporcionamos directamente una función asociada baby_name que no es método.

src/main.rs

```
trait Animal {
    fn baby_name() -> String;
}

struct Dog;

impl Dog {
    fn baby_name() -> String {
        String::from("Spot")
    }
}

impl Animal for Dog {
    fn baby_name() -> String {
        String::from("puppy")
    }
}

fn main() {
```

```
        println!("A baby dog is called a {}", Dog::baby_name());
}
```

Listado 19-19: Trait con una función asociada y un tipo con una función asociada del mismo nombre que también implementa el trait.

Implementamos el código para nombrar a todos los cachorros como Spot en la función asociada baby_name que está definida en la struct Dog. El tipo Dog también implementa el trait Animal, que describe las características que tienen todos los animales. A los cachorros de perro se los llama puppies (cachorros), y eso se expresa en la implementación del trait Animal en Dog en la función baby_name asociada con el trait Animal.

En main, llamamos a la función Dog::baby_name, la cual llama a la función asociada definida en Dog directamente. Este código imprime lo siguiente:

```
A baby dog is called a Spot
```

Esta salida no es la que queríamos. Queremos llamar a la función baby_name, que forma parte del trait Animal que implementamos en Dog, de modo que el código imprima A baby dog is called a puppy (A un cachorro se le llama perrito). La técnica de especificar el nombre del trait que usamos en el Listado 19-18 no ayuda en este caso; si cambiamos main por el código del Listado 19-20, obtendremos un error de compilación.

src/main.rs
```
fn main() {
        println!("A baby dog is called a {}", Animal::baby_name());
}
```

Listado 19-20: Intento de llamar a la función baby_name desde el trait Animal, pero Rust no sabe cuál de las implementaciones usar.

Debido a que Animal::baby_name no tiene un parámetro self', y puede haber otros tipos que implementen el trait Animal, Rust no puede determinar cuál de las implementaciones de Animal::baby_name queremos. Obtendremos el siguiente error del compilador:

```
error[E0283]: type annotations needed
  --> src/main.rs:20:43
   |
20 |     println!("A baby dog is called a {}", Animal::baby_name());
   |                                           ^^^^^^^^^^^^^^^^^^ cannot
infer type
   |
   = note: cannot satisfy `_: Animal`
```

Para desambiguar y decirle a Rust que queremos usar la implementación de Animal para Dog en lugar de la implementación de Animal para algún otro tipo, debemos utilizar la sintaxis completamente cualificada. El Listado 19-21 muestra cómo usar la sintaxis completamente cualificada.

src/main.rs
```
fn main() {
        println!(
            "A baby dog is called a {}",
```

```
        <Dog as Animal>::baby_name()
    );
}
```

Listado 19-21: Uso de la sintaxis completamente cualificada para especificar que queremos llamar a la función baby_name del trait Animal tal como está implementado en Dog.

Proporcionamos a Rust una anotación de tipo dentro de los corchetes angulares, lo que indica que queremos llamar al método baby_name desde el trait Animal tal como está implementado en Dog, diciendo que queremos tratar el tipo Dog como Animal para esta llamada de función. Este código ahora imprimirá lo que queremos:

```
A baby dog is called a puppy
```

En general, la sintaxis totalmente cualificada se define de la siguiente manera:

```
<Type as Trait>::function(receiver_if_method, next_arg, ...);
```

Para las funciones asociadas que no son métodos, no habría un receiver (receptor): solo habría una lista de otros argumentos. Se puede utilizar la sintaxis totalmente cualificada en cualquier lugar en el que se llame a funciones o métodos. Sin embargo, se permite omitir cualquier parte de esta sintaxis que Rust pueda deducir a partir de otra información en el programa. Solo se necesita utilizar esta sintaxis más detallada en casos en los que haya múltiples implementaciones que utilicen el mismo nombre y Rust necesite ayuda para identificar a cuál de las implementaciones se desea llamar.

Uso de supertraits

A veces, se puede escribir una definición de trait que dependa de otro trait: para que un tipo implemente el primer trait, se desea requerir que ese tipo también implemente el segundo trait. Se hace esto para que la definición del trait pueda hacer uso de los elementos asociados del segundo trait. Al trait en el que su definición de trait confía, se le llama *supertrait* de su trait.

Por ejemplo, digamos que queremos crear un trait OutlinePrint con un método outline_print que imprimirá un valor dado formateado de modo que esté enmarcado en asteriscos. Es decir, dada una struct Point que implementa el trait de la biblioteca estándar Display para dar como resultado (x, y), cuando llamemos a outline_print en una instancia de Point que tenga 1 en x y 3 en y, debería imprimir lo siguiente:

```
**********
*        *
* (1, 3) *
*        *
**********
```

En la implementación del método outline_print, queremos utilizar la funcionalidad del trait Display. Por lo tanto, necesitamos especificar que el trait OutlinePrint funcionará solo para tipos que también implementen Display y proporcionen la funcionalidad que OutlinePrint necesita. Podemos hacer eso en la definición del trait especificando OutlinePrint: Display. Esta técnica es similar a añadir un límite de trait al trait. El siguiente es un ejemplo de implementación del trait OutlinePrint:

src/main.rs

```
use std::fmt;

trait OutlinePrint: fmt::Display {
    fn outline_print(&self) {
        let output = self.to_string();
        let len = output.len();
        println!("{}", "*".repeat(len + 4));
        println!("*{}*", " ".repeat(len + 2));
        println!("* {} *", output);
        println!("*{}*", " ".repeat(len + 2));
        println!("{}", "*".repeat(len + 4));
    }
}
```

Listado 19-22: Implementación del trait OutlinePrint que requiere la funcionalidad de Display.

Debido a que hemos especificado que OutlinePrint requiere el trait Display, podemos utilizar la función to_string que se implementa automáticamente para cualquier tipo que implemente Display. Si intentáramos usar to_string sin añadir dos puntos y especificar el trait Display después del nombre del trait, obtendríamos un error que dice que no se ha encontrado ningún método llamado to_string para el tipo &Self en el ámbito actual.

Veamos qué sucede cuando intentamos implementar OutlinePrint en un tipo que no implementa Display, como la struct Point:

src/main.rs

```
struct Point {
    x: i32,
    y: i32,
}

impl OutlinePrint for Point {}
```

Obtenemos un error que indica que se requiere implementar Display pero no se ha realizado la implementación:

```
error[E0277]: `Point` doesn't implement `std::fmt::Display`
  --> src/main.rs:20:6
   |
20 | impl OutlinePrint for Point {}
   |      ^^^^^^^^^^^^ `Point` cannot be formatted with the default
formatter
   |
   = help: the trait `std::fmt::Display` is not implemented for `Point`
```

```
  = note: in format strings you may be able to use `{:?}` (or {:#?} for
pretty-print) instead
note: required by a bound in `OutlinePrint`
  --> src/main.rs:3:21
  |
3 | trait OutlinePrint: fmt::Display {
  |                     ^^^^^^^^^^^^ required by this bound in `OutlinePrint`
```

Para solucionarlo, implementamos Display en Point y cumplimos con la restricción que OutlinePrint requiere, de la siguiente manera:

src/main.rs

```
use std::fmt;

impl fmt::Display for Point {
    fn fmt(&self, f: &mut fmt::Formatter) -> fmt::Result {
        write!(f, "({}, {})", self.x, self.y)
    }
}
```

Entonces, la implementación del trait OutlinePrint en una instancia de Point compilará con éxito y podremos llamar a outline_print en una instancia de Point para mostrarla dentro de un contorno de asteriscos.

Uso del patrón newtype para implementar traits externos

En «Implementación de un trait en un tipo» mencionamos la regla de orfandad que establece que solo se nos permite implementar un trait en un tipo si el trait o el tipo —o ambos— son locales de nuestro crate. Es posible eludir esta restricción utilizando el *patrón newtype*, que implica crear un nuevo tipo en una struct de tupla. (Hablamos de structs de tuplas en «Uso de strucs de tuplas que no tienen nombres asociados a sus campos para crear diferentes tipos».) Las structs de tuplas tendrán un campo y será una fina envoltura del tipo para el que queremos implementar un trait. Entonces, el wrapper type (tipo de datos de envoltura) es local de nuestro crate, y podemos implementar el trait en el wrapper. *Newtype* es un término que proviene del lenguaje de programación Haskell. No hay una penalización de rendimiento en tiempo de ejecución por utilizar este patrón, y el wrapper type se omite en tiempo de compilación.

Como ejemplo, supongamos que queremos implementar Display en Vec<T>; la regla de orfandad nos impide hacerlo directamente porque el trait Display y el tipo Vec<T> están definidos fuera de nuestro crate. Podemos crear una struct Wrapper que contenga una instancia de Vec<T>; luego, podemos implementar Display en Wrapper y usar el valor Vec<T>, como se muestra en el Listado 19-23.

src/main.rs

```
use std::fmt;

struct Wrapper(Vec<String>);

impl fmt::Display for Wrapper {
```

```
        fn fmt(&self, f: &mut fmt::Formatter) -> fmt::Result {
            write!(f, "[{}]", self.0.join(", "))
        }
    }

    fn main() {
        let w = Wrapper(vec![
            String::from("hello"),
            String::from("world"),
        ]);
        println!("w = {w}");
    }
```

Listado 19-23: Creación del tipo `Wrapper` que envuelve a `Vec<String>` para implementar `Display`.

La implementación de `Display` usa `self.0` para acceder a `Vec<T>` que está en el interior, porque `Wrapper` tiene una struct de tupla y `Vec<T>` es el elemento que ocupa el índice 0 de la tupla. Luego, podemos usar la funcionalidad del tipo `Display` en `Wrapper`.

La desventaja de usar esta técnica es que `Wrapper` es un tipo nuevo, por lo que no tiene los métodos del valor al que contiene. Tendríamos que implementar todos los métodos de `Vec<T>` directamente en `Wrapper` de manera que los métodos deleguen en `self.0`, lo que nos permitiría tratar a `Wrapper` exactamente como un `Vec<T>`. Si quisiéramos que el nuevo tipo tuviera todos los métodos del tipo que está en su interior, implementar el trait `Deref` en `Wrapper` para devolver el tipo que está en el interior sería una solución (discutimos la implementación del trait `Deref` en «Tratamiento de los punteros inteligentes como referencias regulares con Deref»). Si no quisiéramos que el tipo `Wrapper` tuviera todos los métodos del tipo que está en el interior, por ejemplo, para restringir el comportamiento del tipo `Wrapper`, tendríamos que implementar manualmente solo los métodos que deseamos tener.

Este patrón de nuevo tipo también es útil incluso cuando no están involucrados los traits. Vamos a cambiar el enfoque; veamos algunas formas avanzadas de interactuar con el sistema de tipos de Rust.

Tipos avanzados

El sistema de tipos de Rust tiene algunas características que hemos mencionado hasta ahora pero que aún no hemos discutido en detalle. Comenzaremos por hablar de los nuevos tipos (newtypes) en general y de por qué son útiles como tipos. Luego, pasaremos a los alias de tipos (type aliases), una característica similar a los nuevos tipos pero con una semántica ligeramente diferente. También discutiremos el tipo ! y los tipos de tamaño dinámico.

Uso del patrón newtype para la seguridad y abstracción de tipos

En esta sección, se supone que ha leído la sección anterior «Uso de newtype para implementar traits externos». El patrón newtype también es útil para tareas que van más allá de las que hemos discutido hasta ahora, incluyendo la aplicación estática de que los valores no se confundan y la indicación de las unidades de un valor. Ha visto un ejemplo sobre cómo usar nuevos tipos para indicar unidades en el Listado 19-15: recuerde que las structs `Millimeters` y `Meters` envolvían valores u32 en un newtype. Si escribiéramos una función con un parámetro de tipo `Millimeters`, no podríamos compilar un programa que intentara accidentalmente llamar a esa función con un valor de tipo `Meters` o un simple u32.

También podemos utilizar el patrón de newtype para abstraer algunos detalles de implementación de un tipo: el nuevo tipo puede exponer una API pública que es diferente de la API del tipo que hay en el interior, que es privada.

Los newtypes también pueden ocultar la implementación interna. Por ejemplo, podríamos proporcionar un tipo `People` para envolver `HashMap<i32, String>` que almacena el ID de una persona asociado con su nombre. El código que utiliza `People` solo interactuaría con la API pública que proporcionamos, como un método para agregar una cadena de nombres a la colección `People`; ese código no necesitaría saber que asignamos internamente un ID i32 a los nombres. El patrón newtype es una forma ágil de lograr la encapsulación para ocultar detalles de implementación, lo cual discutimos en «La encapsulación que oculta los detalles de implementación».

Creación de sinónimos de tipos con alias de tipos

En Rust, se proporciona la capacidad de declarar un alias de tipo para darle a un tipo existente otro nombre. Para ello, utilizamos la palabra clave type. Por ejemplo, podemos crear el alias `Kilometers` a i32 de la siguiente manera:

```
type Kilometers = i32;
```

Ahora, el alias `Kilometers` es un sinónimo de i32; a diferencia de los tipos `Millimeters` y `Meters` que creamos en el Listado 19-15, `Kilometers` no es un tipo separado y nuevo. Los valores que tienen el tipo `Kilometers` serán tratados de la misma manera que los valores de tipo i32:

```
type Kilometers = i32;

let x: i32 = 5;
let y: Kilometers = 5;

println!("x + y = {}", x + y);
```

Dado que `Kilometers` e i32 son el mismo tipo, podemos sumar valores de ambos tipos y podemos pasar valores de `Kilometers` a funciones que toman parámetros de tipo i32. Sin embargo, al usar este método, no obtenemos los beneficios de comprobación de tipos que obtuvimos del patrón de newtype discutido anteriormente. En otras palabras, si mezclamos valores de `Kilometers` e i32 en algún lugar, el compilador no nos dará un error.

El principal uso de los sinónimos de tipo es reducir la repetición. Por ejemplo, podríamos tener un tipo largo como este:

```
Box<dyn Fn() + Send + 'static>
```

Escribir este tipo largo en las firmas de funciones y como anotaciones de tipo en todo el código puede ser tedioso y propenso a errores. Imagine tener un proyecto lleno de código como el que se muestra en el Listado 19-24.

```
let f: Box<dyn Fn() + Send + 'static> = Box::new(|| {
    println!("hi");
});

fn takes_long_type(f: Box<dyn Fn() + Send + 'static>) {
    --snip--
}

fn returns_long_type() -> Box<dyn Fn() + Send + 'static> {
    --snip--
}
```

Listado 19-24: Uso de un tipo largo en muchos sitios.

Un alias de tipo hace que este código sea más manejable al reducir la repetición. En el Listado 19-25, hemos introducido un alias llamado Thunk para el tipo extenso y podemos reemplazar todas las instancias del tipo con el alias más corto Thunk.

```
type Thunk = Box<dyn Fn() + Send + 'static>;

let f: Thunk = Box::new(|| println!("hi"));

fn takes_long_type(f: Thunk) {
    --snip--
}

fn returns_long_type() -> Thunk {
    --snip--
}
```

Listado 19-25: Introducción de un alias de tipo, Thunk, para reducir la repetición.

¡Este código es mucho más fácil de leer y escribir! Elegir un nombre con sentido para un alias de tipo puede ayudar también a comunicar su intención (*thunk* es una palabra que se utiliza para el código que se evaluará en un momento posterior, por lo que es un nombre apropiado para un closure que se guarda).

Los alias de tipos también se utilizan comúnmente con el tipo Result<T, E> para reducir la repetición. Considere el módulo std::io en la biblioteca estándar. Las operaciones de entrada/salida a menudo devuelven Result<T, E> para gestionar situaciones en las que las operaciones no funcionan correctamente. Esta biblioteca tiene una struct std::io::Error que representa todos los posibles errores de entrada/salida. Muchas de las funciones en std::io devolverán Result<T, E> donde E es std::io::Error, como estas funciones en el trait Write:

```
use std::fmt;
use std::io::Error;

pub trait Write {
    fn write(&mut self, buf: &[u8]) -> Result<usize, Error>;
    fn flush(&mut self) -> Result<(), Error>;

    fn write_all(&mut self, buf: &[u8]) -> Result<(), Error>;
    fn write_fmt(
        &mut self,
        fmt: fmt::Arguments,
    ) -> Result<(), Error>;
}
```

Result<..., Error> se repite mucho. Por eso, std::io tiene esta declaración de alias de tipo:

```
type Result<T> = std::result::Result<T, std::io::Error>;
```

Dado que esta declaración se encuentra en el módulo std::io, podemos usar el alias completamente cualificado std::io::Result<T>; es decir, un Result<T, E> con E reemplazado por std::io::Error. Las firmas de las funciones en el trait Write acaban teniendo este aspecto:

```
pub trait Write {
    fn write(&mut self, buf: &[u8]) -> Result<usize>;
    fn flush(&mut self) -> Result<()>;

    fn write_all(&mut self, buf: &[u8]) -> Result<()>;
    fn write_fmt(&mut self, fmt: fmt::Arguments) -> Result<()>;
}
```

El alias de tipo ayuda de dos maneras: facilita la escritura de código y nos proporciona una interfaz consistente en todo std::io. Debido a que es un alias, es simplemente otro Result<T, E>, lo que significa que podemos utilizar cualquier método que funcione con Result<T, E>, así como una sintaxis especial como es el operador ?.

El tipo never que nunca retorna un valor

Rust tiene un tipo especial llamado ! que en la jerga de la teoría de tipos se conoce como el *tipo vacío* porque no tiene valores. Preferimos llamarlo el *tipo never* porque se utiliza en lugar del tipo de retorno de una función cuando esta nunca retornará nada. Aquí tiene un ejemplo:

```
fn bar() -> ! {
    --snip--
}
```

Este código se lee como «la función bar no retorna nunca nada». A las funciones que no retornan nunca nada se las llama *funciones divergentes*. No podemos crear valores del tipo !, por lo que bar jamás podrá retornar nada.

Pero ¿de qué sirve un tipo para el que nunca se pueden crear valores? Recuerde el código del Listado 2-5, parte del juego de adivinanza de números; hemos reproducido una parte del mismo aquí, en el Listado 19-26.

```
let guess: u32 = match guess.trim().parse() {
    Ok(num) => num,
    Err(_) => continue,
};
```

Listado 19-26: Una expresión match con una rama que termina en continue.

En su momento, nos saltamos algunos detalles de este código. En «Construcción match de control de flujo» discutimos que las ramas de match deben retornar todas el mismo tipo. Así, por ejemplo, el siguiente código no funciona:

```
let guess = match guess.trim().parse() {
    Ok(_) => 5,
    Err(_) => "hello",
};
```

El tipo de guess en este código tendría que ser un entero y una cadena, y Rust requiere que guess tenga solo un tipo. Entonces, ¿qué retorna continue? ¿Cómo se nos permite retornar u32 desde una rama y tener otra rama que termine con continue en el Listado 19-26?

Como podría haber adivinado, continue tiene el valor !. Es decir, cuando Rust calcula el tipo de guess, examina ambas ramas de coincidencia, una con un valor de u32 y la otra con un valor de !. Dado que ! nunca puede tener un valor, Rust decide que el tipo de guess es u32.

La manera formal de describir este comportamiento es que las expresiones de tipo ! pueden ser forzadas a cualquier otro tipo. Se nos permite terminar esta rama de match con continue porque continue no devuelve un valor; lo que hace es que pasa el control de nuevo al inicio del bucle, por lo que en caso de Err, nunca asignamos un valor a guess.

El tipo never también es útil con la macro panic!. Recuerde la función unwrap que llamamos con los valores de Option<T> para producir un valor o generar un panic con la siguiente definición:

```
impl<T> Option<T> {
    pub fn unwrap(self) -> T {
        match self {
            Some(val) => val,
            None => panic!(
                "called `Option::unwrap()` on a `None` value"
            ),
        }
    }
}
```

En este código, ocurre lo mismo que en match en el Listado 19-26: Rust ve que val tiene el tipo T y panic! tiene el tipo !, por lo que el resultado de la expresión match en general es T. Este código funciona porque panic! no produce un valor; lo que hace es terminar el programa. En el caso de None, no estaremos retornando un valor desde unwrap, por lo que este código es válido.

Una expresión final que tiene el tipo ! es un loop:

```
print!("forever ");

loop {
    print!("and ever ");
}
```

Aquí, el bucle nunca termina, por lo que ! es el valor de la expresión. Sin embargo, esto no sería cierto si incluyéramos un break, porque el bucle se detendría cuando llegara a break.

Tipos de tamaño dinámico y el trait Sized

Rust requiere conocer ciertos detalles sobre sus tipos, como cuánto espacio reservar para un valor de un tipo en particular. Esto hace que una parte de su sistema de tipos pueda parecer un poco confusa al principio: el concepto de *tipos de tamaño dinámico*. A veces se los denomina *DST* (Dynamically Sized Types) o *tipos de tamaño desconocido* en tiempo de compilacion. Estos tipos nos permiten escribir código utilizando valores cuyo tamaño solo podemos conocer en tiempo de ejecución.

Vamos a profundizar en los detalles de un tipo de tamaño dinámico llamado str, que hemos estado utilizando a lo largo del libro. Así es, no &str, sino simplemente str, es un DST. No podemos conocer la longitud de la cadena hasta que se ejecute el programa, lo que significa que no podemos crear una variable de tipo str, ni podemos tomar un argumento de tipo str. Considere el siguiente código, que no funciona:

```
let s1: str = "Hello there!";
let s2: str = "How's it going?";
```

Rust necesita saber cuánta memoria asignar para cualquier valor de un tipo en particular, y todos los valores de un tipo deben utilizar la misma cantidad de memoria. Si Rust nos permitiera escribir este código, estos dos valores str necesitarían ocupar la misma cantidad de espacio. Pero tienen longitudes diferentes: s1 necesita 12 bytes de almacenamiento y s2 necesita 15. Por eso no es posible crear una variable que contenga un tipo de tamaño dinámico.

Entonces, ¿qué podemos hacer? En este caso, ya conoce la respuesta: cambiamos los tipos de s1 y s2 a &str en lugar de str. Recuerde, de «String Slices (rebanadas de cadena)"», que la estructura de datos de una rebanada solamente almacena la posición de inicio y la longitud de la rebanada. Por lo tanto, aunque &T es un solo valor que almacena la dirección de memoria donde se encuentra T, &str son dos valores: la dirección de str y su longitud. Como tal, podemos conocer el tamaño de un valor &str en tiempo de compilación: es el doble de la longitud de usize. Es decir, siempre conocemos el tamaño de &str, sin importar cuán larga sea la cadena de caracteres a la que se refiere. En general, esta es la forma en que se utilizan los tipos de tamaño dinámico en Rust: tienen un bit adicional de metadatos que almacena el tamaño de la información dinámica. La regla de oro de los tipos de tamaño dinámico es que siempre debemos poner valores de tipos de tamaño dinámico detrás de algún tipo de puntero.

Podemos combinar str con todo tipo de punteros, por ejemplo, Box<str> o Rc<str>. De hecho, ya ha visto esto antes pero con un tipo de tamaño dinámico diferente: los traits. Cada trait es un tipo de tamaño dinámico al que podemos hacer referencia utilizando el nombre del trait. En la sección «Uso de objetos trait que permiten valores de diferentes tipos» mencionamos que para usar traits como objetos de trait, debemos colocarlos detrás de un puntero, como &dyn Trait o Box<dyn Trait> (Rc<dyn Trait> también funcionaría).

Para trabajar con tipos de tamaño dinámico (DST), Rust proporciona el trait Sized para determinar si el tamaño de un tipo es conocido en tiempo de compilación o no. Este trait se implementa automáticamente para todo aquello cuyo tamaño es conocido en tiempo de compilación. Además, Rust añade implícitamente una limitación de Sized a cada función genérica. Es decir, una definición de función genérica como esta:

```
fn generic<T>(t: T) {
    --snip--
}
```

en realidad se trata como si hubiéramos escrito lo siguiente:

```
fn generic<T: Sized>(t: T) {
    --snip--
}
```

Por defecto, las funciones genéricas solo funcionarán con tipos que tengan un tamaño conocido en tiempo de compilación. Sin embargo, se puede utilizar la siguiente sintaxis especial para relajar esta limitación:

```
fn generic<T: ?Sized>(t: &T) {
    --snip--
}
```

Una limitación de trait en ?Sized significa «T puede o no ser Sized», y esta notación anula la limitación por defecto de que los tipos genéricos deben tener un tamaño conocido en tiempo de compilación. La sintaxis ?Trait con este significado solo está disponible para Sized, no para otros traits.

También se debe tener en cuenta que cambiamos el tipo del parámetro t de T a &T. Dado que el tipo podría no ser Sized, necesitamos usarlo detrás de algún tipo de puntero. En este caso, hemos elegido una referencia.

A continuación, hablaremos sobre funciones y closures.

Funciones avanzadas y closures

En esta sección se exploran algunas características avanzadas relacionadas con funciones y closures, incluyendo punteros a funciones y la devolución de closures.

Punteros a funciones

Hemos hablado de cómo pasar closures a funciones; ¡también se pueden pasar funciones regulares a funciones! Esta técnica es útil cuando se quiere pasar una función que ya se ha definido en lugar de definir un nuevo closure. Las funciones se limitan al tipo fn (con una *f* minúscula), que no debe confundirse con el trait de cierre Fn. Al tipo fn se le llama *puntero a función*. Pasar funciones con punteros a función permitirá usar funciones como argumentos para otras funciones.

La sintaxis para especificar que un parámetro es un puntero a función es similar a la de los closures, como se muestra en el Listado 19-27, donde hemos definido una función add_one que suma 1 a su parámetro. La función do_twice toma dos parámetros: un puntero a función a cualquier función que tome un parámetro i32 y devuelva i32, y un value i32. La función do_twice llama a la función f dos veces, pasándole el valor arg, y luego suma los resultados de las dos llamadas a función. La función main llama a do_twice con los argumentos add_one y 5.

src/main.rs

```rust
fn add_one(x: i32) -> i32 {
    x + 1
}

fn do_twice(f: fn(i32) -> i32, arg: i32) -> i32 {
    f(arg) + f(arg)
}

fn main() {
    let answer = do_twice(add_one, 5);

    println!("The answer is: {answer}");
}
```

Listado 19-27: Uso del tipo fn para aceptar una función de puntero a función como argumento.

Este código imprime The answer is: 12. Especificamos que el parámetro f en do_twice es fn, que toma un parámetro de tipo i32 y devuelve i32. Luego, podemos llamar a f en el cuerpo de do_twice. En main, podemos pasar el nombre de la función add_one como primer argumento a do_twice.

A diferencia de los closures, fn es un tipo en lugar de un trait, por lo que especificamos fn como tipo de parámetro directamente en lugar de declarar un parámetro de tipo genérico con uno de los traits Fn como limitación de trait.

Los punteros a funciones implementan los tres traits de cierre (Fn, FnMut, y FnOnce), lo que significa que siempre se puede pasar un puntero a función como argumento a una función que espera un closure.

Lo mejor es escribir funciones utilizando un tipo genérico y uno de los traits de closure para que las funciones puedan aceptar tanto funciones como closures.

Dicho esto, un ejemplo de cuándo se desearía aceptar solo fn y no closures es al interactuar con un código externo que no admite closures. Las funciones en C pueden aceptar funciones como argumentos, pero C no tiene la noción de closures.

Como ejemplo de dónde se podrían usar, ya sea un closure definido en línea o una función con nombre, veamos el uso del método map proporcionado por el trait Iterator de la biblioteca estándar. Para usar la función map para convertir un vector de números en un vector de cadenas, podríamos usar un closure, como este:

```
let list_of_numbers = vec![1, 2, 3];
let list_of_strings: Vec<String> = list_of_numbers
    .iter()
    .map(|i| i.to_string())
    .collect();
```

O podríamos nombrar una función como argumento de map en lugar del closure, de la siguiente manera:

```
let list_of_numbers = vec![1, 2, 3];
let list_of_strings: Vec<String> = list_of_numbers
    .iter()
    .map(ToString::to_string)
    .collect();
```

Hay que tener en cuenta que debemos utilizar la sintaxis completamente cualificada, de la que hablamos en «Traits avanzados», porque existen varias funciones llamadas to_string.

En este caso, usamos la función to_string definida en el trait ToString, que la biblioteca estándar ha implementado para cualquier tipo que implemente Display.

Recuerde, de «Valores enum», que el nombre de cada variante de enum que definimos también se convierte en una función inicializadora. Podemos usar estas funciones inicializadoras como punteros a funciones que implementan los traits de closure, lo que significa que podemos especificar las funciones inicializadoras como argumentos para los métodos que toman closures, de la siguiente manera:

```
enum Status {
    Value(u32),
    Stop,
}

let list_of_statuses: Vec<Status> = (0u32..20)
    .map(Status::Value)
    .collect();
```

Aquí, creamos instancias de Status::Value utilizando cada valor u32 en el rango en el que se llama a map, mediante la función inicializadora de Status::Value. Algunas personas prefieren este estilo, y otras prefieren usar closures. Compilan el mismo código, así que puede utilizar el estilo que le resulte más claro.

Closures de retorno

Los closures están representados por traits, lo que significa que no se pueden retornar closures directamente. En la mayoría de los casos en los que se desee retornar un trait, en su lugar se puede utilizar el tipo concreto que implementa el trait como valor de retorno de la función. Sin embargo, no se puede hacer eso con los closures porque no tienen un tipo concreto que se pueda retornar; por ejemplo, no está permitido usar el puntero a función fn como tipo de retorno.

El siguiente código intenta retornar un closure directamente, pero no compilará:

```
fn returns_closure() -> dyn Fn(i32) -> i32 {
    |x| x + 1
}
```

El error del compilador es el siguiente:

```
error[E0746]: return type cannot have an unboxed trait object
 --> src/lib.rs:1:25
  |
1 | fn returns_closure() -> dyn Fn(i32) -> i32 {
  |                         ^^^^^^^^^^^^^^^^^^^ doesn't have a size known
at compile-time
  |
  = note: for information on `impl Trait`, see
<https://doc.rust-lang.org/book/ch10-02-traits.html#returning-types-that-
implement-traits>
help: use `impl Fn(i32) -> i32` as the return type, as all return paths are of
type `[closure@src/lib.rs:2:5: 2:14]`, which implements `Fn(i32) -> i32`
  |
1 | fn returns_closure() -> impl Fn(i32) -> i32 {
  |                         ~~~~~~~~~~~~~~~~~~~
```

¡El error hace referencia al trait Sized nuevamente! Rust no sabe cuánto espacio necesitará para almacenar el closure. Vimos una solución a este problema anteriormente. Podemos usar un objeto de trait:

```
fn returns_closure() -> Box<dyn Fn(i32) -> i32> {
    Box::new(|x| x + 1)
}
```

Este código compilará sin problemas. Para obtener más información sobre los objetos de trait, consulte «Uso de objetos trait que permiten valores de tipos diferentes».

A continuación, ¡veamos las macros!

Macros

Hemos utilizado macros como `println!` a lo largo del libro, pero no hemos explorado exhaustivamente qué es una macro y cómo funciona. El término *macro* se refiere en Rust a una familia de características: macros *declarativas*con `macro_rules!` y tres tipos de macros procedimentales:

- Macros `#[derive]` personalizadas, que especifican el código añadido con el atributo `derive`, utilizadas en structs y enums.
- Macros similares a atributos, que definen atributos personalizados que se pueden utilizar en cualquier elemento.
- Macros similares a funciones, que parecen llamadas a funciones pero operan sobre los tokens especificados como argumento.

Hablaremos de cada una de estas en su momento, pero, primero, veamos por qué necesitamos macros cuando ya tenemos funciones.

Diferencias entre macros y funciones

Fundamentalmente, las macros son una forma de escribir código que genera otro código, lo que se conoce como *metaprogramación*. En el Apéndice C, discutimos el atributo `derive`, que genera una implementación de varios traits en lugar de tener que hacerlo usted. También hemos utilizado las macros `println!` y `vec!` en el libro. Todas estas macros se expanden para producir más código que el código que ha escrito usted manualmente.

La metaprogramación es útil para reducir la cantidad de código que hay que escribir y mantener, lo cual es también uno de los cometidos de las funciones. Sin embargo, las macros tienen algunas capacidades adicionales que las funciones no tienen.

La firma de la función debe declarar el número y tipo de parámetros que tiene la función. Las macros, por otro lado, pueden tomar un número variable de parámetros: podemos llamar a `println!("hello")` con un argumento o `println!("hello {}", name)` con dos argumentos. Además, las macros se expanden antes de que el compilador interprete el significado del código, por lo que una macro puede, por ejemplo, implementar un trait en un tipo dado. Una función no puede hacerlo, porque se la llama en tiempo de ejecución y un trait necesita ser implementado en tiempo de compilación.

El inconveniente de implementar una macro en lugar de una función es que las definiciones de macros son más complejas que las definiciones de funciones, porque se escribe código Rust que genera código Rust. Debido a esta indirección, las definiciones de macros suelen ser más difíciles de leer, comprender y mantener que las definiciones de funciones.

Otra diferencia importante entre las macros y las funciones es que las macros deben definirse o introducirse en el ámbito antes de llamarlas en un archivo, a diferencia de las funciones, que se pueden definir en cualquier sitio y llamar en cualquier sitio.

Macros declarativas con macro_rules! para metaprogramación en general

La forma más ampliamente utilizada de macros en Rust es la *macro declarativa*. A veces también se las llama «macros por ejemplo», «macros macro_rules!» o, simplemente, «macros». En esencia, las macros declarativas permiten escribir algo similar a una expresión match en Rust. Como se discutió en el Capítulo 6, las expresiones match son estructuras de control que toman una expresión, comparan el valor resultante de la expresión con patrones y, luego, ejecutan el código asociado con el patrón coincidente. Las macros también comparan un valor con patrones que están asociados con un código particular: en esta situación, el valor es el código fuente literal de Rust que se pasa a la macro; los patrones se comparan con la estructura de ese código fuente; y el código asociado con cada patrón, cuando coincide, reemplaza el código pasado a la macro. Todo esto ocurre en tiempo de compilación.

Para definir una macro, se utiliza la construcción macro_rules!. Vamos a explorar cómo usar macro_rules! observando cómo se define la macro vec!. En el Capítulo 8 se explicó cómo podemos usar la macro vec! para crear un nuevo vector con valores específicos. Por ejemplo, la siguiente macro crea un nuevo vector que contiene tres enteros:

```
let v: Vec<u32> = vec![1, 2, 3];
```

También podríamos usar la macro vec! para crear un vector de dos enteros o un vector de cinco string slices. No podríamos usar una función para hacer lo mismo porque no conoceríamos la cantidad o el tipo de valores de antemano.

El Listado 19-28 muestra una definición ligeramente simplificada de la macro vec!.

```
src/lib.rs  ❶ #[macro_export]
         ❷ macro_rules! vec {
             ❸ ( $( $x:expr ),* ) => {
                 {
                     let mut temp_vec = Vec::new();
                   ❹ $(
                       ❺ temp_vec.push(❻$x);
                     )*
                   ❼ temp_vec
                 }
             };
         }
```

Listado 19-28: Versión simplificada de la definición de la macro vec!.

NOTA *La definición real de la macro vec! en la biblioteca estándar incluye código para preasignar la cantidad correcta de memoria desde el principio. Ese código es una optimización que no incluimos aquí, para hacer el ejemplo más sencillo.*

La anotación #[macro_export] ❶ indica que esta macro debe estar disponible siempre que el crate en el que se define la macro se importe al ámbito en el que se usará la macro. Sin esta anotación, la macro no se puede importar al ámbito.

A continuación, iniciamos la definición de la macro con `macro_rules!` y el nombre de la macro que estamos definiendo sin el signo de exclamación ❷. El nombre, en este caso `vec`, va seguido de llaves que indican el cuerpo de la definición de la macro.

La estructura en el cuerpo de `vec!` es similar a la estructura de una expresión `match`. Aquí tenemos una rama con el patrón (`$( $x:expr ),* )`, seguido de `=>` y el bloque de código asociado con este patrón ❸. Si el patrón coincide, se emitirá (ejecutará) el bloque de código asociado. Dado que este es el único patrón en esta macro, solo hay una forma válida de coincidir; cualquier otro patrón daría como resultado un error. Las macros más complejas tendrán más de una rama.

La sintaxis válida de los patrones en las definiciones de macros es diferente de la sintaxis de patrones que se trata en el Capítulo 18, ya que los patrones de macros se comparan con la estructura del código Rust en lugar de hacerlo con valores. Veamos lo que significan las partes del patrón en el Listado 19-28; para obtener la sintaxis completa de patrones de macros, consulte Rust Reference en *https://doc.rust-lang.org/reference/macros-by-example.html*.

Primero, usamos un conjunto de paréntesis que engloba al patrón. Usamos el símbolo del dólar ($) para declarar una variable en el sistema de macros que contendrá el código Rust que coincidie con el patrón. El símbolo del dólar hace que quede claro que se trata de una variable de macro a diferencia de una variable regular de Rust. A continuación, viene un conjunto de paréntesis que captura valores que coinciden con el patrón dentro de los paréntesis para su uso en el código de sustitución. Dentro de `$()` está `$x:expr`, que coincide con cualquier expresión de Rust y le da a la expresión el nombre `$x`.

La coma que sigue a `$()` indica que, opcionalmente, podría aparecer un carácter separador de coma literal después del código que coincide con el código en `$()`. El `*` especifica que el patrón coincide cero o más veces con lo que precede a `*`.

Cuando llamamos a esta macro con `vec![1, 2, 3];`, el patrón `$x` coincide tres veces con las tres expresiones 1, 2, y 3.

Ahora veamos el patrón en el cuerpo del código asociado a esta rama: `temp_vec.push()` ❺ dentro de `$()*` en ❹   ❼ y se genera para cada parte que coincida con `$()` en el patrón cero o más veces dependiendo de cuántas veces coincida el patrón. `$x` ❻ se reemplaza con cada expresión coincidente. Cuando llamamos a esta macro con `vec![1, 2, 3];`, el código generado que sustituye a esta llamada a la macro será el siguiente:

```
{
    let mut temp_vec = Vec::new();
    temp_vec.push(1);
    temp_vec.push(2);
    temp_vec.push(3);
    temp_vec
}
```

Hemos definido una macro que puede tomar cualquier número de argumentos de cualquier tipo y puede generar código para crear un vector que contenga los elementos especificados.

Para aprender más sobre cómo escribir macros, consulte la documentación *online* u otros recursos, como *The Little Book of Rust Macros* en *https://veykril.github.io/tlborm* iniciado por Daniel Keep y continuado por Lukas Wirth.

Macros procedimentales para generar código a partir de atributos

La segunda forma de macro es la macro procedimental, que actúa más como una función (y es un tipo de procedimiento). Las *macros procedimentales* aceptan código como entrada, operan sobre ese código y producen código como salida, en lugar de comparar patrones y sustituir el código por otro, como hacen las macros declarativas. Los tres tipos de macros procedimentales son las `derive` personalizadas, las de atributo y las de función, y todas funcionan de forma similar.

Al crear macros procedimentales, las definiciones deben residir en su propio crate con un tipo de crate especial. Esto se debe a complejas razones técnicas que esperamos eliminar en el futuro. En el Listado 19-29, mostramos cómo definir una macro procedimental, donde `some_attribute` es un marcador para usar una variedad de macro específica.

src/lib.rs

```
use proc_macro::TokenStream;

#[some_attribute]
pub fn some_name(input: TokenStream) -> TokenStream {
}
```

Listado 19-29: Ejemplo de definición de macro procedimental.

La función que define una macro procedimental toma un `TokenStream` como entrada y produce un `TokenStream` como salida. El tipo `TokenStream` está definido por el crate `proc_macro` que se incluye con Rust y representa una secuencia de tokens. Esta es la esencia de la macro: el código fuente sobre el que opera la macro constituye el `TokenStream` de entrada, y el código que produce la macro es el `TokenStream` de salida. La función también tiene un atributo adjunto que especifica qué tipo de macro procedimental estamos creando. Podemos tener varios tipos de macros procedimentales en el mismo crate.

Veamos los diferentes tipos de macros procedimentales. Empezaremos con una macro `derive` personalizada y luego explicaremos las pequeñas diferencias que hacen que las otras formas sean diferentes.

Cómo escribir una macro derive personalizada

Vamos a crear un crate llamado `hello_macro` que define un trait llamado `HelloMacro` con una función asociada llamada `hello_macro`. En lugar de hacer que nuestros usuarios implementen el trait `HelloMacro` para cada uno de sus tipos, proporcionaremos una macro procedimental para que los usuarios puedan anotar su tipo con #[derive(HelloMacro)] para obtener una implementación predeterminada de la función hello_macro. La implementación por defecto imprimirá Hello, Macro! My name is *TypeName*! donde *TypeName* es el nombre del tipo sobre el que se ha definido este trait. En otras palabras, escribiremos un crate que permita a otro programador escribir código como el del Listado 19-30 utilizando nuestro crate.

src/main.rs

```
use hello_macro::HelloMacro;
use hello_macro_derive::HelloMacro;

#[derive(HelloMacro)]
struct Pancakes;

fn main() {
    Pancakes::hello_macro();
}
```

Listado 19-30: Código que un usuario de nuestro crate podrá escribir cuando utilice nuestra macro procedimental.

Este código imprimirá Hello, Macro! My name is Pancakes! cuando hayamos terminado. El primer paso es hacer un nuevo crate de biblioteca, así:

```
$ cargo new hello_macro --lib
```

A continuación, definiremos el trait HelloMacro y su función asociada:

src/lib.rs

```
pub trait HelloMacro {
    fn hello_macro();
}
```

Tenemos un trait y su función. En este punto, nuestro usuario de crate podría implementar el trait para conseguir la funcionalidad deseada, así:

```
use hello_macro::HelloMacro;

struct Pancakes;

impl HelloMacro for Pancakes {
    fn hello_macro() {
        println!("Hello, Macro! My name is Pancakes!");
    }
}

fn main() {
    Pancakes::hello_macro();
}
```

Sin embargo, tendría que escribir el bloque de implementación para cada tipo que quisiera utilizar con hello_macro; y queremos evitarles este trabajo.

Además, todavía no podemos proporcionar a la función `hello_macro` una implementación por defecto que imprima el nombre del tipo en el que está implementado el trait: Rust no tiene capacidades de reflexión, por lo que no puede buscar el nombre del tipo en tiempo de ejecución. Necesitamos una macro para generar código en tiempo de compilación.

El siguiente paso es definir la macro procedimental. En el momento de escribir estas líneas, las macros procedimentales necesitan estar en su propio crate. Eventualmente, esta restricción podría eliminarse. La convención para estructurar crates y crates macro es la siguiente: para un crate llamado *foo*, un crate de la macro procedimental derive personalizada se llama *foo*_derive. Comencemos un nuevo crate llamado `hello_macro_derive` dentro de nuestro proyecto `hello_macro`:

```
$ cargo new hello_macro_derive --lib
```

Nuestros dos crates están estrechamente relacionados, por lo que creamos el crate de la macro procedimental dentro del directorio de nuestro crate `hello_macro`. Si cambiamos la definición del trait en `hello_macro`, tendremos que cambiar también la implementación de la macro procedimental en `hello_macro_derive`. Los dos crates tendrán que publicarse por separado, y los programadores que los utilicen tendrán que añadirlos como dependencias e incluirlos en el ámbito de la aplicación. En su lugar, podríamos hacer que el crate `hello_macro` utilizara `hello_macro_derive` como dependencia y reexportara el código de la macro procedimental. Sin embargo, la forma en que hemos estructurado el proyecto hace posible que los programadores utilicen `hello_macro` incluso si no quieren la funcionalidad derive.

Necesitamos declarar el crate `hello_macro_derive` como un crate de macro procedimental. También necesitaremos la funcionalidad de los crates `syn` y `quote`, como se verá en un momento, así que tenemos que añadirlos como dependencias. Añada lo siguiente al archivo *Cargo.toml* para `hello_macro_derive`:

*hello_macro
_derive/
Cargo.toml*

```
[lib]
proc-macro = true

[dependencies]
syn = "1.0"
quote = "1.0"
```

Para empezar a definir la macro procedimental, coloque el código del Listado 19-31 en su archivo *src/lib.rs* para el crate `hello_macro_derive`. Tenga en cuenta que este código no compilará hasta que añadamos la definición para la función `impl_hello_macro`.

*hello_macro
_derive/src/
lib.rs*

```
use proc_macro::TokenStream;
use quote::quote;
use syn;

#[proc_macro_derive(HelloMacro)]
pub fn hello_macro_derive(input: TokenStream) -> TokenStream {
    // Construct a representation of Rust code as a syntax tree
```

```
    // that we can manipulate.
    let ast = syn::parse(input).unwrap();

    // Build the trait implementation.
    impl_hello_macro(&ast)
}
```

Listado 19-31: Código que la mayoría de los crates de macros procedimentales necesitarán para procesar código Rust.

Observe que hemos dividido el código en la función hello_macro_ derive, que es responsable de analizar el TokenStream, y la función impl_hello_macro, que es responsable de transformar el árbol sintáctico: esto hace que escribir una macro procedimental sea más conveniente. El código de la función externa (hello_macro_derive en este caso) será el mismo para casi todas las macros procedimentales que vea o cree. El código que se especifique en el cuerpo de la función interna (impl_hello_macro en este caso) será diferente dependiendo del propósito de su macro procedimental.

Hemos introducido tres nuevos crates: proc_macro, syn (disponible en *https://crates.io/crates/syn*), y quote (disponible en *https://crates.io/crates/quote*). El crate proc_macro viene con Rust, así que no necesitamos añadirlo a las dependencias en *Cargo.toml*. El crate proc_macro es la API del compilador que nos permite leer y manipular código Rust desde nuestro código.

El crate syn analiza el código Rust de una cadena en una estructura de datos en la que podemos realizar operaciones. El crate quote convierte las estructuras de datos syn de nuevo en código Rust. Estos crates hacen que sea mucho más sencillo analizar cualquier tipo de código Rust que queramos gestionar: escribir un analizador completo para código Rust no es una tarea sencilla.

Se llamará a la función hello_macro_derive cuando un usuario de nuestra biblioteca especifique #[derive(HelloMacro)] en un tipo. Esto es posible porque hemos anotado la función hello_macro_derive aquí con proc_macro_derive y especificado el nombre HelloMacro, que coincide con el nombre de nuestro trait; esta es la convención que siguen la mayoría de las macros procedimentales.

La función hello_macro_derive convierte primero input de un TokenStream en una estructura de datos que podemos interpretar y sobre la que podemos realizar operaciones. Aquí es donde syn entra en juego. La función parse en syn toma un TokenStream y devuelve una estructura DeriveInput que representa el código Rust analizado. El listado 19-32 muestra las partes relevantes de la estructura DeriveInput que obtenemos al analizar la cadena struct Pancakes;.

```
DeriveInput {
    --snip--

    ident: Ident {
        ident: "Pancakes",
        span: #0 bytes(95..103)
    },
    data: Struct(
```

```
DataStruct {
    struct_token: Struct,
    fields: Unit,
    semi_token: Some(
        Semi
    )
}
)
}
```

Listado 19-32: Instancia de `DeriveInput` que obtenemos al analizar el código que tiene el atributo de la macro del Listado 19-30.

Los campos de esta struct muestran que el código Rust que hemos analizado es una struct unitaria con `ident` (*identificador*, es decir, el nombre) de Pancakes. Hay más campos en esta estructura para describir todo tipo de código Rust; para obtener más información consulte la documentación syn para `DeriveInput` en *https://docs.rs/syn/1.0/syn/struct.DeriveInput.html*.

Pronto definiremos la función `impl_hello_macro`, que es donde construiremos el nuevo código Rust que queremos incluir. Pero, antes de hacerlo, hay que tener en en cuenta que la salida de nuestra macro derive es también un `TokenStream`. El `TokenStream` devuelto se añade al código que escriben nuestros usuarios de crate, de modo que cuando compilen su crate, obtendrán la funcionalidad extra que proporcionamos en el `TokenStream` modificado.

Se habrá dado cuenta de que estamos llamando a `unwrap` para que la función `hello_macro_derive` entre en pánico si falla la llamada a la función `syn::parse`. Es necesario que nuestra macro procedimental entre en pánico en caso de error porque las funciones `proc_macro_derive` deben devolver `TokenStream` en lugar de `Result` para ajustarse a la API de macros procedimentales. Hemos simplificado este ejemplo usando `unwrap`; en código de producción, se deberían proporcionar mensajes de error más específicos sobre lo que ha ido mal al usar `panic!` o `expect`.

Ahora que tenemos el código para convertir el código Rust anotado de un `TokenStream` en una instancia de `DeriveInput`, vamos a generar el código que implementa el trait `HelloMacro` en el tipo anotado, como se muestra en el Listado 19-33.

hello_macro_derive/src/lib.rs

```
fn impl_hello_macro(ast: &syn::DeriveInput) -> TokenStream {
    let name = &ast.ident;
    let gen = quote! {
        impl HelloMacro for #name {
            fn hello_macro() {
                println!(
                    "Hello, Macro! My name is {}!",
                    stringify!(#name)
                );
            }
        }
    };
    gen.into()
}
```

Listado 19-33: Implementación del trait `HelloMacro` trait usando el código Rust analizado.

Obtenemos una instancia de la struct `Ident` que contiene el nombre (identificador) del tipo anotado usando `ast.ident`. La struct del Listado 19-32 muestra que, cuando ejecutamos la función `impl_hello_macro` en el código del Listado 19-30, el `ident` que obtendremos tendrá el campo `ident` con el valor "Pancakes". Así, la variable name del Listado 19-33 contendrá una instancia de la struct `Ident` que, cuando se imprima, será la cadena "Pancakes", el nombre de la estructura del Listado 19-30

La macro `quote!` nos permite definir el código Rust que queremos devolver. El compilador espera algo diferente al resultado directo de la ejecución de la macro `quote!`, por lo que necesitamos convertirlo a un `TokenStream`. Esto lo hacemos llamando al método `into`, que consume esta representación intermedia y devuelve un valor del tipo `TokenStream` requerido.

La macro `quote!` también proporciona una mecánica de plantillas muy interesante: podemos introducir `#name`, y `quote!` lo sustituirá por el valor de la variable name. Incluso se puede hacer alguna repetición similar a la forma en que funcionan las macros normales. Eche un vistazo a la documentación del crate de `quote` en *https://docs.rs/quote* para acceder a una completa introducción.

Queremos que nuestra macro procedimental genere una implementación de nuestro trait `HelloMacro` para el tipo anotado por el usuario, que podemos obtener usando `#name`. La implementación del trait tiene una función `hello_macro`, cuyo cuerpo contiene la funcionalidad que queremos proporcionar: imprimir ¡`Hello, Macro! My name is` y, a continuación, el nombre del tipo anotado.

La macro `stringify!` usada aquí está integrada en Rust. Toma una expresión Rust, como `1 + 2`, y en tiempo de compilación convierte la expresión en una cadena literal, como `"1 + 2"`. Esto es diferente de `format!` o `println!`, macros que evalúan la expresión y luego convierten el resultado en `String`. Existe la posibilidad de que la entrada `#name` sea una expresión para imprimir literalmente, por lo que utilizamos `stringify!`. El uso de `stringify!` también ahorra una asignación al convertir `#name` en un literal de cadena en tiempo de compilación.

En este punto, `cargo build` debería completarse con éxito tanto en hello_macro como en hello_macro_derive. ¡Conectemos estos crates con el código del Listado 19-30 para ver la macro procedimental en acción! Cree un nuevo proyecto binario en su directorio de proyectos utilizando `cargo new pancakes`. Necesitamos añadir hello_macro y hello_macro_derive como dependencias en *Cargo.toml* del crate de pancakes. Si va a publicar sus versiones de hello_macro y hello_macro_derive en *https://crates.io*, serían dependencias normales; si no, puede especificarlas como dependencias path de la siguiente manera:

```
[dependencies]
hello_macro = { path = "../hello_macro" }
hello_macro_derive = { path = "../hello_macro/hello_macro_derive" }
```

Ponga el código del Listado 19-30 en *src/main.rs*, y ejecute `cargo run`: debería imprimir `Hello, Macro! My name is Pancakes!` La implementación del trait `HelloMacro` de la macro procedimental se incluyó sin que el crate de pancakes necesitara implementarla; el comando #[deri-ve(HelloMacro)] ha añadido la implementación del trait.

A continuación, vamos a explorar en qué se diferencian los otros tipos de macros procedimentales de las macros derive personalizadas.

Macros de tipo atributo

Las macros de tipo atributo son similares a las macros derive personalizadas, pero en lugar de generar código para el atributo derive, permiten crear nuevos atributos. También son más flexibles: derive solo funciona para structs y enums; los atributos también pueden aplicarse a otros elementos, como son las funciones. He aquí un ejemplo de uso de una macro de tipo atributo. Digamos que tiene un atributo llamado route que anota funciones cuando se utiliza un framework (marco de trabajo) de aplicaciones web:

```
#[route(GET, "/")]
fn index() {
```

Este atributo #[route] sería definido por el framework como una macro procedimental. La firma de la función de definición de la macro tendría este aspecto:

```
#[proc_macro_attribute]
pub fn route(
    attr: TokenStream,
    item: TokenStream
) -> TokenStream {
```

Aquí tenemos dos parámetros de tipo TokenStream. El primero es para el contenido del atributo: la parte GET, "/". El segundo es el cuerpo del elemento al que se adjunta el atributo: en este caso, fn index() {} y el resto del cuerpo de la función.

Aparte de eso, las macros tipo atributo funcionan de la misma manera que las macros derive personalizadas: ¡usted crea un crate con el tipo de crate proc-macro e implementa una función que genera el código que desea!

Macros de tipo función

Las macros tipo función definen macros que parecen llamadas a funciones. Al igual que las macros macro_rules!, son más flexibles que las funciones; por ejemplo, pueden tomar un número desconocido de argumentos. Sin embargo, las macros macro_rules! solo pueden definirse utilizando la sintaxis similar a la de concordancia de la que hablamos en «Macros declarativas con macro_rules! para metaprogramación general». Las macros tipo función toman un parámetro TokenStream, y su definición manipula ese TokenStream usando código Rust como hacen los otros dos tipos de macros procedimentales. Un ejemplo de macro de tipo función es la macro sql! a la que podría llamarse así:

```
let sql = sql!(SELECT * FROM posts WHERE id=1);
```

Esta macro analizaría la sentencia SQL que contiene y comprobaría que es sintácticamente correcta, lo que supone un procesamiento mucho más complejo que el que puede realizar una macro `macro_rules!`. La macro `sql!` se definiría así:

```
#[proc_macro]
pub fn sql(input: TokenStream) -> TokenStream {
```

Esta definición es similar a la firma de la macro derive personalizada: recibimos los tokens que están dentro de los paréntesis y devolvemos el código que queríamos generar.

Resumen

¡Uf! Ahora tiene algunas características de Rust en su caja de herramientas que probablemente no usará a menudo, pero sabrá que están disponibles en circunstancias muy particulares. Hemos introducido varios temas complejos para que cuando los encuentre en sugerencias de mensajes de error o en el código de otras personas, sea capaz de reconocer estos conceptos y sintaxis. Utilice este capítulo como referencia para tener una guía hacia las soluciones.

A continuación, pondremos en práctica todo lo que hemos tratado a lo largo del libro ¡y realizaremos un proyecto más!

20

PROYECTO FINAL: CREACIÓN DE UN SERVIDOR WEB MULTIHILO

Ha sido un largo viaje, pero hemos llegado al final del libro. En este capítulo, vamos a desarrollar juntos un proyecto más para mostrar algunos de los conceptos que hemos explicado en los últimos capítulos, así como recapitular algunas de las lecciones anteriores.

En nuestro proyecto final, crearemos un servidor web que diga «hello» y se vea en un navegador web como se muestra en la Figura 21-1.

Este es nuestro plan para desarrollar el servidor web:

1. Aprender un poco sobre TCP y HTTP.
2. Escuchar conexiones TCP en un socket (conector).
3. Analizar un pequeño número de peticiones HTTP.
4. Crear una respuesta HTTP adecuada.
5. Mejorar el rendimiento de nuestro servidor con un thread pool (grupo de hilos).

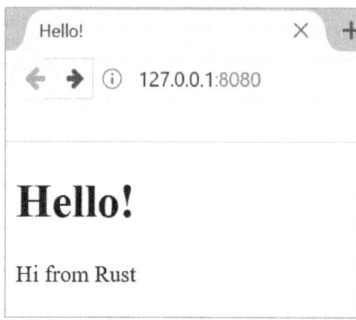

Figura 20-1: Nuestro proyecto final compartido.

Antes de comenzar, debemos mencionar un detalle: el método que utilizaremos no será la mejor manera de desarrollar un servidor web con Rust. Los miembros de la comunidad han publicado una serie de crates listos para producción que están disponibles en *https://crates.io* y que proporcionan implementaciones de servidores web y thread pools más completas de las que nosotros desarrollaremos. Sin embargo, nuestra intención en este capítulo es ayudarle a aprender, no a elegir el camino más fácil. Dado que Rust es un lenguaje de programación de sistemas, podemos elegir el nivel de abstracción con el que queremos trabajar y podemos llegar a un nivel más bajo de lo que es posible o resulta práctico en otros lenguajes. Por lo tanto, escribiremos el servidor HTTP básico y el thread pool manualmente para que pueda aprender las ideas generales y las técnicas que hay detrás de los crates que podría utilizar en el futuro.

Creación de un servidor web de un solo hilo

Empezaremos haciendo funcionar un servidor web de un solo hilo, pero, antes, veamos un rápido resumen de los protocolos involucrados en la creación de servidores web. Los detalles de estos protocolos están más allá del alcance del libro, pero una breve visión general le proporcionará la información que necesita.

Los dos protocolos principales implicados en los servidores web son el protocolo de transferencia de hipertexto (*Hypertext Transfer Protocol*, HTTP) y el protocolo de control de transmisión (*Transmission Control Protocol*, TCP). Ambos protocolos son de petición-respuesta, lo que significa que un cliente inicia peticiones y un servidor escucha las peticiones y proporciona una respuesta al cliente. El contenido de esas peticiones y respuestas viene definido por los protocolos.

TCP es el protocolo de nivel inferior que describe los detalles de cómo llega la información de un servidor a otro, pero no especifica qué es esa información. HTTP se basa en TCP y define el contenido de las peticiones y respuestas. Técnicamente es posible usar HTTP con otros protocolos, pero, en la gran mayoría de los casos, HTTP envía sus datos mediante TCP. Trabajaremos con los bytes sin procesar de las peticiones y respuestas de TCP y HTTP.

Escucha de la conexión TCP

Nuestro servidor web necesita escuchar la conexión TCP, así que esa es la primera parte en la que trabajaremos. La biblioteca estándar ofrece el módulo std::net, que es el que nos permite hacer esto. Vamos a crear un nuevo proyecto de la manera habitual:

```
$ cargo new hello
    Created binary (application) `hello` project
$ cd hello
```

Ahora, para empezar, introduzca el código del Listado 20-1 en *src/main.rs*. Este código escuchará en la dirección local 127.0.0.1:7878 para flujos TCP entrantes. Cuando obtenga un flujo entrante, imprimirá Connection established! (¡Conexión establecida!).

src/main.rs
```
use std::net::TcpListener;

fn main() {
❶ let listener = TcpListener::bind("127.0.0.1:7878").unwrap();

❷ for stream in listener.incoming() {
   ❸ let stream = stream.unwrap();

   ❹ println!("Connection established!");
   }
}
```

Listado 20-1: Escucha de flujos entrantes e impresión de un mensaje cuando recibimos un flujo.

Usando TcpListener, podemos escuchar conexiones TCP en la dirección 127.0.0.1:7878 ❶. En esta dirección, la sección que aparece antes de los dos puntos es una dirección IP que representa su ordenador (es la misma en todos los ordenadores y no representa específicamente el ordenador de los autores), y 7878 es el puerto. Hemos elegido este puerto por dos razones: la primera es que HTTP no se acepta normalmente en este puerto, por lo que es poco probable que nuestro servidor entre en conflicto con cualquier otro servidor web que pueda tener funcionando en su máquina, y la segunda es que con 7878 se puede escribir Rust en un teléfono.

La función bind en este escenario funciona como la función new, en el sentido de que devolverá una nueva instancia de TcpListener. La función se llama bind (vincular) porque, en redes, conectarse a un puerto para escuchar se conoce como «vincularse a un puerto».

La función bind devuelve Result<T, E>, que indica que es posible que la vinculación falle. Por ejemplo, la conexión al puerto 80 requiere privilegios de administrador (los que no son administradores solo pueden escuchar en puertos superiores al 1023), por lo que si intentáramos conectarnos al puerto 80 sin ser administradores, la vinculación no funcionaría. Tampoco funcionaría, por ejemplo, si ejecutáramos dos instancias de nuestro programa y tuviéramos dos programas escuchando en el mismo puerto. Debido a que estamos escribiendo un servidor básico solo para propósitos de aprendizaje, no nos preocuparemos de gestionar este tipo de errores; en cambio, usaremos `unwrap` para detener el programa si ocurren errores.

El método `incoming` de `TcpListener` devuelve un iterador que nos proporciona una secuencia de streams ❷ (más concretamente, streams de tipo `TcpStream`). Un único *stream* (*flujo*) representa una conexión abierta entre el cliente y el servidor. La *conexión* es el nombre para el proceso completo de petición y respuesta, en el que un cliente se conecta al servidor, el servidor genera una respuesta, y el servidor cierra la conexión. Como tal, leeremos del `TcpStream` para ver lo que el cliente ha enviado y, luego, escribiremos nuestra respuesta en el stream para enviar datos de vuelta al cliente. En general, este bucle `for` procesará cada conexión por orden y producirá una serie de streams para que los gestionemos.

Por ahora, la gestión del stream consiste en llamar a `unwrap` para terminar el programa si el flujo tiene algún error ❸; si no hay ningún error, el programa imprime un mensaje ❹. Añadiremos más funcionalidad en el siguiente listado en caso de tener éxito. La razón por la que podemos recibir errores del método `incoming` cuando un cliente se conecta al servidor es que no estamos iterando sobre conexiones. En su lugar, estamos iterando sobre *intentos de conexión*. La conexión puede no tener éxito por varias razones, muchas de ellas específicas del sistema operativo. Por ejemplo, muchos sistemas operativos tienen un límite en el número de conexiones abiertas simultáneas que pueden soportar; los nuevos intentos de conexión que superen ese número producirán un error hasta que se cierren algunas de las conexiones abiertas.

¡Intentemos ejecutar este código! Invoque `cargo run` en el terminal y luego cargue *127.0.0.1:7878* en el navegador web. El navegador debería mostrar un mensaje de error como «Connection reset» («Conexión restablecida») porque el servidor no está enviando ningún dato de vuelta. Pero cuando mire en su terminal, ¡debería ver varios mensajes que se imprimieron cuando el navegador se ha conectado al servidor!

```
    Running `target/debug/hello`
Connection established!
Connection established!
Connection established!
```

A veces verá varios mensajes impresos en pantalla para una petición del navegador; la razón puede ser que el navegador esté haciendo una petición para la página así como una petición para otros recursos, como el icono *favicon.ico*, que aparece en la pestaña del navegador.

También podría ser que el navegador estuviera intentando conectarse al servidor varias veces porque el servidor no está respondiendo con ningún dato. Cuando `stream` sale de ámbito y se libera al final del bucle, la conexión se cierra como parte de la implementación de `drop`. Los navegadores a veces tratan las conexiones cerradas volviéndolo a intentar, porque el problema puede ser temporal. ¡Lo importante es que hemos conseguido el control sobre una conexión TCP!

Recuerde detener el programa pulsando CTRL-C cuando haya terminado de ejecutar una determinada versión del código. A continuación, reinicie el programa invocando el comando cargo run después de haber realizado los cambios en el código para asegurarse de que está ejecutando el código más reciente.

Lectura de la solicitud

¡Vamos a implementar la funcionalidad para leer la petición del navegador! Para separar los problemas de obtener en primer lugar una conexión y luego llevar a cabo alguna acción con la conexión, iniciaremos una nueva función para procesar conexiones. En esta nueva función handle_connection, leeremos datos del stream TCP y los imprimiremos para que podamos ver los datos enviados desde el navegador. Cambie el código para que se vea como el Listado 20-2.

src/main.rs
```
use std::{ ❶
    io::{prelude::*, BufReader},
    net::{TcpListener, TcpStream},
};

fn main() {
    let listener = TcpListener::bind("127.0.0.1:7878").unwrap();

    for stream in listener.incoming() {
        let stream = stream.unwrap();

      ❷ handle_connection(stream);
    }
}

fn handle_connection(mut stream: TcpStream) {
  ❸ let buf_reader = BufReader::new(&mut stream);
  ❹ let http_request: Vec<_> = buf_reader
      ❺ .lines()
      ❻ .map(|result| result.unwrap())
      ❼ .take_while(|line| !line.is_empty())
        .collect();

  ❽ println!("Request: {:#?}", http_request);
}
```

Listado 20-2: Lectura de TcpStream e impresión de los datos.

Introducimos std::io::prelude y std::io::BufReader en el ámbito para acceder a los traits y tipos que nos permiten leer y escribir en el stream ❶. En el bucle for de la función main, en lugar de imprimir un mensaje que diga que hemos establecido la conexión, ahora llamamos a la nueva función handle_connection y le pasamos stream ❷.

En la función handle_connection, creamos una nueva instancia de BufReader que envuelve una referencia mutable a stream ❸. BufReader añade al almacenamiento en búfer gestionando por nosotros las llamadas a los métodos del trait std::io::Read.

Creamos una variable llamada `http_request` para recopilar las líneas de la petición que el navegador envía a nuestro servidor. Indicamos que queremos recopilar estas líneas en un vector añadiendo la anotación de tipo `Vec<_>` ❹.

BufReader implementa el trait `std::io::BufRead`, que proporciona el método `lines` ❺. El método `lines` devuelve un iterador de `Result<String, std::io::Error>` dividiendo el stream de datos cada vez que ve un byte de newline. Para obtener cada `String`, mapeamos y hacemos `unwrap` en cada `Result` ❻. `Result` puede ser un error si los datos no son UTF-8 válidos o si ha habido un problema al leer del stream. Una vez más, un programa de producción debe manejar estos errores con más gracia, pero, para simplificar, optamos por detener el programa en caso de error.

El navegador señala el final de una petición HTTP enviando dos caracteres newline seguidos, así que para obtener una petición del stream, tomamos líneas hasta que obtenemos una línea que es la cadena vacía ❼. Una vez que hemos recogido las líneas en el vector, las imprimimos usando un bonito formato de depuración ❽ para que podamos echar un vistazo a las instrucciones que el navegador web está enviando a nuestro servidor.

¡Vamos a probar este código! Inicie el programa y haga una petición al navegador web de nuevo. Observe que aún obtendremos la página de error en el navegador, pero la salida de nuestro programa en el terminal será similar a esta:

```
$ cargo run
   Compiling hello v0.1.0 (file:///projects/hello)
    Finished dev [unoptimized + debuginfo] target(s) in 0.42s
     Running `target/debug/hello`
Request: [
    "GET / HTTP/1.1",
    "Host: 127.0.0.1:7878",
    "User-Agent: Mozilla/5.0 (Macintosh; Intel Mac OS X 10.15; rv:99.0)
Gecko/20100101 Firefox/99.0",
    "Accept:
text/html,application/xhtml+xml,application/xml;q=0.9,image/avif,image/webp,*/*
;q=0.8",
    "Accept-Language: en-US,en;q=0.5",
    "Accept-Encoding: gzip, deflate, br",
    "DNT: 1",
    "Connection: keep-alive",
    "Upgrade-Insecure-Requests: 1",
    "Sec-Fetch-Dest: document",
    "Sec-Fetch-Mode: navigate",
    "Sec-Fetch-Site: none",
    "Sec-Fetch-User: ?1",
    "Cache-Control: max-age=0",
]
```

Dependiendo del navegador que utilice, puede obtener una salida ligeramente diferente. Ahora que estamos imprimiendo los datos de la petición, podemos ver por qué obtenemos varias conexiones de una petición del navegador viendo la ruta después de GET en la primera línea de la petición. Si todas las conexiones repetidas solicitan /, sabemos que el navegador está intentando obtener / repetidamente porque no está obteniendo una respuesta de nuestro programa.

Vamos a desglosar los datos de esta petición para entender lo que el navegador le está pidiendo a nuestro programa.

Una mirada más de cerca a una petición HTTP

HTTP es un protocolo basado en texto, y una petición tiene este formato:

```
Method Request-URI HTTP-Version CRLF
headers CRLF
message-body
```

La primera línea es la *línea de petición (request line)*, que contiene información sobre lo que el cliente solicita. La primera parte de la línea de petición indica el *método* que se utiliza, como GET o POST, que describe cómo el cliente hace esta solicitud. Nuestro cliente ha utilizado una solicitud GET, lo que significa que está pidiendo información.

La siguiente parte de la línea de petición es /, que indica el *uniform resource identifier (URI)* (identificador uniforme de recursos) que el cliente está solicitando: un URI es casi —pero no del todo— lo mismo que un *uniform resource locator (URL)* (localizador uniforme de recursos). La diferencia entre URI y URL no es importante para nuestros propósitos en este capítulo, pero la especificación HTTP usa el término *URI*, así que aquí podemos sustituir mentalmente *URL* por *URI*.

La última parte es la versión HTTP que utiliza el cliente y, a continuación, la línea de petición termina con una secuencia CRLF (CRLF significa *carriage return* and *line feed* (retorno de carro y salto de línea, ¡que son términos de la época de las máquinas de escribir!). La secuencia CRLF también se puede escribir como \r\n, donde \r es el retorno de carro y \n es el salto de línea. La *secuencia CRLF* separa la línea de petición del resto de los datos de la petición. Observe que cuando se imprime CRLF, vemos un nuevo comienzo de línea en lugar de \r\n.

Observando los datos de la línea de petición que hemos recibido al ejecutar nuestro programa hasta ahora, vemos que GET es el método, / es el URI de la petición y HTTP/1.1 es la versión.

Después de la línea de petición, el resto de líneas que empiezan por Host: son encabezados. Las peticiones GET no tienen cuerpo.

Intente hacer una petición desde un navegador diferente o pidiendo una dirección diferente, como *127.0.0.1:7878/test*, para ver cómo cambian los datos de la petición.

Ahora que sabemos lo que el navegador está pidiendo, ¡vamos a enviar de vuelta algunos datos!

Escritura de una respuesta

Vamos a implementar el envío de datos en respuesta a una petición del cliente. Las respuestas tienen el siguiente formato:

```
HTTP-Version Status-Code Reason-Phrase CRLF
headers CRLF
message-body
```

La primera línea es la línea de estado que contiene la versión HTTP que se usa en la respuesta, el código de estado numérico que resume el resultado de la solicitud y la reason phrase (frase de motivo) que proporciona una descripción textual del código de estado. Después de la secuencia CRLF están los encabezamientos, otra secuencia CRLF y el cuerpo de la respuesta.

A continuación, se muestra un ejemplo de respuesta que utiliza HTTP versión 1.1, tiene un código de estado 200, una frase de motivo OK, sin cabeceras y sin cuerpo:

```
HTTP/1.1 200 OK\r\n\r\n
```

El código de estado 200 es la respuesta estándar que se ha completado con éxito. El texto es una breve respuesta HTTP que se ha completado con éxito. ¡Vamos a escribir esto en el stream como nuestra respuesta a una petición satisfactoria! De la función handle_connection, elimine println! que imprimía los datos de la petición y reemplácelo por el código del Listado 20-3.

src/main.rs
```
fn handle_connection(mut stream: TcpStream) {
    let buf_reader = BufReader::new(&mut stream);
    let http_request: Vec<_> = buf_reader
        .lines()
        .map(|result| result.unwrap())
        .take_while(|line| !line.is_empty())
        .collect();

❶  let response = "HTTP/1.1 200 OK\r\n\r\n";

❷  stream.write_all(response.❸as_bytes()).unwrap();
}
```

Listado 20-3: Escritura de una breve respuesta HTTP en stream que se ha completado con éxito.

La primera nueva línea define la variable response, que contiene los datos del mensaje completado con éxito ❶. Luego, llamamos a as_bytes en nuestra respuesta para convertir la cadena de datos en bytes ❸. El método write_all en stream toma &[u8] y envía esos bytes directamente por la conexión ❷. Como la operación write_all puede fallar, usamos unwrap en cualquier resultado de error como antes. De nuevo, en una aplicación real se añadiría aquí la gestión de errores.

Con estos cambios, vamos a ejecutar nuestro código y a hacer una petición. Ya no estamos imprimiendo ningún dato en el terminal, por lo que no veremos ninguna salida aparte de la salida de Cargo. Cuando cargue *127.0.0.1:7878* en el navegador web, debería obtener una página en blanco en lugar de un error. Acaba de codificar manualmente la recepción de una petición HTTP y el envío de una respuesta.

Devolución de HTML real

Vamos a implementar la funcionalidad para devolver algo más que una página en blanco. Cree un nuevo archivo *hello.html* en el directorio raíz de su proyecto, no en el directorio *src*. Puede introducir cualquier HTML que desee; el Listado 20-4 muestra una posibilidad.

hello.html

```html
<!DOCTYPE html>
<html lang="en">
  <head>
    <meta charset="utf-8">
    <title>Hello!</title>
  </head>
  <body>
    <h1>Hello!</h1>
    <p>Hi from Rust</p>
  </body>
</html>
```

Listado 20-4: Archivo HTML de ejemplo para devolver en una respuesta.

Este es un documento HTML5 mínimo con un encabezado y algo de texto. Para devolverlo desde el servidor cuando se reciba una petición, modificaremos handle_connection como se muestra en el Listado 20-5 para leer el fichero HTML, añadirlo como cuerpo a la respuesta, y enviarlo.

src/main.rs

```rust
use std::{
❶  fs,
    io::{prelude::*, BufReader},
    net::{TcpListener, TcpStream},
};
--snip--

fn handle_connection(mut stream: TcpStream) {
    let buf_reader = BufReader::new(&mut stream);
    let http_request: Vec<_> = buf_reader
        .lines()
        .map(|result| result.unwrap())
        .take_while(|line| !line.is_empty())
        .collect();

    let status_line = "HTTP/1.1 200 OK";
    let contents = fs::read_to_string("hello.html").unwrap();
    let length = contents.len();

❷   let response = format!(
        "{status_line}\r\n\
         Content-Length: {length}\r\n\r\n\
         {contents}"
    );

    stream.write_all(response.as_bytes()).unwrap();
}
```

Listado 20-5: Envío del contenido de hello.html como cuerpo de la respuesta.

Hemos añadido fs a la sentencia use para incorporar al ámbito ❶ el módulo del sistema de archivos de la biblioteca estándar. El código para leer el contenido de un archivo en una cadena debería resultarnos familiar; lo usamos cuando leímos el contenido de un archivo para nuestro proyecto de E/S en el Listado 12-4.

A continuación, usamos format! para añadir el contenido del archivo como cuerpo de la respuesta que se ha completado con éxito ❷. Para asegurar una respuesta HTTP válida, añadimos el encabezado Content-Length, que se establece en el tamaño del cuerpo de la respuesta, en este caso, el tamaño de hello.html.

Ejecute este código con cargo run y cargue *127.0.0.1:7878* en el navegador; ¡debería ver el HTML renderizado!

De momento, ignoramos los datos de la petición en http_request y devolvemos el contenido del archivo HTML sin condiciones. Esto significa que si intenta solicitar *127.0.0.1:7878/algo más* al navegador, obtendrá la misma respuesta HTML. De momento, nuestro servidor está muy limitado y no hace lo que la mayoría de los servidores web. Queremos personalizar nuestras respuestas dependiendo de la petición y solo devolver el archivo HTML para una petición bien formada a /.

Validación de la petición y respuesta selectiva

Ahora mismo, nuestro servidor web devolverá el HTML del archivo sin importar lo que el cliente haya solicitado. Vamos a añadir funcionalidad para comprobar que el navegador solicite / antes de devolver el archivo HTML, y devolver un error si el navegador solicita cualquier otra cosa. Para esto necesitamos modificar handle_connection, como se muestra en el Listado 20-6. Este nuevo código comprueba el contenido de la petición recibida con respecto a lo que sabemos que es una petición de / y añade los bloques if y else para tratar las peticiones de forma diferente.

src/main.rs

```
--snip--

fn handle_connection(mut stream: TcpStream) {
    let buf_reader = BufReader::new(&mut stream);
❶  let request_line = buf_reader
        .lines()
        .next()
        .unwrap()
        .unwrap();

❷  if request_line == "GET / HTTP/1.1" {
        let status_line = "HTTP/1.1 200 OK";
        let contents = fs::read_to_string("hello.html").unwrap();
        let length = contents.len();

        let response = format!(
            "{status_line}\r\n\
            Content-Length: {length}\r\n\r\n\
            {contents}"
        );
```

```
        stream.write_all(response.as_bytes()).unwrap();
❸ } else {
        // some other request
    }
}
```

Listado 20-6: Gestión de peticiones de / de manera diferente a otras peticiones.

Solo vamos a ver la primera línea de la petición HTTP, así que en lugar de leer toda la petición en un vector, llamamos a next para obtener el primer elemento del iterador ❶. El primer unwrap se encarga de Option y detiene el programa si el iterador no tiene elementos. El segundo unwrap gestiona Result y tiene el mismo efecto que el unwrap que estaba en el map añadido al Listado 20-2.

A continuación, comprobamos request_line para ver si es igual a la línea request de una petición GET a la ruta / ❷. Si lo es, el bloque if devuelve el contenido de nuestro archivo HTML.

Si request_line no es igual a la petición GET a la ruta /, significa que hemos recibido alguna otra petición. Pronto añadiremos código al bloque else❸ para responder a todas las demás peticiones.

Ejecute este código ahora y solicite *127.0.0.1:7878*; debería obtener el HTML de *hello.html*. Si hace cualquier otra petición, como *127.0.0.1:7878/algo más*, obtendrá un error de conexión como los que ha visto al ejecutar el código del Listado 20-1 y el del Listado 20-2.

Ahora vamos a añadir el código del Listado 20-7 al bloque else para devolver una respuesta con el código de estado 404, que indica que no se ha encontrado el contenido de la petición. También devolveremos el HTML para que la página se renderice en el navegador indicando la respuesta al usuario final.

src/main.rs
```
--snip--
} else {
❶ let status_line = "HTTP/1.1 404 NOT FOUND";
❷ let contents = fs::read_to_string("404.html").unwrap();
    let length = contents.len();

    let response = format!(
        "{status_line}\r\n\
        Content-Length: {length}\r\n\r\n\
        {contents}"
    );

    stream.write_all(response.as_bytes()).unwrap();
}
```

Listado 20-7: Respuesta con el código de estado 404 y una página de error si se solicita algo distinto de /.

Aquí, nuestra respuesta tiene una línea de estado con el código de estado 404 y la frase de motivo NOT FOUND ❶. El cuerpo de la respuesta será el HTML del archivo *404.html* ❶. Deberá crear un archivo *404.html* junto con *hello.html* para la página de error; de nuevo, use libremente cualquier HTML de ejemplo en el Listado 20-8.

404.html

```html
<!DOCTYPE html>
<html lang="en">
  <head>
    <meta charset="utf-8">
    <title>Hello!</title>
  </head>
  <body>
    <h1>Oops!</h1>
    <p>Sorry, I don't know what you're asking for.</p>
  </body>
</html>
```

Listado 20-8: Ejemplo de una página que se devuelve con cualquier respuesta 404.

Con estos cambios, ejecute de nuevo su servidor. La petición *127.0.0.1:7878* debería devolver el contenido de *hello.html*, y cualquier otra petición, como *127.0.0.1:7878/foo*, debería devolver el error de *404.html*.

Un toque de refactorización

En este momento, los bloques if y else se repiten mucho: ambos leen archivos y escriben su contenido en stream. Las únicas diferencias son la línea de estado y el nombre del archivo. Vamos a hacer el código más conciso extrayendo esas diferencias en líneas if y else separadas que asignarán los valores de la línea de estado y el nombre de archivo a variables; entonces podemos usar esas variables incondicionalmente en el código para leer el archivo y escribir la respuesta. El listado 20-9 muestra el código resultante después de reemplazar los grandes bloques if y else.

src/main.rs

```rust
--snip--

fn handle_connection(mut stream: TcpStream) {
    --snip--

    let (status_line, filename) =
        if request_line == "GET / HTTP/1.1" {
            ("HTTP/1.1 200 OK", "hello.html")
        } else {
            ("HTTP/1.1 404 NOT FOUND", "404.html")
        };

    let contents = fs::read_to_string(filename).unwrap();
    let length = contents.len();

    let response = format!(
        "{status_line}\r\n\
         Content-Length: {length}\r\n\r\n\
         {contents}"
    );

    stream.write_all(response.as_bytes()).unwrap();
}
```

Listado 20-9: Refactorización de los bloques if y else para que solo contengan el código que difiere entre los dos casos.

Ahora los bloques `if` y `else` solo devuelven los valores apropiados para la línea de estado y el nombre de archivo en una tupla; entonces usamos la desestructuración para asignar estos dos valores a `status_line` y `filename` usando un patrón en la sentencia `let`, como se discutió en el Capítulo 18.

El código anteriormente duplicado está ahora fuera de los bloques `if` y `else` y utiliza las variables `status_line` ay `filename`. Esto hace más fácil ver la diferencia entre los dos casos, y significa que solo tenemos un lugar para actualizar el código si queremos cambiar el funcionamiento de la lectura del archivo y la escritura de la respuesta. El comportamiento del código del Listado 20-9 será el mismo que el del Listado 20-8.

¡Impresionante! Ahora tenemos un sencillo servidor web en aproximadamente 40 líneas de código Rust que responde a una petición con una página de contenido y responde a todas las demás peticiones con una respuesta 404.

De momento, nuestro servidor se ejecuta en un único hilo, lo que significa que solo puede servir una petición a la vez. Vamos a examinar cómo esto puede ser un problema simulando algunas peticiones lentas. Luego lo arreglaremos para que nuestro servidor pueda manejar múltiples peticiones a la vez.

Conversión del servidor monohilo en servidor multihilo

En este momento, el servidor procesa cada solicitud por turnos, lo que significa que no procesará una segunda conexión hasta que la primera haya terminado de procesarse. Si el servidor recibiera cada vez más peticiones, esta ejecución en serie sería cada vez menos adecuada. Si el servidor recibe una petición que tarda mucho tiempo en procesarse, las peticiones posteriores tendrán que esperar hasta que la petición larga haya terminado, incluso si las nuevas peticiones pueden procesarse rápidamente. Tendremos que arreglar esto, pero primero veremos el problema en acción.

Simulación de peticiones lentas

Veremos cómo una petición de procesamiento lento puede afectar a otras peticiones hechas a la implementación actual del servidor. El Listado 20-10 implementa la gestión de una petición a */sleep* con una respuesta lenta simulada que hará que el servidor duerma durante cinco segundos antes de responder.

src/main.rs
```
use std::{
    fs,
    io::{prelude::*, BufReader},
    net::{TcpListener, TcpStream},
    thread,
    time::Duration,
};
--snip--

fn handle_connection(mut stream: TcpStream) {
```

```
--snip--

let (status_line, filename) =❶ match &request_line[..] {
    ❷ "GET / HTTP/1.1" => ("HTTP/1.1 200 OK", "hello.html"),
    ❸ "GET /sleep HTTP/1.1" => {
        thread::sleep(Duration::from_secs(5));
        ("HTTP/1.1 200 OK", "hello.html")
    }
    ❹ _ => ("HTTP/1.1 404 NOT FOUND", "404.html"),
};

--snip--
}
```

Listado 20-10: Simulación de una petición lenta en la que el servidor queda sus-pendido durante cinco segundos.

Cambiamos de if a match ahora que tenemos tres casos ❶. Necesitamos hacer coincidir explícitamente una rebanada de request_line, para comparar patrones, con los valores literales de cadena; match no hace referencias y desreferencias automáticas, como hace el método de igualdad.

La primera rama ❷ es la misma que el bloque if del Listado 20-9. La segunda rama ❸ coincide con una petición a */sleep*. Cuando se reciba esa petición, el servidor quedará suspendido durante cinco segundos antes de renderizar la página HTML con éxito. La tercera rama ❹ es la misma que el bloque else del Listado 20-9.

Puede ver lo primitivo que es nuestro servidor: ¡las bibliotecas reales gestionarían el reconocimiento de múltiples peticiones de una forma mucho menos prolija!

Inicie el servidor mediante cargo run. A continuación, abra dos ventanas del navegador: una para *http://127.0.0.1:7878* y otra para *http://127.0.0.1:7878/sleep*. Si introduce / URI unas cuantas veces, como antes, verá que responde rápidamente. Pero si introduce */sleep* y, a continuación, carga /, verá que / espera hasta que sleep haya quedado suspendido sus cinco segundos completos antes de cargar.

Existen diversas técnicas que podríamos utilizar para evitar que las peticiones se acumulen tras una petición lenta; la que implementa-remos es un thread pool (grupo de hilos).

Mejora del rendimiento con thread pool

Thread pool (*grupo de hilos*) es un conjunto de hilos previamente gene-rados que están esperando y preparados para gestionar una tarea. Cuando el programa recibe una nueva tarea, asigna uno de los hilos del grupo a la tarea, y ese hilo procesará la tarea. El resto de hilos de la reserva están disponibles para gestionar cualquier otra tarea que llegue mientras el primer hilo la está procesando. Cuando el primer hilo termina de procesar su tarea, se devuelve a los hilos ociosos de thread pool, y entonces ya está preparado para gestionar una nueva tarea. Thead pool permite procesar conexiones de forma concurrente, aumentando el rendimiento del servidor.

Limitaremos la cantidad de hilos en el pool (grupo) a un número pequeño para protegernos de ataques DoS; si hiciéramos que nuestro programa creara un nuevo hilo por cada petición que llegara, alguien que hiciera 10 millones de peticiones a nuestro servidor podría causar estragos utilizando todos los recursos de nuestro servidor y paralizando el procesamiento de peticiones.

En lugar de generar un número indefinido de hilos, tendremos un número fijo de los mismos esperando en el pool (grupo). Las peticiones que llegan se envían al pool para su procesamiento. El pool mantendrá una cola de peticiones entrantes. Cada uno de los hilos de la reserva tomará una petición de esta cola, la procesará y, luego, pedirá otra petición a la cola. Con este diseño, podemos procesar hasta N peticiones simultáneamente, donde N es el número de hilos. Si cada hilo responde a una solicitud de larga duración, las solicitudes posteriores a pesar de todo pueden acumularse en la cola, pero hemos aumentado el número de solicitudes de larga duración que podemos manejar antes de llegar a ese punto.

Esta técnica es solo una de las muchas formas de mejorar el redimiento de un servidor web. Otras opciones que puede explorar son el modelo fork/join, el modelo de E/S asíncrona de un único hilo, y el modelo de E/S asíncrona multihilo. Si le interesa el tema, puede ampliar su lectura sobre otras soluciones e intentar implementarlas; con un lenguaje de bajo nivel como Rust, todas estas opciones son posibles.

Antes de empezar a implementar thread pool, hablemos de cómo debería ser el uso del pool. Cuando se intenta diseñar código, escribir primero la interfaz de cliente puede ayudar a orientar el diseño. Escriba la API para el código de manera que esté estructurada de la forma en que quiere llamarla; luego implemente la funcionalidad dentro de esa estructura en lugar de implementar la funcionalidad y luego diseñar la API pública.

De forma similar a como utilizamos el desarrollo basado en pruebas en el proyecto del Capítulo 12, aquí utilizaremos el desarrollo basado en el compilador. Escribiremos el código que llama a las funciones que queremos, y luego miraremos los errores del compilador para determinar qué debemos cambiar a continuación para que el código funcione. Antes de hacer eso, sin embargo, vamos a explorar la técnica que no vamos a utilizar como punto de partida.

Generación de un hilo para cada solicitud

Primero, exploremos cómo se vería nuestro código si creara un nuevo hilo para cada conexión. Como se mencionó anteriormente, este no es nuestro plan definitivo debido a los problemas relacionados con la posibilidad de generar un número ilimitado de hilos, pero es, en primer lugar, un punto de partida para obtener un servidor multihilo operativo. Después añadiremos thread pool como mejora, y será más fácil contrastar las dos soluciones.

El Listado 20-11 muestra los cambios a realizar en main para generar un nuevo hilo que gestione cada stream (flujo) dentro del bucle for.

src/main.rs

```
fn main() {
    let listener = TcpListener::bind("127.0.0.1:7878").unwrap();

    for stream in listener.incoming() {
        let stream = stream.unwrap();

        thread::spawn(|| {
            handle_connection(stream);
        });
    }
}
```

Listado 20-11: Generación de un nuevo hilo para cada stream (flujo).

Como ha aprendido en el Capítulo 16, thread::spawn creará un nuevo hilo y, luego, ejecutará el código del closure en el nuevo hilo. Si ejecuta este código y carga */sleep* en su navegador, y luego */* en otras dos pestañas del navegador, verá que las peticiones a */* no tienen que esperar a que */sleep* termine. Sin embargo, como hemos mencionado, esto acabará saturando el sistema porque estaría haciendo nuevos hilos sin límite.

Creación de un número finito de hilos

Queremos que nuestro thread pool funcione de un modo similar y resulte familiar, de modo que el cambio de usar hilos a un thread pool (grupo de hilos) no requiera grandes cambios en el código que utiliza nuestra API. El Listado 20-12 muestra la hipotética interfaz para la struct ThreadPool que queremos usar en lugar de thread::spawn.

src/main.rs

```
fn main() {
    let listener = TcpListener::bind("127.0.0.1:7878").unwrap();
❶ let pool = ThreadPool::new(4);

    for stream in listener.incoming() {
        let stream = stream.unwrap();

    ❷ pool.execute(|| {
            handle_connection(stream);
        });
    }
}
```

Listado 20-12: La interfaz ideal para nuestro ThreadPool.

Usamos ThreadPool::new para crear un nuevo thread pool con un número configurable de hilos, en este caso cuatro ❶. Luego, en el bucle for, pool.execute tiene una interfaz similar a thread::spawn en la que toma un closure que el pool debe ejecutar para cada stream ❷. Necesitamos implementar pool.execute para que tome el closure y se lo dé a un hilo del pool para que lo ejecute. Este código aún no compilará, pero lo intentaremos para que el compilador nos oriente sobre cómo arreglarlo.

Creación de ThreadPool mediante un desarrollo basado en el compilador

Haga los cambios del Listado 20-12 en *src/main.rs* y, luego, vamos a usar los errores del compilador de cargo check para dirigir nuestro desarrollo. Aquí está el primer error que obtenemos:

```
$ cargo check
    Checking hello v0.1.0 (file:///projects/hello)
error[E0433]: failed to resolve: use of undeclared type `ThreadPool`
  --> src/main.rs:11:16
   |
11 |     let pool = ThreadPool::new(4);
   |                ^^^^^^^^^^ use of undeclared type `ThreadPool`
```

¡Genial! Este error nos dice que necesitamos un tipo o módulo ThreadPool, así que crearemos uno ahora. Nuestra implementación de ThreadPool será independiente del tipo de trabajo que hace nuestro servidor web. Así que vamos a cambiar el crate hello de un crate binario a un crate de biblioteca para que contenga nuestra implementación de ThreadPool. Después de cambiar a un crate de biblioteca, también podremos usar la biblioteca de thread pool separada para cualquier trabajo que queramos hacer usando thread pool, no solo para servir peticiones web.

Cree un archivo *src/lib.rs* que contenga lo siguiente, que es la definición más simple de una struct ThreadPool que podemos tener por ahora:

src/lib.rs
```
pub struct ThreadPool;
```

A continuación, edite el archivo *main.rs* para incluir ThreadPool en el ámbito del crate de biblioteca añadiendo el siguiente código al principio de *src/main.rs*:

src/main.rs
```
use hello::ThreadPool;
```

Este código sigue sin funcionar, pero vamos a comprobarlo de nuevo para obtener el siguiente error que tenemos que solucionar:

```
$ cargo check
    Checking hello v0.1.0 (file:///projects/hello)
error[E0599]: no function or associated item named `new` found for struct
`ThreadPool` in the current scope
  --> src/main.rs:12:28
   |
12 |     let pool = ThreadPool::new(4);
   |                            ^^^ function or associated item not found in`ThreadPool`
```

Este error indica que, a continuación, tenemos que crear una función asociada llamada new para ThreadPool. También sabemos que new necesita tener un parámetro que pueda aceptar 4 como argumento y debe devolver una instancia de ThreadPool. Vamos a implementar la función new más sencilla que tenga esas características:

src/lib.rs
```
pub struct ThreadPool;
```

```
impl ThreadPool {
    pub fn new(size: usize) -> ThreadPool {
        ThreadPool
    }
}
```

Elegimos usize como tipo del parámetro size porque sabemos que un número negativo de hilos no tiene ningún sentido. También sabemos que usaremos este 4 como el número de elementos en una colección de hilos, que es para lo que sirve el tipo usize, como se discutió en «Tipos de enteros».

Comprobemos el código de nuevo:

```
$ cargo check
    Checking hello v0.1.0 (file:///projects/hello)
error[E0599]: no method named `execute` found for struct `ThreadPool` in the
current scope
  --> src/main.rs:17:14
   |
17 |          pool.execute(|| {
   |               ^^^^^^^ method not found in `ThreadPool`
```

Ahora el error se produce porque no tenemos un método execute en ThreadPool. Recuerde, de «Creación de un número finito de hilos», que decidimos que nuestro thread pool debería tener una interfaz similar a thread::spawn. Además, implementaremos la función execute para que tome el closure que se le da y se lo dé a un hilo inactivo del pool para que lo ejecute.

Definiremos el método execute en ThreadPool para que tome un closure como parámetro. Recuerde, de «Movimiento de valores capturados afuera de los closures y los traits Fn», que podemos tomar closures como parámetros con tres traits diferentes: Fn, FnMut, y FnOnce. Tenemos que decidir qué tipo de closure usar aquí. Sabemos que acabaremos haciendo algo parecido a la implementación de thread::spawn de la biblioteca estándar, así que podemos mirar qué restricciones tiene la firma de thread::spawn en su parámetro.

La documentación nos muestra lo siguiente:

```
pub fn spawn<F, T>(f: F) -> JoinHandle<T>
    where
        F: FnOnce() -> T,
        F: Send + 'static,
        T: Send + 'static,
```

El parámetro de tipo F es el que nos interesa aquí; el parámetro de tipo T está relacionado con el valor de retorno, y no nos interesa. Podemos ver que spawn usa FnOnce como el trait ligado a F. Esto es lo que queremos, porque eventualmente pasaremos el argumento que obtenemos en execute a spawn. Podemos tener una mayor seguridad de que FnOnce es el trait que queremos usar porque el hilo para ejecutar una petición solo ejecutará el closure de esa petición una vez, lo que coincide con Once en FnOnce.

El parámetro de tipo F también tiene el trait vinculado Send y el lifetime vinculado 'static, que son útiles en esta situación: necesitamos Send para transferir el closure de un hilo a otro y 'static porque no sabemos cuánto tiempo tardará el hilo en ejecutarse. Vamos a crear el método execute en ThreadPool, que tomará un parámetro genérico de tipo F con estas restricciones:

src/lib.rs

```
impl ThreadPool {
    --snip--
    pub fn execute<F>(&self, f: F)
    where
        F: FnOnce()❶ + Send + 'static,
    {
    }
}
```

Seguimos usando () después de FnOnce ❶ porque este FnOnce representa un closure que no toma parámetros y devuelve el tipo unitario (). Al igual que en las definiciones de funciones, el tipo de retorno puede omitirse en la firma, pero incluso si no tenemos parámetros, seguimos necesitando los paréntesis.

De nuevo, esta es la implementación más sencilla del método execute: no hace nada, pero solo estamos intentando que nuestro código compile. Comprobémoslo de nuevo:

```
$ cargo check
    Checking hello v0.1.0 (file:///projects/hello)
    Finished dev [unoptimized + debuginfo] target(s) in 0.24s
```

¡Compila! Pero hay que tener en cuenta que si intenta cargo run y hace una petición al navegador, verá los errores en el navegador que vimos al principio del capítulo. ¡Nuestra biblioteca todavía no llama al closure pasado a execute!

NOTA *Una expresión que podría escuchar sobre los lenguajes con compiladores estrictos, como Haskell y Rust, es «si el código compila, funciona». Pero este dicho no es universalmente cierto. Nuestro proyecto compila, ¡pero no hace absolutamente nada! Si estuviéramos desarrollando un proyecto real y completo, este sería un buen momento para empezar a escribir pruebas unitarias para comprobar que el código compila y tiene el comportamiento que queremos que tenga.*

Validación del número de hilos en new

No hacemos nada con los parámetros de new y execute. Vamos a implementar los cuerpos de estas funciones con el comportamiento que queremos que tengan. Para empezar, pensemos en new. Antes elegimos un tipo sin signo para el parámetro size porque un pool con un número negativo de hilos no tiene sentido. Sin embargo, un pool con cero hilos tampoco tiene sentido, aunque cero es un usize perfectamente válido. Añadiremos código para comprobar que size es mayor que cero antes de devolver una instancia de ThreadPool y haremos que el programa entre en pánico si recibe un cero usando la macro assert! como se muestra en el Listado 20-13.

src/lib.rs

```
impl ThreadPool {
    /// Create a new ThreadPool.
    ///
    /// The size is the number of threads in the pool.
    ///
 ❶ /// # Panics
    ///
    /// The `new` function will panic if the size is zero.
    pub fn new(size: usize) -> ThreadPool {
      ❷ assert!(size > 0);

        ThreadPool
    }

    --snip--
}
```

Listado 20-13: Implementación de ThreadPool::new *para generar pánico si* size *es cero.*

También hemos añadido documentación a nuestro ThreadPool con comentarios de documentación (doc comments). Fíjese en que hemos seguido las buenas prácticas de documentación añadiendo una sección que indica las situaciones en las que nuestra función puede entrar en pánico ❶, como se explica en el Capítulo 14. ¡Pruebe a ejecutar cargo doc --open y haga clic en la struct ThreadPool para ver qué aspecto tienen los documentos generados para new!

En lugar de añadir la macro assert! como hemos hecho aquí ❷, podríamos cambiar new por build y devolver Result como hicimos con Config::build en el proyecto de E/S del Listado 12-9. Pero, en este caso, hemos decidido que intentar crear un thread pool sin ningún hilo sería un error irrecuperable. Si tiene ambición por descubrir, intente escribir una función llamada build con la siguiente firma para compararla con la función new:

```
pub fn build(
    size: usize
) -> Result<ThreadPool, PoolCreationError> {
```

Creación de espacio para almacenar los hilos

Ahora que tenemos una forma de saber que tenemos un número válido de hilos para almacenar en el pool, podemos crear esos hilos y almacenarlos en la struct ThreadPool antes de devolver la struct. Pero, ¿cómo «almacenamos» un hilo? Echemos otro vistazo a la firma thread::spawn:

```
pub fn spawn<F, T>(f: F) -> JoinHandle<T>
    where
        F: FnOnce() -> T,
        F: Send + 'static,
        T: Send + 'static,
```

La función spawn devuelve JoinHandle<T>, donde T es el tipo que devuelve el closure. Vamos a intentar usar JoinHandle y veamos qué pasa. En nuestro caso, los closures que estamos pasando al thread pool gestionarán la conexión y no devolverán nada, por lo que T será el tipo unitario ().

El código del Listado 20-14 compilará pero no creará ningún hilo todavía. Hemos cambiado la definición de ThreadPool para que contenga un vector de instancias de thread::JoinHandle<()>, inicializado el vector con una capacidad de size, configurado un bucle for que ejecutará algún código para crear los hilos, y devuelto una instancia de ThreadPool que los contiene.

src/lib.rs

```
use std::thread; ❶

pub struct ThreadPool {
  ❷ threads: Vec<thread::JoinHandle<()>>,
}

impl ThreadPool {
    --snip--
    pub fn new(size: usize) -> ThreadPool {
        assert!(size > 0);

      ❸ let mut threads = Vec::with_capacity(size);

        for _ in 0..size {
            // create some threads and store them in the vector
        }

        ThreadPool { threads }
    }
    --snip--
}
```

Listado 20-14: Creación de un vector para que ThreadPool contenga los hilos.

Hemos introducido std::thread en el ámbito del crate de biblioteca ❶ porque utilizamos thread::JoinHandle como tipo de los elementos del vector en ThreadPool ❷.

Una vez que se recibe un tamaño (size) válido, nuestro ThreadPool crea un nuevo vector que puede contener elementos de size ❸. La función with_capacity realiza la misma tarea que Vec::new pero con una diferencia importante: preasigna espacio en el vector. Como sabemos que necesitamos almacenar elementos size en el vector, hacer esta asignación por adelantado es algo más eficiente que usar Vec::new, que se redimensiona a sí misma a medida que se insertan elementos.

Cuando ejecute cargo check de nuevo, debería funcionar.

Envío de código desde ThreadPool a un hilo

Dejamos un comentario en el bucle for del Listado 20-14 sobre la creación de hilos. Aquí veremos cómo crear hilos. La biblioteca estándar proporciona thread::spawn como una forma de crear hilos, y thread::spawn espera obtener algún código que el hilo deba ejecutar tan pronto como el hilo se haya creado. Sin embargo, en nuestro caso, queremos crear los hilos y hacer que esperen código que enviaremos más tarde. La implementación de hilos de la biblioteca estándar no incluye ninguna forma de hacerlo; tenemos que implementarlos manualmente.

Implementaremos este comportamiento introduciendo una nueva estructura de datos entre ThreadPool y los hilos que gestionará este nuevo comportamiento. Llamaremos *Worker* a esta estructura de datos, que es un término común en las implementaciones de pooling (agrupación). Worker recoge el código que se necesita que se ejecute y lo ejecuta en su hilo.

Piense en la gente que trabaja en la cocina de un restaurante: los trabajadores esperan hasta que llegan los pedidos de los clientes, y luego son responsables de tomar nota de esos pedidos y servirlos.

En lugar de almacenar un vector de instancias de JoinHandle<()> en thread pool, almacenaremos instancias de la struct Worker. Cada Worker almacenará una única instancia de JoinHandle<()>. A continuación, implementaremos un método en Worker que tomará un closure del código a ejecutar y lo enviará al hilo ya en funcionamiento para su ejecución. También daremos a cada Worker un id para que podamos distinguir entre las diferentes instancias de Worker en el pool cuando hagamos logging o debugging.

Este es el nuevo proceso que ocurrirá cuando creemos ThreadPool. Implementaremos el código que envía el closure al hilo después de que tengamos configurado el Worker de la siguiente manera:

1. Definir una struct Worker que contenga un identificador id y JoinHandle<()>.
2. Cambiar ThreadPool para que contenga un vector de instancias de Worker.
3. Definir la función Worker::new para que tome un número de identificación id y devuelva una instancia de Worker que contenga id y un hilo creado con un closure vacío.
4. En ThreadPool::new, usar el contador del bucle for para generar un id, crear un nuevo Worker con ese id y almacenar Worker en el vector.

Si le apetece un reto, intente implementar estos cambios por su cuenta antes de examinar el código del Listado 20-15.

¿Preparado? Aquí está el Listado 20-15 con una forma de hacer las modificaciones anteriores.

src/lib.rs

```rust
use std::thread;

pub struct ThreadPool {
❶ workers: Vec<Worker>,
}

impl ThreadPool {
    --snip--
    pub fn new(size: usize) -> ThreadPool {
        assert!(size > 0);

        let mut workers = Vec::with_capacity(size);
```

```
❷ for id in 0..size {
      ❸ workers.push(Worker::new(id));
      }

      ThreadPool { workers }
    }
    --snip--
  }

❹ struct Worker {
      id: usize,
      thread: thread::JoinHandle<()>,
  }

  impl Worker {
    ❺ fn new(id: usize) -> Worker {
        ❻ let thread = thread::spawn(|| {});

          Worker {❼ id,❽ thread }
        }
    }
}
```

Listado 20-15: Modificación de `ThreadPool` para alojar instancias de `Worker` en lugar de alojar hilos directamente.

Hemos cambiado el nombre del campo en `ThreadPool` de `threads` a `workers` porque ahora contiene instancias de `Worker` en lugar de las de `JoinHandle<()>` ❶. Usamos el contador del bucle `for` ❷ como argumento para `Worker::new`, y almacenamos cada nuevo `Worker` en el vector llamado `workers` ❸.

El código externo (como nuestro servidor en *src/main.rs*) no necesita conocer los detalles de implementación relativos al uso de una struct `Worker` dentro de `ThreadPool`, así que hacemos que la estructura `Worker` ❹ y su función `new` ❺ sean privadas. La función `Worker::new` usa el `id` que le damos ❼ y almacena una instancia `JoinHandle<()>` ❽, que se crea generando un nuevo hilo que usa un closure vacío (el hilo no hace nada) ❻.

NOTA *Si el sistema operativo no puede crear un hilo porque no hay suficientes recursos en el sistema, `thread::spawn` entrará en pánico. Esto hará que nuestro servidor entre en pánico, aunque la creación de algunos hilos pueda tener éxito. En aras de la simplicidad, este comportamiento está bien, pero en una implementación de un thread pool de producción, es probable que desee utilizar `std::thread::Builder` y su método `spawn` que, en cambio, devuelve `Result`.*

Este código compilará y almacenará el número de instancias de `Worker` que especificamos como argumento a `ThreadPool::new`. Pero todavía no estamos procesando el closure que obtenemos en `execute`. A continuación, veamos cómo hacerlo.

Envío de peticiones a hilos a través de canales

El siguiente problema que abordaremos es que los closures dados a `thread::spawn` no hacen absolutamente nada. Ahora, obtenemos el closure que queremos ejecutar en el método `execute`. Pero necesitamos darle a thread::spawn un closure que se ejecute cuando creamos cada Worker durante la creación de ThreadPool.

Queremos que las structs Worker que acabamos de crear obtengan el código a ejecutar de una cola contenida en ThreadPool y envíen ese código a su hilo para que lo ejecute.

Los canales que aprendimos en el Capítulo 16 (una forma sencilla de comunicarse entre dos subprocesos) serían perfectos para este caso de uso. Utilizaremos un canal para que funcione como la cola de trabajos, y execute enviará un trabajo desde ThreadPool a las instancias Worker, que enviarán el trabajo a su hilo. Este es el plan:

1. ThreadPool creará un canal y contendrá al emisor.
2. Cada Worker contendrá al receptor.
3. Crearemos una nueva struct, Job, que contendrá los closures que queremos enviar por el canal.
4. El método execute enviará el trabajo que quiere ejecutar a través del emisor.
5. En su hilo, el Worker hará un bucle sobre su receptor y ejecutará los closures de los trabajos que reciba.

Vamos a empezar creando un canal en ThreadPool::new y conservando el emisor en la instancia ThreadPool, como se muestra en el Listado 20-16. La struct Job no contiene nada por ahora, pero será el tipo de elemento que enviaremos por el canal.

src/lib.rs

```
use std::{sync::mpsc, thread};

pub struct ThreadPool {
    workers: Vec<Worker>,
    sender: mpsc::Sender<Job>,
}

struct Job;

impl ThreadPool {
    --snip--
    pub fn new(size: usize) -> ThreadPool {
        assert!(size > 0);

    ❶ let (sender, receiver) = mpsc::channel();

        let mut workers = Vec::with_capacity(size);

        for id in 0..size {
            workers.push(Worker::new(id));
        }

        ThreadPool { workers,❷ sender }
    }
    --snip--
}
```

Listado 20-16: Modificación de ThreadPool para almacenar el emisor de un canal que transmite instancias de Job.

En ThreadPool::new, creamos nuestro nuevo canal ❶ y hacemos que el grupo contenga el emisor ❷. Esto compilará satisfactoriamente.

Intentemos pasar el receptor del canal a cada Worker mientras el thread pool crea el canal. Sabemos que queremos usar el receptor en el hilo que generan las instancias de Worker, así que haremos referencia al parámetro receptor en el closure. El código del Listado 20-17 aún no compilará del todo.

src/lib.rs

```rust
impl ThreadPool {
    --snip--
    pub fn new(size: usize) -> ThreadPool {
        assert!(size > 0);

        let (sender, receiver) = mpsc::channel();

        let mut workers = Vec::with_capacity(size);

        for id in 0..size {
          ❶ workers.push(Worker::new(id, receiver));
        }

        ThreadPool { workers, sender }
    }
    --snip--
}

--snip--

impl Worker {
    fn new(id: usize, receiver: mpsc::Receiver<Job>) -> Worker {
        let thread = thread::spawn(|| {
          ❷ receiver;
        });

        Worker { id, thread }
    }
}
```

Listado 20-17: Paso del receptor a cada Worker*.*

Hemos hecho algunos pequeños y sencillos cambios: pasamos el receptor a Worker::new ❶ y, luego, lo usamos dentro del closure ❷.

Cuando intentamos comprobar este código, obtenemos este error:

```
$ cargo check
    Checking hello v0.1.0 (file:///projects/hello)
error[E0382]: use of moved value: `receiver`
  --> src/lib.rs:26:42
   |
21 |         let (sender, receiver) = mpsc::channel();
   |                      -------- move occurs because `receiver` has type
`std::sync::mpsc::Receiver<Job>`, which does not implement the `Copy` trait
...
26 |             workers.push(Worker::new(id, receiver));
   |                                          ^^^^^^^^ value moved here,
in previous iteration of loop
```

El código está intentando pasar el receptor a varias instancias de Worker. Esto no funcionará, como recordará del Capítulo 16: la implementación del canal que Rust proporciona es de varios *productor*es, un solo *consumidor*. Esto significa que no podemos simplemente clonar el extremo consumidor del canal para arreglar este código. Tampoco queremos enviar un mensaje varias veces a varios consumidores; queremos una lista de mensajes con varias instancias de Worker, de forma que cada mensaje se procese una vez.

Además, tomar un trabajo de la cola del canal implica mutar receiver, por lo que los hilos necesitan una forma segura de compartir y modificar receiver; de lo contrario, podríamos tener condiciones de carrera (como se explica en el Capítulo 16).

Recordemos los punteros inteligentes a prueba de hilos discutidos en el Capítulo 16: para compartir la propiedad de un valor entre varios hilos y permitir que los hilos muten el valor, necesitamos utilizar Arc<Mutex<T>>. El tipo Arc permitirá que varias instancias de Worker conserven el receptor, y Mu(tex asegurará que solo un Worker obtenga un trabajo del receptor a la vez. El Listado 20-18 muestra los cambios que necesitamos hacer.

src/lib.rs

```
use std::{
    sync::{mpsc, Arc, Mutex},
    thread,
};
--snip--

impl ThreadPool {
    --snip--
    pub fn new(size: usize) -> ThreadPool {
        assert!(size > 0);

        let (sender, receiver) = mpsc::channel();

      ❶ let receiver = Arc::new(Mutex::new(receiver));

        let mut workers = Vec::with_capacity(size);

        for id in 0..size {
            workers.push(
                Worker::new(id, Arc::clone(&❷receiver))
            );
        }

        ThreadPool { workers, sender }
    }

    --snip--
}

--snip--

impl Worker {
    fn new(
        id: usize,
        receiver: Arc<Mutex<mpsc::Receiver<Job>>>,
```

```
  ) -> Worker {
      --snip--
  }
}
```

Listado 20-18: Uso compartido del receptor entre las instancias de Worker *usando* Arc *y* Mutex*.*

En ThreadPool::new, ponemos el receptor en Arc y en Mutex ❶. Para cada nuevo Worker, clonamos Arc para aumentar el número de referencias, de modo que las instancias de Worker puedan compartir la propiedad del receptor ❷.

Con estos cambios, ¡el código compila! Lo estamos consiguiendo.

Implementación del método execute

Vamos a implementar finalmente el método execute en ThreadPool. También cambiaremos Job de una struct a un alias de tipo para un objeto trait que contiene el tipo de closure que recibe execute. Como se discutió en «Creación de sinónimos de tipos con alias de tipos», los alias de tipos nos permiten hacer más cortos los tipos largos para facilitar su uso. Examine el Listado 20-19.

src/lib.rs
```
--snip--

type Job = Box<dyn FnOnce() + Send + 'static>;

impl ThreadPool {
    --snip--

    pub fn execute<F>(&self, f: F)
    where
        F: FnOnce() + Send + 'static,
    {
    ❶ let job = Box::new(f);

    ❷ self.sender.send(job).unwrap();
    }
}

--snip--
```

Listado 20-19: Creación de un alias de tipo Job *para un* Box *que contiene cada closure (el closure de cada trabajo) y, a continuación se envía del trabajo por el canal.*

Después de crear una nueva instancia de Job usando el closure que obtenemos en execute ❶, enviamos ese trabajo por el extremo emisor del canal ❷. Llamamos a unwrap en send para el caso de que el envío falle. Esto puede ocurrir si, por ejemplo, detenemos la ejecución de todos nuestros hilos, lo que significa que el extremo receptor ha dejado de recibir nuevos mensajes. Por el momento, no podemos detener la ejecución de nuestros hilos: los hilos continuarán ejecutándose mientras exista el grupo (pool). La razón por la que usamos unwrap es que sabemos que un caso de fallo no se producirá, pero el compilador no lo sabe.

¡Pero aún no hemos terminado! En `Worker`, el closure que pasamos a `thread::spawn` solo hace referencia al extremo receptor del canal. En su lugar, necesitamos que el closure haga un bucle continuo, pidiendo un trabajo al extremo receptor del canal y ejecutándolo cuando lo obtenga. Hagamos el cambio mostrado en el Listado 20-20 a `Worker::new`.

src/lib.rs

```
--snip--

impl Worker {
    fn new(
        id: usize,
        receiver: Arc<Mutex<mpsc::Receiver<Job>>>,
    ) -> Worker {
        let thread = thread::spawn(move || loop {
            let job = receiver
              ❶ .lock()
              ❷ .unwrap()
              ❸ .recv()
              ❹ .unwrap();

            println!("Worker {id} got a job; executing.");

            job();
        });

        Worker { id, thread }
    }
}
```

Listado 20-20: Recepción y ejecución de los trabajos en el hilo de la instancia `Worker`.

Aquí, primero llamamos a `lock` en `receiver` para adquirir mutex ❶, y luego llamamos a `unwrap` para entrar en pánico ante cualquier error ❷. Adquirir un bloqueo (lock) puede fallar si mutex está en un estado *envenenado*, lo que puede ocurrir si algún otro hilo entró en pánico mientras mantenía el bloqueo en lugar de liberarlo. En esta situación, llamar a `unwrap` para que este hilo entre en pánico es la acción correcta que hay que adoptar. Siéntase libre de cambiar este `unwrap` a `expect` con un mensaje de error que sea importante para usted.

Si obtenemos el bloqueo en el mutex, llamamos a `recv` para recibir `Job` del canal ❸. Un `unwrap` final supera cualquier error aquí también ❹, lo que podría ocurrir si el hilo que tiene el emisor se ha detenido, similar a como el método `send` devuelve `Err` si el receptor se detiene.

La llamada a `recv` bloquea (la ejecución del hilo), por lo que si todavía no hay ningún trabajo, el hilo actual esperará hasta que haya un trabajo disponible. `Mutex<T>` asegura que solo un hilo `Worker` cada vez está intentando solicitar un trabajo.

¡Nuestro thread pool está ahora en estado de trabajo! Dele a `cargo run` y haga algunas peticiones:

```
$ cargo run
   Compiling hello v0.1.0 (file:///projects/hello)
warning: field is never read: `workers`
```

```
 --> src/lib.rs:7:5
  |
7 |      workers: Vec<Worker>,
  |      ^^^^^^^^^^^^^^^^^^^^^
  |
  = note: `#[warn(dead_code)]` on by default

warning: field is never read: `id`
  --> src/lib.rs:48:5
   |
48 |      id: usize,
   |      ^^^^^^^^^

warning: field is never read: `thread`
  --> src/lib.rs:49:5
   |
49 |      thread: thread::JoinHandle<()>,
   |      ^^^^^^^^^^^^^^^^^^^^^^^^^^^^^^^

warning: `hello` (lib) generated 3 warnings
    Finished dev [unoptimized + debuginfo] target(s) in 1.40s
     Running `target/debug/hello`
Worker 0 got a job; executing.
Worker 2 got a job; executing.
Worker 1 got a job; executing.
Worker 3 got a job; executing.
Worker 0 got a job; executing.
Worker 2 got a job; executing.
Worker 1 got a job; executing.
Worker 3 got a job; executing.
Worker 0 got a job; executing.
Worker 2 got a job; executing.
```

¡Estupendo! Ahora tenemos un thread pool que ejecuta conexiones de forma asíncrona. Nunca se crean más de cuatro hilos, por lo que nuestro sistema no se sobrecargará si el servidor recibe muchas peticiones. Si hacemos una petición a */sleep*, el servidor podrá servir otras peticiones haciendo que otro hilo las ejecute.

NOTA *Si abre /sleep en varias ventanas del navegador simultáneamente, es posible que se carguen de una en una en intervalos de cinco segundos. Algunos navegadores ejecutan varias instancias de la misma solicitud de forma secuencial por razones de almacenamiento en caché. Esta limitación no la causa nuestro servidor web.*

Después de aprender sobre el bucle while let en el Capítulo 18, puede que se pregunte por qué no escribimos el código del hilo Worker como se muestra en el Listado 20-21.

src/lib.rs

```
--snip--

impl Worker {
    fn new(
        id: usize,
        receiver: Arc<Mutex<mpsc::Receiver<Job>>>,
    ) -> Worker {
```

```
let thread = thread::spawn(move || {
    while let Ok(job) = receiver.lock().unwrap().recv() {
        println!("Worker {id} got a job; executing.");

        job();
    }
});

Worker { id, thread }
    }
}
```

Listado 20-21: Una implementación alternativa de Worker::new usando while let*.*

Este código compila y se ejecuta pero no da como resultado el comportamiento deseado de los hilos: una petición lenta seguirá causando que otras peticiones tengan que esperar a ser procesadas. La razón es algo sutil: la struct Mutex no tiene un método público unlock (desbloqueo) porque la propiedad del bloqueo se basa en el lifetime de MutexGuard<T> dentro de LockResult<MutexGuard<T>>, que devuelve el método lock. Durante la compilación, el verificador de préstamos puede aplicar la regla de que no se puede acceder a un recurso protegido por Mutex a menos que tengamos el bloqueo. Sin embargo, esta implementación también puede dar lugar a que el bloqueo se mantenga más tiempo del previsto si no somos conscientes del lifetime de MutexGuard<T>.

El código del Listado 20-20 que utiliza job = receiver.lock(). unwrap().recv().unwrap(); funciona porque, con let, cualquier valor temporal usado en la expresión a la derecha del signo igual es inmediatamente eliminado cuando la sentencia let termina. Sin embargo, while let (e if let y match) no elimina los valores temporales hasta el final del bloque asociado. En el Listado 20-21, el bloqueo se mantiene mientras dura la llamada a job(), lo que significa que otras instancias de Worker no pueden recibir trabajos.

Apagado y limpieza con elegancia

El código del Listado 20-20 responde a peticiones de forma asíncrona mediante el uso de thread pool, como pretendíamos. Obtenemos algunas advertencias sobre los campos workers, id, y thread que no usamos de forma directa, que nos recuerdan que no estamos limpiando nada. Cuando usamos el método menos elegante CTRL-C para detener el hilo principal, todos los demás hilos se detienen inmediatamente también, incluso si están en medio de servir una petición.

A continuación, implementaremos el trait Drop para llamar a join en cada uno de los hilos del grupo para que puedan terminar las peticiones en las que están trabajando antes de cerrarse. A continuación, implementaremos una forma de indicar a los hilos que deben dejar de aceptar nuevas peticiones y cerrarse. Para ver este código en acción, modificaremos nuestro servidor para que solo acepte dos peticiones antes de cerrar su thread pool.

Implementación del trait Drop en ThreadPool

Empecemos implementando Drop en nuestro thread pool. Cuando el grupo se elimina, todos nuestros hilos deberían unirse (join) (un hilo se une al final de otro hilo) para asegurarse de que terminan su trabajo. El listado 20-22 muestra un primer intento de implementación de Drop; este código aún no funcionará del todo.

src/lib.rs

```
impl Drop for ThreadPool {
    fn drop(&mut self) {
      ❶ for worker in &mut self.workers {
          ❷ println!("Shutting down worker {}", worker.id);

          ❸ worker.thread.join().unwrap();
        }
    }
}
```

Listado 20-22: Unión de los hilos cuando thread pool sale de ámbito.

Primero hacemos un bucle a través de cada uno de los workers ❶ de thread pool. Usamos &mut para esto porque self es una referencia mutable, y también necesitamos poder mutar worker. Para cada worker, imprimimos un mensaje diciendo que esta instancia de Worker en particular se está cerrando ❷, y luego llamamos a join en el hilo de esa instancia de Worker ❸. Si la llamada a join falla, usamos unwrap para hacer que Rust entre en pánico y se apague de forma poco elegante.

Este es el error que obtenemos cuando compilamos el código:

```
error[E0507]: cannot move out of `worker.thread` which is behind a mutable
reference
    --> src/lib.rs:52:13
     |
52   |             worker.thread.join().unwrap();
     |             ^^^^^^^^^^^^^ ------ `worker.thread` moved due to this
method call
     |             |
     |             move occurs because `worker.thread` has type
`JoinHandle<()>`, which does not implement the `Copy` trait
     |
note: this function takes ownership of the receiver `self`, which moves
`worker.thread`
```

El error nos dice que no podemos llamar a join porque solo tenemos un préstamo mutable de cada worker y join toma la propiedad de su argumento. Para resolver este problema, necesitamos mover el hilo fuera de la instancia de Worker que posee thread para que join pueda consumir el hilo. Hicimos esto en el Listado 17-15: si, en cambio, Worker contiene Option<thread::JoinHandle<()>>, podemos llamar al método take en Option para mover el valor fuera de la variante Some y dejar una variante None en su lugar. En otras palabras, un Worker que se esté ejecutando tendrá una variante Some en thread, y cuando queramos limpiar el Worker, reemplazaremos Some por None para que el Worker no tenga un hilo que ejecutar.

Así que sabemos que queremos actualizar la definición de Worker así:

```
struct Worker {
    id: usize,
    thread: Option<thread::JoinHandle<()>>,
}
```

Ahora nos apoyamos en el compilador para encontrar los otros sitios que hay que cambiar. Comprobando este código, obtenemos dos errores:

```
error[E0599]: no method named `join` found for enum `Option` in the
current
scope
  --> src/lib.rs:52:27
   |
52 |                 worker.thread.join().unwrap();
   |                               ^^^^ method not found in
`Option<JoinHandle<()>>`

error[E0308]: mismatched types
  --> src/lib.rs:72:22
   |
72 |         Worker { id, thread }
   |                      ^^^^^^ expected enum `Option`, found struct
`JoinHandle`
   |
   = note: expected enum `Option<JoinHandle<()>>`
              found struct `JoinHandle<_>`
help: try wrapping the expression in `Some`
   |
72 |         Worker { id, thread: Some(thread) }
   |                      ++++++++++++      +
```

Abordemos el segundo error, que apunta al código al final de Worker::new; cuando creamos un nuevo Worker, necesitamos envolver el valor de thread en Some. Realice los siguientes cambios para corregir este error:

```
impl Worker {
    fn new(
        id: usize,
        receiver: Arc<Mutex<mpsc::Receiver<Job>>>,
    ) -> Worker {
        --snip--

        Worker {
            id,
            thread: Some(thread),
        }
    }
}
```

El primer error está en la implementación de Drop. Antes hemos mencionado que teníamos la intención de llamar a take en el valor

Option para mover thread fuera de worker. Los siguientes cambios lo harán:

src/lib.rs

```
impl Drop for ThreadPool {
    fn drop(&mut self) {
        for worker in &mut self.workers {
            println!("Shutting down worker {}", worker.id);

❶          if let Some(thread) = worker.thread.take() {
❷              thread.join().unwrap();
            }
        }
    }
}
```

Como se discutió en el Capítulo 17, el método take en Option saca la variante Some y deja None en su lugar. Usamos if let para desestructurar Some y obtener el hilo ❶; luego, llamamos a join en el hilo ❷. Si el hilo de una instancia de Worker ya es None, sabemos que ya se ha limpiado el hilo de ese Worker, por lo que no ocurre nada en ese caso.

Señalización a los hilos para que dejen de escuchar trabajos

Con todos los cambios que hemos hecho, el código compila sin alertas. Sin embargo, la mala noticia es que este código aún no funciona como queremos. La clave está en la lógica de los closures ejecutados por los hilos de las instancias de Worker: de momento, llamamos a join, pero eso no desactivará los hilos, porque se mantienen en bucle buscando trabajos. Si intentamos cerrar ThreadPool con la implementación actual de drop, el hilo principal se bloqueará indefinidamente, esperando a que el primer hilo termine.

Para solucionar este problema, necesitaremos un cambio en la implementación de eliminación (drop) de ThreadPool y, luego, un cambio en el bucle de Worker.

Primero, cambiaremos la implementación de eliminación (drop) de ThreadPool para que elimine explícitamente sender antes de entrar en la fase de espera a que los hilos terminen. El Listado 20-23 muestra los cambios en ThreadPool para eliminar explícitamente sender. Usamos la misma técnica de Option y take que aplicamos al hilo para poder mover sender fuera de ThreadPool.

src/lib.rs

```
pub struct ThreadPool {
    workers: Vec<Worker>,
    sender: Option<mpsc::Sender<Job>>,
}
--snip--
impl ThreadPool {
    pub fn new(size: usize) -> ThreadPool {
        --snip--

        ThreadPool {
            workers,
            sender: Some(sender),
```

```
            }
        }

        pub fn execute<F>(&self, f: F)
        where
            F: FnOnce() + Send + 'static,
        {
            let job = Box::new(f);

            self.sender
                .as_ref()
                .unwrap()
                .send(job)
                .unwrap();
        }
    }

    impl Drop for ThreadPool {
        fn drop(&mut self) {
    ❶ drop(self.sender.take());

            for worker in &mut self.workers {
                println!("Shutting down worker {}", worker.id);

                if let Some(thread) = worker.thread.take() {
                    thread.join().unwrap();
                }
            }
        }
    }
```

Listado 20-23: Eliminación explícita de sender antes de que se unan los hilos de Worker.

Al eliminar sender ❶ se cierra el canal, lo que indica que no se enviarán más mensajes. Cuando esto ocurre, todas las llamadas a recv que las instancias Worker hagan en el bucle infinito devolverán un error. En el Listado 20-24, cambiamos el bucle Worker para salir del bucle con elegancia, lo que significa que los hilos terminarán cuando la implementación de eliminación (drop) de ThreadPool llame a join en ellos.

---

src/lib.rs
```
impl Worker {
    fn new(
        id: usize,
        receiver: Arc<Mutex<mpsc::Receiver<Job>>>,
    ) -> Worker {
        let thread = thread::spawn(move || loop {
            let message = receiver.lock().unwrap().recv();

            match message {
                Ok(job) => {
                    println!(
                        "Worker {id} got a job; executing."
                    );

                    job();
```

```
            }
            Err(_) => {
                println!(
                    "Worker {id} shutting down."
                );
                break;
            }
        }
    });

    Worker {
        id,
        thread: Some(thread),
    }
}
}
```

Listado 20-24: Salida explícita del bucle cuando recv devuelve un error.

Para ver este código en acción, vamos a modificar main para que acepte solo dos peticiones antes de apagar el servidor, como se muestra en el Listado 20-25.

src/mains

```
fn main() {
    let listener = TcpListener::bind("127.0.0.1:7878").unwrap();
    let pool = ThreadPool::new(4);

    for stream in listener.incoming().take(2) {
        let stream = stream.unwrap();

        pool.execute(|| {
            handle_connection(stream);
        });
    }

    println!("Shutting down.");
}
```

Listado 20-25: Apagado del servidor al salir del bucle, después de servir dos peticiones.

Usted no querría que un servidor web del mundo real se apagara después de servir solo dos peticiones. Este código solo demuestra que el apagado y la limpieza con elegacia funcionan correctamente.

El método take está definido en el trait Iterator y limita la iteración a los dos primeros elementos como máximo. ThreadPool saldrá de ámbito al final de main, y se ejecutará la implementación drop.

Inicie el servidor con cargo run, y haga tres peticiones. La tercera petición debería dar error, y en su terminal debería ver una salida similar a esta:

```
$ cargo run
   Compiling hello v0.1.0 (file:///projects/hello)
    Finished dev [unoptimized + debuginfo] target(s) in 1.0s
     Running `target/debug/hello`
```

```
Worker 0 got a job; executing.
Shutting down.
Shutting down worker 0
Worker 3 got a job; executing.
Worker 1 disconnected; shutting down.
Worker 2 disconnected; shutting down.
Worker 3 disconnected; shutting down.
Worker 0 disconnected; shutting down.
Shutting down worker 1
Shutting down worker 2
Shutting down worker 3
```

Es posible que vea un orden diferente de los ID de `Worker` y los mensajes impresos. Podemos ver cómo funciona este código a partir de los mensajes: las instancias de `Worker` 0 y 3 han recibido las dos primeras peticiones. El servidor ha dejado de aceptar conexiones después de la segunda conexión, y la implementación de `Drop` en `ThreadPool` empieza a ejecutarse antes de que `Worker` 3 comience su trabajo. Al eliminar `sender` se desconectan todas las instancias de `Worker` y se les indica que se apaguen. Cada una de las instancias de `Worker` imprime un mensaje cuando se desconectan y, a continuación, thread pool llama a `join` para esperar a que cada hilo de `Worker` termine.

Fíjese en un aspecto interesante de esta ejecución en particular: `ThreadPool` ha eliminado `sender`, y antes de que ningún `Worker` reciba un error, intentamos unirnos a `Worker` 0. El `Worker` 0 todavía no ha recibido un error de `recv`, así que el hilo principal se ha bloqueado, esperando a que `Worker` 0 termine. Mientras tanto, `Worker` 3 ha recibido un trabajo y, a continuación, todos los hilos han recibido un error. Cuando `Worker` 0 ha terminado, el hilo principal ha esperado a que el resto de las instancias de `Worker` terminen. En ese momento, todos han salido de sus bucles y se han detenido.

¡Enhorabuena! Ya hemos completado nuestro proyecto; tenemos un servidor web básico que utiliza un thread pool (grupo de hilos) para responder de forma asíncrona. Podemos realizar un apagado elegante del servidor, que limpia todos los hilos del grupo. Visite *https://nostarch.com/rust-programming-language-2nd-edition* para descargar el código completo de este capítulo como referencia.

¡Podríamos hacer más cosas! Si quiere seguir mejorando este proyecto, aquí tiene algunas ideas:

- Añada más documentación a `ThreadPool` y sus métodos públicos.

- Añada pruebas de la funcionalidad de la biblioteca.

- Cambie las llamadas a `unwrap` para una gestión de errores más robusta.

- Use `ThreadPool` para realizar alguna tarea que no sea servir peticiones web.

- Encuentre un crate de thread pool en *https://crates.io* e implemente un servidor web similar utilizando en cambio el crate. A continuación, compare su API y la robustez con el thread pool que hemos implementado.

Resumen

¡Bien hecho! Ha llegado al final del libro. Queremos agradecerle que nos haya acompañado en este recorrido por Rust. Ahora está preparado para implementar sus propios proyectos Rust y ayudar con los proyectos de otras personas. Tenga en cuenta que hay una comunidad que acoge a usuarios de Rust y que estarán encantados de ayudarle con cualquier desafío que encuentre en su viaje a través de Rust.

A

PALABRAS CLAVE

Las siguientes listas contienen palabras
clave que están reservadas para un uso
actual o futuro por parte del lenguaje
Rust. Como tales, no se pueden usar como
identificadores (excepto como identificadores sin
procesar, como discutimos en «Identificadores sin
procesar»). Los *identificadores* son nombres de funciones, variables, parámetros, campos de structs, módulos, crates, constantes, macros, valores estáticos,
atributos, tipos, traits o lifetimes.

Palabras clave actualmente en uso

A continuación, se presenta una lista de las palabras clave que
están actualmente en uso, acompañadas de la descripción de su
funcionalidad.

as   Realiza casting (conversión implícita de tipos) de primitivos, la desambiguación del trait específico que tiene un elemento, o renombra elementos en sentencias use.

async   Devuelve Future en lugar de bloquear el hilo en curso.

await   Suspende la ejecución hasta que esté listo el resultado de Future.

break   Fuerza la salida inmediata de un bucle.

const   Define elementos constantes o punteros sin procesar constantes.

continue   Continúa con la siguiente iteración del bucle.

crate   En la ruta de un módulo, se refiere a la raíz del crate.

dyn   Envío dinámico a un objeto trait.

else   Alternativa para las construcciones de flujo de control if e if let.

enum   Define una enumeración.

extern   Vincula una función o variable externa.

false   Literal booleano falso.

fn   Define una función o el tipo de puntero a función.

for   Bucle que itera sobre elementos de un iterador, implementa un trait o especifica un lifetime de rango superior.

if   Bifurcación basada en el resultado de una expresión condicional.

impl   Implementación de una funcionalidad inherente o de un trait.

in   Parte de la sintaxis del bucle for.

let   Asigna una variable.

loop   Bucle que se ejecuta incondicionalmente.

match   Hace coincidir un valor con patrones.

mod   Define un módulo.

move   Hace que un closure se apropie de todas sus capturas.

mut   Indica mutabilidad en referencias, patrones sin procesar o asignaciones de patrones.

pub   Indica visibilidad pública en campos de structs, bloques impl o módulos.

ref   Vinculación por referencia.

return   Retorno de función.

Self   Alias de tipo para el tipo que definimos o implementamos.

self   Sujeto del método actual o módulo actual.

static   Variable global o lifetime que dura toda la ejecución del programa.

struct   Define una estructura.

super   Módulo padre del módulo actual.

trait   Define un trait.

true   Literal booleano verdadero.

type   Define un alias de tipo o un tipo asociado.

union   Define una union; es una palabra clave solo cuando se utiliza en una declaración de unión.

unsafe Indica código, funciones, traits o implementaciones no seguros.

use   Introduce símbolos en al ámbito de la aplicación.

where   Indica cláusulas que restringen un tipo.

while   Bucle condicional basado en el resultado de una expresión.

Palabras clave reservadas para su uso en el futuro

Las siguientes palabras clave aún no tienen ninguna funcionalidad, pero están reservadas por Rust para un posible uso en el futuro:

- abstract
- become
- box
- do
- final
- macro
- override
- priv
- try
- typeof
- unsized
- virtual
- yield

Identificadores sin procesar

Los *identificadores sin procesar* son la sintaxis que permite utilizar palabras clave donde normalmente no estarían permitidas. Para utilizar un identificador sin procesar, anteponga r# a la palabra clave.

Por ejemplo, match es una palabra clave. Si intenta compilar la siguiente función que utiliza match como nombre:

src/main.rs
```
fn match(needle: &str, haystack: &str) -> bool {
    haystack.contains(needle)
}
```

obtendrá el siguiente error:

```
error: expected identifier, found keyword `match`
 --> src/main.rs:4:4
```

```
  |
4 | fn match(needle: &str, haystack: &str) -> bool {
  |    ^^^^^ expected identifier, found keyword
```

El error indica que no puede utilizar la palabra clave match como identificador de función. Para utilizar match como nombre de función, debe utilizar la sintaxis de identificador sin procesar:

src/main.rs
```
fn r#match(needle: &str, haystack: &str) -> bool {
    haystack.contains(needle)
}

fn main() {
    assert!(r#match("foo", "foobar"));
}
```

Este código compilará sin errores. Observe el prefijo r# en el nombre de la función en su definición, así como dónde se llama a la función en main.

Los identificadores sin procesar permiten usar cualquier palabra que elija como identificador, incluso si esa palabra es una palabra clave reservada. Esto nos proporciona más libertad a la hora de elegir los nombres de los identificadores, además de permitirnos la integración con programas escritos en un lenguaje en el que estas palabras no son palabras clave. Además, los identificadores sin procesar permiten usar librerías escritas en una edición de Rust diferente a la que usa su crate. Por ejemplo, try no es una palabra clave en la edición 2015, pero sí lo es en las ediciones 2018 y 2021. Si depende de una librería que está escrita usando la edición 2015 y tiene una función try, necesitará usar la sintaxis del identificador sin procesar, r#try en este caso, para llamar a esa función desde su código de la edición 2021. Consulte el Apéndice E para obtener más información sobre las ediciones.

B

OPERADORES Y SÍMBOLOS

Este apéndice contiene un glosario de la sintaxis de Rust, que incluye operadores y otros símbolos que aparecen por sí solos o en el contexto de rutas, genéricos, límites de traits, macros, atributos, comentarios, tuplas y corchetes.

Operadores

La Tabla B-1 contiene los operadores de Rust, un ejemplo de cómo el operador aparecería en contexto, una breve explicación, y si el operador es sobrecargable. Si un operador es sobrecargable, se lista el trait relevante a usar para sobrecargar ese operador.

Tabla B-1: Operadores

Operador	Ejemplo	Explicación	¿Sobrecargable?
!	ident!(...), ident!{...}, ident![...]	Expansión de macros	
!	!expr	Bitwise o complementos lógicos	Not
!=	expr != expr	Comparación de desigualdad	PartialEq
%	expr % expr	Residuo aritmético	Rem
%=	var %= expr	Residuo aritmético y asignación	RemAssign
&	&expr, &mut expr	Préstamo	
&	&type, &mut type, &'a type, &'a mut type	Tipo de puntero prestado	
&	expr & expr	AND bitwise	BitAnd
&=	var &= expr	AND bitwise y asignación	BitAndAssign
&&	expr && expr	AND lógico condicional	
*	expr * expr	Multiplicación aritmética	Mul
*=	var *= expr	Multiplicación aritmética y asignación	MulAssign
*	*expr	Desreferencia	Deref
*	*const type, *mut type	Puntero sin procesar	
+	trait + trait, 'a + trait	Restricción de tipo compuesto	
+	expr + expr	Suma aritmética	Add
+=	var += expr	Suma aritmética y asignación	AddAssign
,	expr, expr	Separador de argumentos y elementos	
-	- expr	Negación aritmética	Neg
-	expr - expr	Sustracción aritmética	Sub
-=	var -= expr	Sustracción aritmética y asignación	SubAssign
->	fn(...) -> type, |...| -> type	Tipo de retorno de función y closure	
.	expr.ident	Acceso a miembros	
..	.., expr.., ..expr, expr.. expr	Literal de rango exclusivo a la derecha	PartialOrd
..=	..=expr, expr..=expr	Literal de rango inclusivo a la derecha	PartialOrd
..	..expr	Sintaxis de actualización de literales de estructura	
..	variant(x, ..), struct_type { x, .. }	Vinculación de patrón «y el resto»	

Operador	Ejemplo	Explicación	¿Sobrecargable?
...	expr...expr	(Obsoleto, utilice ..= en su lugar) En un patrón: patrón de rango inclusivo	
/	expr / expr	División aritmética	Div
/=	var /= expr	División aritmética y asignación	DivAssign
:	pat: type, ident: type	Restricciones	
:	ident: expr	Inicializador de campo de struct	
:	'a: loop {...}	Etiqueta de bucle	
;	expr;	Terminador de declaración y elemento	
;	[...; len]	Parte de la sintaxis de arrays de tamaño fijo	
<<	expr << expr	Desplazamiento a la izquierda	Shl
<<=	var <<= expr	Desplazamiento a la izquierda y asignación	ShlAssign
<	expr < expr	Comparación menor que	PartialOrd
<=	expr <= expr	Comparación menor o igual que	PartialOrd
=	var = expr, ident = type	Asignación/equivalencia	
==	expr == expr	Comparación de igualdad	PartialEq
=>	pat => expr	Parte de la sintaxis de la rama de coincidencia	
>	expr > expr	Comparación mayor que	PartialOrd
>=	expr >= expr	Comparación mayor o igual que	PartialOrd
>>	expr >> expr	Desplazamiento a la derecha	Shr
>>=	var >>= expr	Desplazamiento a la derecha y asignación	ShrAssign
@	ident @ pat	Pattern binding	
^	expr ^ expr	OR exclusivo bitwise	BitXor
^=	var ^= expr	OR exclusivo bitwise y asignación	BitXorAssign
|	pat | pat	Alternativas de patrón	
|	expr | expr	OR bitwise	BitOr
|=	var |= expr	OR bitwise y asignación	BitOrAssign
||	expr || expr	OR lógico condicional	
?	expr?	Propagación de errores	

Símbolos que no son de operador

Las siguientes tablas contienen todos los símbolos que no funcionan como operadores; es decir, que no se comportan como una función o llamada a un método.

La Tabla B-2 muestra símbolos que aparecen solos y que son válidos en una variedad de ubicaciones.

Tabla B-2: Sintaxis independiente

Símbolo	Explicación
`'ident`	Lifetime con nombre o etiqueta de bucle
`...u8, ...i32, ...f64, ...usize, and so on`	Literal numérico de un tipo específico
`"..."`	Literal de cadena
`r"...", r#"..."#, r##"..."##, and so on`	Literal de cadena sin procesar; caracter de escape no procesado
`b"..."`	Literal de cadena de bytes; construye una matriz de bytes en lugar de una cadena
`br"...", br#"..."#, br##"..."##, and so on`	Literal de cadena de bytes sin procesar; combinación de literal sin procesar y de cadena de bytes
`'...'`	Literal de carácter
`b'...'`	Literal de byte ASCII
`|...| expr`	Closure
`!`	Tipo de fondo siempre vacío para funciones divergentes
`_`	Vinculación de patrones «ignorada»; también se utiliza para hacer legibles los literales enteros.

La Tabla B-3 muestra los símbolos que aparecen en el contexto de una ruta a través de la jerarquía de módulos hasta un elemento.

Tabla B-3: Sintaxis relacionada con la ruta

Símbolo	Explicación
`ident::ident`	Ruta del espacio de nombres
`::path`	Ruta relativa a la raíz del crate (es decir, una ruta explícitamente absoluta)
`self::path`	Ruta relativa al módulo actual (es decir, una ruta explícitamente relativa)
`super::path`	Ruta relativa al padre del módulo actual
`type::ident,` `<type as trait>::ident`	Constantes, funciones y tipos asociados
`<type>::...`	Elemento asociado a un tipo que no puede nombrarse directamente (por ejemplo, `<&T>::...`, `<[T]>::...`, etc.)

Símbolo	Explicación
`trait::method(...)`	Desambiguar una llamada a un método nombrando el trait para el que se define
`type::method(...)`	Desambiguar una llamada a un método nombrando el tipo para el que se define
`<type as trait>::method(...)`	Desambiguar una llamada a un método nombrando el trait y el tipo

La Tabla B-4 muestra los símbolos que aparecen en el contexto del uso de parámetros de tipo genérico.

Tabla B-4: Genéricos

Símbolo	Explicación
`path<...>`	Especifica los parámetros de un tipo genérico en un tipo (por ejemplo, `Vec<u8>`)
`path::<...>, method::<...>`	Especifica los parámetros de un tipo genérico, función o método en una expresión; a menudo se denomina turbofish (por ejemplo, "42". `parse::<i32>()`)
`fn ident<...> ...`	Define una función genérica
`struct ident<...> ...`	Define una estructura genérica
`enum ident<...> ...`	Define una enumeración genérica
`impl<...> ...`	Define una implementación genérica
`for<...> type`	Límites de tiempos de vida de rango superior
`type<ident=type>`	Tipo genérico en el que uno o más tipos asociados tienen asignaciones específicas (por ejemplo, `Iterator<Item=T>`)

La Tabla B-5 muestra los símbolos que aparecen en el contexto de restringir parámetros de tipo genérico con restricciones de traits.

Tabla B-5: Restricciones ligadas a traits

Símbolo	Explicación
`T: U`	Parámetro genérico T restringido a tipos que implementan U
`T: 'a`	El tipo genérico T debe sobrevivir al lifetime 'a (lo que significa que el tipo no puede contener transitoriamente referencias con lifetimes inferiores a 'a)
`T: 'static`	El tipo genérico T no contiene referencias prestadas que no sean 'estáticas'
`'b: 'a`	La lifetime genérica 'b debe sobrevivir a la lifetime 'a
`T: ?Sized`	Permitir que el parámetro de tipo genérico sea un tipo de tamaño dinámico
`'a + trait, trait + trait`	Restricción de tipo compuesto

La Tabla B-6 muestra los símbolos que aparecen en el contexto de llamar o definir macros y especificar atributos en un elemento.

Tabla B-6: Macros y atributos

Símbolo	Explicación
#[meta]	Atributo externo
#![meta]	Atributo interno
$ident	Sustitución de macro
$ident:kind	Captura de macro
$(...)...	Repetición de macro
ident!(...), ident!{...}, ident![...]	Invocación de macro

La Tabla B-7 muestra los símbolos para crear comentarios.

Tabla B-7: Comentarios

Símbolo	Explicación
//	Comentario en una línea
//!	Comentario de documentación en línea interno
///	Comentario de documentación en línea externo
/*...*/	Comentario en bloque
/*!...*/	Comentario de documentación en bloque interno
/**...*/	Comentario de documentación en bloque externo

La Tabla B-8 muestra símbolos que aparecen en el contexto del uso de tuplas.

Tabla B-8: Tuplas

Símbolos	Explicación
()	Tupla vacía (también llamada «unidad»), tanto literal como de tipo
(expr)	Expresión entre paréntesis
(expr,)	Expresión de tupla de un solo elemento
(type,)	Tipo de tupla de un solo elemento
(expr, ...)	Expresión de tupla
(type, ...)	Tipo tupla
expr(expr, ...)	Expresión de llamada a función; también se utiliza para inicializar structs de tupla y variantes enum de tupla
expr.0, expr.1, and so on	Indexación de tuplas

La Tabla B-9 muestra los contextos en los que se utilizan las llaves.

Table B-9: Llaves

Contexto	Explicación
{...}	Expresión de bloque
Type {...}	Literal de struct

La Tabla B-10 muestra los contextos en los que se utilizan corchetes.

Tabla B-10: Corchetes

Contexto	Explicación
[...]	Literal de array
[expr; len]	Literal de array que contiene copias len de expr
[type; len]	Tipo array que contiene instancias len de type
expr[expr]	Indexación de colecciones; sobrecargable (Index, IndexMut)
expr[..], expr[a..], expr[..b], expr[a..b]	Indexación de colección que simula el rebanado de colección, utilizando Range, RangeFrom, RangeTo o RangeFull como el 'índice'

de instancias a partir de otras instancias con la sintaxis de actualización de structs». Puede personalizar algunos campos de una estructura y luego establecer y utilizar un valor por defecto para el resto de los campos utilizando `..Default::default()`.

El trait `Default` es necesario cuando se utiliza el método `unwrap_or_default` en instancias sobre `Option<T>`, por ejemplo. Si `Option<T>` es `None`, el método `unwrap_or_default` devolverá el resultado de `Default::default` para el tipo `T` almacenado en `Option<T>`.

E

EDICIONES

En el Capítulo 1, ha visto que cargo new añade algunos metadatos al archivo *Cargo. toml* en relación con la edición. En este apéndice se explica lo que esto significa.

El lenguaje y el compilador Rust tienen un ciclo de publicación de seis semanas, lo que significa que los usuarios reciben un flujo constante de nuevas características. Otros lenguajes de programación lanzan cambios más grandes con menos frecuencia; Rust lanza actualizaciones más pequeñas con más frecuencia. Después de un tiempo, todos estos pequeños cambios se suman. Pero, de una versión a otra, puede ser difícil mirar atrás y decir: «¡Vaya, entre Rust 1.10 y Rust 1.31, Rust ha cambiado mucho!».

Cada dos o tres años, el equipo de Rust produce una nueva edición de Rust. Cada edición reúne las funciones que se han incorporado en un paquete limpio con documentación y herramientas totalmente actualizadas. Las nuevas ediciones se despliegan como parte del proceso de lanzamiento regular de seis semanas.

Las ediciones sirven a diferentes propósitos para diferentes personas:

- Para los usuarios activos de Rust, una nueva edición reúne los cambios incrementales en un paquete fácil de entender.

- Para los que no son usuarios, una nueva edición indica que se han producido algunos avances importantes que pueden hacer que merezca la pena volver a echar un vistazo a Rust.

- Para aquellos que desarrollan Rust, una nueva edición proporciona un punto de unión para el proyecto en su conjunto.

En el momento de escribir estas líneas, hay tres ediciones de Rust disponibles: Rust 2015, Rust 2018 y Rust 2021. Este libro está escrito utilizando los modismos de la edición Rust 2021.

La clave `edition` en *Cargo.toml* indica qué edición debe usar el compilador para su código. Si la clave no existe, Rust utiliza 2015 como valor de la edición por razones de compatibilidad con versiones anteriores.

Cada proyecto puede optar por una edición distinta a la edición 2015 por defecto. Las ediciones pueden contener cambios incompatibles, como incluir una nueva palabra clave que entre en conflicto con identificadores en el código. Sin embargo, aunque opte por esos cambios, su código seguirá compilando incluso si actualiza la versión del compilador de Rust que utiliza.

Todas las versiones del compilador de Rust soportan cualquier edición que existiera antes del lanzamiento de ese compilador, y pueden enlazar crates de cualesquier edición soportada. Los cambios de edición solo afectan a la forma en que el compilador analiza inicialmente el código. Por lo tanto, si usa Rust 2015 y una de sus dependencias usa Rust 2018, su proyecto compilará y podrá usar esa dependencia. La situación opuesta, en la que su proyecto utiliza Rust 2018 y una dependencia utiliza Rust 2015, también funciona.

Para ser claros: la mayoría de las características estarán disponibles en todas las ediciones. Los desarrolladores que utilicen cualquier edición de Rust seguirán viendo mejoras a medida que se realicen nuevas versiones estables. Sin embargo, en algunos casos, principalmente cuando se añaden nuevas palabras clave, algunas nuevas características solo estarán disponibles en ediciones posteriores. Tendrá que cambiar de edición si quiere beneficiarse de estas características.

Para más detalles, consulte *The Edition Guide* en https://doc.rust-lang.org/stable/edition-guide. Se trata de un libro completo que enumera las diferencias entre ediciones y explica cómo actualizar automáticamente su código a una nueva edición mediante `cargo fix`.